Der Untergang eines Imperiums

Jegor Gajdar

Der Untergang eines Imperiums

Mit Geleitworten von Alexander Graf Lambsdorff, Vizepräsident des Europäischen Parlamentes, und Alexej Kudrin, Gründer der Russischen "Bürgerinitiative" und ehemaliger russischer Finanzminister

Übersetzung: Vera Ammer

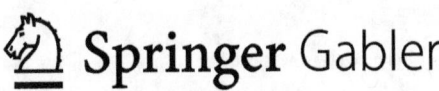

Jegor Gajdar
Moskau, Russia

Economics Editor
Karl-Heinz Paqué
Universität Magdeburg
Magdeburg, Deutschland

Die Yegor Gaidar Stiftung und die Friedrich Naumann Stiftung für die Freiheit haben gemeinsam die Publikation der deutschen Ausgabe des Werkes unterstützt.

Coverabbildung: deblik Berlin unter Verwendung von Fotolia.de

Copyrighthinweis der Orginalausgabe: ROSSPEN Publishers: "Гибель империи. Уроки для современной России" (english: Collapse of an Empire: Lessons for Modern Russia"), 2006

ISBN 978-3-658-10572-3   ISBN 978-3-658-10573-0 (eBook)
DOI 10.1007/978-3-658-10573-0

Die Deutsche Nationalbibliothek verzeichnet diese Publikation in der Deutschen Nationalbibliografie; detaillierte bibliografische Daten sind im Internet über http://dnb.d-nb.de abrufbar.

Springer Gabler
© Springer Fachmedien Wiesbaden 2016
Das Werk einschließlich aller seiner Teile ist urheberrechtlich geschützt. Jede Verwertung, die nicht ausdrücklich vom Urheberrechtsgesetz zugelassen ist, bedarf der vorherigen Zustimmung des Verlags. Das gilt insbesondere für Vervielfältigungen, Bearbeitungen, Übersetzungen, Mikroverfilmungen und die Einspeicherung und Verarbeitung in elektronischen Systemen.

Die Wiedergabe von Gebrauchsnamen, Handelsnamen, Warenbezeichnungen usw. in diesem Werk berechtigt auch ohne besondere Kennzeichnung nicht zu der Annahme, dass solche Namen im Sinne der Warenzeichen- und Markenschutz-Gesetzgebung als frei zu betrachten wären und daher von jedermann benutzt werden dürften.

Gedruckt auf säurefreiem und chlorfrei gebleichtem Papier

Springer Gabler ist Teil der Fachverlagsgruppe Springer Science+Business Media
www.springer-gabler.de

Jegor Gajdar
1956-2009

Vorwort von
Alexander Graf Lambsdorff

Der ehemalige russische Premierminister Jegor Gajdar ist ein Vorbild als Politiker und Ökonom. Durch entschlossene marktwirtschaftliche Reformen hat er Russland Anfang der neunziger Jahre vor dem Abgleiten in einen Bürgerkrieg bewahrt und gleichzeitig die Voraussetzungen dafür geschaffen, dass das Land zu einer Marktwirtschaft mit großem Potenzial werden konnte. Dass dieses Potenzial bis heute nicht verwirklicht wird, ist nicht Gaidar zuzuschreiben, sondern seinen Nachfolgern. Es gibt nur wenige Menschen, die in stürmischen Zeiten des Umbruchs gegen viel Widerstand ruhig, zielgerichtet und konsequent bleiben. Gajdar war so ein Mensch. Er wusste nach dem Zusammenbruch der Sowjetunion, dass Freiheit und Eigenverantwortung als Grundlagen für eine neue, stabilere Gesellschaftsordnung wie für eine erfolgreiche Wirtschaft in Russland nötig waren. Die geschichtliche Erfahrung zeigt, dass Innovationskraft und Attraktivität einer Gesellschaft wie der Erfolg von Wirtschaftsordnungen vom Grad ihrer Freiheit abhängen.

Aber ihm blieb wenig Zeit. Jeder Tag seiner allzu kurzen Regierungszeit war geprägt von Katastrophen, zusammenbrechenden Institutionen und Elend. Von rechts wie links wird heute seine als „Schocktherapie" bezeichnete rapide Freisetzung der Preise und die Privatisierungen in Russland für das Chaos der 90er-Jahre und den Wirtschaftskollaps verantwortlich gemacht. Dabei vergessen die Kritiker, dass die Erosion von Wirtschaft und Gesellschaftsordnung ein direktes Ergebnis von Totalitarismus und Planwirtschaft der Sowjetunion waren. Die Alternative hätte in der Wiedereinführung von Rationierung, Preiskontrollen und autoritärer Durchsetzung dieser Regeln bestanden, mit Folgen, die bis zum Bürgerkrieg hätten führen können. Diesen Kurs wollte Gajdar nicht einschlagen. Zu Russlands Glück entschied er sich für den Weg der Freiheit.

So wie der heutige Erfolg der deutschen Wirtschaft unter Bundeskanzlerin Angela Merkel auf die Arbeitsmarktreformen unter ihrem Vorgänger Gerhard Schröder vor 10 Jahren zurückzuführen sind, so muss man Jegor Gajdar für das russische Wirtschaftswachstum der 2000er-Jahre verantwortlich machen, nicht für das Erbe seiner Vorgänger. Als Volkswirt mit der Erfahrung des schlussendlich zu zögerlich umgesetzten Umbaus der Wirtschaft in der Sowjetunion („Perestrojka") wusste er sehr genau um das Verhältnis von Freiheit und Sicherheit. Als Patriot wollte er seinem Land zu einer erfolgversprechenderen Ordnung als Nachfolgerin der gescheiterten sowjetischen verhelfen.

Jegor Gajdar bestand immer darauf, mehr Volkswirt als Politiker zu sein. Er hat als solcher einige der wichtigsten Chroniken der russischen Wirtschaftsgeschichte verfasst. Das vorliegende Buch ist aber nicht nur eine spannende Chronik von bereits Geschehenem, sondern behandelt auch zwei Probleme, die aktueller nicht sein könnten: Absage an ein Imperium als Voraussetzung für das Überleben in einer neuen Welt und der Fluch der Rohstoffwirtschaft. Den Gründungsvätern der Bundesrepublik Deutschland nach dem Zweiten Weltkrieg nicht unähnlich, macht Gaidar deutlich, dass eine blühende Zukunft Russlands in Reichtum, Freiheit und Fortschritt nur mit einer Absage an eine aggressive Außenpolitik funktionieren kann.

Im Anblick der schlimmsten Rezession in der russischen Wirtschaft seit dem Ende der Sowjetunion scheint Gajdars Warnung vor dem Fluch der Rohstoffabhängigkeit fast schon prophetisch. Denn die heutige Krise hat ihre Wurzeln in der Monopolisierung und Zentralisierung der Energiewirtschaft, in der immer tieferen Abhängigkeit vom Ölpreis und der Verzögerung nötiger marktwirtschaftlicher Reformen.

Solange aber seine Werke gelesen werden, mache ich mir weiter Hoffnungen, dass wir wieder an einem „Gemeinsamen Haus Europa" bauen können, wie es der ehemalige Präsident Michail Gorbatschow ausgedrückt hatte. Das haben wir gerade den Freunden Jegor Gajdars zu verdanken, die für sein Andenken in Russland streiten, Boris Mints, Anatolij Tschubajs und Jevgenij Jasin, um diese drei stellvertretend für die vielen russischen Liberalen zu nennen. In diesen Zeiten sind die meisten Liberalen in Russland in der Defensive und stark verunsichert. Ebenso weiß keiner ein sicheres Rezept wie wir die Beziehung zwischen Russland und dem Westen wieder auf einen friedlichen, konstruktiven und vor allem gemeinsamen Weg bringen können.

Umso wichtiger ist es jetzt, mit Gajdar genau zu analysieren, miteinander im Gespräch zu bleiben, zu versuchen, einander besser zu verstehen. Dieses Buch wird helfen viele Zusammenhänge, aber eben auch Russland und seine gesellschaftlichen und politischen Umbrüche besser zu begreifen. Ich hoffe, dass die Arbeit von Stiftungen wie der russischen Jegor Gajdar Stiftung und ihres deutschen Partners, der Friedrich Naumann Stiftung für die Freiheit dazu beitragen kann, dass man lernt, einander wieder besser zu verstehen.

Ich gratuliere auch dem Springer Verlag zu diesem Buch im Dienste des Dialoges zwischen Russland und Deutschland durch den Blick eines der schärfsten Analytiker seiner Zeit.

Alexander Graf Lambsdorff
Vizepräsident des Europäischen Parlamentes
Mitglied im Präsidium und Bundesvorstand der FDP

Vorwort von Alexej Kudrin

Verehrte Leser,
Sie halten das interessanteste Buch des russischen Politikers und Ökonomen Jegor Gajdar in Händen.

Gajdar hat im Schicksal der Sowjetunion und des postsowjetischen Russland eine historische Rolle gespielt. Man kann ihn allenfalls mit Michail Gorbatschow oder Boris Jelzin vergleichen. Nach der Unterzeichnung des Beloweschsker Vertrags im Dezember 1991, der das Ende der Sowjetunion besiegelte, stand Jelzin an der Spitze der Regierung. Er ernannte Jegor Gajdar, den Autor der russischen Reformen, zu seinem ersten und maßgeblichen Stellverteter.

Diese komplizierte Periode haben viele Forscher behandelt. Einige involvierte Politiker haben inzwischen ihre Memoiren publiziert. Aber Gajdars Werk steht für mich an erster Stelle. Auf der Grundlage umfangreicher Archivmaterialien, statistischer Daten und eigener Analysen liefert er eine originelle und umfassende Beurteilung der 1980er- und 1990er-Jahre. „Der Untergang eines Imperiums" ist 2006 erschienen, zwei Jahre vor der Krise von 2008 und 2009, als die russische Wirtschaft sich im Aufschwung befand und man die im Buch geschilderten Ereignisse bereits aus einem gewissen Abstand betrachten konnte. So konnte Gajdar alle Umstände der schweren Jahre vor dem Zerfall der UdSSR sowie der ersten Monate des neuen russischen Staates im Rückblick einer nüchternen Bewertung unterziehen.

In „Untergang eines Imperiums" schildert Gajdar, wie die sowjetische staatliche Planwirtschaft in den 1960er-Jahren des 20. Jahrhunderts zunehmend ineffizient wurde. Das führte zu Warenknappheit in allen Branchen, einschließlich Industrie und Energie, Militärproduktion und Landwirtschaft, sowie zu Problemen bei der Versorgung der Bevölkerung. Für den deutschen Leser ist eine Mangelwirtschaft – fehlende Waren im Wert von vielen Milliarden Rubeln – vielleicht eine ungewohnte Vorstellung, weil Angebot und Nachfrage in Marktbeziehungen für ein Gleichgewicht sorgen. Aber in der Sowjetunion, bei vollständig vom Staat regulierten Preisen, die häufig nicht ökonomisch, sondern politisch motiviert waren, führte dies zu Mangel und langen Schlangen in den Geschäften. Zu Beginn der 1990er-Jahre, bevor Jelzin und Gajdar an die Regierung kamen, waren in vielen Regionen mehr als ein Dutzend Massenkonsumgüter wie Fleisch, Grütze, Butter und Zucker rationiert.

Gestützt auf zahlreiche Dokumente von Regierung und Politbüro beschreibt Gajdar ausführlich, in welchem Zustand sich die Wirtschaft des Landes befand, als er an die Regierung kam, und zeigt, dass das Budget zu dieser Zeit vollständig vom Öl- und Gasexport abhängig geworden war. Er weist nach, dass der Preisverfall für diese Ressourcen eine maßgebliche Rolle bei Krise und Zusammenbruch der UdSSR gespielt hat.

Anhand von Unterlagen aus Archiven und Rechenschaftsberichten des KGB belegt Gajdar, wie unter der Bevölkerung die Unzufriedenheit zunahm, wie in den Regionen der UdSSR nationalistische und separatistische Stimmungen aufkamen, die schließlich zum Zerfall des Landes führten. Gorbatschows Versuch, mit Gewalt gegenzusteuern, blieb erfolglos. Im Spätsommer 1991 hatten viele der 15 Republiken, die der UdSSR angehörten, bereits ihre Souveränität erklärt. So traf das Parlament der Ukraine am 24. August 1991 die Entscheidung, sich für unabhängig zu erklären und die Streitkräfte auf ihrem Territorium unter die Kontrolle der Kiewer Führung zu stellen. Am 1. Dezember 1991 stimmten 90 % der Ukrainer für das Ausscheiden aus der UdSSR. Interessanterweise kehrt Gajdar in seinem Buch wiederholt zum ukrainischen Thema und zur Rolle der ukrainischen Regierung beim Zerfall der UdSSR zurück. Heute gewinnt das zusätzliche Bedeutung.

Gajdar beschreibt, wie in der zweiten Hälfte der 1980er-Jahre, unter Gorbatschow, die Probleme und die systemischen Mängel der Planwirtschaft diskutiert wurden. Allerdings wurden nur halbherzige und unzureichende Schritte unternommen, um den Unternehmen mehr Selbstständigkeit zu geben und Marktelemente einzuführen. So kam es nur zu weiteren Disproportionen. Gajdar berichtet, dass die Regierung sich nicht entscheiden konnte, wer mehr für die Reformen zahlen sollte – die Wirtschaftselite, darunter die Rüstungsbranchen, oder die Bevölkerung. Bis Anfang der 1990er-Jahre wurden diese Maßnahmen aufgeschoben, und letztlich waren die Bürger die Leidtragenden. Im Frühjahr 1991 mussten sie einen Preisanstieg von etwa 300 Prozent hinnehmen. Die vollständige Paralyse des staatlichen Versorgungssystems und der in vielen Städten drohende Hunger führten zum Zusammenbruch der UdSSR. Daraufhin waren in kürzester Zeit schwierigste Entscheidungen zu treffen, um Russlands Übergang zum Markt zu bewerkstelligen. Der Planungsapparat innerhalb der UdSSR und das Rückgrat des gesamten Leitungssystems – die Kommunistische Partei der Sowjetunion – hatten aufgehört zu existieren.

Gerade zu dieser Zeit stand Gajdar de facto an der Spitze der neuen russischen Regierung. Vor ihm standen die kompliziertesten Aufgaben – die Preise freizugeben, die Privatisierung einzuleiten und ein neues staatliches Leitungssystem zu schaffen, das einen Markt entwickeln sollte. Die alte Wirtschaft war kollabiert, es herrschte Warenmangel, und es gab keine Finanzierungsquellen. Unter diesen extremen Bedingungen brachte er seine gesamte wissenschaftliche Erfahrung und sein Organisationstalent ein, um die ersten realen, entschlossenen Schritte zum Markt zu unternehmen. In der Geschichte hat es wohl noch keinen Übergang von einer Planwirtschaft zum Markt gegeben, der mit derart schwierigen und umfangreichen Aufgaben konfrontiert gewesen wäre.

Es fiel Gajdar zu, Dutzende unpopulärer Entscheidungen treffen zu müssen. Dazu zählt auch die Preisfreigabe, wodurch die künstlich von der Regierung festgelegten Preise abgeschafft wurden, damit ein Marktmechanismus zur Preisbildung in Gang kommen konnte. Die Preise vervielfachten sich. Eine Hyperinflation setzte ein. 1992 lag die Inflation bei über 2.400 %.. Es folgten noch einige Jahre mit mehreren hundert Prozent. Erst 1997 ging die Preissteigerung auf 11 % zurück. Der wichtigste

Grund dafür war, dass die ungesicherte Geldmenge bis 1992 rasant zugenommen hatte und 1992 durch die Bank Russlands noch weiter vermehrt wurde (an ihrer Leitung stand damals Viktor Geraschtschenko, der zuvor die Gosbank, die sowjetische Staatsbank, geleitet hatte). Daher trägt vor allem die Bank Russlands, die die enormen Emissionen vorgenommen hat, in erster Linie die Verantwortung für die dann folgende Hyperinflation.

Aber man kritisiert in der Regel nicht jene Personen, die eine bestimmte Situation herbeigeführt haben, sondern jene, die eine zutreffende Diagnose stellen und eine schmerzhafte Behandlung durchführen müssen. Deshalb hat Gajdar das notorische Image eines unpopulären Politikers. Er hat die gesamte Verantwortung für diese Entscheidungen übernommen. Er hatte eine bei einem modernen Politiker seltene Eigenschaft: Er war bereit, Verantwortung zu tragen und fürchtete sich nicht davor. Das könnten bei ihm heute Politiker aus aller Herren Länder lernen.

Bisher dauern die Diskussionen noch an, ob man den Übergang zum Markt und zu freien Preisen schonender hätte gestalten können. Auf Grund meiner Kenntnis der damaligen Situation glaube ich dies nicht. Ich habe damals im Bürgermeisteramt von St. Petersburg gearbeitet. Damals herrschte in Produktion und Lebensmittelversorgung der Stadt vollständiges Chaos. Der Regierung blieb keine Zeit, um schrittweise Reformen durchzuführen. Es galt sofort zu handeln.

In „Untergang eines Imperiums" lenkt Gajdar die Aufmerksamkeit auf die wechselseitige Bedingtheit von Wirtschaftsleben und politischem System. Anhand zahlreicher Dokumente demonstriert er die Unentschlossenheit der sowjetischen Führer und ihre Unfähigkeit, die erforderlichen, couragierten Maßnahmen zu treffen. Die totalitäre Leitungsstruktur war nicht imstande, sich zu regenerieren und Führungskräfte zu rekrutieren, die den Herausforderungen gerecht werden konnten. Die schlechte Politik hat die Wirtschaft ruiniert.

Ich hatte das Glück, mit Jegor Gajdar seit 1989 persönlich bekannt zu sein. Ich habe wiederholt mit ihm über die wirtschaftlichen Probleme der 1990er-Jahre sowie über die neuen Herausforderungen zu Anfang des neuen Jahrhunderts diskutiert. Seine Analyse der Probleme Ende der 1980er- und Anfang der 1990er-Jahre und seine praktische Erfahrung haben den Ökonomen während meiner eigenen Arbeit in der Regierung von 2000 bis 2011 wesentlich geholfen.

Das Buch „Untergang eines Imperiums" ist für mich nicht einfach eine Abhandlung über die jüngste politische und wirtschaftliche Geschichte Russlands. 2006 schenkte mir Gajdar ein Exemplar. Er wollte weiterhin alles tun, um eine Wiederholung der Fehler auszuschließen, die in der sowjetischen Finanzpolitik gemacht worden waren. „Untergang eines Imperiums" ist ein aktuelles Lehrbuch, ein Handbuch für jeden Politiker und Wirtschaftsfunktionär sowie für jeden, der sich für die neuere Geschichte und die gegenwärtige Wirtschaft und Politik interessiert.

Ich wünsche Ihnen eine angenehme Lektüre

Alexej Kudrin
Gründer der Russischen "Bürgerinitiative" und ehemaliger russischer Finanzminister

Stimmen zum Buch

Ein faszinierendes Werk: Jegor Gajdar, russischer Journalist und Wirtschaftsminister unter Boris Jelzin, schlägt einen weiten Bogen – vom Untergang historischer Imperien über den ökonomischen Verfall der Sowjetunion bis zum Staatsbankrott Russlands und dem Aufstieg Wladimir Putins. In eindringlicher Sprache gelingt Gajdar der Spagat zwischen nüchterner ökonomischer Analyse und scharfem politischem Urteil. Ein unverzichtbarer Lesestoff für alle, die sich mit Krisen der Transformation von der Plan- zur Marktwirtschaft beschäftigen; und posthum das wertvolle Vermächtnis eines großen Intellektuellen.

Karl-Heinz Paqué
Professor der Volkswirtschaftslehre
Landesminister der Finanzen a. D.

Jegor Gajdars Buch führt uns eindrücklich vor Augen wie unaufhaltsam die gelenkte Wirtschaft des Sowjet-Imperiums in den Zusammenbruch ging. Selbst mit den besten Absichten und größten Anstrengungen waren die folgenden Anpassungslasten für die russische Bevölkerung wohl nicht zu vermeiden. Sogar in Deutschland vergisst man schnell, wie eng die Freiheiten des Einzelnen in Staat und Wirtschaft miteinander verknüpft sind. Erst Demokratie macht nachhaltigen Wohlstand möglich. Gaidars Betrachtungen über die Instabilität autoritärer Regime, die Kosten imperialer Politik und die durch zentrale Lenkungsversuche und billige Rohstoffe verursachte Behinderung von Entwicklung und Innovation in der russischen Wirtschaft bleiben aktueller als man sich wünschen mag.

Prof. Dr. Lars P. Feld,
Direktor des Walter Eucken Instituts, Freiburg
und Mitglied des Sachverständigenrats zur Begutachtung der gesamtwirtschaftlichen Entwicklung

Das Verdienst des Werks „Untergang eines Imperiums" liegt darin, dass es vielen Menschen vor Augen führt, dass die Situation damals FURCHTBAR war. Sie war einfach verzweifelt. Außer ihm (Gajdar) hat sich niemand gefunden, der gesagt hätte: „Ich werde das tun, ich werde die undankbare, unangenehme Arbeit übernehmen, und ich weiß, dass mir nichts Gutes dafür blüht, dass man mich für alles verantwortlich machen wird." Und das war großer persönlicher Mut. … Einerseits ist „Untergang eines Imperiums" ein Urteil: Die Analyse des Autors bezeugt, dass die Politik der gegenwärtigen russischen Regierung das Land auf den Weg der späten UdSSR führt. Andererseits ist es eine Art Katechismus für die Diskussion mit unseren älteren und jüngeren Mitbürgern, die von einer Rückkehr zur großen Sowjetunion mit ihrem Staatseigentum an Produktionsmitteln und einem zentralistischen politischen System träumen. Leider gibt es bisher nur sehr wenig solcher Manifeste, umso wertvoller ist jedes von ihnen.

Sergej Guriev
Rektor der Russischen Hochschule für Wirtschaft

Gajdar ist ein Mensch, der in die Geschichte eingegangen ist. Ein Mensch, der die Wirtschaft Russlands in höherem Maße und schneller verändert hat als etwa Witte oder Stolypin. … Gemeinsam mit Gorbatschow und Jelzin wird Jegor Gajdar für immer eine Person bleiben, die dem neuen Russland und der russischen Demokratie den Weg gebahnt hat. Mit jedem Jahr werden wir unsere Geschichte gerechter beurteilen.

Jaroslav Kusminov,
Rektor der Hochschule für Ökonomie

Obwohl bereits einige Jahre alt, gibt es wohl kaum ein aktuelleres Buch über das heutige Russland als Yegor Gaidars „Der Untergang eines Imperiums". Denn bereits 2006 – als dieses Werk erstmals auf Russisch erschien – wies dieser leider viel zu früh verstorbene tiefsinnige Ökonom und Politiker nachdrücklich darauf hin, dass das politische Russland den Verlust seines Status als Großmacht auf keine Weise verwunden habe und sich die Eliten des Landes hartnäckig weigerten, die sowjetische Vergangenheit – insbesondere die Stalinzeit – kritisch aufzuarbeiten. Das Ergebnis sei eine schleichende Re-Sowjetisierung der russischen Gesellschaft, die einen gefährlichen Nährboden für revanchistisches und anti-westliches Gedankengut erzeuge. Für die deutschen Leserinnen und Leser dürfte es besonders instruktiv und gleichzeitig erschreckend sein, welch deutliche Parallelen Gaidar zwischen dem Niedergang der Weimarer Republik und den Entwicklungen im heutigen Russland sieht. Den Initiatoren der deutschen Übersetzung gebührt der Dank all derjenigen, die sich eine besser informierte Diskussion über Russland in der deutschen Öffentlichkeit wünschen.

Prof. Dr. Joachim Zweynert,
Universität Witten/Herdecke

Man sollte den Beginn der 1990er-Jahre nicht mit der belle époque vergleichen, die nach 1998 begonnen hat. Putin und seine Mitstreiter gelten als Retter des Vaterlandes, weil die russischen Staatsbürger eindeutig besser leben als in den 1990er-Jahren. Aber selbst bei einem starken Anstieg der Ölpreise wäre ein solches Wachstum ohne Gajdars Reformen nicht möglich gewesen. Viele erklären das Wirtschaftswachstum der 2000er-Jahre mit dem hohen Ölpreis, aber das ist falsch. Ein enormer Teil des Wirtschaftswachstums ist Gajdars Politik zu verdanken – der Tatsache, dass wir jetzt einen Finanzmarkt haben und eine Zentralbank, auch wenn diese vielleicht nicht völlig unabhängig ist.. Wenn man nach hundert Jahren auf diese Ereignisse zurückblicken wird, wie wir heute auf den Bürgerkrieg oder die Französische Revolution zurückblicken, wird man sich allein an Gorbatschow, Jelzin und Gajdar erinnern, sonst an niemanden mehr. Denn sie waren die Protagonisten, die die Welt verändert haben. Es hat sehr viele Transformationen in Osteuropa und Lateinamerika gegeben, aber Reformer von einem solchen Niveau, die ein riesiges Land vollständig umgestaltet haben, gibt es in der Weltgeschichte in tausend Jahren nur ganz wenige.

Aleh Tsyvinski
Professor der Yale Universität

Für mich ist es keine Frage, dass der Autor dieser Bücher („Lange Zeit", „Untergang eines Imperiums") ein Genie ist.

Jevgenija Albaz
Professorin der Höheren Schule für Ökonomie

Das Thema über den Untergang von Imperien bleibt immer aktuell, besonders für uns Ökonomen die oft mit Vorhersagen beschäftigt sind. Eine gute Dokumentation und Analyse von Ereignissen die zu ökonomischen Krisen führten – wie die von Gaidar beschriebene der Sowjetunion - gibt uns unendlich viel nützliches Material unser Verständnis über das delikate Zusammenspiel von Wirtschaft auf der einen Seite und Regierung mit ihren politischen Entscheidungen auf der anderen, zu verbessern. Gute Ökonomen nutzen solche Einsichten als Hintergrund für ihre Voraussagen und als die Grundlage für die wirtschaftliche Beratschlagung von Regierungen. Gaidar war darin einer der erfolgreichsten Kollegen, und es ist darum umso wichtiger dieses Buch zu lesen, als Ökonom, Politiker und Bürger."

Birgit Hansl,
World Bank Chief Economist for Russia

Es gibt noch eine Besonderheit, die man nicht unerwähnt lassen darf – das ist das Talent, das ihn zu einer tieferen Einsicht in viele Probleme befähigt. Niemand sonst wäre auf die Idee gekommen, einen Zusammenhang herzustellen und nachzuzeichnen, wie ihn Jegor Gajdar in „Untergang eines Imperiums" zwischen dem Zusammenbruch des Landes infolge der einbrechenden Ölpreise und der Kollektivierung vor 60 Jahren demonstriert. Er weist diese Verkettung nach und zeigt, welch wesentliche Rolle Entscheidungen von heute in strategischer Perspektive spielen können, nicht selten auch mit verhängnisvollen, desaströsen Folgen

Viktor Starodubrovskij,
Ökonom

Inhalt

Vorwort von Alexander Graf Lambsdorff VII

Vorwort von Alexej Kudrin IX

Stimmen zum Buch XIII

Einführung 21

1 Größe und Fall von Imperien 33
   1.1 Modernes Wirtschaftswachstum und das Zeitalter der Imperien 33
   1.2 Krise und Demontage von Übersee-Imperien 37
   1.3 Probleme der Auflösung von Binnen-Imperien 47
   1.4 Die jugoslawische Tragödie 54

2 Autoritäre Regime: Ursachen der Instabilität 63
   2.1 Herausforderungen in frühen Stadien des modernen
        Wirtschaftswachstums und Autoritarismus 64
   2.2 Die Instabilität autoritärer Regime 69
   2.3 Mechanismen des Zusammenbruchs autoritärer Regime 75

3 Der „Fluch des Erdöls" 81
   3.1 Spanischer Prolog 82
   3.2 Reichtum an Ressourcen und wirtschaftliche Entwicklung 87
   3.3 Spezifik des Erdölmarkts 101
   3.4 Regulierung des Ölpreises im 20. Jahrhundert 103
   3.5 Herausforderungen durch Preisschwankungen für Rohstoffe:
        Mexiko und Venezuela 113
   3.6 Die Suche nach einem Ausweg:
        Antwort auf die Gefahren durch instabile Rohstoffpreise 117

4 Risse im Fundament. Die Sowjetunion zu Beginn der 1980er-Jahre 121
4.1 Ineffizienz vor dem Hintergrund der Stabilität 121
4.2 Zunehmende Probleme und Fehlentscheidungen 124
4.3 Probleme bei der Lebensmittelversorgung des Landes 132
4.4 Lebensmittelknappheit: Eine strategische Herausforderung 137
4.5 Die UdSSR als größter Lebensmittelimporteur 143
4.6 Das westsibirische Öl: Rettungsillusionen 157
4.7 Der Ölpreisverfall: Der letzte Schlag 166
4.8 Der Zerfall der UdSSR: Das Unerwartete wird zur Regel 171

5 Die politische Wirtschaft externer Schocks 179
5.1 Verschlechterte Bedingungen des Außenhandels: Politische Alternativen 179
5.2 Die UdSSR und der Ölpreisverfall: Was zur Wahl steht 186
5.3 Eine Serie von Fehlern 201
5.4 Zunehmende Probleme der sowjetischen Wirtschaft 210
5.5 Die Devisenkrise 223
5.6 Wirtschaftspolitische Liberalisierung vor dem Hintergrund von Devisen- und Finanzproblemen 228

6 Die Entwicklung der Krise des sozialistischen wirtschaftspolitischen Systems 237
6.1 Probleme der Erdölindustrie 237
6.2 Politische Kredite 243
6.3 Der Preis der Kompromisse 246
6.4 Die Krise des Imperiums und die nationale Frage 249
6.5 Verlust der Kontrolle über die wirtschaftspolitische Situation 254
6.6 Devisenkrise 259
6.7 Von der Krise zur Katastrophe 263
6.8 „Außergewöhnliche Anstrengungen" an Stelle von Reformen 265
6.9 Am Rande der Zahlungsunfähigkeit 276

7 Auf dem Weg zum Staatsbankrott 285
7.1 Die Devisenkrise: Das Jahr 1991 285
7.2 Das Getreideproblem 289
7.3 Die Preise schnellen in die Höhe 296
7.4 Das Geld und das Schicksal des Imperiums 300

8 Der Zusammenbruch 309
8.1 Die politische Ökonomie des gescheiterten Umsturzes 309
8.2 Politische Agonie 317
8.3 Politische Desintegration: Ökonomische Folgen 319
8.4 Zivilisierte Scheidung 339

Nachwort 349

Abkürzungen 355

Literaturverzeichnis 357

Letzte Seite 369

Einführung

„Wir haben keine Kraft für ein Imperium! – Und das muss auch nicht sein, möge die Last von uns abfallen: Sie zerschmettert uns, saugt uns aus und beschleunigt unseren Untergang."

Alexander Solschenizyn

„Wie wir Russland einrichten sollen."
„Wenn man in einem Imperium geboren wird, dann ist es besser, in tiefster Provinz am Meer zu leben."

Iosif Brodskij

Die postimperiale Nostalgie, die das russische Bewusstsein derzeit erfasst hat, ist keine neue Erscheinung. Dergleichen hat es in der Geschichte nicht nur einmal gegeben. Die Sowjetunion ist nicht das erste Imperium, das im 20. Jahrhundert zusammengebrochen ist, sondern das letzte. Von den Staatsgebilden, die sich zu Anfang des 20. Jahrhunderts als Imperien bezeichneten, war am Ende des Jahrhunderts kein einziges mehr übrig. Unser Land war auf Grund etlicher wesentlicher Merkmale kein traditionelles Kolonial-Imperium mit Territorien auf anderen Kontinenten. Der Streit, ob es sich überhaupt um ein Imperium gehandelt hat, wird noch lange andauern. Es werden Arbeiten erscheinen, die beweisen, dass Russland ein Imperium war, die demonstrieren, dass das russische Volk sowohl unter den Zaren als auch unter dem kommunistischen Regime die anderen in unserem Staat lebenden Völker wirtschaftlich unterstützte. Man wird russische Politiker nennen, die keine ethnischen Russen waren – von Fürst Bagration bis zu Josef Dzhugaschwili. Möglicherweise hat diese spezifische Besonderheit dazu geführt, dass das Russische Imperium länger als andere Imperien Bestand hatte, die Jahrzehnte zuvor zerfallen sind.

Allerdings hat die Elite der Zarenzeit ihr Land als Imperium verstanden und auch so genannt. Die Führer des Sowjetimperiums haben sich so nicht geäußert, aber sie haben es unter dem Namen „UdSSR" weit über die offiziellen Staatsgrenzen ausgedehnt[1]. Die heutigen Apologeten einer Restauration des Imperiums beziehen sich auf ein Erbe, das vom zaristischen Russland über die Periode der sowjetischen Geschichte zur heutigen Zeit führt.

---

[1] Das Verhältnis der sowjetischen Führung zu ihren osteuropäischen Satelliten illustriert anschaulich der Vorwurf, den Leonid Brežnev gegenüber dem verhafteten Ersten Sekretär der KPČ Alexander Dubček während der Verhandlungen nach dem Einmarsch sowjetischer Truppen in die Tschechoslowakei äußerte. Er beschuldigte ihn, die Entwürfe seiner politischen Berichte in Moskau nicht vorgelegt zu haben. Nach Angaben tschechischer Behörden arbeiteten etwa 30% der Mitarbeiter des tschechoslowakischen Innenministeriums für den KGB. (Vgl. Karen Dawisha: The Kremlin and the Prague Spring. Los Angeles-London 1984, S. 6, 53.)

Es gibt zahllose Beispiele für eine postimperiale Nostalgie im heutigen Russland. Hier nur einige davon – z. B. der dem Kreml nahestehende Polittechnologe Stanislav Belkovskij: „2004-2008 müssen die Grundlagen für die russländische Nation gelegt werden. Unsere Nation hat ein einziges Schicksal – und zwar ein imperiales."² Und der Schriftsteller Alexander Prochanov: „Darum nehmen große Imperien der Vergangenheit einen höheren Rang ein als große Republiken. Sie waren beseelt von der Idee einer vereinigten Menschheit, die Gottes Willen vernehmen und verkörpern könnte. Darum ist das heutige liberale, widerwärtige Russland schlechter und abstoßender als die große Sowjetunion, die ein Imperium war und die wir in unserer Unbesonnenheit verloren haben."³

Und der Geopolitiker Alexander Dugin: „Der sowjetische Staat wurde vom Volk als Aufbau eines ‚Neuen Imperiums', eines ‚Reichs des Lichts', einer ‚Heimstatt des Geistes' wahrgenommen, und nicht als die Einrichtung einer möglichst rationalen Administration und Leitung quantitativer Einheiten".⁴ Vorstellungen, die den Zusammenbruch der Sowjetunion als Zusammenbruch des letzten Weltimperiums des 20. Jahrhunderts begreifen, sind in der Literatur zu dieser Periode weit verbreitet.⁵ Der russische Präsident Vladimir Putin bezeichnete den Zusammenbruch der Sowjetunion in seiner Botschaft an die Bundesversammlung 2005 als die größte geopolitische Katastrophe des Jahrhunderts.⁶

---

² Komsomol'skaja pravda, 19. Januar 2004.
³ Aleksandr Prochanov: Gospodin Geksogen (Herr Hexogen). Moskau 2003, S. 426.
⁴ Aleksandr Dugin: Osnovy geopolitiki. Moskau 2000. S. 195.
⁵ z. B. Robert Strayer: Why Did the Soviet Union Collapse? Understanding Historical Change. New York 1998. Der renommierte russische Politologe Igor Jakovenko schreibt: "Seit der Epoche Ivans des Schrecklichen war das Moskauer Reich ein Imperium. Zuerst inspirierte die imperiale Idee die Moskauer Elite, die das ‚Reich' geschaffen hatte. Dann schuf die gesamtrussische Gesellschaft im Laufe von vier Jahrhunderten ein Imperium, lebte darin, erreichte Wohlstand und trug die Bürde einer imperialen Existenz. Das imperiale Bewusstsein drang in das Innere der Gesellschaft, in alle Ebenen der Kultur und in die Psychologie der Massen ein. An sich ist ein Imperium weder gut noch schlecht. Es ist eine besondere Methode, große Räume politisch zu integrieren, wie es einem bestimmten historischen Entwicklungsstadium entspricht. In unseren Räumen und in unserer derzeitigen historischen Epoche hat es sich erschöpft. Aber diese Feststellung ist ein trockenes, analytisches Urteil. Für traditionell orientierte Personen, die in einem imperialen Milieu aufgewachsen sind, ist das Imperium ein ganzer Kosmos, eine Lebensweise, eine eigene Weltsicht, eine Mentalität. Gerade dieser Kosmos gehört organisch zu ihnen, einen anderen kennen und akzeptieren sie nicht. Ein traditionell orientierter Mensch neigt dazu, das Stabile als ewig und unveränderlich anzusehen, zumal die Staatsideologie immer von der Ewigkeit und Unverletzlichkeit der UdSSR gesprochen hat. Von diesen Positionen aus ist der Zerfall des Imperiums ein Zufall, der im Widerspruch zur natürlichen Entwicklung steht, er ist das Ergebnis einer Verschwörung feindlicher Kräfte, die Rückhalt in ‚unserer' Gesellschaft gefunden haben." S. Igor Jakovenko: Ukraina i Rossija: sjužety sootnesënnosti (Die Ukraine und Russland: Themen wechselseitiger Beziehungen). In: Vestnik Evropy, 2005, Bd. XVI, S. 64.
⁶ Poslanie Prezidenta RF V. Putina Federal'nomu Sobraniju Rossijskoj Federacii. 25 aprelja 2005 g. (Botschaft des Präsidenten der Russischen Föderation Putin an die Bundesversammlung der RF, 25. April 2005). S. http.//president.kremlin.ru/text/appears/2005/04/87049.shtml.

Die Epoche des Imperiums ist vergangen, aber ihre Erforschung ist in Mode gekommen. Dergleichen passiert in der Geschichte. Das hängt damit zusammen, dass sich in postimperialen Perioden ethnische Konflikte verschärfen und ausbreiten.[7] Zum Untergang von Imperien gibt es zahllose Publikationen. Wenn man sich an das Werk von Charles Montesquieu erinnert: „Größe und Niedergang Roms" oder an die sechs Bände von Edward Gibbon über Untergang und Fall des Römischen Reichs, wird man verstehen: der Zusammenbruch von Imperien und das postimperiale Syndrom sind kein neues Thema. Ein bedeutendes Werk, in dem sich die Spuren einer postimperialen Nostalgie finden, ist in Spanien Anfang des 17. Jahrhunderts erschienen – Cervantes' „Don Quichotte".

Die Tatsache, dass bis heute schon viele an dieser Krankheit gelitten haben, ist ein schwacher Trost. Anderen ist es ebenso ergangen, und schon vor langer Zeit. Das, was heute mit uns geschieht, sind die Realitäten von heute.

Als Peter I. den Titel des Allrussischen Imperators annahm, bekundete er damit lediglich, dass Russland ein großes europäisches Reich ist. Größe und Imperium waren zu jener Zeit synonym. Wenn man in Betracht zieht, wie oft heute das Wort „Imperium" in politischen Streitgesprächen angewandt wird, ist es schwer zu verstehen, warum es keine allgemein akzeptierte Definition dafür gibt, die dem heutigen Kontext entspräche. Das Wörterbuch von Dal definiert ein Imperium als einen Staat, dessen Herrscher den Titel „Imperator" trägt, den höchsten Rang für einen uneingeschränkten Herrscher.[8] Nach dem Wörterbuch von Ozhegov ist ein Imperium ein monarchistischer Staat unter der Führung eines Imperators.[9] Das akademische Wörterbuch der russischen Sprache führt zwei Definitionen an: einen monarchischen Staat mit einem Imperator an der Spitze oder ein großes, imperialistisches Kolonialreich.[10] All diese Definitionen haben wenig mit der Bedeutung gemein, die man heute in Russland mit dem Wort „Imperium" verbindet. Der Begriffsgehalt hat sich im Laufe der Geschichte verändert, er wurde dehnbar. Ich gebe hier eine eigene Definition für den Begriff, die dem heutigen Kontext nahekommt. In der vorliegenden Arbeit wird unter „Imperium" ein mächtiges, multiethnisches Staatsgebilde verstanden, in der sich die Macht in einer Metropole konzentriert, die demokratische Institutionen (sofern vorhanden) aber –zumindest jedenfalls das Wahlrecht – nicht im gesamten kontrollierten Territorium gelten.

Im 20. Jahrhundert zeigten sich verschiedene Probleme, mit denen die beiden Typen von Imperien konfrontiert sind – die Übersee-Imperien (Britannien, Holland, Portugal u. a.) und die territorial zusammenhängenden Binnen-Imperien (Österreich-

---

[7] Mark von Hagen: Writing the History of Russia as Empire: The Perspective of Federalism. In: Kazan, Moskau, St. Petersburg: Multiple Faces of the Russian Empire. Moskau 1997, S. 393.

[8] Vladimir Dal': Tolkovyj slovar' živogo velikorusskogo jazyka (Definitionswörterbuch der lebendigen großrussischen Sprache). Moskau 1989, Bd. 2, S. 42.

[9] Sergej Ožegov: Slovar' russkogo jazyka. Izdanie 23. Ispr. i dop. (Wörterbuch der russischen Sprache. 23., verb. und ergänzte Aufl.). Moskau 1991, S. 228.

[10] Slovar' russkogo jazyka (Wörterbuch der russischen Sprache). In 4 Bd., Moskau 1981, Bd. 1, S. 662.

Ungarn, Russland usw.). In letzteren sind die Kolonien von der Metropole durch kein Meer getrennt. Die Ethnien, die in der Metropole und den Vasallenterritorien dominieren, leben in Nachbarschaft und in enger Kommunikation.

Wie die Geschichte und insbesondere die zweite Hälfte des 20. Jahrhunderts gezeigt hat, fallen Imperien irgendwann auseinander. Wenn staatliche Größe mit einem Imperium gleichgesetzt wird, fällt es dem Nationalbewusstsein der ehemaligen Metropole schwer, sich an den Verlust eines Großmachtstatus zu gewöhnen. Wenn man dieses postimperiale Syndrom nutzt, lässt sich leicht politische Unterstützung gewinnen. Die Idee eines Imperiums, eines mächtigen Staates, der andere Völker beherrscht, ist ein Produkt, das sich ebenso gut verkaufen lässt wie Coca Cola oder Pampers. Um dafür zu werben, bedarf es keiner intellektuellen Anstrengung.

In einem Land mit einem postimperialen Syndrom lässt sich leicht eine Nostalgie nach dem verlorenen Imperium auslösen. Aufrufe, dieses wieder herzustellen, sind zwar in der Praxis unrealistisch, aber dass dies dem Volk zu Gute käme, lässt sich gut behaupten. Eine solche Forderung wird mit Sicherheit populär. Aber die Realität ist die, dass sich das Imperium nicht reproduzieren lässt.

Es gibt einen Sonderfall. In einer anderen, kommunistischen und nahezu unkenntlichen Form wurde das Russische Imperium in den Jahren 1917-1921 wieder hergestellt. Das war eine Ausnahme und erfolgte eben in anderen Formen, die einen exakten Forscher zwingen, das Wort „Wiederherstellung" in Anführungszeichen zu setzen. Die UdSSR entstand nach einem brudermörderischen Bürgerkrieg, einem in der Geschichte noch nicht dagewesenen Terror und dem Tod von Millionen Menschen. Meist ist die Restauration von Imperien jedoch infolge von Umständen, die sich aus einer langfristigen sozioökonomischen Entwicklung ergeben, unmöglich.

In diesem Widerspruch liegen viele Fehler begründet, die ehemalige Metropolen im Verhältnis zu Territorien begehen, die sie früher unter ihrer Kontrolle hatten. Was die russische Regierung Ende 2003 in der Ukraine tun wollte[11], erinnert fatal an die Entscheidung von England und Frankreich, Truppen nach Ägypten zu entsenden, um die Kontrolle über den Suez-Kanal wiederherzustellen (1956).

Imperien bilden sich auf Grund fundamentaler Änderungen im Leben einer Gesellschaft heraus. Sie entstehen und fallen unter dem Einfluss historischer Umstände. Träume von einer Rückkehr in eine andere Epoche sind illusorisch. Solche Versuche sind zum Scheitern verurteilt. Die russischen Misserfolge 2003 und 2004 in Georgien, Adzharien, Abchasien, in der Ukraine und Moldawien setzen die Fehler nur fort, die lange zuvor schon andere gemacht hatten. Aber dem postimperialen Bewusstsein fällt es schwer, das zu akzeptieren. Eher glaubt man, dass nicht die Georgier oder Ukrainer uns besiegt haben, sondern eine hinter ihnen stehende „Weltverschwörung". Wer sich bei seinen Entscheidungen von einer derartigen Vorstellungswelt bestimmen lässt, wird sich ständig von allen beleidigt fühlen und einen Fehler nach dem anderen begehen.

---

[11] Es geht um den Konflikt zwischen Russland und der Ukraine um die Zugehörigkeit der Insel (oder Landzunge) von Tuzla in der Meerenge von Kerč.

Die Nostalgie nach Binnen-Imperien ist stärker, länger und tiefgehender als nach Übersee-Imperien. Für fast drei Millionen Sudetendeutsche (die in Österreich-Ungarn zum herrschenden Volk gehörten) war es nicht leicht, sich an die Situation einer nationalen Minderheit in dem neuen tschechoslowakischen Staat zu gewöhnen. Dies war ein zentrales Themen in Hitlers Propaganda vor der Besetzung der Tschechoslowakei. Beim Zerfall von Binnen-Imperien (Österreich-Ungarn, Deutschland, Russland, Türkei, UdSSR) sind Probleme wie die der Sudentendeutschen eine Massenerscheinung. Wenn man sich darüber nicht im Klaren ist, wird man die Ursprünge des Krieges zwischen Serben und Kroaten und die bosnische Tragödie nicht verstehen.

Die Gesellschaft einer Metropole erträgt den Untergang eines Imperiums leichter in Form eines kontinuierlichen, jahrelangen Prozesses, in dem die Eliten und die Gesellschaft mit der Zeit einsehen, dass es nicht zu retten ist, als in Form eines unerwarteten Zusammenbruchs.[12]

Ein typisches Beispiel ist das Ende des Deutschen Reichs. Vor Beginn des Herbsts 1918 hatten die deutschen Machthaber dem Volk eingeredet, der Sieg stehe unmittelbar bevor. Als im Oktober-November der Zusammenbruch der Kriegsmaschinerie offensichtlich und die Kapitulation unvermeidlich war, war die Gesellschaft dazu nicht bereit. Von daher konnte leicht der Mythos entstehen, dass „Deutschland nie auf dem Kampffeld besiegt wurde" und dass ihm „Feinde mit dem Dolch in den Rücken gefallen" seien. Mit letzteren waren mehr oder weniger offen die Sozialisten gemeint. Für den Zusammenbruch des Imperiums wurden jüdische Revolutionäre und Verräter verantwortlich gemacht, die Moskau bezahlt habe, um gegen Kriegsende die Streiks in Deutschland zu organisieren. Gerade sie hatten, in der Lesart der Autoren dieser Version, den Kaiser gezwungen, abzudanken.[13] Diese Formulierung benutzten ehemalige deutsche Armeeführer Mitte der 1920er-Jahre – ausgerechnet jene, die im September-Oktober 1918 den zivilen Behörden berichtet hatten, dass der Krieg nicht fortgesetzt werden könne und dass zu beliebigen Bedingungen ein Frieden geschlossen werden müsse.

Viele Deutsche vergaßen schnell, wie sie die Monarchie im letzten Kriegsjahr gehasst und welche Gefühle sie im Oktober 1918 gehegt hatten, als klar wurde, dass Kaiser und Oberkommando das Volk betrogen hatten. Sie wussten nicht, dass es General Ernst Ludendorff war, der im Oktober 1918 vom neuen deutschen Kanzler Max von Baden verlangt hatte, einen Waffenstillstand zu schließen, um eine militärische Katastrophe an der Westfront abzuwenden. Die Hohenzollern-Monarchie wäre im November 1918 nicht so schnell zusammengebrochen, wenn die deutsche Gesellschaft nicht überzeugt gewesen wäre, dass das alte Regime bankrott war.

Solche Dinge verschwinden schnell aus dem historischen Gedächtnis. Die Gesellschaft will sich daran nicht erinnern. Wer interessiert sich schon dafür, was wirklich passiert ist? Das von der Niederlage im Krieg verletzte öffentliche Bewusstsein lässt sich leicht durch Mythen verführen. Hitler erklärte, die Niederlagen von August 1918 seien ein Kinderspiel im Vergleich zu den Siegen gewesen, die die deutsche

---

[12] G. Arnold: Britain since 1945: Choice, Conflict and Change. London 1989, S. 41-49.
[13] Martin Broszat: Hitler and the Collapse of Weimar Germany. N. Y. 1987, S. 45.

Armee bis zu diesem Zeitpunkt errungen hatte und dass nicht sie der Grund für die Kapitulation waren. Nach seinen Worten ging die Niederlage auf das Wirken derer zurück, die jahrzehntelang die politischen und moralischen Grundpfeiler der deutschen Nation untergraben hätten, ohne die eine Nation nicht bestehen kann.[14]

Man erinnert sich an die Verse Puschkins: „Ach, mich zu betrügen ist nicht schwer, ich betrüge mich selbst gern". Kenner der Weimarer Republik zufolge hat es wesentlich zum Untergang der Republik beigetragen, dass ihre Führer es ablehnten, die Unterlagen über die Verantwortung des deutschen Reichs für die Entfesselung des Ersten Weltkriegs zu veröffentlichen.[15] Der Mythos des unschuldigen, unbesiegten, verratenen und erniedrigten Deutschland war die Waffe, die die republikanische Regierung jenen in die Hand gaben, die nicht an demokratische Werte glaubten.

Die Tatsache, dass scheinbar unerschütterliche Imperien so unerwartet und schnell zusammenbrechen, lässt dieses Geschehen irreal erscheinen. Die Irrealität ist der Irrationalität verwandt, der jedes beliebige Wunder möglich scheint.[16] Man kann die Öffentlichkeit leicht davon überzeugen, dass ein Staat, der so unerwartet auseinanderfällt, auch ebenso schnell wiederhergestellt werden kann. Das ist indes eine Illusion, und zwar eine gefährliche. Der Preis dafür wurde mit dem Blut bezahlt, das im Zweiten Weltkrieg vergossen wurde.

Die Sowjetunion war ein Binnen-Imperium, eine der Weltmächte. Einige Jahre vor seinem Zerfall hätte fast niemand für möglich gehalten, was 1988-1991 Realität wurde. Nach dem Zusammenbruch der UdSSR lebten 20 Mio. Russen außerhalb der Grenzen Russlands. Die Eliten der meisten Länder, in denen sie lebten, gingen nicht hinreichend taktvoll und wenig vernünftig mit den Problemen der Menschen um, die in einem Land, das sie früher als ihr eigenes angesehen hatten, plötzlich einer nationalen Minderheit angehörten. Das verstärkte das postimperiale Syndrom in der Metropole, das zu einem der schwerwiegendsten Probleme des modernen Russland geworden ist.[17]

---

[14] Martin Broszat, ebd., S. 55 f.

[15] Diese Materialien wurden von dem deutschen Historiker Fritz Fischer erst in den 1960er-Jahren veröffentlicht. In den 1920er-Jahren investierte die sozialdemokratische Regierung erhebliche Finanzmittel, um die These zu verbreiten, Deutschland sei am Beginn des Ersten Weltkrieges unschuldig gewesen. (Sefton Delmer: Weimar Germany: Democracy on Trial. New York 1972. S. 52.)

[16] Dazu, dass ein schnelles und unerwartetes Auseinanderbrechen von Imperien zwar als Katastrophe, aber als vermeidbar wahrgenommen wird, s. B. Podvincev: Postimperskaja adaptacija konservativnogo soznanija: blagoprijatstvujuščie faktory (Postimperiale Adaptation des konservativen Bewusstseins: günstige Faktoren). POLIS 2001, 3 (62). S. 25-33.

[17] Zu den Gefahren eines radikalen Nationalismus, bewirkt durch ein postimperiales Syndrom, für die Stabilität demokratischer Institutionen, s. Alexander Gerschenkron: Bread and Democracy in Germany. Los Angeles 1943. Zum Zusammenhang einer proimperialen Politik mit autoritären Tendenzen im modernen Russland s. a.: Preodolenie postimperskogo sindroma. Stenogramma diskussii 21 aprelja 2005 g. v ramkach proekta: „Posle imperii" fonda „Liberal'naja missija" (Die Überwindung des postimperialen Syndroms. Stenogramm der Diskussion vom 21. April 2005 im Rahmen des Projekts „Nach dem Imperium" der Stiftung „Liberale Mission). http://www.libera.ru/sitan.asp?Num=549.

Das ist eine Krankheit. Russland befindet sich in einem gefährlichen Stadium dieser Krankheit. Man sollte keiner Zahlenmagie verfallen, aber dass es seit dem Zusammenbruch des deutschen Imperiums 15 Jahre dauerte, bis Hitler an die Macht kam und ein ebensolcher Zeitraum Russland in den Jahren von 2006-2007 vom Zusammenbruch der UdSSR trennt, gibt zu denken.

Igor Jakovenko stellt mit Recht fest: „Der Zerfall des imperialen Staats wurde nicht reflektiert und nicht adäquat vom öffentlichen Bewusstsein verarbeitet. In Russland hat sich keine verantwortliche politische Kraft gefunden, die es vermocht hätte, offen zu erklären, dass vom Standpunkt der Selbsterhaltung des russischen Volkes und der demographischen Entwicklung der Zerfall der UdSSR der größte Erfolg im letzten halben Jahrhundert war. Es zeigten sich einflussreiche politische Kräfte, die nostalgische Stimmungen zu politischen Zwecken förderten und nutzten. Besonders verwerflich dabei ist, dass sich politisch durchaus zurechnungsfähige Personen dieser imperial-nostalgischen Themen bedienen, Personen, die sehr wohl wissen, dass einer Restauration in keiner Form möglich ist und katastrophale Auswirkungen hätte."[18]

Die Medizin kennt das Phänomen des Phantomschmerzes: Wenn einem Menschen ein Bein amputiert wurde, verschwindet die Schmerzempfindung nicht. Das gilt auch für das postimperiale Bewusstsein. Der Verlust der UdSSR ist eine Realität. Die Realität und der soziale Schmerz, erzeugt durch Schicksale getrennter Familien, die Probleme der Landsleute im Ausland, nostalgische Erinnerungen an die vergangene Größe, an die gewohnte Geographie des Heimatlandes, das durch den Verlust der gewohnten Grenzen dezimiert wurde. Dieser Schmerz lässt sich in der Politik leicht ausnützen. Man äußert einige Sätze, deren Kern darin besteht, dass man „uns das Messer in den Rücken gestoßen" hat, „an allem die Ausländer schuld sind, die unseren Reichtum geraubt haben", „jetzt nehmen wir uns ihr Eigentum und werden gut leben" – und alles ist getan. Diese Sätze muss man sich nicht selbst ausdenken, es reicht, ein Lehrbuch über nationalsozialistische Propaganda zu lesen. Der Erfolg ist garantiert.

Das ist eine politische Kernwaffe. Sie wird selten eingesetzt. Wer das tut, nimmt in der Regel ein tragisches Ende. Solche Führer bedeuten für ihr Land eine Katastrophe. Leider ist in den letzten Jahren in Russland die Büchse der Pandora geöffnet worden. Appelle an postimperiale Nostalgie, Nationalismus, Xenophobie, gewöhnlichen Antiamerikanismus und sogar an einen nicht ganz gewöhnlichen Antieuropa-Reflex kamen in Mode, und eh man es sich versieht, könnten sie zur Norm werden. Es kommt darauf an zu verstehen, wie gefährlich dies für das Land und die Welt ist.

Die postimperiale Nostalgie ist eine heilbare Krankheit. Das hat die Erfahrung Frankreichs gezeigt, für das der Verlust des Imperiums nicht leicht war. Es bedurfte einiger Jahre dynamischen Wachstums, bis die für das Land gefährliche Hysterie, die das demokratische Regime beinahe gestürzt hätte, sich in eine leichte, romantische Nostalgie nach der verlorenen Größe verwandelte. Aber in diesen Jahren musste man um den Bestand der Demokratie kämpfen. Es gibt in der Geschichte Augenblicke, in denen die Rolle der Persönlichkeit besonders groß ist. Was Charles de Gaulle in

---

[18] Jakovenko: Ukraina i Rossija, ebd., S. 65 f.

den 1960er-Jahren geleistet hat, um zu verhindern, dass radikale Nationalisten an die Macht kamen, ist kaum zu überschätzen. In Deutschland nahm die Entwicklung in den 1920er- und 1930er-Jahren einen anderen Verlauf.

Gibbon, einer der scharfsichtigsten Kenner des Zusammenbruchs des Römischen Imperiums, der die Ereignisse in einer langen historischen Perspektive untersuchen konnte, hat sich auf keine eindeutige Ursache dafür festgelegt. Aus einer geringeren historischen Distanz ist das noch schwieriger. Allerdings sind die Probleme im Zusammenhang mit dem Zusammenbruch des Sowjetimperiums und dem postimperialen Syndrom für das heutige Russland und die Welt zu schwerwiegend, um ihre Analyse Historikern künftiger Jahrhunderte zu überlassen.

Bei der Untersuchung des Zusammenbruchs von Imperien bin ich gegenüber anderen Forschern in einem gewissen Vorteil. Ich war unmittelbar an den damit zusammenhängenden Ereignissen beteiligt, ich gehöre zu den Autoren der Beloweschsker Verträge, die den Zusammenbruch des letzten Imperiums im 20. Jahrhundert, der Sowjetunion, besiegelt haben. Das vorliegende Buch sind keine Memoiren, sondern der Versuch, die Desintegration von Imperien und die daraus entstehenden Probleme zu analysieren.

Die Bedeutung der Beloweschsker Verträge sollte man nicht überbewerten. Sie haben die Tatsache der vollzogenen Trennung in eine juristische Form gebracht. Staaten, die ihre Grenzen, ihre Finanz-, Steuer- und Rechtssysteme nicht unter Kontrolle haben und ethnische Konflikte nicht unterdrücken können, existieren nicht (und genau in dieser Lage war die Sowjetunion nach den Ereignissen im August 1991).

Wie das Beispiel von Jugoslawien zeigt, kann der Trennungsprozess blutig verlaufen. Die Beloweschsker Vereinbarungen vom Dezember 1991 haben den Schmerz über den Zerfall des Binnen-Imperiums nicht beseitigt, aber sie haben dazu beigetragen, großes Blutvergießen und eine atomare Katastrophe zu verhindern. Im Ergebnis dieser Vereinbarungen wurden bereits im Mai 1992 die meisten der gefährlichsten – hinsichtlich der Kompetenzen, sie einzusetzen – taktischen Atomwaffen, die sich vorher auf dem Territorium anderer Republiken befunden hatten, in Russland konzentriert.[19]

Wie der Zerfall von Imperien in der Praxis abläuft, mit welchen Problemen die Regierungen einer Metropole konfrontiert werden, weiß ich besser als viele andere. Dennoch hätte ich mich nicht an diese Arbeit gemacht, wenn ich nicht gesehen hätte, welche politische Gefahr das postimperiale Syndrom in der gegenwärtigen russländischen Politik heraufbeschwört und wenn ich nicht die eindeutigen, auffallenden Analogien zwischen der Rhetorik jener Personen, die sich der postimperialen Nostalgie in unserem Land bedienen, und der gängigen nationalsozialistischen Propaganda in den letzten Jahren der Weimarer Republik in Deutschland erkennen würde.

Parallelen zwischen Russland und der Weimarer Republik werden oft gezogen. Ich gehöre selbst zu denen, die diese Analogie in russländischen politischen Diskussionen zu Beginn der 1990er-Jahre angeführt haben. Aber nicht alle verstehen, welche Bedeutung ihr zukommt. Wenige erinnern sich, dass die imperiale staatliche Symbolik

---

[19] Genauer zum Zusammenhang dieser Ereignisse s. Kap. 8.

in Deutschland 1926, acht Jahre nach dem Zusammenbruch des Imperiums, wieder hergestellt wurde[20], und in Russland nach neun Jahren, im Jahre 2000. Und nur wenige wissen, dass die wichtigste ökonomische Forderung der Nazis darin bestand, die Sparguthaben zurückzugeben, die die deutsche Mittelklasse im Zuge der Hyperinflation 1922-1923 verloren hatte.[21]

Die Rolle der Wirtschaftsdemagogie der Nazis bei ihrer Machtübernahme 1933 ist nicht zu unterschätzen. Antisemitismus, radikaler Nationalismus und Xenophobie bestimmten immer das Denken der NSDAP-Führer. Aber bis 1937 nutzten sie die entsprechenden Parolen noch mit Vorsicht.[22] Der Appell an die Gefühle deutscher Eigentümer, die ihre Ersparnisse verloren hatten, war ein mächtiges politisches Instrument. Jene, die versprechen, die während der finanziellen Katastrophe der Sowjetunion wertlos gewordenen Sparguthaben wieder herzustellen, wiederholen wortwörtlich die Goebbelssche Propaganda zu Anfang der 1930er-Jahre.

An die Macht gekommen, gaben die Nazis diese Guthaben nicht zurück. Sie führten das Land in den Krieg und in eine weitere finanzielle Katastrophe, für die der Vater des Wirtschaftsreformen, der Wirtschaftsminister der Bundesrepublik Deutschland Ludwig Erhard, die Verantwortung übernehmen musste, der die bis dahin festen Preise 1948 freigab. Aber das geschah später.

In Russland kam es, anders als der Autor dieser Zeilen erwartet hatte, nicht unmittelbar nach dem Zusammenbruch der UdSSR zu einer Blüte des postimperialen Syndroms und des damit verbundenen radikalen Nationalismus. Dies erfolgte erst später. Wir, meine Kollegen und ich, die die Reformen in Russland eingeleitet hatten, waren uns darüber im Klaren, dass der Übergang zur Marktwirtschaft, die Anpassung Russlands an eine neue Position in der Welt, an die Existenz neuer unabhängiger Staaten nicht einfach sein würde. Aber wir gingen davon aus, dass (wie z. B. in Frankreich) die Überwindung der Rezessionsphase in der Übergangszeit, das beginnende Wirtschaftswachstum und die steigenden Realeinkünfte der Bevölkerung dazu führen würden, dass prosaische Sorgen um den eigenen Wohlstand die zerschlagenen Träume von einer Wiederherstellung des Imperiums verdrängen würden. Darin haben wir uns getäuscht.

Wie die Erfahrung gezeigt hat, denken die meisten Menschen in Zeiten einer schweren Wirtschaftskrise nicht an imperiale Größe, wenn sie nicht wissen, ob ihr Geld reichen wird, um bis zur nächsten Gehaltszahlung die Familie zu ernähren, ob das Gehalt überhaupt gezahlt wird und ob man seine Arbeit nicht schon morgen verliert. Wenn dagegen der Wohlstand zunimmt und man sicher ist, dass das Gehalt in diesem Jahr steigen wird, dass man, falls es zu keiner Depression kommt, nicht

---

[20] Im Mai 1926 verfügte Präsident Hindenburg per Erlass, dass über den deutschen diplomatischen Auslandsvertretungen die Flaggen der Republik sowie die Reichsflaggen hängen sollten.

[21] s. Delmer, Weimar Germany. Zum Einfluss der deutschen Hyperinflation 1922-1923 auf die Desorganisation der Mittelklasse s. a. B. Weisbrod: The Crisis of Bourgeois Society in Interwar Germany. In: R. Bessel (Hrsg.): Fascist Italy and Nazi Germany. Comparisons and Contrasts. Cambridge 1972. S. 30.

[22] William Brustein: The Logic of Evil: the Social Origins of the Nazi Party, 1925-1933. New Haven 1996.

arbeitslos wird, dass das Leben zwar anders geworden ist, sich aber wieder stabilisiert hat, dann kann man sich zu Hause mit der Familie in Ruhe einen sowjetischen Film anschauen. Einen Film, in dem unsere Kundschafter die besten Spione sind, wir immer siegen, und das Leben auf dem Bildschirm ungetrübt ist. Und dann lässt sich gut darüber räsonieren, dass die Feinde unsere Großmacht zerstört haben und dass wir allen noch zeigen werden, wer hier der Größte ist.[23]

Der Appell an imperiale Größensymbole ist ein mächtiges Instrument, um einen politischen Prozess zu lenken. Je mehr die offizielle russische Propaganda den Großen Vaterländischen Krieg als Kette von Ereignissen auf dem Weg zum Sieg darstellt, den der Führer von vornherein anvisiert und erreicht hat, umso schneller schwindet die Erinnerung an die Stalinschen Verfolgungen. Man vergisst, dass bei der Entfesselung des Kriegs Stalin selbst, der den Molotov-Ribbentrop-Pakt sanktionierte, eine beträchtliche Rolle spielte. Positive Bewertungen von Stalin legten von 1998 bis 2003 von 19 auf 53 % zu. Die Frage „Wenn Stalin am Leben wäre und für den Posten des russischen Präsidenten kandidieren würde, würden Sie ihn wählen?" wurde von 26-27 % der Einwohner Russlands bejaht. Es geht um einen Menschen, der mehr unserer Landsleute vernichtet hat als irgendjemand sonst in der jahrhundertelangen und nicht einfachen russischen Geschichte. Allein dieses Faktum reicht aus, um sich über das Ausmaß der Gefahren klar zu werden, die das postimperiale Syndrom für unser Land bedeutet.

Erneut Russland zu einem Imperium zu machen, hieße, seine Existenz in Frage zu stellen. Die Gefahr einer Bewegung in dieser Richtung ist groß. Gerade deshalb kommt es darauf an zu verstehen, was diese Imperien gewesen sind, die in den letzten Jahrhunderten entstanden sind, warum sie auseinandergebrochen sind und welche entscheidenden Probleme zu ihrer Desintegration geführt haben. In den ersten Kapiteln der vorliegenden Arbeit wird die weltweite Erfahrung analysiert, in den letzten geht es darum, wie das letzte Imperium des 20. Jahrhunderts, die Sowjetunion, zusammengebrochen ist.

Der Zerfall der Imperien verlief unterschiedlich. Politische und ökonomische Probleme in der Metropole und den ehemaligen Kolonien spielten hier zusammen. In der Sowjetunion entwickelte sich die Krise vor dem Hintergrund der erodierenden Legitimation des totalitären politischen Regimes und des fallenden Erdölpreises, von dem zu Beginn der 1980er-Jahre das Budget, der Verbrauchermarkt und die Zahlungsbilanz abhingen. Die Kapitel, in denen die Gründe für die Instabilität autoritärer und totalitärer Regime und die Probleme jener Länder untersucht werden, deren Wirtschaft weitgehend von der Marktkonjunktur natürlicher Ressourcen abhängen,

---

[23] Ein Großteil der russischen Öffentlichkeit nimmt die Russische Föderation als zeitweilige Bildung eines Zwischenstadiums wahr, das sich mit der Zeit entweder vergrößern oder auseinanderfallen wird. Lediglich 28,4 % der von Soziologen Befragten glauben, dass „Russland ein selbstständiger Staat bleiben soll, ohne sich mit einem weiteren zu vereinigen". (S. Ju. Solozovov: Rossija v postimperskij period: primenim li postkolonial'nyj opyn Velikobritanii? (Russland in der postimperialen Periode: Ist die postkoloniale Erfahrung Großbritanniens anwendbar?) http://www.ukpolitics.ru/rus/members/9/09.doc

erscheinen mir wichtig, um zu verstehen, was sich Anfang der 1980er- bis Mitte der 1990er-Jahre des 20. Jahrhunderts in der Sowjetunion abspielte.

Der Umstand, dass die Sowjetunion ein Vielvölkerstaat war, in dem die Russen lediglich die Hälfte der Landesbevölkerung ausmachten, hat sich wesentlich auf das Geschehen während und nach ihrem Zusammenbruch ausgewirkt. Wichtiger ist allerdings etwas anderes. Es handelte sich um eine Gesellschaft, in der das *Imperium* – das Regime – im Alltagsleben dominierte. Sowohl die Behörden als auch die Gesellschaft konnten sich sicher sein, dass der Staat jederzeit in beliebigem Ausmaß Gewalt anwenden konnte, um Unmutsbekundungen zu unterdrücken. Diese Staatsform, die dem oberflächlichen Beobachter stabil scheinen mochte, ist insofern anfällig, als sie keine flexiblen Adaptionsmechanismen enthält, um sich einer veränderten Situation in der modernen Welt anzupassen. Die Darstellung der hiermit verbundenen Risiken am Beispiel der UdSSR ist der wesentliche Inhalt des vorliegenden Buchs.

Die fehlende Bereitschaft der Weimarer Regierung, die Wahrheit über den Beginn des Ersten Weltkriegs zu sagen, hat entscheidend zu ihrem Zusammenbruch beigetragen. Die Wahrheit über den Zusammenbruch der Sowjetunion, seine Gründe und Mechanismen, ist meines Erachtens noch nicht in systematischer Form vorgetragen worden. In der letzten Zeit wurde der Zugang zu Archivunterlagen, die Aufschluss über die Krise der sowjetischen Wirtschaft bringen könnten, erneut eingeschränkt. Nichtsdestoweniger kann man sich anhand von Materialien, die Anfang der 1990er-Jahre freigegeben wurden, darüber klar werden, was tatsächlich passiert ist. Die Legende von dem blühenden, mächtigen Reich, das feindliche Ausländer vernichtet haben, ist ein Mythos, der die Zukunft des Landes gefährdet. In der vorliegenden Arbeit versuche ich zu zeigen, wie wenig diese Sicht der Ereignisse mit der Wirklichkeit zu tun hat. Man sollte nicht die Fehler wiederholen, die die deutschen Sozialdemokraten in den 1920er-Jahren gemacht haben. Der Preis für solche Fehler ist in einer Welt mit Kernwaffen zu hoch.

In der russischen öffentlichen Meinung dominiert heute folgendes Weltbild: 1.) Vor zwanzig Jahren existierte ein stabiles, florierendes, mächtiges Land – die Sowjetunion. 2.) Seltsame Menschen (möglicherweise Agenten ausländischer Geheimdienste) haben dort politische und ökonomische Reformen in Gang gebracht. 3.) Die Ergebnisse dieser Reformen waren katastrophal. 4.) 1999-2000 kamen jene an die Macht, denen die staatlichen Interessen des Landes am Herzen liegen. 5.) Danach wurde das Leben allmählich besser. Dieser Mythos ist ebenso weit entfernt von der Wahrheit wie die Legende von dem unbesiegbaren, verratenen Deutschland, die in der deutschen Öffentlichkeit Ende der 1920er- und in den 1930er-Jahren so populär war.

Die Aufgabe dieses Buches ist es zu zeigen, dass dieses Weltbild nicht der Wirklichkeit entspricht. Der Glaube daran ist für das Land und für die Welt gefährlich. Leider ist das ein Fall, in dem der Mythos vom gesunden Menschenverstand noch verstärkt wird. Einem Europäer des 15. Jahrhunderts zu erklären, dass sich die Erde um die Sonne dreht und nicht umgekehrt, war nicht einfach. Er konnte sich vom Gegenteil überzeugen, wenn er aus dem Haus ging. Um anzuzweifeln, was er sah, musste es gewichtige Argumente geben.

Wenn man versucht, die Sicht des gesunden Menschenverstands anzufechten, darf man nicht an Beweisen sparen. Unsere Aufgabe ist es zu zeigen, dass das sowjetische politisch-ökonomische System seiner Natur nach im Innern instabil und sein Zusammenbruch lediglich eine Frage der Zeit und der Form war. Der Autor ist von dieser These überzeugt. Allerdings ist sie nicht einfach zu verstehen. Daher sind hier etliche Archivunterlagen heranzuziehen, die belegen, wie sich die Ereignisse in der Sowjetunion 1985-1991 entwickelten. Einigen Lesern mögen die zahlreichen Zitate aus der offiziellen sowjetischen behördlichen Korrespondenz überflüssig scheinen. Ich gehe davon aus, dass hier zu viele dokumentarische Belege besser sind als zu wenige. Der Leser kann die Zitate aus diesen Unterlagen auslassen.

Ich möchte meinen Dank ausdrücken bei N. Vazhov, Ju. Bobylev, L. Gozman, N. Glavazkaja, E. Vorobjeva, Vladimir Vojnovitsch. Valentin Kudrov, L. Lapatnikov, Vladimir Mau, A. Maksimov, A. Moldavskij, V. Sarnov, Sergej Sinelnikov, E. Serov, V. Zymbal, V. Jaroschtschenko, Jevgenij Jasin. Sie haben das Manuskript oder einige Kapitel daraus gelesen und kommentiert und wertvolle Ratschläge erteilt. Ich danke O. Lugovskij, V. Daschkeev und I. Masaev für ihre unschätzbare Hilfe bei der Zusammenstellung und Analyse der historischen Statistik und E. Mozgovaja, N. Sajzeva, T. Lebedeva, L. Mosgovaja, E. Bondareva, M. Krisan und A. Kolesnikova für ihre technische Unterstützung. Dieses Buch wie auch meine vorigen Arbeiten wären nicht ohne die Hilfe meiner geliebten Frau Maria Strugatzkaja geschrieben worden.

Natürlich trage ich als Autor die Verantwortung für eventuelle Ungenauigkeiten und Fehler.

1
Größe und Fall von Imperien

*"Sie können mit einem Bajonett alles machen,
aber Sie können nicht darauf sitzen."*

Talleyrand

Im ersten Jahrhundert v. Chr. führten der Niedergang der allgemeinen Wehrpflicht für freie Bauern und die Bildung von Berufsarmeen dazu, dass die republikanischen Institutionen des Alten Rom zusammenbrachen. Sie bereiteten den Boden für ein Regime, bei dem derjenige das Sagen hat, den die Armee akzeptiert. Die Staatsordnung wurde als Imperium bezeichnet (der Terminus kommt aus dem lateinischen „imperium", d. h. Macht, Herrschaft). Da sich die römische Herrschaft zu jener Zeit auf den Großteil der damals bekannten Welt erstreckte, war mit diesem Wort noch eine weitere Bedeutung konnotiert: In Europa war Imperium nunmehr gleichbedeutend mit einem durch Eroberungen entstandenen Vielvölkerstaat. Nach dem Zusammenbruch des Weströmischen Imperiums beeinflussten die von ihm erbten Regeln und Traditionen die Entwicklung in den ehemals zum Imperium gehörigen Territorien, die in der Nähe der Metropole lagen. Dies wirkte sich auf den gesamten weiteren Verlauf der europäischen Geschichte aus.

1.1 Modernes Wirtschaftswachstum und das Zeitalter der Imperien

Die Idee eines Imperiums, eines mächtigen, autoritären Vielvölkerstaats, der zahlreiche Völker vereinigt, gehört wie die christliche Kirche zum Erbe, das das mittelalterliche Europa von der Antike übernommen hat. James Bryce, einer der renommiertesten Erforscher der Geschichte das Heiligen Römischen Reichs, hat festgestellt: „Die vergehende Antike hat den folgenden Jahrhunderten zwei Ideen hinterlassen: die Idee einer universalen Monarchie und die einer universalen Religion."[1] Aphoristische Ausdrücke vereinfachen in der Regel das Geschehen. So auch hier. Der Einfluss antiker Institutionen und des römischen Rechts hatte für die europäische Entwicklung

---

[1] James Bryce: The Holy Roman Empire. Svjaščennaja Rimskaja imperija. Moskau 1891. S. 71.

mehr Bedeutung als die Idee der universalen Monarchie. Allerdings steht der Zusammenhang des imperialen Ideals mit der römischen Tradition außer Frage.

Viele Herrscher haben versucht, sich den Titel eines Imperators zuzulegen. Aber im Laufe der Jahrhunderte nach dem Zusammenbruch des Römischen Imperiums wurde allein Byzanz von den anderen europäischen Staaten als Erbe der römischen imperialen Tradition anerkannt.[2] Das galt sowohl für den östlichen als auch für den westlichen Teil des Römischen Imperiums. Die byzantinischen Herrscher waren der Auffassung, dass sie nur zeitweilig die Kontrolle über einen Teil des Reichsgebiets verloren hätten. Als Karl der Große im Jahre 800 als Imperator des Heiligen Römischen Reichs gekrönt wurde, war es für ihn ein ernstes Problem, ob ihn die byzantinischen Machthaber anerkennen würden.[3]

Durch die allmähliche Schwächung von Byzanz verloren die Ansprüche auf den Imperator-Titel, der sich auf einen postimperialen Raum bezog, ihre Bedeutung. Nach der Eroberung Konstantinopels durch die Türken wurde die Frage, wer darauf ein Anrecht hat, von neuem aktuell. In diesem Zusammenhang entsprach es dem Zeitgeist, dass die russischen Machthaber Ende des 15. und Anfang des 16. Jahrhunderts für Moskau in der Rolle eines Dritten Rom das römische und byzantinische Erbe beanspruchten. Allerdings war Russland vom Zentrum des Geschehens zu weit entfernt, als dass diese Ambitionen in Europa hätten ernst genommen werden können.

Gegen Ende des 15. Jahrhunderts wurde das Heilige Römische Reich, das vom 9. bis 14. Jahrhundert viele Umgestaltungen erfahren hatte und weitgehend ephemer war, von den europäischen Höfen als einziger Staat wahrgenommen, der ein legitimes Anrecht auf diese Bezeichnung hatte. Allerdings lebte die Idee des Imperiums weiter und beeinflusste weiterhin die Ereignisse in Europa.

Philipp II. hat sich gelegentlich als Imperator Indiens bezeichnet. In der politischen Auseinandersetzung Ende des 16. Jahrhunderts findet man die Idee von Spaniens imperialer Prädestination und seiner heiligen Mission, Europa zu lenken. Die kastilische Elite betrachtete seit Ende des 15. Jahrhunderts das Römische Reich als nachahmenswertes Modell. Sich selbst verstand sie als Erben der Römer, als ein Teil der Auserwählten, denen die göttliche Mission auferlegt sei, erneut ein Weltreich zu schaffen.[4] Ohne diesen Kontext wäre es schwer nachzuvollziehen, weshalb die spanischen Könige so viel menschliche und finanzielle Ressourcen in die Kriege des 16. und 17. Jahrhunderts investierten, in den Versuch, ihre Herrschaft in der Welt auszubreiten.

Im 15. und 16. Jahrhundert ist der wirtschaftliche und militärische Aufschwung Europas, seine militärische Überlegenheit über die Länder in seiner Umgebung offensichtlich. Die europäischen Staaten dehnten ihre Herrschaft auf andere Konti-

---

[2] Zum Prestige des Imperator-Titels, mit dem die höchste (verchovnaja) Macht verbunden ist, in den Augen barbarischer Herrscher in Belgien, Spanien, Afrika, Italien vgl. Š. Dilʻ: Istorija Vizantijskoj imperii (Geschichte des byzantinischen Imperiums). Moskau 1948, S. 26.

[3] Geoffrey Barraclough: The Mediaeval Empire. Idea and Reality. London 1950. S. 9 ff.

[4] John H. Elliott: Spain and Its Word, 1500-1700. Selected Essays. New Haven 1989. S. 9.

nente aus. Wichtigster Antrieb hierfür war die Hoffnung, die Edelmetall-Reserven aufzufüllen, eine Ressource, mit der man Kriege finanzieren konnte. Erst seitdem in Amerika Edelmetalle zugänglich waren, wurde es für Spanien interessant.

Damals entstanden die europäischen Imperien. Das war eine Zeit merkantilistischer Handelspolitik. Die Staaten beschränkten den Import von Produkten verarbeitender Branchen und förderten den Export heimischer Produkte. Der Besitz von Kolonien erweiterte die vom jeweiligen Staat kontrollierte Handelszone. Unterjochte Staaten konnten den Warenzugang aus der Metropole nicht beeinflussen. Die Metropole konnte dagegen eine einschränkende Handelspolitik gegen die Kolonien betreiben. Die Ausdehnung der Kolonialgebiete verlief parallel zu einem verschärften Kampf der Imperien gegeneinander, mit Besitzumverteilungen und der Konkurrenz von Handelsgesellschaften, die mit Kolonien Geschäfte abwickelten.

Mitte des 19. Jahrhunderts waren China, Japan und die Osmanische Pforte (Hohe Pforte) formal keine europäischen Kolonien. Nach dem Vertrag zwischen England und der Türkei vom 5. Januar 1809, den Opium-Kriegen von 1840-1842 und dem Eintreffen von Commodore Perrys Schwadron in Japan 1853 wurde diesen Ländern allerdings eine Politik niedriger Importzölle aufgezwungen.[5]

Selbst Apologeten von Imperien räumen ein, dass administrative Zwangsmaßnahmen gegenüber den unterjochten Völkern in dieser Epoche der industriellen Entwicklung der Metropole zugute kommen sollten. 1813 hätte Indiens Textil- und Seidenindustrie ihre Produkte auf dem britischen Markt mit Gewinn um 50-60 % billiger als die entsprechenden englischen Waren verkaufen können. Aber die Einfuhrzölle (70-80 % des Preises) oder ein direktes Importverbot für indische Waren machten dies unmöglich. Wäre Indien unabhängig gewesen, hätte es als Reaktion auf diese Maßnahmen restriktive Zölle für englische Waren eingeführt. Es war die Heimat der Textilindustrie, diese hatte dort 6.000 Jahre existiert. Sie beschäftigte Millionen von Menschen. Nach der Kolonisierung verloren Hunderttausende ihre Arbeit, deren Familien über Generationen hinweg von der Weberei gelebt hatten. Städte wie Dakka und Mushirabad, frühere Zentren der Textilindustrie, waren ruiniert. Sir Charles Trevelyan berichtete dem Parlamentsausschuss, dass die Bevölkerung von Dakka von 150.000 auf 30.000 bis 40.000 zurückgegangen war. Von 1814 bis 1835 stieg der britische Textilexport nach Indien von 1 Milliarde Yards auf 51 Milliarden jährlich an. In diesen Jahren ging der indische Textilexport nach England auf ein Viertel zurück. 1844 fiel er nochmals auf ein Fünftel.[6]

Der Beginn des modernen Wirtschaftswachsums an der Schwelle zum 19. Jahrhundert vergrößerte die wirtschaftliche, finanzielle und militärische Kluft zwischen Europa und der übrigen Welt (die europäischen Einwandererkolonien USA, Kanada, Australien usw. ausgenommen). Die Niederlage Russlands, eines der größten und

---

[5] Louis Michael Cullen: A History of Japan, 1582-1941. Cambridge 2003. S. 178-182; E. Ihsanoglu (Hrsg.): History of the Ottoman State, Society and Civilisation. Istanbul 2001. Vol. 1. S. 73-76, 80. Meždunarodnye otnošenija na Dal'nem Vostoke (Internationale Beziehungen im Fernen Osten). Moskau 1973. Bd. 1. S. 58-62.

[6] Ram Gopal: British Rule in India: An Assessment. London 1963. S. 17 ff.

Europa am nächsten gelegenen Agrarreiche, im Krimkrieg brachte dies deutlich zum Ausdruck.

Die Welt Mitte des 19. Jahrhunderts war hart, für Sentimentalitäten war kein Raum. Es galt die alte Regel der Römer: „Wehe den Besiegten" (Vae victis). Das Verhalten der Kolonialreiche gegenüber den unterworfenen Völkern zu dieser Zeit kann man kaum als milde bezeichnen. Um das zu zeigen, braucht man gar nicht unbedingt auf den katastrophalen Bevölkerungsrückgang in Amerika nach der spanischen Eroberung oder auf die Vernichtung der nordamerikanischen Indianer zu verweisen. Es genügt, an das im liberalen britischen Imperium für Inder geltende Verbot zu erinnern, Posten im Staatsdienst zu bekleiden.[7]

Gründung und Zusammenbruch der europäischen Imperien sind Teil eines Prozesses, der mit dem präzedenzlosen Wirtschaftswachstum und sozioökonomischen Veränderungen in Nordwesteuropa Ende des 18. und Anfang des 19. Jahrhunderts einherging. Er bahnte den Weg für die wirtschaftliche, finanzielle und militärische Expansion der Metropolen und die Ausweitung ihrer territorialen Kontrolle. Zugleich erhöhte er die Gefahren, dass die wirtschaftlichen und politischen Machtgrundlagen des einen oder anderen Reichs in der sich verändernden Welt unterminiert werden könnten.

Mitte des 19. Jahrhunderts waren die führenden europäischen Länder, in erster Linie England, konkurrenzlos in der Möglichkeit, tausende Kilometer entfernt von ihren eigenen Grenzen militärische Gewalt einzusetzen. Das war die Basis für die Entstehung einer imperialen Politik. Der britische Premierminister und Führer der Liberalen Partei William Gladstone stellte hierzu fest: „Das imperiale Gefühl ist jedem Engländer angeboren. Das ist Teil unseres Erbes, das mit uns auf die Welt kommt und erst nach unserem Tode stirbt."

1914 kontrollierte England ein Territorium, in dem etwa ein Viertel der Weltbevölkerung lebte.[8] Sein Imperium mit seiner langen Tradition schien den meisten Zeitgenossen unzerstörbar. Aber die Voraussetzungen für den Zusammenbruch der Weltordnung, wie sie Ende des 19. Jahrhunderts bestand, waren schon gegeben. Das moderne Wirtschaftswachstum und die damit einhergehenden umfangreichen Veränderungen in den gegenseitigen Wirtschaftsbeziehungen machten ihn unausweichlich.

Länder, deren Wirtschaftsaufschwung später als in England einsetzte, konnten von dem Faktor profitieren, den Alexander Gerschenkron als „Vorteile der Rückständigkeit" bezeichnet hat.[9] Ihre Bevölkerungszahl war häufig größer als die von Staaten,

---

[7] Rajani Palme Dutt: Krizis Britanii i Britanskoj imperii (Die Krise Englands und des British Empire). Moskau 1954, S. 14. Orig.: Britain's Crisis of Empire, London 1950, dt.: Großbritanniens Empirekrise. Berlin 1951.

[8] Die historische Statistik ist nicht genau genug, um das exakt zu schätzen. Das Ergebnis, das auf Berechnungen anhand der Angaben von A. Maddison beruht, beläuft sich auf 22,6 %. A. Maddison: The World Economy. Historical Statistics. Paris, OECD, 2003. Es ist realistisch, von 20-25 % auszugehen.

[9] Alexander Gerschenkron: Economic Backwardness in Historical Perspektive. Cambridge – Massachusetts 1962.

deren modernes Wirtschaftswachstum früher eingesetzt hat. Je nach dem Fortschritt der Industrialisierung konnten sie finanzielle und personelle Ressourcen mobilisieren, die es erlauben, schlagkräftige Streitkräfte aufzustellen. Der wirtschaftliche, finanzielle und militärische Aufschwung Deutschlands und Japans Ende des 19. und Anfang des 20. Jahrhunderts legten hiervon ein deutliches Zeugnis ab.

In meiner Arbeit „Lange Zeit" habe ich mich besonders darauf konzentriert, dass Russland in den letzten anderthalb Jahrhunderten hinter den wirtschaftlich führenden Ländern, den am weitesten entwickelten Staaten der Welt, etwa ein halbes Jahrhundert, also zwei Generationen im Rückstand war.[10] Wenn man die heutigen russischen Probleme diskutiert, ist es sinnvoll, daran zu erinnern, dass der einsetzende Untergang der Weltreiche etwa ein halbes Jahrhundert zurückliegt.

Alle Länder, die sich zu Beginn des 20. Jahrhunderts als Imperien bezeichnet haben, haben auf verschiedene Weise – freiwillig oder gezwungen – auf ihre Kolonien verzichtet und sie in die Freiheit entlassen. Das ist schwerlich aus einem rein zufälligen Zusammentreffen von Umständen zu erklären. Für Russland ist diese Erfahrung wichtig. Wenn man daraus Lehren zieht, lassen sich die Fehler vermeiden, die zu politischen Niederlagen führen.

Anfang des 20. Jahrhunderts wurde die Diskrepanz zwischen einer strengen Kontrollstruktur über Territorien, die während der Hegemonie der britischen Finanz- und Seemacht des 19. Jahrhunderts entstanden waren, und der wachsenden Wirtschafts- und Militärmacht von Ländern, die bei der Aufteilung der Welt zu kurz gekommen waren, in der internationalen Politik zu einem wichtigen Faktor. Dieses Problem friedlich zu regeln war nicht einfach. Eine gewaltsame Lösung musste zu blutigen Kriegen führen. Dies war von 1914 bis 1945 der Fall.[11]

1.2 Krise und Demontage von Übersee-Imperien

Die Imperien des 19. und 20. Jahrhunderts sind aus dem europäischen Aufschwung und dem modernen Wirtschaftswachstum hervorgegangen, das eine jahrzehntelange Asymmetrie finanzieller, wirtschaftlicher und militärischer Kräfte in der Welt zur Folge hatte. Aber sie waren fragile Gebilde, die sich nicht einfach umgestalten ließen. Sie konnten sich nicht ohne weiteres an veränderte Realitäten, andere politische Konzepte, andere Methoden militärischer Aufrüstung und neue Formen der Gewaltanwendung anpassen.

Im Laufe des 20. Jahrhunderts hat die Welt sich einschneidend verändert. Die dominierende Ideologie, in deren Rahmen die „Bürde des weißen Mannes" als gegeben galt, machte einem Weltbild Platz, in dem die Vorstellung von einer Einteilung der

---

[10] Egor Gajdar: Dolgoe vremja. Rossija v mire: očerki ėkonomičeskoj istorii (Eine lange Zeit. Russland in der Welt: Skizzen zur Wirtschaftsgeschichte). Moskau 2005. S. 36-46.

[11] Zur Unfähigkeit der englischen politischen Elite, sich mit einer Welt ohne englische Vormachtstellung zu arrangieren, als Voraussetzung für die Weltkriege im 20. Jahrhundert vgl. Andrew Gamble: Britain in Decline. Economic Police, Political Strategy and the British State. Boston 1931.

Völker in Herren und Sklaven inakzeptabel wurde. Beziehungen zwischen der Metropole und den Kolonien, wie sie im 19. Jahrhundert noch selbstverständlich waren, waren Mitte des 20. Jahrhunderts nicht mehr möglich. In dem intellektuellen Klima der 1940er- bis 1960er-Jahre ließ nicht mehr vermitteln, dass England die Herrschaft über Indien und andere Kolonien ausüben müsse.

Im Laufe der Zeit haben sich die Vorstellungen darüber gewandelt, was eine Metropole tun darf, um ihre Herrschaft zu erhalten. Die harte Welt des beginnenden 19. Jahrhunderts kannte kein Mitleid mit Schwachen.

Die sich im 20. Jahrhundert transformierenden sozialpolitischen Realitäten haben neue Verhaltensregeln diktiert. Als die Engländer Anfang der 1950er-Jahre in Malaya rigoros gegen Aufständische durchgriffen – sie nahmen Geiseln und vernichteten in rebellischen Dörfern die Aussaat – wurde diese Praxis im Parlament verurteilt und als Verbrechen gegen die Menschlichkeit eingestuft. Was im beginnenden 19. Jahrhundert erlaubt war, wurde von der Gesellschaft Mitte des 20. Jahrhunderts nicht mehr akzeptiert.

Von den Binnen-Imperien hat nur das russische den Ersten Weltkrieg – in veränderter Form – überlebt. Nach dem Zweiten Weltkrieg fielen die Imperien, die Territorien in Übersee hatten, nacheinander auseinander – das britische, französische, holländische, belgische und portugiesische. Anfang der 1990er-Jahre kam die Reihe an die letzten Binnen-Imperien – die Sowjetunion und Jugoslawien. Letzteres war kein Imperium im eigentlichen Sinne, hatte aber ähnliche Probleme wie auseinanderbrechende Territorialimperien.

Die Krise von 1914 bis 1945 hat die Welt von Grund auf verändert. Der Mythos von der Unbesiegbarkeit der Europäer, der im öffentlichen Bewusstsein auf der Schwelle zum 20. Jahrhundert bestand, aber durch den russisch-japanischen Krieg von 1904-1905 unterminiert worden war[12], wurde im Zweiten Weltkrieg durch den Zusammenbruch der europäischen Kolonialimperien in Südostasien endgültig diskreditiert. Die Europäer konnten nicht mehr darauf hoffen, dass die unterworfenen Völker weiterhin an das göttliche Recht der Eroberer glauben würden, sie zu beherrschen.[13]

Seit Ende der 1940er und Anfang der 1950er-Jahre kamen selbst die Vokabeln „Imperium" und „Imperialismus" aus der Mode. 1947 sagte der englische Premierminister Clement Richard Attlee: „Wenn derzeit irgendwo Imperialismus existiert, worunter ich die Unterordnung mancher Völker unter die politische und wirtschaftliche Herrschaft anderer Völker verstehe, dann ist das definitiv nicht im British Commonwealth der Nationen der Fall."[14]

---

[12] Zum Einfluss der russischen Niederlage im Russisch-Japanischen Krieg 1904-1905 auf die Ereignisse in den britischen Kolonien s. Hugh George Rawlinson: The British Achievement in India. London – Edinburgh – Glasgow 1948.

[13] Raymond Aron: France Steadfast and Changing: The Fourth to the Fifth Republic. Cambridge 1960.

[14] Dutt, S. 31.

Ein typisches Merkmal für Imperien ist das Fehlen des Wahlrechts für seine Untergebenen.[15] Adam Smith hielt es für zweckmäßig, den nordamerikanischen Kolonien das Wahlrecht zu gewähren. Die britischen Politiker zogen das jedoch nicht ernsthaft in Betracht. Dass die Parole „Keine Besteuerung ohne Vertretung" eine Schlüsselrolle in der Geschichte der amerikanischen Revolution spielte, ist bekannt.

Im ungarischen Teil von Österreich-Ungarn hatten von fast 11 Millionen Menschen, die über 21 Jahre alt waren, lediglich 1,2 Millionen das Wahlrecht. Über die Frage, ob Soldaten, die im Ersten Weltkrieg aus den nicht-ungarischen Teilen des Königreichs mobilisiert worden waren, das Wahlrecht haben konnten, wurde heftig gestritten. Die Regierung konnte hier keine Entscheidung fällen. Ungarns Premierminister Graf Tissa lehnte es kategorisch ab, Soldaten das Wahlrecht zu gewähren, die nicht zur Titularnation gehörten. Versuche einer Föderalisierung von Österreich-Ungarn, um die Monarchie zu retten, stießen auf hartnäckigen Widerstand der ungarischen politischen Elite gegen jegliche Zugeständnisse an die slawischen Völker.[16]

Die weltweite Erfahrung zeigt, dass ein Imperium mit politischer Freiheit, wenn es um ein reales demokratisches Wahlrecht für alle Untergebenen geht, unvereinbar ist.[17]

Anfang der 1950er-Jahre weigerte sich Frankreich, der algerischen Bevölkerung das gleiche Wahlrecht wie der europäischen zu geben, obwohl es Algerien als eigenes Departement behandelte. Die Regel zweier Wahlkollegien schrieb vor, dass die Stimme eines Europäers so viel wie die von acht Muslimen zählte. In den Jahren 1954-1958 änderten die französischen Behörden ihre Position. Sie erkannten schließlich, dass ein allgemeinen Wahlrecht unabdingbar und Algerien anders nicht zu halten war. Allerdings waren die Führer der Befreiungsbewegung nur noch mit einer vollständigen Unabhängigkeit zufriedenzustellen.[18]

Ein eingeschränktes Wahlrecht für die Bevölkerung von Kolonien entsprach den Realitäten des 16. und 17. Jahrhunderts, als die europäischen Imperien entstanden, sowie der Welt des 18. – 19. Jahrhunderts, als die Voraussetzungen für den modernen Wirtschaftsaufschwung geschaffen wurden. Allerdings widerspricht dies den Vorstellungen von einer vernünftigen Staatsordnung, wie sie der zweiten Hälfte des 20. Jahrhunderts entsprechen. Zu dieser Zeit fasste in der Welt die Überzeugung Fuß, dass Machtorgane nur dann legitim sind, wenn sie aus einem allgemeinen Wahlrecht und einer gleichberechtigten Konkurrenz politischer Kräfte hervorgegangen sind. Die Metropolen, die ihre Kolonien erhalten wollen, sind sich dessen ebenso bewusst wie die Eliten der Kolonien. Es gibt nur ein Mittel, ein Imperium zu erhalten – die

---

[15] Zur Unvereinbarkeit imperialer Strukturen mit einer demokratischen Organisation s. C. Tilly: How Empires End. In: After Empire, Multiethnic Societies and Nation Building. The Soviet Union and Russia, Ottoman and Habsburg Empires. New York 1997. S. 3.
[16] Edmund von Glaise-Horstenau: The Collapse of the Austro-Hungarian Empire. London 1930.
[17] V. Sorgin: Političeskaja istorija sovremennoj Rossii. 1985-1994: Ot Gorbačeva do El'cina (Die politische Geschichte des modernen Russland. 1985-1994. Von Gorbačev bis El'cin). Moskau 1994. S. 101.
[18] Aron: France Steadfast and Changing.

in den Kolonien lebenden Völker mit Gewalt zu zwingen, das Regime als unabänderlich hinzunehmen. Aber Imperien haben ein Problem, das Napoleons Mitstreiter Talleyrand so beschrieben hat: „Sie können mit einem Bajonett alles machen, aber Sie können nicht darauf sitzen."

In der zweiten Hälfte des 20. Jahrhunderts sprachen die Befürworter von Kolonien immer weniger von deren Vorteilen für die Metropole. Sie hoben vielmehr den Nutzen des Imperiums für die Kolonien hervor, denen die Metropole zu einem Rechtssystem und einer funktionierenden Infrastruktur verhelfe. Auch die finanziellen Rahmenbedingungen für die Imperien änderten sich. Bis zum Ende des Ersten Weltkriegs war es allgemein akzeptiert, dass sich die Kolonien selbst finanzieren und die Kolonialadministration bezahlen mussten. Durch das sich in den entwickelten Ländern wandelnde geistige Klima wurde diese Tradition bereits in den 20er-Jahren des 20. Jahrhunderts hinfällig. Man kam zu der Auffassung, dass die Metropolen finanzielle Ressourcen für die Sicherung der wirtschaftlichen Entwicklung der Kolonien bereitstellen müssten.[19] Um zu beweisen, dass das Imperium für die Untergebenen von Vorteil sei, waren die Machthaber gezwungen, immer mehr Finanzmittel für Infrastruktur-Projekte und Sozialprogramme in den kontrollierten Territorien aufzuwenden.[20] Dies geschah zwangsläufig zu Lasten der Steuerzahler der Metropole. Letztere sahen diese Praxis denn auch mit Skepsis. Für das Imperium musste gezahlt werden, und je länger desto mehr. In der Gesellschaft machte sich die Überzeugung breit, dass etliche ungelöste Probleme gerade wegen der Hilfe für die Kolonien nicht angegangen werden konnten. In der zweiten Hälfte des 20. Jahrhunderts kamen daher Elite wie Gesellschaft zu der Überzeugung, dass Imperien nicht zu finanzieren seien.

Sobald die politischen Eliten der Metropole und der Kolonien die bestehenden Verhältnisse nicht mehr für gegeben halten, ist das Schicksal der Imperien besiegelt. Ihre Demontage ist nur noch eine Frage der Art und Weise und der Zeit.

Nach dem Zweiten Weltkrieg wurde die Konfrontation zwischen Sowjetunion und ihren Satelliten einerseits und der NATO unter Führung der USA andererseits zu einem wichtigen Faktor bei der Demontage des Kolonialsystems. Die Sowjetunion, selbst eine Art Imperium, hatte ein Motiv, Nationalbewegungen, die gegen die traditionellen europäischen Imperien agierten, finanziell, politisch und militärisch zu unterstützen. Die USA, die das Militärbündnis gegen die Sowjetunion anführten, verhielten sich selbst gegenüber den Ländern Lateinamerikas so wie die europäischen Reiche zu ihren Kolonien. Sie bezeichneten sich aber selbst nie als Imperium und entsandten keine ständigen Vertreter, um abhängige Staaten zu verwalten.

Aus verschiedenen Gründen hatten weder die USA noch die Sowjetunion etwas für traditionelle Imperien übrig. Sie waren jedenfalls nicht bereit, sie zu unterstützen. Häufig trugen sie unmittelbar zu ihrer Demontage bei. Das allein schon machte die

---

[19] Wyndraeth Humphreys Morriss-Jones/Dennis Austin (Hrsg.): Decolonisation and After: The British and French Experience. In: Studies in Commonwealth Politics and History. Nr. 7. London 1980, S. 121; David Goldsworthy: Colonial Issues in British Politics 1945-1961. Oxford 1971.

[20] Goldsworthy, Colonial Issues.

Erhaltung der Imperien unmöglich.[21] Während der Suez-Krise 1956 gingen die englische und französische Regierung davon aus, dass sie mit einem Einmarsch in Ägypten die Kontrolle über den Kanal wiederherstellen könnten, und zwar aus eigenen Kräften, ohne die Amerikaner oder die Sowjetunion zu konsultieren. Damit haben sie sich verrechnet. Sie mussten nachgeben und sich damit abfinden, dass der Kanal unter ägyptischer Kontrolle blieb.

In der Welt der Nachkriegszeit spielte sich ein Prozess ab, den man in der Geschichte häufig antrifft: Militärtechnik der reichen Staaten wird schnell unter den Nachbarn und potentiellen Gegnern verbreitet. Die Fähigkeit, einen modernen Partisanenkrieg zu führen, spielte in der zweiten Hälfte des 20. Jahrhunderts eine entscheidende Rolle. Es kostete die Metropolen große personelle und finanzielle Ressourcen, dieser Herausforderung zu begegnen.

Im 16. Jahrhundert war es bei der offensichtlichen Überlegenheit Europas in der Militärtechnik möglich, einige hundert Konquistadoren auszusenden, um Amerika zu erobern. In der zweiten Hälfte des 20. Jahrhunderts reichten 400.000 nach Algerien geschickte französische Wehrpflichtige nicht aus, um den Widerstand von 20.000 Aufständischen zu brechen, die von der Zivilbevölkerung unterstützt wurden.

Die Verteidigungsausgaben von Portugal, die 1971 43 % des Haushalts ausmachten, waren für das Land nicht tragbar. 1961-1974 emigrierten 110.000 junge Portugiesen, um sich der Einberufung zu entziehen. Das Dekret von 1967 setzte die Wehrplicht auf vier Jahre herauf. Die Unfähigkeit der Militärausbildungsstätten, genügend Kommandeure auszubilden, zwang die portugiesischen Behörden, in großem Umfang jüngere Offiziere einzuberufen, die nach Abschluss eines militärischen Studiums an zivilen Universitäten befördert worden waren. Gerade sie wurden zum Kern der Bewegung, die den Umsturz des autoritären Regimes und die Beendigung des Kolonialkrieges vorbereitete.[22]

Vietnam war niemals eine Kolonie der USA. Amerika wurde in den Vietnam-Krieg vor dem Hintergrund des zusammenbrechenden französischen Kolonialreichs und des „Kalten Krieges" hineingezogen. Zu Beginn des amerikanischen Engagements im Vietnam-Krieg war klar, dass zur Kontrolle und Sicherung des Territoriums angesichts eines Partisanenkriegs Kräfte mit einer etwa zehnfachen zahlenmäßigen Überlegenheit über die Partisanen erforderlich waren. Der sozioökonomische und politische Preis für die Erhaltung der Kolonien erwies sich als zu hoch.

Nationale Gefühle gehören zu den stärksten Instrumenten einer politischen Mobilisierung in Gesellschaften, die über keine demokratischen Traditionen verfügen. Konstantin Leontjev hat gut erfasst, dass das Gefühl nationaler Solidarität für ein Imperium eine Bedrohung darstellt: „Die Idee der Nationalitäten (…) in der Form,

---

[21] Die finanziellen Verpflichtungen Englands gegenüber den Vereinigten Staaten aus dem Zweiten Weltkrieg gaben den Amerikanern Instrumente, um Englands Politik gegenüber seinen Kolonien zu beeinflussen. Goldsworthy, Colonial Issues.

[22] David L. Raby: Fascism and Resistance in Portugal: Communists, Liberals and Military Dissidents in the Opposition to Salazar. 1941-1974. Manchester 1988; D. Porch: The Portuguese Armed Forces and the Revolution London 1977; Neil Bruce: Portugal. The Last Empire. London 1975.

wie sie im 19. Jahrhundert erscheint, ist eine Idee, (…) die viel zerstörerisches Potential und nichts Konstruktives hat."[23]

Die Konfrontation zwischen weißen Herrschern und Ausbeutern und der indigenen, geknechteten und beleidigten Bevölkerung der Kolonien ließ sich politisch effizient nutzen. Als der Mythos von der Unbesiegbarkeit der Europäer zerstreut war, erhielt der gewaltsame Kampf gegen Kolonialordnungen breiten Zulauf. Die daran Beteiligten konnten auf finanzielle und militärische Unterstützung des Sowjetblocks hoffen. Die entstandenen unabhängigen Staaten boten den Partisanen von Ländern, die noch Kolonien europäischer Reiche waren, ein zuverlässiges Hinterland.

Nach dem Zweiten Weltkrieg stand außer Zweifel, dass die Kolonialreiche aufgelöst werden mussten. Zur Frage stand lediglich, welche der Metropolen das eher erkennen und den Entkolonisierungsprozess schonender und weniger schmerzhaft durchführen würde.

Die englische Elite hatte, anders als die französische im Jahre 1940, keine Kapitulation erlebt. Das Land, das aus dem Zweiten Weltkrieg als eine der Siegermächte hervorging, war nicht schlecht auf die Krise vorbereitet, die mit der Auflösung des Imperiums einherging. 1945 war England eine der drei Weltmächte mit einer Armee von 4,5 Mio. Soldaten, die Territorien auf vielen Kontinenten beherrschte. Die Sonne ging in diesem Reich niemals unter. Ende 1961 war von diesem Imperium fast nichts mehr übrig. Dennoch betrachtete die englische Führung im Unterschied zur russischen diesen Prozess nicht als geopolitische Katastrophe. In den meisten Arbeiten zur Auflösung der Kolonialreiche gilt das Beispiel Englands, das verstanden hatte, wie die Welt in der zweiten Hälfte des 20. Jahrhunderts funktionierte, als nachahmenswertes Vorbild.[24]

Der vom englischen Parlament 1909 verabschiedete Akt zum Indien-Rat (Indian Councils Act) brachte zwar keine radikalen organisatorischen Veränderungen in der Regierung des Imperiums, war aber ein wichtiger Schritt auf dem Weg zu einem unabhängigen indischen Staatswesen.[25] Der Beschluss über Indiens Unabhängigkeit fiel während des Zweiten Weltkriegs. Damit endete im Grunde genommen die Geschichte des British Empire. Die weitere Entwicklung ist ein sich lange hinziehendes Nachspiel. Allerdings wurde die Nostalgie nach dem Imperium bereits zu Beginn der 1950er-Jahre politisch ausgebeutet, zumindest von Anhängern der konservativen Partei, die sich mit der imperialen Größe identifizierten. Diskussionen über die Traditionen der Vergangenheit, die Bedeutung des Imperiums für England, die Unmöglichkeit, darauf zu verzichten, über die „Politik des Verrats" der Labour-Anhänger, die seine Auflösung betrieben hatten, spielten eine große Rolle in der politischen Propaganda der Konservativen dieser Zeit. Die ideologische Grundlage dieser Politik

---

[23] Konstantin Leont'ev: Vostok, Rossija i slavjanstvo. Gesammelte Aufsätze. Moskau 1885, Bd. 1, S. 106.
[24] Morris-Jones, Austin, Decolonisation.
[25] Rawlinson, S. 189. Nach dem neuen Gesetz wurde nunmehr die Hälfte der Mitglieder im imperialen legislativen Rat gewählt, und in den Provinzen wurde die Mehrheit der Mitglieder der legislativen Räte bei den Gouverneuren gewählt.

war Churchills Erklärung vom 10. November 1942: „Wir beabsichtigen, das, was uns gehört, zu behalten… Ich bin nicht Premierminister des Königs geworden, um die Liquidierung des British Empire zu leiten."[26] Ähnliche Gedanken äußerte er mehrmals, auch nachdem er 1951 in die Regierung zurückgekehrt war.

Die Notwendigkeit, das Imperium zu bewahren und ähnliche Themen, der Schaden durch jene, die es demontieren wollen, Appelle an postimperiale Nostalgie und Antiamerikanismus, dominierten in der öffentlichen Politik der konservativen Partei Anfang und Mitte der 1950er-Jahre.[27] Viele englische Politiker dieser Zeit betrachteten die Vereinigten Staaten, und nicht die Sowjetunion, als Hauptfeind ihres Landes. 1951 war es unmöglich, den meisten aktiven Mitgliedern der konservativen Partei, die soeben die Wahlen gewonnen hatte, zu erklären, dass die Tage des Imperiums gezählt waren.[28]

Die Zeit rückt alles zurecht. Das Scheitern der Suez-Kampagne 1956, die notwendigen Bemühungen, um die Situation auf Zypern 1958 unter Kontrolle zu bringen, führten der englischen Öffentlichkeit vor Augen, dass ihre Träume von der Bewahrung des Imperiums romantisch, aber unrealistisch waren.

Seit 1959 begann die konservative Regierung, die einige Jahre zuvor dem imperialen Ideal ihre Treue geschworen hatte, die Auflösung des Imperiums in die Wege zu leiten. Iain Macleod, zu der Zeit Kolonialminister, beschrieb die Situation wie folgt: „Es heißt, nachdem ich Sekretär für Kolonien geworden sei, sei die Politik zugunsten ihrer Unabhängigkeit gezielt verstärkt worden. Das räume ich ein. Mir scheint, jegliche andere Politik hätte zu einem schrecklichen Blutvergießen in Afrika geführt."[29]

Nach Auflösung des Imperiums wurde England mit einem schweren, sich über Jahrzehnte hinziehenden terroristischen Krieg in Nordirland konfrontiert. Parallelen zu Russland, das 1991 ohne Blutvergießen auf das nächstgrößte Imperium verzichtet hatte und es dabei mit dem schwer zu lösenden tschetschenischen Problem zu tun bekam, liegen auf der Hand. Eine schmerzlose Auflösung der Imperien war niemandem vergönnt.

Eine geordnete, planmäßige Demontage von Imperien entsprechend den strategischen Plänen der Führung einer Metropole ist die Ausnahme und nicht die Regel.[30] Häufiger ergeben sich Situationen, in denen Metropolen, die nicht bereit sind, ihre Soldaten zur Verteidigung imperialer Besitztümer zu entsenden, in eine politische Krise geraten. Es gelingt ihnen nicht, die Beziehungen zu den ehemaligen Kolonien friedlich umzugestalten. Hierfür ist das portugiesische Beispiel typisch, wo die Armee in den Kolonien nach der Revolution vom 25. April 1974 keinerlei Wunsch zu

---

[26] Winston Churchill: Memories „The Second World War". 6 Bd. London 1952. Bd. 5, S. 88.
[27] Goldsworthy, Colonial Issues,
[28] Guy Arnold: Britain Since 1945: Choice, Conflict and Change. London 1989.
[29] Morris-Jones, Austin, Decolonisation, S. 23.
[30] Im Hinblick auf England lässt sich nur insofern von einer schmerzlosen Auflösung des Imperiums sprechen, wenn man es mit anderen ähnlichen politischen Gebilden vergleicht. Das postimperiale Syndrom prägte die englische Außenpolitik in den 1950er und 1960er-Jahren und machte es England lange unmöglich, sich hinsichtlich der europäischen Integration zu positionieren.

kämpfen verspürte. Soldaten und jüngere Offiziere hatten nur den einen Gedanken – so schnell wie möglich nach Hause zu kommen. In dieser Situation konnte sich die Regierung nicht auf lange und komplizierte Verhandlungen über die Prozeduren einer Machtübergabe einlassen.[31]

In Frankreich verlief der Prozess der Anpassung der Gesellschaft an neue Realitäten langsamer als in England, was mit dem schweren Erbe der Niederlage von 1940 zusammenhängt. Die Nostalgie nach dem Imperium war stärker. Die französische politische Elite war überzeugt, dass nur das Imperium es dem Land ermöglicht, den Status einer Großmacht und weltweiten Einfluss zu bewahren.[32] Die Zahl der Menschen, die dafür ums Leben gekommen sind, ist höher als in anderen europäischen Metropolen. Am Resultat – an der Demontage des Imperiums – hat das nichts geändert.

Vor dem Hintergrund des Untergangs der europäischen Imperien entwickelte sich eine Krise der allgemeinen Wehrpflicht.[33] Von allen Imperien hat Frankreich Ende der 1940er und Anfang der 1950er-Jahre die meisten Anstrengungen unternommen, um seine Kolonien zu behalten; es hat dabei mehr Geld investiert und mehr Menschenleben verloren als die anderen. In Indochina sind von 1945 bis 1954 92.000 Soldaten und Offiziere des Expeditionskorps ums Leben gekommen, 140.000 wurden verletzt, 30.000 gefangengenommen. Der Krieg endete mit einer Niederlage. Dennoch entschloss sich die französische Regierung nicht, auch nur einen Wehrpflichtigen aus Frankreich dorthin zu entsenden. Das war politisch nicht durchsetzbar. Französische Familien lehnten es kategorisch ab, ihre Söhne im Kampf in Indochina zu verlieren.

Nach der Kapitulation der französischen Streitkräfte bei Dien Bien Phu, als 10.000 Soldaten und Offiziere in Gefangenschaft gerieten, zogen es die meisten französischen Militärführer vor, die Verantwortung für die Niederlage den zivilen Politikern zuzuschreiben, die die Armee nicht unterstützt hatten und ihr in den Rücken gefallen waren. Die Niederlage in Südostasien, die zum Teil durch den Verzicht auf die Entsendung von Wehrpflichtigen bedingt war, trug dazu bei, die Anhänger der Unabhängigkeit in anderen französischen Kolonien zu mobilisieren, in erster Linie in Algerien. Wenn eine Metropole ihr Territorium in Asien nicht halten kann, wer sagt dann, dass ihr das in Nordafrika gelingt?

Ein historisches Paradox besteht darin, dass der französische Premierminister, der den Krieg in Indochina mit dem Vertrag von 1954 mit Ho Chi Minh beendete und der umfangreiche Stationierungen französischer Streitkräfte in Algerien anordnete, ein und dieselbe Person war: Pierre Mendès-France. Während der Parlamentsdebatten am 12. November 1954 sagte er: „Niemand sollte von uns irgendeinen Kompromiss

---

[31] H. G. Ferriera, M. Marshall: Portugal's Revolution: Ten Years On. Cambridge 1986.

[32] P. P. Čerkasov: Paspad kolonial'noj imperii Francii (Der Zerfall von Frankreichs Kolonialimperium). Moskau 1985.

[33] Dass England nach dem Zweiten Weltkrieg entsprechend seiner nationalen Tradition sein Einberufungssystem geändert hat, war einer der wichtigsten Faktoren dafür, dass das Ende des British Empire relativ einfach und unblutig vor sich ging. In den 1950er-Jahren war sich die englische Regierung darüber im Klaren, dass das Empire mit Hilfe der Armee nur zu erhalten war, wenn man die Wehrpflicht wieder einführte. Letzteres war aus politischen Gründen ausgeschlossen.

erwarten, wir gehen auf keinen Kompromiss ein, wenn es darum geht, den inneren Frieden der Nation, die Einheit und die Integrität der Republik zu verteidigen. Die Départements von Algerien sind Teil der Republik, sie gehörten seit langem unwiderruflich zu Frankreich. Zwischen Algerien und dem französischen Mutterland ist eine Sezession undenkbar. Niemals wird Frankreich, niemals wird irgendein Parlament oder irgendeine Regierung von diesem fundamentalen Prinzip Abstand nehmen."[34] Der Innenminister und spätere französische Präsident François Mitterand war ebenso kategorisch. Er sagte: „Algerien – das ist Frankreich."[35]

Die algerischen Aufständischen waren zahlenmäßig geringer als die Partisanen in Vietnam. Algerien liegt geographisch näher an Frankreich. Dort lebten über eine Million französischer Kolonisten. Sie hatten in der Metropole eine einflussreiche Lobby. Das Land hatte erhebliche Öl- und Gasressourcen.

Im Mai 1955 unternahm die französische Regierung einen Schritt, zu dem sich das Kabinett beim Indochina-Krieg nicht hatte entschließen können. Sie berief 8.000 Reservisten ein und veröffentlichte Pläne, die Wehrpflicht von 100.000 Wehrpflichtigen zu verlängern. Im August desselben Jahres wurden die Möglichkeiten, den Wehrdienst aufzuschieben, eingeschränkt. 1955 wurde die französische Truppenstärke in Algerien mehr als verdoppelt – von 75.000 im Januar auf 180.000 im Dezember. Im Herbst 1956 war ein Drittel der französischen Armee in Nordafrika konzentriert. Ende 1956 dienten dort 400.000 französische Soldaten. Die meisten jungen Leute, die nach dem Dekret vom 22. August 1952 in die Armee einberufen worden waren, waren älter als 23 Jahre, viele von ihnen waren verheiratet, hatten Kinder und standen am Beginn ihres Berufslebens. Als in Frankreich 1914 Personen mittleren Alters massenweise in die Armee beordert wurden, geschah dies organisiert und ohne öffentlichen Widerstand. Dass das Vaterland in Gefahr war, war klar. Mitte der 1950er-Jahre wurde der Krieg in Algerien von der Welt und der französischen Öffentlichkeit als ungerechter Kolonialkrieg wahrgenommen. Niemals war eine Wehrpflichtarmee für solche Kriege herangezogen worden, während in der Metropole Frieden herrschte. Im September 1955 setzten Unruhen unter den Einberufenen ein, die nach Algerien geschickt werden sollten. In Vincennes, Nantes und Marseille kam es zu Massenprotesten.

In der Regel nahmen Rekruten nicht an Kampfhandlungen teil. Dies war Aufgabe der Fremdenlegion und von Berufssoldaten. Hauptaufgabe des Wehrpflichtigen-Kontingents war es, die Farmen der französischen Kolonisten zu schützen. Dennoch änderte sich die öffentliche Meinung in Frankreich über den Krieg, nachdem Rekruten nach Algerien entsandt worden waren. Die Bürger eines demokratischen Landes wollten ihre Kinder nicht für das Phantom des Imperiums kämpfen lassen, auch dann nicht, wenn sie Nostalgie nach der früheren Größe empfanden. 1960-1961 waren nach soziologischen Umfragen zwei Drittel der Franzosen für die Unabhängigkeit Algeriens. Bei dem Referendum vom 8. Januar 1961 stimmten 75,2 % der Bevölke-

---

[34] John Talbott: The War Without a Name. France in Algeria, 1954-1962. New York 1980.
[35] Ebd.

rung dafür, der Regierung Handlungsfreiheit in der Frage zu geben, in welcher Form die Unabhängigkeit gewährt werden sollte.[36]

Im Grunde genommen waren weder Frankreich 1960-1961 noch Portugal 1973-1974, die in die Kolonien große Kontingente von Wehrpflichtigen entsandt hatten, um das Imperium zu retten, von einer unmittelbaren militärischen Niederlage bedroht. Sie hatten nichts zu befürchten, was mit den Ereignissen 1954 bei Dien Bien Phu zu vergleichen gewesen wäre. Der Entschluss, das Imperium aufzugeben, hatte andere Gründe. Es ging um die innenpolitischen Folgen eines langen, kostspieligen und blutigen Krieges, dessen Ziele die Gesellschaft immer weniger verstand. In der zweiten Hälfte des 20. Jahrhunderts kamen die Imperien aus der Mode. In den Tod zu gehen oder seine Kinder in den Krieg zu schicken, um die Insignien einstiger Größe zu bewahren, hielt eine moderne Gesellschaft nicht für notwendig.

Die Entscheidung zur Auflösung des Imperiums, die zwei Drittel der Wähler unterstütze, fiel selbst in Frankreich mit seinen verankerten demokratischen Traditionen schwer. In der Minderheit spielten französische Umsiedler aus den Kolonien und Berufssoldaten, die an den Kriegen teilgenommen hatten und der Meinung waren, die zivilen Regierungen hätten sie verraten, eine wesentliche Rolle. 1958-1962 ging von ihnen eine ernsthafte Gefahr für die Stabilität der französischen demokratischen Institutionen aus. 1958 übernahmen radikale Nationalisten die Kontrolle über Korsika. Ein Vertreter des französischen Verteidigungsministeriums antwortete auf die Frage, ob die französische Regierung die Ordnung mit Gewalt wiederherstellen wolle: „Mit welcher Gewalt?" Er erklärte unzweideutig, dass die zivilen Behörden keine bewaffneten Kräfte zur Beendigung des Aufstands zur Verfügung hätten.[37]

Nach dem Zusammenbruch seines Imperiums behielt Frankreich in der ehemaligen Metropole seine demokratischen Institutionen. Dies ist mehreren Faktoren zu verdanken: zunächst dem hohen Entwicklungsstand, in dem autoritäre Regime, die den Willen der Mehrheit der Bevölkerung ignorieren, archaisch scheinen; dann den Plänen einer europäischen Integration, in die Frankreich voll involviert war; schließlich der Autorität und dem Willen von General de Gaulle, der es vermochte, das Imperium aufzulösen und dabei die Kontrolle über die Machtstrukturen zu behalten.

1960-1962, als die Beendigung des Krieges und die Entlassung Algeriens in die Unabhängigkeit lebhaft diskutiert wurde, glaubten viele Beobachter, die Auflösung des Imperiums werde zu einer langen Periode politischer Instabilität und zu Unruhen in Frankreich führen. Diese Prognosen haben sich nicht bewahrheitet. Das andauernde dynamische Wirtschaftswachstum und die europäische Integration entzogen dem potentiell gefährlichen postimperialen Syndrom seine Grundlage. In Frankreich wie im heutigen Russland fiel der Höhepunkt des postimperialen Syndroms in eine Zeit zunehmenden Wohlstands. Allerdings zeigt die französische Erfahrung, dass diese Krankheit mit der Zeit heilbar ist.

---

[36] Ebd., S. 202.
[37] Phillip M. Williams: Wars, Plots and Scandals in Postwar France. Cambridge 1970, S. 151.

1.3 Probleme der Auflösung von Binnen-Imperien

In Agrarstaaten, die oft nicht ethnisch homogen waren, hatten nationale Unterschiede gewöhnlich geringe Bedeutung. Wesentlich war die Einteilung in eine privilegierte Minderheit, die auf die Ausübung von Gewalt, die staatliche Verwaltung und die Religion spezialisiert war, und die Mehrheit der Bauernbevölkerung. Die Habsburger Monarchie umfasste Mitte des 16. Jahrhunderts außer Kastilien und Österreich so unterschiedliche Teile wie Ungarn, Tschechien, Slowenien, die Slowakei, Kroatien, die Niederlande, Burgund sowie die spanischen Kolonien in Amerika. Die ethnische Vielfalt Russlands, das sich Anfang des 18. Jahrhunderts als Imperium definierte, bedarf kaum eines Kommentars. Aus sprachlichen Gründen ist es schwer zu bestimmen, ob sich die Hohe Pforte als Imperium bezeichnete, aber zumindest haben die europäischen Zeitgenossen sie vielfach so genannt.

Es gab Agrarmonarchien, die konsequent eine nationale Vereinheitlichung betrieben. Im frühen Mittelalter waren England und Frankreich ethnisch heterogene Länder. Es bedurfte einiger Jahrhunderte, um in ihnen eine einheitliche nationale Identität zu schaffen. Aber während dies in England und Frankreich möglich war, ließ sich das im Österreich-Ungarischen Imperium, wo die Untergebenen prinzipiell unterschiedlichen Sprachgruppen angehörten, nicht durchführen.[38]

Das moderne Wirtschaftswachstum und die damit verbundenen radikalen Veränderungen transformierten das gesellschaftliche Leben. Neue Beschäftigungsstrukturen entstanden, der Bildungsstandard stieg. Die Legitimationsgrundlagen traditioneller politischer Regime wurden hinfällig. Vor diesem Hintergrund stießen multiethnische, Binnen-Imperien auf zunehmende Schwierigkeiten.

Den Geist des Anfang des 19. Jahrhunderts entstehenden Nationalbewusstseins hat Johann Gottfried Herder gut getroffen: „Wunderbar teilte sie [die Vorsehung] die Völker, nicht nur durch Wälder und Berge, durch Meere und Wüsten, durch Ströme und Klima, sondern insonderheit auch durch Sprachen, Neigungen und Charaktere. … Die Natur erzieht Familien; der natürlichste Staat ist also auch ein Volk, mit einem Nationalcharakter. …. Nichts scheint also dem Zweck der Regierungen so offenbar entgegen als die unnatürliche Vergrößerung der Staaten, die wilde Vermischung der Menschengattungen und Nationen unter einen Zepter. … Reiche dieser Art … erscheinen in der Geschichte wie jene Symbole der Monarchien im Traumbilde des Propheten, wo sich das Löwenhaupt mit dem Drachenschweif und der Adlersflügel mit dem Bärenfuß."[39] Der Aufschwung des nationalen Selbstbewusstseins, die Forderung einer Föderalisierung nach nationalen Kriterien erschwerte die Lage der Binnen-Imperien umso mehr.

---

[38] Zu den Gründen für die spezifische ethnische Entwicklung in Österreich-Ungarn und der Unmöglichkeit, hier dem Beispiel Englands und Frankreichs zu folgen, s. Oscar Jaszi: The Dissolution of the Habsburg Monarchy. Chicago 1961.

[39] Johann Gottfried Herder: Ideen zur Geschichte der Philosophie der Menschheit. Bd. 8, Kap. 5 (http://odysseetheater.org/goethe/herder/ideen_08_05.htm), Bd. 9, Kap. 4, http://odysseetheater.org/goethe/herder/ideen_09_04.htm.

Ein Übersee-Imperium, das mit Hilfe von Kanonen entstanden ist, kann man aufgeben. Es bleiben Probleme mit Umsiedlern, die repatriiert werden müssen, aber dies betrifft nur eine kleine Bevölkerungsgruppe. Eine der schwierigsten Fragen bei der Liquidierung von Übersee-Imperien war das Schicksal der millionenstarken französischen Bevölkerung in Algerien. Und dennoch ging es hier um das Schicksal von etwa 2 % der Bevölkerung Frankreichs.

Bei der Auflösung des portugiesischen Imperiums Mitte der 1970er-Jahre erreichte der Anteil der Repatrianten in der Bevölkerung der Metropole den für Übersee-Imperien höchsten Stand – etwa 10 % der Landesbevölkerung.[40] Aber dieses Problem barg für die junge portugiesische Demokratie keine Sprengkraft, es stand ihrer Konsolidierung nicht im Wege.

In multiethnischen Binnen-Imperien ergeben sich im Laufe der Desintegration größere Probleme, die mit der Ansiedlung der Ethnien zusammenhängen. Das lässt sich anschaulich am Beispiel der Imperien verfolgen, die während des Ersten Weltkriegs zusammenbrachen: des russischen, deutschen, österreichisch-ungarischen und osmanischen.

Ihre Regierungen hatten Millionen von Bauern, die ihnen gegenüber keineswegs loyal waren, bewaffnet und für Jahre in Schützengräben geschickt, ohne ihnen die Notwendigkeit des Krieges zu vermitteln. Das machte es umso schwerer, die Imperien zu erhalten. Die Niederlage, der Zusammenbruch der alten Ordnung und die territoriale Desintegration hingen miteinander zusammen.

Das Bild der Anarchie, die Folge des Zusammenbruchs von Binnen-Imperien war, kennt man aus Büchern und Filmen über den Bürgerkrieg in Russland. Aber das ist keineswegs eine russische Besonderheit. Ein Zeitgenosse beschreibt den Zusammenbruch Österreich-Ungarns mit folgenden Worten: „Grüne Einheiten (Banden von Deserteuren) wurden zu Räuberbanden. Sie erstürmten Dörfer, Schlösser und Bahnstationen und raubten sie aus, zerstörten Eisenbahnwege. Die Züge standen aneinandergereiht, um nacheinander geplündert zu werden. Polizei und Streitkräfte schlossen sich den Banden an oder waren ihnen gegenüber machtlos. Die neu gewonnene Freiheit entstand im Rauch verbrannter Häuser und Dörfer."[41]

Das wichtigste Argument für die Kapitulation bestand der Erklärung des österreichisch-ungarischen Staatsrats zufolge darin, dass die Armee multiethnisch war und die Einheiten, die weder österreichisch noch ungarisch waren, nicht bereit waren, für das Imperium zu kämpfen.

Die Erfahrung der Auflösung der Imperien nach dem Ersten Weltkrieg ist für das Verständnis der Probleme des ausgehenden 20. Jahrhunderts von Bedeutung. Nach dem Zusammenbruch eines autoritären Regimes entsteht ein politisches und soziales Vakuum. Der Polizist des alten Regimes ist weg und der neue noch nicht da. Jene, die die Macht beanspruchen, haben keine sie legitimierende Tradition, es gibt keine allgemein akzeptierten politischen Spielregeln. Diese Situation ist typisch für große Revolutionen: Eine schwache Regierung, die nicht imstande ist, Steuern einzutreiben

---

[40] Eric Solsten (Hrsg.): Portugal: A Country Study. Washington D. C. 1994. S. 137.
[41] v. Glaise-Horstenau, S. 270.

und die Gehälter aus dem Staatshaushalt auszuzahlen, die Ordnung aufrechtzuerhalten und vertraglichen Verbindlichkeiten nachzukommen.[42]

Unter diesen Umständen besteht der sicherste Weg zu politischem Erfolg darin, die einfachsten gesellschaftlichen Instinkte auszunutzen. Aussagen über die nationale Größe und historische Ungerechtigkeiten gegenüber dem eigenen Ethnos sowie territoriale Ansprüche an die Nachbarn garantieren politischen Erfolg.[43] Bei fehlenden demokratischen Traditionen und schwachen politischen Parteien sind radikaler Nationalismus, Appelle an nationale Selbstidentifikation, nationale Kränkungen und die Suche nach ethnischen Feinden, die an allem schuld sind, eine zuverlässige Waffe im Kampf um die Macht. Österreich-Ungarn im Jahre 1918 ist ein klassisches Beispiel dafür, wie die Protagonisten der ethnischen Eliten des Imperiums ein derartiges politisches Instrumentarium nutzten. Selbst unmittelbar vor dem Zusammenbruch des Imperiums lehnten pangermanische Kreise in Österreich eine Transformation in eine Föderation kategorisch ab. Ihr Sprachrohr, die einflussreiche Zeitung „Neue Freie Presse", schrieb einige Tage vor dem Fall des Regimes: „Nie werden die Deutschen in Österreich diesen Staat wie eine Artischocke zerpflücken lassen."[44]

Der polnische Dichter Adam Mickiewicz hat 100 Jahre vor dem Zusammenbruch des österreichisch-ungarischen Imperiums geschrieben, es habe 34 Millionen Bürger und lediglich 6 Millionen Deutsche, die die übrigen 28 Millionen unterdrückten. 1830 konstatierte der österreichische Dichter Franz Grillparzer, dass unerwartete Heimsuchungen in der Welt nur für Österreich dazu führen könnten, dass es auseinanderfallen werde. Die österreichisch-ungarische Elite, die die Fragilität des Imperiums erkannt hatte, versuchte es zu erhalten, indem sie Zwietracht unter den kontrollierten Völkern säte und eine Situation entstehen ließ, in der die Ungarn die Tschechen, die Tschechen die Deutschen und die Italiener sowohl diese als auch jene hassten. Als der Zusammenbruch des Imperiums nicht mehr aufzuhalten war, waren die nationalen Probleme in den Nachfolgestaaten durch die gegenseitige Feindschaft kaum noch zu beherrschen.[45]

Versuche der Elite der Metropole, Ende des 19. und Anfang des 20. Jahrhunderts die nationale Identität zur Grundlage des Staatswesens in multiethnischen Imperien zu machen, radikalisierten die regierungsfeindlichen Stimmungen in den nationalen Minderheiten. Der renommierte russische Demograph Anatolij Vischnevskij

---

[42] Irina Starodubrovskaja, Vladimir Mau: Velikie Revoljucii: Ot Kromveli do Putina (Große Revolutionen. Von Cromwell zu Putin). Moskau 2001. S. 25-92.

[43] Miroslav Hroch, der die nationalen Bewegungen in den europäischen Ländern im 19. Jahrhundert untersucht hat, macht darauf aufmerksam, dass sie alle drei Etappen durchmachen: Forschung und Aufklärung, patriotische Belebung, in der die Anhänger einer patriotischen Wiedergeburt ihre Mission in der Verbreitung des nationalen Selbstbewusstseins sehen, und schließlich den Aufschwung einer nationalen Massenbewegung. Miroslav Hroch: Sozial Preconditions of National Revival in Europe. A Comparative Analysis of the Social Composition of Patriotic Groups Among the Smaller European Nations. Cambridge 1985. S. 23.

[44] Neue Freie Presse, 28. August 2014; Evgenija Rubinštejn: Krušenie avstro-vengerskoj monarchii (Der Zusammenbruch der österreichisch-ungarischen Monarchie). Moskau 1963. S. 325.

[45] Jaszi, Dissolution, S. 7, 11.

schreibt dazu: „Der ukrainische Separatismus hatte in seinem Streit mit dem gemäßigteren Föderalismus denselben mächtigen Helfer wie alle anderen Separatismen in Russland – den imperialen Großmacht-Zentralismus. Seine harsche, kompromisslose unitaristische Position rief regelmäßig nicht minder radikale ukrainische nationalistische Forderungen hervor. Der ukrainische Nationalismus wurde objektiv dadurch angeheizt, dass sich die neue ukrainische Elite sowie überhaupt alle Schichten der ukrainischen Bevölkerung, die zu der Bewegung gehörten, auf der imperialen wirtschaftlichen und politischen Bühne benachteiligt fühlten. Die russischen Patrioten, die die Ukrainer als Teil des russischen Volks ansahen und die nichts von der ukrainischen Sprache wissen wollten, bekannten sich damit selbst dazu, diese Benachteiligung und Zweitrangigkeit auf Dauer zementieren zu wollen."[46]

Wichtigstes Thema in der ungarischen politischen Agitation 1918 war es, dass ein Verlust der privilegierten Stellung in Österreich-Ungarn nicht hinzunehmen wäre. Wesentlicher Punkt in der kroatischen Agitation war, dass die ungarische Vorherrschaft und ungarische Territorial-Ansprüche gegenüber Kroatien inakzeptabel seien. Für die österreichischen Deutschen stand zu dieser Zeit das Schicksal des von Sudetendeutschen besiedelten Teils der Tschechoslowakei im Mittelpunkt, und für die Tschechoslowakei die Erhaltung der territorialen Integrität.

Diese Konflikte waren auf rationaler Ebene schwer zu lösen. Rational ist nicht zu erklären, was wichtiger ist: die Bewahrung der Integrität Böhmens oder das Recht der Sudetendeutschen, sich Deutschland anzuschließen. Was soll mit den ungarischen Minderheiten in Jugoslawien und Rumänien geschehen? Im Hinblick auf eine friedliche Lösung dieser Gegensätze spielte die Besetzung der wichtigsten strittigen Territorien des ehemaligen österreichisch-ungarischen Reichs durch die Truppen der Entente eine große Rolle. Aber auch in diesem Fall ging es nicht ohne bewaffnete Konflikte ab. Beim Zusammenbruch anderer Binnen-Imperien nahm die Entwicklung einen weit blutigeren Verlauf.

1870 waren im Großteil des künftigen bulgarischen Staates Muslime, Türken, bulgarischsprachige Pomaken, aus Russland übergesiedelte Krimtataren und Tscherkessen zahlenmäßig nicht geringer als die orthodoxen Bulgaren. Im letzten Viertel des 19. und dem ersten Viertel des 20. Jahrhunderts übersiedelten einige Millionen Türken aus Bulgarien, Makedonien und Trakien nach Westanatolien. 1888 ging die Zahl der Muslime in Bulgarien auf etwa ein Viertel zurück, und 1920 waren es noch 14 %. Ähnlich verlief die Entwicklung 1912-1924 in Makedonien und Westthrakien.[47]

Die endgültige Demontage des Osmanischen Reichs war das Ergebnis seiner Niederlage im Ersten Weltkrieg. Die Führer der türkischen Nationalisten waren im Januar 1920 gezwungen, in den Gebieten des Imperiums mit einer arabischen Bevölkerungsmehrheit das Selbstbestimmungsrecht anzuerkennen. Aber sie bestanden da-

---

[46] Anatolij Višnevskij: Serp i rublʻ: konservativnaja modernizacija v SSSR (Sichel und Rubel: konservative Modernisierung in der UdSSR). Moskau 1998. S. 331.

[47] William Roger Brubaker: Postimperskaja situacija i raz-edinenie narodov v sravnitelʻno-istoričeskoj perspektive. http://www.hrights.ru/text/b3/Chapter2.htm. (Postimperiale Situation und Trennung der Völker in einer vergleichenden historischen Perspektive).

rauf, die Integrität der türkischen Metropole zu erhalten. Auf den Zusammenbruch des Osmanischen Reichs folgte der griechisch-türkische Krieg. Ursache war ein Streit über die Staatsgrenzen, die sich im postimperialen Raum gebildet hatten. Der Sieg in diesem Krieg trug entscheidend dazu bei, den neuen türkischen Staat zu legitimieren, er ermöglichte es, 1924 das muslimische Kalifat relativ unblutig zu liquidieren. Allerdings begann die legalisierte Opposition auch hier bei den ersten Demokratisierungsversuchen Ende der 1920er- und Anfang der 1930er-Jahre, die Nostalgie nach dem Kalifat, nach muslimischen Werten und dem verlorenen Imperium auszunützen.[48]

Die imperiale Mission in Asien war das wichtigste Element der nationalen Selbstidentifikation Russlands im 19. Jahrhundert. Dostojewski schreibt dazu: „In Europa waren wir nur Gnadenbrotesser und Sklaven, nach Asien aber kommen wir als Herren. In Europa waren wir Tataren, in Asien sind wir auch Europäer. Unsere Mission, unsere zivilisatorische Mission in Asien wird unseren Geist verlocken und uns dorthin ziehen, wenn nur erst einmal die Bewegung angefangen hat. [...] Es würde ein neues Russland entstehen, ein Russland, das mit der Zeit das alte erneuern, ihm seinen Weg weisen und die Aufgabe erklären könnte."[49] Aber eine territoriale Expansion, die Gebiete ins Imperium eingliedert, die von Völkern mit prinzipiell anderen Traditionen und Sprachen besiedelt sind, birgt Gefahren, sobald es zu irgendwelchen Anzeichen einer Regimekrise kommt.

Der Bürgerkrieg in Russland war nicht rein nationaler Natur, hier gab es starke ideologische und soziale Komponenten. Die Fragen nach Landeigentum und der Getreideablieferungspflicht spielten keine geringere Rolle als der nationale Faktor. Dennoch darf man die nationale Problematik in unserer Geschichte von 1917-1921 nicht unterschätzen.[50]

Alain Besançon stellte mit Recht fest, das Russische Imperium habe vor dem Ersten Weltkrieg realistische Chancen gehabt, die sozialen Gegensätze und die Probleme der wirtschaftlichen Entwicklung zu lösen, nicht aber die nationale Frage. Dieser Umstand beschränkte die Möglichkeiten einer Evolution des Regimes. Eine liberale, demokratische, modernisierende Alternative sei zwar entscheidend für die Lösung sozialpolitischer Entwicklungsprobleme, trage aber zum Zerfall des Imperiums bei.[51]

Russland ist der einzige Staat, der ein zusammengebrochenes Imperium wiederherzustellen vermochte, nämlich von 1918-1922. Dafür musste in beispiellosem Ausmaß Gewalt angewendet werden, aber das war nicht der einzige Grund für den Erfolg der Bolschewiki. Die messianische kommunistische Ideologie konzentrierte den politischen Konflikt nicht mehr auf ethnische Auseinandersetzungen, sondern

---

[48] Richard D. Robinson: The First Turkish Republic. A Case Study in National Development. Cambridge – Massachusetts 1963.

[49] Fedor Dostojewski: Tagebuch eines Schriftstellers. München-Zürich 1996. S. 589-596, hier S. 591, 593.

[50] Zur Rolle des nationalen Faktors in Revolution und Bürgerkrieg in Russland: G. N. Sevost'janov (Hrsg.): Rossija v XX v. Reformy i revoljucija. T. 1. (Russland im 20. Jh. Reformen und Revolutionen. Bd. 1). Moskau 2002.

[51] Alain Besançon: L'empire russe et la domination soviétique. In: Le concept d'empire. Paris 1980. S. 367 f.

auf Konflikte unter den sozialen Klassen. Sie versicherte sich der Unterstützung der Bevölkerung nichtrussischer Regionen und mobilisierte sie für den Krieg für eine neue Gesellschaftsordnung, die den Weg zu einer lichten Zukunft bereiten würde. Dies spielte eine erhebliche Rolle bei der Entstehung der Sowjetunion in Grenzen ähnlich denen des Russischen Reichs. Das war eine einmalige Koinzidenz von Umständen. Im 20. Jahrhundert ist dergleichen keinem Land mehr gelungen.

Die österreichischen Sozialisten, die sich an die Realitäten der politischen Konkurrenz unter Bedingungen eines multiethnischen Imperiums anpassen mussten, begriffen, welche Rolle die nationale Frage bei der Destabilisierung des bestehenden Regimes spielt. Ihnen war klar, dass die ethnischen Probleme eine Bombe waren, mit der man die Grundpfeiler der herrschenden Regierung aushebeln konnte.[52] Lenins These vom Recht der Nationen auf Selbstbestimmung bis hin zur Sezession radikalisierte die Logik der österreichischen Sozialdemokraten und machte sie dadurch erst konsequent. Diese hatten zwar die Gefahr gesehen, die die nationalen Bewegungen für das imperiale Regime bedeuteten, hatten aber gehofft, es lasse sich in eine Föderation umbilden.

Am Ende des Ersten Weltkriegs wurde das Selbstbestimmungsrecht der Nationen vom europäischen Establishment akzeptiert. Es war Grundlage des Versailler Vertrags. Das war der Weg, das deutsche, das österreichisch-ungarische und das osmanische Imperium zu demontieren. Die langfristigen Folgen, die die Propaganda dieser Idee für andere europäische Imperien haben könnte, waren den Autoren dieses Dokuments nicht bewusst.

Im Oktober 1914 hielt Lenin in Zürich vor einem sozialdemokratischen Auditorium einen Vortrag zum Thema „Krieg und Sozialdemokratie". Er verglich die Situation der Ukrainer in Russland und in Österreich-Ungarn und sagte: „Die Ukraine ist für Russland das geworden, was Irland für England war, sie wurde schonungslos ausgebeutet und erhielt selbst nichts dafür." Lenin glaubte, die Interessen des russischen und des internationalen Proletariats erforderten eine staatliche Unabhängigkeit der Ukraine.[53]

Vom Prinzip der nationalen Selbstbestimmung mit dem Recht auf Sezession nahm Lenin auch nicht Abstand, als er an der Macht war und als vieles von dem, was er noch vor der Revolution verkündet hatte (Freiheit des Wortes, Einberufung einer Konstituierenden Versammlung), unter den Tisch fiel. Weshalb gerade dies in Lenins politischem Katechismus erhalten blieb, wurde viel diskutiert und kann wohl kaum abschließend beantwortet werden. Wahrscheinlich war dabei entscheidend, dass er die Entwicklung in Russland unter dem Gesichtspunkt einer geplanten sozialistischen Weltrevolution betrachtete und im radikalen Nationalismus einen wesentlichen destabilisierenden Faktor der wichtigsten existierenden Staaten sah.[54]

---

[52] O. Bauèr: Nacional'nyj vopros i social-demokratija (Die nationale Frage und die Sozialdemokratie). St. Petersburg 1909.

[53] R. Serbin: Lénine et la question Ukrainienne en 1914: le discours „séparatiste" de Zurich. Pluriel 1981. Nr. 25. S. 83 f.

[54] „Wie der Kommunismus besaß auch der Nationalismus ein sehr hohes politisches und mobilisierendes Potential. Er führte eine Masse von Menschen zusammen, die sich nicht mit Veränderungen

Ich habe bereits von dem wichtigsten Unterschied zwischen dem Zusammenbruch von Binnen-Imperien und dem Zerfall von Übersee-Imperien gesprochen. Bei letzteren können die Umsiedler in die Metropole zurückkehren, und die damit verbundenen politischen Probleme lassen sich in der Regel auf zivilisierte Weise lösen.

In Binnen-Imperien ist das komplizierter. Hier sind nicht Umsiedler betroffen, die vor ein bis zwei Generationen in die überseeischen Territorien gekommen sind. Es geht um Menschen, deren Väter und Großväter jahrhundertelang am selben Ort neben anderen Völkern gelebt haben, um Millionen Menschen, die sich zumindest für gleichberechtigte Bürger und häufig für eine privilegierte Schicht des Landes gehalten hatten. Wenn Imperien zusammenbrechen, werden die Vertreter der Metropole mitunter zu Angehörigen einer diskriminierten nationalen Minderheit. Nach dem Sturz des österreichisch-ungarischen Reichs waren über 3 Millionen Ungarn in den benachbarten Nachfolgestaaten nationale Minderheiten: 1,7 Millionen in Transsilvanien, das zu Rumänien gehörte, etwa 1 Million in der Slowakei und in Russisch-Transkarpatien, die zur Tschechoslowakei kamen, und etwa eine halbe Million in der Vojvodina, die Jugoslawien zugeschlagen wurde. Fast 5 Millionen Deutsche, Vertreter der herrschenden Nation in der österreichischen Hälfte der Österreichisch-Ungarischen Monarchie und einer Reihe der Ostgebiete des Deutschen Reichs, wurden in der Tschechoslowakei, in Polen und Italien zu nationalen Minderheiten.[55]

Zwangsläufig ergibt sich die Frage: Kann man die willkürlich festgelegten Grenzen von Regionen eines Imperiums als die natürlichen Grenzen neuer unabhängiger Staaten betrachten? Ist es notwendig, den Willen nationaler Minderheiten zu berücksichtigen, in welchen staatlichen Formationen, die sich nach dem Zusammenbruch der Imperien gebildet haben, sie leben wollen? Auf diese Fragen gibt das Konzept des nationalen Selbstbestimmungsrechts verständlicherweise keine Antwort. Es war auch nicht dafür gedacht, Probleme zu lösen, die sich aus dem Zusammenbruch multiethnischer Imperien ergeben, sondern als Bombe, die ihr Fundament untergraben sollte. Was sich danach vor dem Hintergrund einer möglichen sozialistischen Revolution abspielen würde, kümmerte ihre Autoren weniger. Beim Zusammenbruch der Imperien wurden diese Fragen akut und führten häufig zu Blutvergießen.

Die politisch-ideologische Basis nationaler Unabhängigkeitsbewegungen, die gegen ein Imperium kämpfen, besteht häufig in einer feindseligen Einstellung gegen die seinerzeit dominierende Ethnie. Das ist keine politische Haltung, von der ein politisch korrekter Umgang mit der einstmals privilegierten Nation zu erwarten wäre. Das erklärt auch weitgehend, dass die zu Minderheiten gewordenen früheren Repräsentanten der Metropole in den neuen, unabhängigen Ländern einen radikalen Nationalismus unterstützen.

---

abfinden wollten und Nostalgie nach der Vergangenheit, nach der früheren ethnischen Isolierung, nach Privilegien ohne Konkurrenz usw. empfanden. Er gab ihren diffusen Stimmungen klare Konturen, stachelte ihren Unmut an und einigte sie durch uneinlösbare Versprechungen. Dies alles machte den Nationalismus zu einer ernstzunehmenden ideologischen und politischen Kraft. Gesellschaftliche Gruppen, die für eine Umverteilung von Reichtum und Macht kämpften, konnten einem Bündnis mit ihm nicht widerstehen." (Višnevskij: Serp i rubl', S. 317).

[55] Brubaker: Postimperskaja situacija.

1.4 Die jugoslawische Tragödie

Ende des 20. Jahrhunderts wurde Jugoslawien einer der Staaten, der illustriert, welche Probleme bei dem Zerfall von Binnen-Imperien auftreten.[56] Er brach fast gleichzeitig mit der Sowjetunion auseinander. Was in diesem Lande vorging, ist wichtig, um die Ereignisse in der UdSSR Ende der 1980er und Anfang der 1990er-Jahre zu verstehen.

Jugoslawien war natürlich keine Großmacht, kein Imperium im klassischen Sinne dieses Wortes. Aber einige Merkmale seiner Staatsordnung, angefangen mit seiner Gründung 1918, ähneln denen von Imperien. Sowohl bei der Karageorgević-Dynastie als auch bei der kommunistischen Regierung handelte es sich um einen autoritären Staat, der aus ethnisch heterogenen, aber territorial zusammenhängenden Teilen bestand.

Die Idee der Gründung Jugoslawiens als einer Gemeinschaft der südslawischen Völker wurde bereits Ende der 1830er und Anfang der 1840er-Jahre diskutiert.[57] Ende des Ersten Weltkriegs kamen die nationalen Führer der jugoslawischen Völker und die Staatschefs der Entente zu dem Schluss, dass eine Staatsgründung auf der Grundlage der serbischen Monarchie der beste Weg sei, um Stabilität auf dem Balkan zu gewährleisten und lokale Kriege zu verhindern.[58] Das fragile Gleichgewicht nationaler Interessen der in Jugoslawien lebenden Völker wurde 1929 durch politische Veränderungen gestört, die die Rechte der nichtserbischen Völker einschränkten und aus dem Land ein serbisches Mikroimperium machten.[59]

Nach dem Zweiten Weltkrieg wurde Jugoslawien wiederhergestellt. An die Macht kam ein relativ mildes autoritäres kommunistisches Regime in einer ungewöhnlichen Konstruktion. Die Serben waren die größte Ethnie im Lande. Ihre Landeshauptstadt war identisch mit Serbiens Hauptstadt. Daraus ergab sich eine unvermeidliche serbi-

---

[56] Jugoslawien ist mir vertraut. Ich habe dort etliche Jahre verbracht. Ich spreche Serbokroatisch. Im Herbst 1994 während des Höhepunkts des bosnischen Krieges verbrachte ich in Pala viele Stunden mit dem künftigen serbischen Premierminister Žoran Djindjić. Dieser wurde später von Terroristen ermordet, als er versuchte, den bosnischen Serbenführer Roman Karadžić zu überzeugen, dass man jetzt – wo die Erfolge auf serbischer Seite lagen – einen Kompromiss erzielen müsste. Eine Ablehnung gegenseitiger Zugeständnisse werde teuer zu stehen kommen. 1999 war ich während der Bombardierungen in Belgrad und versuchte, über eine Feuereinstellung zu verhandeln. Ich habe die Entwicklung der jugoslawischen Tragödie genau vor Augen. Doch handelt es sich bei diesem Buch nicht um Memoiren, sondern um den Versuch, Entstehung und Zusammenbruch von Imperien und die Entwicklung des postimperialen Syndroms nachzuvollziehen. Deshalb werde ich im Zusammenhang mit dem jugoslawischen Zusammenbruch und dem darauf folgenden blutigen Krieg nicht auf persönliche Erinnerungen zurückgreifen.

[57] I. I. Leščilovskaja: Istoričeskie korni jugoslavskogo konflikta (Historische Wurzeln des Jugoslawien-Konflikts). In: Voprosy istorii (Fragen der Geschichte), 5, 1994. S. 40-56.

[58] Sergej Romanenko: Jugoslavija: istorija vozniknovenija, krizis, raspad, obrazovanie nezavisimych gosudarstv (Jugoslawien: Entstehungsgerichte, Krise, Zerfall, Bildung unabhängiger Staaten). Moskau 2000. S. 57 ff.

[59] Elena Gus'kova: Istorija jugoslavskogo krizisa (1990-2000) (Geschichte der jugoslawischen Krise). Moskau 2001. S. 53 f.

sche Dominanz in Machtorganen und Armee. Jahrzehntelang war ein Kroate Staatsoberhaupt, der einsah, dass der serbische Nationalismus bekämpft werden musste, um die Stabilität in dem Vielvölkerstaat zu erhalten. Er legte dies in der Verfassung fest, da er davon ausging, dass von der föderalen Staatsordnung die Bewahrung der staatlichen Einheit abhing.

Josif Broz Tito wollte die Risiken minimieren, die sich aus Versuchen ergeben konnten, aus Jugoslawien ein serbisches Imperium zu machen. Damit eine solche Konstruktion Bestand haben konnte, bedurfte es der Autorität und des Willens eines Führers, der es geschafft hatte, sich 1941-1945 Hitler und 1948-1953 Stalin zu widersetzen. Nach Titos Tod versank Jugoslawien allmählich in einer wirtschaftlichen und politischen Krise.

Eine gute Kennerin der jugoslawischen Kreise, Susan L. Woodward, hat festgestellt: „Die jugoslawische Gesellschaft wurde nicht durch Titos Charisma, eine politische Diktatur oder die Unterdrückung nationaler Gefühle zusammengehalten, sondern durch einen komplexen internationalen Interessenausgleich und ein entwickeltes System von Rechten und sich überschneidenden Souveränitäten. Weit davon entfernt, unterdrückt zu sein, waren nationale Identität und Rechte vielmehr durch das föderale System institutionalisiert, das den Republiken staatsähnliche Kompetenzen und Individuen vielfache nationale Selbstbestimmungsrechte gewährte."[60] Das ist richtig, aber es ist nicht alles. Ein derartiges System konnte nur funktionieren, wenn jegliche Erscheinungen politischen Andersdenkens streng kontrolliert wurden. An einer Legitimationskrise des autoritären Regimes musste diese Konstruktion scheitern.

Sobald der entscheidende Punkt wegfiel, nämlich die Bereitschaft der Zentralmacht, in beliebigem Ausmaß Gewalt anzuwenden, um gegebenenfalls die Macht und die territoriale Integrität zu erhalten, wurde Jugoslawien unregierbar. Jene Regeln, die unter einem starken autoritären Regime funktionieren können, so auch ein formal bestehendes, aber unter Tito de facto nicht geltendes Vetorecht für Republiken und autonome Bezirke bei Beschlüssen der Bundesregierung, erwiesen sich bei einer schwächeren Regierung als ungeeignet, um das Land zu regieren.

Zu den inneren Problemen gesellten sich äußere. Wichtigstes Element für die Bewahrung der Stabilität Jugoslawiens, wie es nach 1945 entstanden war, war seine Lage als Staat, der nach den Verträgen von Jalta weder von der Sowjetunion noch vom Westen kontrolliert werden sollte. Tito nutzte die damit verbundenen Vorteile geschickt aus. Nach der Wiederherstellung der Beziehungen zwischen Moskau und Belgrad, die während des Konflikts Ende der 1940er und Anfang der 1950er-Jahre abgebrochen worden waren, bewirkten der Zugang zum sowjetischen und osteuropäischen Markt sowie Clearing-Vereinbarungen mit den Comecon-Ländern einen jugoslawischen Wirtschaftsaufschwung. Die Bedingungen für westliche Kredite waren für Jugoslawien zu dieser Zeit günstig. Das Land konnte zinsgünstige Anleihen beim Internationalen Währungsfonds (IWF) und bei der Weltbank bekommen. Wenn man die Richtlinien Jugoslawiens zu dieser Zeit in eine einfache Sprache übersetzen

---

[60] Susan. L. Woodward: Balkan Tragedy. Chaos and Dissolution after the Cold War. Washington 1995. S. 45.

wollte, könnte man sie mit dem alten russischen Sprichwort beschreiben: „Ein zärtliches Kalb kann zugleich an zwei Kühen saugen."

Die Konzeption der nationalen Verteidigung Jugoslawiens Ende der 1940er-Jahre verlegte sich darauf, von dem Konflikt der beiden Militärblöcke in Europa für die Sicherheit des Landes zu profitieren. Die jugoslawische Führung verstand, dass ein Krieg im Falle eines Angriffs durch die NATO oder den Warschauer Pakt nicht zu gewinnen war. Wenn man die Voraussetzungen für einen Widerstand durch Partisanen geschaffen hatte, konnte man der angreifenden Seite allerdings Probleme schaffen und auf die Unterstützung des gegnerischen Blocks hoffen. Daher verließ man sich auf die Militärausbildung der Reservisten und auf das Konzept, ein bewaffnetes Volk als nationale Verteidigungsbasis zu haben. Dies spielte bei der Entwicklung der jugoslawischen Krise eine wichtige Rolle.

1989 betrachteten informierte Analysten Jugoslawien als das sozialistische Land, das am ehesten bereit war, eine vollwertige Marktwirtschaft einzuführen. 1949 hatte die jugoslawische Führung Konsultationen mit dem IWF begonnen und danach Reformen durchgeführt, die die Grundlagen für eine „sozialistische" Marktwirtschaft schufen. 1955 öffnete es die Grenzen für Bürger und einen relativ freien Außenhandel. 1965 wurden die Verhandlungen über die Bedingungen einer Mitgliedschaft Jugoslawiens im GATT abgeschlossen. Das Land hatte eine Einladung zur Zusammenarbeit mit der Europäischen Gemeinschaft und der Europäischen Freihandelszone, noch bevor andere sozialistische Staaten überhaupt nur an die Möglichkeit ähnlicher Verträge dachten.

Selbst nach dem schwierigen Jahrzehnt 1979-1989 nahm Jugoslawien dank seines Lebensstandards, der Möglichkeit, im Ausland zu arbeiten, und seines kulturellen Pluralismus offensichtlich die führende Stellung unter jenen Staaten mit einer sozialistischen Entwicklung ein, die hoffen konnten, sich dem Club der reichen europäischen Staaten anzuschließen.

Der Zusammenbruch des sowjetischen Imperiums in Osteuropa, der 1989 einsetzte, erschütterte Jugoslawiens einzigartige Stellung im Kräftegleichgewicht auf dem Balkan. Dazu kam die Erosion der attraktiven kommunistischen Ideen als Legimitationsbasis des Regimes.

Gorbatschows Politik, das Ende des „Kalten Krieges", die Desintegration des Warschauer Pakts und des Comecon Ende der 1980er-Jahre änderten Jugoslawiens außenpolitische und wirtschaftliche Existenzbedingungen. Es verlor den Vorteil einer Macht, die sich in einer Schlüsselregion Europas befand, aber sowohl von der Sowjetunion als auch von der NATO unabhängig war. Der Zusammenbruch des Clearing-Handels im Rahmen des Comecon, in den Jugoslawien integriert war, versetzte der jugoslawischen Wirtschaft einen Schlag. Eine weitere Herausforderung war der Verlust des Status eines privilegierten Kreditnehmers auf den internationalen Finanzmärkten, der aus politischen Gründen zu vergünstigten Bedingungen Kredite erhielt. Innere wirtschaftliche Probleme führten zu einer Wirtschaftskrise.

Jugoslawiens Wirtschaftsprobleme nahmen seit Ende der 1970er-Jahre ständig zu. Die Inflation stieg an, während das Wachstum des Bruttoinlandsprodukts (BIP) zurückging (vgl. Tabelle 1.1).

Tabelle 1.1   Die Wirtschaft von Jugoslawien

Jahr	Wachstumsraten des Bruttoinlandsprodukts, %	Inflationsraten, %	Arbeitslosenanteil an der wirtschaftlich aktiven Bevölkerung, %
1978	9,0	14,1	12,0
1979	4,9	20,5	11,9
1980	2,3	30,3	11,9
1981	1,4	40,6	11,9
1982	0,5	31,8	12,4
1983	−1,4	40,8	12,8
1984	1,5	53,3	13,3
1985	1,0	73,5	13,8
1986	4,1	89,1	14,1
1987	1,9	120,3	13,6
1988	−1,8	194,6	14,1
1989	1,5	1258,4	14,9
1990	...	580,6	16,4

Quelle: UN-Statistics Division (http://unstats.un.org/unsd/cdb); B. R. Mitchell: International Historical Statistics. Europe 1750-1993. London 1998.

Es wurde klar, dass das jugoslawische Modell eines Marktsozialismus, das auf Arbeiterselbstverwaltung basierte, in einer Industriegesellschaft schlecht funktioniert. Die bekannten wirtschaftlichen Argumente gegen seine Lebensfähigkeit spiegeln die realen Probleme der jugoslawischen Wirtschaft wider.[61]

Titos Tod paralysierte die Entscheidungsprozeduren, die Steuern, Haushalt und Außenhandel betreffen. Die Lösung der anstehenden Probleme, darunter das der steigenden Auslandsschulden, erforderte indes auch von den Republiken einen Beitrag. Sie hätten die Lasten einer Anpassung an schlechtere außenwirtschaftliche Rahmenbedingungen mit tragen müssen. Aber die Republiken waren zu keiner Einigung darüber bereit, wer sparen sollte und in welcher Größenordnung.

Die kompetente Regierung von Ante Marković versuchte 1989, ein wirtschaftliches Reformpaket umzusetzen, das eine industrielle Transformation der jugoslawischen Wirtschaft sowie eine finanzielle und monetäre Stabilisierung zum Ziel hatte. Elemente dieses Programms zur Integration des jugoslawischen Markts waren die Abschaffung der rechtlichen Eigentumsbeschränkungen für Ausländer und das Recht, die Einkünfte zu repatriieren. Am 19. Januar 1989 brachte der Premier einen Gesetzentwurf im Parlament ein, der das vom Sozialismus übernommene System der Eigen-

---

[61] Benjamin Ward: The firm in Illiria: Market syndicalism. In: American Economic Review, 1958, Vol. 48, Nr. 4, S. 266-289; ders.: The Socialist Economy. A Study of Organizational Alternatives. New York 1967.

tumsrechte abschaffte. Beschränkungen hinsichtlich der Größe des Landbesitzes und seines Verkaufs wurden aufgehoben. Die Rechte von Managern, Arbeiter einzustellen oder zu entlassen, wurden erweitert. Das Vorrecht der Union der Kommunisten Jugoslawiens, die Ernennung von Betriebsleitern zu genehmigen, fiel ebenfalls weg. Die Inflationsrate, die im Dezember 1989 bei 50 % monatlich gelegen hatte, ging im Mai 1990 praktisch auf null zurück.[62]

Die Machtkonzentration auf Bundesebene war eine notwendige Voraussetzung für die Realisierung dieses Programms. Allerdings machte dies Titos föderale Konstruktion unmöglich, die verhindern sollte, dass Jugoslawien zu einem serbischen Imperium wurde. Die Rechte, die der Bundesregierung laut Verfassung zustanden, um bei den Republiken Beschlüsse durchzusetzen, waren minimal.

Die durch die schwierige ökonomische Realität erzwungenen Maßnahmen der Regierung Marković, um die Wirtschaft des Landes zu retten, lösten eine politische Krise aus, die Jugoslawien zum Zusammenbruch brachte. Nach zwei Jahren hörte das Land auf zu existieren. Sein Territorium wurde zum Schauplatz blutiger ethnischer Konflikte, die Zehntausende Menschenleben kosteten und Millionen Menschen zu Flüchtlingen machten. Im Laufe des Konflikts zwischen Serbien und Kroatien kamen 20.000 Personen ums Leben, es gab 200.000 Flüchtlinge, 350.000 erhielten den Status umgesiedelter Personen. Während des bosnischen Krieges starben 70.000 Personen, 2 Millionen mussten fliehen oder wurden umgesiedelt.[63]

Die Geschichte der jugoslawischen Krise der 1990er-Jahre ist in der Literatur gut beschrieben und nicht Gegenstand dieser Arbeit.[64] Hier kommt es darauf an, dass sie zeigt, wie der Nationalismus im Laufe des Zusammenbruchs eines autoritären Regimes in einem Vielvölkerstaat an Boden gewinnt, und zwar sowohl in der Metropole als auch in Teilen der Föderation, die sich als benachteiligt empfinden.

Seit den Balkankriegen 1912-1913 war es moralisch tabu, gegenseitige territoriale Ansprüche der südslawischen Völker zur Sprache zu bringen. Dieses Tabu wurde lediglich in den Jahren vor dem Zweiten Weltkrieg verletzt. Unter einem autoritären Regime wurde dieses Verbot oft mit strengen politischen Sanktionen belegt.[65] Die Liberalisierung des Regimes und die demokratischen Wahlen der Republik-Parlamente 1990 führten zwangsläufig dazu, dass diese Waffe eingesetzt wurde. Sie ist politisch zu wirksam, um sie zu ignorieren, wenn man Wählerstimmen gewinnen will.

Der wichtigste Akteur in diesem politischen Prozess, der einen radikalen Nationalismus vertrat, war die serbische Führung. Die serbische KP stand zu dieser Zeit

---

[62] Woodward, S. 129.

[63] Slobodanka Kovačević/Putnik Dajić: Hronologija jugoslovenske krize 1942-1993 (Chronologie der jugoslawischen Krise 1942-1993). Belgrad 1994. S. 284.

[64] Z. B. Christopher Bennett: Yugoslavia's Bloody Collapse. Causes, Course and Consequences. New York 1995; Bogdan Denitch: Ethnic Nationalism. The Tragic Death of Yugoslavia. Minneapolis – London 1996; V. Gligorov: Why Do Countries Break Up? The Case of Yugoslavia. Uppsala 1994; Tony Oberschall: The Fall of Yugoslavia. In: Journal of the Budapest University of Economic Sciences, 1992, XVIII (3).

[65] Tito entließ 1971 fast die gesamte Führung der kroatischen KP, als sie begann, nationalistisches Gedankengut zu propagieren.

unter der Leitung von Slobodan Milošević, einem talentierten, charismatischen, gebildeten und erfahrenen Kenner der Marktwirtschaft. Die Ende der 1980er-Jahre offenkundige Erosion der kommunistischen Ideale ließen ihm nur einen Weg, die Kontrolle über die politische Situation in Serbien zu behalten, nämlich mit nationalistischen Parolen über die Benachteiligung der Serben in Jugoslawien und der serbischen Minderheiten in Kosovo, Bosnien und Kroatien zu argumentieren.[66] In Belgrad war es zu dieser Zeit nicht schwer, aus der These politisches Kapital zu schlagen, dass die Republik-Grenzen innerhalb Jugoslawiens, die der Kroate Tito festgelegt habe, künstlich seien und die Serben in einem territorial zusammenhängenden Staat vereinigt werden müssten.

Im Konzept eines Dokuments der Serbischen Akademie der Wissenschaften von 1986 ist vor allem die Rede von der erheblichen Benachteiligung der Serben in Jugoslawien. Es ist eine Deklaration von Prinzipien, die bei Politikern in einem Vielvölkerstaat, der gerade eine Krise seines autoritären Regimes durchmacht, immer gefragt sind. Auszüge daraus erschienen unter dem Titel „Die Lage Serbiens und des serbischen Volkes" in der Belgrader Zeitung „Večernie novosti" (Abendnachrichten) im September 1986. Die Autoren des Artikels, der mit Kommentaren versehen war, erkannten schon damals, dass es hier um Ideen geht, die bei ihrer Umsetzung zu einem „Bruderkrieg und neuem Blutvergießen" führen würden.[67] Die Rede von nationaler Größe und nationaler Unterdrückung ist eine politische Atombombe in Ländern, in denen das alte Regime dem Untergang entgegengeht und demokratische politische Institutionen noch nicht entwickelt sind.[68]

Das Problem junger, in Vielvölkerstaaten entstehenden Demokratien ist, dass Parolen, die sich einem politisch unerfahrenen Wähler am besten „verkaufen" lassen, gefährlich sind, wenn sie in die Praxis umgesetzt werden. Sich in Belgrad in der zweiten Hälfte der 1980er-Jahre dagegen auszusprechen, dass „Serbien groß sein" muss und dass „wir nirgends zulassen, dass man Serben schlägt", war politisch aussichtslos. Auf dem politischen Markt für die Idee zu werben, dass Serbien groß war und sein wird, dass die Führung der Republik niemals zulassen wird, dass Serben in anderen Republiken und Autonomien beleidigt werden, ist einfach. Wenn ein serbischer Füh-

---

[66] Zum Einfluss, den fehlende demokratische Traditionen und das Erbe einer autoritären Vergangenheit auf die Entwicklung des radikalen Nationalismus in den jugoslawischen Republiken ausübten, s. D. Janič: Krizis nacional'nogo samoopredelenija v ėtničeskie stolknovenija v postkommunističeskom obščestve (Die Krise der nationalen Selbstbestimmung und ethnische Konflikte in der postkommunistischen Gesellschaft). In: Social'nye konflikty v transformirujuščichsja obščestvach. Materialy Meždunarodnoj konferencii (Soziale Konflikte in sich transformierenden Gesellschaften. Dokumente einer internationalen Konferenz). Moskau, 15.-17. Mai 1996. Manuskript, S. 13.

[67] K. Michajlovih, V. Krestih: Memorandum SANU (Serbische Akademie der Wissenschaften und Künste). Odgovori na kritike. Beograd. SANU 1995. S. 150.

[68] Ein typisches Beispiel für ein ähnliches Problem waren die Wahlen 2005 im Irak. Sowohl unter den Schiiten als auch unter den Sunniten und Kurden gab es mehrere politische Bewegungen, deren wirtschaftliche und soziale Ziele sich grundlegend unterschieden. Dennoch hatten die Wahlen den Effekt einer Volkszählung, die zeigte, wer im Land die Mehrheit hatte, was die sunnitischen Iraker ignoriert hatten. Ihnen war bewusst gewesen, dass sie in der Minderheit waren. Allerdings kann eine Volkszählung keine ethnischen Konflikte entschärfen.

rer sich nicht dazu bekennt, findet sich zweifellos ein anderer Politiker, der diese Propaganda im eigenen Interesse zu nutzen versteht. Im Mai 1989 wählte das serbische Parlament Slobodan Milošević zum Präsidenten. Auf dem Referendum im Dezember desselben Jahres bekundeten ihm 86 % ihre Unterstützung.[69]

Es war nicht schwer vorauszusehen, dass die Politiker in Zagreb, Ljubljana und Sarajevo diese Parolen mit Begeisterung aufgreifen und lediglich das Wort „Serben" durch „Kroaten", „Slowenen" oder „bosnische Muslime" ersetzen würden. Seit die serbische Führung den serbischen Nationalismus als politisch-ideologische Basis verwendete, war Jugoslawiens Schicksal entschieden. Indem sie den Nachbarn gegenüber Gebietsansprüche erhoben, bahnten die serbischen Führer den nationalistischen Führern in den anderen Republiken, die die Angst vor der serbischen Vorherrschaft und territorialen Ansprüchen ausnutzen konnten, den Weg zum Sieg. Kriege in Kroatien, Bosnien und Kosovo wurden unvermeidlich. Es war ein Prozess in Gang gekommen, der Zehntausende von Menschenleben kosten und zur Zwangsumsiedlung von Millionen Menschen führen sollte.

Die politische Agitation, die Völker gegeneinander ausspielte, die vorher in Grenzen zusammen gelebt hatten, die ein nichtdemokratisches Regime willkürlich bestimmt hatte, wurde zum Prolog eines blutigen Konflikts. 25 % der Serben in Jugoslawien lebten außerhalb Serbiens. Wie sich die Propaganda großserbischer Ideen in jenen Republiken, in denen die Serben eine nationale Minderheit waren, auf die Einstellung zu ihnen auswirkte, liegt auf der Hand. Die Antwort auf die großserbische Rhetorik und Gebietsansprüche in Kroatien waren Repressionen gegen Serben, die traditionell in dieser Republik lebten. Hierauf erfolgten Aktionen der Jugoslawischen Volksarmee (deren jüngstes Offizierskorps mehrheitlich aus Serben bestand) zur Verteidigung der serbischen Minderheit. Das weitere war Krieg.

Die politischen Prozesse, die mit der Desintegration eines autoritären Regimes zusammenhängen, wirkten sich auf die Qualität der Wirtschaftspolitik aus. Die in den Republiken 1990 einsetzenden demokratischen Wahlen ließen einen „Wirtschaftspopulismus" aufkommen (nach der Formulierung von Dornbusch und Edwards).[70] Die konkurrierenden politischen Parteien stritten darum, wer den Wählern mehr Gutes versprach. Die Kontrolle der föderalen Machtorgane über die Haushalts- und Geldpolitik brach ein. Die Inflation, die zum Ende des Frühjahrs 1990 zum Stehen gekommen war, setzte im Sommer und Herbst erneut ein. Übrigens ist das angesichts des beginnenden politischen Chaos bereits zweitrangig.

Die Auflösung der Imperien im 20. Jahrhundert gehört zu einem Prozess globaler Veränderungen, die als modernes Wirtschaftswachstum bezeichnet werden. Menschen, die in das Räderwerk der Geschichte geraten, haben es dadurch nicht leichter. An ihre Gefühle zu appellieren ist ein effizientes politisches Instrument. Hier kann man an Stalins Ansprache mit den Worten „Brüder und Schwestern" erinnern. Im Mund eines Menschen, der Millionen Mitbürger ermordet hatte, klingen diese Wor-

---

[69] Viktor Meier: Yugoslavia: A History of its Demise. London 1995.
[70] Rudiger Dornbusch/Sebastian Edwards: The Macroeconomics of Populism in Latin America. Chicago 1991.

te blasphemisch. Dennoch war das ein politisch erfolgreicher Schachzug. Das Gleiche gilt für die Spekulation mit Problemen von Russen, die außerhalb der russischen Staatsgrenzen leben, oder den Appell an das postimperiale Bewusstsein.

Historiker und Literaten, die in multiethnischen Gebilden radikalen Nationalismus entfachen, Zwietracht unter benachbarten Völkern säen und an lang zurückliegende historische Kränkungen erinnern, müssen sich darüber im Klaren sein, dass sie ethnischen Säuberungen und Leiden von Millionen den Weg bereiten. Leider lernt man meist nicht einmal aus der eigenen Erfahrung, geschweige denn aus denen anderer. Aber wenn wir nicht die Lehren daraus ziehen, was mit unserem Land und anderen Imperien im 20. Jahrhundert geschehen ist, dann können wir zu einer Bedrohung für die Welt werden. Das ist das Schlimmste, was Russland passieren kann.

2
Autoritäre Regime: Ursachen der Instabilität

„Der Stärkste ist nie stark genug, um immerdar Herr zu bleiben, wenn er seine Stärke nicht in Recht und den Gehorsam nicht in Pflicht verwandelt."

Jean Jacques Rousseau[1]

Autoritäre Regime sind politische Strukturen, die sich weder auf eine traditionelle Legitimation stützen noch auf ein von der Gesellschaft akzeptiertes Verfahren zur Zusammensetzung von Regierung und Parlament auf der Grundlage konkurrierender Wahlen. Ihre Führer, die politische Konkurrenten ausgeschaltet, die Opposition unterdrückt und die Massenmedien unter Kontrolle gebracht haben, gehen häufig davon aus, dass sie für immer an die Macht gekommen sind. Die ihnen zu Gebote stehenden Zwangsmittel halten sie für ausreichend, um ihre Macht zu erhalten. Das ist eine Illusion, die viele teuer zu stehen kommt. Solche Organisationsformen der Macht sind im Inneren instabil. Das hat nichts mit zufällig Begleitumständen zu tun, sondern liegt in ihrer Natur.

Monarchien, die auf einer Tradition basieren (wie die Regierungsform bei den heute noch lebenden Vätern und Großvätern war, so wird sie auch in Zukunft sein), können jahrhundertelang stabil bleiben. Die Dauer eines dynastischen Zyklus in der größten Agrarzivilisation – China – beträgt 300-400 Jahre. Es gibt Republiken und konstitutionelle Monarchien (das ist eine Form von Demokratie)[2], die beispiellose Herausforderungen bewältigt haben – die Industrialisierung, Urbanisierung, den demographischen Wandel und die Transformation einer Demokratie der Steuerzahler in einen Staatsaufbau, der auf allgemeinem Wahlrecht basiert. Ihnen ist es gelungen, über Jahrhunderte hinweg politische Stabilität zu bewahren.

Autoritäre Regime, die länger als 75 Jahre stabil geblieben sind (also drei Generationen), gibt es in der Geschichte selten. In dieser Hinsicht ist Rom, das in Europa die

---

[1] Jean Jacques Rousseau: Der Gesellschaftsvertrag oder Die Grundsätze des Staatsrechtes (Du contrat social ou Principes du droit politique). 1880.
[2] Konstitutionelle Monarchien, in denen das Staatsoberhaupt zeremonielle Funktionen ausübt, während das Parlament die politischen Schlüsselfragen – die Regierungsbildung, Finanzen, Gesetzgebung – kontrolliert, sind im Grunde demokratische Regime.

imperiale Tradition begründet hat, eine Ausnahme. Aber in seinem politischen Aufbau fanden sich Merkmale eines autoritären Regimes sowie einer Agrarmonarchie.

Die meisten Staaten, die als Imperien gelten können, waren ihrem politischen Aufbau nach entweder Monarchien oder Demokratien, gewährten aber den Bewohnern von Kolonien nur eingeschränkte Rechte. Sogar dann, wenn die Metropole eine Demokratie war, hatten die Bürger unterworfener Territorien kein Stimmrecht in Fragen, die das gesamte Imperium betrafen.

In diesem Zusammenhang hatten die totalitäre Sowjetunion und das autoritäre Portugal Gemeinsamkeiten. Ihre Regierungen stützten sich weder auf monarchistische Traditionen noch auf demokratische Verfahren in der Metropole. Trotz aller Unterschiede im Ausmaß ist es kein Zufall, dass in beiden Fällen der Zusammenbruch des Regimes zeitlich mit dem des Imperiums zusammenfiel. Die Frage nach den Ursachen der inneren Instabilität autoritärer und totalitärer Regime ist von großer Bedeutung, wenn man verstehen will, was sich in der Sowjetunion in den 1980er und Anfang der 1990er-Jahren abgespielt hat.

Die Instabilität autoritärer Regime zu Zeiten, in denen die Legitimationsgrundlage der traditionellen Monarchien durch die soziale Transformation nicht mehr, die Voraussetzungen für die Entwicklung stabiler Demokratien aber noch nicht gegeben waren – ist Thema dieses Kapitels.

2.1 Herausforderungen in frühen Stadien des modernen Wirtschaftswachstums und Autoritarismus

Ein typisches Merkmal einer Agrargesellschaft sind die über lange Zeit gleichbleibenden Methoden der Produktion, der Besiedlung und der Beschäftigung.[3] Das Festhalten an Traditionen und Lebensweisen der Vorfahren ist ein grundlegendes Element. Veränderungen bedeuten verbrannte Dörfer und zerstörte Felder. Für eine Agrargesellschaft ist eine Monarchie mit einer jahrhundertealten Tradition und einer einleuchtenden Erbfolge die natürliche politische Verfassung.

Mancur Olson hält fest, dass es bei einer dynastischen Erbfolge wenig wahrscheinlich ist, dass der älteste Königssohn die Verpflichtungen eines Herrschers am besten erfüllt. Allerdings gingen die Bürger mit Recht davon aus, dass sie von dieser Regelung profitieren, zumal die Staatschefs, die ihr Amt vererben, langfristig den Vorteil ihres Landes im Auge haben. Einigkeit hinsichtlich der Nachfolge ist für alle von Vor-

---

[3] Unter einer Agrargesellschaft versteht man gewöhnlich den Typ einer sozialen Organisation, der nach einer neolithischen Revolution entstanden ist, als man Ackerbau und Viehzucht beherrschte und weltweit praktizierte. Diese Gesellschaftsformation war über Jahrtausende in der Welt vorherrschend, bis zum 19 Jahrhundert, dem Beginn des modernen Wirtschaftswachstums. Genauer s. Jegor Gajdar, Dolgoe vremja, S. 127-170.

teil.⁴ In stabilen Monarchien kommt es nach dem Tod des Staatsoberhaupts nur selten zu blutigen Auseinandersetzungen mit verheerenden Folgen für die Bauernschaft. Das geschieht allenfalls in Ausnahmefällen. Die Stabilität der herrschenden Dynastie ermöglicht es dem Staat, das Land als Eigentum zu betrachten, das den Kindern und Enkeln gehören wird. Daher gilt es, den Wohlstand der Untergebenen zu erhalten und sie nicht durch Steuern zu ruinieren. Die Stabilität des politischen Systems erzeugt Verhaltensnormen, die der Vorstellung eines guten Herrschers und Souveräns entsprechen, der die Traditionen wahrt und um das Wohl des Landes bemüht ist. Der Konfuzianismus ist ein klares Beispiel für die Ideologie einer solchen Regierung.

Die Regeln für den Übergang der Macht in Agrargesellschaften, die Rolle, die den repräsentativen Organen (Volksversammlungen, Adelsräte) bei der Festlegung der Erbfolge nach dem Tod des Monarchen zukommt, sind unterschiedlich. Eine Monarchie, in der der Thronerbe der älteste Sohn des herrschenden Monarchen ist, ist aber eher die Regel als die Ausnahme.

Das System aus politischen und wirtschaftlichen Institutionen, das in den europäischen Stadt-Staaten und anderen territorial zusammenhängenden politischen Gebilden entstand und das auf der Demokratie der Steuerzahler basierte, schuf die Voraussetzung für einen beispiellosen Wirtschaftsaufschwung. Das stellte die traditionellen Monarchien vor die schwerwiegendste Herausforderung in der gesamten tausendjährigen Geschichte der Agrarwelt.⁵ Änderungen in Wirtschaft und Lebensweise untergruben die Grundlage der politischen Stabilität der Erbmonarchie – die Tradition.⁶ Wenn für den Monarchen ein Platz bleibt, dann in zeremoniellen Funktionen, aber nicht in der Führung des Landes.

Zu Anfang des 18. Jahrhunderts wurden die wirtschaftlich am weitesten entwickelten Länder Europas – die Niederlande, England – Länder mit starken Parlamenten, die die Exekutive kontrollierten, zu Vorbildern. Gerade dorthin begab sich Peter I., um die fortschrittliche technologische Erfahrung zu übernehmen. Natürlich dachte er nicht daran, holländische oder englische Institutionen auf russischen Boden zu übertragen und ein einflussreiches Parlament zu schaffen. Aber für ihn lag es auf der Hand, dass man sich die modernsten und militärisch nützlichsten Technologien aneignen musste.

In den westeuropäischen Ländern und selbst in einigen ihrer Kolonien weckte die Erfahrung entwickelter Staaten mit einem einflussreichen Parlament (vor allem in England und Holland) Zweifel daran, ob die Monarchie eine sinnvolle Staatsform wäre. Dem amerikanischen Denker und Publizisten Thomas Paine schien Ende des

---

[4] Mancur Olson: Power and Prosperity. Outgoing Communist and Capitalist Dictatorships. New York 2000.

[5] Genauer s. Gajdar, Dolgoe vremja, Kap. 7.

[6] Über den Zusammenhang der sozialen Veränderungen, die mit dem modernen Wirtschaftswachstum, der sozialen Mobilisierung und den wegfallenden traditionellen Legitimationsgrundlagen der Staatsordnung einhergingen, s. Karl W. Deutsch: Social Mobilization and Political Development. In: American Political Science Review. 1961. September. Vol. 55, S. 494 f.; Shmuel Noah Eisenstadt (Hrsg.): Comparative Social Problems. New York 1964; Seymour Martin Lipset: Political Man. New York 1960.

18. Jahrhunderts die Idee, dass der älteste Sohn des Monarchen der beste Herrscher sein müsste, lächerlich.⁷

Im 17. und 18. Jahrhundert beseitigte in Kontinental-Europa eine ideologische Welle den Glauben an absolutistische Monarchien als vernünftige politische Staatsform. Im europäischen gesellschaftlichen Bewusstsein wuchs die Überzeugung, dass gewählte Parlamente für den sinnvollen Aufbau des politischen Systems unabdingbar sind, dass sie die Steuern festsetzen und bestimmen müssten, wie die staatlichen Finanzressourcen verwendet und wie die Exekutive gebildet werden sollte. Andere Organisationsformen der Gesellschaft schienen nicht mehr vernünftig. Dies bereitete den Boden für umfassende Veränderungen im politischen Leben – für die Französische Revolution und die Wahrnehmung ihrer Ideen in Europa.

Diese Vorstellungen über eine Gesellschaftsordnung fanden, wenngleich langsamer als in Nord-Westeuropa, auch in Russland Verbreitung, das vom Zentrum der europäischen Entwicklung weit entfernt liegt. Die Dekabristen waren überzeugt, dass eine absolute Monarchie mit der Entwicklung zu einem zivilisierten, entwickelten Land unvereinbar sei.

Der Legitimationsverlust der traditionellen Institutionen einer Monarchie garantiert nicht, dass demokratische Institutionen sofort Bestand haben.⁸ Selbst da, wo Parlamente eine jahrhundertelange Tradition hatten, war ihre Rolle beschränkt: Es handelte sich um periodisch zusammentretende Organe, die über Steuersätze und die Verwendung der Staatsgelder entschieden. Als solche waren sie eine gewöhnliche, feste Institution. Ihre Transformation in ein höheres Machtorgan war jedoch ein Bruch mit der Tradition, der mit Wirren und Unruhen einherging.

Wenn die monarchischen Regeln nicht legitim und die demokratischen noch nicht stabil sind, nimmt die Wahrscheinlichkeit zu, dass ein Führungskandidat, der Gewalt einsetzen kann, der Gesellschaft seinen Willen aufzwingt, ohne Rücksicht darauf, welche politische Ordnung von der Mehrheit gewünscht wird. Das ist die politische Grundlage für autoritäre Regime in Europa⁹ wie für jene von Cromwell und Bonaparte. Die Gefahr einer solchen Entwicklung in Ländern, in denen das moderne Wirtschaftswachstum eingesetzt hatte, blieb lange bestehen. In Westeuropa, mit sei-

---

⁷ Thomas Paine schrieb, wenn schon die Monarchie Bürger erniedrigt, dann ist die Erbmonarchie eine offensichtliche Beleidigung. Alle Menschen sind ursprünglich gleich. Niemand hat von Geburt an das Recht, gegenüber anderen im Vorteil zu sein. Manch einer mag die Ehre seiner Zeitgenossen verdienen, aber daraus folgt nicht, dass seine Erben der gleichen Ehre würdig sind. (Thomas Paine: Common Sense and Other Political Writings. New York 1783).

⁸ Ich verwende die verbreitete Definition der Demokratie als politisches Regime, in dem diejenigen das Land regieren, die als Sieger aus einer konkurrierenden Wahl hervorgegangen sind. Von diesem Standpunkt aus ist die Demokratie ein politisches System, in dem die herrschende Partei nicht gegen eine Niederlage bei den nächsten Wahlen gefeit ist (Adam Przeworski et al.: Democracy and Development. Political Institutions and Well-Being in the World, 1950-1990. Cambridge 2000.).

⁹ Als autoritär bezeichnet man politische Regime, in denen ein neuer Herrscher die Macht nicht infolge bestimmter und von der Gesellschaft akzeptierter Regeln erhält, nicht als Thronfolger oder durch demokratische Prozeduren, sondern durch das Recht des Stärkeren. Politische und Bürgerrechte und Freiheiten werden nicht respektiert.

ner jahrhundertelangen parlamentarischen Tradition, wurden die letzten autoritären Regime erst Mitte der 1970er-Jahre demontiert und durch demokratische ersetzt.[10] Osteuropa lag in dieser Hinsicht um anderthalb Jahrzehnte zurück.

Begünstigt wurde die Entstehung autoritärer Regime auch durch die soziale Desorganisation, die mit den Anfangsstadien des modernen Wirtschaftswachstums verbunden war. Schwierigkeiten der ersten und zweiten Generation von Migranten aus dem Land bei der Adaptation ans Stadtleben, die Zerstörung traditioneller Formen sozialer Unterstützung, während neue, angemessene Bedingungen in der urbanisierten Gesellschaft noch fehlten, bewirkten eine politische Mobilisierung unter den niedrigsten Einkommensgruppen der Bevölkerung. Darauf waren die Eigentümer, die Steuerzahler, die traditionell die Schlüsselrolle im europäischen politischen Prozess spielten, in der Regel nicht gefasst.[11]

Es gibt Länder, die diese Probleme bewältigt haben, indem sie demokratische Institutionen ins Leben riefen. Das englische politische System war flexibel und anpassungsfähig. Hier gelang es ohne eine größere Krise, schrittweise die gesamte Bevölkerung an den Wahlen zu beteiligen. Aber das war nicht überall so. Die Befürchtung, dass eine politische Mobilisierung der Arbeiter und Bauern zu sozialistischen Experimenten, zu einer Umverteilung des Eigentums, führen könnte, war etwa in der zweiten Hälfte des 19. und ersten Hälfte des 20. Jahrhunderts ein wichtiges Motiv für die Mittelklasse, autoritäre Regime zu unterstützen.[12]

In der nichteuropäischen Welt, ohne eine lange Geschichte einflussreicher Parlamente und ohne antike Tradition, auf die man hätte zurückgreifen können, war es wesentlich schwieriger als in Nordwesteuropa, in der ersten Zeit des modernen Wirtschaftswachstums politische Stabilität zu gewährleisten. Der Gegensatz zwischen der militärischen Schwäche der traditionellen Regime und der Stärke des weit fortgeschrittenen Westens ist eklatant (militärische Niederlagen, aufgezwungene Verträge, die die nichteuropäischen Reiche zu Kolonien oder Halbkolonien machten). Dies hebelte die Legitimationsbasis der traditionellen Monarchien zwangsläufig aus. Für den gebildeten Teil der Elite lag es auf der Hand, dass man sich in der Weiterentwicklung an europäischen politischen Organisationsmodellen orientieren musste. Allerdings gab es in der Gesellschaft weder Institutionen noch Traditionen, auf die man sich stützen konnte, um derartige Transformationen durchzuführen. So gab es keine vom mittelalterlichen Europa tradierten Vorstellungen von den Freiheiten einzelner Bevölkerungsgruppen und ihrem Recht auf Schutz – und auf Widerstand – gegen die Willkür der Herrschenden, was für die Entstehung der modernen Konzeption einer freien Gesellschaft so wichtig gewesen wäre.[13]

---

[10] 1973 in Griechenland, 1974 in Portugal, Ende der 1970er-Jahre in Spanien.

[11] Der Parlamentsakt 1624 in England lautete: „Wer kein Eigentum hat, ist nicht frei." C. Hill: The Century of Revolution: 1603-1714. New York 1982. S. 38.

[12] Samuel P. Huntington: The Third Wave. Democratization in the Twentieth Century. London 1993. S. 16 ff.

[13] Zur Kontinuität mittelalterlicher Einrichtungen in Europa und der Entwicklung von Konzeptionen einer freien Gesellschaft s. Barrington Moore (jr.): Social Origins of Dictatorship and Democra-

Darin liegt die Ursache für die lange Periode der Instabilität und der institutionellen Krise. Die Legitimität der traditionellen Einrichtungen war verloren gegangen, und neue, demokratische Verfahrensweisen waren im politischen Leben noch nicht etabliert. Das sind die Bedingungen, unter denen unmittelbare Gewalt (der Sieg in einem Bürgerkrieg, ein Staatsstreich) den Weg zur Macht bahnt.

Anfang der 1960er-Jahre, als die Entkolonisierung Dutzende neuer Staaten hatte entstehen lassen, gingen viele Forscher davon aus, dass autoritäre Regierungsformen für sie optimal seien. 1959 schrieb de Schweinitz, dass die Beteiligung der Gesellschaft an politischen Angelegenheiten im Interesse des Wirtschaftswachstums einzuschränken sei.[14]

Autoritäre Regime kommen wie gesagt gewöhnlich mit Gewalt an die Macht. Es gibt Ausnahmen. Manchmal kommen künftige Autokraten durch ein demokratisches Verfahren an die Staatsspitze und nutzen dann ihre Macht, um bürgerliche Rechte und Freiheiten zu beschneiden. Sie können sich auf das Potential staatlicher Strukturen stützen oder Gewalt gegen Gegner anwenden, ohne beim Staat auf Widerstand zu stoßen. Hitler ist das Beispiel für einen Politiker, der beide Strategien eingesetzt hat.

Unabhängig davon, wie ein autoritäres Regime entstanden ist, spielt Gewalt bei seinem Aufbau eine große Rolle. Solange die Staatsführung, die Machtstrukturen und die Gesellschaft davon überzeugt sind, dass die Regierenden Gewalt gegen das eigene Volk einsetzen dürfen, um ihre Macht zu erhalten und die Opposition zu unterdrücken, bleibt die autoritäre Macht stabil. Wenn Machthaber und Gesellschaft dies glauben, müssen Repressionen nur eingeschränkt und selektiv angewendet werden. Im gegenteiligen Fall muss dies in großem Umfang geschehen. Aber auch dies wird dem Autokraten nicht helfen, sich auf Dauer an der Macht zu halten.

---

cy. Boston 1967. S. 415.

[14] Karl de Schweinitz: Industrialization. Labor Controls and Democracy. In: Economic Development and Cultural Change. 1959, Bd. 7 (4). S. 385-404.

2.2 Die Instabilität autoritärer Regime

Regime, die gewaltsam an die Macht gekommen sind und sich so an der Macht halten, sind langfristig (es geht hier um Jahrzehnte) in der Regel instabil. Ob es ihnen so gelingt, als gerecht anerkannt zu werden, wird mindestens seit Thukydides' Zeiten diskutiert.[15] Für Machiavelli ist es evident, dass eine Macht, die allein auf Gewalt basiert, fragil ist.[16] Auch Rousseau äußerte sich in diesem Sinne.[17]

Das Fehlen einer Legitimation, einer allgemein verständlichen und akzeptierten Erklärung, mit welchem Recht die Führer eines autoritären Regimes das Land regieren, ist die Ursache für ihre Instabilität. Hinter der Regierung stehen weder eine über Generationen ererbte Tradition noch klare und allgemein akzeptierte Prozeduren, die die Legitimität der Regierung bestätigen. Darin liegen die wesentlichen Probleme, mit denen es die Führer ähnlicher politischer Konstruktionen zu tun haben.[18]

Ein Monarch hat einen Nachfolger; ein Präsident oder Premierminister eines demokratischen Landes kommt nach verständlichen, von der Gesellschaft akzeptierten Spielregeln an die Macht. Für die allermeisten autoritären Regime ist es unmöglich, Regeln für die Nachfolge festzulegen. Ein offizieller Nachfolger ist für den Autokraten eine Gefahr. Daher ist die Stabilität des Regimes bedroht, wenn der Herrscher stirbt oder handlungsunfähig wird.

Die Zeit hat gezeigt, dass autoritäre Regime nicht von langer Dauer sind.[19] Allerdings kann sich die politische Instabilität über Jahrhunderte hinziehen, wenn alte Institutionen zusammengebrochen sind und neue noch fehlen, wenn auf traditionelle Monarchien junge Demokratien folgen und diese wiederum von autoritären Regimen abgelöst werden.

Die Führer autoritärer Regime sind oft ehrlich überzeugt, dass sie für immer an die Macht gekommen sind. Allerdings ist die Empfindung einer zeitlichen Befristung und Unbeständigkeit für diese Regierungsform typisch. Selbst wenn die Gesellschaft, da sie von der Inkompetenz und Korrumpierung demokratisch an die Regierung

---

[15] Der erste uns bekannte Dialog, den Thukydides dokumentiert hat, betrifft die Stabilität von Regimen, die auf Gewalt basieren und von den Untergebenen nicht als legitim anerkannt werden. Es handelt sich um den „Melierdialog" zwischen den Meliern und den Athenern. Thukydides: Geschichte des Peloponnesischen Krieges, Hamburg 1964. S. 249-255.

[16] Niccolò Machiavelli schrieb in seinem Werk „Il Principe" (Der Fürst) „Dann können die Staaten, die über Nacht entstehen, wie alles in der Natur, was nach seinem Entstehen schnell wächst, unmöglich Wurzeln und Verästungen gewinnen, dass sie der erste Unfall nicht zerstöre." Der Fürst des Niccolo Machiavelli. Übersetzt und eingeleitet von Karl Riedel. Darmstadt 1841. S. 37.

[17] Rousseau, Gesellschaftsvertrag.

[18] Die klassischen Werke, die das Funktionieren autoritärer Regime behandeln, stammen von Juan José Linz: An Authoritarian Regime: Spain. In: Erik Allardt, Yrjö Lettunen (Hrsg.): Cleavages, Ideologies and Party Systems: Contributions to Comparative Political Sociology. Helsinki 1964, Vol. 10. S. 292-343.; s. a. Shmuel Noah Eisenstadt: Modernization: Protest and Change. New Jersey 1966. S. 69.

[19] Die mittlere Lebensdauer autoritärer Regime, die in den 1990er-Jahren zu Ende gingen, betrug 9,3 Jahre. Przeworski u.a., Democracy and Development, S. 50.

gekommener Politiker enttäuscht ist, solche politischen Strukturen zunächst unterstützt, werden sie mit der Zeit als illegitim angesehen werden. Dann setzt die Diskussion über Wege und Fristen für die Wiederherstellung demokratischer Institutionen ein.[20] Wenn solche Diskussionen an Bedeutung gewinnen, zeigt sich, dass der Staatschef und seine nächste Umgebung nicht ohne weiteres einen Weg finden können, abzutreten, der ihnen nach ihrem Ausscheiden Freiheit, Sicherheit und Wohlstand garantiert.

Dieses Problem illustriert das Beispiel Augusto Pinochets, eines der effizientesten Diktatoren im 20. Jahrhundert. Er betrieb eine vernünftige Wirtschaftspolitik und schuf damit die Voraussetzungen für das chilenische „Wirtschaftswunder". Auf seine Initiative wurden entsprechende Verbesserungen an der chilenischen Verfassung angebracht, die seine Sicherheit nach dem Rücktritt garantierten. Die Erfahrung hat gezeigt, dass das nicht hilft.[21]

Augusto Pinochet war nicht der erste Diktator, der sich über diese Frage Gedanken gemacht hat. Das Wissen um dieses Problem fördert die Korruption in Kreisen, die der Spitze des autoritären Regimes nahestehen. Die instabile Situation und die unsichere Machtlage zwingen die herrschende Elite, sich auf eine kurzfristige Perspektive einzurichten. Die Geschichte kennt keine Fälle, in denen autoritäre Regierungschefs Eigentumsrechte respektiert hätten. Die Statistik demonstriert einen Zusammenhang zwischen der Stabilität des demokratischen Systems und der Zuverlässigkeit vertraglich garantierter Rechte.[22]

Autoritäre Regime konstruieren eine einfache staatliche Machtstruktur. Wie Edward Burke zutreffend anmerkte, sind allerdings „einfache Regierungsformen oft von Nachteil, um nichts Schlimmeres zu sagen".[23] Das Fehlen eines Systems von Checks and Balances und einer öffentlichen Diskussion, durch die bekannt wird, welche Entscheidungen durch Korruption zustande kamen, unterminiert den ohnehin schwachen Glauben der Gesellschaft – ja sogar des Regimes selbst – an sein Recht, das Land zu regieren.

Einer der Versuche, auf die Herausforderungen im Zusammenhang mit der Instabilität autoritärer Regime zu antworten, sind geschlossene oder gelenkte Demokratien. Das sind politische Systeme, in denen demokratische Institutionen und Prozeduren formal bestehen bleiben, aber die herrschende Elite sich über einen Machtwechsel abspricht, den Wahlprozess kontrolliert und seinen Ausgang bestimmt. Ich habe

---

[20] Aldo C. Vacs: Authoritarian Breakdown and Redemocratization in Argentina. In: James M. Malloy, Mitchell A. Seligson (Hrsg.): Authoritarians and Democrats. Regime Transition in Latin America. Pittsburgh 1987. S. 15-42.

[21] Ein typisches Beispiel für eine Regierung, die nicht von ihrem Recht überzeugt war, das Land zu regieren und gezwungen war, das „Problem des Abtretens" zu lösen, war die brasilianische Militärregierung, die nach dem Umsturz von 1964 an die Macht gekommen war. Silvio R. Duncan Baretta and John Markoff: Brazil's Abertura: A Transition from What to What? In: Malloy/Seligson (Hrsg.) Authoritarians and Democrats.

[22] Olson: Power and Prosperity. S. 21.

[23] Edward Burke: Reflections on the Revolution in France. Chicago 1955. S. 92.

diese politische Organisationsform in meiner vorigen Arbeit beschrieben.[24] Hier sei nur angemerkt, dass diese strategische Lösung keinen Ausweg bietet. Länder, die im 20. Jahrhundert Systeme einer geschlossenen Demokratie aufgebaut haben, waren gezwungen, davon wieder Abstand zu nehmen und die Bildung funktionierender demokratischer Institutionen in Angriff zu nehmen. Das geschah in Italien, Japan und Mexiko, die als Musterbeispiele für diese Systeme gelten.

Es gibt auch eine andere Antwort auf die Gefahren eines instabilen Autoritarismus – nämlich ein totalitäres Regime.[25] Diese sind Unterarten autoritärer Regime. Sie entstehen ebenfalls nicht als Ergebnis einer Thronfolge oder aus demokratischer Konkurrenz. In ihrer Entstehung und Funktionsweise ist die Bereitschaft der Machthaber entscheidend, unbegrenzt Gewalt einzusetzen. Spezifisches Kennzeichen ist, dass sie das Alltagsleben der Menschen strenger kontrollieren, als Führer autoritärer Regime es für sinnvoll halten, sowie ihre messianische Ideologie, die dem Regime Legitimität verschaffen soll. In einem autoritären Staat kommt es den Machthabern darauf an, dass die Menschen sich nicht in die öffentliche Politik einmischen, nicht an Demonstrationen oder Petitionen beteiligen und der Auslandspresse keine Enthüllungen über die verbrecherische Regierung zuleiten. Was sie in der Küche reden, ist gleichgültig. Bei einem totalitären Regime kann man für einen Witz, den man zu Hause erzählt und der gegenüber dem Regierungschef inkorrekt ist, hinter Gitter kommen.

Die messianische Ideologie ist ein wichtiges Unterscheidungsmerkmal totalitärer Regime. Ein autoritäres erklärt seine Notwendigkeit mit prosaischen Argumenten: mit der Unvollkommenheit demokratischer Regierungen, der Bedeutung einer dynamischen Wirtschaftsentwicklung, der Notwendigkeit, dem Extremismus Einhalt zu gebieten. Ein totalitäres Regime appelliert an religiöse oder pseudoreligiöse Symbole: das tausendjährige Reich, der Weltkommunismus, das weltweite Kalifat.

Das Problem solcher ideologischen Konstruktionen liegt darin, dass sie schlecht zu den Realitäten der modernen Welt passen. Wenn man von früheren Erfahrungen ausgeht, kann man schwerlich an ihre Effizienz glauben. Die Idee des tausendjährigen Reiches provozierte einen Weltkrieg und endete mit Zusammenbruch und Kapitulation. Die Absicht, ein weltweites kommunistisches System zu errichten, führte zu einer ineffizienten und instabilen Wirtschaft. Welche Folgen die Versuche, ein weltweites Kalifat zu errichten, bewirken und wieviel Menschenleben sie kosten werden, ist noch offen.

Um sich an die Bedingungen der sich verändernden Welt anzupassen, muss man die globalen Transformation und die damit zusammenhängenden sozioökonomischen Umgestaltungen unterstützen oder darf sie zumindest nicht behindern: die Urbanisierung, die Erhöhung des Bildungsstandards, Änderungen in der Beschäfti-

---

[24] Gajdar, Dolgoe vremja. Kap. 15.
[25] Unter totalitären versteht man gewöhnlich politische Regime, die die Kontrolle über alle Lebensbereiche der Gesellschaft erreichen wollen. Über die Spezifik totalitärer Regime s. z. B. Pei Minxin: From Reform to Revolution: The Demise of Communism in China and the Soviet Union. Cambridge 1994.

gungsstruktur. Die Notwendigkeit, sich auf die Wirtschaftsentwicklung zu konzentrieren und den Rückstand gegenüber fortgeschrittenen Staaten zu überwinden, ist das ideologische Hauptargument, mit dem autoritäre Regime ihre Existenz rechtfertigen. Wie die Erfahrung zeigt, bescheren ihnen ihre Erfolge in dieser Hinsicht keine dauerhafte Existenz.

Mexiko war im ausgehenden 19. und beginnenden 20. Jahrhunderts ein typisches Beispiel dafür, wie eine dynamische Entwicklung ein autoritäres Regime politisch destabilisierte. In den 20 Jahren vor 1910 war die Wachstumsrate des BIP hoch. Die Produktion von Mineralrohstoffen und Zucker multiplizierte sich. Textilindustrie und Erdölförderung florierten, es entstanden Metallurgie-Betriebe, das Eisenbahnnetz wurde ausgebaut. Die nationale Währung war stabil, man hatte Zugang zu Auslandskrediten. Der Umfang des Außenhandels und die Steuereinnahmen verzehnfachten sich. Dies alles verhinderte nicht die Revolution.[26]

Die Entwicklung untergräbt die Stabilität nichtdemokratischer politischer Systeme. In einem Bauernland mit geringem Bildungsstand kann ein autoritäres Regime Bestand haben. Die Gesellschaft fragt hier nicht nach Freiheit. Das interessiert nur eine unbedeutende Minderheit, die zudem häufig versteht, dass Freiheit zu einer Eskalation sozialer Forderungen von unterversorgten Bevölkerungsgruppen führen kann, zu chaotischen Umverteilungen, denen sie vielleicht selbst zum Opfer fällt. Das herrschende Regime stützt sich auf die Armee aus Bauern, denen die Ideen der städtischen Intellektuellen gleichgültig sind. Mit zunehmender Industrialisierung und steigendem Bildungsstandard ändert sich die Situation.

Taiwan ist ein Beispiel für ein autoritäres Regime, das mit einer Legitimitätskrise konfrontiert wurde, die mit der gesellschaftlichen Transformation im Laufe der wirtschaftlichen Modernisierung zusammenhing. Ende der 1970er-Jahre besaß Taiwan eine hochindustrialisierte Wirtschaft, es exportierte in großem Umfang hochwertige Technik und Informationstechnologie. Vor diesem Hintergrund versagten die traditionellen politischen Kontrollmethoden. Repressionen untergruben die Autorität der Machthaber, sie weckten Sympathien für die Verfolgten. Die Korruption wurde öffentlich diskutiert. Die Schließung illoyaler Massenmedien provozierte Protestkundgebungen und Zusammenstöße mit der Polizei. Unter der Intelligenz nahm die Überzeugung zu, dass das existierende politische System verdorben sei und dass mehrere konkurrierende politische Parteien zugelassen werden sollten. In den Universitäten bildeten sich oppositionelle Gruppen. Parteilose Abgeordnete, die gegen die Willkür der herrschenden Partei protestierten, verließen die Parlamentssitzungen. In der zweiten Hälfte der 1980er-Jahre wurde der Regierung klar, dass das autoritäre System nicht bestehen bleiben konnte. 1987 wurde die herrschende Partei – die Kuomintang – gezwungen, den Ausnahmezustand aufzuheben und die Existenz alternativer politischer Parteien zu erlauben.[27]

---

[26] Howard F. Cline: The United States and Mexico. Cambridge 1963, S. 52; Henry Bamford Parker: A History of Mexico. Boston 1950. S. 308.

[27] A. G. Larin: Dva prezidenta, ili Put' Tajvanja k demokratii (Zwei Präsidenten oder Taiwans Weg zur Demokratie). Moskau 2000. S. 139.

Die Führer des autoritären Regimes in Spanien glaubten, das rapide Wirtschaftswachstum der 1960er-Jahre werde es ermöglichen, eine konservative Gesellschaft zu schaffen, die sich für Politik nicht interessiert. In Wirklichkeit begünstigte es kulturelle, soziale und politische Veränderungen, die die Stabilität des Regimes unterminierten.[28]

Es gibt Elemente des Wohlstands und der Lebensqualität, die man nicht in Daten des Pro-Kopf-BIP ausdrücken kann. Bei dem Recht auf Bewegungsfreiheit, der freien Wahl des Aufenthalts, der Teilhabe an Entscheidungen über Probleme des Landes und der Freiheit des Wortes handelt es sich um immaterielle Güter, die nicht mit Geld aufzuwiegen sind. Mit dem Wohlstand wachsen auch der Bedarf an diesen Rechten und ihre Bedeutung für die Gesellschaft.

Dies den Menschen zu erklären, die ihr Leben in stabilen Demokratien verbracht haben, ist nicht einfach. In Lehrbüchern lesen sie etwas über Freiheiten und haben viel davon gehört. Aber für sie sind diese Rechte so selbstverständlich wie die Möglichkeit zu atmen. Es ist klar, dass das wichtig ist, aber man denkt nicht täglich daran. Ich bin mehrmals linken Intellektuellen begegnet, die mir beweisen wollten, wie richtig Deng Xiao Pings Entscheidung war, wirtschaftliche von politischen Reformen zu trennen und für eine funktionierende und florierende Marktwirtschaft ohne politische Liberalisierung zu sorgen. Die Frage, welchen Preis ihnen ihre Freiheit des Wortes wert sei, lassen sie unbeantwortet und reagieren indigniert. Offensichtlich gehen sie davon aus, dass sie, anders als andere, darauf ein gesichertes Anrecht haben, da sie in einem Staat mit einer stabilen Demokratie geboren sind. Wer in autoritären oder totalitären Regimen gelebt hat, hat mehr Verständnis für den Wert dieser Freiheiten wert sind.

In Ländern ohne demokratische Tradition, die von Autokraten beherrscht werden, wächst mit ihrer Entwicklung auch das Bedürfnis nach Freiheit. Man kann dem mit Gewalt begegnen – das ist die wesentliche Ressource solcher Regime. Das Problem der Machthaber liegt darin, dass Gewaltanwendung in einer sich modernisierenden Gesellschaft immer weniger möglich wird.

Selbst in dem Agrarland China war es für die Landesführung nicht einfach, 1989 in Peking die Armee einzusetzen. Die Pekinger Garnison galt als zu unzuverlässig. Die Truppen, die zur Unterdrückung des Protestes notwendig waren, wurden von der sowjetischen Grenze nach Peking verlegt.[29]

Der Zusammenbruch des autoritären Regimes in Südkorea ist ein Beispiel dafür, wie schwierig es ist, in derartigen Regimen auf Dauer politische Stabilität zu wahren. Das Regime hatte ein jahrzehntelanges hohes Wirtschaftswachstum hinter sich, als es zusammenbrach.

---

[28] Kenneth Medhurst: Spain's Evolutionary Pathway from Dictatorship to Democracy. In: Geoffrey Pridham (Hrsg.): The New Mediterranean Democracies: Regime Transition in Spain, Greece and Portugal. London 1984. S. 30 f.

[29] Stéphane Courtois/Nicolas Werth u. a.: Das Schwarzbuch des Kommunismus. Unterdrückung, Verbrechen und Terror. München-Zürich 1998. S. 602 f.

Eine sozioökonomische Transformation mobilisiert breite Schichten der Bevölkerung, in erster Linie die Jugend. Deren politische Aktivität können die Machthaber kaum mit Gewalt unter Kontrolle halten.[30] Die sozioökonomische Entwicklung prägt die städtische Gesellschaft. Gebildete Menschen verstehen, dass sie es mit einem illegitimen, undemokratischen und korrumpierten Regime zu tun haben. In dieser Situation kann sich die aktive Minderheit verbünden, die bereit ist, für seinen Sturz alles einzusetzen, auch das eigene Leben. Es wird allerdings schwer sein, Menschen zu finden, die für das Regime zu sterben bereit sind.

Kuba unter Batista Ende der 1950er-Jahre ist dafür ein typisches Beispiel. Die kubanische Wirtschaft entwickelte sich in den 1950er-Jahren für lateinamerikanische Verhältnisse ziemlich schnell. 1950 bis 1957 belief sich das durchschnittliche Jahreswachstum des Pro-Kopf-BIP auf 2,3 %. Das Regime war angesichts der inneren gewaltsamen Proteste entschlossen, sich zu verteidigen. Im Land wurde eine strenge Medienzensur eingeführt, es gab eine mächtige Geheimpolizei. Angesichts der Bedrohung seiner Herrschaft vergrößerte Batista die Armee erheblich. Als illoyal verdächtigte Personen wurden massenweise gefoltert und ermordet. Die Führung von Armee und Polizei bestand aus Batista nahestehenden Personen. Ihnen ging es darum, den Status quo zu erhalten.

Nach der Landung der Aufständischen ging Batista energisch vor: Um die Gebäude der Machtorgane postierte er Wachmannschaften; Flugzeuge und Schiffe patrouillierten an der Küste; Regierungstruppen bombardierten Dörfer, deren Bevölkerung die Aufständischen unterstützte; Hunderte wurden eingesperrt. Die Straßen waren übersät mit Leichen von Personen, die im Verdacht standen, mit Regimegegnern zu sympathisieren.[31]

Das reichte nicht aus, um die Revolutionäre zu stoppen. Im Dezember 1956 waren es 82, nach der Landung waren noch zwölf am Leben. Im Frühjahr 1957 stritten Journalisten, ob es sich um fünfzig oder hundert handelte. Im Herbst desselben Jahres war schon von tausend die Rede. Mitte 1958 handelte es sich bereits um fünf- bis zehntausend Aufständische.[32] Für das Schicksal der kubanischen Revolution war nicht das Zahlenverhältnis zwischen Regierungstruppen und Aufständischen

---

[30] Während der Studentenunruhen im Iran beantwortete einer Gardeoffizier des Schahs die Frage: „Sollen wir Waffen gegen sie einsetzen?" folgendermaßen: „Nein, das können wir nicht. Schließlich sind das unsere Kinder." (s. New York Times, 4.12.1961, S. 10. Zit. nach Samuel P. Huntington: Political Order in Changing Societies. London 1968. S. 211). Natürlich kann man fragen, ob das Regime des Schahs im Iran zu dieser Zeit ein autoritäres war. Der Form nach war es eine traditionelle Monarchie. Allerdings konnte Reza Pahlewi nicht auf Generationen iranischer Herrscher zurückblicken.

[31] Creeping Revolt. Cuba. In: Time, 7.1.1957. S. 33.

[32] R. H. Phillips: Cuba: Says Rebels Number Only 60, New York Times, 2.3.1957. H. L. Matthews: Castro Rebels Gain in Face of Offensive by the Cuban Army, New York Times, 9.6.1957, S. 1, 13; Cuban Rebels. Interview von Andrew St. George mit Fidel Castro, Look, 4.2.1958, S. 30; R. H. Phillips: Castro's Power at Peak on Eve of Cuban Vote, The New York Times, 2.11.1958, S. 4E; Batista's Drive to Crush Rebels Called Failure, New Yor Times, 2.7.1958, S. 1; Into the Third Year. Cuba, Time, 1.12.1958, S. 32.

ausschlaggebend, sondern dass die Gesellschaft Batistas Regime für korrupt und ungerecht hielt.[33] Korruptionsvorwürfe spielten in Fidel Castros Propaganda eine große Rolle.[34]

Natürlich waren Kuba, Taiwan und Südkorea niemals Imperien. Sie hatten mit ihnen indes gemein, dass das Recht des Stärkeren Legitimationsgrundlage ihrer Institutionen war. An ihren Beispielen zeigt sich, dass dies in der modernen Welt kein zuverlässiges Fundament ist.

2.3 Mechanismen des Zusammenbruchs autoritärer Regime

Es lässt sich schwer prognostizieren, wann eine Krise über ein autoritäres Regime hereinbricht. Manchmal geschieht dies lange Zeit nicht, aber wenn die Krise einsetzt, dann entwickelt sie sich kontinuierlich und schneller als erwartet. Die Führer autoritärer Regime verstehen die Ursachen oft selbst nicht. Der letzte iranische Schah Mohammed Reza Pahlevi war von der Entwicklung 1978 überrascht und fragte den amerikanischen Botschafter im Iran George Sullivan: „Ich verstehe nicht, wie dies außerhalb der Reichweite des KGB passieren konnte. Es müssen also britische Geheimdienste oder die CIA dahinterstecken. Warum agiert die CIA plötzlich gegen mich?"[35]

Autoritäre Regime stürzen auf unterschiedliche Weise. Häufig hängt das mit dem persönlichen Schicksal des Diktators zusammen. Die Stabilität hängt vom Leben oder Gesundheitszustand des Autokraten ab, um den sich die politische Elite gruppiert. Nach dem Tod des Herrschers kommt es häufig zu Streitigkeiten in der Führungsriege. Der Tod Tschiang Kai-scheks (1975) bahnte der Demokratie in Taiwan den Weg. Die Ermordung des südkoreanischen Präsidenten Park Chun Hee im Oktober 1979 beschleunigte ebenfalls den Demokratisierungsprozess im Lande.

Manchmal hängt die Entwicklung der Krise mit einer militärischen Niederlage zusammen. Ein schlagendes Beispiel hierfür sind die Ereignisse in Argentinien nach dem Falkland-Krieg.

Die informationelle Globalisierung untergräbt die Stabilität autoritärer Regime ebenfalls. Zu Beginn des 20. Jahrhunderts hatten die meisten Menschen keine Vorstellung davon, was außerhalb ihres Dorfes vor sich ging und wie andere soziale Strukturen aufgebaut waren. Das 20. Jahrhundert führte die Welt zusammen. Kenntnisse über die politischen Systeme der entwickelten Länder sind allgemein zugänglich. Heute ist es unmöglich, dem Volk, besonders der Jugend und den Gebildeten zu

---

[33] Che Guevara: Ėpizody revoljucionnoj vojny (Episoden eines Revolutionskrieges). Moskau 1974. S. 210-217.
[34] H. L. Matthews: Rebel Strength Gaining in Cuba, but Batista Has the Upper Hand, New York Times, 25.2.1957; Leo Huberman/Paul M. Seezy: Cuba: Anatomy of a Revolution. New York 1950. S. 59 f.
[35] William H. Sullivan: Mission to Iran. New York 1981. S. 156.

erklären, dass ihre Altersgenossen in anderen Ländern das Recht auf Freiheit haben und bei der Entscheidung über Probleme ihres Landes mitwirken können, während das für sie selbst nicht gilt, weil das für sie die Machthaber erledigen.

Ethnische Konflikte sind eine der Ursachen von Krisen, die autoritäre Regime stürzen können. Gerade deshalb sind solche Regime in ethnisch und religiös heterogenen Staaten weniger stabil.[36]

Es gibt auch andere Varianten. Dem Ende des Schah-Regimes im Iran ging weder eine militärische Niederlage noch der Tod des Autokraten noch ein heftiger ethnischer Konflikt voraus, der Erdölmarkt florierte, und der Wohlstand stieg. Meistens geht dem Zerfall eines autoritären Regimes jedoch eine Wirtschaftskrise voraus.

Die Welt des modernen Wirtschaftswachstums ist dynamisch und schwer berechenbar. Die ökonomische Wissenschaft ist nicht in der Lage, die Rohstoffpreise oder die Kurse der Weltwährungen zuverlässig zu prognostizieren. Das Leben zwingt dazu, sich auf äußere Herausforderungen einzustellen. Sie lassen sich schwer vorhersehen, aber man muss auf sie gefasst sein. Die Geschichte des 20. Jahrhunderts weist zahlreiche Krisen auf, die weder die nationalen Regierungen noch die internationale Gemeinschaft erwartet hatten. Das ist eine Realität, die man berücksichtigen muss. Mit der Krise 1994 in Mexiko hatten weder der Internationale Währungsfonds noch der amerikanische Fiskus gerechnet. Ebenfalls unerwartet für Spezialisten kam die Finanzkrise 1997-1998 in Südostasien, die sich dann auf den postsowjetischen Raum und Lateinamerika ausweitete.[37]

Ende der 1990er-Jahre wurde ein sehr lehrreiches Buch über die Probleme verfasst, mit denen erdölfördernde Länder angesichts des fallenden Ölpreises in den 1980er-Jahren zu kämpfen hatten. Indonesien wurde hier als Beispiel für eine erfolgreiche Anpassung an die geänderten Bedingungen der weltweiten Entwicklung zitiert.[38] Noch bevor das Buch jedoch erschienen war, brach das indonesische Regime infolge der Ereignisse in Südostasien zusammen.[39]

In einer Wirtschaftskrise muss die Regierung die Ausgaben reduzieren, die Steuern erhöhen, die nationale Währung abwerten, den Import beschränken und Zuschüsse kürzen. Das sind alles schwierige, unpopuläre Maßnahmen. Um sie durchzuführen, muss das Regime sicher sein, dass die Gesellschaft sie akzeptiert oder dass es, wenn es ein autoritäres Regime ist, mit Gewalt mögliche Unruhen unterbinden kann.

---

[36] Przeworski u. a., Democracy and Development.

[37] J. B. DeLong: International Financial Crises in the 1990s: The Analytics. November 2001. http://www.j-bradford-delong.net/; Rudi Dornbusch: A Primer on Emerging Market Crises. In: NBER Working Paper Nr. 8326, 2001; Morris Goldstein: IMF Structural Programs. Paper prepared for the NBER Conference von Economic and Financial Crises in Ermerging Market Economics. Woodstock, Vermont, October 19-21, 2000.

[38] Jahangier Amuzegar: Managing the Oil Wealth. OPEC's Windfalls and Pitfalls. London – New York 1999.

[39] Benedict Richard O'Gorman Anderson (Hrsg.): Violence and the State in Suharto's Indonesia. New York 2001; Hal Hill: Indonesia: The Strange and Sudden Death of a Tiger Economy. In: Development Studies, Oxford 2000, Bd. 2 (2). S. 117-139.

Die Schwäche autoritärer Regime in einer solchen Krise liegt darin, dass sie oft weder über die erste noch die zweite Möglichkeit verfügen. Einer Gesellschaft, die das Regime für illegitim und korrupt hält, kann man kaum die erforderlichen wirtschaftlichen Maßnahmen erklären, die vor allem bedeuten, dass man „den Gürtel enger schnallen" muss. Die Korruption, die schon während zunehmenden Wohlstands als unangenehme, aber unvermeidliche Erscheinung aufgefasst wird, wird in einer Krise zu einer Zumutung für die Vorstellung von einer vernünftigen und gerechten Gesellschaftsordnung.

Dem Zusammenbruch eines autoritären Regimes geht eine Zeit der Instabilität voraus – eine Zeit, in der dieses Regime den letzten Rest an Legitimität verliert. In der Retrospektive ist leicht zu rekonstruieren, wann das begonnen hat. Im Iran war dies etwa 1970-1978, als das Schah-Regime die Kontrolle der Geheimdienste über das Alltagsleben der Bürger und die Verfolgung von Führern der Opposition intensivierte. 1970 wurde nicht eine einzige Bombe aus politischen Gründen gezündet. 1972 gab es dreizehn politisch motivierte Explosionen. 1974 kam es zu Studentenunruhen und Protesten auf Grund von Versorgungsproblemen in Teheran. Mitte der 1970er-Jahre gewann radikal fundamentalistisches Gedankengut an Boden. 1977-1978 wurden gewaltsame Massenkundgebungen zu einer Dauererscheinung.[40]

Wenn ein Autokrat die Kontrolle über die Machtstrukturen behält, kann er die gesellschaftliche Unzufriedenheit mit den für ein autoritäres Regime gewohnten Methoden unterdrücken, er kann demonstrieren, dass er so viel Blut vergießen kann wie nötig, um seine Macht zu erhalten. Aber in Krisensituationen sind häufig auch die Soldaten, Sergeanten und jüngeren Offiziere davon überzeugt, dass das Regime illegitim und instabil ist. Wenn ein Diktator besonders auf loyale Machtstrukturen angewiesen ist, versagen sie den Dienst.

Die Probleme der Instabilität autoritärer Regime enden nicht mit ihrem Zusammenbruch. Da es keinen legalen politischen Prozess und kein Parlament gibt, das Einfluss auf das Leben der Gesellschaft hätte und deshalb verantwortlich wäre, proklamiert die Opposition die einfachsten Parolen, mit Standard-Aussagen: „Tod dem korrupten volksfeindlichen Regime", „Gerechtigkeit und Umverteilung" (alles konfiszieren und teilen), „Nein zum Regime des nationalen Verrats" (radikaler Nationalismus). Die Kombination solcher Losungen ist ein effizientes Kampfinstrument gegen das Regime. Fidel Castros Bewegung des 26. Juli in Kuba nutzte sie mit Erfolg. Wenn man diese Parolen umsetzt, erhält man allerdings nicht unbedingt eine stabile Demokratie.[41]

Ein autoritäres Regime ist bei all seiner Illegitimität eine funktionierende Regierung. Auf den Straßen sorgt die Polizei für Ordnung. Wenn das Land einigermaßen

---

[40] Hans Binnendijk: Authoritarian Regimes in Transition. Washington 1987.

[41] Nicht wenige Menschen, die nach der Revolution in den kubanischen Machtorganen gearbeitet haben und später emigriert sind, haben mir gesagt, sie hätten diese Entscheidung getroffen, nachdem sie begriffen hatten, dass es Fidel Castro nicht um Kuba gehe. Für ihn sei Kuba im schlechtesten Fall ein Mittel, um in Lateinamerika eine antiamerikanische Revolution einzuleiten, und im günstigsten Fall ein Instrument zur Vernichtung der Vereinigten Staaten.

entwickelt ist, besuchen die Kinder die Schule. Im Krankenhaus kann man medizinisch behandelt werden. Wer keinen Zusammenbruch autoritärer Regime erlebt hat, wird schwer verstehen, dass mit ihrem Ende auch die Institutionen zusammenbrechen, die wenigstens irgendein Gesetz und eine Ordnung gewährleistet haben.[42] Die Entscheidung der amerikanischen Behörden im Irak im Sommer 2003, eine Ent-Baathisierung durchzuführen und Polizei und Armee des Saddam-Regimes aufzulösen, wurde ohne Ansehen der Folgen getroffen, die dies für die Gewährleistung der Ordnung auf den Straßen, für die zuverlässige Stromversorgung und die Sicherheit des Eigentums staatlicher Einrichtungen haben würde.

Dass die Fähigkeit der Machthaber, den Einsatz von Gewalt zu monopolisieren, wesentliches Element einer stabilen Staatsordnung ist, ist spätestens seit der klassischen Arbeit von Max Weber bekannt.[43] Wenn ein autoritäres Regime zusammenbricht, haben die neuen Machthaber nur begrenzte Möglichkeiten, die Ordnung mit Gewalt aufrechtzuerhalten; manchmal können sie es auch gar nicht. Selbst wenn die existierenden Machtstrukturen nicht aufgelöst werden, sind ihre Vertreter wenig geneigt, ihre bisherige Tätigkeit fortzusetzen. Sie wissen ja nicht, wie lange sich die neue Macht halten wird, ob die alte nicht zurückkehrt und man sie nicht für die Zusammenarbeit mit den neuen Herrschern zur Verantwortung ziehen wird. In dieser Situation ist es eine natürliche Strategie, nichts zu tun.

Die politischen Regime, die ein autoritäres ablösen, sind historisch nicht legitimiert, sie haben keine Traditionen, die ihnen ihre Macht sichert. Das ist das fundamentale Problem, das mit dem Zusammenbruch autoritärer politischer Systeme zusammenhängt: Es gibt keine Garantie, dass danach wirklich stabile demokratische Institutionen entstehen.[44]

Die Erfahrung zeigt, dass bei der Lösung dieses Problems äußere Faktoren eine erhebliche Rolle spielen. In Osteuropa waren nach dem Ende der sowjetischen Kontrolle der Einfluss der Europäischen Union, die Aussicht auf Mitgliedschaft in dieser Organisation, die die Gemeinschaften hoch entwickelter Länder vereinigt, ein wichtiger Faktor bei der Stabilisierung der Demokratie. In Lateinamerika, als nach dem Ende des „Kalten Krieges" die pragmatische Einstellung „Er ist ein Hurensohn, aber

---

[42] Walter Lippman bemerkt richtig: „Es gibt nichts Wichtigeres für einen Menschen als in einer Gemeinschaft zu leben, die regierbar ist; es ist gut, wenn sie sich selbst regiert, es ist hervorragend, wenn sie gut regiert ist, aber Hauptsache, sie wird regiert" (New York Herald Tribune, 10.2. 1963). Die letzte Ausgabe der von Nikolaj Karamzin gegründeten und von M. Stasnolevič fortgeführten Zeitschrift „Vestnik Evropy" (Bote Europas) von Januar-April 1918 zeigt anschaulich, dass sich die russische liberale Intelligenz nicht darüber im Klaren war, dass der Zusammenbruch des unvollkommenen und korrupten Regimes auch zum Kollaps der staatlichen Institutionen, zu Chaos in Wirtschaft und Gesellschaft führen würde. Das gewöhnliche, zwar unvollkommene, aber normale Leben wird damit unmöglich. (V. Nol'de: Voprosy vnutrennej žizni (Fragen des inneren Lebens), in: Vestnik Evropy, Petrograd Januar-April 1918, S. 374-396.

[43] Max Weber: Politik als Beruf. München 1919.

[44] Zu Problemen der Stabilisierung demokratischer Regime nach dem Sturz des Autoritarimus s. Guillermo O'Donnell/Phillippe C. Schmitter/Laurence Whitehead (Hrsg.): Transitions from Authoritarian Rule: Tentative Conclusions About Uncertain Democracies. Baltimore 1986.

er ist unser Hurensohn" aus der Mode kam, unterstützten die Vereinigten Staaten demokratische Institutionen. Aber diese Faktoren spielen nicht in allen Weltregionen eine Rolle.

Spanien ist ein entwickeltes europäisches Land mit einer alten parlamentarischen Tradition, dessen politische Elite eine friedliche Transformation von einem autoritären Regime zur Demokratie vollzogen hat. In den 1980er-Jahren wurde es Mitglied der Europäischen Gemeinschaft. Dennoch hatte die Führung des Landes fast zehn Jahre nach dem Tod des Caudillo Franco noch große Schwierigkeiten, die Armee unter die Kontrolle ziviler Behörden zu stellen. Das Land stand mehrmals am Rande eines Militärputschs.[45] Das ist ein Beispiel dafür, wie kompliziert der Übergang vom Autoritarismus zur Demokratie selbst unter günstigen Bedingungen ist.

In der politologischen Literatur zur postautoritären Umgestaltung gilt es als Axiom, dass man politische und wirtschaftliche Umgestaltungen trennen muss, wenn die Transformation gelingen soll. Die Gesellschaft müsse überzeugt werden, dass Versuche, das politische System und die ökonomische Struktur zugleich einschneidend zu verändern, zum Scheitern verurteilt seien.[46] Das Problem der postsozialistischen Transformation liegt jedoch darin, dass in sozialistischen Regimen, anders als in autoritären, die politische Ordnung unlösbar mit dem täglichen Wirtschaftslebens verknüpft ist. Das sozialistische Wirtschaftssystem kann ohne eine totalitäre politische Macht nicht funktionieren. Es bricht zusammen, wenn die Kontrolle des Staates über alle Aspekte des gesellschaftlichen Lebens nachlässt.

---

[45] José Maravall: The Transition to Democracy in Spain. London – Canberra – New York 1982; David Gilmour: The Transformation of Spain: From Franco to Constitutional Monarchy. London 1985.
[46] O'Donnell u. a., Transitions from Authoritarian Rule, S. 41.

3
Der „Fluch des Erdöls"

„Hätten wir doch Wasser entdeckt."

Scheich Achmed Zaki Yamani

Ex-Erdölminister von Saudi-Arabien

*„Noch zehn oder zwanzig Jahre, und ihr werdet sehen,
dass das Erdöl uns zum Zusammenbruch bringt."*

Juan Pablo Perez Alfonzo

Ex-Minister für Erdölindustrie von Venezuela

1985-1986 brach der Ölpreis auf dem Weltmarkt um ein Vielfaches ein. Dennoch brach die UdSSR nicht infolge der Spekulationen auf fallende Ölpreise zusammen.

In seinem letzten Konzert in Paris am 23. Juni 1995 hat Bulat Okudschawa dies klar zum Ausdruck gebracht. Er trug ein kurzes Gedicht vor:

„Die universale Erfahrung lehrt,
Dass Reiche zusammenbrechen
Nicht, weil das Leben schwer war
Oder voll quälender Plackereien…
Sie brechen zusammen,
Und je länger es dauert, desto schmerzhafter
Weil die Menschen ihr Reich
Nicht mehr achten…

Die Krise der sowjetischen Wirtschaft, die zum Zerfall der UdSSR führte, ihr Zeitpunkt und ihre Formen hängen eng mit der Entwicklung auf dem Ölmarkt zusammen. Warum passierte das, was geschehen ist? Natürlich sind hier viele Verschwörungstheorien aufgetaucht. Allerdings habe ich mit meinen eigenen Augen gesehen, wie unerwartet der Zusammenbruch der Sowjetunion für die amerikanische Regierung kam und wie perplex sie damals war, und ich glaube nicht an derartige Spekulationen.

Aber wenn man meint, dass dies mit Absicht in die Wege geleitet wurde, sieht die Sache noch schlechter aus. Dann müsste man über mehrere Generationen von sowjetischen Regierungen sagen, dass sie von Dummheit und Verantwortungslosigkeit geprägt waren, dass sie nationale Interessen verraten und die Wirtschaft und das

Schicksal des Landes in Abhängigkeit von den USA gebracht haben, dem Staat, der als größter potentieller Feind galt.

Die UdSSR war nicht das erste und nicht das einzige rohstoffreiche Land, das nach unerwarteten Preisänderungen für seine wichtigsten Export-Rohstoffe in eine schwere Krise geriet. Um die Entwicklung in der Sowjetunion Ende der 1980er und Anfang der 1990er-Jahre zu verstehen, gilt es die Probleme zu analysieren, die sich aus den schwankenden Rohstoffpreise ergeben und wie sie sich auf die Wirtschaft der exportierenden Länder auswirken. Und das ist eine recht lange Geschichte…

3.1 Spanischer Prolog

Ein klassisches Beispiel dafür, wie sich große Finanzströme durch Rohstoffeinkünfte auf die nationale Wirtschaft auswirken, sind die Ereignisse in Spanien im 16. und 17. Jahrhundert, nach der Entdeckung Amerikas. Die Erschließung von Gold- und Silbervorkommen sowie die Einführung von nach damaligen Kriterien effizienten Verarbeitungs-Technologien führten zu einem noch nie dagewesenen Zustrom von Edelmetallen nach Europa.

In 160 Jahren, zwischen 1503 und 1660, wurden 16.000 Tonnen Silber nach Sevilla geliefert. Die Reserven dieses Metalls in Europa verdreifachten sich. Im selben Zeitraum ließ die Einfuhr von 185 Tonnen Gold die europäischen Goldreserven etwa um 20 % ansteigen.[1] Angaben über den Import von Edelmetallen nach Spanien finden sich auf der Abbildung 3.1.

---

[1] John H. Elliott: Imperial Spain 1469-1716. London 1965. S. 174.

■ Königlicher Fiskus ☐ Private Ankäufe

Anmerkung: In den Preisen von 1580.

Abb. 3.1 Gesamtumfang der Einfuhr von Edelmetallen in Spanien 1503-1650

Quelle: Berechnungen nach E. J. Hamilton: American Treasure and the Price Revolution in Spain, 1501-1650. Cambridge 1934. S. 34. Der Preisindex ist entnommen aus D. O. Flynn: Fiscal Crisis and the Decline of Spain (Castile), in: The Journal of Economic History, 1982, Bd. 42, S. 142.

Das zunehmende Angebot an Gold und Silber in einer noch langsam wachsenden europäischen Wirtschaft führte zu einem starken Preisanstieg für eine Gesellschaft, die an stabile Preise gewohnt Gesellschaft war.[2] In Spanien, wohin die Edelmetalle in

---

[2] Martin D. Azpilicueta, ein Ökonom, der an die Universität in Salamanca angebunden war, hat offenbar als erster in Europa zu dieser Zeit auf den Zusammenhang des Preisanstiegs mit dem Zustrom von Gold und Silber aus Amerika aufmerksam gemacht (s. Marjorie Grice-Hutchinson: The School of Salamanca. Readings in Spanish Monetary Theory, 1544-1605. Oxford 1952, S. 91-96). Die klassische Arbeit, die den Einfluss des Zustroms amerikanischen Goldes auf Spaniens Wirtschaft behandelt, stammt von Hamilton (Earl Jefferson Hamilton: American Treasure and the Price Revolution in Spain, 1501-1650. Cambridge 1934). Wie bei ähnlich komplizierten Fragen in der Wirtschaftsgeschichte üblich, wurde sie mehrfach kritisiert (vgl. z. B: Jorge O. Nadal: La Revolution de los Precios Espanoles en el Siglo XVI. In: Hispania. 1959, Bd. XIX, S. 503-529). Spätere Untersuchungen zeigten, dass die Preisrevolution im 16. und beginnenden 17. Jahrhundert nicht allein dem Zustrom von Gold und Silber aus Amerika geschuldet war. Seit den 60er und 70er-Jahren des 15. Jahrhunderts begann Portugal, in großem Umfang Gold aus dem Sudan nach Europa zu exportieren. Der Gesamtumfang des Exports von 1470 bis 1500 belief sich auf 17 Tonnen (Ivor Wilks: Wangara, Akan and the Portuguese in the Fifteenth and Sixteenth Centuries. In: Ivor Wilks (Hrsg.): Forests of Gold: Essays on the Akan and the Kingdom of Asante. Athen 1993. S. 1-39). Die Ende des 15. Jahrhunderts einsetzende Ausbeutung der Silbervorkommen in Süddeutschland, die das Silberangebot in Europa merklich erhöhte, spielte ebenfalls eine Rolle (John H. Munro: The Monetary Origins of the „Price Revolution": South German Silver Mining, Merchant-Banking, and Venetian Commerce, 1470-1540. Department of Economics and University of Toronto. Working Paper. Juni

erster Linie gelangten, legten die Preise noch schneller zu als in den übrigen europäischen Ländern (Abbildung 3.2.).

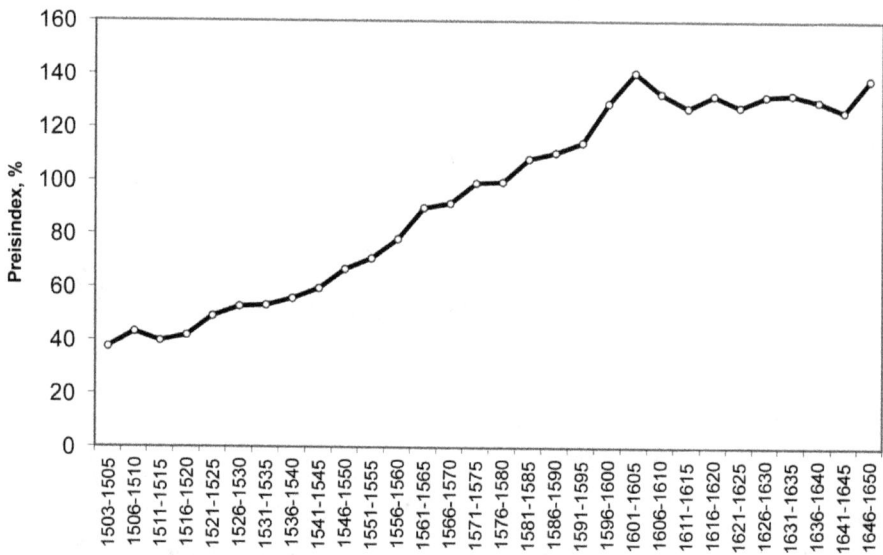

Anmerkung: Die Preise von 1580 entsprechen 100 %

Abb. 3.2 Dynamik des Preisniveaus in Spanien (Kastilien-León) von 1503-1650, Durchschnittswerte in Fünf-Jahres-Perioden

Quelle: D. G. Flynn: Fiscal Crisis and the Decline of Spain (Castile). In: The Journal of Economic History, 1982, Bd. 42, S. 142.

Dieser Umstand beraubte die spanische Landwirtschaft ihrer Konkurrenzfähigkeit. Kastilien musste für viele Jahrzehnte umfangreiche Lebensmittelmengen importieren.[3] Die Krise der spanischen Textilindustrie war ebenfalls Folge des anormal hohen Preisniveaus in Spanien infolge des Zustroms von Edelmetallen aus Amerika.

1999, Nr. 8; R. B. Outhwaite: Inflation in Tudor and Early Stuart England. Studies in Economic and Social History Series. London 1969; Peter Burke (Hrsg.): Economy and Society in Early Modern Europe: Essays from Annales. London 1972). John Nef schätzte den Umfang der Silberproduktion in Süddeutschland, Österreich, Böhmen, der Slowakei und Ungarn von 1526-1535 auf 80 bis 90 Tonnen jährlich (s. John Nef: Silver Production in Central Europe, 1450-1618. In: Journal of Political Economy, 1941, Bd. 49, S. 575-591). All diese Fakten, die Gegenstand einer interessanten wirtschaftshistorischen Diskussion sind, können das Wesentliche nicht verbergen – den Zusammenhang der Preissteigerungen in Europa im 16. und 17. Jahrhundert mit dem steigenden Angebot an Edelmetallen (Grice-Huthinson, The School of Salamanca, S. 95).

[3] Zum Einfluss von staatlicher Preisregulierung, Lebensmittelknappheit und Import-Stimulierung auf die Entwicklung der spanischen Landwirtschaft s. Vladimir Mau: Uroki Ispanskoj imperii, ili lovuški resursnogo izobilija (Lehren des spanischen Imperiums oder die Fallen des Ressourcen-Überflusses). In: Rossija v global'noj politike (Russland in der globalen Politik), 1, 2005, S. 12.

Ende des 16. Jahrhunderts kam es in Spanien zu massenhaften Klagen über die Teuerung. Die Cortes Generales (das spanische Parlament) diskutierten darüber häufig. Es gab Vorschläge, den Export spanischer Textilien selbst in spanische Kolonien in Amerika völlig zu verbieten. Die hohen Preise für Lebensmittel und Textilerzeugnisse erzwangen Maßnahmen gegen den Preisanstieg, und diese wiederum führten zu Defiziten. Eine Liberalisierung des Lebensmittel- und Textilimports nach Spanien wurde unumgänglich.

Gonzales de Cellorigo bringt die wirtschaftlichen Probleme Kastiliens mit der Entdeckung Amerikas in Zusammenhang. 1600 schreibt er, dass der Zustrom an Gold und Silber die Investitionen sowie die Entwicklung von Industrie, Landwirtschaft und Handel gelähmt habe. Er weist nach, dass die Entdeckung Amerikas für Spanien ein Unglück war.[4] Der flämische Wissenschaftler Justus Lipsius schrieb seinem spanischen Freund 1603: „Die von uns eroberte neue Welt hat uns erobert, sie hat unseren früheren Mut geschwächt und erschöpft."[5]

Mitte des 16. Jahrhunderts spielten die Renteneinkünfte, die die spanische Krone aus Edelmetallen erzielte, zunächst noch keine große Rolle. Das änderte sich aber mit der Zeit. Dies zeigte sich deutlich, nachdem in Potosi Silbervorkommen entdeckt worden waren. Die Einkommen hingen nicht von den Cortes ab. Sie erweiterten die Handlungsfreiheit der Regierung bei der Verwendung ihrer Finanzressourcen. Zudem schienen amerikanisches Gold und Silber eine zuverlässige Sicherheit für Anleihen zu bieten, die internationale Banken bereitwillig gewährten.

Wie zu dieser Zeit üblich, wurden mehr als die Hälfte der Staatseinkünfte für militärische Zwecke ausgegeben. Amerikanisches Gold und Silber waren die Grundlage der außenpolitischen Aktivität, die dem Schutz des Katholizismus und der Sicherung von Spaniens Herrschaft in Europa galt. Dadurch konnten mehrere kostspielige Kriege finanziert werden.

Ende des 16. Jahrhunderts ebbte der Zustrom von Edelmetallen aus Amerika ab. Gegen 1600 waren die reichsten Silbervorkommen erschöpft.[6] Der Preisanstieg senkte die Einnahmen des spanischen Budgets in realen Zahlen. Dafür hatte die spanische Krone immense Verbindlichkeiten für Kredite auf sich genommen. Dies führte zu einer Reihe von Bankrotten, die die spanische Finanzwelt in der zweiten Hälfte des 16. Jahrhunderts erschütterten. Der Staat erklärte sich in den Jahren 1557, 1575, 1598, 1607, 1636, 1647 und 1653 für zahlungsunfähig.[7]

Wie so häufig, reagierten die Regierungen nicht angemessen auf die wirtschaftlichen Probleme, die sich durch die Einnahmeschwankungen aus Ressourcen ergaben. Das Verbot für spanische Studenten, an ausländischen Universitäten zu studieren, die Einführung von Monopolen, die den Handel einschränkten, Steu-

---

[4] González de Cellorigo: Memorial de la Politica Necesari y útil Restauración a la República de España. Valladolid 1600. Grice-Hutchinson, The School of Salamanca,
[5] A. Ramirez: Epistolario de Justo Lapsio y los espanoles. Madrid 1966. S. 372. Zitiert nach: Elliott, Spain and Its World, S. 25.
[6] R. Trevor Davies: The Golden Century of Spain, 1501-1621. London 1954. S. 263 f.
[7] Elliott, Imperial Spain.

ererhöhungen auf den Export von Wolle, Zölle, die an den Grenzen von Teilen des Königsreichs erhoben wurden – dies alles waren ineffiziente Methoden, Ressourcen zur Finanzierung von Militäraktionen zu mobilisieren.[8]

Es zeigte sich, dass es leicht ist, imperiale Verpflichtungen einzugehen, aber schwer bei Bedarf davon wieder loszukommen. 1609 war Spanien auf Grund zunehmender finanzieller Schwierigkeiten gezwungen, mit Holland einen Waffenstillstand zu schließen. Nach zehn Jahren stellte sich heraus, dass damit die Haushaltsprobleme nicht gelöst waren. Die Operationen der Holländer auf See, ihre Angriffe auf spanische Schiffe und Kolonien machten es erforderlich, die Streitkräfte genauso zu finanzieren wie zu Kriegszeiten.

Spaniens Premierminister (von 1621 bis 1643) Olivares, ein Zeitgenosse und Rivale Kardinal Richelieus, nahm liberale Reformen in Angriff (es ging darum, das Steuersystem zu vereinfachen, die Staatsausgaben und die Zahl der Staatsangestellten zu reduzieren). Er suchte die Macht der Oligarchen zu beschränken, die Zugang zu Staatseinnahmen hatten[9], und die Größe des Imperiums wiederherzustellen. Er war kompetent, tüchtig und unbestechlich. Dies alles hat indes nicht gereicht, um ungeachtet der zerrütteten Staatsfinanzen die Militäraktionen zu finanzieren, die das Imperium bewahren sollten. Als Olivares dies 1631 erkannt hatte, tat er seinen berühmten Ausspruch: „Wenn die großen Eroberungen dieser Monarchie sie in diesen beklagenswerten Zustand gebracht haben, kann man mit ziemlicher Sicherheit sagen, dass sie ohne die Neue Welt mächtiger wäre."[10]

1640 verlor die spanische Krone ihre europäischen Besitztümer außerhalb der Pyrenäen-Halbinsel. Sie lief Gefahr, die Kontrolle über Österreich, Katalonien und Aragon zu verlieren. Im September 1640 schrieb Olivares: „Dieses Jahr kann als das unglücklichste für die Monarchie während ihrer gesamten Existenz gelten."[11] Dabei hatte die spanische Armee bis 1643 keine einzige größere Niederlage auf dem Festland erlitten.

Spaniens Geschichte des 16. und 17. Jahrhunderts ist ein Beispiel für ein Reich, das einen Zusammenbruch ohne Niederlage auf einem Schlachtfeld erlebt hat. Der Kollaps war eine Folge unangemessener Ambitionen, die auf einer so unsicheren Grundlage basierten wie den Einnahmen aus amerikanischem Gold und Silber. Wie es im 20. Jahrhundert Staaten erging, deren Macht auf Einkünften aus Naturschätzen beruhte, einschließlich Russlands, ist wohlbekannt.

---

[8] Paul Kennedy: The Rise and Fall of the Great Powers. Economic Change and Military Conflict from 1500 to 2000. New York 1987. S. 55.
[9] Die Hinrichtung des in Spanien verhassten Rodrigo de Calderon 1621 ist hierfür bezeichnend. (Elliott, Imperial Spain).
[10] Elliott, Spain and its World, S. 25.
[11] Hugh Trevor-Roper: The Crisis of the Seventeenth Century. New York 1967. S. 51.

3.2 Reichtum an Ressourcen und wirtschaftliche Entwicklung

Die Probleme, mit denen Spanien im 16. und 17. Jahrhundert zu kämpfen hatte, waren im ausgehenden 18. und beginnenden 19. Jahrhundert vor Beginn des modernen Wirtschaftswachstums geläufig. Dennoch galt es lange als Axiom, dass der Reichtum an Ressourcen und Bodenschätzen, die für die Industrie von Bedeutung sind, und fruchtbarer Boden wichtige und positive Entwicklungsfaktoren sind. Die Erfahrung des 20. Jahrhunderts hat gezeigt, dass diese Zusammenhänge komplizierter und dramatischer sind.

Zwischen 1965 und 1998 ging das BIP pro Kopf in Ländern, die an Bodenschätzen so reich waren wie Iran und Venezuela, im Durchschnitt um 1 % jährlich zurück, in Libyen um 2 %, in Kuweit um 3 %, in Katar (1970-1995) um 6 % jährlich. Im Ganzen reduzierte sich das Pro-Kopf-BIP in den OPEC-Ländern von 1965 bis 1998 um 1,3 % jährlich, während es in Ländern mit geringen und mittleren Pro-Kopf-Einkommen durchschnittlich um 2,2 % zunahm.[12]

Während der letzten Jahrzehnte sind etliche Arbeiten über den Einfluss erschienen, den reiche Ressourcen auf die wirtschaftliche Entwicklung nehmen. Es ist nicht einfach, genau zu sagen, was als Reichtum an Ressourcen zu bezeichnen ist. Manche Autoren definieren ihn als den Rohstoff-Anteil an Export und BIP, andere als das Gebiet, das auf einen Landesbewohner entfällt. Wichtig ist, dass sie unabhängig von der Definition zu ähnlichen Ergebnissen kommen.[13] Sie demonstrieren eine statistisch signifikante *negative Korrelation* zwischen langfristigen Wachstumsraten und Ressourcenreichtum.[14] Einfach ausgedrückt, ist das Vorhandensein von Bodenschätzen keine Garantie für eine dem Staat bevorstehende Blütezeit, sondern erschwert eher den Weg dahin.

Eines von vielen typischen Beispielen aus dieser traurigen Reihe ist Nigeria. 1965 begann man dort, große Erdölvorkommen auszubeuten. In den folgenden 35 Jahren

---

[12] World Development Indicators 2000. Washington 2000.

[13] Zur Bestimmung von Ländern, die über einen großen Ressourcenreichtum verfügen, s. Jeffrey D. Sachs, Andrey M. Warner: Economic Convergence and Economic Policy. NBER Working Paper Nr. 5039, 1995; A. Wood, K. Berge: Exporting Manufactures: Human Resources, Natural Resources and Trade Policy. In: Journal of Development Studies 1997, Bd. 34 (1), S. 35-59; Thorvaldur Gylfason, Tryggvi Thor Herbertsson, Gylfi Zoega: A Mixed Blessing: Natural Resources and Economic Growth. In: Macroeconomic Dynamics, 1999, Bd. 3, S. 204-225; Moshe Syrquin, Hollis B. Chenery: Patterns of Development, 1950 to 1983. World Bank Discussion Paper Nr. 41. Washington 1989.

[14] Zu den Problemen von ressourcenreichen Ländern, eine stabile Wirtschaftsentwicklung zu garantieren, vgl. A. H. Gelb: Windfall Gains: Blessing or Curse? New York 1988; Jeffrey D. Sachs, Andrey M. Warner: Natural Resource Abundance and Economic Growth. NBER Working Paper Nr. 5398, 1995; Dies.: The Big Push, Natural Resource Booms and Growth. In: Journal of Development Economics. 1999. Bd. 59, S. 43–76; Gylfason u. a.: Mixed Blessing, ; Gustav Ranis. The Political Economy of Development Policy Change. In: Gerald M. Meier (Hrsg.). Politics and Policy Making in Developing Countries: Perspectives on the New Political Economy. San Francisco 1991; Deepak Lal, Hla Myint: The Political Economy of Poverty, Equity and Growth. Oxford 1996.

lagen die Gesamteinnahmen aus dem Erdöl, wenn man die Zahlungen an internationale Ölfirmen abzieht, etwa bei 350 Milliarden Dollar (in den Preisen von 1995).

1965 lag das Pro-Kopf-BIP bei 245 Dollar. Im Jahre 2000 war es ebenso hoch.[15]

Wissenschaftler streiten darum, welcher der Faktoren, die mit dem Reichtum an Ressourcen zusammenhängen, eine dynamische Wirtschaftsentwicklung am meisten behindert.[16] Allerdings sind die damit verbundenen Risiken gut beschrieben.[17]

Dank der Rentenerträge aus Bodenschätzen können die Machthaber jedes „an Gottes Bart hängenden" Landes die Budgeteinnahmen steigern, ohne eine Steuererhöhung in Erwägung zu ziehen (s. Tabelle 3.1).[18]

Tabelle 3.1 Anteil der Öleinkünfte an den Gesamteinnahmen des Haushalts in Venezuela, Mexiko und Saudi-Arabien 1971-1995. Durchschnittswerte für Fünfjahres-Perioden (%)

Land	1971–1975	1976–1980	1981–1985	1986–1990	1991–1995
Venezuela	67,0	61,7	54,7	60,4	...
Mexiko	14,9	19,0	42,7	32,6	...
Saudi-Arabien	...	89,1	74,4	61,0	74,5

Quelle: Berechnungen anhand der Angaben bei Richard Auty (Hrsg.): *Resource Abundance and Economic Development*. Oxford 2004 (Mexiko, Saudi-Arabien); J. Salazar-Carrillo: *Oil and Development in Venezuela during the Twentieth Century*. Westport 1994 (Venezuela).

---

[15] Xavier Sala-i-Martin, Arvind Subramanian: Addressing the National Resource Curse: An Illustration From Nigeria. NBER Working Paper Nr. 9804. Juni 2003, S. 4.

[16] Es gibt Autoren, die nachweisen, dass die institutionelle Schwäche, ein Merkmal vieler ressourcenreicher Länder, der wichtigste Faktor ist, der die Entwicklung hemmt. Terry Lynn Karl: The Paradox of Plenty: Oil Booms and Petro-States. Berkeley 1997.

[17] Über Probleme von Ländern, deren Wirtschaft von der Konjunktur der Rohstoffmärkte abhängt, s. M. Cardenas, Z. Partow: Oil, Coffee and Dynamic Commons Problem in Colombia. Inter-American Development Bank Office of the Chief Economist Research Network Document R-335. Washington 1998.

[18] In der Regel sind in ressourcenreichen Ländern die Steuereinnahmen, die nicht mit einer Umverteilung der Ressourcenrenten zu tun haben, geringer als in Ländern desselben Entwicklungsstands mit wenig Ressourcen (zum Zusammenhang der niedrigen allgemeinen Steuereinnahmen und dem Ressourcenreichtum s. Karl: The Paradox of Plenty). In Saudi-Arabien, dem größten erdölfördernden Land der Welt, kamen Mitte der 1980er-Jahre über 90 % der Staatseinkünfte aus dem Erdölexport. (Kingdom of Saudi Arabia: Achievements of the Development Plans 1970-1986. Riyadh: Ministry of Planning Press 1986). Eine wichtige Rolle in der politischen und wirtschaftlichen Entwicklung von Ländern mit Ressourcen spielt auch die Frage, wie weit der Staat die Einnahmen daraus in seiner Hand konzentrieren kann. Pekka Sutela wies darauf hin, dass es für Norwegen schwer war, seinen Reichtum an Ressourcen im Mittelalter – es ging um große Dorsch-Vorkommen – in staatlicher Hand zu behalten. Daher hatte es dann keine Probleme im Zusammenhang mit der Umverteilung der Renteneinnahmen. Pekka Sutela: Ėto sladkoe slovo – konkurentosposobnost' (Konkurrenzfähigkeit ist ein süßes Wort). In: A. Chelantera/S.-Ė. Ollus (Hrsg.): Počemu Rossija ne Finljandija: Sravnitel'nyj analiz konkurentosposobnosti (Warum Russland nicht Finnland ist: Eine vergleichende Analyse der Konkurrenzfähigkeit). Moskau 2004.

Das bedeutet, dass die Machthabenden es *nicht nötig* haben, einen langfristigen Dialog mit der Gesellschaft – den Steuerzahlern und ihren Repräsentanten – zu führen. Historisch schafft erst dieser schwierige Dialog (der in einem Kompromiss endet) die Voraussetzung für Institutionen, die die Machtwillkür begrenzen und bürgerliche Rechte und Freiheiten garantieren. Er legt die Spielregeln für ein modernes Wirtschaftswachstum fest.[19] Die Chancen, ein System von Checks and Balances zu etablieren (ein zu Jelzins Zeiten äußerst populärer Begriff, der inzwischen aber aus der Mode gekommen ist), zuverlässige Institutionen, um Korruption, Macht- und Beamtenwillkür in den Griff zu bekommen, sind in ressourcenreichen Ländern *geringer* als in anderen.[20] Hier entstehen eine andere Atmosphäre und ein anderes Klima. Saltykov-Schtschedrin hat dies klassisch beschrieben:

„Als zunächst in den westlichen Gouvernements und später im Gouvernement Ufa die Ländereien unter die Beamten aufgeteilt wurden, waren wir Zeugen wahrhaft erstaunlicher Erscheinungen. Man hätte meinen sollen: Herz, was willst du mehr? Du hast ein Stück vom Staatskuchen weg, also mach, dass du fortkommst! Aber nein, eben da flammten Hader, Hass, Hohn und Unverschämtheit aller Art erst mit aller Macht auf, wobei ihnen als hauptsächlichste Zielscheibe – oh weh – ausgerechnet die gleiche, nimmer erlahmende Hand diente, die diese Teilung vorgenommen hatte, und zwar zu dem speziellen Zweck, die Herren Beamten zu versorgen und damit, was selbstverständlich, den Grundstein für eine Korporation von Zufriedenen zu legen."[21]

Die Bewertungen der Qualität nationaler Institutionen durch internationale Organisationen sind subjektiv. Aber alle zeigen, dass eine eindeutig negative Korrelation zwischen politischen Freiheiten, Bürgerrechten, der Qualität des bürokratischen Apparats, der Gesetzespraxis auf der einen Seite und dem Ressourcen-Reichtum auf der anderen Seite besteht.[22]

---

[19] Douglass C. North: Institutions, Institutional Change and Economic Performance. Cambridge 1990. Die indonesische Ölgesellschaft finanzierte die Steitkräfte des Landes, indem sie intransparente Operationen durchführte. Sie ist ein anschauliches Beispiel dafür, wie rohstofffördernde Unternehmen in Ländern ohne demokratische Traditionen arbeiten (Hamish McDonald: Suharto's Indonesia. Honolulu 1981).

[20] Dazu, wie der Ressourcenreichtum die Qualität nationaler Institutionen beeinflusst und die Wachstumsrate bremst, s. Sala-i-Martin, Subbamanian: Addressing the Natural Resource Curse. A.a.O.; Halvor Mehlum, Karl Ove Moene, Ragnar Torvik: Institutions and the Resource Curse. In: Economic Journal, 116, 2005. N 508, S. 1-20; Erwin H. Bulte/Richard Damania/Robert T. Deacon: Resource Abundance, Poverty and Development. World Development 2005. http://www.econ.ucsb.edu/papers/wp21–03.pdf.

[21] Michail Saltykov-Ščedrin: Za rubežom. Dt.: Reise nach Paris. Berlin 1958. S. 24.

[22] E. E. Leamer/H. Maul/S. Rodriguez/R. K. Schott: Does Natural Resource Abundance Increase Latin American Income Inequality? In: Journal of Development Economics, 1999, Bd. 59 (1), S. 3-42.

Über die Verteilung der wirtschaftlichen Einkünfte von ressourcenreichen Ländern entscheiden die Machtorgane.[23]

Das fördert die Konkurrenz, in der es nicht darum geht, wer am besten mit minimalem Aufwand produziert, sondern darum, wer es am besten versteht, Beamte zu bestechen. Das ist die Größe, die Anna Krueger in ihrer klassischen Arbeit als administrative Rente bezeichnet hat.[24] Zudem kann der Reichtum an Ressourcen destabilisierend wirken, als Folge des Kampfes um eine Umverteilung der Einnahmen.[25]

Selbst im hochentwickelten demokratischen Norwegen blieb der Exportanteil am BIP seit Entdeckung der Ölvorkommen in der Nordsee unverändert. Der im Verhältnis zum BIP steigende Ölexport kompensierte den Exportrückgang bei anderen Waren. Es gab unter den OECD-Mitgliedsländern nur ein weiteres Land, das reich an Ressourcen war und eine ähnliche Entwicklung verzeichnete, nämlich Island. Die Hälfte seiner Exporte entfiel auf Fisch.[26]

Das ist ein lösbares Problem. Es gibt ressourcenreiche Länder, in denen sich eine Demokratie von Steuerzahlern etabliert hat, die sich schrittweise in eine Demokratie mit allgemeinem Wahlrecht mit effizienten und wenig korrumpierten Bürokratien transformiert haben. Die USA, Kanada, Australien und Norwegen sind hierfür anschauliche Beispiele. Allerdings sind dies Länder, in denen sich die demokratischen Mechanismen über Jahrhunderte herausgebildet haben, wo die politischen Institutionen effizient und stabil genug waren, um die Herausforderung durch den Ressourcen-Reichtum meistern zu können.[27] Es gibt auch Staaten ohne lange demokratische Tradition, die ihn sinnvoll genutzt haben (Botswana, Chile, Malaysia, Mauritius).[28] Wie die Erfahrung zeigt, ist es indes schwerer, demokratische Einrichtungen zu etablieren, wenn die Einkünfte aus natürlichen Ressourcen eine große Rolle spielen, als in Ländern, in denen dieser Risikofaktor fehlt.

Der natürliche Reichtum hat zur Folge, dass die Einnahmen daraus die Entwicklung anderer Wirtschaftszweige bremsen. Der Einfluss der in den 1960er-Jahren in

---

[23] J. G. Williamson: Growth, Distribution and Demography: Some Lessons from History. In: Explorations in Economic History. 1998, Nr. 34 (3), S. 241-271.

[24] Anne Krueger: Foreign Trade Regimes and Economic Development: Liberalization Attempts and Consequences. New York 1978. Zum Einfluss des Kampfes um die Verteilung der Einnahmen auf die Verbreitung von Korruption in ressourcenreichen Ländern s. a. A. Tornell, P. Lane: Voracity and Growth. In: America Economic Review, 1999, Bd. 89, S. 22-46; P. Mauro: Corruption and Growth. In: Quarterly Journal of Economics, 1995, Bd. 90, S. 681-712; C. Leite, M. Weidmann: Does Mother Nature Currupt? Natural Resources, Corruption and Economic Growth. IMF Working Paper WP/99/85, 1999.

[25] Paul Collier/Anke Hoeffler: Greed and Grievance in African Civil Wars. London 2004.

[26] Thorvaldur Gylfason: Natural Resources: Education and Economic Development. In: European Economic Review, 2001, Bd. 45, S. 851.

[27] Vladimir Mau: Uroki ispanskoj imperii, ili lovuški resursnogo izoblija (Lehren des spanischen Imperiums oder die Fallen eines Überflusses an Ressourcen). In: Rossija v global'noj politike (Russland in der globalen Politik), 2005, Nr. 1.

[28] Jeffrey D. Sachs, Andrey M. Warner: Natural Resource, Abundance and Economic Growth. In: Jörg Mayer/Brian Chambers/Ayisha Farooq (Hrsg.): Development Policies in Natural Resource Economics. Cheltenham – Northampton 1999. S. 26.

Holland entdeckten großen Gasvorkommen auf die verarbeitende Industrie dieses Landes ist detailliert beschrieben worden, man bezeichnet dieses Phänomen als „holländische Krankheit".[29] Allerdings kam Holland damit besser zurecht als die meisten anderen Länder mit natürlichen Ressourcen. Dennoch hat man diesen Begriff beibehalten. Man könnte diese Krankheit ebenso gut als „venezolanisch", „nigerianisch", „indonesisch" oder (in den letzten Jahren) als „russisch" bezeichnen.[30] Wenn von Rohstoffen außer Erdöl die Rede ist, kann man sie auch „sambisch" oder „zairisch" (Kupfer) oder „kolumbianisch" (Kaffee) nennen.

Das Wesen der „holländischen Krankheit" besteht darin, dass die Einkünfte aus Rohstoffzweigen einen Anstieg der Löhne sowie weiterer Kosten in den übrigen nationalen Wirtschaftszweigen bewirken (eine statistische Abhängigkeit des nationalen Preisniveaus vom Ressourcen-Reichtum ist zuverlässig bestätigt).[31] Sektoren, deren Produktion und Dienstleistungen auf internationale Konkurrenz stoßen, verlieren sowohl auf dem Inlands- als auch auf dem Auslandsmarkt ihre Konkurrenzfähigkeit und sind gezwungen, ihre Produktion zu reduzieren.[32] Das ist es, was die Risiken für eine Wirtschaft bedingt, die weitgehend von Preisschwankungen auf dem Rohstoffmarkt abhängt.

Bezeichnend für ressourcenreiche Länder ist, dass sie der Bildung wenig Aufmerksamkeit schenken. Warum das so ist, ist nicht klar. Viele Forscher bringen dies mit der spezifischen Arbeitskräfte-Nachfrage der Ölkonzerne in Verbindung.[33] Vielleicht hängt es auch mit psychologischen Merkmalen der Eliten in diesen Ländern zusam-

---

[29] Warner Max Corden/J. Peter Neary: Booming Sector and Dutch Disease Economics: A Survey. In: Economic Journal. 92, Dezember 1982. S. 826–844; L. Kamas: Dutch Disease Economics and the Colombian Export Boom. In: World Development. September 1986; Graham A. Davis: Learning to Love the Dutch Disease: Evidence from the Mineral Economies. In: World Development, Bd. 23 (10), 1995, S. 1765–1779; Thorvaldur Gylfason: Lessons from the Dutch Disease: Causes, Treatment and Cures. Institute of Economic Studies. Working Paper Series No. 01/06. August 2001; P. Krugman: The Narrow Moving Band, the Dutch Disease and the Competitive Consequences of MRS. Thatcher: Notes on Trade in the Presence of Scale Economies. In: Journal of Development Economics. 1987. Bd. 27, S. 41–55; A. Moiseev: Analysis of Influence of the "Dutch Disease" and Taxation on Economic Welfare. Working Paper BSP/99/030, 1999; J. J. Struthers: Nigerian Oil and Exchange Rates: Indicators of "Dutch Disease". In: Development and Change. 1990, Bd. 21 (2), S. 309–341; Ahmad Jazayeri: Economic Adjustment in Oil-based Economies. Aldershot 1988.

[30] Für Russland sind diese Probleme besonders akut. Im Unterschied zu den arabischen Staaten des Persischen Golfs ist unser Land ein Industrieland. Dabei ist die verarbeitende Industrie nicht besonders konkurrenzfähig, Daher kommt den Problemen im Zusammenhang mit der „holländischen Krankheit" für Russland besondere Bedeutung zu. (P. Kadočnikov/Sergej G. Sinel'nikov/S. Četverikov: Importozameščenie v Rossiqskoj Federacii v 1998-2002 gg. (Import-Ersatz in der Russischen Föderation von 1998-2002). Moskau 2003)

[31] Jeffrey D. Sachs/Andrey M. Warner: The Curse of Natural Resources. In: European Economic Review. 2001, Bd. 45, S. 827-838.

[32] Gylfason u. a., A Mixed Blessing, S. 204-225; Gylfason: Natural Resources, Education and Economic Development. Paper presented at the 15th Annual Congress of the European Economic Association, Bolzano, August-September 2000.

[33] Thorvaldur Gylfason: Natural Resources and Economic Growth: A Nordic Perspektive on the Dutch Disease. WIDER Working Papers Nr. 167. Oktober 1999.

men, über die Saltykov-Schtschedrin geschrieben hat, Günstlinge kümmerten sich nicht um die Zukunft, Bildung sei aber eine Investition in die Zukunft.

In den 1950er und beginnenden 1960er-Jahren war die Vorstellung verbreitet, dass die wichtigsten Probleme der Staaten, die wirtschaftlich vom Rohstoffexport abhängen, damit zu tun haben, dass die Rohstoffpreise langfristig im Verhältnis zu den Preisen für Produkte der verarbeitenden Branchen sinken. Diese Auffassung, die sich auf die Erfahrung der Weltwirtschaftskrisen in den 1920er und 1930er-Jahren stützt, wurde ausführlich in Arbeiten der UNO-Wirtschaftskommission für Lateinamerika sowie in den Publikationen des bekannten argentinischen Ökonomen Raúl Prebisch vertreten.[34]

Die Entwicklung in der zweiten Hälfte des 20. Jahrhunderts hat gezeigt, dass die Rohstoffpreise im Verhältnis zu denen für Produkte der verarbeitenden Branchen tatsächlich sanken. Aber das ist ein langsamer Prozess. Langfristig gingen die Rohstoffpreise etwa um 1 % im Jahr zurück. Ein größeres Problem ist es, dass diese Preise stark und unberechenbar schwanken. Dies ist für Exporteure ebenso wie Importeure in beiden Fällen problematisch, sowohl bei einem Anstieg als auch bei einem Rückgang.[35]

Der bekannte amerikanische Ökonom und Nobelpreisträger Paul Samuelson stellte fest: „Ökonomen können alles (jedenfalls fast alles) voraussagen, nur keine Preise."[36] Hinsichtlich der Rohstoffpreise hat sich diese Behauptung in der zweiten Hälfte des 20. Jahrhunderts mehr als bewahrheitet (s. Abbildungen 3.3 und 3.4).

---

[34] Raúl Prebisch: Commercial Policy in the Underdeveloped Countries. In: American Economic Review, 49, 1949, S. 251–273; ders.: International Trade and Payments in an Era of Coexistence: Commercial Policy in Underdeveloped Countries. In: The American Economic Review, 49, 2, Mai 1959. Papers and Proceedings of the Seventy-first Annual Meeting of the American Economic Association. S. 251–273; Economic Survey of Latin America and the Caribbean. Economic Commission for Latin America and the Caribbean. New York: United Nations, 1968; La mano de obra y el desarrollo Economico de America Latina en los ultimos anos. Economic Commission for Latin America. New York: United Nations, 1964.

[35] P. Cashin/C. J. McDermott/A. Scott: The Long-Run Behavior of Commodity Prices: Small Trends and Big Variability. IMW Working Paper, 2001.

[36] Paul A. Samuelson: Lessons from the Current Economic Expansion. In: The America Economic Review, 1971, Bd. 64 (2), S. 75 f.

3 Der „Fluch des Erdöls"   93

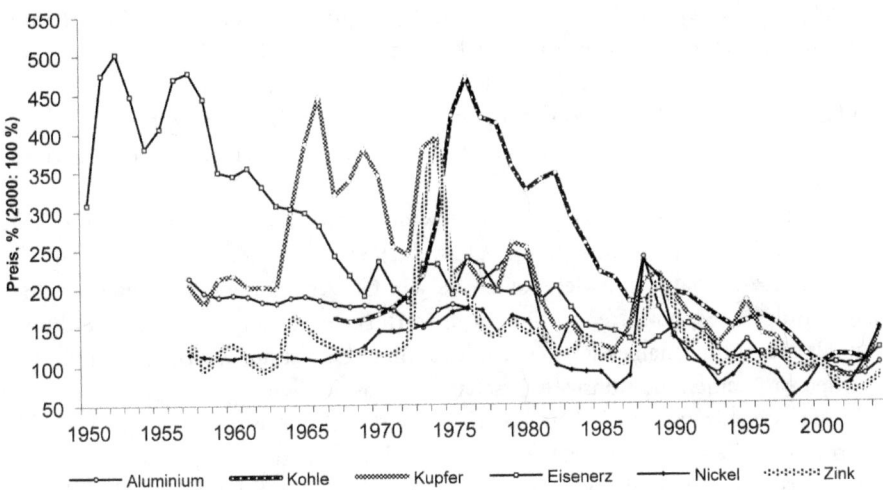

Abb. 3.3 Entwicklung der realen Weltmarktpreise für einige Rohstoffe von 1950-2004
Quelle: International Financial Statistics 2005, IWF.

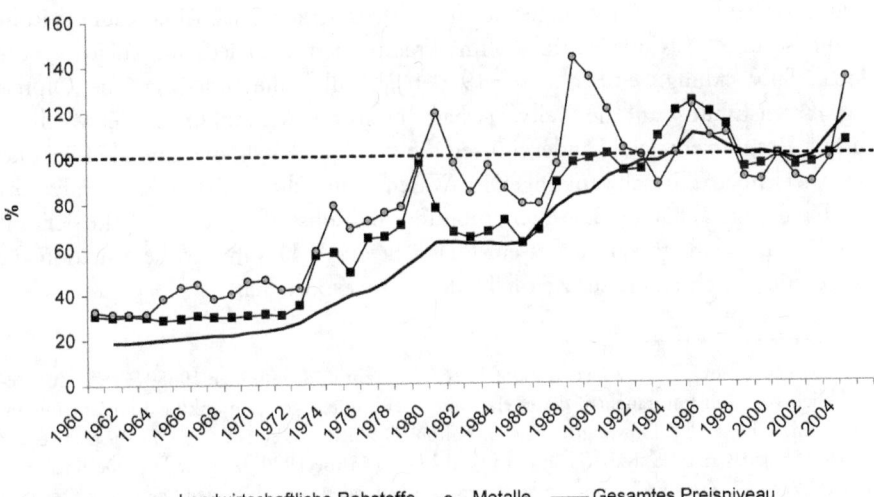

Anmerkung: Das Gesamtniveau der Weltwirtschaftspreise ergibt sich aus dem Verhältnis des nominalen BIP zum realen.

Abb. 3.4 Preisindices in der Weltwirtschaft insgesamt und für einzelne Rohstoffwaren (1960-2004)

Quelle: Berechnung aus Daten des IWF IFS, 2005, World Band World Development Indicators (im Folgenden: WB WDI).

Welche Faktoren die Schwankungen der Rohstoffpreise bewirken, ist bekannt. Die Produktion in den Rohstoffbranchen ist kapitalintensiv. Investitionsprojekte umzusetzen, dauert Jahre. Die laufenden Ausgaben sind im Verhältnis zum investierten Kapital nicht hoch. Die Förderung innerhalb kurzer Zeit zu steigern ist schwierig oder sogar unmöglich, sie zu reduzieren ist aus technologischen und auch sozialen Gründen nicht einfach.

Der Preiskrieg Mitte der 1980er-Jahre wurde unter anderem dadurch ausgelöst, dass Saudi-Arabien, das zwischen 1981 und 1985 die Erdölförderung fast auf ein Viertel reduziert hatte, Schwierigkeiten bei der Gasversorgung der Bevölkerung bekam. Infolge der reduzierten Ölförderung verringerte sich auch die Gasproduktion, von der der Kommunalbereich des Landes abhing. Das ist nur ein Beispiel dafür, mit welchen Problemen die Rohstoffwirtschaft konfrontiert wird.[37]

Kurzfristig hängt der Umfang der Rohstoffproduktion nur geringfügig von den Weltmarktpreisen ab. Die Nachfrage nach Rohstoffen ist mit der Konjunktur auf dem Weltmarkt verknüpft; sie steigt, wenn die Weltwirtschaft wächst und lässt im gegenteiligen Fall nach.[38] Angesichts der begrenzten Möglichkeiten der Rohstoffbranchen, die Förderung zu steigern und zu senken, schwanken die Preise hier deutlich mehr als bei den verarbeitenden Branchen. Die Daten der Abbildungen 3.3 bis 3.9 illustrieren den starken Einfluss, den eine auch nur geringfügig zurückgehende weltwirtschaftliche Entwicklung auf die Preisentwicklung bei den Rohstoffen hat.

Unberechenbare Veränderungen des Weltklimas wirken sich ebenfalls auf die Rohstoffpreise aus.[39] Was auf den Rohstoffmärkten passiert, hat wiederum Folgen für die globale Entwicklung. Seit Beginn der 1970er-Jahre üben die Änderungen der Ölpreise größeren Einfluss auf die Weltwirtschaft aus als die Schwankungen der Wechselkurse.[40] Ressourcenreiche Länder müssen die Probleme lösen, die durch heftige und unvorhersehbare Preisschwankungen für Waren verursacht werden, von deren Export ihre Finanzlage abhängt. Eine Preiserhöhung für Rohstoffressourcen wirkt sich auf die Weltwirtschaft stärker aus als ein Preisrückgang.[41] Das macht die Situation für Länder nicht leichter, die zur Zeit fallender Preise exportieren.

---

[37] Ian Skeet: OPEC: Twenty-Five Years of Prices and Politics. Cambridge 1988. S. 195. Zur Besonderheit von Rohstoffbranchen, die es erschwert, bei ungünstiger Konjunktur die Förderung zu reduzieren, s. Edward T. Dowling/Francis G. Hilton: Oil in the 1980s: An OECD Perspective. In: Siamack Shojai/Bernard S. Katz (Hrsg.): The Oil Market in the 1980s: A Decade of Decline. New York 1992. S. 77. Zum Verhältnis von kapitalen und laufenden Ausgaben, den Schwierigkeiten, die Produktion bei sinkender globaler Nachfrage zu reduzieren, am Beispiel von Kupfer s. Raymond F. Mikesell: The World Copper Industry. Structure and Economic Analysis. Baltimore, London 1957.

[38] L. Pritchett: Patterns of Economic Growth: Hills, Plateaus, Mountains, and Plains. Policy Research Working Paper Series Nr. 1947. 1998; R. Mabro: OPEC Behavior 1960–1998: A Review of the Literature. In: Journal of Energy Literature. 4 (1), Juni 1998, S. 3–27.

[39] A. D. Brunner: El Nino and World Primary Commodity Prices: Warm Water or Hot Air? IMW Working Paper, 2000, S. 3.

[40] D. K. Backus, M. J. Crucini: Oil Prices and the Terms of Trade. NBER Working Paper 6697, August 1998, S. 24.

[41] J. D. Hamilton: What Is an Oil Shock? NBER Working Paper Nr. 7755, 2000.

Die Volatilität der Preise, die mit der Weltkonjunktur zusammenhängt, kommt zu den Problemen der Rohstoffbranchen hinzu. Technische Innovationen und die Einführung neuer Produktionsmethoden verändern die Nachfrage. Klassische Beispiele dafür in der zweiten Hälfte des 20. Jahrhunderts sind etwa die massenhafte Einführung von Materialien, die Kupfer ersetzen, sowie die steigende Nachfrage nach Palladium infolge der strengeren Reinheitsvorschriften für Auspuffgase in der Autoindustrie.

Entdeckung und Ausbeutung neuer Rohstoffvorkommen, die leichter zu gewinnen sind als die schon existierenden, lassen sich nicht leicht vorhersagen. Mit Beginn der Förderung besteht daher die Gefahr eines Preisverfalls. Aber die Welt ist auch nicht dagegen gefeit, dass diese Vorkommen jahrzehntelang nicht entdeckt werden und eine Ressourcenknappheit zu einem langfristigen Preisanstieg führt.

Eine weitere Ursache für die Instabilität der Rohstoffmärkte ist ihre Abhängigkeit von der Politik. Ein typisches Beispiel ist die Entwicklung auf dem Kupfermarkt Ende der 1940er und Anfang der 1950er-Jahre. Der beginnende Korea-Krieg und der steigende Bedarf der Rüstungsindustrie in den USA bewirkten eine zunehmende Nachfrage nach Kupfer. Eine schnelle Erhöhung der Produktion war nicht möglich. Daher kam es Anfang der 1950er-Jahre zu einem sprunghaften Preisanstieg und nach Kriegsende zu einem Preisrückgang.

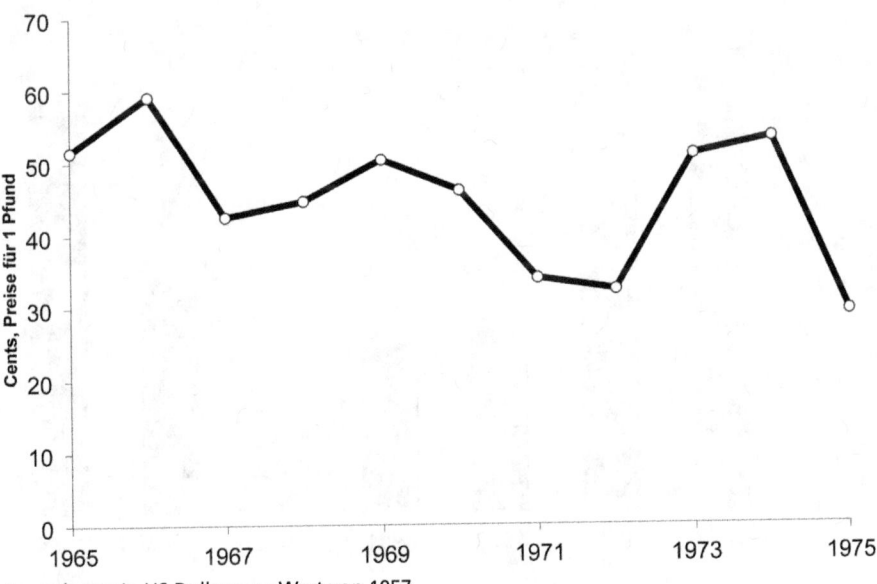

Anmerkung: In US-Dollar zum Wert von 1957

Abb. 3.5 Entwicklung der durchschnittlichen Kupferpreise an der Londoner Börse 1965-1975

Quelle: Raymond F. Mikesell: The World Copper Industry. Structure and Economic Analysis. Baltimore 1979.

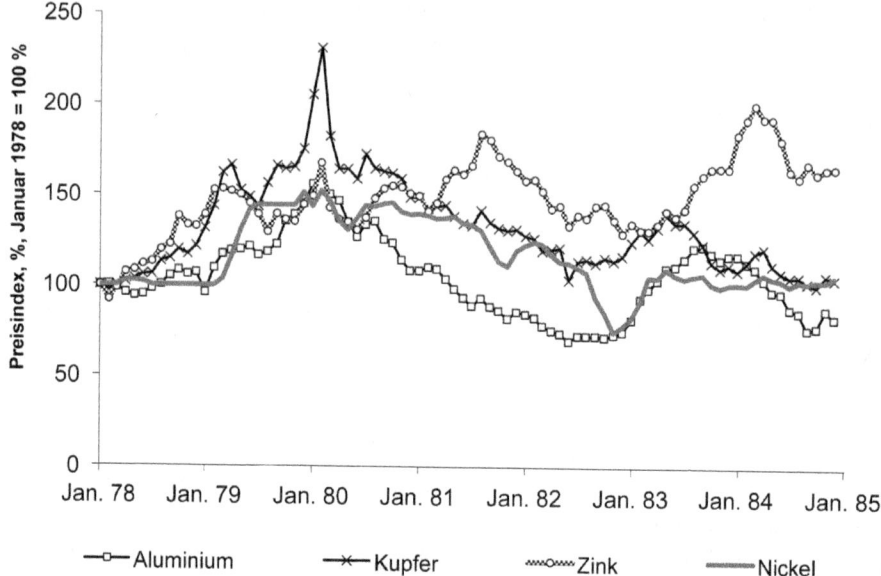

Abb. 3.6 Monatliche Dynamik der Buntmetall-Preise auf dem Weltmarkt 1978-1984
Quelle: International Financial Statistics 2004, IWF.

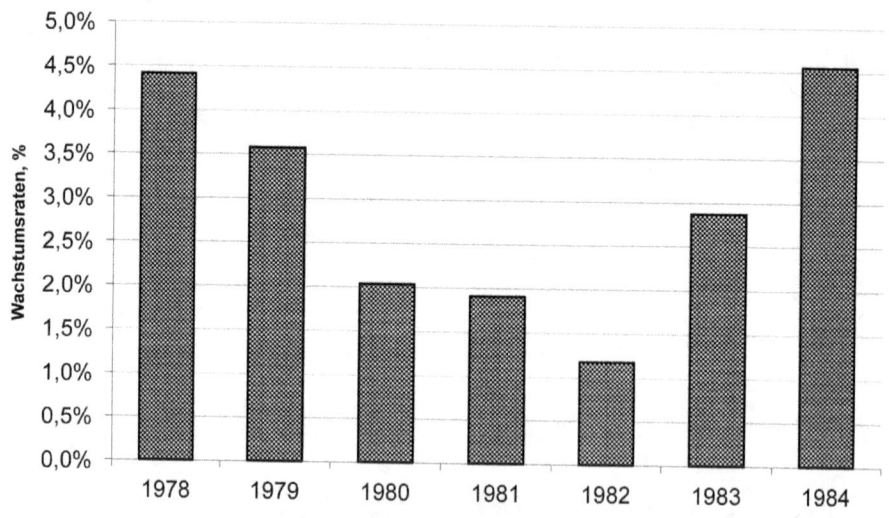

Abb. 3.7 Wachstumsraten der Weltwirtschaft 1878-1984

Quelle: Berechnungen anhand von A. Maddison: The World Economy: Historical Statistics. Paris: OECD, 2004.

3 Der „Fluch des Erdöls"   97

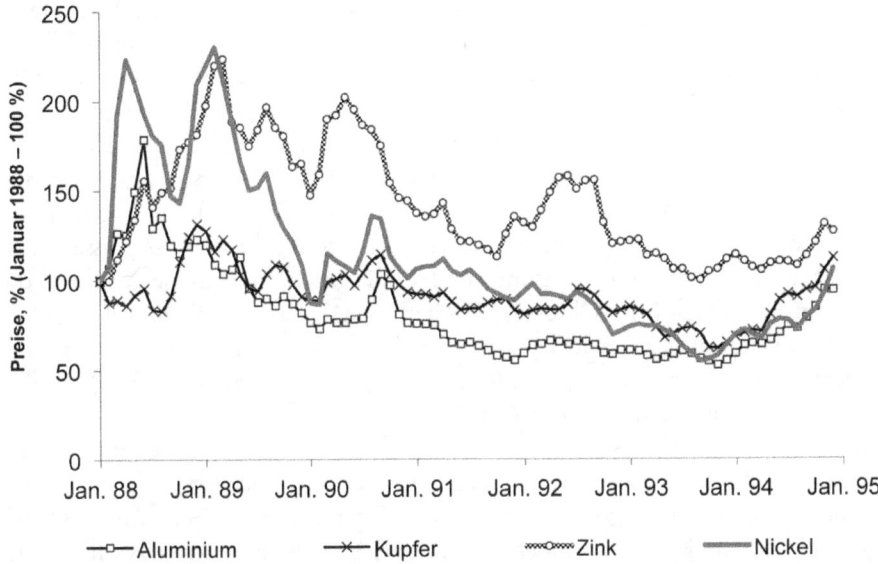

Abb. 3.8 Monatliche Dynamik der Buntmetall-Preise auf dem Weltmarkt 1988-1995
Quelle: International Financial Statistics, 2004, IWF.

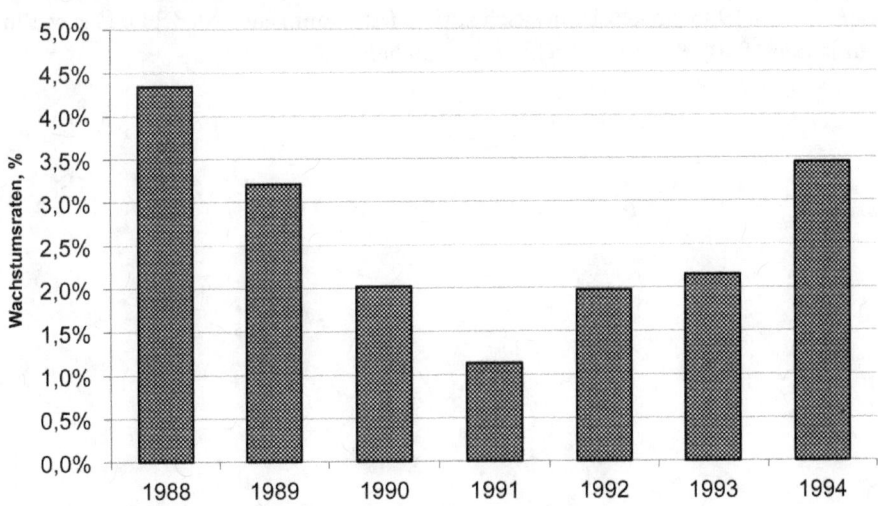

Abb. 3.9 Wachstumsraten der Weltwirtschaft 1988-1994

Quelle: Berechnungen anhand von A. Maddison: The World Economy: Historical Statistics. Paris: OECD, 2004.

1973, vor dem Hintergrund des arabisch-israelischen Krieges, stiegen die Ölpreise auf bis dahin beispiellose Höhen. Der Krieg selbst war hier eher der Anlass als die Ursache. In den vorangegangenen 10-20 Jahren hatte sich die Situation in der weltweiten Ölindustrie grundlegend verändert. Die internationalen Ölkonzerne hatten weniger Möglichkeiten, die Arbeitsbedingungen in der Branche zu kontrollieren, die tatsächlichen Rechte der ölfördernden Länder hatten zugenommen. Die Krise von 1973 spielte lediglich die Rolle eines Auslösers in einem längst geladenen Gewehr.

Einige Jahre nach den mit diesem Krieg zusammenhängenden Ereignissen ging angesichts der zunehmenden Unruhen im Iran die Ölförderung in diesem Land von 5,5 Mio. Barrel täglich im Oktober 1978 auf 2,4 Mio. Barrel täglich im Dezember desselben Jahres zurück. Nach dem Eintreffen Ayatollah Chomeinis im Iran und dem Ende des Schah-Regimes sank die Ölförderung auf 500.000 Barrel pro Tag. Nach der Bildung einer neuen iranischen Regierung und der Wiederherstellung einer gewissen Form von Ordnung von April bis Juli 1979 stabilisierte sich die Förderung auf dem Niveau von 3,9 Mio. Barrel pro Tag, das war wesentlich niedriger als zu Zeiten des stabilen Schah-Regimes (5,7 Mio. Barrel pro Tag im Jahre 1977).[42] Als 1980 der iranisch-iranische Krieg ausgebrochen war, sahen sich beide Seiten gezwungen, die Ölförderung zu reduzieren. Die Ölpreise auf dem Weltmarkt multiplizierten sich.

Viele Beobachter gingen davon aus, dass die Preise sich lange Zeit auf dem neuen Niveau halten würden. Dieser Fehler kam die ölfördernden Länder, zu denen auch die UdSSR gehörte, teuer zu stehen. Mitte der 1980er-Jahre wurde klar, dass die Preise von 1979-1981 durch eine vorübergehende Konstellation von Ereignissen bedingt waren. 1985-1986 gingen sie drastisch zurück (Abbildungen 3.10, 3.11). Das war in den Jahren 1980-1981 nicht leicht vorauszusehen.

---

[42] Eliyahu Kanovsky: Economic Implications for the Region and World Oil Market. In: Efraim Karsh (Hrsg.): The Iran-Iraq War: Impact and Implications. London 1989. S. 241.

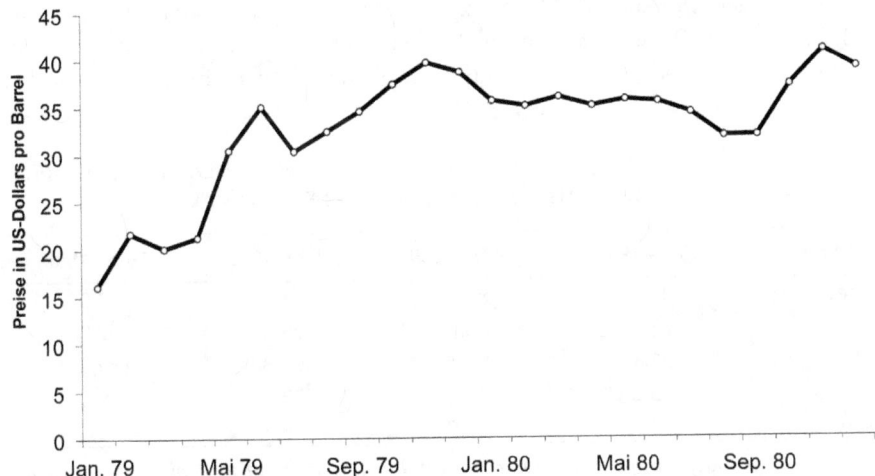

Anmerkung: Hier und im Folgenden werden Angaben nach Durchschnittspreisen für Rohöl auf dem Weltmarkt angeführt.

Abb. 3.10 Monatliche Preisentwicklung für Erdöl auf dem Weltmarkt 1979-1981

Quelle: International Financial Statistics. 2004, IWF.

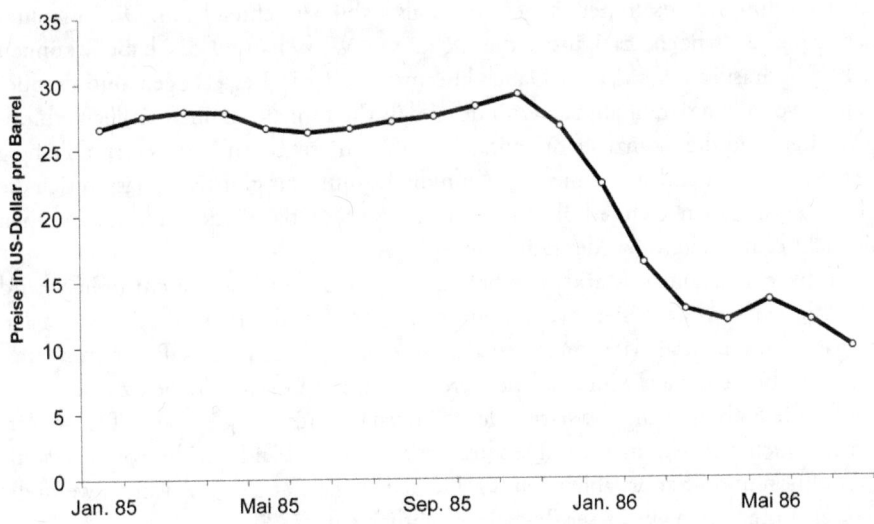

Abb. 3.11 Monatliche Preisentwicklung für Erdöl auf dem Weltmarkt 1985-1986

Quelle: International Financial Statistics 2004, IWF.

In den Fällen, in denen Rohstoffe ein begrenzter Teil der nationalen Ökonomie sind, verursachen Preisschwankungen Probleme für ihre einzelnen Sektoren. Aber es gibt etliche Staaten, deren Wirtschaft weitgehend von der Entwicklung auf den Rohstoffmärkten abhängt (s. Tabelle 3.2).

Tabelle 3.2 Anteil des Erdölexports am Gesamtexport einiger erdölexportierender Länder 1971-1990. Durchschnittswerte für Fünf-Jahres-Perioden (%)

Land	1971–1975	1976–1980	1981–1985	1986–1990
Venezuela	90,9	85,4	81,3	80,9
Iran	77,5	85,0	85,0	92,5
Irak	91,1	91,4	97,3	89,8
Nigeria	85,6	92,3	95,7	89,5
Mexiko	3,7	21,9	55,7	20,5

Quelle: Berechnungen nach J. Salazar-Carrillo: Oil and Development in Venezuela during the Twentieth Century. Westport 1994; B. R. Mitchell: International Historical Statistics. London 1998; WD WDI.

Wenn sich die Rohstoffpreise rasch und unberechenbar ändern, schwankt sogar ein grundsätzlicher Indikator für den Zustand der nationalen Wirtschaft – das Pro-Kopf-BIP – ungewöhnlich stark. Der Einfluss eines instabilen Rohstoffmarkts auf die Budget-Einkünfte ist stärker.[43] Es ist bekannt, dass man Staatseinkünfte, die mit steigenden Ölpreisen zusammenhängen, nicht als stabil betrachten kann. Die Volatilität der Ölpreise ist hoch, Ereignisse, die nichts mit Wirtschaft zu tun haben, können sich hier drastisch auswirken. Daher kommt es für die Regierungen ölfördernder Länder vor allem darauf an, zu verhindern, dass die Einhaltung finanzieller Verbindlichkeiten und die finanzielle Stabilität von unvorhersehbaren Parametern abhängig werden, die niemand steuern kann. Wenn die Konjunktur günstig ist, lassen sich die Haushaltsausgaben leicht erhöhen. Wenn sich die Marktlage indes ändert, kann man sie nicht ohne weiteres wieder reduzieren.

In diversifizierenden Marktwirtschaften, die eine Finanzkrise durchmachen, wird im Rahmen von Stabilisierungsprogrammen kaum jemals erwogen, die Haushaltsausgaben um mehr als 10 % in realen Zahlen zu kürzen. Um solche Programme umzusetzen, braucht man Mut und die Bereitschaft, für Entscheidungen zu bezahlen, die für die Stabilisierung der nationalen Wirtschaft unumgänglich sind. Das fordert einen hohen politischen Preis. Dennoch entstehen in Ländern, die von Rohstoff-Produktion und -Export abhängen, Probleme von ganz anderem Ausmaß, wenn die Renten-Einnahmen aus dieser Ressource deutlich sinken.[44]

---

[43] E. Jadresic, R. Zahler: Chile's Rapid Growth in the 1990s: Good Policies, Good Luck or Political Change? IMF Working Paper WP 00/153.2000.

[44] D. Rodnik: Why do more Open Economics Have Bigger Governments? In: The Journal of Political Economy, 1998, Bd. 106 (3), S. 997-1032; J. A. Daniel: Hedging Government Oil Price Risk. IMF Working Paper, 2001, Washington Post, 27.3.1991.

Bei günstiger Konjunktur haben die rohstoffproduzierenden Länder problemlos Zugang zu den internationalen Finanzmärkten. Sie nehmen häufig große äußere Anleihen auf, versuchen auf dieser Grundlage die Wirtschaftsentwicklung zu forcieren und starten umfangreiche Investitionsprojekte. Wenn sich die Konjunktur ändert, werden die Kredit-Ressourcen, die seinerzeit leicht zugänglich waren, unerreichbar teuer, mitunter fehlen sie völlig. Staatsanleihen auf Kosten neuer Anleihen zu refinanzieren ist nicht möglich. Die aufgenommenen Gelder müssen aus dem Staatshaushalt zurückgezahlt werden, dessen Einnahmen jedoch wegen des Preisverfalls ebenfalls sinken.

Bei ungünstiger Konjunktur drohen einem an Ressourcen reichen Land eine Haushaltskrise, Probleme der Zahlungsbilanz und schwindende Währungsreserven. Darüber hinaus besteht die Gefahr, dass es seine Auslandsschulden nicht begleichen kann. Beispiele dafür gibt es in der Wirtschaftsgeschichte genügend. Der Übergang zu einer rigorosen Wirtschaftspolitik ist öffentlich nicht leicht zu vermitteln und führt häufig zu einem Regimewechsel. Das kann auf unterschiedliche Weise geschehen – in Form einer politischen Liberalisierung wie in Mexiko, eines Militärumsturzes wie in Nigeria, eines Bürgerkriegs wie in Algerien oder einer Krise der Demokratie wie in Venezuela.

Öl ist in dieser Hinsicht kein Einzelfall. Kupfer, dessen Preisschwankungen eine entscheidende Bedeutung für Chile, Papua – Neu-Guinea, Zaire und Sambia hatte, ist der Rohstoff, der nach dem Erdöl den nächstgrößen Umsatz auf dem Weltmarkt hat und der den Ländern, die es exportieren, viele Überraschungen bereitet. Aber die Bedeutung des Öls für die Weltwirtschaft ist größer.

3.3 Spezifik des Erdölmarkts

Erdöl ist eine ungewöhnliche Ware. Bei anderen Mineralressourcen war der Unterschied zwischen den durchschnittlichen Förderkosten in rohstoffreichen Regionen und den Weltmarktpreisen – die ökonomische Rente – gewöhnlich nicht langfristig so hoch und stabil wie in der Ölbranche.[45] Normalerweise bestimmen auf den Märkten die Produzenten, die die höchsten Kosten haben, die Dynamik von Preisen und Produktion. Ihre Entscheidung, bei hohen Preisen die Förderung zu steigern und bei niedrigen Preisen zu reduzieren, wenn sie Verluste bringt, gibt Preisniveau und Fördermenge vor.

Auf dem Ölmarkt ist alles anders. Die Länder mit den geringsten Betriebskosten haben in den letzten Jahrzehnten bei ungünstiger Konjunktur gewöhnlich die Förderung gedrosselt und im günstigen Fall gesteigert.[46]

Das Vernünftigste, was ich zu diesem Thema gehört habe, war die Aussage von Anne Krueger, die auf einer reichen Erfahrung und gesundem Menschenverstand

---

[45] Amuzegar, Managing the Oil Wealth, S. 12.
[46] R. A. Santis: Crude Oil Price Fluctuations and Saudi Arabian Behaviour. Kiel Working Paper Nr. 1014. Oktober 2000. S. 6.

beruhte. Wenn die meisten Akteure auf dem Markt überzeugt seien, dass die Ölpreise nur für kurze Zeit hoch bleiben, werde das auch so sein. Wenn dagegen die Überzeugung vorherrsche, dass die Preise einen neuen dauerhaften Stand erreicht hätten und sich auf dieser Höhe halten würden, dann werden sie fallen. Die Aussicht auf eine lange Periode mit hohen Preisen stimuliert die Konsumenten, weniger zu verbrauchen. Für die Produzenten ist es dann von Vorteil, Investitionen und Produktion zu erhöhen. Wenn die Ölpreise sinken, ergibt sich das umgekehrte Bild. Die langfristige Dynamik der Ölpreise in realen Zahlen zeigt die Abbildung 3.12.

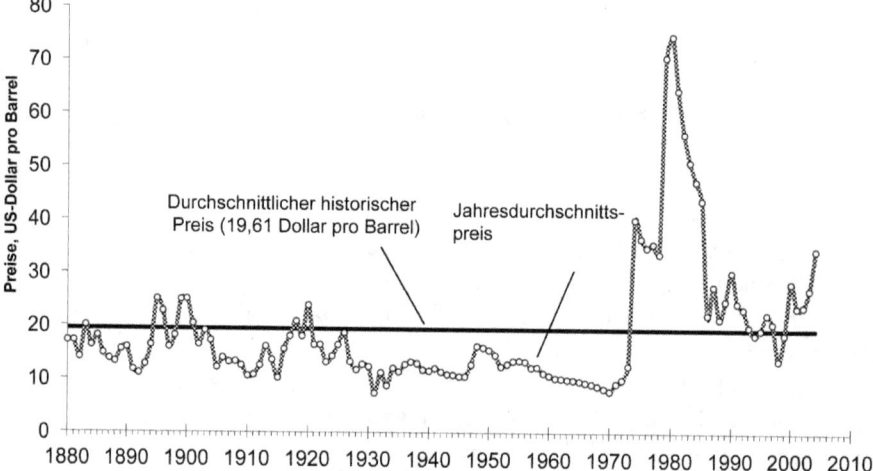

In konstanten Preisen von 2000 (hier und im Folgenden, wenn nicht anders vermerkt, wird die Übertragung in Preise von 2000 mithilfe des BIP-Deflators der USA vorgenommen).

Abb. 3.12 Dynamik der Preise für Rohöl in langfristiger historischer Perspektive (1880-2004)

Quelle: Berechnungen anhand der International Financial Statistics 2004, IWF, Energy Efficiency and Renewable Energy Website, US-Department of Energy (http://www.eere.energy.gov).

3.4 Regulierung des Ölpreises im 20. Jahrhundert

Der Ölmarkt im 20. Jahrhundert war weder völlig frei noch streng reguliert. Der 1928 in der schottischen Stadt Achnacarry geschlossene Vertrag teilte den Markt unter den sieben größten internationalen vertikal integrierten Konzernen auf (Standard Oil Company of New Jersey, Texaco, Royal Dutch – Shell, Mobil Oil, Gulf Oil, British Petroleum, Compagnie Française des Petroles), die Erkundung, Förderung, Verarbeitung und Verkauf kombinierten. Dieser Vertrag bestimmte für Jahrzehnte die Spielregeln in der Branche.

Die Welt jener Zeit lebte noch nach den Gesetzen aus den frühen Stadien des modernen Wirtschaftswachstums. Es galt das Recht des Stärkeren. Mithilfe der „Kanonen-Diplomatie" bekam man Zugang zu Rohstoffressourcen in den weniger entwickelten und militärisch schwachen Ländern und zu Konzessionsbedingungen, die für die internationalen Konzerne vorteilhaft waren.[47] Den vertikal integrierten Konzernen ist es gleichgültig, woran sie verdienen – ob an der Förderung oder Verarbeitung von Öl oder am Verkauf seiner Produkte. Sie sind daran interessiert, dass sich der Marktanteil erhöht, und weniger daran, welche Vergütungen die Regierungen der ölfördernden Länder erhalten. Ihre finanziellen Verbindlichkeiten gegenüber Ländern, in denen sie Öl fördern, hängen nicht von ihren Einnahmen aus der Ölverarbeitung und dem Verkauf ab. So erklärt sich das Interesse an einem niedrigen Preis für Rohöl, damit Ölverarbeitung und Verkauf der Ölprodukte möglichst hohe Gewinne bringen. Die Praxis der Transferpreisbildung, die aus den Skandalen der 1990er und Anfang der 2000er-Jahre in Russland bekannt ist, ist keinesfalls eine Erfindung der roten Direktoren und Oligarchen. Dies alles hatte es in der Wirtschaftsgeschichte bereits gegeben.

In den 1950er und 1960er-Jahren konkurrierten die Ölkonzerne darum, wer die Ölpreise schneller unter das vereinbarte Niveau senkt und den Verbrauchern günstigere Preise bietet. Die Sowjetunion betrat den Weltmarkt. Durch Dumping wollte sie ihren Anteil am Ölhandel erhöhen. In den Verträgen der Sowjetunion über Barter-Lieferungen von Öl nach Westeuropa, in erster Linie nach Italien, waren die Ölpreise in den 1960er-Jahren etwa halb so hoch wie international üblich. Bei solchen Verträgen ist es nicht einfach zu bestimmen, ob sich der Preisunterschied aus dem Wunsch erklärt, die kommunistische Bewegung zu unterstützen, oder ob es sich um Dumping reinsten Wassers handelt. Aber die internationalen Ölkonzerne haben sich für den Hintergrund nicht besonders interessiert. Die Existenz einer solchen Praxis trug zur Senkung der Ölpreise bei.[48]

Nach dem Zweiten Weltkrieg war die Zeit der Imperien, der kolonialen und halbkolonialen Staaten und der „Kanonen-Diplomatie" vorbei. Was ein Jahrhundert zuvor beschlossen worden war, war in einer veränderten Welt nicht mehr möglich. Die Rückgabe der iranischen Ölressourcen an „British Petroleum", das sein Eigentum mit den Amerikanern teilen musste, war ein Anklang an vergangene Epochen. Nach

---

[47] Daniel Yergin: The Prize. The Epic Quest for Oil, Money and Power. New York 1992.
[48] Amuzegar, Managing the Oil Wealth, S. 24.

dem Scheitern der englisch-französischen Operation in Suez im Jahre 1956 wurde klar, dass schwerlich Gewalt gegen ölfördernde Länder eingesetzt würde, die ihren Anteil an den Einnahmen aus der Ölförderung erhöhen oder die Ölproduktion nationalisieren wollten. In den kommenden 15 Jahren spielten die Regierungen der ölfördernden Staaten in allen Fragen der Ölbranche eine immer größere Rolle. Seit den 1950er-Jahren verbesserten sie schrittweise die Vertragskonditionen mit den internationalen Gesellschaften.

Ein Markstein auf diesem Weg sind die Vereinbarungen von Venezuela mit den Ölkonzernen über die Aufteilung des Profits zu gleichen Teilen. Diese Bedingungen, über die die venezolanische Führung informell andere Ölstaaten informierte, wurden mit der Zeit allgemein üblich.[49]

Erdölbesitzende Länder mussten eine gemeinsame Position im Dialog mit internationalen Konzernen finden und Erfahrungen austauschen, um die Entwicklung in der Ölförderung und auf dem Ölmarkt abzuschätzen. Dies schuf die Voraussetzung für die Gründung der OPEC, einer Organisation, die es ermöglichte, den Dialog auszuweiten, die Zusammenarbeit zu institutionalisieren und die Politik zu koordinieren. Die OPEC wurde im September 1950 von Vertretern des Iran und Irak sowie Kuweits, Saudi-Arabiens und Venezuelas gegründet. Katar schloss sich 1961 an, Indonesien und Libyen 1962, die Arabischen Emirate 1967, Algerien 1969, Nigeria 1971, Ecuador 1973, Gabon 1974. In den ersten Jahren ihrer Existenz war die OPEC eine beratende Organisation. Verhandlungen mit Ölkonzernen im eigenen Namen führte sie nicht.

Die Vereinbarungen der OPEC-Länder hatten das Ziel, günstigere Vertragsbedingungen zu erreichen. Sie sahen Absprachen bei der Änderung von Exportpreisen unter den Ölstaaten, eine Steigerung der Ölverarbeitung und die Gründung nationaler Konzerne vor.[50] 1968 verabschiedete die OPEC die „Richtlinien für eine Ölpolitik". Die Organisation forderte eine Beteiligung ihrer Mitgliedsstaaten am Eigentum der Fördergesellschaften, die Möglichkeit, geologische Erkundungen und Ölförderung durchzuführen und die deklarierten Preise zu kontrollieren. Die 1970-1973 beschlossenen Maßnahmen, mit denen diese Prinzipien umgesetzt werden sollten, veränderten das Kräftegleichgewicht in der Ölbranche.[51] Bereits Ende der 1960er-Jahre erreichten die OPEC-Länder, dass die Konzerne die Preise im Vergleich zu den offiziell festgelegten nicht senkten.[52]

---

[49] Amuzegar, ebd., S. 25.

[50] Skeet: OPEC, ; R. N. Andreasjan: Neft' i arabskie strany v 1973-1983 gg. Ėkonomičeskij I social'nyj analiz (Das Erdöl und die arabischen Länder. Eine ökonomische und soziale Analyse). Moskau 1990. S. 80.

[51] F. Penrose: Oil and the International Economy: Multinational Aspects, 1900-1973. In: R. W. Ferrier/A. Fursenko (Hrsg.): Oil in the World Economy. London 1989. S. 14.

[52] Amuzegar, Managing the Oil Wealth, S. 28.

Das Preisniveau Ende der 1970er-Jahre war historisch gesehen niedrig, es spiegelte das vergangene Kräfteverhältnis in der Branche wider.[53] Anfang der 1970er-Jahre waren die Ölreserven in den USA zurückgegangen, und der Bedarf an Import-Öl in der amerikanischen Wirtschaft nahm zu. Amerika konnte den Weltmarkt für Öl nicht mehr regulieren. Seit März 1971 förderten die USA 100% der vorhandenen Ölkapazitäten.[54] Zwischen 1967 und 1973 stieg der Importanteil am im Land verbrauchten Öl von 19 auf 36 %.[55] Im April 1973 schaffte die US-Regierung das Quotierungssystem für den Ölimport ab.[56] Die Tatsache, dass die USA ein Netto-Importeur für Erdöl wurden, stärkte die Position der produzierenden Länder.[57]

Der wichtigste Faktor in der Entwicklung der Rotstoffmärkte war die Schwächung der amerikanischen Geldpolitik. Das Land hatte in den 1960er-Jahren durch Sozialprogramme große Verpflichtungen auf sich genommen und musste gleichzeitig den Vietnam-Krieg finanzieren. Das änderte die Weltkonjunktur. Der Preisanstieg für Rohstoffe hatte bereits vor der Ölpreis-Erhöhung 1973 eingesetzt.[58]

Am 17. Oktober 1973 einigten sich die arabischen erdölexportierenden Länder, Förderung und Export zu reduzieren. Saudi-Arabien, der größte Produzent in der arabischen Welt, erklärte, die Förderung um 10 % herabzusetzen. Es führte ein Embargo für Öllieferungen in die USA ein. Am 22. November 1973 warnten die Länder, sie könnten, falls die USA weiterhin Israel unterstützten, die Förderung um 80 % kürzen, und sollte Amerika versuchen, Gewalt anzuwenden, würden die Ölquellen gesprengt.[59] Die drastische Erhöhung der Ölpreise im Vergleich zu dem anormal niedrigen Preisniveau in den 1960er-Jahren und Anfang der 1970er war eine vollendete Tatsache.

---

[53] Seit 1869 betrug der langjährige Durchschnittspreis für Erdöl in den Preisen von 2004 18 Dollar 59 Cent (in den Preisen von 2000 – 18,43 Dollar) pro Barrel. Der Erdölpreis, der 1958 16 Dollar pro Barrel (in Dollar von 2004) betragen hatte, belief sich 1970 auf weniger als 13 Dollar (in Preisen von 2000 jeweils 15 bzw. 12 Dollar) pro Barrel. (S. Oil Price History and Analysis. 2004. http://www.wtrg.com.prices.htm).

[54] Yergin, The Prize. S. 567.

[55] Joel Darmstadter/Hans H. Landsberg: The Economic Background. In: Raymond Vernon (Hrsg.): The Oil Crisis. New York 1976. S. 31.

[56] Skeet: OPEC, S. 86.

[57] T. M. Rybczysnki, George F. Ray: Historical Background to the World Energy Crisis. In: T. M. Rybczysnki (Hrsg.): The Economics of the Oil Crisis. London 1976. S. 2.

[58] Robert B. Barsky/Lutz Kilian: Do We Really Know that Oil Caused the Great Stagflation? A Monetary Alternative. NBER Working Paper Nr. 8389. Juli 2001. S. 5, 14.

[59] Lester A. Sobel: Energy Crisis. Bd. 1. 1969-1973. New York 1974. S. 199-206.

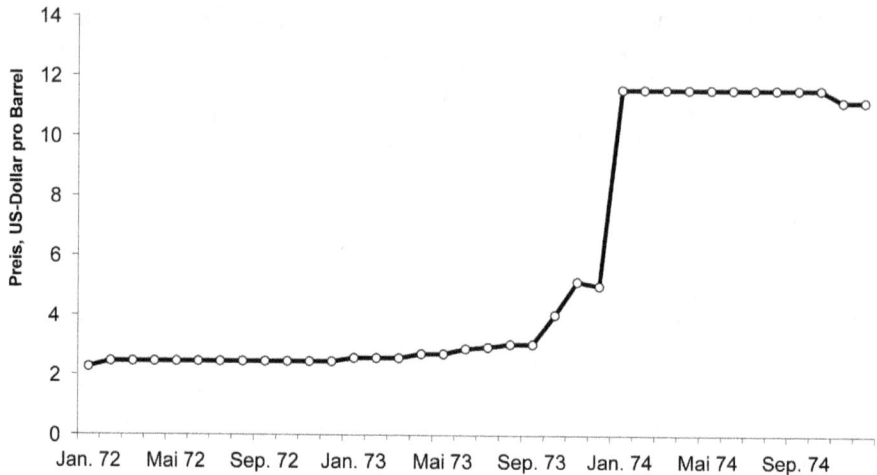

Anmerkung: Umgerechnet auf Dollar von 2000 betrug der Ölpreis 1972 8 Dollar 8 Cent.

Abb. 3.13 Dynamik der durchschnittlichen Monatspreise für Öl auf dem Weltmarkt 1972-1974

Quelle: International Financial Statistics 2004, IWF.

Zwischen 1970 und 1974 stiegen die Einnahmen der OPEC-Länder aus dem Ölexport auf das Elffache. Wie einer der Finanzminister der OPEC schrieb, erhielten die ölfördernden Länder in diesen Jahren mehr Geld als sie sich in den glücklichsten Träumen hätten vorstellen können. Die Exporteinnahmen des Irak aus dem Öl stiegen von 1 Milliarde Dollar 1972 auf 33 Milliarden Dollar jährlich in dem Monat vor dem Ausbruch des irakisch-iranischen Krieges.[60] Der Strom der Petro-Dollars in die ölexportierenden Länder weckte Hoffnungen auf ein stabiles Wohlstandswachstum und den Glauben, dass der Traum einer nationalen Größe erreichbar sei. Die Führer der ölfördernden Länder nahmen an, sie könnten aus den Öleinkünften die Entwicklung anderer Wirtschaftszweige finanzieren.[61]

1973-1981 war die Zeit, in der die OPEC den größten Einfluss hatte. In diesen Jahren schien es vielen Analysten, die Organisation habe unbegrenzte Möglichkeiten, den Umfang der Ölförderung und die Preise zu regulieren. Sie hielten eine weitere Teuerung in diesem Bereich für unausweichlich.[62]

---

[60] Kanovsky, Economic Implications, S. 231.
[61] Karl, The Paradox of Plenty.
[62] R. H. Andreasjan: Neft' i arabskie strany, S. 124-130.

Tabelle 3.3 Dynamik der Energiekapazität des BIP in Deutschland, Japan, Großbritannien, Frankreich und den USA 1975-1986 (Änderungen in % zum Vorjahr)

Jahr	Frankreich	Deutschland	Japan	Großbritannien	USA
1971	0,1	...	0,1	-0,2	-1,1
1972	1,2	-0,4	-1,4	-2,7	-0,6
1973	2,1	1,2	3,9	-3,2	-2,0
1974	-6,1	-2,3	1,7	-2,5	-1,8
1975	-5,1	-3,5	-8,0	-4,4	-2,0
1976	2,2	2,7	2,1	-0,7	1,3
1977	-4,9	-2,7	-2,5	-0,3	-1,2
1978	1,8	0,4	-4,3	-3,6	-2,7
1979	0,8	0,3	0,2	2,3	-3,3
1980	-1,8	-3,7	-5,0	-6,6	-3,5
1981	-3,4	-3,5	-5,3	-2,1	-5,2
1982	-4,9	-2,6	-2,5	-2,3	-2,2
1983	1,1	-1,5	-1,5	-3,6	-4,2
1984	1,9	1,0	4,3	-2,6	-2,7
1985	3,5	1,0	-4,7	2,1	-2,9

Quelle: Berechnungen anhand von Angaben des WB WDI.

Die erdölverbrauchenden Länder, die seit 1973 mit drastischen Ölpreiserhöhungen und den Folgen – Inflation und zurückgehendes Wirtschaftswachstum – konfrontiert wurden, drosselten den Energieverbrauch in Produktion und Konsum (s. Tabelle 3.3.).

Der OPEC-Anteil am weltweiten Ölhandel ging zurück. Die steigenden Preise ermunterten dazu, schwer zugängliche Vorkommen zu erkunden. Die OPEC hatte keine effizienten Mechanismen, ihre Mitglieder mit Sanktionen zu belegen, die mehr als das vereinbarte Maximum förderten.

Die zurückgehende weltweite Entwicklung 1981 und 1982 ließ auch die Nachfrage nach Öl sinken (s. Tabelle 3.4). Das kam zu den instabilen spekulativen Preiserhöhungen beim Ausbruch des iranisch-irakischen Krieges hinzu. Erstmals seit 1973 stand die OPEC vor einer schwierigen Entscheidung. Wenn ihre Mitglieder weiterhin immer mehr Öl förderten, würden die Preise einbrechen. Um das Preisniveau zu halten, musste man die Produktion reduzieren. Aber das würde den Anteil der OPEC am Weltmarkt verringern. Konzerne, die nicht der OPEC angehörten, nutzten die Probleme des Kartells, um ihren eigenen Anteil am weltweiten Ölhandel zu erhöhen (s. Tabellen 3.5 und 3.6). Am 17. Februar 1983 senkte die Britische nationale Ölgesellschaft die Preise für das in der Nordsee geförderte Öl um 3 Dollar pro Barrel. Nigeria, ein OPEC-Mitglied, das in der Ölbranche mit England und Norwegen konkurriert, war gezwungen, nachzuziehen. Die UdSSR schloss sich dem Wettlauf um eine Senkung der Ölpreise ebenfalls an.

Das Ende des Kriegs zwischen Iran und Irak und ihr Bemühen, den Marktanteil wiederherzustellen, den sie Mitte der 1970er-Jahre eingenommen hatten und der während der Kriegshandlungen zurückgegangen war – dies waren die auslösenden Faktoren für den Preiskrieg von 1985-1986.

Tabelle 3.4 Erdölverbrauch pro BIP-Einheit in Deutschland, Japan, Großbritannien, Frankreich und den USA 1975-1985 (Änderungen in % zum Vorjahr)

Jahr	Frankreich	Deutschland	Japan	Großbritannien	USA
1970	1,15	...	0,77	1,06	1,44
1975	1,13	1,03	0,75	0,87	1,39
1980	0,97	0,91	0,65	0,72	1,21
1985	0,69	0,74	0,50	0,61	0,96

Quelle: U. S. Energy Information Administration http://www.eia.doe.gov/emeu/ international/petroleu.html. WB WDI.

Tabelle 3.5 Erdölverbrauch in Großbritannien, Norwegen, Mexiko 1973-1985 (Tausend Barrel pro Tag)

Jahr	Großbritannien	Norwegen	Mexiko
1973	2	32	465
1974	2	35	571
1975	12	189	705
1976	245	279	831
1977	768	280	981
1978	1082	356	1209
1979	1568	403	1461
1980	1622	528	1936
1981	1811	501	2313
1982	2065	520	2748
1983	2291	614	2689
1984	2480	697	2780
1985	2530	788	2745

Quelle: U. S. Energy Information Administration. http:://www.eia.doe.gov/erneu/international/petroleu.html.

Tabelle 3.6 Anteil der OPEC-Länder an der Weltförderung und dem Welthandel mit Erdöl 1973–1985

Jahr	OPEC-Anteil an der weltweiten Erdölförderung, %	OPEC-Anteil am weltweiten Erdölexport, %
1973	55,4	86,1
1975	50,5	83,3
1980	44,4	75,6
1985	28,5	51,2

Quelle: OPEC Annual Statistical Bulletin 2004. OPEC, 2005. S. 22, 34.

Saudi-Arabien verfügte über die größten Erdölreserven. Die Förderkosten waren niedrig. 1981-1985, als sich herausstellte, dass das Preisniveau von 1979-1981 nicht stabil war, wurden die Saudis zu den Hauptakteuren auf dem Markt: Sie waren bereit, die Produktion zu reduzieren, um die Preise zu stützen und dadurch die erhöhten Quoten anderer OPEC-Mitglieder, die weltweit nachlassende Nachfrage und die steigende Förderung in Nicht-OPEC-Ländern zu kompensieren.

Dessen ungeachtet gingen die Ölpreise seit dem ersten Quartal 1981 zurück, zunächst noch langsam. Der Preis lag 1982 bei 31 Dollar 76 Cent, 1983 bei 28 Dollar, 67 Cent. 1984-1985 sank er auf 27 Dollar (in den damals aktuellen Preisen).[63] 1985 reduzierte Saudi-Arabien die Ölförderung auf 2,5 Mio. Barrel pro Tag. Im Vergleich zu 1981 war das etwa ein Viertel.[64]

Im März 1983 beschloss die OPEC, den offiziellen Ölpreis von 34 auf 29 Dollar pro Barrel herabzusetzen. Den realen Marktwert für Öl in den Jahren 1983-1985 zu schätzen, ist wegen der Kursschwankungen der führenden Weltwährungen schwierig. Seit 1983 sinkt der Ölpreis, wenn man ihn in Dollar angibt, aber in europäischen Währungen bleibt er stabil.[65] Seit Anfang 1985 war der Rückgang des Ölpreises offensichtlich und bestimmte die weltwirtschaftliche Entwicklung.

Am 13. September 1985 erklärte der saudische Erdöl-Minister Yamani, sein Land sei nicht bereit, die Ölförderung weiter zu drosseln und werde die Produktion steigern.[66] Die mehr als verdreifachte Ölförderung in Saudi-Arabien 1985-1986 änderte die Marktlage einschneidend. Die ölfördernden Länder stimmten sich ab, wer zuerst die Preise senken sollte, um seinen Marktanteil zu erhalten (s. Abbildung 3.14).

---

[63] Dowling/Hilton, Oil in the 1980s. S. 74.
[64] Mohammad Hasan J. Yousaf: OPEC Strategics for the Monopoly Oil Profits. In: Shojai/Katz, The Oil Market.
[65] Se-Hak Park: Falling Oil Prices and Exchange Rate Fluctuation. In: Shojai/Katz, The Oil Market, S. 6.
[66] Skeet: OPEC, S. 207 f.

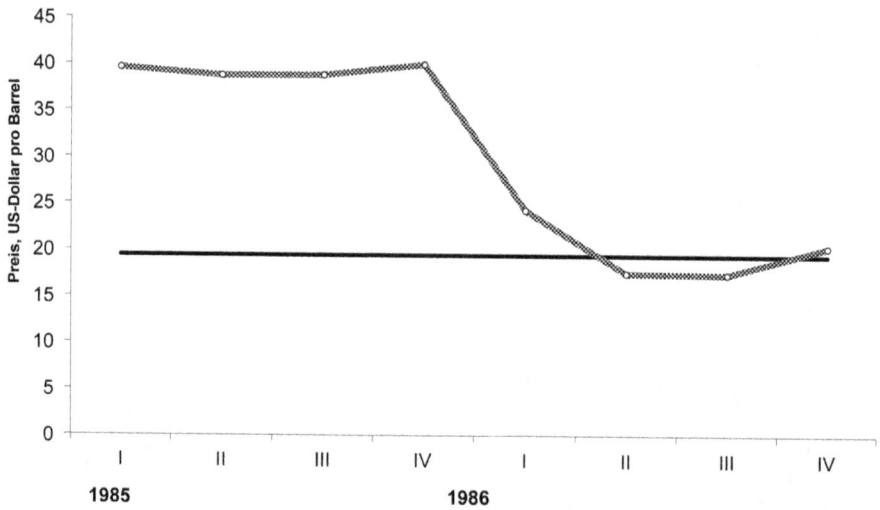

* Preise nach dem Niveau des Jahres 2000

Abb. 3.14 Quartalsweise Übersicht über die Dynamik der Ölpreise 1985–1986 in Vergleich mit dem historischen Mittelwert

Quelle: International Financial Statistics 2004.

1986 fielen die Preise auf ein für das vorangegangene Jahrzehnt präzedenzloses Niveau, auf weniger als 10 Dollar pro Barrel (zu den aktuellen Preisen dieser Zeit).[67] Zwischen 1980 und 1986 gingen die Erdöl-Einnahmen (in realen Zahlen) in Venezuela um 64,5 % und in Indonesien um 76,1 % zurück. Die erdölfördernden Länder mussten ihre Staatsausgaben drastisch zurückfahren.[68]

Ende 1986 sahen die OPEC-Mitgliedsländer ein, dass man sich auf eine Disziplin bei Preisen und Fördermengen einigen musste, wenn man einen wirtschaftlichen Zusammenbruch vermeiden wollte. Auf dem Markt wurde eine Art Ordnung hergestellt. Im Dezember 1986 entschied die OPEC, die Ölförderung einschneidend zu kürzen, um das Preisniveau wiederherzustellen. Die Förderung ging auf 15,8 Barrel pro Tag zurück.[69] Das war der tiefste Stand in der Geschichte der Organisation. Ende der 1980er-Jahre kamen die Preise wieder auf den langjährigen Mittelwert zurück. Allerdings hatte die OPEC ihre bedeutendste Zeit hinter sich, ebenso wie seit längerem schon die internationalen Ölkonzerne. Seit dieser Zeit gibt es keine Institution mehr, die bestimmen könnte, was auf dem Ölmarkt vorgeht. Die Preise schwanken erheblich (s. Tabelle 3.7).

Bis 2000 führten starke Preisrückgänge oder Anstiege, die politisch (Krieg im Persischen Golf) oder durch finanzielle Erschütterungen (Krise im Südostasien) bedingt

---

[67] Shojai/ Katz (Hrsg.), The Oil Market, S. XIII.
[68] Karl, The Paradox of Plenty, S. 32.
[69] Amuzegar, Managing the Oil Wealth, S. 13.

waren, lediglich zu einer kurzfristigen Abweichung vom langjährigen Mittelwert (Abbildungen 3.15 u. 3.16).

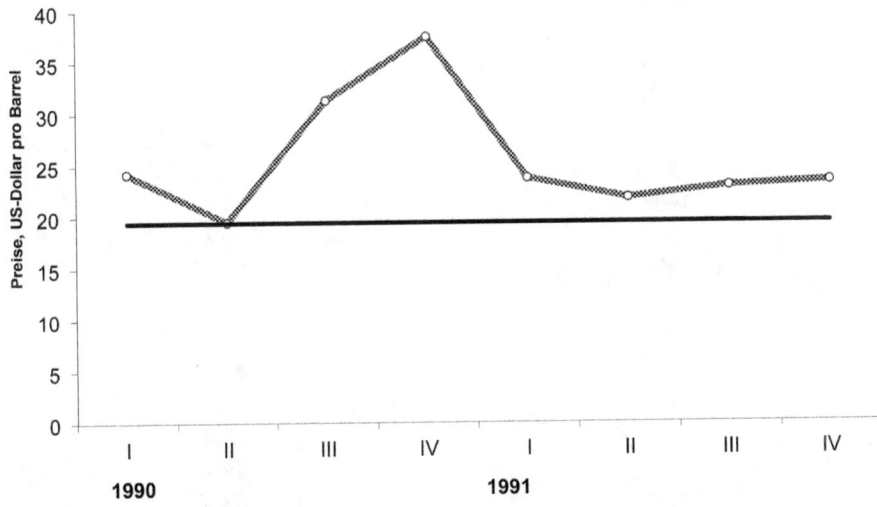

Abb. 3.15 Quartalsübersicht über die Ölpreise 1990-1991 im Vergleich mit dem historischen Mittelwert

Quelle: International Financial Statistics 2004.

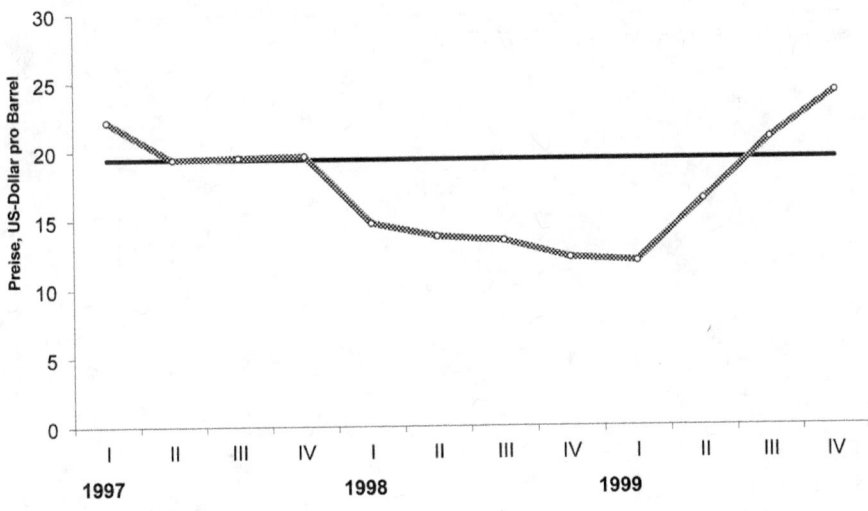

Abb. 3.16 Quartalsübersicht über die Ölpreise 1997-1999 im Vergleich mit dem historischen Mittelwert

Quelle: International Financial Statistics 2004.

Tabelle 3.7 Erdölpreise auf dem Weltmarkt 1986-2005 (Dollar pro Barrel)

Jahr	Durchschnittspreis
1986	19,9
1987	24,9
1988	19,5
1989	22,8
1990	28,2
1991	22,9
1992	22,0
1993	19,0
1994	17,7
1995	18,7
1996	21,7
1997	20,2
1998	13,6
1999	18,4
2000	28,2
2001	23,8
2002	24,0
2003	27,3
2004	34,6
2005 1. Quartal	41,6
2005 2. Quartal	45,5

In Preisen von 2000

Quelle: International Financial Statistics 2005, IWF.

3.5 Herausforderungen durch Preisschwankungen für Rohstoffe: Mexiko und Venezuela

Die Entwicklung in Mexiko und Venezuela zu Beginn der 1970er-Jahre illustriert die Probleme der ölfördernden Länder angesichts der schwankenden Öl-Einkünfte. Venezuela und Mexiko hatten zu dieser Zeit ein Pro-Kopf BIP, das dem der UdSSR in diesen Jahren entsprach, im ersten Fall mehr, im zweiten weniger (s. Tabelle 3.8).

Tabelle 3.8   Pro-Kopf-BIP in Mexiko, Venezuela und der UdSSR 1970

Land	Pro-Kopf-BIP in internationalen Dollar zu Preisen von 1990
Venezuela	10672
Mexiko	4320
UdSSR	5575

Quelle: Berechnungen anhand von A. Maddison The World Economy: Historical Statistics. Paris: OECD, 2004.

In der mexikanischen Wirtschaft von 1970 spielte das Öl, das zu Beginn des 20. Jahrhunderts eine wichtige Komponente in der Struktur der Volkswirtschaft war, noch keine Schlüsselrolle. Die Ölförderung betrug etwa 70 Mio. Barrel pro Tag. Das Wirtschaftswachstum der 1950er bis 1970er-Jahre hing nicht mit dem Öl zusammen. Venezuela war Anfang der 1970er-Jahre eines der größten ölfördernden Länder der Welt. Für die Zahlungsbilanz und den Haushalt waren die Öl-Einnahmen von eminenter Bedeutung. Aber auch hier stieg im Laufe der Jahrzehnte vor dem Preissprung von 1973-1981 die Produktion in Sektoren, die nicht mit Öl zu tun haben, rapide an.

Mexiko war jahrzehntelang eine politisch geschlossene Demokratie. Venezuela war bis zu Beginn der 1990er-Jahre eine der wenigen stabilen Demokratien in Lateinamerika. In beiden Ländern hatten die Finanzministerien den Ruf hochprofessioneller Institutionen. Jahrelang standen Personen an ihrer Spitze, die wussten, welche Risiken unberechenbare Rohstoffpreise mit sich bringen.

Der Preissprung für Öl 1973-1974 fiel mit der Entdeckung neuer großer Vorkommen in Mexiko zusammen.[70] Seit der zweiten Hälfte der 1970er-Jahre nahmen sowohl die Fördermenge als auch die daraus resultierenden Einnahmen zu (s. Tab: 3.9). 1970 erzeugte der Ölsektor 2,5 % des BIP Mexikos und sicherte der Regierung 3,5 % ihrer Einnahmen. 1983 stieg der Anteil dieses Sektors am BIP auf 14 %.[71]

---

[70] Die Ölreserven in Mexiko 1970 wurden auf 4 Milliarden Barrel geschätzt, 1982 auf 57 Milliarden (Dowling/Hilton, Oil in the 1980s, S. 76). Zum drastischen Anstieg der bestätigten Ölreserven in Mexiko 1976-1980 s. a. F. J. P. Bolio: Petroleum and Political Change in Mexico. In: Latin America Perspectives. 9/1, 1982, S. 65-78.

[71] Stephen Everhart/Robert Duval-Hernandez: Management of Oil Windfalls in Mexico. Historical Experience and Policy Options for the Future. Policy Research Working Paper Nr. 2592. April 2001.

1974 machte der Öl-Anteil an den Einnahmen aus Mexikos Außenhandel 0,5 % aus, 1980 deckten Öl und Gas bereits 67,3 % der Export-Einnahmen des Landes. Der Exportanteil der verarbeitenden Branchen ging auf 16,5 % zurück.[72]

In der ersten Hälfte der 1970er-Jahre gingen in der mexikanischen Wirtschaft steigende Einnahmen aus dem Ölexport einher mit einer Krise der Industrialisierung, die Importe ersetzen sollte, und einem Wachstumsrückgang. Der 1976 an die Macht gekommene mexikanische Präsident José López Portillo beschloss, mithilfe der Finanzressourcen aus den Öl-Einnahmen die nationale Ökonomie zu stimulieren.[73] Er nahm große Investitionsprojekte in Angriff. Viele davon waren angesichts der begrenzten Möglichkeiten, diese Mittel sinnvoll einzusetzen, und der Unfähigkeit des Staatsapparats unausgegoren oder ineffizient.[74]

Tabelle 3.9 Erdölförderung und ihr Anteil an den Staatseinkünften Mexikos 1975-1985

Ölförderung im Jahresdurchschnitt, 1000 Barrel pro Tag	705	831	981	1209	1461	1936	2313	2748	2689	2780	2745
Öl-Anteil an den Gesamteinnahmen des Budgets	14	14	15	17	21	27	31	40	51	48	44

Quelle: EIA International Petroleum Monthly (www.eia.doe.tov/emeulipst/supply.html); Richard Auty (Hrsg.): Resource Abundance and Economic Development. Oxford 2004.

Der Anteil der Staatsausgaben am BIP, die Ende der 1960er-Jahre 20 % betrugen, lag 1982 etwa bei 50 %. Die Investitionen, die aus Öl-Einnahmen und äußeren Anleihen finanziert wurden, stiegen 1978-1981 ungefähr um 20 %, das BIP nahm um 8,4 % zu.[75] Wenn eine derartige Wirtschaftspolitik stabil gewesen wäre, hätte

---

S. 2.

[72] Robert E. Looney: Economic Policymaking in Mexico: Factors Underlying the 1982 Crisis. Durham 1985. S. 40.

[73] Oscar Guzman: PEMEX's Finances. In: Oscar Guzman/Roberto Gutierrez (Hrsg.): Energy Policy in Mexico. Boulder 1988.

[74] A. Tornell/P. Lane: Are Windfalls a Curse? A Non-Representative Agent Model of the Current Account and Fiscal Policy. NBER Working Paper Nr. 4839. 1994. Zum Zusammenhang der Renten aus Ressourcen mit dem Regime einer geschlossenen Demokratie und verbreiteter Korruption in Mexiko s. Eric G. Davis: The Mexican Experience. In: Shojai/Katz, The Oil Market, S. 45.

[75] W. G. Chislett: The Causes of Mexico's Financial Crisis and the Lessons to Be Learned. In: George D. E. Philip: (Hrsg.) Politics in Mexico. Sydney 2001. S. 1, 3.

sich das BIP im Laufe von zehn Jahren verdoppeln können. Die Erfahrung hat ein weiteres Mal gezeigt, dass der Versuch, das Wachstum durch Mittel zu stimulieren, die eine langfristige stabile Entwicklung gefährden, Wirtschaft und Gesellschaft teuer zu stehen kommen.

Die Regierung häufte Auslandsschulden an. Die Kreditgeber gingen davon aus, dass ihre Anlagen durch die hohen Ölpreise gesichert seien und boten daher Anleihen an. 1981 hatte die Auslandsverschuldung des mexikanischen Staatssektors 40 Milliarden Dollar erreicht, im Privatsektor 20 Milliarden.[76]

Zu Beginn der 1980er-Jahre machten die Öleinkünfte Mexikos ungefähr 20 % des BIP aus. Die Führung des Landes war überzeugt, dass der Anstieg des Ölpreises 1979-1981 eine langfristige Tendenz anzeigte und in dieser Höhe noch viele Jahre andauern werde.[77]

1981 entschloss sich die mexikanische Regierung zu einer noch aggressiveren Finanzpolitik. Sie ging davon aus, dass der Einnahmezuwachs aus Förderung und Export von Öl mittelfristig 12 % jährlich ausmachen werde.[78] Wie so oft, erfolgte diese Entscheidung zu einem denkbar ungünstigen Zeitpunkt.

1981-1982 änderte sich die Konjunktur. Der Ölpreis stieg nicht weiter. Die Bemühungen der US-Regierung um eine Eindämmung der Inflation sowie steigende Zinssätze verteuerten weltweit die Rückzahlung von Auslandsschulden. Das betraf auch Mexiko. Die Unsicherheit hinsichtlich einer möglichen Rückzahlung der nationalen Schulden trug zum Kapitalabfluss bei. Im Februar 1982 war die mexikanische Regierung gezwungen, den Peso um 70 % abzuwerten. Das erschwerte die Bezahlung der Auslandsschulden. Die Regierung traf einige riskante Entscheidungen: Sie führte einen doppelten Devisenkurs ein, weigerte sich, Kredite zurückzuzahlen, verschärfte die Kontrolle der Devisenbewegungen und nationalisierte die Banken. Dies alles geschah vor dem Hintergrund sinkender Ölpreise.[79]

Seit 1983 versuchte die Regierung, die Finanzen zu stabilisieren. Sie stoppte unvollendete Investitionsprojekte, erhöhte die Steuern und reduzierte die Staatsausgaben. Der Ölpreis fiel indessen weiter. Es folgte eine Reihe von Stabilisierungsprogrammen, die zwar begonnen, aber nicht zu Ende geführt wurden. Das Wirtschaftswachstum kam zum Erliegen. Die durchschnittliche jährliche Wachstumsrate des Pro-Kopf-BIP in Mexiko in den 1980er-Jahren lag im negativen Bereich (0,54 %).[80]

Vor der Entdeckung neuer Ölvorkommen war Mexikos Marktwirtschaft in die globale Finanzwelt integriert. Die Folgen der abenteuerlichen Politik Portillos zeigten

---

[76] Looney, Economic Policymaking in Mexico, S. 49.

[77] Richard Auty: Large Resource-Abundant Countries Squander their Size Advantage: Mexico and Argentina. In: Ders.: (Hrsg.): Resource Abundance and Economic Development. Oxford 2004. S. 208-223, 218; A. H. Gelb and Associates: Oil Windfalls: Blessing or Curse? New York 1988.

[78] Ricardo Hausmann: Dealing with Negative Oil Shocks: The Venezuelan Experience in the Eighties. Inter-American Development Bank Working Paper Series 307. 1995. S. 12.

[79] Everhart/Duval-Hernandez, Management of Oil Windfalls, S. 5.

[80] Berechnet nach Angaben der World Development Indicators online database, The World Bank (http://devdata.worldbank.org/dataonline/).

sich schnell. Es gelang der Regierung, die politische Stabilität zu erhalten, aber die Krise der 1980er-Jahre machte es unmöglich, in Mexiko das Regime einer geschlossenen Demokratie beizubehalten.

Die venezolanische Regierung, die jahrzehntelang in den Ölmarkt involviert war, die die Bildung der OPEC initiiert und einen Stabilisierungsfonds eingerichtet hatte, war besser als die mexikanische Führung darauf vorbereitet, den Herausforderungen zu begegnen, die mit höheren Einnahmen infolge steigender Ölpreise verbunden sind. Sie verstand, welche Rolle das Öl in der Wirtschaft des Landes spielte (s. Tabelle 3.10).

Tabelle 3.10 Anteil des Erdölexports am Gesamtexport Venezuelas 1971-1990 (Mittelwerte in Fünfjahres-Perioden)

	1971–1975	1976–1980	1981–1985	1986–1990
Erdölanteil am Gesamtexport, %	90,9	85,4	81,3	80,9

Quelle: Berechnungen anhand von Angaben bei: J. Salazar-Carrill: Oil and Development in Venezuela during the Twentieth Century. Praeger Publishers, Westport, CT, 1994; B. R. Mitchell: International Historical Statistics. The Americas 1750–1993. L.: Macmillan Reference LTD., 1998.

Gleich nach dem Preissprung 1973 betrieb Venezuela eine vorsichtige Haushaltspolitik und verhinderte eine schnelle Stärkung der nationalen Währung. Allerdings ist es in einer Demokratie noch schwerer als in einem autoritären Regime, populistischen Forderungen standzuhalten, die angesichts steigender Haushaltseinnahmen laut werden. So wurden etliche Ideen über verschiedene Programme entwickelt, für die man die Öleinkünfte verwenden könnte. Der hier am stärksten engagierte Populist Carlos Andrés Perez gewann 1974 die Wahlen. Er startete ein großes Investitionspaket, das getragen war von der Vorstellung, die venezolanische Wirtschaft zu diversifizieren und die Infrastruktur zu verbessern. Der Staat übernahm umfangreiche soziale Verpflichtungen. Steuern außerhalb der Ölbranche wurden gesenkt. Mitte der 1980er-Jahre machte die geänderte Weltkonjunktur dieser Politik ein Ende.

Von 1950 bis 1980 stieg das Pro-Kopf-BIP in Venezuela um 234 % an. Zwischen 1980 und 1989 ging es um 18,1 % zurück. Der Kurs der nationalen Währung, der jahrzehntelang stabil gewesen war, fiel in diesem Zeitraum auf ein Zehntel. 1989 hatte die Jahresinflation 84 % erreicht. Die Auslandsschulden, die es 1974 praktisch nicht gegeben hatte, lagen 1989 bei 54 % des BIP und entsprachen einem dreifachen Jahresexport. In den sechzig Jahren vor 1980 hatte das durchschnittliche Wachstum der Arbeitsproduktivität in Nicht-Öl-Sektoren bei 6,7 % gelegen. Das BIP pro Kopf stieg 1920-1979 im Jahresdurchschnitt um 6,4 %. In den 20 Jahren nach 1980 ging die Arbeitsproduktivität in den Nicht-Öl-Sektoren zurück. Ende der 1990er-Jahre erreichte sie den Wert von 1950. 1978 hatte Venezuela ein AAA-Kredit-Rating. 1983 erklärte Venezuela, die Bezahlung seiner Auslandsschulden einzustellen.[81]

Nach einigen Jahren einer rigorosen Sparpolitik kam Perez nach den Wahlen von 1989 erneut an die Regierung. Mit ihm wurde eine Wohlstandsperiode mit hohen Ölpreisen assoziiert. Aber die Situation hatte sich geändert. Der Präsident verstand selbst, dass es keinen anderen Ausweg gab als eine rigorose Haushaltspolitik. Er erklärte, die Regierungsausgaben müssten drastisch reduziert werden, andernfalls drohe dem Land eine schwere Haushaltskrise.[82]

Das war nicht das, was man von ihm erwartet hatte. Der Umsturzversuch von Hugo Chavez 1992 setzte der Stabilität von Venezuelas Demokratie ein Ende. Wie viele andere Länder ist auch Venezuela ein Beispiel dafür, wie schwer es ressourcenreichen Ländern fällt, die Herausforderungen zu meistern, die aus den schwankenden Rohstoff-Preisen resultieren.

3.6 Die Suche nach einem Ausweg: Antwort auf die Gefahren durch instabile Rohstoffpreise

Es ist nicht neu, dass Rohstoffe und ihre Preise instabile Größen sind. Viele ressourcenreiche Länder haben dieses Problem zu lösen versucht. Risikoabsicherung und der Abschluss von Terminverträgen sind ein mögliches Verfahren. Ökonomisch ist das vernünftig, politisch aber gefährlich. Wenn die Preisdynamik günstiger verläuft als in den Terminverträgen vorgesehen, kann man der Öffentlichkeit nicht ohne weiteres erklären, warum das Budget Verluste hat. Es wird sich immer jemand finden, der „nachweist", dass absichtlich Verträge geschlossen wurden, die für die nationale Wirtschaft schädlich sind.[83]

Das heißt nicht, dass solche Probleme unlösbar seien. Die häufigsten Vorkehrungen gegen Preisschwankungen bei Rohstoffen sind Stabilisierungsfonds, die zu Zeiten günstiger Konjunktur aufgefüllt werden, um zur Verfügung zu stehen, wenn die Preise fallen.[84]

Ende der 1970er-Jahre hingen die chilenische Zahlungsbilanz und der Staatshaushalt stark von den Kupferpreisen ab. Über 50 % des Budgets kamen 1976 aus dem Kupferexport. In den 1980er-Jahren war dieser Anteil immer noch hoch (etwa 40 %). Bis zu Beginn der 1990er-Jahre machten die Zahlungen der staatlichen Kupfergesellschaft 20 % der Budgeteinkünfte aus. Dennoch verzichtete die chilenische Regierung auf große Investitionsprojekte zur Diversifizierung der Wirtschaft. Stattdessen schuf sie die institutionellen Grundlagen für die Entwicklung konkurrenzfähiger Betrie-

---

[81] Ricardo Hausmann: Venezuela's Growth Implosion: A Neo-Classical Story? Harvard University: Working Paper. August 2001. S. 1-52.
[82] Karl, The Paradox of Plenty, S. 179.
[83] J. A. Daniel: Hedging Government Oil Price Risk. IMF Working Paper. 2001.
[84] Zu den Gründen für ressourcenreiche Länder, Stabilisierungsfonds zu gründen, s. P. Arrau, S. Claessens: Commodity Funds. IMF Working Paper. WPS 835. Januar 1992.

be in Branchen außerhalb von Kupfer. Sie richtete einen funktionierenden Stabilisierungsfonds ein, verhinderte eine massive Stärkung der nationalen Währung und sicherte die Voraussetzungen für ein in Lateinamerika Ende des 20. Jahrhunderts beispielloses Wirtschaftswachstum.

Der norwegische Stabilisierungsfonds gilt als vorbildlich. Er ist ein Beispiel für andere ressourcenreiche Länder. Der Fonds des Staates Alaska, der kuweitische Reservefonds, der Fonds für künftige Generationen und der omanische Staatliche Reservefonds sind ähnliche Institutionen.[85] Was die Regierungen dazu veranlasst, solche Fonds einzurichten, ist klar – sie kennen die Risiken, die sich aus den unzuverlässigen Einnahmen aus Ressourcen ergeben.

Es gibt hier zwei Varianten – Fonds, die zum Schutz der Wirtschaft des Landes gegen Preisschwankungen bei Ressourcen bestimmt sind, und Fonds für künftige Generationen, die geschaffen werden, um den Wohlstand in einer Zeit zu sichern, in der die Reserven an Bodenschätzen erschöpft sein werden. In manchen Fällen werden die Einzahlungen gesetzlich je nach den im Export erzielten Preisen festgelegt oder bei der Verabschiedung des Jahresbudgets. Die Erfahrung hat gezeigt, dass dies ein effizientes Instrument ist, um die Gefahren einzudämmen, die durch die unzuverlässigen Rohstoffpreise entstehen. Allerdings sollte man dieses Mittel nicht überschätzen.[86]

Was die Stützung des realen nationalen Währungskurses und die damit zusammenhängenden Probleme bei der Entwicklung der Nicht-Rohstoff-Branchen angeht, sind die Stabilisierungsfonds nur begrenzt effizient. Die zunehmenden Finanzreserven, die in hochliquiden, sicheren internationalen Anlagen liegen, machen die nationalen Wertpapiere für Investoren attraktiv und stimulieren den Zustrom kurzfristigen Kapitals.

Allerdings sind die politischen Widersprüche in der Funktionsweise der Stabilisierungsfonds sehr deutlich. In nichtdemokratischen Staaten (und das sind viele der rohstoffreichen Länder) besteht ein hohes Risiko, dass die Mittel in ineffiziente Projekte investiert werden, die der Staat finanziert. Ein erheblicher Teil davon wird veruntreut. Die Geschichte des nigerianischen Stabilisierungsfonds ist hierfür ein klassisches Beispiel.[87]

In demokratischen Ländern erschweren es die enormen Finanzressourcen der Stabilisierungsfonds, die Haushaltsverpflichtungen zu begrenzen, worauf es angesichts der instabilen Rohstoffpreise ankommt. Der kompetente und verantwortungsbewusste venezolanische Finanzminister sagte dazu im Oktober 1978: „Die wichtigste Waffe eines Finanzministers, der mit zahlreichen Ansprüchen ans Budget konfrontiert wird, ist die Möglichkeit zu sagen: ‚Es ist kein Geld da', aber wie kann ich das

---

[85] U. Fasano: Review of the Experience with Oil Stabilization and Savings Funds in Selected Countries. IMW Working Paper. WP/00/112.2000. S. 3.

[86] Zu den Problemen von Ländern mit Stabilisierungsfonds s. J. A. Daniel, Hedging Government Oil Price Risk, S. 12.

[87] S. Montenegro: Macroeconomic Risk Management in Nigeria: Dealing with External Shocks. In: Macroeconomic Risk Management – Issue and Options. Report Nr. 1198. Western Africa Department. Washington DC: World Bank, 1994.

sagen, wenn so viel Geld zur Verfügung steht?"⁸⁸ Den Behördenchefs, die die Haushaltsmittel ausgeben, den politischen Lobbies und Abgeordneten zu erklären, dass die Regierung für bestimmte Zwecke keine Gelder bewilligen kann, weil es nicht da ist, ist zwar nicht einfach, aber es ist möglich. Wesentlich schwerer ist es zu sagen, dass man dies nicht kann, weil es den realen nationalen Währungskurs stärkt, was wiederum die Konkurrenzfähigkeit der Nicht-Rohstoff-Branchen schwächt und zu Verpflichtungen des Staatshaushalts führt, denen er im Falle einer ungünstigen konjunkturellen Entwicklung auf dem Rohstoffmarkt nicht wird nachkommen können.

Norwegen ist ein Land, das vernünftig und verantwortungsvoll mit den Erdöl-Einkünften umgeht. 20 Jahre nachdem die Erdölreserven in der Nordsee entdeckt wurden, wird hier nach wie vor ein geringerer Teil des BIP vom Staat ausgegeben als in Dänemark, Finnland und Schweden.⁸⁹ Der norwegische Stabilisierungsfonds steht im Ruf, transparent und gut verwaltet zu sein. Allerdings ist nach seiner Einrichtung bisher noch keine einzige regierende Koalition wiedergewählt worden.

Das Argument, dass die auf dem Geldsack sitzende Regierung sich weigert, wichtige soziale Probleme zu lösen, ist ein starkes Instrument in der politischen Auseinandersetzung. Anfang September 2005 verzeichnete die UNO Norwegen als Land mit dem höchsten Lebensstandard. Das half der regierenden Koalition nicht, die Wahlen zu gewinnen. Die wesentlichen Themen der Wahlkampagne der Opposition kreisten um die Frage, wie man die Einnahmen zu Zeiten eines hohen Ölpreises verwenden und in welchem Ausmaß und zu welchen Zwecken sie für verschiedene soziale Programme eingesetzt werden könnten.

Die konkurrierenden politischen Parteien in Norwegen haben eine lange Geschichte, sie sind politisch verantwortungsbewusst. Wenn sie die Wahlen gewonnen und eine Regierung gebildet haben, erklären sie den Wählern, sie hätten die Möglichkeit, Mittel aus dem Stabilisierungsfonds zu verwenden, überschätzt und die damit verbundenen Risiken unterschätzt. Die Opposition kann ihnen vorwerfen, die im Wahlkampf gemachten Versprechungen nicht einzuhalten und darauf ihre politische Konzeption aufbauen. Bei einer stabilen Wirtschaft und einer effizienten Demokratie ist das nicht tragisch. Leider haben nicht alle rohstoffreichen Länder derartige politische Systeme.

Das moderne Wirtschaftswachstum ist ein präzedenzloser Prozess in der Geschichte, der sich schwer prognostizieren lässt. Veränderliche globale Entwicklungen konfrontieren die Staaten mit neuen Ansprüchen, sie erfordern angemessene Reaktionen und die Fähigkeit, die sozialen Einrichtungen und Strukturen des öffentlichen Lebens entsprechend anzupassen. In Ländern, deren Wirtschaft von Rohstoffen abhängt, erschweren die unberechenbaren Preise die Situation. Von den Rohstoffpreisen hängen Inflationsrate, Bevölkerungseinkommen und die Möglichkeit ab, die

---

[88] Karl, The Paradox of Plenty, S. 160.
[89] Thorvaldur Gylfason: National Resources and Economic Growth: A Nordic Perspective on the Dutch Disease. Paper presented for UNU/WIDER research project on Resource Abundance and Economic Development: Improving the Performance of Resource-Rich Countries. 1999. S. 33. http://www.hi.is/~gylfason/pdf/unuwider13.pdf.

Auslandsschulden zu bedienen. Das ist eine ernsthafte Herausforderung. Nicht alle rohstoffreichen Länder können sie bewältigen. Dies ist einer der Gründe dafür, dass die wirtschaftlichen Wachstumsraten bei ihnen niedriger sind als in Ländern ohne Rohstoffe. Die Erfahrung mit Problemen, die aus instabilen Rohstoffmärkten resultieren, verbietet es, einfache Rezepte zu empfehlen, wie mit diesem Reichtum umzugehen sei. Zweifellos kommt es darauf an, dass die politische Elite auf Veränderungen der Weltkonjunktur vorbereitet ist und versteht, dass damit eine reale Gefahr für das eigene Land verbunden ist.

In der zweiten Hälfte des 20. und zu Beginn des 21. Jahrhunderts wurden Kriege eher die Ausnahme als die Regel. Bewaffnete Konflikte unter Großmächten hat es in den letzten 60 Jahren nicht gegeben. Aber die militärische Tradition, die aus der Stabskultur des 19. Jahrhunderts hervorgegangen ist, zwingt dazu, einen „Plan für einen Militäreinsatz der Streitkräfte zu haben" – ein Programm, das für den Fall eines Angriffs oder eines drohenden Angriffs durch einen potentiellen Gegner entwickelt wurde. Die Erfahrung des 20. Jahrhunderts hat gezeigt, dass es für rohstoffreiche Länder bei einer ungünstigen Konjunktur darauf ankommt, zu wissen, was die Regierung tun wird, wenn die Rohstoffpreise sinken, und welche Folgen dies für Budget, Zahlungsbilanz, Konsummarkt, Bezahlung der Auslandsschulden und für die Stabilität des Bankensystems haben wird. Für solche Situationen bedarf es eines realistischen Aktionsprogramms. Die Sowjetunion hatte zu Beginn der 1980er-Jahre keinen derartigen Plan. Die Folgen sind bekannt.

4
Risse im Fundament.
Die Sowjetunion zu Beginn der 1980er-Jahre

„*Es ist etwas faul im Staate Dänemark.*"

William Shakespeare, „Hamlet"

„*Das Römische Imperium bewahrte zur Zeit seines Falls
Den Anschein vollständiger Ordnung.
Der Kaiser war an Ort und Stelle, seine Mitstreiter bei ihm.
Das Leben war schön, wenn man nach den Berichten urteilt.*"

Bulat Okudschawa

4.1 Ineffizienz vor dem Hintergrund der Stabilität

Am Ende der Epoche von Leonid Breschnew waren die meisten westlichen Beobachter, die die Situation in der Sowjetunion analysierten, überzeugt, dass das sowjetische Wirtschafts- und Gesellschaftssystem seine Dynamik verloren habe und dass es ineffizient, jedoch stabil sei. Man ging davon aus, dass es noch lange existieren werde. Die Möglichkeiten sowjetischer Experten, darüber zu diskutieren, waren natürlich begrenzt. Allerdings waren auch sie, die besser als die westlichen Fachleute verstanden, wie die Wirtschaft des Landes funktionierte, überwiegend der Meinung, dass sie zwar ineffektiv, aber beständig sei.

Die Macht des Regimes basierte auf einer effizienten Geheimpolizei. Außerdem war die Breschnew-Epoche eine Zeit sozialer Stabilität. Seit Mitte der 1960er-Jahre kam es nur noch selten zu Massenunruhen, bei denen die Machthaber Gewalt einsetzen mussten. 1963-1967 war dies nur vereinzelt der Fall, so etwa 1967 in Tschengen, Frunse und Stepanakert. Zur Blütezeit der Breschnew-Periode hatte man gelernt, die Risiken regierungsfeindlicher Kundgebungen zu minimieren. Sieben von neun regierungsfeindlichen Massendemonstrationen in dieser Periode fanden in Breschnews ersten Regierungsjahren statt. 1969-1977 ist kein einziger derartiger Vorfall verzeichnet. Während zu Chruschtschows Zeiten in acht von elf Fällen Gewalt zur Unterdrückung von Unruhen eingesetzt wurde, geschah das unter Breschnew nur ein drei von neun Fällen. Seit 1968 bis zu seinem Tod kam es dazu gar nicht mehr. Das Regime hatte gelernt, ohne extreme Gewaltanwendung auszukommen und aufflammende Proteste ohne Schusswaffen zu befrieden.[1]

Freilich führten der umfangreiche Wohnungsbau (die „Chruschtschowka") und die Zuteilung von Gartenparzellen für die private Nutzung bald dazu, dass die Regierung die totale Kontrolle über das Privatleben der Menschen einbüßte. Der Weg vom kommunalen Leben (vgl. Andrej Platonovs „Baugrube", Alexej Germans „Mein Freund Ivan Lapschin" und „Chrustaljov, mein Wagen!") zu einem zwar sowjetischen, aber doch vom Staat getrennten Leben (vgl. Jurij Trifonovs Stadtprosa) vollzog sich innerhalb eines Jahrzehnts. Nachdem ein größerer Teil der Bevölkerung eine separate Wohnung bekommen hatte, bildete sich ein Refugium für freies Denken – die Küche. Die Gartenparzelle befreite den Durchschnittsbürger von der staatlich organisierten kommunalen Arbeit.

Mitte der 1980er-Jahre bestanden im Lande grundlegend andere Möglichkeiten, sich zu informieren, als zu Beginn der 1950er-Jahre. 1950 besaßen lediglich 2 % der Sowjetbürger Radiogeräte mit Kurzwellenempfang. 1980 war es bereits die Hälfte der Bevölkerung. Die sowjetische Führung traf Vorkehrungen, um den Empfang westlicher Stationen durch inländische Radios zu beeinträchtigen, sie störte ihre Sendungen.[2] Aber in den 1980er-Jahren gab es keine Welt mehr, in der alle Informationen vollständig kontrolliert werden konnten. Die aktiven Sowjetbürger hatten andere Informationsquellen über aktuelle Ereignisse als die staatlich kontrollierten Kanäle. Mitte der 1970er-Jahre informierte der KGB das ZK der KPdSU über die Verbreitung revisionistischer und Reformideen unter der Jugend. In erster Linie ging es um Studenten der Geisteswissenschaften. Man hatte unter der studierenden Jugend 43 Gruppen ausgemacht, die von revisionistischen und reformistischen Ideologien inspiriert seien.

Der KGB-Bericht hielt fest: „Die Analyse statistischer Daten zeigt, dass ein erheblicher Teil der Personen, die politisch schädliche Positionen zum Ausdruck gebracht haben, unmittelbarer ideologischer Einwirkung aus dem Ausland ausgesetzt waren. Solche Faktoren wie das Hören ausländischer Radiosendungen, die Lektüre von bürgerlichen Zeitungen, Büchern und anderen Druckerzeugnissen, die in die UdSSR geschickt worden waren, persönlicher Kontakt und Korrespondenz mit feindlich gesinnten Ausländern haben 47 % von ihnen (2.012 Personen) beeinflusst. Der ausländischen Radiopropaganda kommt dabei die größte Bedeutung zu. (...) Wie

---

[1] Vladimir A. Kozlov: Massovye besporjadki v SSSR pri Chruščeve i Brežneve (1953 – načalo 1980-x gg.) (Massenunruhen in der UdSSR unter Chruščev und Brežnev (1953 bis Anfang der 1980er-Jahre)). Novosibirsk 1999. S. 8.

[2] Prezidium CK KPSS. 1954-1964. T. 1 Černovye protokol'nye zapisi zasedanij. Stenogrammy. Postanovlenija. Izd. 2-3 (Präsidium des ZK der KPdSU. 1954-1964. Bd. 1. Vorläufige Sitzungsprotokolle. Stenogramme. Beschlüsse.). Hrsg. A. A. Fursenko. Moskau 2004. S. 702.

die Analyse zeigt, hat die Jugend großes Interesse an ausländischen Sendungen. Die Abteilung für angewandte soziale Forschungen ISI der sowjetischen Akademie der Wissenschaften hat eine Untersuchung unter dem Titel ‚Das Auditorium westlicher Radiostationen in Moskau' durchgeführt. Ihr zufolge hören 80 % der Studenten und etwa 90 % der Schüler höherer Klassen, der Berufs- und Fachschulen mehr oder weniger regelmäßig westliche Sender. Für die meisten von ihnen ist das zur Gewohnheit geworden (32 % der Studenten und 59,2 % der Schüler und Auszubildenden hören mindestens ein- bis zweimal pro Woche ausländische Sendungen)."[3]

Im Dezember 1970 konstatierte der KGB: „Wenn man die Verbreitung der so genannten ‚Samisdat'-Literatur in Kreisen der Intelligenz und der studierenden Jugend analysiert, zeigt sich, dass sich der ‚Samisdat' in den letzten Jahren qualitativ verändert hat. Während vor fünf Jahren vor allem ideell schädliche Kunstwerke von Hand zu Hand gingen, handelt es sich jetzt immer mehr um politische programmatische Dokumente. Seit 1965 sind über 400 unterschiedliche Untersuchungen und Aufsätze zu wirtschaftlichen, politischen und philosophischen Fragen erschienen, in denen die historische Erfahrung des sozialistischen Aufbaus in der Sowjetunion von verschiedenen Standpunkten aus kritisiert wird. Außen- und Innenpolitik der KPdSU werden untersucht, unterschiedliche Programme für oppositionelle Tätigkeit werden vorgestellt. (…) Unter der wissenschaftlichen, technischen und einem Teil der schöpferischen Intelligenz finden Dokumente Verbreitung, in denen verschiedene Theorien eines ‚demokratischen Sozialismus' vertreten werden. (…) Etwa Ende 1968 und Anfang 1969 kristallisierte sich aus oppositionell gesinnten Elementen ein politischer Kern heraus, der sich als ‚demokratische Bewegung' bezeichnet und der, nach ihrer Einschätzung, drei Merkmale einer Opposition besitzt: ‚Er verfügt über Leiter und Aktivisten, stützt sich auf eine bedeutende Zahl von Gleichgesinnten…'. (…) Zentren der Verbreitung von Texten unter Umgehung der Zensur sind nach wie vor Moskau, Leningrad, Kiew, Gorkij, Novosibirsk, Charkov."[4]

„Samisdat" und „Tamisdat" waren massenhaft verbreitet. Zumindest in den Hauptstädten galt es als unangebracht, etwa die verbotenen Publikationen von Andrej Sacharov oder Alexander Solschenizyn nicht zu kennen. Allerdings stellte die Dissidentenbewegung, die bei der intellektuellen Elite eine hohe moralische Autorität besaß, für das Regime keine ernsthafte Bedrohung dar. Die geschlossenen Grenzen, die eingeschränkten menschlichen Kontakte mit der Außenwelt sicherten die

---

[3] Jurij Andropov (Leiter des KGB beim Ministerrat der UdSSR). Analytisches Gutachten „ O charaktere i pričinach negativnych projavlenij sredi učaščejsja i studenčeskoj molodeži" (Charakter und Gründe für negative Erscheinungen unter der lernenden und studierenden Jugend). 12. Dezember 1976, Nr. 2798-A. http://www.2nt1.com/archive/pdfs/ideolog/ct37b76.pdf. Hier und im Folgenden verweisen wir auf Unterlagen, die im Buch von Vladimir Bukovskij herangezogen wurden und in russischen Archiven zurzeit nicht offen zugänglich sind. Wir verlassen uns hier auf diesen Autor, dessen Reputation keinen Anlass gibt, an der Authentizität dieser Materialien zu zweifeln.

[4] Bericht des KGB-Vorsitzenden Jurij Andropov ans Zentralkomitee der KPdSU Nr. 3461 vom 21.12.1970. Analyse der „Samizdat"-Literatur über einen Zeitraum von fünf Jahren. RGANI. F. 89, Op. 55, d. 1, l. 2-4.

politische Kontrolle und machten es offensichtlich unmöglich, eine für die Machthaber gefährliche Oppositionsbewegung zu organisieren.

Im Zeitraum von 1958-1966 wurden 3.448 Personen wegen antisowjetischer Agitation und Propaganda verurteilt. Von 1967 bis 1975 waren es 1.583. 1971-1974 wurden 631.000 Personen „prophylaktisch behandelt", wie es in der Terminologie des KGB hieß. Mit diesem Terminus bezeichneten die Behörden Vorkehrungen gegen sowjetische Bürger, die im Verdacht oppositioneller Gesinnung standen. Potentielle Dissidenten sollten sich darüber im Klaren sein, dass ihre Tätigkeit den Organen bekannt war und dass sie vor der Wahl standen, entweder ins Gefängnis zu gehen oder den Machthabern gegenüber Loyalität zu bekunden.

Ethnische Konflikte waren potentiell explosiv. Vor allem Kasachstan, Armenien und Abchasien blieben Spannungszentren. In Armenien fanden am 24. April 1965 spontane Protestkundgebungen mit drei- bis viertausend Teilnehmern statt. Sie forderten die Rückgabe von Nagornyj Karabach an Armenien und die Freilassung ihrer Gesinnungsgenossen. 1976 kam es in Abchasien zu Unruhen, die zwei Wochen anhielten.[5] Allerdings nahmen sie nicht die Form einer bewaffneten internationalen Konfrontation an.

4.2 Zunehmende Probleme und Fehlentscheidungen

Das Wirtschaftswachstum in der UdSSR basierte von 1930-1950 darauf, dass Ressourcen aus der Landwirtschaft in die Industrie umverteilt wurden. Vom Land kamen große Massen von Arbeitskräften in die im Aufbau befindlichen Betriebe. Der Anteil der Kapitalanlagen am BIP war anormal hoch. In den 1930er-Jahren konnte aus landwirtschaftlichen Exporten in großem Umfang der Import von Betriebsanlagen finanziert werden. Auf Grund des nunmehr vorhandenen Industriepotentials und der angespannten Beziehungen zum Westen wurden Ende der 1940er und in den 1950er-Jahren zunehmend einheimische Anlagen für aufzubauende Unternehmen verwendet.

Das sozialistische System tendiert zur Einrichtung neuer Großbetriebe. Wenn es jedoch niemanden gibt, der dort arbeiten kann, ist das wenig sinnvoll. In den 1960er-Jahren ließ der Zustrom von Arbeitskräften in die Industrie nach. Im sozialistischen System ist es nicht einfach, fehlende Arbeitskraft durch zusätzliche Investitionen zu kompensieren. Ein subtiles Manövrieren mit Investitionen, um die Produktionskapazitäten besser nutzen zu können, ist nicht seine starke Seite. Ende der 1960er-Jahre war das jenen Funktionären klar, die die Reden für die höchsten Parteiführer verfassten.[6]

---

[5] Kozlov, Massovye besporjadki, S. 401, 404.

[6] Aus dem Vortrag von ZK-Generalsekretär Leonid Brežnev auf dem ZK-Plenum vom 15. Dezember 1969: „Die zentrale Aufgabe für die weitere Entwicklung unserer Wirtschaft besteht somit darin, die vorhandenen Ressourcen an Arbeitskräften und Material wesentlich effizienter zu nutzen (etwa

4 Risse im Fundament. Die Sowjetunion zu Beginn der 1980er-Jahre

Die Führung des Landes war sich der zunehmenden Probleme infolge der ineffizienten sowjetischen Wirtschaft bewusst. Daher unternahm sie Mitte der 1960er-Jahre den Versuch, Wirtschaftsreformen durchzuführen. Der Beschluss von ZK und Ministerrat vom 4. Oktober 1965 sah vor, den Betrieben mehr Rechte zu gewähren und die Mittel zu erhöhen, die sie für die Entwicklung der Produktion und zum Anreiz für die Arbeiter zur Verfügung haben sollten. Der Arbeitslohn sollte nicht nur von der individuellen Arbeit, sondern auch von der Gesamtleistung des Betriebs abhängen, es sollten unmittelbare Kontakte zwischen Produzenten und Konsumenten auf der Basis gegenseitiger materieller Verantwortung entstehen. Der Gewinn sollte eine größere Rolle bei der Stimulierung der Arbeiter spielen.[7]

Das proklamierte Programm war vorsichtiger als das, was in Jugoslawien umgesetzt, in Ungarn geplant und einige Jahre später in China in Angriff genommen wurde. Dennoch war es der letzte ernstzunehmende Versuch vor der großen Krise des sozialistischen Systems, das sowjetische Wirtschaftssystem zu ändern und die Marktmechanismen wiederherzustellen, die Ende der 1920er und Anfang der 1930er-Jahre zerstört worden waren. Der Fünfjahresplan 1966-1970 war hinsichtlich des Wirtschaftswachstums der erfolgreichste in den letzten drei Jahrzehnten der Sowjetmacht – in welchem Maße dies auf die Reformbemühungen zurückging, lässt sich schwer beurteilen.

Die Beispiele für die Ineffizienz der sowjetischen Wirtschaft sind bekannt. Die Sowjetunion förderte achtmal mehr Eisenerz als die USA. Sie gewann aus dieser Menge dreimal mehr Eisen und hieraus das Doppelte an Stahl im Vergleich zu den USA. Aus diesem Stahl wurden Autos von etwa dem gleichen Wert wie in den USA hergestellt. In der UdSSR war der Verbrauch von Rohstoffen und Energie pro Endprodukt 1,6- bzw. 2,1-mal höher als in den USA. Für den Bau einer Industrieanlage brauchte man in der UdSSR im Durchschnitt über zehn Jahre, in den USA weniger als zwei.[8] Für ein Endprodukt verbrauchte die UdSSR 1980 1,8-mal so viel Stahl wie die USA, 2,3-mal mehr Zement, 7,6-mal mehr Mineraldünger und 1,5-mal mehr Holz.[9] Die UdSSR produzierte 16mal mehr Getreide-Erntemaschinen als die USA, sie erntete allerdings sehr viel weniger Getreide und wurde von Importen abhängig.[10]

---

um das zwei- bis zweieinhalbfache), sowie neue zu finden. Eine andere Möglichkeit gibt es nicht." s. RGANI, f. 2, op. 3, d. 168, r. 11688, l. 42.

[7] Beschluss des ZK der KPdSU und des Ministerrats vom 4. Oktober 1965: „Zur Verbesserung der Planung und eine Verstärkung der wirtschaftlichen Stimuli für die Industrieproduktion". In: Rešenija partii i pravitel'stva po chozjajstvennym voprosam (Partei- und Regierungsbeschlüsse zu Wirtschaftsfragen). Moskau 1968. Bd. 5. S. 658-685.

[8] E. Ermakov: Vzgljad v prošloe i buduščee (Blick in Vergangenheit und Zukunft). Pravda, 8.1.1988.

[9] Valentin M. Kudrov: Sovetskaja ėkonomika v retrospektive (Die sowjetische Wirtschaft in der Retrospektive). Moskau 2003. S. 19.

[10] Egor Gajdar/Otto Lacis: Po karmanu li traty? (Können wir uns die Ausgaben leisten?). Kommunist, 17, 1988, S. 26-30. In diesem und den folgenden Kapiteln zitiere ich als Primärquelle eigene Artikel, die in der Zeitschrift „Kommunist" erschienen sind. Nach einem Beschluss der Parteiführung wurden das Zentrale Statistikamt der UdSSR und dann das Staatskomitee für Statistik der UdSSR

Michail Gorbatschow betonte in seinem Bericht vor dem Plenum des Zentralkomitees der KPdSU am 16. Januar 1986: „Jede Zunahme des Nationaleinkommens, der industriellen und der landwirtschaftlichen Produktion erfordert unter den heutigen Bedingungen von uns mehr Ressourcen. (...) Zurzeit gibt es allein in der Industrie etwa 700.000 nicht besetzte Arbeitsplätze. Und das bezieht sich praktisch auf einen Ein-Schicht-Betrieb. Bei einem Koeffizienten von 1,7 Arbeitsschichten steigt die Zahl der unbesetzten Stellen in der Industrie auf über 4 Millionen. Um diese zu schaffen wurden Dutzende Milliarden Rubel ausgegeben."[11]

Pläne für imposante, ambitiöse und wirtschaftlich nicht durchgerechnete Projekte kamen bei sowjetischen Führern immer wieder auf. 1963, als das Land bereits Getreide im Ausland einkaufte, kam Nikita Chruschtschow auf das Projekt zurück, eine Verbindungsstraße zwischen Komsomolsk-na-Amure und Sachalin zu bauen.[12]

Viele Projekte, in die erhebliche Mittel investiert wurden, haben sich entweder als wenig effizient oder als sinnlos herausgestellt. Ein typisches Beispiel ist der Meliorativbau. Im Umfang der Kapitalinvestitionen übertraf diese Branche die Leichtindustrie (s. Tabelle 4.1, 4.2).

Tabelle 4.1 Anteil der Kapitalinvestitionen in Melioration und Leichtindustrie an Kapitalinvestitionen in die Volkswirtschaft der UdSSR, 1971–1985 (in %)

Jahre	Leichtindustrie	Melioration
1971–1975	4,2	6,0
1976–1980	4,3	5,6
1981–1985	4,3	5,2

Anmerkung. Angaben über Investitionen in die Leichtindustrie ab 1976 nach Gruppe „B".

Quelle: Statistische Jahrbücher „Narodnoe chozjajstvo SSSR" (Die Volkswirtschaft der UdSSR), „Sel'skoe chozjajstvo SSSR" (Die Landwirtschaft der UdSSR). Moskau: Finansy i statistika (Finanzen und Statistik).

---

beauftragt, alle statistischen Angaben zu überprüfen, die im „Kommunist" veröffentlicht wurden. Daher gibt der „Kommunist" aus diesen Jahren die Vorstellungen der offiziellen statistischen Organe der UdSSR ebenso genau wieder wie deren eigene Publikationen.

[11] Vortrag von Michail Gorbačev: „O pjatiletnem plane ėkonomičeskogo i social'nogo razvitija SSSR na 1986-1990 gg. i zadačach partijnych organizacij po ego realizacii" (Der Fünfjahresplan für die ökonomische und soziale Entwicklung der UdSSR von 1986-1990 und die Aufgaben der Parteiorganisationen bei seiner Umsetzung). 16.6.1986. Rešenija partii i pravitel'stva po chozjajstvennym voprosam (Partei- und Regierungsbeschlüsse zu Wirtschaftsfragen). Moskau 1988. Bd. 16. Teil 2, S. 323 f.

[12] Stenografisches Protokoll der Präsidiumssitzung des ZK der KPdSU vom 23. Dezember 1963, s. Prezidium CK KPSS 1954-1964. Vorläufige Sitzungsprotokolle. Stenogramme.

4 Risse im Fundament. Die Sowjetunion zu Beginn der 1980er-Jahre

Tabelle 4.2 Investitionen der UdSSR in die Melioration 1971–1985

	1971–1975	1976–1980	1981–1985
Kapitalinvestitionen f. Meliorativ-Betriebe, Mrd. Rb.	29,6	40,0	43,9
Kapitalinvestitionen f. Meliorativ-Betriebe, % BIP	1,3	1,4	1,2

Quelle: Sel'skoe chozjajstvo SSSR. Statističeskij sbornik (Die Landwirtschaft der UdSSR. Statistisches Jahrbuch). Finansy i statistika (Finanzen und Statistik) Moskau 1988. Berechnungen des Anteils am Bruttoinlandsprodukt nach den Angaben bei Sergej Sinel'nikov: Bjudžjetnyj krizis v Rossii: 1985-1995 gody (Die Haushaltskrise in Russland). Moskau 1995.

1986-1990 sollten für Meliorationsbauten 35.000 Bagger, 32.000 Bulldozer, 10.0000 K-700-Traktoren, 44.000 Traktoren der Zugklasse von 10 Tonnen und mehr, 22.000 Schürfwagen, 63.000 Autokräne usw. produziert werden. Das staatliche Komitee für Rundfunk und Fernsehen sowie das Staatskomitee für Kino erhielten den Auftrag, für die Errungenschaften in der Melioration und ihre Effizienz bei der Umsetzung des sowjetischen Lebensmittelprogramms in Presse, Film, Radio und Fernsehen zu werben.[13] Die Ergebnisse dieser zyklopischen Aktion waren bescheiden. Mit der Zeit war der Umfang der abgeschriebenen bewässerten und trockengelegten Flächen fast ebenso groß wie der der gewonnenen Areale (s. Tabelle 4.3).[14]

---

[13] Beschluss des ZK der KPdSU und des Ministerrats der UdSSR vom 23. Oktober 1984: „Zu einem langfristigen Meliorationsprogramm, die Effizienz-Steigerung genutzter meliorierter Böden zur nachhaltigen Erhöhung des Lebensmittelfonds des Landes". (Abschrift) Rešenija partii i pravitel'stva po chozjajstvennym voprosam (Partei- und Regierungsbeschlüsse zu Wirtschaftsfragen). Bd. 15. Teil 2, S. 113.

[14] „1986-1988 wurden über 1 Mio. Hektar jährlich melioriert. Die Kapitalinvestitionen zu diesem Zweck, der Bau von Produktionsobjekten, beliefen sich auf 8 Mrd. Rubel. Allerdings befand sich ein erheblicher Teil der bewässerten Böden in Zonen mit unzureichender Wasserversorgung. Deshalb blieben jährlich fast 1 Mio. Hektar ohne Bewässerung, sie wurden als Felder ohne Bewässerung benutzt. Andererseits führten die schlechte Unterhaltung der Bewässerungssysteme und Anlagen sowie überflüssige Bewässerung zu Versalzung und Versumpfung der Böden – jetzt ist ein Fünftel der bewässerten Böden versalzen. Große Gebiete der meliorierten Böden wurden abgeschrieben und nicht mehr genutzt. Aus diesem Grund gingen 1986-1988 etwa 2 Mio. Hektar verloren. (…) Die steigenden Ausgaben zur Melioration, einhergehend mit niedriger Produktion bewirkten, dass die wirtschaftliche Effizienz der bewässerten und trockengelegten Böden drastisch zurückging." S. Hauptverwaltung der sozialen und wirtschaftlichen Entwicklungsplanung der Agrarindustrie. Die sozioökonomische Entwicklung der staatlichen Agrarindustrie der UdSSR im Jahre 1988 und im Laufe von drei Jahren des 12. Fünfjahresplans. 20. Januar 1989. RGAĖ. F. 650, op. 1, d. 3848, l. 9.

Tabelle 4.3 Zunahme der Fläche trockengelegter und bewässerter Böden in der UdSSR von 1971-1987 in Mio. ha (Differenz zwischen der Gewinnung und der Abschreibung von Flächen)

Zeitraum	1971–1975	1976–1980	1981–1985	1986	1987
Trockengelegte Flächen	4,4	3,6	3,5	0,70	0,63
Bewässerte Flächen	4,5	3,8	3,3	0,61	0,55

Quelle: Sel'skoe chozjajstvo SSSR. Statističeskij sbornik (Die Landwirtschaft der UdSSR. Statistisches Jahrbuch). Moskau 1988.

Ein lehrreiches, typisches Beispiel für ein groß angelegtes Projekt, das in der UdSSR in den letzten Jahrzehnten ihrer Existenz umgesetzt wurde, ist die Trennung der Kara-Bogaz-Gol-Bucht vom Kaspischen Meer. Um das Sinken des Meeresspiegels im Kaspischen Meer zu verhindern, wurde ein Damm gebaut. In Kürze stellte sich heraus, dass der Meeresspiegel stieg und dass der Damm die Arbeit des wirtschaftlich wichtigen Unternehmens „Kara-Bogazsulfat" behinderte. Man öffnete den Damm und ließ wieder Wasser in die Bucht.[15]

Nachdem man entschieden hatte, die geplante Umleitung der nördlichen und sibirischen Flüsse in südliche Landesregionen aufzugeben, musste der Beschluss gefasst werden, die mit diesem Plan verbundenen beträchtlichen Ausgaben für die Projektentwicklung abzuschreiben.[16] Formal waren all diese Ausgaben Teil des sowjetischen BIP.

Die sowjetische Wirtschaft hatte schwere ökologische Probleme. Bezeichnend ist hier die jahrelange und ausgiebige Nutzung von DDT in der UdSSR[17], als das in entwickelten Ländern bereits längst verboten war.[18]

Der Einsatz von Pestiziden war in der sowjetischen Landwirtschaft eine Massenerscheinung. Nachdem das Abkommen über das Verbot chemischer Waffen unterzeichnet worden war, musste man die in den 1940er/1950er-Jahren geschaffenen Produktions-Kapazitäten anderweitig nutzen. Wie die Ergebnisse geheimer Untersuchungen Mitte der 1980er-Jahre zeigten, wurden Dutzende Millionen Opfer von mit chemischen Schädlingsbekämpfungsmitteln kontaminierten Lebensmitteln.[19] Dies

---

[15] Otto Lacis: Čto s nami bylo, čto s nami budet (Was mit uns geschah, was mit uns geschehen wird). Moskau 1995. S. 37.

[16] Zur Abschreibung von Ausgaben für Projektdokumentationen über die Umleitung eines Teils der nördlichen und sibirischen Flüsse. 18. November 1988, GARF. F. 5446, op. 49, d. 727, l. 137-148.

[17] 4,4- Dichlordiphenyltrichlorethan.

[18] M. Fešbach/A. Frendli. Ėkocid v SSSR. Zdorov'e i priroda na osadnom položenii (Ökozid in der UdSSR: Gesundheit und Natur im Belagerungszustand). Moskau 1992; A. Ju. Pidžalov: Sovetskaja ėkologičeskaja politika 1970-x – načala 1990-x godov (Die sowjetische ökologische Politik von den 1970er bis zu Anfang der 1990er-Jahre). St. Petersburg 1994; L. A. Fedorov/A. V. Yablokov: The Chemical Weapon that Kills Life (The USSR's Tragic Experience). Sofia – Moskau – Pensoft 2004; F. L. Janšin/F. I. Melua: Uroki ėkologičeskich proščetov (Lehren ökologischer Irrtümer). Moskau 1991.

[19] Fedorov/Yablokov, Chemical Weapon.

4 Risse im Fundament. Die Sowjetunion zu Beginn der 1980er-Jahre

alles wirkte sich auf die Gesundheit der Bevölkerung und damit über Jahrzehnte auf die demographische Situation im Land aus, bedrohte aber die Stabilität des Regimes bis Anfang der 1980er-Jahre nicht unmittelbar.

Das Kommandosystem in der Form, wie es sich in den 1930-1950er herausgebildet hatte, funktionierte so lange, wie es sich auf massenhaften Schrecken und strenge Sanktionsdrohungen, wie sie in der ganzen Gesellschaft verbreitet waren, stützen konnte. Nach 1953, als die Furcht vor Repressionen, die die Gesellschaft durchdrungen hatte, zurückging, ließ auch die Wirksamkeit der traditionellen sozialistischen Verwaltungsmethoden nach, und damit die Arbeitsdisziplin. Nach einem Besuch im Donbass beschrieb Nikita Chruschtschow am 24. August 1956 auf der ZK-Präsidiumssitzung die Situation erschöpfend mit den Worten: „Sie lassen alles mitgehen."[20]

Der zunehmende Alkoholismus in der UdSSR, der seit Beginn der 1960er-Jahre zu einem Stillstand und dann zu einem Rückgang in der durchschnittlichen Lebenserwartung bei Männern geführt hat, verband die schlimmsten Formen des Alkoholkonsums in den Städten und auf dem Land. Die städtischen Alkoholpraktiken hielten auch auf dem Land Einzug – der dort übliche zeitweilige Alkoholkonsum (hauptsächlich an Feiertagen) wurde zu einer täglichen Gewohnheit. In den Städten bürgerten sich lange Gelage mit großer Beteiligung ein, begleitet von Skandalen und Schlägereien. Der Anteil an Alkohol, der in sozial kontrollierten Räumen (Cafés, Restaurants, Bars) konsumiert wurde, betrug in der UdSSR 1984 5,5 %, in entwickelten Ländern waren es 50-70 %. Inzwischen wurde auch auf der Straße getrunken. Damit erhöhte sich die Wahrscheinlichkeit von Gesetzesverstößen auf das 2,3-fache bei gleichbleibendem Alkoholkonsum. In 20 Jahren hatte sich der Pro-Kopf-Alkoholverbrauch mehr als verdoppelt, Gesetzesverstöße im Zusammenhang mit Alkoholmissbrauch waren auf das 5,7-fache und die Zahl Alkoholkranker auf das Siebenfache gestiegen.[21] Ungefähr 90 % der Arbeitsausfälle waren auf Trunkenheit zurückzuführen.[22] 1986 lag die Zahl der verzeichneten Alkoholiker bei 4 Millionen. Die Ausnüchterungsstellen passierten jährlich ungefähr 9 Millionen.[23].

Die Disziplin in der Planerfüllung ließ nach. Wenn eine Branche oder ein Unternehmen den Plan nicht einhalten konnte, wurden die Aufgaben herabgesetzt. Der ehemalige Leiter der Staatlichen Plankommission (Gosplan) Nikolaj Bajbakov stellte fest: „Wenn ich aus dem Kreml zurückkehrte, dachte ich an die Sitzungen bei Stalin, an denen ich als Volkskommissar teilnehmen musste. Da wurden strenge Fragen ge-

---

[20] RGANI. F. 3, op. 12, d. 1005, l. 21-73 ob. Zitiert nach Prezidium CK KPSS (Präsidium des ZK der KPdSU). 1954-1964. S. 160.

[21] G. G. Zaigraev: Prosčety lobovoj ataki, ili počemu poterpela neudaču antialkogol'naja kampanija? (Irrtümer eines Frontalangriffs oder warum ist die Antialkohol-Kampagne gescheitert?). In: Vestnik Akademii nauk, Nr. 8, 1991, S. 30, 34.

[22] Leonid Brežnev vor dem ZK-Plenum der KPdSU am 15. Dezember 1969. RGANI, f. 2, op. 3, d. 16, r. 11688, l. 58.

[23] B. M. Levin/M. B. Levin: Alkogol'naja reforma v SSSR: uspechi, problemy, trudnosti (Die Alkoholreform in der UdSSR. Erfolge, Probleme, Schwierigkeiten). In: Ėffektivnost' alkogo'noj reformy: nekotorye sociologičeskie aspekty (Die Effizienz der Alkoholreform: Einige soziologische Aspekte. (Internationale Konferenz in Baku, 1.-3. November 1988). Moskau 1988. S. 3.

stellt, die Politbüro-Mitglieder äußerten ihre Meinung, legten Termine fest und Personen, die für ihre Einhaltung verantwortlich waren. Und wir wussten, dass Stalins Anweisungen für uns Gesetzeskraft hatten. Sie mussten ausgeführt werden, koste es was es wolle. Warum werden Regierungsbeschlüsse jetzt so schlecht ausgeführt? Woher kommt eine derartige Verantwortungslosigkeit?"[24] Das ist kein Wunder. Wenn man aus einem Wirtschaftssystem, das auf der Angst vor dem Regime beruht, diese elementare Voraussetzung beseitigt, wird es nicht mehr funktionieren.[25]

Seit Ende der 1950er und Anfang der 1960er-Jahre transformierte sich das Wirtschaftssystem allmählich, und es bildete sich das heraus, was Vitalij Najschul als „Wirtschaft der Absprachen" bezeichnet hat.[26] Ich habe es als „System hierarchischer Verhandlungen" bezeichnet.[27] Die Richtwerte der Produktion und das System der Ressourcenverteilung wurden nicht durch das jeweils übergeordnete Organ angeordnet, sondern innerhalb der Hierarchie ausgehandelt. Die Argumente und Machthebel des höheren Organs waren seine Ressourcen und die Möglichkeit, gegenüber den untergeordneten Funktionären Sanktionen anzuwenden. Deren Argumente waren dagegen ihre Informationen über die tatsächlichen Produktionsprobleme und die Möglichkeiten, sie zu bewältigen – Kenntnisse, die nur begrenzt nach oben weitergegeben wurden.

Freigegebene Dokumente zeigen, dass das System in den 1930er-Jahren ebenfalls kein reines Befehlssystem war. Elemente hierarchischer Verhandlungen gab es darin auch.[28] Es geht hier nicht um qualitative Unterschiede, sondern um eine allmähliche Evolution, darum, dass mit der Zeit die Möglichkeiten höherer Machtebenen zurückgingen, den untergeordneten Ebenen ihren Willen aufzuzwingen. Die Stärkung der unteren Verwaltungsebenen in hierarchischen Verhandlungen machte das sozialistische System nicht effizienter, es löste die Probleme nicht, die auf fehlende Marktmechanismen zurückgingen.

Die Versuche, die sowjetische Wirtschaft mit Verwaltungsmethoden effizienter zu gestalten, blieben erfolglos. Die Disziplin bei der Planerfüllung brach ein. Die Ar-

---

[24] Nikolaj Bajbakov: Sorok let v pravitel'stve (40 Jahre in der Regierung). Moskau 1993. S. 123 f.

[25] Zum Zusammenhang zwischen dem Ende des Massenterrors und der nachlassenden Effizienz des sowjetischen wirtschaftspolitischen Systems s. A. Dallin: Causes of the Collapse of the USSR. In: Post-Soviet Affairs, Bd. 8 (4), 1992, S. 282 f.

[26] Dieser Begriff fand zum ersten Mal in dem unveröffentlichten Manuskript von V. Najšul' Verwendung. Danach wurde er häufig in der ökonomischen Literatur zum späten Sozialismus angewandt, z. B. bei Petr O. Aven, V. M. Širovin: Reforma chozjajstvennogo mechanizma: Real'nost' namečaemych preobrazovanij (Die Refom des wirtschaftlichen Mechanismus: Die Realität der geplanten Umgestaltungen). In: Izvestija Sibirskogo otdelenija Akademii nauk SSSR. Serija „Ėkonomika i prikladnaja sociologija" (Nachrichten der Sibirischen Abteilung der Akademie der Wissenschaften der UdSSR. Serie: Wirtschaft und angewandte Soziologie). Ausg. 3, 13, 1987.

[27] Egor Gajdar: Ėkonomičeskie reformy i ierarchišekie struktury (Wirtschaftsreformen und hierarchische Strukturen). Hrsg. v. Stanislav S. Šatalin. Moskau 1990. S. 44.

[28] Zu den Geschäftsbeziehungen in der sowjetischen Wirtschaft der 1930er-Jahre, die aus deklassifizierten sowjetischen Dokumenten bekannt geworden sind, s. Paul Gregory (Hrsg.): Behind the Façade of Stalin's Command Economy. Stanford 2001.

4 Risse im Fundament. Die Sowjetunion zu Beginn der 1980er-Jahre

beitsressourcen gingen zurück. Durch höhere Kapitalinvestitionen war das nicht zu kompensieren. Der stellvertretende Leiter von Gosplan Lev Voronin schrieb am 23. Februar 1984 an den Ministerrat, dass der Arbeitskräftemangel infolge der anhaltenden Zunahme offener Stellen die Arbeitseffizienz mindere.[29] Darin, dass im Rahmen des bestehenden Systems fehlende Arbeitskräfte nicht durch Kapitalinvestitionen zu ersetzen waren, sahen Stanley Fisher und William Easterly eine wesentliche Ursache für den Zusammenbruch der sowjetischen Wirtschaft.[30] Diese Probleme gab es tatsächlich, aber sie zogen sich lange hin, die Schwierigkeiten nahmen im Laufe der Jahrzehnte zu. Die Extrapolation einer solchen Tendenz lässt ein stagnierendes Wirtschaftswachstum erwarten, aber nicht seinen Zusammenbruch.

Das Wirtschaftswachstum ließ nach[31], aber dies war für die wirtschaftspolitischen Institutionen keine ernsthafte Bedrohung. Berechnungen, die in der UdSSR im Rahmen einer langfristigen Wirtschaftsprognose vorgenommen wurden, zeigten, dass diese Tendenz bestehen bleiben würde. Prognosen über ein Ende des Wachstums in die Endfassung von Dokumenten aufzunehmen, die an die Führung gingen, war riskant. Aber die professionellen Ökonomen hatten genau dieses Bild vor Augen. Etwa ebenso sahen das die meisten westlichen Experten, die die sowjetische Wirtschaft Ende der 1970er und Anfang der 1980er-Jahre analysierten. In dieser Sicht blieben noch 20-30 Jahre bis zum Stillstand des Wirtschaftswachstums.

Einer der Ideologen der kommunistischen Führung in der zweiten Hälfte der 1980er-Jahre, Vadim Medvedev, beurteilte den Zustand der sowjetischen Wirtschaft wie folgt: „Der achte Fünfjahresplan (1966-1971) war vielleicht die letzte erfolgreiche Periode in der sozioökonomischen Entwicklung des Landes. Die Wirtschaft entwickelte sich dank Wirtschaftsreform der 1960er-Jahre und mehr oder weniger günstiger außer-ökonomischer Faktoren sogar etwas besser als in den Jahren davor. (…) Später hat sich die Wirtschaftsentwicklung schnell und kontinuierlich verschlechtert. Die beiden folgenden Fünfjahrespläne und ihre sozialen Programme scheiterten. Von Zeit zu Zeit wurde die wirtschaftliche Konjunktur von hohen Weltmarktpreisen für Treibstoff, Energie und Rohstoffe gestützt. Nur ein Wirtschaftssektor stand immer in Blüte – der militärindustrielle Komplex. Das Land ächzte unter der untragbaren Last der Militärausgaben."[32]

---

[29] Zu Problemen, die durch die Möglichkeit von Arbeitnehmern entstehen, zwischen konkurrierenden Unternehmen zu wählen, die Vergünstigungen und Vorteile anbieten, s. Lev Voronin (stellvertretender Leiter von Gosplan) an den Ministerrat der UdSSR. Zur weiteren Verbesserung der Wirtschaftsverwaltung. 23. Februar 1984. GARF, f. 5446, op. 144, d. 3, l. 44.

[30] William Easterly/Stanley Fisher: The Soviet Economic Decline. In: The World Bank Economic Review, Bd. 9 (3), 1995. S. 341-372.

[31] Sowjetologen waren der Auffassung, dass das durchschnittliche Jahreswachstum des BIP seit Anfang der 1950er-Jahre alle zehn Jahre um ein Prozent sank (von 6 % in den 1950er-Jahren auf 4 % in den 1970ern) und gingen davon aus, dass dies so bleiben werde. F. G. Whitehouse/D. R. Kazmer: Output Trends: Prospects and Problem. In: H. Hunter (Hrsg.): The Future of the Soviet Economy. 1978-1985. Boulder 1978. S. 9.

[32] Vadim Medvedev: V komande Gorbačeva. Vzgljad iznutri (In Gorbačevs Mannschaft. Ein Blick von innen). Moskau 1994. S. 6 f.

Die kommunistische Ideologie hatte zu dieser Zeit ihre Attraktivität bereits eingebüßt. Für die Führung des Landes waren die gewöhnlichen ideologischen Formeln und Parolen ein ererbtes Ritual, das einzuhalten war. Die Gesellschaft nahm sie nicht zur Kenntnis, sofern sie nicht in Witze, die das Alltagsleben charakterisierten, Eingang fanden. Die jahrzehntelange Entintellektualisierung der kommunistischen Führung führte Ende der 1970er-Jahre zu einem gerontokratischen Politbüro des ZK der KPdSU, das zu vernünftigen Entscheidungen unfähig war.[33] Aber wenn alles wie gehabt nach alten Regeln weitergeht, muss die Führung eines Landes nicht unbedingt hohen intellektuellen Ansprüchen genügen.

4.3 Probleme bei der Lebensmittelversorgung des Landes

Der Sozialismus ist bekanntlich eine Mangelwirtschaft.[34] Wer nie damit zu tun hatte, dem kann man schwer erklären, wie sie funktioniert. Wer nicht in einer solchen Gesellschaft gelebt hat, dem ist kaum eine Vorstellung davon zu vermitteln, wie in der sozialistischen Hierarchie der Zugangs zu Mangelwaren organisiert ist, wie wichtig es z. B. für eine Familie ist, unter ihren Bekannten einen Verkäufer, besser noch einen Abteilungsleiter in einem Geschäft zu haben. Oder davon, dass ein normaler Mensch, der einmal im Monat zwei- bis dreihundert Kilometer in eine Stadt mit privilegierter Versorgung fährt und einige Stunden Schlange steht, es nicht dabei belassen wird, etwa 300 Gramm Wurst zu erstehen, sondern so viel kauft wie er nur eben bekommen kann.

Alle uns zugänglichen soziologischen Untersuchungen zeigen, dass sich seit der zweiten Hälfte der 1960er-Jahre die Versorgungsprobleme auf dem Verbrauchermarkt zuspitzten. Die gewöhnliche Mangelsituation Ende der 1970er und Anfang der 1980er-Jahre wurde Ende der 1980er-Jahre zu einer veritablen Krise. Die Regie-

---

[33] Akademiemitglied Evgenij Čazov, der unmittelbar für die Gesundheit der sowjetischen Führer verantwortlich war und die 4. Abteilung des Gesundheitsministeriums leitete, hielt später fest: „Schließlich ging das Land seiner konkreten Führung verlustig. Nicht hinsichtlich anstehender Entscheidungen über irgendwelche organisatorischen Fragen, sondern als Führung, die die Zukunft und das Wohlergehen der Gesellschaft gewährleisten soll. (…) Wenn als dritte Person in der Partei A. N. Kirilenko gewählt wurde, ein lieber und im Umgang angenehmer Mensch, der aber nach unseren Kenntnissen, die wir der Leitung des ZK der KPdSU mitgeteilt hatten, an einer Gehirnatrophie litt – was soll man dann noch zu den Ursachen der Krise sagen. (…) Gerade seit dieser Zeit, seit dem 25. Parteitag – datiere ich die Handlungsunfähigkeit Brežnevs als politischer Führer des Landes und damit die zunehmende Krise von Partei und Land. (…) Heute ist kaum noch zu sagen, wie viele offizielle Informationen über Brežnevs Gesundheitszustand wir in seinen letzten sechs bis sieben Lebensjahren ans Politbüro geschickt haben. Möglicherweise werden sie in irgendwelchen Archiven aufbewahrt. Allerdings behielt Andropov seine Ruhe nicht ohne Grund – auf keinen einzigen dieser Briefe gab es je eine Antwort, keines der Mitglieder des Politbüros zeigte auch nur das geringste Interesse an diesen Informationen." Evgenij Čazov: Zdorov'e i vlast'. Vospominanija „kremleskogo vrača" (Gesundheit und Macht. Erinnerungen eines „Kreml-Arztes"). Moskau 1992. S. 117, 144, 149.

[34] Janos Kornai: Ėkonomika deficita (Mangelwirtschaft). Moskau 1990.

rung schaffte es nicht einmal mehr, ihre Verpflichtungen zu erfüllen und zumindest eine rationierte Verteilung von Gütern sicherzustellen. Dies waren die wichtigsten wirtschaftlichen Gründe für den Vertrauensverlust des Regimes in der Öffentlichkeit und schließlich für seinen Zusammenbruch.

Die Lebensmittelversorgung der Großstädte war ein eminent wichtiges wirtschaftspolitisches Problem, mit dem schon die zaristische Regierung im Ersten Weltkrieg zu kämpfen hatte. Sie wurde damit nicht fertig. Das Ergebnis war die Revolution von 1917. Auch im Bürgerkrieg von 1918-1921 war diese Frage zentral. Mit der Einführung von Lebensmittelrequisitionen und mit viel Blutvergießen demonstrierten die Bolschewiki, dass sie Lebensmittelressourcen zu mobilisieren wussten.

Ende 1928 und Anfang 1929 stand die Versorgungskrise der Städte erneut im Mittelpunkt einer heftigen wirtschaftspolitischen Diskussion. Stalins Entscheidung für die Entkulakisierung, die Kollektivierung und die Rückkehr zu Lebensmittelrequisitionen bestimmte die Entwicklung des Landes für die nächsten Jahrzehnte.

Im Gegensatz zu der bekannten Aussage von Karl Marx, dass die Geschichte sich einmal als Tragödie abspiele und ein zweites Mal als Farce[35], zeigt die Entwicklung in der UdSSR, dass sich die Geschichte durchaus mehrmals wiederholen kann, und keineswegs unbedingt als Farce. In der zweiten Hälfte der 1980er-Jahre wurde die Lebensmittelversorgung erneut zum zentralen wirtschaftspolitischen Problem. Das Schicksal des Landes hing davon ab. Aber vor dem Verlauf der Krise gilt es, ihre Ursachen zu untersuchen.

In Ländern, in denen Ende des 18. und Anfang des 19. Jahrhunderts die Industrialisierung einsetzte, ging dem beschleunigten industriellen Wachstum eine so genannte „Agrarrevolution" voraus. Die benutzte Technik war die damals in Europa übliche. Aber die landwirtschaftlichen Kenntnisse fanden schnell Verbreitung, es erschienen immer mehr Bücher und Aufsätze zu diesem Thema. Dank verbesserten Methoden in der Bodenbearbeitung und der Saatfolge ließ sich die Agrarproduktion im Vergleich zu den vergangenen Epochen ungewöhnlich rasch optimieren. Die auf dem Land freiwerdenden Ressourcen konnte man zur Entwicklung der Industrie und für die Lebensmittelversorgung der zunehmenden Stadtbevölkerung einsetzen. Die Wachstumsraten in der Landwirtschaft lagen unter denen der Industrie. Allerdings waren sie für jene Zeit hoch und stabil, wie sie es über einen längeren Zeitraum noch nie gewesen waren.[36]

Der Staat spielte bei der Finanzierung der Industrialisierung in den Ländern, in denen das moderne Wirtschaftswachstum zuerst eingesetzt hatte, nur eine begrenzte Rolle. Es war keine Rede davon, etwa die Bauernschaft zu besteuern und diese Mittel für staatliche Kapitalinvestitionen zu verwenden.

---

[35] Karl Marx: Der achtzehnte Brumaire des Louis Bonaparte. Karl Marx/Friedrich Engels – Werke, Band 8, „Der achtzehnte Brumaire des Louis Bonaparte". Berlin (Ost) 1972. S. 115.

[36] Zur Rolle der Argrarentwicklung in den wirtschaftlich führenden Ländern, die die Voraussetzungen für die Industrialisierung schuf, s. z. B. D. Gale Johnson: Role of Agriculture in Economic Development Revisited. In: Agricultural Economics. 1993, Bd. 8. S. 421-434.

Der älteste Sohn eines Bauern übernahm die Wirtschaft, seine jüngeren Brüder suchten Arbeit in der Stadt. Eine große Emigrationswelle aus Europa nach Übersee, häufig durch den Wunsch bestimmt, Bauern, Farmer zu bleiben und nicht in der Industrie zu arbeiten, zeugt anschaulich für die positive Einstellung zur landwirtschaftlichen Arbeit während der ersten Jahrzehnte der Industrialisierung.

In Ländern, in denen die Industrialisierung später eintrat, verlief die Entwicklung anders. Hier war der Staat stärker in die beschleunigte Industrialisierung involviert. Die staatlichen Investitionen mussten finanziert werden. Wenn sich die wirtschaftliche Tätigkeit hauptsächlich aufs Land konzentriert, dann sind die Bauern das natürliche Objekt der Besteuerung, wenn man staatliche Investitionsprojekte realisieren will.

In welchem Maße eine Überbesteuerung der Bauern die landwirtschaftliche Entwicklung in Russland von 1870 bis 1913 gebremst hat, ist unter Wirtschaftshistorikern lange diskutiert worden. Allerdings besteht ein eindeutiger Zusammenhang zwischen der jahrzehntelangen Erhaltung der Dorfgemeinde (obschtschina) nach Abschaffung der Leibeigenschaft und fiskalischen Erwägungen: Die Gesamthaftung der „Obschtschina" wurde als Instrument für die Besteuerung genutzt, aus der der Eisenbahnbau finanziert werden sollte.

Das Modell einer verspäteten Industrialisierung barg politische Risiken. In vollem Ausmaß zeigte sich dies in Russland zu Beginn des 20. Jahrhunderts. Allerdings führte auch in dieser Zeit die Politik der Zarenregierung zu keiner Agrarkrise, bei der die Industrieproduktion zunimmt und die Landwirtschaft zurückgeht. Die Durchschnittserträge aus der Getreideernte pro Jahrzehnt stiegen kontinuierlich an. Russland blieb größter Getreideexporteur (s. Tabelle 4.4, 4.5).

Tabelle 4.4 Getreideproduktion in Russland im Jahresdurchschnitt 1891-1913

Zeitraum	Ernte, Mio. Tonnen
1891–1900	47,7
1901–1910	55,6
1911–1913	74,6

Quelle: P. I. Ljaščenko: Istorija russkogo narodnogo chozjajstva(Geschichte der russischen Volkswirtschaft). Moskau 1930.

4 Risse im Fundament. Die Sowjetunion zu Beginn der 1980er-Jahre

Tabelle 4.5 Getreideexport 1896-1913 im Jahresdurchschnitt, Mio. Tonnen

	1896–1900	1901–1905	1906–1910	1911–1913
Russland	5,21	6,81	7,54	6,76
USA	2,88	2,45	1,77	1,70
Kanada	0,35	0,71	1,24	2,76
Argentinien	0,98	1,68	2,19	2,58

Quelle: Angaben für Russland s. Ljaščenko, Istorija, die übrigen Daten s. B. R. Mitchell B. R. *International Historical Statistics.* London 1998.

Das sozialistische Industrialisierungsmodell, das sich in der UdSSR in den späten 1920er und frühen 1930er-Jahren herausbildete, schien die russische Tradition der Jahrhundertwende in Richtung auf eine vom Staat organisierte und aus der Landwirtschaft finanzierte verspätete Industrialisierung fortzusetzen. Jedoch wurden dem Land ungleich intensiver und in ganz anderem Umfang Ressourcen entzogen. Es ging hier bereits um einen anderen Entwicklungstyp.

Die Kollektivierung hob die Bewegungsfreiheit für die Bauern, ihre freie Wahl von Arbeitsplatz und Wohnort, auf. Sie mussten unbezahlt Zwangsarbeit leisten. Ihre Familien konnten sie nur aus privaten zusätzlichen Landparzellen ernähren, was in der zweiten Hälfte der 1940er-Jahre mit hohen Natural- und Geldsteuern belegt wurde. Diese Zustände kommen einer Wiederherstellung der Leibeigenschaft gleich, nur mit dem Unterschied, dass der Staat nicht einer von vielen Gutsbesitzern mit Leibeigenen war, sondern der einzige. Die modernen Mittel der Gewaltausübung, fehlende moralische Hemmschwellen und die Überzeugung der Machthaber, die Situation auf dem Land sei wenig relevant, wenn nur in die Industrie genügend investiert werde, erlaubten anders als in Agrargesellschaften unbegrenzten Zugriff auf die Ressourcen der Bauern. Es kam zu einer Umverteilung von Mitteln aus dem Land in die Stadt, die in dieser Größenordnung weltweit ohne Beispiel war.

Sofern die Arbeit in der gemeinschaftlichen Wirtschaft zu einer Art Frondienst wurde, einem System, das Generationen russischer Bauern bestens bekannt war, kehrte zwangsläufig auch die Arbeitsmoral aus der Zeit vor der Reform (der Abschaffung der Leibeigenschaft) wieder zurück, wie sie in der russischen Literatur beschrieben ist. Unter Bedingungen der Leibeigenschaft ist es nur rational, die Arbeit für einen Herrn als eine Pflicht zu betrachten, der man nach Möglichkeit aus dem Weg geht. Eine solche Haltung zeigte sich deutlich in den osteuropäischen Ländern, die vom 15. bis 19. Jahrhundert eine zweite Zeit der Sklaverei durchmachten. In Russland kommt das in Sprichwörtern zum Ausdruck wie „Die Arbeit ist kein Wolf, sie läuft nicht in den Wald", „Arbeit ist was für Dummköpfe" sowie darin, dass im Russischen die Worte für „Sklave" (rab) und Arbeit (rabota) dieselbe Wurzel haben. Beispiele von Volksweisheiten, die das Verhältnis zur Zwangsarbeit zum Ausdruck bringen, gibt es in der russischen Folklore und in der anderer osteuropäischer Völker zuhauf.

Mit Beginn der 1930er-Jahre hat eine Erosion der Arbeitsmoral eingesetzt, die sich in Russland von 1860 bis zu den 1920er-Jahren herausgebildet hatte. Das war die Einstellung bei starken Bauern, die im Bewusstsein lebten, für sich und ihre Familie zu arbeiten, dass dies nicht dasselbe war wie die Arbeit für einen Herrn und dass man so selbst in einer fortbestehenden Dorfgemeinde zu Wohlstand kommen kann. Sie verstanden, dass man dafür viel arbeiten, die Kinder fortbilden und sich neue Technologien aneignen muss. Die Vernichtung dieser Schicht war ein in der Geschichte präzedenzloser Schlag gegen die schwache, in Russland erst nach Abschaffung der Leibeigenschaft entstandene Arbeitsmoral der Bauern. Wer sich heute mit den sozioökonomischen Problemen des russischen Dorfes befasst, kennt die langfristigen Folgen der Entscheidung von 1928-1929.

In dem Jahrzehnt von 1928-1938 ging die Produktivität der sowjetischen Landwirtschaft im Verhältnis zum „Trägheits-Szenario" (einem Wachstum von 1% jährlich) um ein Viertel zurück. Nichts dergleichen hatte es je in der bisherigen Geschichte des modernen Wirtschaftswachstums gegeben. Erst in den Jahren von 1950-1954 erreichte die Getreideernte wieder das Niveau von 1925-1929. Eine so lange Stagnationsperiode war selbst für solche Länder einzigartig, deren modernes Wirtschaftswachstum gerade erst begonnen hatte.[37]

Die soziale Lage der Bauern in diesem Zeitraum war ausgesprochen schlecht, ungleich schlechter als die der Arbeiter. Die Kolchosarbeiter in der UdSSR, in den 1930er-1950er-Jahren die Mehrheit der Bevölkerung, waren eine unverhohlen diskriminierte Klasse. Ihr Jahreseinkommen entsprach ungefähr dem Monatseinkommen eines Arbeiters. Seit Ende der 1940er-Jahre wurden individuelle private Wirtschaften mit hohen Geld- und Naturalsteuern belegt, um die Bauern zu zwingen, sich mehr auf die Arbeit in den Kolchosen zu konzentrieren. Die Bauern gaben ihre Kühe auf und fällten ihre Obstbäume. 1950 hielten 40 % der Bauernfamilien kein Milchvieh mehr.[38]

Während sich in Ländern mit hohem Wirtschaftswachstum die Lage der Bauern und Industriearbeiter im Lebensstil und ihrer Arbeit unterschied, nicht aber im Durchschnittseinkommen, war diese Kluft in der UdSSR dagegen eklatant. Daher gab es hier auch einen anderen Typ von Landflucht und eine andere Zusammensetzung der Migranten als in den führenden Ländern.

In letzteren war die Entscheidung für eine Arbeit in der Landwirtschaft nicht Folge mangelnder Fähigkeiten und Flexibilität oder fehlenden Arbeitswillens. Die ältesten Söhne blieben in der Regel im Dorf und führten die Wirtschaft weiter, sie wurden in derselben Familie erzogen wie die jüngeren, die in die Stadt zogen. Diese Entscheidung wurde durch Umstände der Geburt bestimmt. Die traditionelle Arbeitsmoral

---

[37] D. Gale Johnson: Agricultural Performance and Potential in the Planned Economics: Historical Perspective. Office of Agricultural Economic Research. The University of Chicago. Paper Nr. 97 (1), 21. März 1997. S. 3 f.

[38] Nikita Chruščev: Stroitel'stvo kommunizma v SSSR i razvitie sel'skogo chozjajstva. Reči i dokumenty. V 5 t. (Der Aufbau der Kommunismus in der UdSSR und die Entwicklung der Landwirtschaft. Reden und Dokumente. In 5 Bänden). Moskau 1962. Bd. 1, S. 155.

im Dorf war nicht gestört. Die Industrie wuchs, aber auch die Landwirtschaft entwickelte sich dynamisch. Viele der wirtschaftlich führenden Länder waren und blieben Netto-Exporteure von Lebensmitteln (s. Tabelle 4.6).

Tabelle 4.6 Handelssaldo für Lebensmittel in den USA, Kanada, Australien und Frankreich im Jahresmittel von 1961-1990

	Mio. Dollar im Nominalwert			Mio. Doll. 2000		
Land	1961–1970	1971–1980	1981–1990	1961–1970	1971–1980	1981–1990
USA	1395	11768	15504	6042	27858	22604
Kanada	511	1159	2563	2200	2900	3746
Australien	1830	4710	7882	7800	11596	11185
Frankreich	–730	923	5625	–3227	2232	7777

Quelle: FAOSTAT data, 2005.

In der Sowjetunion gab es bei allen bestehenden Begrenzungen Migrationskanäle vom Dorf in die Stadt. Aber die Zusammensetzung derer, die im Dorf blieben und derer, die es verließen, war anders als in Ländern ohne sozialistische Industrialisierung. Das sozialistische Modell veranlasste die gebildetsten und energischsten Bauernkinder, um jeden Preis in die Stadt zu ziehen.

Die Probleme in der Landwirtschaft, die durch die Landflucht entstanden, gab es auch in Ländern ohne sozialistische Industrialisierung. Aber ihr Ausmaß ist nicht mit der Situation in der UdSSR Anfang der 1950er-Jahre zu vergleichen.

Ende der 1940er-Jahre nahm die Landflucht der Bauern zu. Das Gesetz von 1932, das den Bauern verbot, das Dorf ohne Sondergenehmigung zu verlassen, blieb zwar in Kraft, aber man wusste Wege es zu umgehen. Industrie und Bau benötigten Arbeitskräfte, die nur auf dem Land zu bekommen waren.

4.4 Lebensmittelknappheit: Eine strategische Herausforderung

1953, zur Zeit von Stalins Tod, lag die Schwäche der sowjetischen Landwirtschaft offen zutage. Das war auch der Parteiführung klar. Nikita Chruschtschow schilderte die damalige Lage so: „Ich nenne einige Zahlen. 1940 wurden 2.225 Millionen Pud Getreide geerntet, 1953 waren es lediglich 1.850 Mio. Pud, also 375 Mio. Pud weniger. Im Zusammenhang mit dem allgemeinen Wirtschaftswachstum, einer erheblichen Zunahme der Stadtbevölkerung und des Reallohns stieg der Verbrauch an Getreideprodukten von Jahr zu Jahr. (...) Die Nachfrage nach Exportgetreide nahm ebenfalls zu, sowohl für Lebensmittel als auch für Futtergetreide. Wegen der Getreideknappheit war man allerdings gezwungen, den Export für 1954 auf 190 Mio. Pud

(3,12 Mio. Tonnen) festzulegen, während die Nachfrage bei 293 Mio. Pud (4,8 Mio. Tonnen) lag."[39]

In dieser Zeit diskutierte man in der Führung des Landes nicht darüber, ob man mehr Mittel in die Entwicklung der Landwirtschaft investieren sollte. Darin war man sich einig. Differenzen gab es hinsichtlich der Verwendung dieser Mittel. Zwei Vorschläge standen zur Debatte: Zusätzliche Ressourcen in die traditionellen Agrargebiete zu leiten oder ein umfassendes Programm zur Neulanderschließung zu starten. Man entschied sich für die letztere Variante.

Das Programm einer umfangreichen Neulandgewinnung, um die Getreideprobleme zu lösen und Getreide für den staatlichen Bedarf zu bekommen, kam erstmals Ende der 1920er-Jahre zur Sprache. Iosif Stalin unterstützte es damals. Er wollte die Vorteile der Methoden zu nutzen, die bei der Industrialisierung angewandt worden waren: Ressourcen konzentrieren, die Produktion in großem Ausmaß organisieren, einen privilegierten Sowchosen-Sektor in der Landwirtschaft schaffen. Einwände von Fachleuten, dass eine groß angelegte Neulanderschließung die Ernten noch weniger stabil und unberechenbarer machen könnte, schenkte er keine Beachtung.

Starke Schwankungen in den Ernteerträgen und bei den Getreideeinkäufen vom Neuland kamen später die Sowjetunion teuer zu stehen. Aber in den ersten Stadien bewirkte die Neulanderschließung, dass dem Staat mehr Getreideressourcen zur Verfügung standen als bisher. Bereits gegen Ende des ersten Fünfjahresplanes betrug der von den Sowchosen verkaufte Getreideanteil fast 10 % des Gesamtumfangs.[40]

Chruschtschows Initiativen zur umfangreichen Neulanderschließung Anfang der 1950er-Jahre standen in der Tradition der sowjetischen Wirtschaftsentwicklung. In der Logik der sozialistischen Wirtschaft waren die Argumente für diese Entscheidung durchaus fundiert. Um die Nicht-Schwarzerdezone zu fördern, die in Jahrzehnten sowjetischer Agrarpolitik ruiniert worden war, galt es, die Landwirtschaft zu liberalisieren, materielle Anreize für die Bauern zu schaffen und wahrscheinlich die Kolchosen aufzulösen. Ende der 1970er-Jahre hat die chinesische Führung einen ähnlichen Weg eingeschlagen. Der Entwicklungsstand der russischen Wirtschaft zu Beginn der Neulanderschließung in den 1950er-Jahren war höher als in China nach dem Tod Mao Zedongs. Dennoch lebte die Mehrheit der sowjetischen Bevölkerung auf dem Land. Die Entwicklungs-Indikatoren der UdSSR in den 1930ern entsprachen denen für China in den 1980er-Jahren. 1950 unterschieden sie sich schon erheblich (s. Tabelle 4.7). Das Pro-Kopf-BIP war 1980 in der UdSSR doppelt so hoch wie in China. Der Großteil der Bevölkerung lebte allerdings immer noch auf dem Land.

---

[39] Schriftlicher Bericht von Nikita Chruščev vor dem ZK-Präsidium der KPdSU vom 22. Januar 1954. S. Nikita S: Chruščev: Stroitel'stvo kommunizma, Bd. 1. S. 85 f.

[40] I. E. Zelenin: Pervaja sovetskaja programma massovogo osvoenija celinnych zemel' (konec 20-x – 30-e gody) (Das erste sowjetische Programm zu einer umfangreichen Neulanderschließung (Ende der 20er und 30er-Jahre). In: Otečestvennaja istorija, 2, 1996, S. 55.

4 Risse im Fundament. Die Sowjetunion zu Beginn der 1980er-Jahre

Tabelle 4.7 Pro-Kopf-BIP, Anteil der in der Landwirtschaft Beschäftigten und Urbanisierung in der UdSSR und China in den Jahren der strategischen Entscheidung über ihre Entwicklung

Land	Jahr	Pro-Kopf-BIP, internationale Dollar 1990.[1]	Anteil der Stadtbevölkerung[2,3], %
UdSSR	1930	1448	20,0
	1950	2841	44,7
China	1980	1462	19,6

Quelle: 1. A. Maddison: Monitoring the World Economy 1820–1992. Paris: OECD, 1995; A. Maddison: The World Economy: Historical Statistics. Paris: OECD, 2003.
[2] Angaben für 1950, 1960 — UN / DESA / Population Division, Population Estimates and Projections United Nations Statistics Division, http://unstats.un.org/unsd/cdb.
[3] Paul Bairoch: Cities and Economic Development: from the Dawn of History to the Present. Chicago 1988.

Die Zeit der Kolchosen erstreckt sich über eine Generation. Die Arbeitsmoral wurde durch die erneute Leibeigenschaft verdorben, aber auf dem Land lebten Dutzende von Millionen Menschen, die noch wussten, was eine individuelle Bauernwirtschaft bedeutet und wie sie zu führen ist. Allerdings war in der UdSSR zu Beginn der 1950er-Jahre eine Diskussion über eine Entkollektivierung politisch unrealistisch. Ohne eine solche Entscheidung war indes damit zu rechnen, dass vermehrte Investitionen in die Nicht-Schwarzerderegion nur unbefriedigende Resultate brächten. Dies bestätigte sich später in den 1970er und den beginnenden 1980er-Jahren. Immense Investitionen in die Nicht-Schwarzerderegion waren nur von bescheidenem Erfolg.

Bei der Entscheidung, Neuland zu erschließen, um mehr Getreideressourcen für den Staat zu bekommen, konnte man vermehrt in die bevorzugten Gebiete investieren, in den Neulandgebieten Sowchosen einrichten und den Sowchos-Arbeitern Privilegien gewähren, wie sie den Industrie-Arbeitern – im Gegensatz zu Kolchosarbeitern – zustanden. Die Landfluchtbewegung, die durch die wirtschaftliche Benachteiligung der Bauern gegenüber den Arbeitern verursacht war, ließ sich so teilweise umkehren, indem diese Arbeitskräfte für das Neuland-Projekt eingesetzt wurden.

Das erzielte die Resultate, auf die die sowjetische Führung gehofft hatte. Die Getreideproduktion legte zu. Die erschlossenen Territorien lieferten große Getreidemengen. Damit konnte der Staat die zurückgehenden Erträge der traditionellen Agrarregionen kompensieren. Mit diesen Argumenten rechtfertigte Chruschtschow 1958 seine Prioritäten in der Agrarpolitik.[41]

Große Teile der erschlossenen Gebiete befanden sich in gefährdeten Agrarzonen. Die Abhängigkeit der Ernte von veränderlichen, unberechenbaren Wetterbedingungen war hier stärker als in den traditionellen russischen und ukrainischen Agrargebieten. Nach 1958 nahm die Ernte im Neuland nicht mehr zu, 1963 gab es einen drastischen Einbruch. Die Pro-Kopf-Getreideernte war 1963 mit 483 kg niedriger als

---

[41] Chruščev, Stroitel'stvo kommunizma, S. 347, 351.

in Russland 1913 (540 kg).[42] Die instabilen Ernten erhöhten die Risiken, denen die Lebensmittelversorgung der Großstädte im ungünstigen Falle ausgesetzt war. Zudem waren die Gebiete, die für eine Erschließung in Frage kamen, begrenzt. Die steigende Nachfrage einer urbanisierenden Gesellschaft nach landwirtschaftlichen Erzeugnissen ist dagegen ein langfristiger Prozess, der nicht mit der Neulanderschließung endet.

Ungeachtet aller Anstrengungen gingen die staatlichen Getreidereserven 1953-1960 allmählich zurück – es wurde mehr verbraucht als der Staat einkaufte. Für die sowjetische Führung war das ein Alarmsignal.

Die natürliche Reaktion auf die zunehmenden Schwierigkeiten bei der Lebensmittelversorgung müsste eigentlich darin bestehen, das Industriepotential für vermehrte Investitionen in den Agrarsektor zu nutzen. Und dies wurde Ende der 1950er und Anfang der 1960er-Jahre auch getan.[43] Der Anteil der Investitionen, die in die Landwirtschaft gingen, ist seit Beginn der 1950er bis Anfang der 1980er-Jahre kontinuierlich angestiegen (s. Tabelle 4.8).

Tabelle 4.8 Investitionsanteil in Produktionsanlagen in der Landwirtschaft an den Gesamtinvestitionen in der Wirtschaft der UdSSR, 1946-1990

Jahre	Investitionsanteil in die Landwirtschaft, %
1946–1950	11,8
1951–1955	14,3
1956–1960	14,3
1961–1965	15,5
1966–1970	17,2
1971–1975	20,1
1976–1980	20,0
1981–1985	18,5
1986–1990	17,1

Quelle: Statistische Jahrbücher: „Die Volkswirtschaft der UdSSR" verschiedener Jahre. Moskau. Finanzen und Statistik.

---

[42] Sel'skoe chozjajstvo SSSR. Statističeskij sbornik (Die Landwirtschaft der UdSSR. Statistischer Sammelband). Moskau 1988; Narodnoe chozjajstvo SSSR v 1979 gg. (Die Volkswirtschaft der UdSSR im Jahre 1979). Statističeskij sbornik. Moskau 1980.

[43] Zu der präzedenzlosen Investitionssteigerung in die Landwirtschaft in der Sowjetunion von 1960 bis 1980 s. D. Gale Johnson: Agriculture. In: James Cracraft (Hrsg.): The Soviet Union Today: An Interpretive Guide. Chicago 1983. S. 159-207. Im Vergleich mit dem Fünfjahresplan von 1961-1965 stiegen die Investitionen in die Landwirtschaft 1966-1970 um 62 %. P. Hanson: The Rise and Fall of the Soviet Economy. London 2003. S. 112.

4 Risse im Fundament. Die Sowjetunion zu Beginn der 1980er-Jahre

Indem sie die für das Land bereitgestellten Ressourcen erhöhte, wollte die Regierung den langfristigen Schaden kompensieren, den die Landwirtschaft durch die Agrarpolitik Ende der 1920er bis Anfang der 1950er-Jahre erlitten hatte. Allerdings gelang es nicht, diese Mittel effizient zu nutzen. Für das, was in verschiedenen Perioden der sozialistischen Industrialisierung angerichtet worden war, musste man teuer bezahlen. Die Vernichtung der dörflichen Sozialstruktur hatte zur Folge, dass Investitionen nur geringen Effekt haben konnten. Die Entscheidungen Ende der 1920er und Anfang der 1930er-Jahre wirkten sich in den folgenden Jahrzehnten gravierend aus.

Der Getreideverbrauch blieb höher als der Einkauf, die Reserven gingen daher zurück. 1960 beliefen sich Ernte, Verbrauch und Reserven jeweils auf 46,7, 50.0 und 10,2 Mio. Tonnen, 1963 auf 44,8, 51,2 und 6,3 Mio. Tonnen.[44]

In den 1960er-Jahren stieg die landwirtschaftliche Produktion ungefähr um 3 % jährlich an, in den 1970er-Jahren um 1 %.[45] Von 1971 bis 1985 betrugen die Investitionen in die Agrarindustrie 579,6 Milliarden Rubel. Der Anstieg der reinen landwirtschaftlichen Produktion ging gegen Null.[46] Die durchschnittliche Getreideernte von 1981-1985 lag nicht höher als 1971-1975 (s. Tabelle 4.9).

Tabelle 4.9 Getreideernte in der UdSSR

Jahre	1966–1970	1971–1975	1976–1980	1981–1985
Durchschnittliche Getreideernte, Mio. Tonnen	149,5	161,7	184,5	161,7

Quelle: FAOSTAT data, 2005.

In seinen Erinnerungen berichtet Georgij Schachnasarov von einem Gespräch mit Jurij Andropov Mitte der 1960er-Jahre. Er zitiert Andropov mit den Worten: „Weißt Du, das Politbüro ist überzeugt, dass man unsere gesamte Wirtschaftssphäre gut durchschütteln muss. Besonders schlecht steht es um die Landwirtschaft: Man kann sich nicht mehr damit abfinden, dass wir das Land nicht ernähren können und jedes Jahr immer mehr Getreide einkaufen müssen. Wenn das so weiter geht, nagen wir bald am Hungertuch."[47]

Bereits Mitte der 1960er-Jahre verschwand Fleisch in weiten Teilen des Landes aus dem freien Verkauf. Seit dieser Zeit war es lediglich in Genossenschaften oder auf

---

[44] I. E. Zelenin: Agrarnaja politika N. S: Chruščeva i sel'skoe chozjazstvo strany (Chruščevs Agrarpolitik und die Landwirtschaft des Landes). In: Otečestvennaja istorija, Nr. 2, 2000. S. 84.
[45] D. Gale Johnson, Agricultural Performance, S. 5.
[46] Gajdar/Lacis, Po karmanu li traty, S. 26-30.
[47] Georgij Šachnazarov: C voždjami i bez nich (Mit Führern und ohne sie). Moskau 2001. S. 109 f.

dem Kolchosmarkt zu erheblich höheren Preisen als in den staatlichen Geschäften zu kaufen. Ausnahmen waren die Hauptstadt und privilegierte Städte.[48]

Der zunehmende Bedarf der Viehzucht an Futter verringerte die Möglichkeit des Staates, von den Kolchosen und Sowchosen Getreide zu beziehen. Das war eines der wesentlichen wirtschaftspolitischen Probleme der zweiten Hälfte der 1960er-Jahre. 1969 stellte Leonid Breschnew fest: „1966 haben wir bei einer Ernte von 171 Mio. Tonnen den Kolchosen über 95 Mio. Tonnen überlassen. 1967 haben wir nur 147,9 Mio. Tonnen geerntet und ihnen dennoch etwa 90 Tonnen gelassen, 1968 von 169,5 Tonnen ungefähr 100 Mio. Tonnen und 1969 von 160,5 Mio. Tonnen über 100 Mio. Tonnen."[49] Indessen setzte sich die Urbanisierung fort, und der Teil der Bevölkerung, der seinen Lebensmittelbedarf aus einer individuellen Hauswirtschaft deckte, ging zurück (s. Tabelle 4.10, 4.11).

Tabelle 4.10 Die Stadtbevölkerung in der UdSSR

Jahr	Stadtbevölkerung in der UdSSR, in Mio.	Anteil der Stadtbevölkerung in der UdSSR, %
1956	88,2	45,0
1970	136,0	56,0
1975	151,9	60,0
1980	167,3	63,0
1985	180,1	65,2
1990	190,6	66,0

Quelle: Statistische Jahrbücher „Die Volkswirtschaft der UdSSR" verschiedener Jahre. Moskau, Finanzen und Statistik.

Tabelle 4.11 Die Stadtbevölkerung der RSFSR

Jahr	Stadtbevölkerung in der RSFSR, Mio.	Anteil der Stadtbevölkerung in der RSFSR, %
1956	54,6	48
1970	81,0	62
1979	95,4	69
1990	109,8	74

Quelle: Statistische Jahrbücher „Volkswirtschaft der UdSSR" verschiedener Jahre.

[48] Otto Lacis: Lomka, ili koe-što o prirode cen (Der Bruch, oder etwas über die Natur der Preise). Izevstija, 7. Mai 1991.
[49] Rede des ZK-Generalsekretärs der KPdSU Gen. Leonid Brežnev vor dem ZK-Plenum der KPdSU am 15. Dezember 1969. RGANI, f. 2, op. 3, d. 168, r. 11688, l. 49-50.

Die Versorgung der Stadtbevölkerung in einer sozialistischen Wirtschaft hing von der staatlichen Versorgung mit landwirtschaftlichen Erzeugnissen ab. Mechanismen mit Marktelementen – wie der Kolchosmarkt und die Konsumgenossenschaften – spielten bei der Versorgung der Bevölkerung von Großstädten nur eine begrenzte Rolle. Die staatlichen Einkäufe stiegen nicht mehr an, und ihre Instabilität wurde für die Führung des Landes zu einem immer ernsteren Problem.[50] Die Lebensmittelversorgung der Städte war in den letzten Jahrzehnten der Sowjetmacht in wirtschaftspolitischen Diskussionen ein zentrales Thema.

4.5 Die UdSSR als größter Lebensmittelimporteur

Die Krise in der Landwirtschaft sowie ihre Ineffizienz hätten auch eine Marktwirtschaft in Schwierigkeiten gebracht. Eine Disproportion von steigender Nachfrage und begrenztem Angebot führt zu höheren Lebensmittelpreisen und geringerem Konsumwachstum, schlimmstenfalls zu einem totalen Rückgang. Das ist weder für die Gesellschaft noch für die Regierung angenehm, löst aber in Industrieländern keine Krise aus, die nicht zu bewältigen wäre. Hunger in hochentwickelten Gesellschaften wird nicht durch Missernten verursacht. Eine solche Katastrophe hängt gegebenenfalls mit einem schlecht funktionierenden Versorgungssystem, mit Kriegen oder Bürgerkriegen oder einem desaströsen Zustand des Geldverkehrs zusammen, der den Warenstrom zwischen Stadt und Land lahmgelegt hat, oder mit einem Zahlungsbilanzdefizit. Ein begrenztes Angebot an landwirtschaftlichen Erzeugnissen allein hat noch nicht solche Konsequenzen.

Das sozialistische System sieht keine Marktmechanismen vor, um Disproportionen zwischen Angebot und Nachfrage bei Lebensmitteln zu regulieren. Die Ineffizienz der sowjetischen Landwirtschaft ist eine Folge des sozialistischen Industrialisierungsmodells. Dieses hat zugleich mit der Urbanisierung in den Städten zu einer steigenden Lebensmittelnachfrage geführt. Wäre die UdSSR zu Beginn der 1960er-Jahre eine von der Welt isolierte Wirtschaft gewesen, wäre der sowjetischen Führung nichts übrig geblieben als zuzusehen, wie sich die Situation auf dem Lebensmittelmarkt weiter zuspitzte und die Kluft zwischen den staatlichen Möglichkeiten, die Nachfrage zu befriedigen, und den gesellschaftlichen Erwartungen immer größer wurde. Sie hätte beobachten können, dass Durchschnittsbürger immer längere Zeit beim Schlangestehen verbrachten, dass in immer mehr Städten Konsumgüter rationiert wurden und immer weniger Waren in den vom Staat vorgesehenen Rationen zur Verfügung standen. Sie hätte einfach abwarten können, bis die sozialpolitische Lage außer Kontrolle gerät.[51]

---

[50] Ende der 1980er-Jahre betrug der Anteil an Subsidien zur Stützung der Kleinhandelspreise für landwirtschaftliche Produkte 10-12 % des BIP. Food and Agricultural Policy Reforms in the Former USSR: An Agenda for the Transition. Washington, World Bank, 1992.

[51] „... Ende der 1950er und Anfang der 1960er-Jahre geriet die Regierung in einen Teufelskreis. Die wirtschaftlichen Probleme konnten nicht gelöst werden, ohne bei den Bürgern Unmut und zu-

Anders als in einer Marktwirtschaft, wo man auf ein ähnliches strukturelles Problem mit einer Änderung der Marktpreise reagieren würde, war in der UdSSR an eine solche Entscheidung nicht zu denken. Von den 1930er- bis in die frühen 1950er-Jahre war die Angst vor den Machthabern die Grundlage für die Stabilität des kommunistischen Regimes. Diese Angst basierte auf den Massenrepressionen, die die Menschen selbst im engen häuslichen Kreis daran hinderte, ihre Unzufriedenheit mit der Entwicklung im Lande zu bekunden, geschweige denn an Protestaktionen teilzunehmen. Zudem hatte die kommunistische Ideologie in diesen Jahren ihre Attraktivität noch nicht eingebüßt. In den 1960er-Jahren ließ die Angst vor Massenrepressionen nach. Die politische Elite tendierte aus Eigeninteresse dazu, auf staatlichen Terror zu verzichten, weil sie nicht das Schicksal ihrer Vorgänger teilen wollte, die von den 1930er- bis Anfang der 1950er-Jahre Opfer des Terrors geworden waren. Dies wirkte sich mit der Zeit auf das Verhalten der Bevölkerung aus. Das Regime wurde als gegeben hingenommen, löste aber keinen panischen Schrecken mehr aus. In der Küche konnte man darüber diskutieren, ohne für das Schicksal der Familie fürchten zu müssen. Die messianische kommunistische Ideologie verlor immer mehr an Überzeugungskraft.

Der Mythos von der Macht der Arbeiter, der Diktatur des Proletariats als Legitimitätsgrundlage des bestehenden Regimes war einer der sakralen Mythen, an die die sowjetischen Führer Ende der 1950er-Jahre glaubten. Das wurde deutlich, als die ungarische Entwicklung 1956 auf dem ZK-Präsidium diskutiert wurde. Bis zum letzten Moment war die ZK-Führung überzeugt, dass man die Situation ohne massenhaften sowjetischen Truppeneinsatz retten könnte, wenn man an die ungarischen Arbeiter appellierte. Sobald sich das als Illusion herausgestellt hatte, wurde entschieden, den Aufstand mit der Armee niederzuschlagen.[52]

Inwieweit man eine Bauernarmee einsetzen kann, um die Bauern zu zwingen, dem Staat Brot zu nicht marktgerechten Preisen zu liefern, war ein zentrales Thema, das zwar nicht immer öffentlich angesprochen, aber in den wirtschaftspolitischen Diskussionen 1928-29 in der Sowjetunion verstanden wurde.[53]

---

nehmende oppositionelle Einstellungen auszulösen, ohne für die Machthaber unangenehme Vergleiche zwischen den erklärten Zielen (dem Aufbau des Kommunismus usw.) und der unerquicklichen Realität zu provozieren. Das Ungleichgewicht zwischen Löhnen und Preisen für Konsumgüter und insbesondere für Nahrungsmittel, teilweise hervorgerufen durch Zugeständnisse an die Arbeiter in der zweiten Hälfte der 1950er-Jahre, verschärfte das traditionelle sowjetische Mangelproblem noch. Bei niedrigen Preisen für landwirtschaftliche Produkte und steigenden Löhnen erreichte das Defizit katastrophale Ausmaße und erregte Unmut." Kozlov, Massovye besporjadki, S. 231.

[52] Prezidium CK KPSS. 1954-1964, Bd. 1, S. 176 f.

[53] Im Gespräch mit G. Sokol'nikov am 11. Juni 1928 äußerte Nikolaj Bucharin: „Stalins Politik führt zum Bürgerkrieg. Er muss den Aufstand in Blut ertränken." Auf dem vereinigten Plenum des ZK und der ZKK (Zentralen Kontrollkommission) der VKP (b) vom 16-23. April 1929 sagte Anastas Mikojan: „Unmittelbarer Anstoß für Bucharins Sündenfall in der Bauernfrage 1925 war der georgische Aufstand. Bucharin verstand den georgischen Aufstand als zweites russisches Kronstadt-Signal." S. Kak Iomali NĖP: Stenogrammy plenumov CK VKP (b) 1928-1929 gg. V 5 t. (Wie die NĖP zerstört wurde. Stenogramme der ZK-Plena der VKP (b) 1928-29 in 5 Bd.). Hrsg. v. Aleksandr Jakovlev. Moskau 2000. Bd. 4, S. 563, 241.

Stalin war sich sicher, dass die Truppen zuverlässig und auf Befehl schießen würden, und er behielt Recht. Dem Regime gelang es, gestützt auf die Loyalität der Bauernarmee, eine neue Leibeigenschaft für die Bauern einzuführen, dem Dorf so viel Getreide wegzunehmen, wie er für nötig hielt, und weiterhin Getreide zu exportieren, selbst zur Zeit einer massenhaften Hungersnot. Dank der Industrialisierung, der gewandelten Sozialstruktur und der fortscheitenden Entwicklung des Landes war es indes für das Regime objektiv immer weniger möglich, gegen das eigene Volk Gewalt anzuwenden.

An die Stelle der bisherigen Legitimation des Regimes war ein neuer Vertrag der Machthaber mit der Gesellschaft getreten. Niemand hat ihn unterschrieben. Aber die Sache war klar: Ihr seid die Macht und versprecht uns, dem Volk, dass ihr die eingeführten Sozialprogramme nicht abschafft, auch wenn sie teurer werden, und dass ihr die Preise für die wichtigsten Konsumgüter stabil haltet. Dafür ist die Gesellschaft bereit, Euch (die Machthaber) zu dulden und als unvermeidliches Übel hinzunehmen.

Was passiert, wenn ein derartiger Vertrag verletzt wird, haben die Ereignisse 1962 in Novotscherkassk gezeigt, nachdem es zu Preiserhöhungen für wichtige Massenkonsumgüter gekommen war, die im Verhältnis zu den bestehenden Disproportionen gemäßigt waren. Die Preise für Fleisch und Fleischprodukte wurden vom 1. Juni 1962 an durchschnittlich um 30 % erhöht, für tierisches Fett durchschnittlich um 25 %.

Der Leiter der Statistikabteilung der UdSSR berichtete dem ZK der KPdSU: „... Der Konsum-Rückgang bei Fleisch und Fleischprodukten, wovon oben die Rede war, erklärt sich vor allem mit den gestiegenen Einzelhandelspreisen für diese Lebensmittel. (...) Die Preiserhöhungen für Fleisch und tierisches Fett haben sich erheblich auf den Konsum in Familien mit relativ niedrigen Pro-Kopf-Einkommen ausgewirkt, wie aus den folgenden Angaben über die Pro-Kopf-Etats von Industriearbeitern für Mai und Juni 1962 hervorgeht. (...) In Familien von Industriearbeitern mit einem monatlichen Pro-Kopf-Einkommen von bis zu 35 Rubeln ging der Konsum von Fleisch und Fleischprodukten im Juni 1962 im Vergleich zum Vormonat um 15 % zurück, in Familien mit einem Pro-Kopf-Einkommen von 50-75 Rubeln dagegen nur um 8 %."[54]

In Novotscherkassk brachen Unruhen aus, an denen sich Tausende beteiligten. Soldaten verbrüderten sich mit dem Volk. Hier eine Schilderung der Ereignisse vom 1. Juni in Novotscherkassk unter Berufung auf Augenzeugenberichte: „Am Ende des Arbeitstages trafen die ersten militärischen Einheiten der Garnison von Novotscherkassk auf dem Platz neben der Betriebsleitung ein. Sie waren unbewaffnet. Die sich nähernden Soldatenkolonnen wurden augenblicklich von einer Menschenmasse absorbiert. Die Streikenden und die Soldaten verbrüderten sich, umarmten und küssten sich. Ja, sie küssten sich. Den Offizieren gelang es nur mit Mühe, die Soldaten von den Menschenmassen wegzubringen, sie zu sammeln und von den Streikenden

---

[54] I. Matjucha (Abteilungsleiter für Statistik des Haushalts der Zentralen Statistik-Abteilung der UdSSR) ans ZK der KPdSU. Untersuchung eines Personenhaushalts für neun Monate des Jahres 1962 und die Auswirkungen von Preiserhöhungen im Einzelhandel für Fleisch, Fleischprodukte und Fett auf das Budget einer Familie. 21. Dezember 1962. RGANI, f. 5, op. 20, d. 310, l. 122, 125-128.

zu entfernen." Die Streitkräfte wurden als unzuverlässig eingestuft, und aus Rostov am Don wurden eiligst Abteilungen der inneren Truppen entsandt. Erst nach unmittelbaren Anweisungen aus Moskau eröffneten die inneren Truppen das Feuer.[55]

In der offiziellen sowjetischen Presse wurde das Geschehen mit keinem Wort erwähnt. Allerdings war die Führung darüber gut informiert. Ihr war klar, dass das, was sich in Novotscherkassk abgespielt hatte, auch in anderen Städten möglich war.

Im Befehl des KGB-Chefs Vladimir Semitschastnyj von 1962 hieß es: „Im ersten Halbjahr dieses Jahres wurden im Lande 7.705 antisowjetische Flugblätter und anonyme Briefe verbreitet ... doppelt so viel wie im gleichen Zeitraum 1961. (...) Nach der Veröffentlichung der Beschlüsse des ZK und des Ministerrats, die Preise für tierische Produkte zu erhöhen, nahm der Strom anonymer Briefe zu. Allein im Juni wurden 83 antisowjetische Flugblätter und Aufschriften verzeichnet. Im selben Zeitraum übermittelten Partei, sowjetische Institutionen und Redaktionen von Zeitungen und Zeitschriften den KGB-Organen über 300 anonyme antisowjetische Zuschriften. In diesen wird Unzufriedenheit mit dem Lebensstandard der Bevölkerung unseres Landes geäußert und zu Massenprotesten, Streiks, Demonstrationen, Kundgebungen und Boykotts aufgerufen. Sie fordern, die Lebensmittelpreise zu senken und die Löhne zu erhöhen. Die Verbreitung derartiger Dokumente wurde vor allem in den Industriezentren des Landes festgestellt."[56]

Seit den Ereignissen von Novotscherkassk spielte die Angst der sowjetischen Führung, dass sich Soldaten wie im Februar 1917 weigern könnten, auf das Volk zu schießen und sich mit den Protestierenden zu verbünden, eine große Rolle. Das war der wichtigste Faktor, den die sowjetische Führung berücksichtigen musste. Die Massenunruhen in Polen nach den Preiserhöhungen von 1970, 1976 und 1980 überzeugten die sowjetische Führung davon, dass ein derartiger Schritt unter keinen Umständen unternommen werden dürfe.[57]

Vor diesem Hintergrund nahmen die Probleme im Geldsystem zu.[58]

---

[55] D. Mandel': Novočerkassk 1-3 ijunja 1962 goda. Zabastovka i rasstrel (Novočerkassk 1.-3. Juni 1962. Streik und Schüsse). Rossija, Nr. 11-12, 1998, S. 160; I. Mardar': Chronika neob-javlennogo ubijstva (Chronik eines unangekündigten Mordes). Novočerkassk 1992.

[56] Vladimir E. Semičastnyj: Novočerkasskaja tragedija, 1962 (Die Tragödie von Novočerkassk, 1962). In: Istoričeskij archiv, Nr. 4, 1993, S. 170.

[57] Zu Problemen im Zusammenhang mit einer Politik der Preisstabilität für Konsumgüter, mit denen die sowjetische Führung seit Chruščev konfrontiert war, s. James R. Millar: An Economic Overview. In: Cracraft, The Soviet Union Today, S. 173-186.

[58] „1961-1985 stieg die Geldmenge (Aggregat M2) jährlich um etwa 10 % an. Anfang der 60er-Jahre blieben die Wachstumsraten des nominalen BIP hinter denen der Geldmenge etwa um das anderthalbfache zurück, in der zweiten Hälfte der 60er-Jahre und besonders in den 70er-Jahren etwa um das doppelte, in der ersten Hälfte der 80er bereits um das dreifache. Es kam zu einer intensiven Sättigung der Wirtschaft mit Geld, was sich in einer raschen Anstieg des Verhältnisses der Geldmasse M2 zum BIP widerspiegelte. Während 1961 das Aggregat M2 22.8 % des BIP betrug, so waren es 1970 – 29,5 %, 1980 – 44,2 %, 1984 bereits 52,6 %. Gegen 1980 lag das Preisniveau auf dem Kolchosmarkt für eine vergleichbare Warenliste 2,57-mal über dem Niveau der staatlichen Einzelhandelspreise." S. Andrej Illarionov: Popytki provedenija politiki finansovoj stabilizacii v SSSR i v Rossii. 1995 g. (Versuche, in der UdSSR und in Russland eine finanzielle Stabilisierungspolitik durchzusetzen) www.

4 Risse im Fundament. Die Sowjetunion zu Beginn der 1980er-Jahre

Unter Experten, die den Zustand des Verbrauchermarkts in der UdSSR untersuchten, war es strittig, zu welchem Zeitpunkt klar wurde, dass es in der UdSSR einen Geldüberhang im Vergleich zum Warenangebot gab.[59] Das staatliche Statistik-Komitee (Goskomstat) der Russischen Föderation ging in seiner Einschätzung der unbefriedigten Nachfrage davon aus, dass dieses Problem seit 1965 bestand. Bis dahin seien Nachfrage und Angebot an Konsumgütern im Ganzen ausgeglichen gewesen. Nach Berechnungen dieser Organisation stellte sich die zunehmende Disproportion auf dem Verbrauchermarkt folgendermaßen dar (s. Tabelle 4.12). Es war offensichtlich, dass dieses Problem seit Mitte der 1960er-Jahre deutlich zunahm.[60]

Tabelle 4.12 Erzwungene Ersparnisse der Bevölkerung (unbefriedigte Nachfrage)

Jahr	Unbefriedigte Nachfrage, Mrd. Rb.	Jährliche Wachstumsrate der unbefriedigten Nachfrage, %	Unbefriedigte Nachfrage, % BIP
1970	17,5	...	4,6
1980	29	5,2	4,7
1985	60,9	16,0	7,8

Quelle: GARF, f. 5446, op. 163, d. 185, l. 100, Berechnung der BIP-Anteile s. Sinel'nikov: Bjudžetnyj krizis v Rossii.

In Wirklichkeit verschärfte sich nicht nur der Mangel, sondern auch die Preise zogen an. Die durchschnittlichen Einzelhandelspreise für Brot stiegen 1981-1985 um 6,6 %, für Kartoffeln um 7,9 %, für Gemüse um 4,4 %., für Backwaren um 11,6 %. Die Preise für Non-Food-Artikel legten in diesen Jahren ebenfalls zu, so die für Baumwolltextilien um 17,9 %, für Fernseher um 10 %.

Das ZK-Sekretariat beschloss, vom 1. Juli 1979 an die Einzelhandelspreise für Golderzeugnisse um 50 % und die für Silber um 95 % anzuheben, für Naturpelz um 50%, für Teppiche und Teppichprodukte um 50 %, für Autos um 18 %, für importierte Möbel um 30 %. Das sowjetische Handelsministerium sowie die Ministerien und Behörden, denen die Nahrungsmittelbetriebe unterstellt waren, wurden angewiesen, die Preise in Restaurants und Cafés zur Abendzeit durchschnittlich um 100 % zu erhöhen. In dem Bericht, den das ZK-Sekretariat den ersten ZK-

---

budgetrf.ru. Der Kolchosmarkt machte lediglich einen kleinen Teil des sowjetischen Konsummarkts aus. In seinen anderen Segmenten verschlimmerte sich die Warenknappheit durch das zunehmende Geldangebot noch mehr.

[59] A. Voronov: O problemach preodolenija deficita i metodach regulirovanija potrebitel'skogo rynka (Über Probleme bei der Überwindung der Knappheit und Methoden, den Verbrauchermarkt zu regulieren). In: Voprosy ėkonomiki, Nr. 1, 1990, S. 26-32.

[60] Zur Notwendigkeit tiefgreifender Veränderungen im Preisbildungssystem und zur fehlenden Bereitschaft, diesen Weg zu beschreiten und die Preise für Grundkonsumgüter anzutasten, s. Vladimir Krjučkov: Ličnoe delo (Persönliche Akte). Moskau 1996. T. 1, S. 271 f.

Sekretären der Kommunistischen Parteien der Unionsrepubliken, der Regions- und Gebietskomitees zuschickte, hieß es: „Das ZK der KPdSU und der Ministerrat der UdSSR haben diese Zwangsmaßnahmen getroffen angesichts der Schwierigkeiten, die steigenden Geldeinkünfte der Bevölkerung mit der Produktion allgemeiner Konsumgüter und Dienstleistungen in Einklang zu bringen. Außerdem geht es darum, den Handel mit Mangelwaren zu regulieren und Spekulation und Korruption verstärkt zu bekämpfen. Trotz der früher verkündeten Preiserhöhung für Gold- und Silbererzeugnisse, Teppiche, Pelze, Autos und Importmöbel wurde die Nachfrage danach bekanntlich immer noch nicht befriedigt. Im Handel mit diesen Waren kam es zu langen Warteschlangen, oft unter Verletzung der Handelsregeln."[61] Bei täglichen Gebrauchswaren versuchte der Staat indes, unpopuläre Beschlüsse zu vermeiden, für die er die politische Verantwortung hätte tragen müssen.

Die Zahlen in einer Untersuchung 1980er-Jahre belegen die unterschiedlichen Wege, in der man in der UdSSR an Lebensmittel kam. In dieser Zeit kauften in Moskau und Leningrad 97 % der Käufer im staatlichen Handel, wo die Preise am niedrigsten waren, in den Hauptstädten der Unionsrepubliken waren es 79 %. Hier nutzten 17 % der Käufer die Konsumgenossenschaften, 10 % gingen auf die Kolchosmärkte (die Summe ergibt nicht notwendig 100 %, weil einige der Befragten verschiedene Bezugsquellen hatten). In Gebietszentren hatten insgesamt 36 % die Möglichkeit, Fleisch und Wurst in staatlichen Läden zu kaufen. 37 % kauften in Geschäften der Konsumgenossenschaften ein, 35 % auf Märkten. Je höher das Pro-Kopf-Einkommen einer Familie lag, desto mehr Fleischprodukte kaufte sie in staatlichen Geschäften (meist in geschlossenen – bei Institutionen, Betrieben des militärindustriellen Komplexes usw.) zu subventionierten Preisen.[62] Das Versorgungssystem war extrem ungerecht.

Konstantin Tschernenko, Politbüromitglied des ZK der KPdSU, schrieb im Februar 1981 an das ZK-Sekretariat: „…Es gehen Briefe von Bürgern ein, die jetzt in scharfer Form von zeitweiligen Versorgungsausfällen bei Brot und Getreideprodukten berichten, von Engpässen bei Backwaren und von ihrer schlechten Qualität… Meldungen über Störungen in der Versorgung der Arbeiter mit Brot oder von seiner schlechten Qualität haben sich bestätigt, die im letzten Jahr aus folgenden Städten und Orten eintrafen: Irkutsk, Uralsk, Tscheljabinsk, Artem (Region Primorje), Minusinsk (Region Krasnojarsk), Uman (Tscherkassisches Gebiet), Roslavl (Gebiet Smolensk), Ujupinsk (Gebiet Volgograd), Belogorsk (Gebiet Amur), Kirov (Gebiet Kaluga), Kulebaki (Gebiet Gorkij), Jurino (Autonome Sowjetrepublik Mari) und vielen anderen."[63]

---

[61] B. I. Gostev (Finanzminister der UdSSR), M. A. Korolev (Leiter des Goskomstat der UdSSR), Valentin Pavlov (Vorsitzender des staatlichen Preiskomitees Goskomcen) an den Ministerrat. Zur Dynamik der Einzelhandelspreise für Lebensmittel und andere Güter. 4. November 1988. GARF, f. 5446, op. 149, d. 304, l. 18.

[62] A. Šochin/A. Guzanova/L. Liberman: Ceny glazami naselenija (Die Preise in den Augen der Bevölkerung). Literaturnaja gazeta, Nr. 37, 14. September 1988. S. 11.

[63] Anlage an p. 9c pr. Nr. 250. Konstantin Tschernenko ans ZK der KPdSU: Briefe von Arbeitern zu einigen Fragen hinsichtlich der Versorgung mit Brot und eines sorgsamen Umgangs mit dieser

4 Risse im Fundament. Die Sowjetunion zu Beginn der 1980er-Jahre

Die politische Führung der UdSSR steckte in einer Falle, aus der schwer herauszukommen war. Die Produktion landwirtschaftlicher Güter ließ sich nicht so schnell erhöhen, nötig, um die wachsende Nachfrage zu befriedigen. Die Nachfrage mit dem Angebot in Einklang zu bringen, ohne die Preise zu erhöhen, war ebenso unmöglich. Eine Preiserhöhung hätte das stillschweigende Übereinkommen der Regierung mit dem Volk verletzt. Die Kluft zwischen den steigenden Einkaufspreisen für landwirtschaftliche Güter und den Einzelhandelspreisen wurde immer größer, und die daraus resultierenden Haushaltsprobleme nahmen ebenfalls zu. Der gezwungenermaßen immer höher werdende Anteil an Kapitalinvestitionen, der in die Landwirtschaft floss, begrenzte wiederum die Möglichkeit, hochtechnologische Branchen zu entwickeln.

Die traditionelle Antwort der sowjetischen Machthaber auf Unruhen in den osteuropäischen Vasallenstaaten war nicht nur der Einsatz von Gewalt, sondern auch verstärkte Wirtschaftshilfe.[64] In den 1950er-Jahren unterstützte die Sowjetunion die osteuropäischen sozialistischen Länder mit Getreidelieferungen. Angesichts der zunehmenden Krise in der sowjetischen Landwirtschaft wurden die Lieferungen reduziert, gingen aber bis in die frühen 1960er-Jahre weiter (s. Tabelle 4.13).

Tabelle 4.13 Sowjetischer Getreideexport in die sozialistischen Länder Osteuropas, 1955-1963

Jahr	Export, Export (Tausende; Tonnen)
1955	1624
1956	995
1957	4677
1958	2926
1959	4439
1960	4162
1961	2743
1962	2793
1963	2602

Quelle: USSR Agricultural Trade. US Department of Agriculture. 1991.

Ressource". 17. Februar 1981. RGANI, f. 89, op. 43, d. 58, l. 4-7.

[64] Aus dem Protokoll Nr. 28a. Sitzung am 9. und 12. Juli 1956 zur Lage in Polen: „Alle Waren liefern, Jute, Ingelit und Wolle. Wenn sie Gold wollen – dann auch Gold liefern." RGANI, f. 3, op. 12, d. 1005, l. 1-2 ob. Zitiert nach: Präsidium CK KPSS. 1954-1964. A. a. O, S. 148.

Diese Lieferungen hatten politische Gründe. Sie gehörten zum Tribut für die Stabilität des osteuropäischen Imperiums. Nach den polnischen Ereignissen 1956 blieben die Getreidelieferungen in dieses Land bezeichnenderweise gleich, obwohl der gesamte Export nach Osteuropa heruntergefahren wurde. Erst 1963 traf die Führung der UdSSR während einer schweren Krise in der Lebensmittelversorgung die Entscheidung, die Unterstützung der osteuropäischen Länder mit sowjetischem Getreide zu beenden.

Auf der Präsidiumssitzung des ZK der KPdSU am 10. November 1963 regte Chruschtschow an, den Regierungen europäischer sozialistischer Länder einen Brief zu schreiben. „Ich denke, man muss Folgendes schreiben. Liebe Genossen, wie Ihr wisst, war dieses Jahr für die sowjetische Landwirtschaft sehr schwierig (Argumente: Es gab den und den Winter, einen dürren Sommer), und Eure Länder waren davon auch betroffen. (...) Wir haben keine Reserven mehr, und als es für die sowjetische Landwirtschaft zu diesen ungünstigen Bedingungen kam, habt auch Ihr das bemerkt. Eure Landwirtschaft in Rumänien hat ihren Bedarf jahrelang nicht gedeckt, deshalb habt Ihr Euch schon früher an uns gewandt, und wir sind Eurer Bitte immer nachgekommen, wenn Ihr uns vertragsgemäß oder darüber hinaus darum gebeten habt. Daher sind unsere Reserven geschwunden. Als wir Euch in diesem Jahr auf Eure Bitte aus unseren letzten Reserven unterstützt haben, hofften wir, dass die Bedingungen günstig sein werden und wir unsere Reserven nicht nur wiederherstellen, sondern auch aufstocken könnten, aber jetzt ist es so gekommen, dass wir selbst nicht versorgt sind und uns deshalb etwa 12 Mio. Tonnen auf dem Weltmarkt besorgen mussten. Das erregte auf dem internationalen Getreidemarkt sofort Aufsehen. Aber wir haben nicht nur Probleme mit dem Getreideankauf, sondern auch mit dem Transport. Allen ist klar, dass wir in dieser Situation nicht so weiter machen können wie bisher. Deshalb möchten wir Euch unsere Überlegungen mitteilen und denken, dass das sowohl in unserem als auch in eurem Interesse liegt (nachrechnen). Vielleicht können wir für 3-4 Jahre – wir bitten, das nicht falsch zu verstehen – keine Verpflichtungen zur Lieferung von Getreide und Baumwolle eingehen. Wir werden unseren eigenen Bedarf decken und gewisse Reserven anlegen. Aber das werden nicht nur Reserven für die Sowjetunion, sondern auch für Euch sein. Das wird uns eine gewisse Übersicht verschaffen, um bei Bedarf Länder, die sich nicht selbst versorgen können, zu veranlassen, umgehend auf dem Weltmarkt Getreide einkaufen, damit sich eine Situation wie in diesem Jahr nicht wiederholt. Deshalb stellen wir jetzt auf Kosten anderer Branchen Investitionen für die Herstellung von Mineraldünger bereit, um bessere Ernteerträge zu erzielen und genügend Weizen zu bekommen, um die Nachfrage zu decken und Rücklagen zu ermöglichen. Anders können wir nicht weiterleben."[65]

1963 zwangen eine Missernte und der Rückgang der staatlichen Getreidereserven die sowjetische Führung, Getreide in großen Mengen im Ausland einzukaufen. Zu diesem Zweck wurden 372,2 Tonnen Gold bereitgestellt – über ein Drittel der

---

[65] Prezidium CK KPSS. 1954-1964. S. 778.

4 Risse im Fundament. Die Sowjetunion zu Beginn der 1980er-Jahre

sowjetischen Goldreserven.[66] Damals empfanden die Führer der UdSSR dies als Erniedrigung, aber auch als Zufall, verursacht durch die Launen der Natur. Auf der Präsidiumssitzung des ZK der KPdSU am 10. November 1963 sagte Chruschtschow: „Wir müssen einen jährlichen Getreidevorrat für sieben Jahre haben. Noch einmal kann die sowjetische Regierung eine solche Schande nicht hinnehmen."[67]

In den folgenden Jahren wurde klar, dass die Getreidekäufe im Ausland ein gesetzmäßiges Resultat der Krise in der Landwirtschaft waren, die innerhalb des bestehenden Wirtschaftsmodells nicht zu überwinden war. 1965 war die sowjetische Führung gezwungen, weitere 33,5 Tonnen Gold zur Finanzierung von Lebensmittelkäufen bereitzustellen.[68] Zu Anfang der 1970er-Jahre waren die Export-Import-Operationen mit landwirtschaftlichen Produkten in der UdSSR noch einigermaßen ausgeglichen. Zu Beginn der 1980er lag der Import dieser Waren um mehr als 15 Milliarden Dollar über dem Export.

Der Import von Getreide und anderen Lebensmittelwaren, deren Konsum in der Sowjetunion anstieg, schwankte in den Jahren je nach den Wetterbedingungen, stieg aber, langfristig gesehen, kontinuierlich an (s. Tabelle 4.14 und Abbildung 4.1).

---

[66] Richard G. Pichoja: Sovetskij Sojuz: istorija vlasti 1945-1992 (Die Sowjetunion: Geschichte der Machthaber 1945-1991). Moskau 1998, S. 370. Die zurückgehenden Goldreserven hatte das Präsidium des ZK der KPdSU bereits 1956 diskutiert. S: Prezidium CK KPSS. 1954-1964. S. 118.
[67] Ebd., S. 769.
[68] Pichoja, S. 370.

Tabelle 4.14 Handelssaldo für Getreide und Getreideprodukte in der UdSSR, 1961–1990

Jahr	Saldo des Getreidehandels, Mio. Doll.	Handelssaldo mit landwirtschaftlichen Produkten, Mio. Doll.	Saldo des Getreidehandels, Mio. Doll., 2000.	Handelssaldo bei landwirtschaftlichen Produkten, Mio. Doll., 2000.
1961	445	−114	2091	−536
1962	505	88	2341	408
1963	188	−144	862	−661
1964	−353	−1027	-1595	−4641
1965	−160	−1061	−710	−4707
1966	-303	-829	−1307	-3576
1967	252	−247	1055	−1034
1968	255	−213	1024	−855
1969	443	−284	1694	−1086
1970	285	−1006	1035	−3654
1971	391	−798	1352	−2760
1972	−571	−1969	−1892	−6524
1973	−1038	−3236	−3259	−10160
1974	162	−2602	466	−7492
1975	−2228	−6791	−5863	−17871
1976	−2808	−7450	−6985	−18532
1977	−982	−6725	−2297	−15731
1978	−2313	−8116	−5055	−17736
1979	−3107	−10824	−6270	−21845
1980	−5183	−14923	−9591	−27615
1981	−7712	−18199	−13045	−30783
1982	−6255	−16970	−9971	−27052
1983	−5038	−16182	−7726	−24815
1984	−6602	−16941	−9759	−25042
1985	−5750	−15695	−8248	−22515
1986	−2776	−12914	−3896	−18125
1987	−2445	−13352	−3340	−18240
1988	−3838	−14556	−5071	−19231
1989	−5043	−17052	−6419	−21706
1990	−4606	−17117	−5645	−20979

Quelle: FAOSTAT data, 2005.

4 Risse im Fundament. Die Sowjetunion zu Beginn der 1980er-Jahre

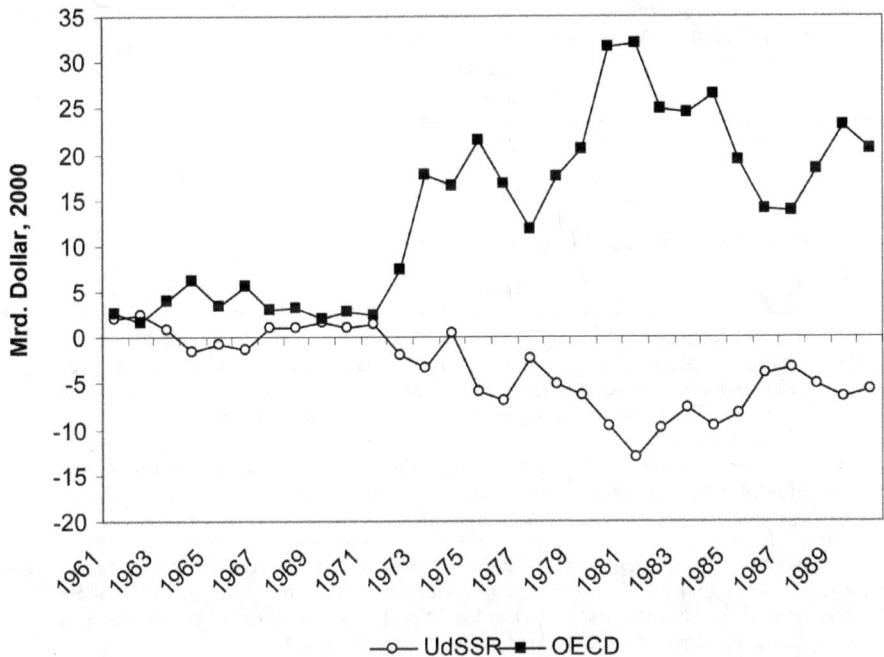

Abb. 4.1 Saldo des Getreidehandels der UdSSR und der OECD-Mitgliedsländer, 1961-1990

Quelle: FAOSTAT data, 2005.

Russland, das zu Beginn des Jahrhunderts der größte weltweite Getreideexporteur war, wurde sein größter Importeur (s. Tabelle 4.15).

Tabelle 4.15 Getreideexport Russlands zu Beginn des 20. Jahrhunderts und Getreideimport der UdSSR Ende des 20. Jahrhunderts

Zeitraum	Anteil in %	Listenplatz
1907-1913	am weltweiten Getreideexport	
	45,0	1
1980-1990	am weltweiten Getreideimport	
	16,4	1

Anmerkung: Der Anteil Russlands am weltweiten Export wurde als Mittelwert für den jeweiligen Zeitraum berechnet unter Verwendung der Daten für den Getreideexport von Russland, Dänemark, Frankreich, Ungarn und Rumänien und der Daten für den Weizenexport von Kanada, USA, Argentinien, Indien und Australien (reiner Export). Die Zusammenstellung der Länder entspricht den größten Getreideexporteuren Anfang des 20. Jh. (1907-1913). Für diesen Zeitraum sind die Angaben für den Getreideexport aller europäischen Länder aufgeführt. Für die Länder Asiens, Nord- und Südamerikas gibt es nur Angaben zum Weizenexport, der die Grundlage für ihren Getreideexport war.

Quelle: Berechnung nach den Angaben bei B. R. Mitchell: *International Historical Statistics, Europe 1750– 1993*. London 1998; ders.: *International Historical Statistics: The Americas 1750–1993*. London 1998; ders.: *International Historical Statistics: Africa, Asia & Oceania 1750–1993*. London 1998; UN Food and Agriculture Organization. FAOSTAT data, 2004.

Die Getreideeinkäufe der Sowjetunion, die in den 1970er-Jahren 2,2 Mio. Tonnen betrugen, stiegen 1982 auf 29,4 Mio. und erreichten 1984 mit 46 Mio. Tonnen das Maximum.

In den 1980er-Jahren des 20. Jahrhunderts entfielen mehr als 15 % des weltweiten Getreideimports auf Importe in die Sowjetunion. Im Weizenimport rangiert das Land weit vor allen anderen großen Importeuren (s. Tabelle 4.16).

Tabelle 4.16 Getreideimport der UdSSR; Japans, Italiens, der BRD, Ägyptens, Chinas (Mio. Tonnen)

Jahr	UdSSR	Japan	Italien	BRD	Ägypten	China
1970	2,2	15,8	6,7	8,1	1,3	5,4
1975	15,9	19,0	7,2	6,8	3,8	3,7
1980	29,4	24,7	7,8	5,2	6,1	13,4
1983	33,9	25,5	6,4	4,5	8,0	13,4
1984	46,0	27,2	7,3	4,8	8,7	10,4
1985	45,6	26,9	7,5	7,0	8,9	6,0

Quelle: *Socialističeskie strany i strany kapitalizma v 1986 godu* (Sozialistische und kapitalistische Länder 1986). Statistisches Jahrbuch. Moskau 1987.

4 Risse im Fundament. Die Sowjetunion zu Beginn der 1980er-Jahre

Mitte der 1980er-Jahre wurde ein Drittel aller Backwaren aus importiertem Getreide hergestellt. Auf dem Getreideimport basierte die Viehzucht. Die UdSSR war gezwungen, langfristige Verträge über Getreidelieferungen abzuschließen und sich zu verpflichten, jährlich mindestens 9 Mio. Tonnen in den USA, 5 Mio. t in Kanada, 4 Mio. t in Argentinien und 1,5 Mio. t in China abzunehmen.[69]

Im Unterschied zu vielen anderen Waren, die man im Bartergeschäft von Comecon-Ländern erhalten konnte, musste für Getreide mit konvertierbarer Währung bezahlt werden. Die hohen Ausgaben für den Getreideimport (den man nicht reduzieren konnte und der aus langfristigen Problemen der sowjetischen Landwirtschaft sowie den Witterungsbedingungen resultierte), die fehlende Konkurrenzfähigkeit der verarbeitenden Industrie und die unberechenbaren Rohstoffpreise (mit denen man die Importe hätte finanzieren können) wurden Mitte der 1980er-Jahre zur Achillesferse der sowjetischen Wirtschaft.

1981-1985 ging auf Grund der zunehmenden Schwierigkeiten bei der Lebensmittelversorgung der Anteil von Maschinen und Anlagen am Import aus kapitalistischen Ländern in die UdSSR von 26 % auf 20 % zurück, der Anteil von Lebensmitteln und Gebrauchsgütern stieg auf 44 % an.

Der Verkauf von Gold ist die wichtigste Methode, um Probleme infolge von Missernten zu lösen. Die drastisch zunehmenden Goldverkäufe ans Ausland 1973, 1976, 1978 und 1981 sind dafür ein beredtes Zeugnis. Die Erhöhung der Goldpreise nach dem Zusammenbruch der Bretton-Woods-Vereinbarung Anfang der 1970er-Jahre ermöglichte es der Sowjetunion, die Getreidekäufe zu finanzieren. Allerdings wurde die UdSSR vor dem Hintergrund der steigenden Goldpreise ab 1974-1975 auf den internationalen Finanzmärkten ein Nettoschuldner. Bei den aufgenommenen Krediten spielten die kurzfristigen – von bis zu einem Jahr Laufzeit – eine große Rolle. 1975 zwang eine Missernte die UdSSR erneut, den Getreideimport zu erhöhen. Zu diesem Zweck mussten große Anleihen auf den internationalen Finanzmärkten aufgenommen und die eigenen Goldreserven eingesetzt werden.[70]

Weder die Goldgewinnung in der UdSSR noch die Goldreserven des Landes noch äußere Anleihen konnten die landwirtschaftlichen Importe zuverlässig finanzieren. Seit Ende der 1960er bis zu Beginn der 1980er-Jahre nutzte die sowjetische Führung den Goldverkauf nur im Fall einer Missernte, wenn mehr Getreideimporte erforderlich waren. Daraus reguläre Einkäufe von Millionen, später von Dutzenden Millionen Tonnen Getreide zu finanzieren, war nicht möglich.

Seit den 1930er- bis zu Beginn der 1950er-Jahre konnte die UdSSR dank der Ressourcen aus dem Land eine industrielle Basis bilden. Erhebliche Mittel wurden insbesondere in die Schaffung von Betrieben der verarbeitenden Industrie investiert. Diese Branchen bilden die Grundlage für den Welthandel. Als sich das Land Anfang der 1960er-Jahre vor die Notwendigkeit gestellt sah, den Nahrungsmittelimport zu

---

[69] Import zerna: problemy starye i novye. 1989 (Getreideimport: alte und neue Probleme 1989). Privatarchiv Egor Gajdar.
[70] Margaret Chadwick/David Long/Machiko Nissanke: Soviet Oil Exports: Trade Adjustments, Refining Constraints and Market Behaviour. Oxford 1987. S. 91, 95, 105, 107.

finanzieren, hätte die Staatsführung darauf hoffen können, dies durch den Export von Produkten der verarbeitenden Industrie zu ermöglichen. Aber dies wurde nicht einmal in Betracht gezogen. Die Führung wusste, dass die Produktion des zivilen Maschinenbaus zum Großteil auf dem Weltmarkt nicht konkurrenzfähig war (s. Tabelle 4.17). Man konnte den Vasallenstaaten Militärtechnik liefern, aber man konnte dafür keine Bezahlung in konvertierbarer Währung erwarten.

Tabelle 4.17 Handel mit Maschinen und Anlagen in der UdSSR mit den entwickelten kapitalistischen Ländern 1961-1985

Jahr	Export von Maschinen und Anlagen				Import von Maschinen und Anlagen				Exportsaldo von Maschinen und Anlagen			Import-Überschuss im Jahr im Vergleich zum Export, Faktor
	Mio. Rb.	Mio. Doll.	Mio. Doll. im Jahr 2000	Anteil von Maschinen und Anlagen am Bruttoexport, %	Mio. Rb.	Mio. Doll.	Mio. Doll. im Jahr 2000	Anteil von Maschinen und Anlagen am Bruttoimport, %	Mio. Rb.	Mio. Doll.	Mio. Doll. im Jahr 2000	
1961	17	19	87	1,9	417	464	2180	26,7	-401	-445	-2092	25,0
1965	37	41	181	2,5	450	500	2220	18,6	-414	-460	-2039	12,3
1970	84	93	339	3,3	1003	1114	4048	26,5	-919	-1021	-3709	11,9
1975	262	364	958	5,2	3627	5042	13267	39,6	-3365	-4677	-12309	13,8
1980	294	453	838	3,5	4661	7178	13283	30,7	-4367	-6725	-12445	15,9
1985	354	425	609	3,5	5437	6524	9359	21,0	-5083	-6100	-8750	15,4

Anmerkung: Die Umrechnung in Dollar erfolgt nach dem offiziellen Kurs der Gosbank. Ein erheblicher Teil (30 % im Jahre 1985) des Exports an Maschinen und Anlagen in entwickelte Länder ging nach Finnland, mit dem der Handel in Bartergeschäften und nicht in frei konvertierbarer Währung erfolgte.

Quelle: Berechnungen auf der Grundlage von: Vnešnaja torgovlja SSSR. Statističeskie sborniki za raznye gody (Der Außenhandel der UdSSR. Statistische Jahrbücher verschiedener Jahre). Moskau: Finansy i statistika (Finanzen und Statistik).

Wie zuvor Russland, war die UdSSR in ihrer ganzen Geschichte ein großer Lieferant traditioneller Rohstoffe. Bis zu Beginn des massiven Lebensmittelimports konnten mit diesen Lieferungen sowie dem Export landwirtschaftlicher Produkte die Mittel beschafft werden, die für den Kauf von Maschinen und Anlagen in konvertierbarer Währung benötigt wurden.

Die UdSSR lieferte den Märkten der entwickelten kapitalistischen Länder Metalle, importierte aber zugleich hochqualifizierte Metallurgie-Produkte. So verhielt es sich auch in vielen anderen Industriebranchen. Diese Zusammenhänge waren in der Struktur des sowjetischen Außenhandels und der Volkswirtschaft angelegt. Den Export an Nichtrohstoffen wesentlich zu erhöhen, war schwierig. Auf den Import von Ausrüstung zu verzichten, hätte bedeutet, den technischen Rückstand gegenüber den im modernen Wirtschaftswachstum führenden Ländern noch zu vergrößern.

Die Tatsache, dass die UdSSR in den 1960er-Jahren zu einem großen Netto-Lebensmittelimporteur wurde, stellte die sowjetische Führung vor ernsthafte Probleme, die sich noch dadurch verschärften, dass die Sowjetunion nie große Devisenvorräte angelegt hatte. Sie besaß nur so viel Devisen, wie sie für den laufenden Handelsverkehr ausreichten.

Die Führung des Landes war sich der Gefahr bewusst, die darin lag, dass man in der Lebensmittelversorgung von Ländern abhängig wurde, die als potentielle Gegner galten.[71] Aber die Agrarkrise und die fehlende Konkurrenzfähigkeit des russischen Maschinenbaus waren Fakten. Die sowjetische Führung konnte wenig tun, um diese in Jahrzehnten entstandenen Probleme aus der Welt zu schaffen.

4.6 Das westsibirische Öl: Rettungsillusionen

In den 1960er-Jahren wurden in Westsibirien Ölvorkommen entdeckt. Die sich hieraus ergebende Möglichkeit, große landwirtschaftliche Importe aus dem Ölexport in entwickelte kapitalistische Länder zu finanzieren, schien eine Lösung für das Lebensmittelproblem zu bieten.

Seit den 1950er-Jahren exportierte die Sowjetunion in großem Umfang Erdöl. In den 1950er- und 1960er-Jahren stieg die Ölförderung im Wolga-Öl-Becken stark an. Allerdings belieferte die UdSSR zu dieser Zeit die sozialistischen Länder und nur begrenzt Länder, die in konvertierbarer Währung bezahlten.

Die erste Ölquelle in Westsibirien wurde im September 1953 entdeckt.[72] Umfangreiche geologische Funde folgten 1961-1965. 1961 wurden Vorkommen in Megion und Ust-Balyksk gefunden, 1963 in Fedorovskij, 1965 in Mamontovo und Samotlor. Die in Betrieb genommenen Anlagen waren äußerst ergiebig, in der Regel wurden

---

71 Vladimir Krjučkov: „Die Vereinigten Staaten können einstweilen gut ohne uns auskommen, aber uns ... die Sowjetunion (...) hat unsere verfluchte Abhängigkeit von ihnen hinsichtlich des Getreides zu Geiseln dieser Beziehungen gemacht." Krjučkov, Ličnoe delo, Teil 2, S. 95.
72 Viktor Muravlenko/Ju. B. Fain u. a. (Hrsg.): Neft' Sibiri (Das Erdöl Sibiriens). Moskau 1973. S. 13.

pro Tag über 100 Tonnen in einem Bohrloch gefördert (bei erreichbaren Tiefen von 1,8-2,5 km).[73] 1972-1981 stieg die Ölförderung in der westsibirischen Öl- und Gasprovinz (ZSNGP) von 62,7 Mio. auf 334,3 Mio. Tonnen an (auf das 5,3-fache, s. Tabelle 4.18).

Tabelle 4.18 Erdölförderung in Westsibirien, Mio. t

Jahr	Glavtjumenneftegaz	Tomskneft	Insgesamt in Westsibirien
1965	1,0		1,0
1966	2,8	0,05	2,8
1967	5,6	0,2	5,8
1968	11,7	0,5	12,2
1969	19,8	1,5	21,3
1970	28,0	3,4	31,4
1971	40,0	4,7	44,7
1972	56,8	5,9	62,7
1973	81,0	6,7	87,7
1974	109,8	6,6	116,4
1975	141,4	6,6	148,0
1976	175,0	6,7	181,7
1977	211,2	7,1	218,3
1978	245,7	8,4	254,1
1979	274,4	9,1	283,5
1980	302,8	9,8	312,6
1981	323,5	10,8	334,3
1982	341,5	11,4	352,9
1983	358,2	11,9	370,1
1984	365,4	12,5	377,9

Quelle: Maria Slavkina: Triumf i tragedija: razvitie neftegazovogo kompleksa SSSR v 1960-1980-e gody (Triumph und Tragödie: Die Entwicklung des Öl- und Gaskomplexes in der UdSSR 1960-1980). Moskau 2002. S. 69.

Die Zunahme der Ölförderung in diesen Jahren war ungewöhnlich und in der Geschichte der Branche ohne Beispiel (s. Abbildung 4.2). Viele der ausgebeuteten Vorkommen waren nach internationalen Kriterien einzigartig, sie waren außerordentlich ergiebig.

---

[73] Maria Slavkina: Triumf i tragedija: razvitie neftegazovogo kompleksa SSSR v 1960-1980-e gody (Triumph und Tragödie: Die Entwicklung des Öl- und Gaskomplexes in der UdSSR 1960-1980). Moskau 2003. S. 45, 70.

4 Risse im Fundament. Die Sowjetunion zu Beginn der 1980er-Jahre

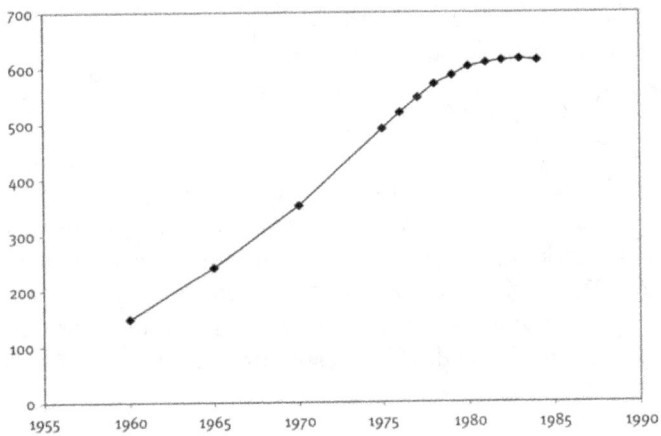

Abb. 4.2 Erdölförderung in der UdSSR 1960-1984

Quelle: Statisticeskie sborniki „Narodnoe chozjajstvo SSSR" za raznye gody (Statistische Jahrbücher „Volkswirtschaft der UdSSR" in mehreren Jahren). Moskau.

Die Sowjetunion steigerte den Ölexport in die entwickelten kapitalistischen Länder. Der Devisenbedarf trieb sie dazu, Methoden bei der Ausbeutung anzuwenden, die schnelle Resultate brachten, jedoch mit dem Risiko behaftet waren, dass die Erträge in den Folgejahren zurückgingen. Ende der 1970er- und Anfang der 1980er-Jahre kam es unter sowjetischen Wirtschaftspolitikern und den für die Ölförderung Verantwortlichen mitunter zu heftigen Kontroversen darüber, wie weit man die Förderung forcieren könnte, ohne den Abbau auf lange Sicht irreparabel zu schädigen. Valentin Schaschin, zu dieser Zeit Erdölminister, hielt nach Aussagen seiner Kollegen den Gosplan-Vertretern wiederholt vor, dass sie die Möglichkeiten der Ölförderung überschätzten und die Folgen dieser Politik nicht berücksichtigten.[74]

Allerdings drängten die zunehmenden Schwierigkeiten bei der Lebensmittelversorgung die sowjetische Führung dazu, die Erdölförderung zu forcieren. Alexej Kossygin, Vorsitzender des Ministerrats, wandte sich wiederholt an den Leiter der Erdölgesellschaft von Tjumen Muravlenskij mit etwa folgender Bitte: „Es steht schlecht mit Brot – gib 3 Mio. Tonnen mehr als im Plan steht."[75]

Von 1974-1984 erhöhten sich die Ausgaben für jede zusätzlich geförderte Tonne Erdöl um 70 %. Seit Beginn der 1970er- bis Anfang der 1980er-Jahre hatten sich die Förderkosten verdoppelt.[76]

---

[74] Nach Aussage von N. Eronin: „Einem verantwortlichen Arbeiter konnte er ins Gesicht sagen: ‚Sie sind ein Abenteurer, wohin führen Sie das Land, sind Ihnen die Folgen Ihrer Vorschläge klar?'" S. K 85-letiju so dnja roždenija V. D. Šašina. Materialy jubilejnoj konferencii. Moskva, 22 ijunja 2001 goda (Zum 85. Geburtstag Valentin D. Šašins. Materialien der Konferenz aus Anlass des Jubiläums. Moskau, 22. Juni 2001). Moskau 2002. S. 38 f.

[75] Interview mit V. I. Grajfer. Zitiert nach: Slavkina, Triumf i tragedija, S. 143.

[76] Kudrov, Sovetskaja ėkonomika v retrospektive, S. 31.

Die forcierte Steigerung der Ölförderung bewirkte, dass man sich auf die größten Projekte konzentrierte. Ausbeutungsmethoden, die zwar die Fördermenge erhöhten, aber mit unberechenbaren Risiken verbunden waren, führten dazu, dass die Erhaltung des Status quo in der Förderung von einigen singulären Lagerstätten abhing.

Die Außenhandelsbilanz, die Zahlungsbilanz, die Lebensmittelversorgung der Bevölkerung und die Bewahrung der politischen Stabilität wurden immer mehr von den Witterungsumständen im Neuland und der Ölförderung bestimmt. Als Basis für die ökonomische und politische Stabilität einer Weltmacht ist das nicht viel.

Neben der Entdeckung großer Erdgasvorkommen gab auch der enorme Preisanstieg für Erdöl 1973-1974 und 1979-1981 der sowjetischen Wirtschaft Auftrieb. Vor dem Hintergrund des zunehmenden Erdölexports gegen konvertierbare Währung stiegen die Deviseneinnahmen der UdSSR seit 1973 wie nie zuvor (Abbildung 4.3).

Mrd. Doll., 2000.

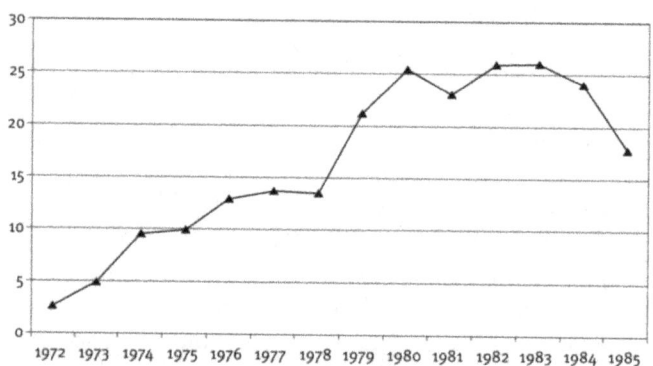

Anmerkung: Die OECD-Länder ohne Portugal und West-Berlin.

Abb. 4.3 Export der UdSSR von Erdöl und Erdölprodukten in OECD-Länder 1972-1985

Quelle: Statističeskie sborniki „Vnešnjaja torgovlja SSSR" za raznye gody (Statistische Jahrbücher „Der Außenhandel der UdSSR" verschiedener Jahre). Moskau. Finanzen und Statistik.

Mithilfe des Devisenstroms aus dem Ölverkauf konnte man die Lebensmittelkrise in den Städten eindämmen[77], mehr Anlagen und Konsumgüter einkaufen, die finanzielle Grundlage für das gesteigerte Wettrüsten und das Erreichen einer nuklearen Parität mit den USA schaffen und außerdem außenpolitische Abenteuer wie den Krieg in Afghanistan vom Zaun brechen.[78]

---

[77] Zur Rolle der Öleinkünfte bei der kurzfristigen Überwindung des zentralen Widerspruchs in der sowjetischen Wirtschaft – der steigenden Lebensmittel-Nachfrage der Stadtbevölkerung und der chronischen Krise in der Landwirtschaft – s. Millar, An Economic Overview, S. 173-186.

[78] Auf der Politbürositzung am 17. März 1979 zog Kosygin Bilanz: „Wir sind alle einer Meinung – Afghanistan dürfen wir nicht aufgeben." Allerdings änderte sich die Stimmung am 18. März nach seinem Gespräch mit Taraki, in dem die afghanische Führung direkt die Frage nach einem nötigen sofortigen Truppeneinmarsch in Afghanistan angesprochen hatte. Es wurde klar, dass es nicht einfach

4 Risse im Fundament. Die Sowjetunion zu Beginn der 1980er-Jahre

Für die Politik der sowjetischen Führung zur Zeit der forcierten Ölförderung, des Ölexports und der hohen Ölpreise Mitte der 1970er- und Anfang der 1980er-Jahre war es bezeichnend, dass sie nach wie vor keine Reserven an konvertierbarer Währung schuf. Sie legte die Einkünfte nicht als liquide Finanzinstrumente an, die man

um militärtechnische oder wirtschaftliche Hilfe ging, sondern um den Einsatz sowjetischer Truppen. Danach sagte Gromyko: „Ich unterstütze den Vorschlag von Gen. Andropov, dass wir einen solchen Schritt wie den Einmarsch unserer Truppen in Afghanistan ausschließen. Die Armee dort ist unzuverlässig. Somit wird unsere Armee, die nach Afghanistan kommt, als Aggressor dastehen. Gegen wen soll sie kämpfen? In erster Linie gegen das afghanische Volk, und auf dieses wird sie schießen müssen." Jurij Andropov: „Ich denke, dass wir keine Entscheidung über einen Truppeneinmarsch treffen müssen. Unsere Truppen dahin zu schicken hieße, gegen das Volk zu kämpfen, das Volk zu unterdrücken, auf das Volk zu schießen. Wir werden wie Aggressoren aussehen, und das dürfen wir nicht zulassen." RGANI, f. 89, op. 25, d. 2, l. 10, 15, 24. Das ist alles richtig, aber es hinderte das Politbüro nicht, im Dezember 1979 den Einmarsch von vier Divisionen und vier Brigaden mit 150.000 Mann nach Afghanistan und die Liquidierung von Amin zu beschließen. S. Vladimir Bukovskij: Moskovskij process (Moskauer Prozess). Paris – Moskau 1996. http://www.belousenko.com/wr_Bukovsky.htm. Teil 2, S. 49. Dt. Ausgabe: Wladimir Bukowski: Abrechnung mit Moskau. Das sowjetische Unrechtsregime und die Schuld des Westens. Bergisch-Gladbach 1996. Die endgültige Entscheidung fiel auf der von Brežnev durchgeführten Sitzung am 26. Dezember 1979. RGANI, f. 89, op. 14, d. 31, l. 1, 2. Mit Beschluss des Politbüros vom 8. Januar 1980 nach dem Einmarsch sowjetischer Truppen in Afghanistan wurde die Obergrenze für die Anzahl von Wehrdienstleistenden in den sowjetischen Streitkräften um 50.000 heraufgesetzt. S.: Beschluss des ZK der KPdSU und des Ministerrats der UdSSR vom 2. Januar 1980 „Zur Erhöhung der Zahlenstärke der sowjetischen Streitkräfte". Auszug aus dem Protokoll Nr. 177 der Sitzung des Politbüros des ZK der KPdSU vom 2. Januar 1980. Nr. P177\239. http://www.2nt1.com.archive/pdfs/afgh/177-80-2.pdf. Die Entscheidung über den Truppeneinmarsch in Afghanistan kam das sowjetische Regime bis zu den letzten Jahren seiner Existenz teuer zu stehen. Die in Afghanistan getöteten Soldaten und Offiziere, das Leid ihrer Familien, die Invaliden, und dies alles vor dem Hintergrund eines Krieges, den die Gesellschaft nicht verstand, trugen wesentlich dazu bei, die Legitimation des Regimes zu untergraben. Aber auch wirtschaftlich war der Krieg kostspielig. Aus einem Bericht ans ZK: „Um die Kampfverluste der afghanischen Streitkräfte zu kompensieren und sie in die Lage zu versetzen, mit der unversöhnlichen Opposition fertigzuwerden (...) wird beantragt, 1989 zusätzlich im Wert von etwa 900 Mio. Rubeln Sondergüter zu liefern (200 Mio. Rubel davon entsprechen dem Wert von Panzern, Geschützen und Flugzeugen, die in einer einseitigen Reduzierung ausgemustert werden und zur Vernichtung anstehen)...." S. Auszug aus dem Protokoll des Politbüros des ZK der KPdSU am 22. Juli 1989. Über die zusätzliche Lieferung von Sondergütern in die Republik Afghanistan. RGANI, f. 89, op. 10, d. 39. „Die sowjetische Regierung fand die Möglichkeit, zusätzlich zu den 1989 bereitgestellten Sondergütern im Wert von 2,6 Mrd. Rubeln noch weitere Güter für 0,99 Mrd. Rubel zur Verfügung zu stellen ... Diese Lieferungen sollten zu den bisherigen Abrechnungsbedingungen geliefert werden, d. h. gegen Bezahlung von 25 % des Werts auf Kredit für 10 Jahre mit einer Verzinsung von 2 %." S. Auszug aus dem Protokoll der Sitzung des Politbüros des ZK der KPdSU vom 22. Juli 1989. Über die zusätzliche Lieferung von Sondergütern in die Republik Afghanistan. RGANI, f. 89, op. 10, d. 39. Ševardnadze und Krjučkov berichteten am 11. August 1989: „Die Unterstützung der Lebensfähigkeit des derzeitigen Regimes erfordert weitere umfangreiche, vielseitige Hilfe für die Regierung und den Präsidenten Afghanistans, darunter auch materielle... Wir müssen den afghanischen Freunden Lebensmittel, besonders Weizen, für die Versorgung der Streitkräfte und der Bevölkerung Kabuls zur Verfügung stellen. Da die Weizenreserven in Hairaton zu Ende gehen, müssen wir dorthin 15.000 Tonnen Weizen als unsere Hilfe für Afghanistan liefern." Auszug aus dem Protokoll der Sitzung des Politbüros des ZK der KPdSU am 16. August 1989. Über die Verhandlungen in Kabul und unsere möglichen weiteren Schritte hinsichtlich Afghanistans. RGANI, f. 89, op. 10, d. 46.

bei einer ungünstigen Entwicklung auf dem Ölmarkt hätte nutzen können. Die Reserven an konvertierbarer Währung wurden lediglich im laufenden Handelsverkehr verwendet. Darüber hinaus nahm die Sowjetunion angesichts der immens steigenden Öleinnahmen mehr Anleihen auf.[79] Die einzige rationale Erklärung für diese Politik war die Überzeugung, dass das Ende der 1970er-Jahre historisch ungewöhnlich hohe Preisniveau für Öl in Zukunft unverändert so bleiben werde. Was zu tun sei, sollten die Preise fallen, bedachte die sowjetische Führung in diesen Jahren offensichtlich nicht.[80]

Trotz der hohen Ölpreise hatte die UdSSR 1979-1981 ein Problem, das Defizit der laufenden Zahlungsbilanz zu finanzieren. Der Grund dafür lag wie gewöhnlich im Agrarbereich: drei Jahre Missernten und die dadurch erzwungenen zusätzlichen Getreideimporte.

1980 machten Öl und Gas 67 % des sowjetischen Exports in OECD Länder aus. Die Ölpreise blieben zu dieser Zeit auf gleicher Höhe, stiegen aber nicht weiter an. Im Land wurden die Konsumgüter immer defizitärer, die Geldemission nahm zu, die Preise auf dem Kolchosmarkt legten ebenfalls zu. Die Staatsausgaben wurden immer mehr aus Sparguthaben der Bevölkerung finanziert. Die steigende finanzielle Unausgeglichenheit der Volkswirtschaft, zunehmende finanzielle Disproportionen und Knappheit auf dem Konsummarkt regten Versuche an, die Lebensmittelknappheit durch Qualitätseinbußen zu kompensieren (z. B. durch Erhöhung des Wasser- und Stärkeanteils in der Wurst). Seit Mitte der 1970er-Jahre wurde die Steigerung des Warenumsatzes etwa zur Hälfte durch verschlechterte Qualität und Preiserhöhungen erzielt. Ein Bericht von Gosplan zu diesem Thema wurde den Stellvertretenden Vorsitzenden des Ministerrats zugeleitet. Am folgenden Tag wurden alle Exemplare dieses Berichts beschlagnahmt und vernichtet.[81]

Zugleich stiegen Wirtschaftskriminalität und Korruption weiter an.[82]

---

[79] „Nach einer Schätzung der Chase Manhattan Bank erhöhte sich das Zahlungsbilanzdefizit der Länder des kommunistischen Blocks von 5 Milliarden Dollar 1974 auf 12 Milliarden Dollar im laufenden Jahr. Aus der Gesamtsumme des gemeinsamen Defizits entfällt etwa die Hälfte auf die Sowjetunion. (…) Nach der Schätzung der Chase Manhattan Bank hat die UdSSR im laufenden Jahr Gold im Wert von etwa 1 Milliarde Dollar verkauft, außerdem haben sich ihre Devisenguthaben bei westlichen Banken um 2 Milliarden Dollar verringert." Im selben Bericht heißt es, dass die Banken der USA bei Krediten für sozialistische Länder vorsichtig sind. S. Brief von K. Nazarnik (Vorstandsvorsitzender des Ministeriums für Außenhandelsbeziehungen) an Gen. M. A. Lesečko vom 25.12.1975. GARF, f. 5446, op. 109, d. 60, l. 37-39.

[80] Die Risiken, die entstehen, wenn der Import von Getreide und Anlagen für die verarbeitenden Branchen von den Ölpreisen abhängt, waren Fachleuten bereits Mitte der 1980er-Jahre bekannt, s. Chadvick u. a., Soviet Oil Exports.

[81] Bajbakov: Sorok let: „Da wir mit den alten Finanzierungsmethoden nicht mehr auskamen, mussten wir zu neuen, ‚nichttraditionellen' Methoden greifen: Die Anlagen der Bevölkerung bei den Sparkassen und Gelder von Betriebskonten wurden teilweise abgehoben und für Haushaltsausgaben verwendet." S. 134.

[82] G. Crossman: Roots of Gorbachev's Problems: Private Income and Outlay in the Late 1970s. In: Gorbachev's Economic Plans. Study Papers Joint Economic Committee. US Congress, Bd. 1. Washington, 23. November 1987. S. 213-239.

4 Risse im Fundament. Die Sowjetunion zu Beginn der 1980er-Jahre

Für die sowjetische Führung waren der Außenhandel und die Zuteilung von Devisenressourcen immer politische Instrumente. Im Außenhandel waren die eigentlich wirtschaftlichen Beziehungen und politische Aufgaben – die Unterstützung von Gesinnungsgenossen im Ausland und die Stabilisierung von Vasallenregimen in Osteuropa – eng miteinander verflochten. Die UdSSR nutzte ihre politischen Einflussmöglichkeiten intensiv und erfolgreich, um politisch relevante Entscheidungen in den entwickelten demokratischen Ländern zu manipulieren. Die Machthaber waren bereit, auch Einkünfte aus Außenhandelsverträgen Freunden zugutekommen zu lassen.[83] Zum Beispiel wurde auf Beschluss des ZK-Sekretariats vom 26. August 1980 das Außenhandelsministerium angewiesen, nach Abstimmung mit Gosplan und anderen Ministerien und Behörden die Handelsbeziehungen mit Firmen der französischen Freunde auszubauen.[84]

Am 12. Dezember 1980 schrieb der stellvertretende Leiter der Internationalen Abteilung des ZK der KPdSU Anatolij Tschernjajev an die ZK-Führung: „Die Firma ‚Magra GmbH' gehört der Französischen Kommunistischen Partei (KPF) und hat in den letzten 15 Jahren bei der Außenhandelsgesellschaft ‚Stankoimport' Kugellager für den Absatz in der Bundesrepublik Deutschland gekauft. Die Verschuldung der Firma in Höhe von 2,8 Millionen Rubeln erklärt sich dadurch, dass die Firma diesen Betrag in einen Ausbau investiert hat und dass die Nachfrage nach Kugellagern in der BRD zurückgegangen ist. Nach Meinung des Außenhandelsministeriums kann die Firma ‚Magra GmbH', wenn man ihr einen zusätzlichen Tilgungsaufschub gewährt, demnächst den Absatz der sowjetischen Kugellager in der BRD so weit erhöhen, dass sie nicht nur die Schulden bezahlen, sondern uns zusätzliche Devisieneinnahmen verschaffen kann. Die sofortige Eintreibung der Schulden würde die Firma dagegen in den Bankrott treiben und damit zu Devisenverlusten für uns und zu weiteren unerwünschten Konsequenzen führen. Die Führung der französischen Freunde unterstützt die Bitte der Firma ‚Magra GmbH', die Zahlungsfrist für ihre Schulden zu verlängern (Telegramm aus Paris, Nr. 3922 vom 9. Dezember 1980).[85]

Mit einem Beschluss des Politbüros vom 18. Januar 1983 wurde das Außenhandelsministerium (Gen. Patolitschev) beauftragt, der Firma „Interexpo" (Gen. Remiggio) 600.000 Tonnen Öl und 150.000 Tonnen Dieseltreibstoff zu vergünstigten Bedingungen – zu einem Preisnachlass von ungefähr 1 % und mit um 3-4 Monate

---

[83] Zur Verteilung der Hilfe der UdSSR an kommunistische Parteien im Ausland s. Protokoll Nr. 8 der Sitzung des Politbüros des ZK am 24. Juni 1966. RGANI, f. 89, op. 51, d. 25, l. 1; Protokoll Nr. 73 der Sitzung des Politbüros des ZK am 4. März 1968. RGANI, f. 89, op. 51, d. 27, l. 1; Auszug aus dem Protokoll Nr. 230 der Sitzung des Politbüros des ZK der KPdSU am 29. Dezember 1980 Nr. P230/34. RGANI, f. 89, op. 38, d. 47, l. 1; Über die Bitte der Sozialistischen Partei Japans. Auszug aus dem Protokoll Nr. 37 § 46gs der Sitzung des Sekretariats des ZK der KPdSU am 31.10. 1967 Nr. St-37/46gs. http://www.2nt1.com/archive/pdfs/non-comm/ct037-67.pdf.

[84] Auszug aus dem Protokoll Nr. 225, § 84gs des ZK-Sekretariats. Nr. St-225/84 am 26.8.1980. RGANI, f. 89, op. 43, d. 26, l. 1.

[85] Bericht von Anatolij Černjaev (Stellvertretender Leiter der Internationalen Abteilung des ZK) ans ZK der KPdSU. 12. Dezember 1980. RGANI, f. 89, op. 46, d. 8, l. 2.

verlängerten Zahlungsfristen – zu verkaufen, damit die Freunde aus dieser kommerziellen Operation etwa 4 Mio. Dollar gewinnen konnten.[86]

Die KP-Führung war durchaus darüber informiert, dass solche politisch motivierten Verträge wenig effizient waren. Im Protokoll der Sitzung des Politbüros am 30. November 1987 heißt es: „Viele Firmen, die die kommunistischen Parteien kontrollieren, haben nur beschränkte Kontakte und Handelsmöglichkeiten, manche machen sogar Verluste. Nur den Firmen einiger Bruderparteien – der französischen, griechischen, zypriotischen und portugiesischen – gelingt es, aus der Kooperation mit den sowjetischen Außenhandelsorganisationen merklichen Profit zu ziehen. Der Anteil, den die Firmen der Partei zugutekommen lassen, ist in der Regel sehr gering – 1 bis 5 % des Gewinns oder der abgeschlossenen Verträge…"[87]

Am 1. und 2. März 1982 besuchte eine polnische Partei- und Staatsdelegation Moskau. Während des Treffens mit der sowjetischen Führung berichtete der Erste Sekretär der Polnischen Kommunistischen Partei Jaruzelski von der schwierigen Lage der polnischen Wirtschaft, davon, dass nur 60 % des Industriepotentials genutzt würden und 400.000 Industriearbeiter und 200.000 Bauarbeiter real von Arbeitslosigkeit bedroht seien. Die polnischen Genossen bedankten sich bei der Sowjetunion für die außerordentliche wirtschaftliche Hilfe in den Jahren 1980-1981 von ungefähr 4 Milliarden Transferrubeln und 3 Milliarden Dollar in Devisen. Es wurde vereinbart, Polen 1982-1983 einen sowjetischen Kredit von 2,7 Milliarden Rubeln zu gewähren. Die polnische Delegation bat um zusätzliche umfangreiche Wirtschaftshilfe.

Das ZK-Sekretariat behandelte am 4. Oktober 1980 die Frage, ob sich die polnischen Ereignisse auf die innenpolitische Situation in der UdSSR auswirkten. In den vom ZK-Apparat zusammengestellten Unterlagen heißt es: „Die Analyse der bürgerlichen Propaganda, insbesondere der Radiosendungen in die Sowjetunion mit Bezug zu den polnischen Ereignissen ergibt, dass diese intensiv genutzt werden, um die Prinzipien des Sozialismus zu diskreditieren. Vor allem die führende Rolle der Partei in der sozialistischen und kommunistischen Gesellschaftsordnung wird in Frage gestellt. (…) Einige negative Prozesse in Polens Massenmedien zeigen, dass das ideologische Chaos dort zunehmen und zusätzliche Probleme für unsere Information und Propaganda bei der polnischen Bevölkerung schaffen wird. Die Kontrolle des ZK der polnischen Kommunistischen Partei über Zeitungen, Radio und Fernsehen lässt bereits merklich nach. Presseorgane veröffentlichen immer häufiger Diskussionen oder einfach zweifelhaftes Material, was die Bemühungen der Parteiführung, die Situation zu stabilisieren, in keiner Weise unterstützt." Im Dezember 1980 unternahm das ZK-Sekretariat der KPdSU Maßnahmen, um die Verbreitung von Informationen über die polnische Entwicklung in der UdSSR einzudämmen. Die Hauptverwaltung für den Schutz von Staatsgeheimnissen in der Presse beim Ministerrat der UdSSR erhielt

---

[86] Auszug aus dem Protokoll Nr. 24 der Sitzung des Politbüros des ZK der KPdSU am 18. Januar 1983. Nr. P94/52. RGANI, f. 89, op. 51, d. 33, l. 1.

[87] ZK der KPdSU. Auszug aus dem Protokoll der Sitzung des Politbüros des ZK der KPdSU am 30. November 1987. Frage der internationalen Abteilung des ZK der KPdSU. RGANI, f. 89, op. 38. d. 54.

den Auftrag, Bücher und andere Publikationen aus dem Handel und Abonnement zu nehmen und sie in spezielle Aufbewahrung (mit restriktiven Zugangsbestimmungen, Spezchran) zu geben.[88] Mit der Zeit wurden die außenpolitischen Aktivitäten und die Erhaltung des Imperiums immer kostspieliger (s. Tabelle 4.19).

Tabelle 4.19 Sowjetische Hilfe für die Volksrepublik Polen 1980-1981 in frei konvertierbarer Währung

Kredite	Mio. Doll.
Für Zucker. Anordnung des Ministerrats der UdSSR vom 1.8.1980 Nr. 1518rs (P207 vom 1.8.1980)	30
Zur Regelung von Abrechnungen mit kapitalistischen Ländern. Anordnung des Ministerrats der UdSSR vom 23.6.1980. Nr. 1192rs (P201/30 vom 23.6.1980)	250
Zur Gründung von Bankkonsortien zur Hilfe für die VRP Polen. Beschluss des ZK der KPdSU vom 6.6.1980 Nr. P199/2.	70
Zur Regelung von Abrechnungen mit kapitalistischen Ländern. Anordnung des Ministerrats der UdSSR vom 11.11.1980. Nr. 1019–347 (P224/70 vom 11.11.1980.)	150
Für den Einkauf von Getreide und Lebensmitteln. Anordnung des Ministerrats der UdSSR Nr. 1019–347 (P224/70 vom 11.11.1980.)	190
Summe	690
Tilgungsaufschub	
Tilgungsaufschub bei sowjetischen Banken. Beschluss des ZK der KPdSU vom 6.6.1980 (P199/11 vom 6.6.1980.)	219
Tilgungsaufschub bei sowjetischen Banken. Anordnung des Ministerrats der UdSSR vom 11.9.1980. Nr. 1840rs (P214/11 vom 11.9.1980.)	280

---

[88] Information für die Bruderparteien. 7. März 1982. Die Information über den offiziellen Besuch der Partei- und Staatsdelegation der Polnischen Volksrepublik unter Leitung von Wojcech Jaruzelski in Moskau am 1.-2. März 1982 wurde von Tomasz Mianowicz zur Verfügung gestellt. http://www.2ntl.com/archive/pdfs/poland/pol-gdr82.pdf; Beschluss des ZK-Sekretariats der KPdSU Nr. St-231/5c vom 4. Oktober 1980 „Über einige zusätzliche Maßnahmen zur Propaganda und Gegenpropaganda im Zusammenhang mit der Entwicklung in Polen". RGANI, f. 89, op. 46, d. 59, l. 4-7; Beschluss des Sekretariats des ZK der KPdSU Nr. 242/61gs vom 22. Dezember 1980 „Über einige zusätzliche Maßnahmen zur Kontrolle der Verbreitung der polnischen Presse in der UdSSR". RGANI, f. 89, op. 46, d. 81, l. 1-26.

Tabelle 4.19 Fortführung

Kredite	Mio. Doll.
Tilgungsaufschub bei sowjetischen Banken. Anordnung des Ministerrats der UdSSR vom 11.11.1980. Nr. 1019–347 (P224/70 vom 11.11.1980.)	280
Tilgungsaufschub für die Hauptschuld aller früher gewährten Kredite. Anordnung des Ministerrats der UdSSR vom 16.8.1981. Nr. 1630rs (P23/14 vom 16.8.1981.)	Bis 1000
Summe	1779
Unentgeltliche Hilfe	
Gemeinsame unentgeltliche Hilfe der UdSSR, Volksrepublik Ungarn, Volksrepublik Bulgarien, DDR, SSR auf Kosten von Erdöllieferungen an Comecon-Länder. Beschluss des ZK der KPdSU vom 28.11.1980. Nr. 227/21	465
Summe	2934

Quelle: Gosplan SSSR v CK KPSS. Spravka „O sovetskoj pomošči PNR v svobodno konvertiruemoj valjute v 1980-1981 gg." (Gosplan der UdSSR ans ZK der KPdSU. Gutachten „Über sowjetische Hilfe für die VR Polen in frei konvertierbarer Währung 1980-1982"). 23. September 1982. RGANI, f. 89, op. 66, d. 8.

4.7 Der Ölpreisverfall: Der letzte Schlag

1981-1984 stand der sowjetischen Regierung ein Instrument zur Verfügung, um den zunehmenden Schwierigkeiten im Außenhandel zu begegnen, nämlich die Öllieferungen zu erhöhen. Diese stiegen von 93.1 Mio. Tonnen 1975 auf 119 Mio. Tonnen 1980 und 1983 auf 130 Mio. Tonnen.[89] Das Wachstum der Erdölförderung ließ Ende der 1970er-Jahre jedoch nach.

Die Tatsache, dass die Situation auf den Ölmärkten nicht nur von wirtschaftlichen, sondern auch von politischen Faktoren bestimmt wird, dürfte der sowjetischen Führung bekannt gewesen sein. Sie hatte sich selbst intensiv an der Manipulation dieses Markts beteiligt. In einem Schreiben des KGB-Chefs Andropov an Generalsekretär Breschnew vom 23. April 1974 heißt es:

„Das Komitee für Staatssicherheit unterhält seit 1968 konspirative amtliche Kontakte zu dem Mitglied des Politbüros der Volksfront für die Befreiung Palästinas (PFLP), dem Leiter der Abteilung für Äußere Operationen der PFLP Wadia Had-

---

[89] Die Daten beziehen sich auf die statistischen Jahrbücher „Narodnoe chozjajstvo v SSSR" (Die Volkswirtschaft in der UdSSR) verschiedener Jahre. Eine Gewissheit für die Genauigkeit dieser Daten gibt es nicht. In einem so empfindlichen Bereich könnte die offizielle sowjetische Statistik bewusst verfälscht sein. Allerdings spiegeln die angeführten Zahlen das Gesamtbild der Entwicklung und des raschen Anstiegs des Erdölexports wider.

dad. Bei einem Treffen mit dem Residenten des KGB im Libanon, das im April d. J. stattfand, legte Wadia Haddad in einem vertraulichen Gespräch das geplante Programm für die Diversions- und Terroraktionen der PFEP dar. Das Hauptziel der Sonderaktionen der PFLP ist es, die Effektivität des Kampfes der Palästinensischen Widerstandsbewegung gegen Israel, den Zionismus und den amerikanischen Imperialismus zu steigern. Davon ausgehend besteht die Diversions- und Terroraktivität der Organisation vor allem

- in der Fortsetzung des Ölkrieges der arabischen Länder gegen die imperialistischen Kräfte, die Israel unterstützen;
- in Aktionen gegen amerikanisches und israelisches Personal in Drittländern mit dem Ziel, zuverlässige Informationen über Pläne und Absichten der USA und Israels zu erhalten;
- Diversions- und Terrorakte auf israelischem Territorium;
- Diversionsaktionen gegen das Diamantenkartell, dessen Grundkapital israelischen, englischen, belgischen und westdeutschen Gesellschaften gehört.

Zur Zeit bereitet die PLEP eine Reihe von Spezialoperationen vor, darunter Schläge gegen große Erdölspeicher in verschiedenen Teilen der Welt (Saudi-Arabien, Persischer Golf, Hongkong u. a.), die Vernichtung von Öltankern und Supertankern, Aktionen gegen diplomatische Vertreter Amerikas und Israels im Iran, in Griechenland, Äthiopien und Kenia, einen Überfall auf das Diamantenkartell in Tel Aviv u. a.

Wadia Haddad wandte sich an uns mit der Bitte, seiner Organisation bei der Beschaffung von speziellen technischen Mitteln, die für die Durchführung einzelner Diversionsakte erforderlich sind, behilflich zu sein. (...) Auf Grund dieser Darlegungen halten wir es für zweckdienlich, beim nächsten Treffen die Bitte Haddads, der Volksfront zur Befreiung Palästinas Hilfe mit speziellen Mitteln zu leisten, positiv zu bescheiden."[90]

Der Einmarsch in Afghanistan, den die Staaten des Persischen Golfs und vor allem Saudi-Arabien als potentielle Bedrohung empfanden, spielte eine entscheidende Rolle bei der grundlegenden Änderung ihrer Beziehungen zu den USA. Sie waren auf die potentielle militärische Unterstützung der Supermacht angewiesen, und Amerika wiederum auf niedrigere Ölpreise. Diese für beide Seiten wichtigen Themen wurden erstmals auf hoher Ebene im April 1981 bei dem Besuch des CIA-Chefs Casey in Saudi-Arabien behandelt.[91]

---

[90] Bericht von Jurij Andropov (Leiter des KGB) an ZK-Generalsekretär Leonid Brežnev. Über das konspirative Treffen des KGB-Residenten im Libanon mit Wadia Haddad am 23.4.1974 Nr. 1071-A/OB. Bukowski, Abrechnung, S. 53 f. http://bukovsky-archives.net/pdfs/terr-wd/plo75a.pdf. In einem anderen Brief an Brežnev, in dem es um Waffenlieferungen an die Volksfront für die Befreiung Palästinas geht, bezeichnet Andropov Haddad als Vertrauensperson des KGB. S. Bericht Andropovs an Brežnev. Über die Übermittlung einer Sendung von ausländischen Waffen mit Munition. 16.5.1975 Nr. 1218-A7OB. Bukowski, ebd., S. 55. http://bukovsky-archives.net/pdfs/terr-wd/plo75d.pdf.

[91] Peter Schweizer: Victory: The Reagan Administration's Secret Strategy that Hastened the Collapse of the Soviet Union. New York 1994. S. 218.

Im Herbst 1981 war die Sowjetunion wegen ernster Zahlungsbilanz-Probleme gezwungen, die sozialistischen osteuropäischen Länder von einer Kürzung der jährlichen Öllieferungen um 10 % in Kenntnis zu setzen, da die freiwerdenden Ressourcen für erhöhte Exporte in OECD-Länder verwendet werden müssten. Aber selbst zu dieser Zeit konnten politische Gesichtspunkte nicht ignoriert werden. Die kritische Lage in Polen ließ es nicht zu, die Erdöllieferungen an den größten osteuropäischen Satelliten einschneidend zu reduzieren. Wenn man den osteuropäischen Teil des Imperiums bewahren wollte, musste man die politische Stabilität in den Comecon-Ländern sicherstellen.[92] Als 1985 der Ölpreis erstmals in der sowjetischen Wirtschaftsgeschichte sank, gingen die Lieferungen in die entwickelten kapitalistischen Länder deutlich zurück (s. Tabelle 4.20). Den Export in die Comecon-Länder wollte die sowjetische Führung nicht senken.

Tabelle 4.20 Erdölexport der UdSSR 1980–1986

Jahr	1980	1983	1984	1985	1986
Export in sozialistische Länder, Mio. t	84,8	80,0	80,6	77,9	85,3
Export in entwickelte kapitalistische Länder, Mio. t	30,7	44,8	44,0	33,3	37,6

Quelle: Socialističeskie strany i strany kapitalizma v 1986 g. Statističeskij sbornik (Sozialistische und kapitalistische Länder 1986. Statistisches Jahrbuch). Moskau 1987.

Richard Pipes empfahl der amerikanischen Regierung Anfang der 1980er-Jahre, die Abhängigkeit der sowjetischen Wirtschaft von den Ölpreisen zu nutzen, um das kommunistische Regime zu destabilisieren. Casey, den US-Präsident Reagan zum CIA-Direktor ernannt hatte, besaß Erfahrung mit der Ausnutzung wirtschaftlicher Schwächen des Gegners. Er hatte sich damit während des Zweiten Weltkriegs befasst und versucht, Hitlerdeutschland gemeinsam mit den Alliierten möglichst großen ökonomischen Schaden zuzufügen.

Bereits am 26. März 1981 findet sich in Reagans privatem Tagebuch ein Eintrag über ein Briefing zum Zustand der sowjetischen Wirtschaft und ihre Probleme durch die Abhängigkeit von westlichen Krediten. Im November 1982 unterzeichnete er eine Direktive über die nationale Sicherheit (NSDT – 66), in der das Ziel gesetzt wurde, der sowjetischen Wirtschaft zu schaden.[93] Natürlich wollte man die UdSSR

---

[92] „Internationale Solidarität generell und Freundschaft mit der Sowjetunion im Besonderen sind an sich eine große Sache, aber sie sind besonders beständig, wenn man sie mit Erdöllieferungen untermauert, die drei bis viermal billiger sind als auf dem Weltmarkt. Ich war Zeuge, wie Nicolae Ceaușescu dem sowjetischen Führer mit Pathos vorwarf, Rumänien erhalte insgesamt 5-6 Mio. Tonnen sowjetisches Öl jährlich und die anderen Länder die doppelte und dreifache Menge. Was ist denn das für ein proletarischer Internationalismus!" Šachnazarov, C voždjami i bez nich, S. 119. Robert W. Campbell: Trends in the Soviet Oil and Gas Industry. London 1976. S. 80 f.

[93] Schweizer, Victory, S. XXVI, 6-12, 26-32; R. Strayer, Why Did the Soviet Union Collapse, S. 127. Zur Vereinbarung zwischen den USA und Saudi-Arabien über eine Preissenkung für Erdöl s. V. G.

4 Risse im Fundament. Die Sowjetunion zu Beginn der 1980er-Jahre

wirtschaftlich und politisch zu schwächen. Niemand in der amerikanischen Führung hätte jedoch in diesen Jahren davon geträumt, die ökonomische Verwundbarkeit der UdSSR zu nutzen, um sie zum Zusammenbruch zu bringen.

Wenn diese Version der Entwicklung zutrifft, sagt sie viel aus über das intellektuelle Niveau der sowjetischen Führung zu Beginn der 1980er-Jahre. Die Führung eines Landes muss schon besonders inkompetent sein, wenn sie die Wirtschaft und Politik einer Weltmacht von den Entscheidungen eines potentiellen Gegners (USA) und des Hauptkonkurrenten auf dem Ölmarkt (Saudi-Arabien) abhängig macht und abwartet, bis sie sich einigen. Darüber hinaus ist Saudi-Arabien ein Land, in dem der Wahhabismus die offizielle Religion ist – der Zweig des Islam, für den der heilige Krieg gegen die Ungläubigen für einen gläubigen Muslim obligatorisch ist.

Unterdessen wurde die Finanzlage der sozialistischen Länder immer schwieriger. In einem Brief der ökonomischen Devisenverwaltung der Gosbank heißt es: „Die sozialistischen Länder haben seit Anfang der 1970er-Jahre in großem Umfang Kredite bei westlichen Banken aufgenommen, als die Zeichen auf politischer Entspannung standen und der Handel zwischen Ost und West ausgeweitet wurde, die Weltwirtschaft wuchs und Preise für Energie und Rohstoffe anstiegen. Allerdings ging das Wachstum der Weltwirtschaft 1981 allmählich zurück, und die Schulden der sozialistischen Länder hatten zu diesem Zeitpunkt insgesamt eine Rekordhöhe von 127 Milliarden Dollar erreicht. Einige von ihnen waren kaum zahlungsfähig. 1982-1983 wurden ihnen – mit Ausnahme von Ungarn – keine Konsortialkredite gewährt. Unter diesen Umständen waren die sozialistischen Länder gezwungen, den Import gegen frei konvertierbare Währung zu reduzieren und den Export auf dem früheren Niveau zu belassen oder leicht zu erhöhen."[94]

Die sowjetische Akademie der Wissenschaften informierte Anfang 1984 den Ministerrat über die instabile Lage auf dem Ölmarkt: „Nach einer kurzfristigen Preisstabilisierung für Öl im 3. Quartal dieses Jahres ist die Situation im 4. Quartal für die erdölexportierenden Länder wieder schwieriger. Die langsame und ungleichmäßige Entwicklung im Aufschwung der kapitalistischen Wirtschaft, die Auswirkung von Energiesparmaßnahmen, die stillschweigende Überschreitung der von der OPEC festgelegten Förderquoten durch einige Länder und schließlich der milde Winter haben zu einem Überfluss an Ölreserven geführt. Die Nachfrage nach Öl auf dem kapitalistischen Markt ist um 1% zurückgegangen, und obwohl die meisten offiziellen Verkaufspreise unverändert geblieben sind, sind die Preise für Einmal-Geschäfte auf dem freien Markt gefallen und liegen jetzt um 9,7 Dollar pro Tonne unter dem offiziellen Preis für Nordseeöl der Marke ‚Brent'. ... Diese Entwicklung hat die Streitereien innerhalb der OPEC verstärkt, was sich auf der OPEC-Konferenz in Genf Anfang Dezember d. J. gezeigt hat. Nigeria, Iran, Irak und Venezuela verlangten eine offizielle Erhöhung ihrer Förderquote sowie Korrekturen an der bestehenden

---

Treml/M. Ellman: Debate: Why did the Soviet Economic System Collapse. In: Radio Free Europe. Radio Liberty Research Report. 2 (23), 1993. S. 53-58.

[94] Zur finanziellen Devisensituation der sozialistischen Länder Mitte 1988 s. PP Nr. 4013 vom 24. Februar 1988. RGAĖ, f. 2324, op. 33, d. 696, l. 4, 5.

Regelung von Preisnachlässen und -aufschlägen für verschiedene Ölsorten zu ihren Gunsten. Obwohl die Konferenz schließlich entschied, die bisherigen Preise, individuelle Quoten und den Gesamtumfang der Ölförderung beizubehalten, konnte sie keine Sanktionen oder Präventivmaßnahmen gegen Länder vornehmen, die gegen die früheren Vereinbarungen verstoßen."

Zu dieser Zeit wurde in offiziellen Dokumenten die unberechenbaren Preise für wichtige Rohstoffe deutlich angesprochen. Bereits im folgenden Bericht der Akademie der Wissenschaften ist von einer Stabilisierung der Lage auf dem Ölmarkt die Rede: „Spezialisten gehen davon aus, dass die Möglichkeiten eines weiteren Sinkens der absoluten Werte im Ölverbrauch, auch in Westeuropa, zurzeit erschöpft sind und die Nachfrage nach Öl im Laufe von 1984 um 1,5 – 2% ansteigen wird. Dadurch werden die offiziellen OPEC-Preise 1984 konstant bleiben. Die Preise auf dem freien Markt haben im ersten Quartal fast das Niveau der offiziellen Verkaufspreise erreicht. Die OPEC-Konsultationen mit anderen ölexportierenden Ländern über eine Stützung der bestehenden Preise wurden fortgesetzt. Eine Stärkung des Markts hing auch mit dem zunehmenden Konflikt zwischen Iran und Irak und der befürchteten Schließung der Straße von Hormuz zusammen." In den folgenden Berichten der Akademie der Wissenschaften an die sowjetische Regierung spiegelten sich die Befürchtungen eines drastischen Ölpreisverfalls ebenso wider wie die nüchterne Einsicht, dass sich die Entwicklung nicht genau prognostizieren lässt.[95]

1985 führten die steigenden Ausgaben, um neue Quellen in Betrieb zu nehmen und die bestehenden zu unterhalten, sowie fehlende Ressourcen zu einem Rückgang der sowjetischen Ölförderung um 12 Mio. Tonnen. Seit 1981-1984 waren die realen Ölpreise langsam gesunken. Nun folgte auf den Beschluss Saudi-Arabiens, die Förderung mehr als zu verdreifachen (s. Kap. 3), ein in der Branche beispielloser Preissturz. 1985-1986 fielen die Preise um ein vielfaches. Dies betraf eine Ressource, von der das Budget der Sowjetunion abhing: die Außenhandelsbilanz, die Stabilität des Verbrauchermarkts, die Möglichkeit, Dutzende von Millionen Tonnen Getreide pro Jahr einzukaufen, die Auslandsschulden zu bezahlen und die Armee sowie den militärindustriellen Komplex zu finanzieren.

Das war nicht die Ursache für den Zusammenbruch des sozialistischen Systems. Dieser war von den grundlegenden Merkmalen des sowjetischen Wirtschaftssystems

---

[95] A. P. Aleksandrov (Präsident der Akademie der Wissenschaften) an den Vorsitzenden des Ministerrats der UdSSR Gen. Nikolaj Tichonov: „Die Wirtschaft der kapitalistischen Länder und die Lage auf den Öl-, Gas- und Goldmärkten im vierten Quartal 1983." Erstellt von Mitarbeitern des IMEMO und des Instituts für USA und Kanada der Akademie der Wissenschaften der UdSSR. 3. Januar 1984. GARF, f. 5446, op. 144, d. 1256, l. 5, 6. A. P. Aleksandrov an den Vorsitzenden des Ministerrats Gen. Tichonov: „Die Wirtschaft der kapitalistischen Länder und die Lage auf den Öl-, Gas- und Goldmärkten im ersten Quartal 1984." Erstellt von Mitarbeitern des IMEMO und des Instituts für USA und Kanada der Akademie der Wissenschaften der UdSSR. 5. April 1984. GARF, f. 5446, op. 144, d. 1255, l. 113, 114. Berichte zur Wirtschaft der kapitalistischen Länder und zur Lage auf den Öl-, Gas- und Goldmärkten im 2. Quartal 1984, 3. Quartal 1984, 4. Quartal 1985, 1. Quartal 1986. GARF, f. 5446, op. 144, d. 1255, l. 131-150, GARF, f. 5446, op. 144, d. 1255, l. 46-66, GARF, f. 5446, op. 147, d. 1079, l. 50-69, GARF, f. 5446, op. 147, d. 1079, l. 123-141.

vorgezeichnet: Die Ende der 1920er und Anfang der 1930er entstanden Institutionen waren zu unflexibel. Sie setzten das Land außerstande, sich an die globalen Herausforderungen Ende des 20. Jahrhunderts anzupassen. Das Erbe der sozialistischen Industrialisierung, die anormale Belastung durch die Verteidigungsausgaben, die schwere Krise der Landwirtschaft und die fehlende Konkurrenzfähigkeit der verarbeitenden Branchen machten den Zusammenbruch des Regimes unausweichlich. In den 1970er- und frühen 1980er-Jahren konnte man diese Probleme mit hohen Ölpreisen kompensieren. Aber dieses Fundament war nicht zuverlässig genug, um das letzte Imperium zu erhalten.

4.8 Der Zerfall der UdSSR: Das Unerwartete wird zur Regel

1982 hielt Senator William Proxmire in einem Resümee der CIA-Berichte über die sowjetische Wirtschaft fest: „Drei grundsätzliche Untersuchungsergebnisse sind hervorzuheben: erstens, das sowjetische Wirtschaftswachstum lässt allmählich nach. Dennoch wird die Wirtschaft auf absehbare Zeit weiter wachsen. Zweitens ist die Wirtschaftsleistung schlecht und ineffizient, was jedoch nicht bedeutet, dass sie nicht lebensfähig oder dynamisch wäre. Drittens ist trotz der Diskrepanz in der sowjetischen Wirtschaft zwischen Leistung und Plan nicht im Entferntesten an einen wirtschaftlichen Kollaps der UdSSR zu denken."[96]

Die meisten Beobachter schenkten der Tatsache keine Aufmerksamkeit, dass sich die Beziehungen zwischen der UdSSR und der Welt in den 1960er- und 1970er-Jahren kardinal verändert hatten. Zu dieser Zeit war die Wirtschaft der Sowjetunion, eine formell geschlossene Wirtschaft, in Wirklichkeit in das internationale Handelssystem integriert und hing von der Konjunktur der Weltmärkte ab (s. Tabelle 4.21). Das nahmen in der Regel nur Forscher zur Kenntnis, die sich mit den Getreide- und Ölmärkten befassten. Die meisten Analysten, die das soziale System untersuchten, hielten dessen Grundlage für dauerhaft.[97]

---

[96] Henry Rowen: Central Intelligence Briefing on the Soviet Economy. In: Erik Hoffmann, Robbin Laird: The Soviet Policy in the Modern Era. New York 1984. S. 417.
[97] Zur dominierenden Vorstellung in der sowjetologischen Literatur, dass die sowjetische Wirtschaft stabil sei, s. Trevor Buck/John Cole: Modern Soviet Economic Performance. Oxford 1987; Millar, An Economic Overview, S. 173-186. Zur politischen Stabilität der Sowjetunion Anfang der 1980er-Jahre s. Giuseppe Boffa: Istorija Sovetskogo Sojuza. T. 2. Ot otečestvennoj vojny do položenija vtoroj deržavy. Stalin i Chruščev. 1941-1964 gg. (Die Geschichte der Sowjetunion. Bd. 2. Vom Vaterländischen Krieg bis zur Grundlegung der zweiten Weltmacht. Stalin und Chruščev. 1941-1964). Moskau 1994. S. 538-542.

Tabelle 4.21 Der Außenhandel der UdSSR mit den OECD-Ländern, 1950–1989

Jahr	Mio. Rb. im Nominalwert		Mio. Doll		Mio. Doll. f. d. Jahr 2000	
	Export	Import	Export	Import	Export	Import
1950	236	204	262	227	1586	1371
1960	913	1004	1014	1116	4822	5302
1965	1347	1469	1497	1632	6640	7241
1970	2154	2540	2393	2822	8694	10251
1975	6140	9704	8535	13489	22459	35496
1976	7834	10824	10419	14396	25918	35811
1977	8817	9925	11815	13300	27637	31110
1978	8701	10979	12703	16029	27761	35029
1979	12506	13248	19009	20137	38364	40640
1980	15862	15721	24427	24210	45203	44801
1981	17247	18112	23973	25176	40550	42584
1982	18849	18892	26012	26071	41466	41561
1983	19653	18719	26532	25271	40686	38753
1984	21349	19574	26259	24076	38816	35589
1985	18581	19294	22297	23153	31986	33213
1986	13109	15853	18615	22511	26126	31595
1987	14186	13873	22414	21919	30620	29944
1988	14666	16321	24199	26930	31971	35579
1989	16392	20497	25899	32385	32968	41224

Anmerkung: Umrechnung in Dollar nach dem Kurs der Gosbank.

Quelle: Statističeskie sborniki „Vnešnjaja torgovlja SSSR" za raznye gody (Statistische Jahrbücher „Außenhandel der UdSSR" verschiedener Jahre). M. Finansy i statistika. (Moskau. Finanzen und Statistik).

Es erschienen auch Arbeiten, in denen von Risikofaktoren die Rede war, die die Stabilität des sowjetischen Regimes unterminieren könnten. Aber derartige Publikationen waren eher die Ausnahme, und ihr Einfluss auf die Vorstellung von einer künftigen UdSSR war begrenzt.[98] 1985 war kaum die Vorstellung zu vermitteln, dass

---

[98] Alexander Shtromas, Morton A. Kaplan (Hrsg.): The Soviet Union and the Challenge of the Future. Bd. 1: Stasis and Change. New York 1988.

4 Risse im Fundament. Die Sowjetunion zu Beginn der 1980er-Jahre

es in sechs Jahren keine Sowjetunion, keine herrschende Kommunistische Partei und kein sowjetisches Wirtschaftssystem mehr geben würde.

Der unerwartete Zusammenbruch der jahrzehntelang bestehenden wirtschaftspolitischen Konstruktion führte zu Irritationen. Er stellte die Reputation der Experten für sowjetische Wirtschaft und Politik in Frage.[99] Die Tatsache, dass die CIA die Anzeichen der kommenden Krise und des Zusammenbruchs der UdSSR nicht gesehen hatte, war für Kritiker dieser Einrichtung der größte Fehlschlag in deren Arbeit. Viele Sowjetologen verteidigten sich denn auch entsprechend – ihre Fehleinschätzung habe ganz offensichtlich daran gelegen, dass man die ökonomische Krise der UdSSR unmöglich hätte vorhersehen können. Unter dieser Gruppe war es weit verbreitet, das Geschehen auf subjektive Ursachen zurückzuführen, nämlich auf Fehler, die die sowjetische Führung nach 1985 begangen habe.[100]

Dieser Standpunkt kommt in die Nähe der Version, die die Ereignisse als Folge einer internationalen Intrige ausgibt. In Russland wird sie von Autoren vertreten, die an eine Weltverschwörung gegen Russland glauben. Wenn man diese Position übernimmt, ist es nicht schwer, zu erklären, was in unserem Land Ende der 1980er- und Anfang der 1990er-Jahre passiert ist. Es ist zu bedenken, dass es in Russland Tradition hat, für die eigenen Probleme ausländische Umtriebe verantwortlich zu machen.

Die in Russland verbreitete Vorstellung von der dämonischen Allmacht der CIA ist eine Umkehrung der Überzeugung in Washington, dass sich die CIA Ende der 1980er- und Anfang der 1990er-Jahre hinsichtlich der Entwicklung in der UdSSR und dann in Russland als vollkommen inkompetent erwiesen hat.

Es gibt noch eine weitere Version zum Zusammenbruch der sowjetischen Wirtschaft. Sie steht im Zusammenhang mit dem intensivierten Wettrüsten, das mit dem Amtsantritt von Präsident Reagan einsetzte. Die UdSSR sei dadurch gezwungen worden, ihre Militärausgaben zu erhöhen und habe diese zunehmenden Belastungen nicht tragen können.[101] Um beurteilen zu können, inwieweit diese Interpretation berechtigt ist, muss man wissen, wie die Entscheidungen über Rüstungsausgaben und Waffenkäufe in der UdSSR Ende der 1970er- und Anfang der 1980er-Jahre zustande kamen.

---

[99] Zu dem für westliche Forscher unerwarteten Zusammenbruch der Sowjetunion s. Grigory Grossman: The Soviet Economy in Mid-1991: An Overview. In: George W. Breslauer: Dilemma of Transition: In the Soviet Union and Eastern Europe. Berkeley 1991. S. 65.

[100] Zu den Vorstellungen der Sowjetologen, die den Zusammenbruch der Sowjetunion mit subjektiven Entscheidungen der sowjetischen Führung nach 1980 in Verbindung bringen, s. Mark Harrison: Coercion, Compliance, and the Collapse of the Soviet Command Economy. Department of Economics University of Warwick. März 2001; V. Kontorovich: The Economic Fallacy. In: The National Interest. 1993. Bd. 31, S. 44; David Pryce-Jones: The War that Never Was: The Fall of the Soviet Empire. 1985-1991. London 1995; Stephen White: Gorbachev and After. Cambridge 1991. Zu analogen Auffassungen in Russland: Ot katastrofy k vozroždeniju: pričiny I posledstvijy razrušenija SSSR (Von der Katastrophe zur Wiedergeburt: Ursachen und Folgen der Zerstörung der UdSSR). Hrsg. v. I. P. Osadčij. Moskau 1999. S. 7.

[101] Zu der Theorie, die den Zusammenbruch mit der Politik der Reagan-Administration in Verbindung bringen, s. Schweizer: Victory, S. 198.

Neben der Unterstützung der sozialistischen Länder hatten die Militärausgaben bei der sowjetischen Führung höchste Priorität.[102] Ihr Ausmaß und ihr Anteil am BIP waren nicht einmal den Führern von Regierung und Armee bekannt. Dies zeigen die widersprüchlichen Angaben, die der letzte sowjetische Präsident Michail Gorbatschow und der Leiter des Generalstabs Vladimir Lobov hierzu machten.[103] Man kann dies auch nicht genau angeben, die Zahlen bezogen sich auf verschiedene Haushaltsposten und sind nicht kompatibel. Außerdem ist nicht zu klären, inwieweit die sowjetischen Preise für Militärtechnik den ökonomischen Realitäten entsprachen. Aber es ist unbestreitbar, dass der Anteil der Militärausgaben am BIP in jedem internationalen Vergleich hoch war. Wenn ein Land, das ein Viertel der amerikanischen Wirtschaftsleistung erbringt, mit den USA und ihren Verbündeten militärisch gleichzieht und dabei noch 40 Divisionen an der chinesischen Grenze unterhält, dann ist das natürlich kostspielig. Die hohen Militärausgaben bremsten die Entwicklung des zivilen Sektors der sowjetischen Wirtschaft.[104] Aber auch ohne militärische Belastung waren die Investitionen in die Wirtschaft in den 1980er-Jahren wenig effizient.

Es gibt keine überzeugenden Belege, dass die Sowjetunion im Laufe des intensivierten militärischen Wettstreits mit den USA Anfang der 1980er-Jahre die Militärausgaben signifikant erhöht hätte.[105] Der sowjetische militärindustrielle Komplex war bekanntlich schwerfällig. Wieviel Waffen produziert wurden, war keine Frage des militärischen Bedarfs, sondern der Produktionsmöglichkeiten. Wenn es technisch möglich war, die Produktion zu steigern, ließ sich die Notwendigkeit dafür immer begründen. Auf die Frage von Gorbatschows Assistent Georgij Schachnasarov, warum soviel Waffen produziert werden müssten, gab der Leiter des Generalstabs Sergej Achromejev die Antwort: „Weil wir unter großen Opfern erstklassige Betriebe geschaffen haben, die nicht schlechter sind als die der Amerikaner. Wollen Sie denen denn sagen, sie sollten ihre Arbeit einstellen und Töpfe produzieren? Das ist doch utopisch."[106]

---

[102] Die Unterstützung sozialistischer Länder schätzt Kudrov auf 20 Milliarden Dollar pro Jahr. Die Schätzungen von Nikolaj Ryžkov, die sich auf die Zeit von 1986-1989 bezogen, gehen von etwa denselben Zahlen aus. Allein die Hilfe für Kuba kostete nach Angaben westlicher Forscher die Sowjetunion jährlich etwa 6-7 Milliarden Dollar. Kudrov, Sovetskaja ėkonomika, S. 59; Nikolaj Ryžkov: Desjat' let velikich potrjasenij (Zehn Jahre großer Erschütterungen). Moskau 1995, S. 232. Allerdings muss man einräumen, dass die Schätzungen der sowjetischen Unterstützung in realen Dollars mehr als umstritten sind. Die wichtigste Komponente waren Waffen und Militärtechnik, und konvertierbare Währung konnte man dafür nicht bekommen.

[103] V. Šlykov: Čto pogubilo Sovetskij Sojuz? Genštab i ėkonomika (Was brachte die Sowjetunion um? Generalstab und Wirtschaft). In: Voennyj vestnik, 9, 2002, S. 192.

[104] Zum Zusammenhang der Ausgabenlast mit dem verlangsamten Wirtschaftswachstum s. a. Dallin, Causes of the Collapse, S. 294 ff.

[105] Zum Fehlen von Angaben, die eine deutliche Zunahme der sowjetischen Militärausgaben Anfang der 1980er-Jahre belegen, s. z. B. Coit D. Blacker: Hostage to Revolution. Council on Foreign Relations Press, 1993, S. 28; Roland Thomas Maddock: The Political Economy of Soviet Defense Spending. Basingstoke 1988. S. 88 ff.; Philip Hanson: The Rise and Fall of the Soviet Economy. London 2003; Richard F. Kaufman: Soviet Defense Trends: A Staff Study, Joint Economic Committee, 1983.

[106] William E. Odom: The Collapse of the Soviet Military. London 1998. S. 105.

4 Risse im Fundament. Die Sowjetunion zu Beginn der 1980er-Jahre

Ein Beispiel dafür, wie Entscheidungen zur Rüstungsproduktion in der UdSSR getroffen wurden, ist die sowjetische Herstellung von Panzern. Die UdSSR produzierte in den 1970er-Jahren 20-mal mehr Panzer als die USA. Als nach dem arabisch-israelischen Krieg klar wurde, dass für eine Neuausrüstung der israelischen Armee große Panzerlieferungen erforderlich waren, wurde die Produktion in den USA einige Jahre etwa auf ein Viertel des Quantums der sowjetischen Produktion erhöht. Der sowjetischen Armee standen 60.000 Panzer zur Verfügung, was ein Vielfaches mehr war als die USA und ihre Verbündeten besaßen.

Wenn man den Militäraufbau in den 1970er- und frühen 1980er-Jahren militärstrategisch analysierte, konnte man als westlicher Experte angesichts der Intensität, mit der die Panzer-Armada aufgerüstet wurde, nur einen einzigen Schluss ziehen, nämlich den, dass ein Angriff auf Westeuropa bis zum Golf von Biskaya vorbereitet wurde. In Wirklichkeit verhielt es sich anders. Aus Unterlagen, die später zugänglich wurden, geht hervor, dass die für Friedenszeiten beispiellose Panzerproduktion auf der Überzeugung beruhte, dass die USA im Kriegsfall mehr Möglichkeiten hätten, ihre Produktion zu steigern. Im Generalstab wurde argumentiert, dass die Verluste der sowjetischen Truppen an Panzern in den ersten Kriegsmonaten sehr hoch sein könnten. Daraus folgerte man, dass möglichst viele zu Friedenszeiten hergestellt werden müssten.[107] Dabei wurde außer Acht gelassen, dass Jahrzehnte nach dem Zweiten Weltkrieg die Ausrüstungen so kompliziert geworden waren, dass auch die USA und ihre Verbündeten die Panzerproduktion nicht kurzfristig steigern könnten. Wesentlich bei der Diskussion dieser Frage in der UdSSR waren nicht militärische Überlegungen, sondern dass die Panzerfabriken bereits gebaut und Arbeiter dort beschäftigt waren. Sie sollten Panzer produzieren. Das galt auch für andere militärische Bereiche.

Die Geschichte der Stationierung sowjetischer SS 20-Mittelstreckenraketen ist hierfür eine weitere Bestätigung. Man hatte eine gute Rakete, die man in großen Mengen produzieren konnte. Die sowjetische Führung beschloss, ein neues Kernwaffensystem zu entwickeln. Dabei wurde nicht berücksichtigt, dass dies die Stationierung von Mittelstreckenraketen der NATO in Westeuropa provozieren könnte, womit sich das Risiko für die UdSSR wegen der kürzeren Flugzeit der gegnerischen Raketen erhöhen würde. Als sich das herausstellte, musste sich die UdSSR auf eine Vereinbarung einlassen, die Mittelstreckenraketen in Europa zu liquidieren. Aber das geschah erst, nachdem in ihre Entwicklung bereits erhebliche Mittel investiert worden waren.

---

[107] Argumente, dass man die Panzerproduktion zu Friedenszeiten steigern müsse, weil im Falle eines beginnenden Krieges eine neue Militärproduktion nicht möglich sei, führt der bekannte und renommierte sowjetische Militärführer V. Sokolovskij in seinem Buch an: Voennaja strategija (Militärstrategie). Moskau 1968. S. 387 f. Aus einer Aussage von Generaloberst A. Danilevič, dem ehemaligen stellvertretenden Generalstabschef: „Was konventionelle Waffen betrifft, hatten wir ein wesentliches Übergewicht. 1991 standen 63.900 Panzer zur Verfügung (die Panzer der Verbündeten nicht mitgerechnet), 66.900 Artilleriewaffen, 76.500 Schützenpanzer und Infanteriepanzer (BTR und BMP), 12.200 Flugzeuge und Hubschrauber, 437 große Kriegsschiffe. Wir hatten sechsmal so viel Panzer wie die NATO." Šlykov, Čto pogubilo Sovetskij Sojuz, S. 21.

Der US-Kongress beschloss Anfang der 1980er-Jahre, einen Sonderausschuss zu gründen, der die Schätzungen der CIA über die sowjetische Rüstung überprüfen sollte. Der Ausschuss kam zu dem Schluss, dass sich der Produktionsumfang militärpolitisch nicht erklären ließ, sofern man nicht davon ausging, dass die UdSSR einen Angriffskrieg vorbereitete.[108] Aber wie aus den Dokumenten hervorgeht, drängte in diesen Jahren niemand in der sowjetischen Führung zu einer tödlichen Schlacht mit dem Weltimperialismus. Der Umfang der Rüstungsproduktion und ihre Ausstattung von Armee und Flotte orientierten sich an der Produktionskapazität. Der militärindustrielle Komplex war zu Beginn der 1980er-Jahre nicht imstande, in großem Umfang zusätzliche Ressourcen zu nutzen. Er arbeitete im Rahmen seiner Möglichkeiten. Das war für die sowjetische Wirtschaft zwar eine schwere, aber gewöhnliche Belastung.

Die Militärindustrie war für die Wirtschaft des Landes extrem kostspielig, sie zog die besten Spezialisten heran. Dies ging auf Kosten der zivilen Branchen in der verarbeitenden Industrie. Die militärische Überlastung der Wirtschaft war für die sowjetische Wirtschaft einer der Risikofaktoren. Die Belastung durch Verteidigungsausgaben war entscheidend für viele Probleme, mit denen die Sowjetunion von den 1960er-Jahren bis zu Beginn der 1980er-Jahre zu kämpfen hatte. Aber dies allein erklärt nicht den wirtschaftlichen Zusammenbruch von 1985-1991.

Die Erfahrung des 20. Jahrhunderts hat gezeigt, dass die Gesetze der Geschichte, wie Marx und Engels sie sahen, längst nicht so strikt waren wie sich das die Gründer des Marxismus vorstellten. Die Wahl einer Entwicklungsstrategie für Jahrzehnte im Voraus hing von unberechenbaren Faktoren ab. Die Rolle der Persönlichkeit in der Geschichte ist größer als die Klassiker des Marxismus glaubten.

Die Entscheidungen der sowjetischen Führung hatten nicht unerhebliche Auswirkungen darauf, wie sich die Krise des sowjetischen wirtschaftspolitischen Systems Ende der 1980er- und Anfang der 1990er-Jahre entwickelte. Von der Landesführung hing vieles ab, aber keineswegs alles. Man kann es auch umgekehrt sagen: nicht alles, aber vieles. Die Analyse der Situation, in der sich die Sowjetunion Mitte der 1980er-Jahre befand, lässt folgenden Schluss zu: Auf Grund neuer Fakten (vor allem des drastischen weltweiten Ölpreisverfalls) wäre es aussichtslos gewesen, die bisherige Politik fortzuführen und das wirtschaftliche und politische System unverändert zu konservieren. Wenn man dies getan hätte, wären schwere wirtschaftspolitische Erschütterungen infolge der sinkenden Ölpreise nicht zu vermeiden gewesen.

1985 waren die Voraussetzungen für eine schwere Wirtschaftskrise in der UdSSR gegeben. Rigorose, präzise und verantwortungsbewusste Entscheidungen waren gefragt, ein Verständnis für die Natur der Krise, Maßnahmen, um den Schaden zu begrenzen und zumindest zu versuchen, einen wirtschaftlichen Zusammenbruch abzuwenden. Allerdings waren sich die sowjetischen Funktionäre, die für die

---

[108] Šlykov, ebd.

außenwirtschaftlichen Beziehungen zuständig waren, damals noch sicher, dass die sowjetische Devisenlage stabil sei.[109]

In dieser Situation kam ein neuer politischer Führer an die Regierung, der eine andere Generation der politischen Elite vertrat. Seine Wahl demonstrierte die erzwungene Abkehr von der Gerontokratie, die die sowjetische Führung jahrzehntelang geprägt hatte.[110] Er hatte von der tatsächlichen Situation im Lande nur eine unklare Vorstellung und war sich nicht über die kritische Situation des Finanz- und Devisensystems im Klaren. Ob man unter diesen Umständen, wenn man energisch und präzise gehandelt und keinen einzigen Fehler gemacht hätte, die UdSSR hätte retten können, vermag ich nicht zu sagen. Aber um überhaupt eine Chance zu haben, musste die neue Führung die Probleme des Landes verstehen. Sie brauchte jedoch über drei Jahre, um sich auch nur oberflächlich darüber zu orientieren, was sich in der sowjetischen Wirtschaft abspielte. Angesichts der Krise war dies zu lang.

---

[109] S. den Brief von Ju. A. Ivanov (Vorstandsvorsitzender der Außenhandelsbank der UdSSR) an N. V. Talyzin (Vorsitzender der Präsidiumskommission beim Ministerrat der UdSSR zu Fragen des Comecon). Information zu Fragen der Devisen-Kredit-Beziehungen von Bulgarien, Kuba und der ČSSR zu kapitalistischen Ländern und Banken sowie zu anderen Fragen, die in Gesprächen in der Außenwirtschaftsbank angesprochen wurden. 28. April 1984. GARF, f. 5446, op. 144, d. 79, l. 36, 37.

[110] Das Durchschnittsalter der Politbüromitglieder betrug bei Stalins Tod betrug 55 Jahre, 1980 lag es bei über 70 Jahren. Giuseppe Boffa: Ot SSSR k Rossii. Istorija neokončennogo krizisa (Von der UdSSR zu Russland. Geschichte einer nicht beendeten Krise). Moskau 1996. S. 110.

5
Die politische Wirtschaft externer Schocks

„Die Dinge im Kolchos liefen schlecht.
Allerdings noch nicht ausgesprochen schlecht.
Man hätte auch sagen können, sie liefen gut.
Aber sie liefen mit jedem Jahr immer schlechter."

Wladimir Wojnowitsch

Über die wirtschaftspolitische Entwicklung der UdSSR vor dem Zusammenbruch, d. h. 1985-1991, ist schon viel geschrieben worden. Personen, die in Entscheidungen involviert waren, berichteten über die Politik der Beschleunigung, die Perestrojka, die Antialkohol-Kampagne, Prioritäten beim zivilen Maschinenbau, die erweiterte wirtschaftliche Selbstständigkeit der Betriebe und die Legalisierung des privaten Sektors in Form von Kooperativen. Sie überlegten, inwieweit die entstehenden Marktbeziehungen mit einer politischen Liberalisierung zusammenhingen. Die Diskussionen darüber, was in diesen Jahren richtig und was falsch gemacht wurde, wer recht hatte und wer nicht, werden noch lange andauern. In diesem Kapitel werde ich auf etwas anderes eingehen: wie die Ereignisse mit dem externen Schock zusammenhingen, den einschneidenden konjunkturellen Veränderungen auf dem Ölmarkt, mit denen die Sowjetunion in der zweiten Hälfte der 1980er-Jahre konfrontiert wurde.

5.1 Verschlechterte Bedingungen des Außenhandels: Politische Alternativen

Der Begriff des „externen Schocks" für die einschneidenden Veränderungen im Verhältnis von Export- zu Importpreisen wurde von Ökonomen geprägt, die in entwickelten diversifizierten Wirtschaften leben. Die Angaben in Tabelle 5.1 zeigen, dass in solchen Wirtschaften Veränderungen in den Handelsbedingungen um mehr als 10 % jährlich eine Ausnahme sind und nicht die Regel. In der größten Weltwirtschaft – den USA – hat es in den letzten vier Jahrzehnten dergleichen nur einmal gegeben (1974 um 14 %).

Tabelle 5.1 Außenhandelsbedingungen für einzelne OECD-Mitgliedsländer 1960-2003 (2000: 100%)

Jahre	Kanada	Deutschland	Italien	Großbritannien	USA	Japan
1960	96	90	110	94	128	185
1961	94	94	109	97	132	176
1962	92	100	108	99	134	176
1963	90	108	107	111	133	175
1964	90	105	108	110	131	175
1965	91	104	105	113	134	178
1966	94	107	103	115	134	174
1967	95	111	103	115	136	177
1968	95	110	102	111	136	176
1969	95	110	105	112	136	177
1970	96	112	106	116	135	179
1971	95	115	105	116	132	176
1972	96	118	106	117	127	179
1973	102	115	96	104	125	162
1974	109	105	79	90	107	130
1975	105	110	84	97	110	116
1976	107	105	81	95	111	109
1977	101	104	83	97	106	109
1978	98	108	85	103	105	123
1979	103	102	83	107	100	106
1980	107	96	78	107	91	80
1981	101	89	74	107	94	79
1982	97	93	76	105	96	77
1983	98	94	78	104	102	78
1984	96	92	77	102	101	81
1985	94	93	78	103	103	82
1986	93	107	90	97	108	109

Tabelle 5.1 Fortführung

Jahre	Kanada	Deutschland	Italien	Groß-britannien	USA	Japan
1987	96	111	92	97	102	112
1988	98	111	93	99	104	115
1989	100	108	92	100	104	112
1990	97	110	94	101	101	105
1991	95	107	98	101	102	108
1992	93	110	99	102	102	111
1993	93	111	99	104	102	114
1994	93	108	99	103	103	117
1995	97	107	96	100	103	115
1996	98	107	100	101	103	110
1997	97	105	102	103	104	104
1998	103	107	107	104	107	111
1999	110	107	108	102	105	110
2000	100	100	100	100	100	100
2001	99	102	101	99	103	101
2002	97	104	103	102	104	101
2003	104	107	104	104	103	98

Anmerkung. Außenhandelsbedingungen: Das Verhältnis der Preise für Exportwaren zu denen für Importwaren bei der für 2000 fixierten Export- und Importstruktur. In die Tabelle wurden die OECD-Länder aufgenommen, deren Angaben in der Datenbank der Weltbank seit 1960 zugänglich sind.

Quelle: World Bank, World Development Indicators, 2005.

In Ländern, die eine breite und diversifizierte Warenpalette exportieren, ohne dass eine einzelne Komponente dominiert, ändern sich die Exporteinnahmen bei Preisschwankungen nur unerheblich. Um diese Folgen zu beherrschen, muss man eine strikte Haushaltspolitik betreiben und mitunter den nationalen Währungskurs schwächen. Ähnliche Probleme erfahren auch Importländer, wenn die Preise für Importwaren steigen. Die Preisschocks von 1973-1974, 1979-1981, 2004-2005 (drastische Ölpreis-Erhöhungen) wirkten sich erheblich auf die Wirtschaft der Staaten aus, die Treibstoff und Energie importierten (s. z. B. Japan in Tabelle 5.1). Dennoch dominierte der Treibstoff in den meisten Fällen nicht im Import, auch nicht bei den anormal hohen Preisen von 1980. Selbst in einem so energieabhängigen Land wie

Japan machte der Importanteil von Treibstoff am BIP lediglich einige Prozent aus (s. Tabelle 5.2, 5.3).

Tabelle 5.2 Importanteil von Treibstoff am BIP der USA, Japans, Frankreichs, Deutschlands Italiens, in %

	1980	1990	2000	2003
USA	3,1	1,2	1,4	1,5
Deutschland	5,2	1,8	2,3	2,2
Frankreich	5,3	1,9	2,6	2,2
Italien	6,3	1,8	2,2	1,9
Japan	6,7	1,9	1,6	1,9

Quelle: Berechnungen nach: World Bank, World Development Indicators, 2005.

Tabelle 5.3 Importanteil von Treibstoff am Gesamtimport der USA, Japans, Frankreichs, Deutschlands und Italiens, in %

	1980	1990	2000	2003
USA	28,7	10,9	9,5	...
Deutschland	20,6	7,0	6,9	6,8
Frankreich	23,0	8,3	9,4	8,9
Italien	25,5	8,9	8,0	7,5
Japan	45,8	20,1	17,4	18,4

Quelle: Berechnungen nach: World Bank, World Development Indicators, 2005.

In einer anderen Lage befinden sich Länder, bei denen die meisten Exporteinnahmen von den Rohstoffpreisen abhängen. Wenn die Rohstoffpreise fallen, bringt dasselbe Quantum an Produktion und Export nicht mehr die Erträge an konvertierbarer Währung ein, an die die nationale Wirtschaft gewöhnt war. Es gilt, den Import und die Produktion von Gütern, die von Komponenten und Materialien aus dem Ausland abhängen, einschneidend zu reduzieren, die wirtschaftliche Aktivität zurückzufahren und auf den bisherigen Konsumstandard zu verzichten. Die Alternative wäre, mehr Waren außerhalb des Rohstoff-Sektors zu produzieren und zu exportieren. Der eine Weg ist zumindest kurzfristig auf Grund ökonomischer Einschränkungen schwer zu realisieren, der andere ist dagegen aus politischen Gründen schwierig.

Häufig entschließen sich Regierungen in solchen Fällen, Anleihen im Ausland aufzunehmen. Sie hoffen, dass sich die Konjunktur mit der Zeit verbessert, die Preise für Exportwaren wieder steigen und dass man die Auslandsverschuldung dann in den Griff bekommen wird. Da die Entwicklung auf den Rohstoffmärkten unberechenbar ist, ist das eine gefährliche Strategie. Viele Länder sind auf diese Weise Bankrott gegangen und haben eine schwere Wirtschaftskrise durchgemacht.

Wenn die Rohstoffpreise langfristig stabil bleiben, was häufig der Fall ist, dann stellt sich mit der Zeit heraus, dass die Bedienung der Staatsschulden immer teurer wird, und das Vertrauen in das Land als Kreditnehmer sinkt. Nach zwei bis drei Jahren wird klar, dass es unter keinen Umständen mehr Kredite bekommen kann. Die Devisenreserven sind erschöpft, und das Land ist gezwungen, die Zahlung der Auslandsschulden zu stoppen und den Import herunterzufahren. Produktion und Lebensstandard gehen zurück. Die Probleme des Landes, das mit diesem externen Schock konfrontiert wird, bleiben bestehen, auch für die Nachfolger der bisherigen Regierung. Bei ständig steigender Verschuldung wird es immer schwieriger, sie zu lösen.

Symmetrisch kann sich eine Situation entwickeln, wenn ein Land stark vom Import und dem Preis für ein ganz bestimmtes Produkt abhängt. Dies war zum Beispiel für die UdSSR lange Zeit bei Getreide der Fall.

Zur Stimulierung der Produktion im Agrarsektor steigerte der Staat ständig die Subsidien für Produzenten in Form von differenzierten Preisaufschlägen, vergünstigten Tarifen für landwirtschaftliche Technik, niedrigeren Kreditzinsen und periodischen Abschreibungen von Schulden, direkten Transfers aus dem Budget (Investitionen) usw. Der Subsidien-Anteil an den landwirtschaftlichen Einnahmen nahm ständig zu.

Die UdSSR, Russland eingeschlossen, war in ihren letzten Jahrzehnten in der Agrarproduktion weit hinter den entwickelten Ländern, also hinter dem weltweiten technologischen Fortschritt zurückgeblieben (s. Tabelle 5.4).

Tabelle 5.4 Indikatoren für die landwirtschaftliche Produktivität in der UdSSR, in Russland, Westeuropa, den USA und Kanada

	Westeuropa	USA	Kanada	UdSSR	RSFSR
	Getreideernte, Zentner/ha				
1970	27,9	31,6	21,1	15,7	13,7
1989	45,8	44,8	21,2	18,9	16,1
	Milchertrag pro Kuh, kg/Jahr				
1970	3269	4423	3256	2110	2328
1989	4059	6533	5806	2555	2773

Quelle: Narodnoe chozjajstvo SSSR v 1985 g. (Die Volkswirtschaft der UdSSR 1985). Finansy i statistika. Moskau 1986; Narodnoe chozjajstvo SSSR v 1990 g. Finansy i statistika. Moskau 1990.

Die Lage in der Branche wurde durch die staatliche Lebensmittelversorgung der Bevölkerung noch verschlimmert. Sie basierte auf einem Prinzip, das zwar sozial attraktiv, aber wirtschaftlich ohne Grundlage war, nämlich auf garantierten niedrigen Lebensmittelpreisen. Jahrelang wurden die Preise für Grundnahrungsmittel auf niedrigem Niveau gehalten, während die Gehälter der Bevölkerung stiegen und die landwirtschaftliche Produktion merklich zulegte.

Zur Befriedigung der wachsenden Nachfrage der Bevölkerung nach Fleischprodukten Anfang der 1970er-Jahre wurden Viehzuchtkomplexe eingerichtet, wodurch wiederum mehr Getreide für Viehfutter benötigt wurde. Die heimische Landwirtschaft konnte den höheren Bedarf an Mischfutter nicht decken. Der Staat gab nicht nur erhebliche Mittel für den Bau von Viehzuchtgiganten aus, sondern sah sich seit 1973 zunehmend gezwungen, Devisen für den Import von Futtergetreide und Hülsenfrüchten auszugeben.

Ungeachtet aller Aufwendungen, die in die Landwirtschaft gesteckt wurden, hielt die letztere mit der Nachfrage nicht Schritt. Davon zeugten die steigenden Probleme bei der Versorgung der Bevölkerung mit Fleisch- und Milchprodukten, Rationierung, Schlangen und andere Anzeichen für akute Nahrungsmittelknappheit. Indem er die Lebensmittelpreise stabil auf niedrigem Niveau hielt, dotierte der Staat den einheimischen Konsumenten immer mehr. 1989 beliefen sich diese Lebensmittel-Subventionen auf etwa ein Drittel des Staatshaushalts, bei Grundnahrungsmitteln im Einzelhandel waren es bis zu 80 % (s. Tabelle 5.5).

Tabelle 5.5 Anteil der Staatssubventionen am Einzelhandelspreis für Grundnahrungsmittel in der UdSSR 1989, %

Produkt	Anteil von Subventionen am Einzelhandelspreis
Brot	20
Rindfleisch	74
Schweinefleisch	60
Hammelfleisch	79
Geflügel	36
Milch	61
Butter	72
Käse	48
Zucker	14

Quelle: *Strategija reform v prodovol'stvennom i agrarnom sektorach ėkonomiki byvšego SSSR (Reformstrategie im Lebensmittel- und Agrarsektor der Wirtschaft der ehemaligen UdSSR).* Washington 1993. S. 253.

Der Staat subventionierte sowohl den landwirtschaftlichen Produzenten als auch den Lebensmittelkonsumenten. Dieser Typ von Subsidien ist progredient – je mehr Dotationen zu einem Zeitpunkt t zugeteilt werden, desto mehr muss zu einem Zeitpunkt t+1 bereitgestellt werden, um die gleiche Politik fortzuführen. Ein nationales Budget kann das nur in zwei Fällen bewältigen: wenn Reserven für einen drastischen Anstieg der Lebensmittelproduktion vorhanden sind oder wenn kontinuierlich zunehmende staatliche Einnahmen die progredienten Zuschüsse decken können. Die in die Landwirtschaft gepumpten Mittel erbrachten keinen angemessenen Ertrag. Der Verbrauch von Elektroenergie in der Landwirtschaft stieg von 1980 bis 1990 um 61 %, von Mineraldüngern um 22 %, die Kapitalinvestitionen erhöhten sich um 40 %. Der Agrarsektor produzierte dagegen nur um 12 % mehr.[1] Der Einnahmeteil des Budgets wurde 1970 in bedeutendem Maße durch „Öl" und „Gasrubel" aufgefüllt. Seit Beginn der 1980er Jahr sanken die Weltpreise für grundlegende Exportwaren, was zu Einnahmeeinbußen im nationalen Budget führte.

In Marktwirtschaften weiß man, was eine Regierung zu tun hat, wenn die Preise für exportierte Rohstoffe sinken. Man muss die Subsidien für Massen-Konsumgüter, für Lebensmittel und Treibstoff sowie die Kapitalinvestitionen kürzen, die Preise für Produktion und Dienstleistungen der natürlichen Monopole und die Steuern erhöhen, die nicht aus Rohstoff-Einnahmen kommen, die nationale Währung abwerten, mitunter direkte Mengenbegrenzungen im Import einführen. Diese Entscheidungen machen den Betrieben Probleme, die auf den Erwerb technischer Ausrüstung aus dem Ausland angewiesen sind. Daraus resultieren ein sinkender Lebensstandard, Stagnation oder Produktionsrückgang und steigende Arbeitslosigkeit. Das sind schmerzliche, aber notwendige Maßnahmen. Bei einer langfristigen Änderung der außenwirtschaftlichen Konjunktur kommt man nicht um sie herum. Aber Regierungen, die wissen, was hier politisch auf dem Spiel steht, glauben lieber an kurzfristige Probleme, die man überwinden kann, indem man Geld im Ausland aufnimmt.

Die Gesellschaft ist nicht verpflichtet, zu begreifen, was externe Schocks bedeuten und dass die verschlechterten Lebensbedingungen nicht auf eine Laune der Machthaber zurückzuführen sind, sondern auf ihre Gegenmaßnahmen. Das bringt die Regierung politisch in Gefahr. Häufig wird eine Regierung, die versucht, die Wirtschaft zu stabilisieren, zum Rücktritt gezwungen. Manchmal folgt sogar ein Zusammenbruch des Regimes.

In sozialistischen Ländern sind die Herausforderungen infolge externer Schocks prinzipiell keine anderen als in marktwirtschaftlichen Ländern. Sie sind ebenfalls mit dem Weltmarkt verbunden und hängen von Konjunkturschwankungen ab. Sinkende Rohstoffpreise ändern die Handels- und Zahlungsbilanz. Die Regierung muss die Wirtschaft an die neuen Außenhandelsbedingungen anpassen. Versuche, den Import in Umfang und Struktur mithilfe äußerer Anleihen unverändert zu lassen, erhöhen die Gefahr des Staatsbankrotts. Bei einer schweren Krise des wirtschaftspolitischen Systems können die Stabilisierungsmaßnahmen seine Existenz in Gefahr bringen.

---

[1] Angaben des Ministeriums für landwirtschaftliche Produktion der Russischen Föderation.

In außenwirtschaftlichen Krisen zeigen sich in sozialistischen Ländern mit staatlich festgesetzten Preisen die Folgen nicht primär in einer höheren Inflationsrate und einem Wertverlust der nationalen Währung, sondern in zunehmender Warenknappheit. Das Außenhandelsmonopol zwingt die Regierung, die Verantwortung für Importeinschränkungen zu übernehmen. Für eine Adaptation mithilfe von Marktmechanismen ist kein Raum. Der Staat, der alles lenken will, muss schließlich für alles die Verantwortung tragen. Das macht Stabilisierungsmaßnahmen politisch besonders schwierig. Da sich zudem das jahrzehntelang existierende sozialistische System damit legitimierte, dass die Führung der herrschenden Partei besser als die Gesellschaft wisse, wie die Entwicklung des Landes zu sichern sei, ist ein Appell an die Gesellschaft mit dem Eingeständnis „Wir haben uns geirrt, wir müssen notwendige Schritte ergreifen, die den Lebensstandard senken werden", politischer Selbstmord.

5.2 Die UdSSR und der Ölpreisverfall: Was zur Wahl steht

Als die Sowjetunion mit dem außenwirtschaftlichen Schock von Mitte der 1980er-Jahre konfrontiert wurde, war sie fest in den Weltmarkt integriert (s. Tabelle 5.6). Sie war nicht nur ein Exporteur von Treibstoff, sondern auch der weltweit größte Getreideimporteur und einer der größten Lebensmittelimporteure. Sozialpolitisch ist es für eine Regierung in jeder Gesellschaft riskant, den Lebensmittelkonsum zu reduzieren. Wenn man jedoch den Export von Waren außer Öl nicht deutlich steigern oder den Import von Waren nicht verringern kann, die für konvertierbare Währung erworben werden – und diese waren zu jener Zeit für viele russische Wirtschaftsbranchen auch außerhalb des Lebensmittelbereichs entscheidend (s. Tabelle 5.7) – dann bleibt keine andere Möglichkeit. Im Andernfalls wird es automatisch dahin kommen, wenn die Goldreserven und alle Möglichkeiten, aus dem Ausland Kredite zu bekommen, erschöpft sind.

Tabelle 5.6 Umfang des Außenhandels der UdSSR nach Ländergruppen, 1980-1989

Kennziffer	1980	1984	1985	1986	1987	1988	1989
Insgesamt							
Export, Mrd. Rb.	49,6	74,4	72,5	68,3	68,2	67,1	68,7
Import, Mrd. Rb.	44,5	65,3	69,1	62,6	60,7	65	72,1
Export, Mrd. Doll.	76,4	91,5	87,0	97,0	107,8	110,7	108,5
Import, Mrd. Doll.	68,5	80,3	82,9	88,9	95,9	107,3	113,9
Export, Mrd. Doll., 2000	141,3	135,3	124,8	136,1	147,2	146,3	138,2
Import, Mrd. Doll. 2000	126,8	118,7	118,9	124,8	131,0	141,7	145,0
Sozialistische Länder							
Export, Mrd. Rb.	26,9	42,1	44,3	45,6	44,2	42,9	42,2
Import, Mrd. Rb.	23,6	38,2	42,2	41,8	42,1	43,4	44,7
Export, Mrd. Doll.	41,4	51,8	53,2	64,8	69,8	70,8	66,7
Import, Mrd. Doll.	36,3	47,0	50,6	59,4	66,5	71,6	70,6
Export, Mrd. Doll. 2000	76,7	76,5	76,3	90,9	95,4	93,5	84,9
Import, Mrd. Doll. 2000	67,3	69,5	72,6	83,3	90,9	94,6	89,9
Entwickelte kapitalistische Länder							
Export, Mrd. Rb.	15,9	21,3	18,6	13,1	14,2	14,6	14,4
Import, Mrd. Rb.	15,7	19,6	19,3	15,9	13,9	16,3	20,5
Export, Mrd. Doll.	24,5	26,2	22,3	18,6	22,4	24,1	22,8
Import, Mrd. Doll.	24,2	24,1	23,2	22,6	22,0	26,9	32,4
Export, Mrd. Doll. 2000	45,3	38,7	32,0	26,1	30,7	31,8	29,0
Import, Mrd. Doll. 2000	44,7	35,6	33,2	31,7	30,0	35,5	41,2
Entwicklungsländer							
Export, Mrd. Rb.	6,9	10,9	9,6	9,6	9,8	9,6	10,1
Import, Mrd. Rb.	5,1	7,5	7,6	4,9	4,7	5,3	7,0
Export, Mrd. Doll.	10,6	13,4	11,5	13,6	15,5	15,8	16,0
Import, Mrd. Doll.	7,9	9,2	9,1	7,0	7,4	8,7	11,1
Export, Mrd. Doll. 2000	19,7	19,8	16,5	19,1	21,2	20,9	20,3
Import, Mrd. Doll. 2000	14,5	13,6	13,1	9,8	10,1	11,6	14,1

Anmerkung: Umrechnung in Dollar nach dem offiziellen Kurs der Gosbank.

Quelle: Statistische Jahrbücher „Vnešnjaja torgovlja SSSR" (Außenhandel der UdSSR) 1979-1987, 1989; Moskau: Finansy i statistika, 1980-1990.

Tabelle 5.7 Import von Anlagen für mehrere Industriebranchen in die Sowjetunion, 1980-1985

Anlagen	Import, Mio. Rb.		Import, Mio. Doll. im Nominalwert		Import, Mio. Doll., 2000	
	1980	1985	1980	1985	1980	1985
Nahrungs- und Genussmittelbranche	455	830	701	996	1297	1429
Textilbranche	392	712	604	854	1117	1225
Chemiebranche	1244	1043	1916	1251	3545	1795
Rohrleitungen	141	121	218	145	403	208

Anmerkung: Umrechnung in Dollar nach dem offiziellen Kurs der Gosbank.

Quelle: Statistische Jahrbücher „Vnešnjaja torgovlja SSSR" (Der Außenhandel der UdSSR) 1979-1987, 1989; Moskau: Finansy i statistika (Finanzen und Statistik), 1980-1990.

Nikolaj Ryzhkov, damals Vorsitzender des Ministerrats, schrieb über die sowjetische Wirtschaft Mitte der 1980er-Jahre: „1986 kam es auf dem Weltmarkt zu einer drastischen Senkung der Öl- und Gaspreise, und in unserem Export hatte Energie eine große Bedeutung. Was tun? Am logischsten wäre es gewesen, die Exportstruktur zu ändern. Dazu sind aber nur die wirtschaftlich am weitesten entwickelten Länder in der Lage. Unsere Industriewaren waren auf dem Weltmarkt nicht konkurrenzfähig. Nehmen wir z. B. den Maschinenbau. Der Export hatte sich hier im Vergleich zu 1986 nicht verändert, aber alles ging praktisch nur in Comecon-Länder. Die ‚Kapitalisten' nahmen uns kaum 6 % des ganzen Maschinenbau-Exports ab! Darum haben wir hauptsächlich Rohstoffe exportiert."[2]

Der niedrige technische Standard und die geringe Qualität standen einem erhöhten Export von Produkten aus dem sowjetischen Maschinenbau im Wege. Sie befriedigten die Ansprüche des Auslandsmarkts nicht. Eine Analyse von Unionsbehörden zeigte, dass lediglich 12% der sowjetischen Maschinenbauproduktion konkurrenzfähig waren. Und das auch nur, nachdem im Ausland zusätzliche Arbeiten vorgenommen worden waren, bevor sie zum Verkauf angeboten wurden. Sowjetische Fachleute waren der Auffassung, dass 62% der Erzeugnisse, die auf den Auslandsmarkt kamen, moralisch veraltet waren. In der ersten Hälfte 1988 gingen beim Export für Produkte aus dem Maschinenbau über 194.000 Reklamationen aus dem Ausland ein.[3]

Die Diskrepanz zwischen der wirtschaftlichen Notwendigkeit eines Stabilisierungsprogramms und der politischen Unmöglichkeit, es umzusetzen, war kennzeichnend für die Situation in der UdSSR Ende der 1980er-Jahre. Die Entwicklung in

---

[2] Nikolaj Ryžkov: Desjat' velikich potrjasenij, S. 229.

[3] Valerij Serov: „Proizošli izmenenija v chudšuju storonu" (Es sind Veränderungen zum Schlechteren erfolgt). In: Socialističeskaja industrija, 28. Februar 1989.

einem harten Szenario der Anpassung an einen externen Schock infolge fallender Ölpreise illustrieren die Daten in einem Bereich – der Geflügelzucht (s. Tabelle 5.8). Diese Branche hing in der UdSSR seit Beginn der 1970er-Jahre praktisch vollständig vom massenhaften Import von Futtergetreide ab. Als die Ölpreise noch hoch waren, nahm der Viehbestand zu. Danach, als die Ölpreise fielen, folgte ein erheblicher Rückgang. Dieser hätte schon 1986 einsetzen müssen. Man schob ihn bis 1990 auf und nahm dafür eine rapide Zunahme der Auslandsschulden in Kauf. Nachdem die Devisenreserven und die Möglichkeiten, Anleihen zu bekommen, erschöpft waren, ging der Geflügelbestand auf das Niveau der Zeit vor Beginn des massenhaften Getreideimports zurück.

Tabelle 5.8 Geflügelbestand in der RSFSR/in Russland, 1971–2000

Jahr	Bestand, Mio. St.
1971	358
1976	394
1981	564
1986	628
1990	660
1996	423
2000	339

Quelle: Statistische Jahrbücher „Narodnoe chozjajstvo SSSR" za različnye gody (Die Volkswirtschaft der UdSSR verschiedener Jahre), 1971–1990; Rossijskij statističeskij ežegodnik 2004 (Russisches Statistisches Jahrbuch 2004). Moskau 2004.

Wenn die Ölpreise fallen, kann man den Import der wichtigsten Lebensmittel, einschließlich Getreide, nicht senken. Ihn auf gleicher Höhe zu halten, ist indes auch nicht möglich. Gute Ernten infolge günstiger Witterungsbedingungen 1986 und 1987 erlaubten es der sowjetischen Führung, den drastischen Ölpreisverfall auszugleichen, die Getreidereserven im Inland zu erhöhen und die Getreideeinkäufe für konvertierbare Währung zeitweilig zu reduzieren. Die Ausgaben für Getreideimport gingen um 2 bis 3 Milliarden Dollar zurück. Allerdings zeigte sich bereits 1988, dass das lediglich eine kurze Atempause gewesen war (s. Tabelle 5.9).

Tabelle 5.9 Staatliche Einkäufe der grundlegenden landwirtschaftlichen Erzeugnisse bei sowjetischen Produzenten (Tsd. t)

	1981-1985 (Mittelwert)	1986	1987	1988	1988 in % zum Mittelwert von 1981-1985	1986-1988 (Mittelwert)	Mittelwert für 1986-1988 in % vom Mittelwert für 1981-1985
Getreidekulturen insgesamt	66643	78787	73347	61375	92	71170	107
Weizen	33684	43823	35195	34840	103	37953	113

Quelle: Hauptverwaltung der Planung der sozialen und ökonomischen Entwicklung des agrarindustriellen Komplexes. Sozioökonomische Entwicklung von Gosagroprom der UdSSR 1988 und für drei Jahre des 12. Fünfjahresplans. 20. Januar 1989. RGAĖ, f. 650, op. 1, d. 3848, l. 27.

Die Abhängigkeit der Ernten von den Witterungsbedingungen, unter anderem eine Folge der Entscheidung der 1950er-Jahre, Neuland zu erschließen, sowie die konstant niedrigen Ölpreise führten zu einer katastrophalen sowjetischen Außenhandelsbilanz. Hier, und nicht in persönlichen Eigenschaften von Gorbatschow oder Irrtümern seiner Mannschaft, liegt die Hauptursache für die Krise des sowjetischen wirtschaftspolitischen Systems.[4] Die erforderlichen Maßnahmen, um die Krise zu meistern, hätten nicht nur die amtierende Führung der UdSSR gefährdet, sondern das gesamte kommunistische Regime. Der Verzicht darauf machte dagegen, falls die Änderungen in der Wirtschaftskonjunktur Bestand hätten, den Zusammenbruch der sozialistischen Wirtschaft und des sowjetischen Imperiums unausweichlich. Parallelen im Geschehen in Spanien im 16. und 17. Jahrhundert (s. o., Kap. 3) zu dem, was sich in der Sowjetunion Ende des 20. Jahrhunderts abspielte, sind zu offensichtlich, als dass man sie ignorieren könnte.

Als die Ölpreise 1985-1986 sanken, stand der sowjetischen Führung noch eine Palette an Strategien zur Verfügung, die die Hoffnung nährten, die Krise noch in den Griff zu bekommen. Man hätte die Einzelhandelspreise ähnlich wie Mitte der 1930er-Jahre erhöhen, zu einer Lebensmittelrationierung übergehen, die Produktion in den verarbeitenden Branchen reduzieren und dadurch mehr Rohstoffe auf den Weltmarkt bringen können. Man hätte die Treibstoff- und Rohstofflieferungen an Comecon-Länder verringern können, die keine konvertierbare Währung einbrachten. Man hätte die Investitionen senken und den Kauf von Technologie im Westen erheblich zurückfahren können. Die mit dem externen Schock zusammenhängende Finanzkrise wäre vielleicht zu regulieren gewesen, wenn man den Importanteil der

---

[4] Zu den Auffassungen derer, die Gorbatschows Schwanken in seinem politischen Kurs mit Besonderheiten seines Charakters in Verbindung bringen, s. z. B. L. M. Zamjatin: Gorbi i Mėggi. Zapiski posla o dvuch izvestnych politikach – Michaile Gorbačeve i Margaret Tėtčer (Gorbi und Maggy. Aufzeichnungen eines Botschafters über zwei bekannte Politiker – Michail Gorbačev und Margaret Thatcher). Moskau 1995. S. 115; Michail Nenašev: Poslednee pravitel'stvo SSSR: ličnosti, svidetel'stva, dialogi (Die letzte Regierung der UdSSR: Personen, Zeugnisse, Dialoge). Moskau 1993.

Industrie-Konsumgüter und dadurch auch die Budgeteinnahmen erhöht hätte. Das wären nicht einfache, politisch riskante, aber wirtschaftlich verantwortungsbewusste Entscheidungen gewesen. Aber die Erhöhung der Einzelhandelspreise verletzte den Grundlagenvertrag zwischen Gesellschaft und Machthabern, der seit Ende der 1950er- und Anfang der 1960er-Jahre bestand und für dessen Bedeutung die Tragödie in Novotscherkassk 1962 steht.

Von Standpunkt der Sozialpolitik aus war es absurd, fixierte Preise für Lebensmittel unter radikal veränderten Umständen bestehen zu lassen. Der Großteil der Lebensmitteldotationen kam einem Zehntel der Bevölkerung zugute, und zwar dem Teil, der am besten gestellt war. Budgetuntersuchungen (1989) zufolge zahlten Familien mit einem Pro-Kopf-Einkommen von weniger als 50 Rubeln im Monat für ein Kilogramm Fleisch und Fleischprodukte anderthalb mal mehr als Familien mit einem Pro-Kopf-Einkommen von über 200 Rubeln[5] Aber es ging nicht um sozio-ökonomische Zweckmäßigkeit. Die gleichbleibenden Preise waren einer der wichtigsten Bestandteile des Gesellschaftsvertrags zwischen Machthabern und Volk, der den Bestand des Regimes garantierte, sofern die Lebensbedingungen für das Volk stabil blieben.

Mitte der 1980er-Jahre war die sowjetische Führung nicht bereit, nicht kompensierte Preiserhöhungen ernsthaft in Betracht zu ziehen. Das ist verständlich. Die Nachfrage der Bevölkerung nach Grundnahrungsmitteln ist hinsichtlich der Preise wenig flexibel. Selbst bei einer drastischen Preiserhöhung hätte eine erhebliche Kürzung der Getreideeinkäufe im Ausland zu einem Mangel an Brot und Futtermitteln für die Viehzucht geführt. Im Land hatte sich zu dieser Zeit bereits ein beträchtlicher Geldüberhang gebildet. Bei den Sowjetbürgern, die keine Möglichkeit hatten, begehrte Waren zu kaufen, hatten sich notgedrungen Ersparnisse angesammelt. Selbst im Falle erheblicher Preiserhöhungen hätte die sowjetische Führung damit rechnen müssen, dass die Grundnahrungsmittel weiter knapp blieben. Die Gefahren einer derartigen Politik für die Stabilität des Regimes schienen Mitte der 1980er-Jahre unüberwindlich.

Eine rationierte Versorgung entsprach dem Geist des frühen messianischen Sozialismus. Mitte der 1980er-Jahre waren die Konsumgüter in den meisten Regionen des Landes rationiert. Anfang 1986 schrieb der Handelsminister der UdSSR Grigorij Vaschtschenko an den Ministerrat: „Der Verkauf von Fleischprodukten (…) war in den meisten Regionen des Landes im abgelaufenen Jahr nach wie vor auf unterschiedliche Weise rationiert. Auch die Nachfrage nach etlichen Non-Food-Artikeln konnte nicht befriedigt werden. (…) Die Warenreserven im Einzel- und Großhandel reichten am 1.1.86 im Vergleich zum selben Datum des Vorjahres für drei Handels-

---

[5] Zu den Preisen für Fleisch und Fleischprodukte für die Bevölkerung verschiedener Einkommensgruppen s. A. E. Surinov/V. A. Dybcyna: O pitanii naselenija s različnym urovnem dochoda (Po materialam obsledovanija Goskomstatom SSSR 90 tys. semejnych bjudžetov i anketnogo obsledovanija mnenija 30 tys. graždan o cenach na tovary i uslugi). (Die Ernährung der Bevölkerung verschiedener Einkommensgruppen. Anhand von Unterlagen aus Untersuchungen des Goskomstat der UdSSR von 90.000 Familienbudgets und einer Umfrage unter 30.000 Bürgern über die Preise für Waren und Dienstleistungen). In: Bjulleten' sociologičeskich i bjudžetnych obsledovanij. 1, 1991, S. 62.

tage weniger (...) Die Reserven für fast alle Grundnahrungsmittel, Kleidung, Strickwaren, Strümpfe und alle Arten von Schuhen liegen unter der Norm."[6]

Allerdings war es politisch problematisch, im 60. Existenzjahr der Sowjetmacht im gesamten Land, also auch in den privilegierten Städten, für die Versorgung der Bevölkerung Karten einzuführen. Zudem hätte dies gegebenenfalls für alle Bevölkerungskategorien gelten müssen. Aber das widersprach wiederum der Logik des in der UdSSR bestehenden differenzierten Konsums, wonach der Zugang zu Mangelwaren vom sozialen Status abhing.

Die Idee, in der ganzen Union Karten für Konsumgüter einzuführen, war populär. Nach Umfrageergebnissen des Meinungsforschungsinstituts VZIOM, die allerdings bereits auf dem Höhepunkt der Krise durchgeführt wurden (Anfang 1991), wurde sie von 60% der Befragten unterstützt (Preiserhöhungen, um zu erreichen, dass Waren in die Geschäfte kamen, befürworteten nur 16 %).[7] Jedoch fehlten dem Staat nicht nur auf Unionsebene, sondern selbst in den Großstädten die Ressourcen, die ein reibungsloses Funktionieren einer rationierten Versorgung ermöglicht hätten. Diese Variante wurde auf den Regierungskonferenzen in der zweiten Hälfte der 1980er-Jahre wiederholt diskutiert und als unrealistisch verworfen.[8]

Man konnte die Produktion in den verarbeitenden Branchen reduzieren und einen Teil der dann freiwerdenden Rohstoff-Ressourcen für den Export verwenden. Eine drastische Kürzung der Militärausgaben und der Rüstungsproduktion hätte ebenfalls Rohstoffe freigesetzt, die man auf internationalen Märkten hätte umsetzen können, um konvertierbare Währung zu bekommen. Allerdings konnte, wie im zivilen Bereich, ein steigendes Angebot im militärindustriellen Komplex von Waren wie Nickel, Titan und Stahl die Weltmärkte destabilisieren und zu einem Preisverfall bei Rohstoffen führen. Darüber hinaus würde eine solche Entscheidung einen direkten Konflikt mit der Militärführung und dem militärindustriellen Komplex bedeuten.

Die sozialpolitischen Risiken, die aus einer zurückgehenden Produktion und damit auch Beschäftigung in verarbeitenden Branchen resultieren, lagen auf der Hand. Viele militärindustrielle Betriebe befanden sich in Monopolstädten, wo es nur begrenzte Möglichkeiten gab, eine andere Arbeit zu finden. Wenn in Marktwirtschaften auf Grund der konjunkturellen Entwicklung weniger Arbeitskräfte gebraucht werden, führt dies oft zu Unruhen. Aber die Machthaber können sich darauf berufen, dass hier Umstände eine Rolle spielten, die sie nur begrenzt beherrschen können. Die Führung eines sozialistischen Landes, die den Arbeitern erzählt, dass ein für das

---

[6] G. I. Vaščenko: O vypolnenii plana razvitija torgovli za odinadcatuju pjatiletke (Zur Erfüllung des Entwicklungsplans im Handel im 11. Fünfjahresplan). 24. Januar 1986. GARF, f. 5446, op. 127, d. 958, l. 85.

[7] Vladimir L. Kosmarskij/L. A. Chachulina/Sergej P. Špil'ko: Obščestvennoe mnenie o perechode k rynočnoj ėkonomike. Naučnyj doklad (Die öffentliche Meinung über einen Übergang zur Marktwirtschaft. Wissenschaftlicher Bericht). Moskau 1991. S. 17.

[8] Zu Maßnahmen zur Gesundung der Wirtschaft, zu den Etappen der Wirtschaftsreform und prinzipiellen Ansätzen zur Ausarbeitung des 13. Fünfjahresplans s. den Bericht der Regierung der UdSSR vor dem Zweiten Kongress der Volksdeputierten der UdSSR. Moskau, Izvestija, 1989, S. 16.

Vaterland so wichtiger Betrieb geschlossen werden müsse, muss sich auf schwerwiegende sozialpolitische Erschütterungen gefasst machen.

Die Kürzung der Öllieferungen an die sozialistischen Länder und die Umverteilung des Ölexports an Importeure, die mit konvertierbarer Währung bezahlten, wurde Mitte der 1980er-Jahre zur Regel. Indessen stiegen die Schulden des sozialistischen Lagers weiter an. 1988 lag die Auslandsverschuldung der sozialistischen Länder in frei konvertierbarer Währung gegenüber dem Westen bei 206 Milliarden Dollar. Die reine Verschuldung war auf 154,1 Milliarden Dollar gestiegen (s. Tabelle 5.10).[9]

Tabelle 5.10 Auslandsverschuldung der sozialistischen Länder gegenüber dem Westen (Mrd. Doll.) im Nominalwert

	1981	1984	1986	1987	1988
Polen – insgesamt	25,9	26,9	33,6	39,3	38,9
Netto	25,1	25,4	31,9	36,3	36,9
UdSSR- insgesamt	26,5	22,5	33,1	40,1	41,5
Netto	18,1	11,2	18,3	26,0	27,2
Comecon-Länder – Gruppe insgesamt	99,2	87,6	120,5	142,7	140,5
Netto	83,2	63,3	90,9	111,2	109,8
Alle sozialistischen Länder – insgesamt	127,8	115,7	163,9	191,2	205,7
Netto	105,0	71,7	119,7	143,4	154,1

Quelle: 13 Juli 1989. GARF, f. 5446, op. 150, d. 73, l. 70, 71.

Zur Erhaltung des Imperiums war man gezwungen, immer mehr auf das „letzte Argument der Könige" zurückzugreifen – die Gewalt. Und das war Ende des 20. Jahrhunderts keine zuverlässige Grundlage für die Kontrolle über die Vasallenstaaten.

Anfang 1987 wurde der Regierungsführung das Ausmaß der finanziellen Disproportionen in groben Umrissen klar. Regierungschef Ryzhkov äußerte sich dazu auf dem ZK-Plenum vom 27.-28. Januar 1987: „Nehmen wir die Finanzen. Hier ist die Lage am kritischsten. Das Land hat im zwölften Fünfjahresplan ein schweres Erbe angetreten. Wir kommen schon lange nicht mehr mit dem Geld aus und leben von Schulden. Die zunehmende Unausgeglichenheit ist inzwischen chronisch und hat das finanzielle Kreditsystem an den Rand des Zusammenbruchs gebracht. Das alles ist nicht grundsätzlich untersucht worden. Die Finanzen waren einem bestimmten

---

[9] N. V. Garetovskij (Leiter der Gosbank) an den Ministerrat der UdSSR. Überblick über die Devisen- und Finanzlage der sozialistischen Länder (Stand Anfang 1989). GARF, f. 5446, op. 150, d. 73, l. 69.

engen Personen- und Behördenkreis vorbehalten. Darüber hinaus wurde die wahre Sachlage in diesem Bereich mit äußerem Wohlstand verschleiert und nicht gründlich und umfassend analysiert. (…) Eine äußerst schwierige Lage ist im Geldumlauf entstanden, wovon Michail Gorbatschow heute gesprochen hat. In den 1970er- und Anfang der 1980er-Jahre ist er in Unordnung geraten. Inflationsprozesse sind in Gang gekommen. (…) Nicht besser ist es um die Devisensituation des Landes bestellt. (…) Der Außenhandel wurde verwundbar für verschiedene Sanktionen."[10]

Die Kürzung von Kapitalinvestitionen und der Verzicht auf den umfangreichen Erwerb von Technologie im Ausland sind ökonomisch gesehen die natürliche Reaktion auf eine Krise, die aus einer verschlechterten Handelsbilanz und dem Preisverfall für Rohstoffe resultiert. Für das Verhältnis der Machthaber zur Gesellschaft birgt das die geringsten Konflikte. Jedoch musste die Führung des Landes auch an die Beziehungen zur wirtschaftspolitischen Elite denken, insbesondere, da diese dem ZK der KPdSU angehörte. Für letztere waren derartige Maßnahmen ebenso inakzeptabel wie die Erhöhung der Einzelhandelspreise für die Gesellschaft.

Die Frage nach der Höhe der Kapitalinvestitionen in einer Region oder in einer Branche und welche Bauten in Angriff genommen werden sollten, war seit Ende der 1920er-Jahre eine der wichtigsten in der sowjetischen Wirtschaftspolitik. Den Gebietsparteisekretären und den Ministern mitzuteilen, dass Investitionen in ihre Regionen und Branchen gekürzt würden und dass die von ihnen gewünschten technischen Anlagen nicht importiert werden könnten, hätte gegen die vereinbarten Spielregeln verstoßen. Hätte die neue sowjetische Führung unter Michail Gorbatschow einen Versuch in dieser Richtung unternommen, hätte sich sein Schicksal von dem Chruschtschows nur insofern unterschieden, als er sofort hätte zurücktreten müssen. Wer die sowjetischen Realitäten Mitte der 1980er-Jahre kennt, wird daran nicht zweifeln. Zudem konnte man nicht wissen, ob diese Maßnahme ausreichen würde, um die Krise tatsächlich abzuwenden und nicht nur für einige Zeit hinauszuschieben. Der politische Selbstmord wäre garantiert gewesen, die Erfolgsaussichten dagegen zweifelhaft. Ungeachtet der zunehmenden finanziellen Schwierigkeiten wurden immer mehr Bauprojekte in Angriff genommen (s. Tabelle 5.11).

---

[10] Auftritt des Regierungschefs Nikolaj Ryžkov vor dem ZK-Plenum am 27.-28. Januar 1987. Stenografisches Protokoll der Sitzung des ZK-Plenums der KPdSU. RGANI, f. 2, op. 5, d. 45, Ll.22-22 ob.

Tabelle 5.11 Neue Bauprojekte in der UdSSR, 1986-1988

Jahr	Geplante Kosten für neue Bauprojekte (in der gesamten Volkswirtschaft) Mrd. Rb.	Anteil neuer Bauprojekte an Investitionen in die Volkswirtschaft, %	Anteil neu begonnener Bauprojekte am BIP, %
1986	48,5	25,0	6,1
1987	38,3	18,6	4,6
1988	59,1	27,1	6,8

Quelle: Die Angaben über die geplanten Kosten für neue Bauprojekte stammen aus Gajdars Privatarchiv. Die Angaben zum Anteil neu begonnener Bauprojekte an Investitionen in die Volkswirtschaft und zu ihrem Anteil am BIP basieren auf den Angaben aus dem statistischen Jahrbuch: Narodnoe chozjajstvo SSSR v 1990 (Die Volkswirtschaft der UdSSR 1990). Moskau, Finansy i statistika (Finanzen und Statistik) 2000.

Selbst angesichts der katastrophalen Lage im Finanzsektor 1989-1990 mochte sich die Regierung nicht dazu durchringen, die Investitionen in den agrarindustriellen Komplex zu kürzen. In seinem Bericht über den Staatshaushalt der UdSSR 1990 sagte Finanzminister Valentin Pavlov: „Die Finanzlage in der Außenwirtschaft verschlechtert sich weiter, was die Einkommensbasis des Budgets verringert und unsere Bemühungen, das Defizit zu beseitigen, beeinträchtigt (…) Der Anteil dieser Einkünfte ist auf dem niedrigsten Stand in den letzten Jahren und liegt bei etwa 14 % der Budgeteinnahmen. Die Auslandsschulden nehmen zu und haben inzwischen ein Niveau erreicht, bei dem sie auch ohne neue Anleihen weiter ansteigen, weil sich die Ausgaben für ihre Tilgung erhöhen. Für die Bezahlung der Schulden und Zinsen müssen wir bereits 1990 fast die gesamten Einnahmen aus dem Energie-Export verwenden." Und weiter: „In der sozialen Umorientierung des Budgets ist ein wesentlicher Punkt, dass die zentrale Finanzierung des agrarindustriellen Komplexes erhöht wird. 1990 sollen 116,5 Milliarden Rubel bereitgestellt werden, das sind 8 Milliarden Rubel mehr als im Plan des laufenden Jahres und 10,4 Milliarden mehr als im Fünfjahresplan vorgesehen. Das schafft eine zusätzliche Anspannung im Budget und den Finanzen des Landes, aber wir müssen diese Ausgaben tätigen, um unsere Lebensmittelprobleme schneller lösen zu können."[11]

Die Gosbank teilte der sowjetischen Regierung mit, dass sich nach Auffassung der Comecon-Experten 1985 und 1986 die Zahlungsbilanz der sozialistischen Länder Europas massiv verschlechtert habe, dass bei ihrer Auslandsverschuldung ein erheblicher Teil auf kurzfristige Anleihen mit Tilgungsfristen von bis zu einem Jahr entfalle und dass ihre Devisen- und Finanzlage instabil sei.[12]

---

[11] Valentin Pavlov: O Gosudarstvennom bjudžete SSSR na 1990 god i ob ispolnenij Gosudarstvennogo bjudžeta SSSR za 1988 god (Über den Staatshaushalt der UdSSR für 1990 und über die Umsetzung des Staatshaushalts der UdSSR für 1988). Moskau 1990. S. 9, 15.

[12] Valjutno-ėkonomičeskoe pravlenie Gosbanka SSSR v Sovet Ministrov SSSR. O valjutno-finansovom položeniji socialističeskich stran (Die Devisenabteilung der Gosbank an den Ministerrat der

Der Comecon verzeichnete in der ersten Hälfte 1988 weiter steigende Auslandsschulden der sozialistischen Länder in frei konvertierbarer Währung. Allerdings wurde die UdSSR noch im September 1988 im Rating für die Zahlungsfähigkeit als zuverlässigster Finanzpartner unter den sozialistischen Ländern eingestuft, sie rangierte hier vor China. 1985-1988 wurde der Zugang zu den internationalen Kreditmärkten für die UdSSR auch dadurch erleichtert, dass westliche Experten die Goldreserven der UdSSR überschätzten. Sie gingen davon aus, dass sich diese im Dollaräquivalent auf 36 Milliarden beliefen, während sie in Wirklichkeit zu dieser Zeit infolge der großen Lebensmitteleinkäufe bereits auf 7,6 Milliarden Dollar geschrumpft waren.[13]

Westliche Beobachter wiesen darauf hin, dass die Verschuldung des Landes in den letzten drei Jahren um 17,6 Milliarden Dollar gestiegen war. Davon entfielen etwa 10 Milliarden Dollar auf kurzfristige Anleihen. Dennoch gewährten die Bankiers und Regierungen der kapitalistischen Länder der UdSSR weiterhin Kredite zu relativ günstigen Bedingungen.[14]

Das ermöglichte es, den früheren wirtschaftspolitischen Kurs fortzusetzen und konfliktträchtige Entscheidungen aufzuschieben. 1989 absorbierten unabgeschlossene Bauprojekte vor dem Hintergrund der schweren Devisen- und Finanzkrise des Landes vier Fünftel des nationalen Einkommenszuwachses.[15] Hier ein Zitat aus den Unterlagen der Gosbank: „Der Umfang nicht abgeschlossener Bauprojekte belief sich Ende 1989 auf 180,9 Milliarden Rubel, davon waren 39 Milliarden Rubel nicht vorgesehen. Im Laufe von vier Jahren (1986-1989) haben sich die Kosten für nicht abgeschlossene Bauprojekte um 60,5 Milliarden Rubel erhöht, im Jahre 1989 um 22,6 Milliarden Rubel."[16]

Anlagen wurden weiterhin in großem Umfang importiert. Ein erheblicher Teil davon wurde nicht genutzt. Der Vorsitzende von Gosstroj (Staatsbau) Valerij Serov schrieb an den Ministerrat: „Insgesamt ist der Wert der nicht installierten importierten Anlagen in der Volkswirtschaft 1989 um 1 Milliarde Rubel gestiegen. Dabei wurde der Plan, sie zur Montage zu übergeben, zu 102,9% erfüllt (der Plan sah 6,5 vor, de facto waren es 6,7 Milliarden Rubel). Dieser Anstieg entfiel vor allem auf das Jahr 1989, als für 8,3 Milliarden Rubel Anlagen importiert wurden (das waren 0,7 Milliarden Rubel mehr als 1988). Von den Ende 1988 vorhandenen nicht montierten Anlagen wurden im vergangenen Jahr nur 36,9% (für 1778,4 Milliarden

---

UdSSR. Über die Finanzlage im Hinblick auf Devisen der sozialistischen Länder). PP Nr. 4013 vom 14. Februar 1988. RGAÈ, f. 2324, op. 33, d. 696, l. 4, 5.

[13] N. V. Garetovskij: Devisen- und Finanzlage, 13. Juli 1989, GARF, f. 5446, op. 150, d. 73, l. 74, 85. Zum Umfang der Goldreserven am 1. Januar 1985 (von 587 Tonnen Gold) s. Ryžkov, Desjat' let velikich potrjasenij, S. 240.

[14] Bericht der Gosbank über die Devisen- und Finanzlage der sozialistischen Länder (nach dem Stand von Mitte 1988), 8. Dezember 1988. S. RGAÈ, f. 2324, op. 32, d. 3526, l. 150.

[15] ZK-Plenum der KPdSU, 5.-7. Februar 1990. Zum Entwurf der ZK-Plattform der KPdSU an den 28. Parteitag. RGANI, f. 2, op. 5, d. 403, l. 21.

[16] Gosbank an die Leitung der Planung und Koordinierung der Arbeit der Banken. Unterlagen zum Bericht über die sozioökonomische Lage des Landes. 2. Januar 1990. RGAÈ, f. 2324, op. 33, d. 741, l. 59.

5 Die politische Wirtschaft externer Schocks   **197**

Rubel) montiert. Für alles andere wurden neue Lieferungen verwendet. 1989 hatte man außerdem noch Rückstände von früher importierter Ausrüstung im Wert von 3 Milliarden Rubel, was 52% der gesamten Rückstände zum Stand vom 1.1.1990 entspricht. Weder die Ministerien der UdSSR noch die Ministerräte der Unionsrepubliken haben diese Ausrüstungen auf ihre Tauglichkeit überprüft, daraufhin, ob sie komplett und ob sie moralisch veraltet sind. (…) Aus dem Ablauf der Bauvorgänge mit importierten Anlagen ergibt sich, dass die Inbetriebnahme in vielen Fällen vor allem daran gescheitert ist, dass die Auftrag gebenden Ministerien nicht die erforderliche einheimische technologische Ausstattung zur Verfügung gestellt und zudem an den geplanten Projekten ständig Korrekturen vorgenommen haben…"[17]

Dies alles belegt, dass die Behörden zu verantwortlichen Entscheidungen unfähig waren, trotz der offensichtlich zunehmenden finanziellen Devisenprobleme. Im Bewusstsein des drohenden Konflikts mit der administrativen Wirtschaftselite erwog die sowjetische Führung weiterhin gigantische Projekte, die mit neuen Anleihen finanziert werden mussten.

In einem Brief der Leitung der Außenwirtschaftsbank an die Regierung hieß es: „Laut Angaben, die der sowjetischen Außenwirtschaftsbank vorliegen, wurden oder werden zurzeit Wirtschaftlichkeitsstudien für zumindest neun große Öl-, Gas- und Chemie-Werke durchgeführt. Die Aufwendungen in Devisen für jedes davon belaufen sich auf über 200 Mio. Rubel, und sie sollen auf der Basis von Joint Ventures realisiert werden." Die Ausgaben für diese Projekte werden durch die folgenden vorläufigen Angaben beschrieben (s. Tabelle 5.12).

---

[17] Valerij Serov (Leiter von Gosstroj) an den Ministerrat der UdSSR. Zu Maßnahmen zur Reduzierung von Rückständen an nicht installierten importierten Anlagen. 7. Mai 1990. GARF, f. 5446, op. 162, d. 1493, l. 123.

Tabelle 5.12 Summarische Ausgaben für den Bau von Öl-, Gas- und Chemie-Werke auf der Basis von Joint Ventures, Mio. Rb.

	Sowjet. Rb.	Valutarubel
1. Tobolsk (Phase 1) *	1062	715
2. Surgut (Phase 1) *	1103	1578
3. Novyj Urengoj (Phase 1)	353	311
4. Tengiz (Minimalschätzung)	139	554
5. Sachalin–2 (2 Vorkommen)	4895	3799
6. Schewtschenko (2 Phasen)	113	451
7. Schurtan (Phase 1)	277	256
8. Nizhnevartovsk (Phase 1)	1816	1997
9. Uwat (Phase 1)	859	1300
Insgesamt	10617	10961

* Nach den letzten Varianten der Projektstudien, wie sie Sachverständigen der Gosbank vorgestellt wurden.

Quelle: Brief des Vorstandsvorsitzenden der UdSSR-Außenwirtschaftsbank Jurij Moskovskij an den Vorsitzenden der Staatlichen Außenwirtschaftskommission des Ministerrats Stepan Sitarjan und den Stellvertretenden Vorsitzenden von Gosplan Chomenko vom 22. November 1989. „Über die Schaffung von Öl-, Gas- und Chemie-Werken in der UdSSR auf der Basis von Joint Ventures". Privatarchiv Gajdar.

Die Projekte sollten aus Krediten von ausländischen Banken und Exportagenturen gegen sowjetische Sicherheiten finanziert werden. Die ausländischen Partner lehnten es ab, Garantien für die Kredite zu geben, nicht einmal proportional zu ihrem Anteil. Das nahm den ausländischen Firmen die finanzielle Verantwortung für die erfolgreiche Realisierung der Projekte. Für die meisten von ihnen lagen alle Risiken auf der sowjetischen Seite, und die Ausgaben in Devisen kamen zu den sowjetischen Schulden hinzu.[18]

Die sowjetische Führung stand vor der Alternative, entweder die Einzelhandelspreise zu erhöhen oder die Investitionen und die Militärausgaben zu kürzen. Das war ein schwieriges Dilemma – man hatte die Wahl zwischen einem Konflikt mit der Bevölkerung oder mit der Partei- und Wirtschaftselite. Auf eine Entscheidung zu

---

[18] Brief des Vorstandsvorsitzenden der UdSSR-Außenwirtschaftsbank Jurij Moskovskij an den Vorsitzenden der Staatlichen Außenwirtschaftskommission des Ministerrats Stepan Sitarjan und den Stellvertretenden Vorsitzenden von Gosplan Chomenko vom 22. November 1989. „Über die Schaffung von Öl-, Gas- und Chemie-Werken in der UdSSR auf der Basis von Joint Ventures". Privatarchiv Gajdar.

verzichten erhöhte nur die Gefahr, sich je nach der weiteren Entwicklung möglicherweise auf einen Konflikt mit beiden Seiten einlassen zu müssen.[19]

Die neue Führer-Generation verstand dies eindeutig nicht. Das ist kein Wunder. Die traditionelle Leitung der sowjetischen Wirtschaft orientierte sich an natürlichen Kennziffern. Fragen der Viehzucht wurden auf höchster Ebene wesentlich häufiger diskutiert als das Budget des Landes. Für die Leitung von Branchen und Unternehmen waren die Finanzen Teil einer zwar notwendigen, aber langweiligen Buchhaltung.[20] Informationen über den tatsächlichen Zustand des Haushalts, der Devisenreserven, der Auslandsverschuldung und Zahlungsbilanz waren zudem nur einem sehr engen Personenkreis zugänglich, und viele dieser Personen verstanden nichts davon.

Gorbatschow schreibt in seinen Erinnerungen: „Andropov bat Ryzhkov und uns, noch einmal alles zu überlegen und ihm unsere Schlussfolgerungen mitzuteilen. Wir versuchten zu verstehen, worum es ging, und baten um Einblick ins Budget. Andropov lachte nur: ‚Wo denken Sie hin. An den Haushalt lasse ich Sie nicht ran.'"[21] Dabei gab Andropov nach Aussage eines seiner engsten Mitstreiter, Vladimir Krjutschkov, selbst zu, auf wirtschaftlichem Gebiet ein Laie zu sein.[22]

Die kommunistische Führung war darauf bedacht, die Leitung konsequent in die Hände von Nicht-Intellektuellen zu geben. Die Kaderpolitik der Partei wird von einer Protokollnotiz des ZK-Präsidiums anschaulich illustriert: „Über Genossen Sasjadko": „Es heißt, er hat aufgehört zu trinken. Dann können wir ihn als Minister in die Ukraine schicken."[23] Der Anteil von Funktionären in den leitenden

---

[19] Nach dem Zeugnis von Michail Gorbačev plädierte der ZK-Sekretär für Wirtschaft N. Sljun'kov dafür, angesichts sinkender Ölpreise die Verteidigungsausgaben zu kürzen. Auf der Sitzung des Politbüros erhielt er dafür keine Unterstützung. Dmitrij Muratov: Vokrug Gorbačeva opjat' bušujut strasti (Um Gorbačev entzünden sich erneut Leidenschaften). Novaja gazeta, Nr. 13, 1. Februar 2005. Aus offiziellen Erklärungen sowie den Memoiren von Regierungschef Ryžkov geht hervor, dass er in der obersten Führung am energischsten für eine Preiserhöhung eintrat, um die Finanzprobleme der UdSSR zu lösen. Ebenso wie bei der Kürzung der Militärausgaben wurde auch keine Entscheidung für eine Preiserhöhung getroffen, bis das Finanz- und Geldsystem des Landes völlig zusammengebrochen war.

[20] Die Stilistik, in der die sowjetische Führung Mitte der 1980er-Jahre Finanzfragen diskutierte, wird in den einleitenden Worten des Finanzministers der UdSSR Vasilij Garbuzov zur Diskussion des Haushalts von 1985 deutlich, womit eigentlich die heiße Phase der Finanzkrise im Land einsetzte: „Mit dem Gefühl einer tiefen Befriedigung hat unser Volk, ja die ganze progressive Weltgemeinschaft, die Auszeichnung des Genossen Konstantin Černenko mit dem Lenin-Orden und der dritten Goldmedaille ‚Hammer und Sichel' aufgenommen (Applaus). Der herausragende Politiker und Staatsmann Leninschen Typs Konstantin Černenko arbeitet selbstlos in den höchsten leitenden Stellungen von Partei und Staat. Er leistet einen enormen unschätzbaren persönlichen Beitrag zur Ausarbeitung und praktischen Durchführung der Leninschen Innen- und Außenpolitik der KPdSU. Diese Politik erfreut sich des grenzenlosen Vertrauens aller Arbeiter der Sowjetunion, die sie als ihr eigenes Fleisch und Blut verstehen..." Vasilij F. Garbuzov: O Gosudarstvennom bjudžete SSSR na 1985 god i ob ispolnenii Gosudarstvennogo bjudžeta SSSR za 1983 god (Der Staatshaushalt der UdSSR für 1985 und die Erfüllung des Staatshaushalts der UdSSR für 1983). Moskau 1984. S. 4.

[21] Michail Gorbačev: Žizn' i reformy (Leben und Reformen). Moskau 1995. Bd. 1, S. 234.

[22] Krjučkov, Ličnoe delo, S. 42.

[23] Prezidium CK KPSS. 1954-1964. S. 351.

Parteiorganen, die aus den Hauptstädten und großen Universitätszentren stammten, wurde gezielt reduziert, der Anteil der Funktionäre aus Dörfern und mit geringem Bildungsstand stieg bis zu Beginn der Perestrojka kontinuierlich an.[24] Die neue Führergeneration, die 1985 an die Macht gekommen war, war besser ausgebildet als ihre Vorgänger.[25] Aber weder sie selbst noch ihre engsten Mitarbeiter, die für die Wirtschaft verantwortlich waren, besaßen eine qualifizierte wirtschaftliche Ausbildung. Sie verstanden nicht, wie der Weltmarkt aufgebaut war, wie die Außenhandelsbilanz, das Budget und die Versorgung der Bevölkerung zusammenhingen, sie konnten die strategischen Gefahren nicht bewerten, denen das Land ausgesetzt war. Sie schrieben die wesentlichen Probleme – das zurückgehende Wirtschaftswachstum, die geringe Effizienz, die Rückständigkeit im Vergleich zum Westen – der fehlenden Kompetenz früherer Regierungen zu.

Die Worte Gorbatschows im Sommer 1990 auf dem ZK-Plenum kann man als Selbstrechtfertigung interpretieren. Aber er sagte die Wahrheit: „Wir haben ein extrem schweres Erbe angetreten. Unsere Wirtschaft und der gesamte gesellschaftliche Organismus sind von chronischen Krankheiten ausgezehrt. Der Verfall der Dörfer, der Landwirtschaft, der verarbeitenden Industrie, die beklagenswerte ökologische Situation, die veraltete Struktur der Produktion, der Rückstand in Wissenschaft und Technik – sind das nicht Folgen einer jahrzehntelangen wirtschaftlichen und technischen Politik?"[26] Etwas anderes ist es, dass er 1985 schwerlich verstand, wie akut die Probleme waren, mit denen er und seine Kollegen es zu tun haben würden.

Der künftige Regierungschef Nikolaj Ryzhkov bewertete die wirtschaftliche Lage in der UdSSR zum Ende der Breschnew-Zeit wie folgt: „Also wir haben angefangen. Die Situation im Lande war, wie gesagt, wirklich schwierig. Nur ein Beispiel. 1982 ist das Realeinkommen der Bevölkerung erstmals seit dem Krieg nicht mehr gestiegen: Die Statistik zeigte null Prozent. .... Der Zustand der Volkswirtschaft des Landes lässt sich am ehesten so formulieren: Wie man es dreht und wendet, es ist und bleibt schlecht. In der Metallurgie haben wir einen Haufen Probleme, in der Ölförderung ebenfalls, die Elektronik braucht Zuschüsse, die Chemie – Sie können nennen, was Sie wollen, Sie werden nicht fehlgehen."[27]

---

[24] A. D. Černev: 229 kremlevskich voždej. Politbjuro. Orgbjuro. Sekretariat CK Kommunističeskoj partii v licach i cifrach. Spravočnik (229 Kremlführer. Politbüro. Orgbüro, Sekretariat des ZK der Kommunistischen Partei in Personen und Zahlen. Nachschlagewerk). Moskau 1996.

[25] Aus dem Auftritt des Vorsitzenden des Ministerrats Nikolaj Tichonov auf der ZK-Sitzung vom 11. März 1985: „Ich habe in der letzten Zeit viel mit Gorbačev zusammengearbeitet. Wir haben uns bei der Arbeit der Kommission zur Verbesserung des Wirtschaftsmechanismus gut kennengelernt. Was kann ich über Gorbačev sagen? Er ist ein kontaktfreudiger Mensch, man kann mit ihm Fragen auf höchstem Niveau diskutieren. Das ist der erste ZK-Sekretär, der etwas von Wirtschaft versteht. Sie verstehen, wie wichtig das ist." S. Sitzung des ZK des Politbüros vom 11. März 1985. Mitschrift. Über den Generalsekretär des ZK der KPdSU. RGANI, f. 89, op. 36, d. 16, l. 1, 2.

[26] Stenogramm der Sitzung des Plenums des ZK der KPdSU am 29. Juni 1990. RGANI, f. 2, op. 5, d. 495 (Mikrofiche 2200685), l. 14.

[27] Ryžkov, Desjat' let, S. 41, 87.

Dennoch waren die neuen Führer, wie aus ihren Erklärungen 1985-1986 hervorgeht, davon überzeugt, der sowjetischen Wirtschaft die verlorene Dynamik zurückgeben, das Wirtschaftswachstum steigern und die Rückständigkeit gegenüber den weiter entwickelten Ländern überwinden zu können.

5.3 Eine Serie von Fehlern

Was Michail Gorbatschow und Eduard Schewardnadse meinten, als sie im Dezember 1984 darüber diskutierten, dass man so nicht weiter leben könne, wird die Geschichte kaum je erfahren. Aber aus allen zugänglichen Archivunterlagen geht hervor, dass sie keinen genauen Aktionsplan hatten, als sie an die Regierung kamen.[28] 22 Monate nach seinem Regierungsantritt bekannte Gorbatschow 1987 auf dem ZK-Plenum der KPdSU, dass die Probleme, mit denen das Land und seine Führung konfrontiert waren, größer waren als er erwartet hatte.[29] Die kaum kontrollierbare Krise erforderte zur Bewältigung einen enormen Kraftaufwand und die Bereitschaft, schwere Entscheidungen zu treffen und zu verantworten. Die neue Führung war sich indes über die Natur und das Ausmaß der Gefahr nicht im Klaren.

Sie nahm allerdings eine bedrohliche Tendenz zur Kenntnis, und zwar die zurückgehende Ölförderung in der UdSSR im Jahre 1985. Hier wurde versucht, Abhilfe zu schaffen. Nach Gorbatschows Reise nach Tjumen im September 1985, der Ablösung einiger Direktoren und der Bereitstellung zusätzlicher Mittel wurde der Rückgang in der Region gestoppt. Allerdings waren damit die fundamentalen Probleme der Branche im Zusammenhang mit der forcierten Ausbeutung der größten Vorkommen in den 1970er- und Anfang der 1980er-Jahre und den verschlechterten Förderbedingungen nicht gelöst.

Die sowjetische Führung verstand, dass ein Rückgang der Ölförderung problematisch war. Gorbatschow betonte auf einer ZK-Konferenz am 23. August 1986: „Vor allem eins, Genossen. Wir alle müssen sehen, ich möchte das hier in diesem Kreise ganz offen sagen, dass unsere Exportressourcen und damit auch unsere Importmöglichkeiten wegen der Lage bei der Förderung von Öl und Gaskondensat 1986 erheblich zurückgegangen sind. Und das macht es schwierig, nicht nur den Plan für Export-Import, sondern die Wirtschaft im Ganzen auszugleichen. Unter diesen Umständen wird die Frage einer umfassenden Deviseneinsparung akuter denn je. Wir geben natürlich Devisen für Landwirtschaftsprodukte aus – Getreide, Fleisch und andere. Wir kaufen über 9 Mio. Tonnen fertigen Stahl und Stahlrohre für 3 Milliarden Rubel. Eine große Menge an Rohstoffen und Halbfabrikaten für die Chemie,

---

[28] Aleksandr Jakovlev schreibt, dass die Parteiführung 1985 keinerlei Zweifel an der Stabilität und Fortschrittlichkeit des sozialistischen Systems hatte. Aleksandr Jakovlev: Gor'kaja čaša: bol'ševizm i reformacija Rossii (Ein bitterer Kelch: Bolschewismus und Reformation Russlands). Jaroslavl' 1994. S. 213-239.

[29] Stenogramm des ZK-Plenums vom 27-28. Januar 1987. RGANI, f. 2, op. 5, d. 45, l. 3.

Buntmetalle, die Leichtindustrie usw. Das ist alles auch notwendig. Wir kaufen diese Dinge ein, weil wir ohne sie nicht auskommen."[30]

Die Ölförderung zu steigern war für die Volkswirtschaft von eminenter Bedeutung, wenn dies auch weniger schnell als in den 1970er-Jahren erfolgte, als mehrere singuläre Vorkommen in Betrieb genommen worden waren. Aber das wurde immer teurer. Der Vorstandsvorsitzende der Promstrojbank (Bank für Industriebau) erinnerte in einem Schreiben an die Regierung Mitte 1988 daran, dass für den Treibstoff- und Energiebedarf 1986-1990 fast um ein Drittel mehr zu investieren sei als 1981-1985, und dreimal so viel wie von 1971-1975. Der Anteil dieses Bereichs an den Gesamtausgaben für den landesweiten Investitionsbau hatte sich von 14 % im neunten Fünfjahresplan auf 23 % im zwölften erhöht. Die Wachstumsraten für Investitionen lagen deutlich über denen der Produktion.[31]

In Gorbatschows Erklärungen 1986 spiegelt sich seine Sorge um den fallenden Ölpreis. Aber sein Ton zeigt, dass er das Ausmaß des Problems nicht verstand. Maßnahmen, um die Krise in der Zahlungsbilanz und die Finanzkrise zu beherrschen, wurden 1986 auf politischer Ebene nicht diskutiert. Darüber hinaus wurden zu dieser Zeit Beschlüsse gefasst, die zu einem Antikrisenprogramm in eklatantem Widerspruch standen.

Die Regierung, die mit einer ungünstigen Preisentwicklung für die Haupt-Exportwaren konfrontiert war, versetzte dem Finanzsystem des Landes noch drei weitere Schläge.[32] Zum ersten war das die Antialkohol-Kampagne, die die Staatseinnahmen verringerte, zweitens das Programm zur Beschleunigung der wirtschaftlichen Entwicklung, das erheblich höhere Investitionen vorsah, und drittens die Reduzierung der Importe von industriellen Konsumgütern.

Der ehemalige Gosplan-Vorsitzende Nikolaj Bajbakov erinnert sich: „Im April fand die Sitzung des ZK-Sekretariats statt, auf der der Beschluss diskutiert wurde, weniger Spirituosen zu produzieren. Im Plan von 1985 machte Wodka 24 % des Warenumsatzes aus, deshalb mahnte ich auf der Sitzung zur Vorsicht: ,Genossen, nicht so eilig, wir bringen das Budget aus dem Gleichgewicht. Es geht immerhin um 25 Milliarden Rubel…'. – ,Nein', erwiderte Lichatschov, ,lasst uns zuerst die Produktion von Spirituosen drastisch reduzieren, und dann führen wir ein Alkoholverbot ein…' Bei der Herbstsitzung analysierte das ZK-Sekretariat die Umsetzung des Beschlusses. Diese sei zwar in Gang gekommen, hieß es, zugleich aber kritisierte man die Parteisekretäre in Kreisen und Gebieten, weil sie die Produktion nur schleppend reduzierten. Dann wurde vorgeschlagen, die Wodka-Produktion zu halbieren, aber nicht, wie geplant, 1990, sondern im Jubiläumsjahr 1987 – zum 70. Jahrestag der

---

[30] RGANI, f. 9, op. 5, d. 33, l. 168-170.

[31] J. S. Zotov (Vorstandsvorsitzender der Promstrojbank) an den Ministerrat – Gen. Boris Ščerbina über die zentralen Probleme in den Konzepten für die wirtschaftliche und soziale Entwicklung der Treibstoff-Energie-Branchen für 1989. 26. Mai 1988. GARF, f. 5446, op. 149, d. 1439, l. 72-94.

[32] Aus dem Interview von Michail Gorbačev anlässlich des 20. Jahrestages des Beginns der Perestrojka: „My finansami zanimalis' chrenovo" (Wir haben die Finanzen versaut). Dmitrij Muratov: Vokrug Gorbačeva opjat' bušujut strasti, (Novaja gazeta, 1. Februar 2005).

Großen Oktoberrevolution. Nach dieser Sitzung wurde eine noch intensivere Kampagne gegen Trunkenheit und Alkoholismus gestartet. Produktion und Verkauf von Spirituosen wurden drastisch reduziert, auch von Cognac."[33]

Nach dem Plan von 1985, der vor den Antialkohol-Beschlüssen verabschiedet worden war, sollten aus dem Umsatz von Alkoholika 60 Milliarden Rubel eingenommen werden. Nach den Beschlüssen gingen 1986 38 Milliarden, 1987 35 und 1988 – nachdem die Kampagne abgeblasen worden war – 40 Milliarden Rubel ein.[34]

Die Antialkohol-Kampagne sah einen jährlichen Rückgang von Produktion und Verkauf von Wodka und Likörerzeugnissen um 10 % vor, in fünf Jahren eine Halbierung. 1988 sollte die Produktion von Obst- und Beerenalkohol-Getränken eingestellt werden. Bereits 1985-1986 ging die Herstellung von Alkoholgetränken auf mehr als die Hälfte zurück. Zu Beginn der Kampagne hoffte die sowjetische Führung, dass eine Preiserhöhung für Alkohol etwa 80 % der Budget- und Umsatz-Verluste kompensieren würde.[35] Das sollte sich als Illusion erweisen.

Auf dem 27. KPdSU-Parteitag wurde festgelegt, das sowjetische Wirtschaftspotential bis zum Jahr 2000 zu verdoppeln. Das Beschleunigungsprogramm sah für den Maschinenbau ein 1,7-mal höheres Wachstum vor als generell in der Industrie. Qualitativ sollte hier zu Beginn der 1990er der Weltstandard erreicht werden.

Durch Manipulationen belegte die sowjetische Statistik für 1985-1986 eine Wachstumssteigerung in der Wirtschaft. Indem man die Alkohol-Umsätze bei der Berechnung des Nationaleinkommens unberücksichtigt ließ, ergab sich für diese Jahre ein Wachstum auf etwa das Doppelte.[36] Aber mit statistischen Tricks überwindet man keine Finanzkrise. In Verbindung mit dem sinkenden Ölpreis führten diese Entscheidungen zwangsläufig zu einem drastischen Anstieg des Haushaltsdefizits (s. Tabellen 5.13, 5.14, 5.15., 5.16).

---

[33] Bajbakov, Sorok let, S. 161.
[34] Ryžkov, Desjat' let, S. 101.
[35] N. T. Gluškov (Vorsitzender von Goskomcen SSSR (staatliches Preiskomitee) an den Ministerrat der UdSSR. Zur Durchführung des Beschlusses des ZK der KPdSU und des Beschlusses des Ministerrats der UdSSR vom 19. Juli 1986 Nr. 847, 1. August 1986. GARF, f. 5446, op- 147, d. 374, l. 32.
[36] Kudrov, Sovetskaja ėkonomika v retrospektive, S. 102.

Tabelle 5.13 Folgen des sinkenden Ölpreises für die Einnahmen aus Öl und Ölprodukten, 1984–1987

	1984	1985	1986	1987
Einnahmen aus dem Verkauf von Öl und Ölprodukten, Mrd. Valutarub.	30,9	28,2	22,5	22,8
davon in entwickelte kapitalistische Länder, Mrd. Valutarub.	13,6	10,6	5,5	7,1
Einnahmen aus dem Verkauf von Öl und Ölprodukten, % BIP	4,04	3,63	2,82	2,76
davon in entwickelte kapitalistische Länder, % BIP	1,8*	1,4*	0,7	0,9

Egor Gajdar: O blagich namerenijach (Gute Absichten). Pravda, 24. Juni 1990.

Quelle: Berechnungen in % des BIP nach Angaben von 1984-1987 s. Sinel'nikov, Bjudžetnyj krizis v Rossii.

Tabelle 5.14 Finanzielle Folgen der Antialkohol-Kampagne 1985-1987

	1984	1985	1986	1987
Steuereinnahmen im Staatshaushalt aus dem Verkauf von Alkoholprodukten, Mrd. Rb. *	36,7	33,3	27,0	29,1
Steuereinnahmen im Staatshaushalt aus dem Verkauf von Alkoholprodukten, % BIP	4,8	4,3	3,4	3,5
Umsatz von alkoholischen Getränken im Einzelhandel, Mrd. Rb. *	52,8	47,7	37,0	36,6
Umsatz von alkoholischen Getränken im Einzelhandel, % BIP	6,9	6,1	4,6	4,4

Privatarchiv Gajdar.

Quelle: Berechnungen in % des BIP. Sinel'nikov, Bjudžetnyj krizis v Rossii.

Tabelle 5.15 Umsatz von Alkoholprodukten in der UdSSR, 1985–1988, Mio. Dekaliter

	1985	1986	1987	1988
Wodka	251,2	156,6	123,6	136,9
Wein	386,8	189,5	156,7	184,7
Cognac	8,5	8,8	9,4	11,3
Bier	667,8	496,9	514,6	564,8
Sekt	21,9	20,7	20,6	21,8

Quelle: Sinel'nikov, Bjudžetnyj krizis v Rossii.

Tabelle 5.16 Importierte industrielle Konsumgüter

	1984	1985	1986	1987	1. Halbjahr 1987 г.	1. Halbjahr 1988 г.
Importierte Industriewaren des Volkskonsums, Mrd. Valutarub..	7,6	8,7	8,4	7,9	3,8	4,2
Davon aus entwickelten kapitalistischen Ländern, Mrd. Valutarub..	1,2	1,5	1,1	0,8	0,4	0,4
Importierte Industriewaren des Volkskonsums im Einzelhandel, Mrd. Rb.	27,1	33,0	30,2	24,8	10,4	11,5

Quelle: Ju. Ponomarev (Assistent des Stellvertretenden Regierungschefs der RF B. Bogdanov). Unterlagen zur Auslandsverschuldung zum 1. Januar 1992. 15. Mai 1992. Privatarchiv Gajdar.

Das zunehmende finanzielle Ungleichgewicht führte seinerseits zu einer akuten Konsumgüterknappheit. Der Handelsminister der UdSSR Kandrat Terech teilte dem Ministerrat im Dezember 1987 mit:

„Wie das Handelsministerium berichtet, besteht derzeit bei vielen Konsumgütern eine angespannte Situation bei der Versorgung der Bevölkerung. Ein Grund für die geänderte Situation im Handel und die gestiegene Nachfrage nach bestimmten Waren ist der deutlich zurückgehende Verkauf von Alkoholika. (...) Bis 1985 verlief der Verkauf von Zucker, alkoholhaltigen und anderen Präparaten überall störungsfrei. Eau de Cologne, Lotions, Haarlacke, Zahnpasta und andere Güter waren in einem breiten Angebot vorhanden. Die Nachfrage nach Zucker stieg in der zweiten Hälfte 1986 drastisch an – von Juli bis Dezember 1986 um 22 % und im ersten Halbjahr des laufenden Jahres im Vergleich mit dem Vorjahreszeitraum um 16 %. Die Zuckerreserven im Einzelhandel sind 1986 um 625.000 Tonnen zurückgegangen, und 1987 ist ein weiterer Rückgang um 700.000 Tonnen zu erwarten."[37]

Im Folgenden machte der Minister darauf aufmerksam, dass 1986 der Verkauf von Eau de Cologne in Moskau auf das Anderthalbfache gestiegen war, dass in allen Gebieten der RSFSR alkoholhaltige Waren und Zahnpasta rationiert worden waren, der Umsatz von Klebstoff um mehr als 30 % und der von Fensterputzmitteln um 15 % zugenommen hatte.[38] Der Brief ist von fast unverhohlenem Hass gegen die Initiatoren der Antialkohol-Kampagne durchdrungen, die den Konsummarkt destabilisiert hatten, für die der Minister die Verantwortung trug.

Über die verschlechterte Lage auf dem Verbrauchermarkt informierte den Regierungschef auch Vladimir Kossov, der Leiter der Hauptverwaltung Information beim Ministerrat.[39]

Angesichts der wachsenden Versorgungsprobleme bei Konsumgütern stiegen die Preise (s. Tabelle 5.17). Ihre frühere Stabilität erwies sich immer mehr als Fiktion.

Tabelle 5.17 Veränderung der durchschnittlichen Einzelhandelspreise der Anbieter (unter Einbeziehung aller Verkaufskanäle)

	1989 in % v. 1985			1989 in % v. 1988		
	Alle Waren	Lebensmittel	Non-Food-Artikel	Alle Waren	Lebensmittel	Non-Food-Artikel
Preise der Anbieter	109,5	112,5*	106,7*	102,2	100,8	103,5
Durchschnittspreise	110,4	113,9	107,3	103,0	102,0	104,0
Listenpreise	104,2	110,9	98,6	100,7	100,8	100,6

Anmerkung. Die Registrierung der Preise wurde in 150 Gebiets-, Kreis- und Republikzentren vorgenommen. 650 Waren wurden ausgewählt. Die Preise im Kolchoshandel wurden monatlich für 105 Waren in 264 Städten beobachtet.
* Schätzung.

Quelle: N. G. Belov (Erster Stellvertretender Vorsitzender von Goskomstat) an den Vorsitzenden des Ministerrats der UdSSR Nikolaj Ryžkov. Die Preise für Konsumgüter. 7. August 1990. GARF, f. 5446, op. 162, d. 277, l. 27.

---

[37] Kandrat Terech (Handelsminister der UdSSR) an den Ministerrat der UdSSR: Information über den Handel mit einzelnen Waren. 2. Dezember 1987. GARF, f. 5446, op. 148, d. 950, l. 7, 8.
[38] Ebd.
[39] Vladimir Kossov an den Vorsitzenden des Ministerrats der UdSSR Gen. Nikolaj Ryžkov. Einige Besonderheiten bei der Arbeit der Volkswirtschaft im ersten Quartal 1987. April 1987. GARF, f. 5446, op. 148, d. 129, l. 28-33.

In drei Jahren des Fünfjahresplans (1986-1988) gingen die Staatseinnahmen im Vergleich zu den Planvorgaben um 31 Milliarden Rubel zurück. Die Ausgaben legten um 36 Milliarden zu. Die Geldemission betrug 1986 3,9 Mrd. Rb., 1987 – 5,9 Mrd., 1988 – 11,8 Mrd. Rb. (im Jahresdurchschnitt des 11. Fünfjahresplans waren es 3,6 Mrd. Rb.). Bei der Schätzung der unbefriedigten Nachfrage legte die Gosbank das Verhältnis zwischen der Geldmenge im Umlauf und dem Warenumsatz in der Periode von 1959 bis 1961 zugrunde. Hieraus ergab sich für den 1. Januar 1986 ein im Umlauf befindlicher Geldüberhang von 29 Mrd. Rb., zum 1. Januar 1988 waren es 35 Mrd. Von 1971-1980 stieg der Überschuss um 15 Mrd. Rb. an, von 1981-1987 um 16 Mrd. Rb.[40]

Das Finanzministerium und Goskomstat schätzten das Defizit im sowjetischen Staatshaushalt 1985 auf 18 Mrd. Rb. Nach ihren Angaben erreichte der Stand 1988 90,1 Mrd. Rb. Für 1989 waren nach vorläufigen Angaben 92,2 Mrd. Rb. zu erwarten. Anfang 1989 betrugen die Staatsschulden 312,4 Mrd. Rb.[41] Ende 1989 erreichten sie 400 Mrd. Rubel bzw. 44 % des Bruttonationalprodukts.[42] Zur Deckung der Haushaltsausgaben wurden in großem Umfang Ressourcen der Gosbank und Finanzmittel der Bevölkerung genutzt, die nicht mit Waren gedeckt waren. 65 Mrd. Rb. der Gosbank, die aus Ersparnissen der Bevölkerung stammten, wurden zu dieser Zeit für Kredite an die Landwirtschaft herangezogen, deren Rückzahlung erst 2005 anstand.[43]

Im Frühjahr 1988 erwog die Regierung ein Programm, um die Volkswirtschaft finanziell zu sanieren und den Geldumlauf zu stabilisieren. Zu Beginn des dreizehnten Fünfjahresplans (1991) sollte in allen Bereichen ein Finanzausgleich erreicht sein. Zur Umsetzung der geplanten Aufgaben wollte man zusätzliche Finanzressourcen mobilisieren, und zwar von Seiten der Ministerien 37,8 Mrd. Rb. und der Unionsrepubliken 58 Mrd. Rb.[44] Regierungschef Nikolaj Ryzhkov, der Leiter von Gosplan

---

[40] A. V. Vojlukov (Leiter der Abteilung für Geldumlauf in der Gosbank). Gutachten zur unbefriedigten zahlungskräftigen Nachfrage der Bevölkerung. 22. November 1988. RGAĖ, f. 2324, op. 33, d. 741, l. 146-154.

[41] N. Petrakov: Monetary Stabilization in Russia: What ist to Be Done? In: Cato Journal, 1993, Bd. 12 (3), S. 610 f. Nach der Schätzung Sinel'nikovs belief sich das Haushaltsdefizit 1988 und 1989 auf 94,4 bzw. 97, Mrd. Rb., was etwa 10-11 % des BIP entspricht. Sinel'nikov, Bjudžetnyj krizis v Rossii: 1985-1995 gody (Die Haushaltskrise in Russland). Moskau 1995.

[42] Valentin Pavlov (Finanzminister der UdSSR) und V. H. Kiričenko (Vorsitzender von Goskomstat) an den Ministerrat der UdSSR. Unterlagen über Maßnahmen zur Inflationsbekämpfung. 5. Dezember 1989. GARF, f. 5446, op. 162, d. 289, l. 72; Nikolaj Ryžkov (Vorsitzender des Ministerrats), Ju. Masljukov (Vorsitzender von Gosplan), Lev Voronin (Vorsitzender von Gossnab) ans ZK der KPdSU. Vorschläge zur Ausarbeitung einer radikalen Wirtschaftsreform und zur Beseitigung von Mängeln bei ihrer Umsetzung. GARF, f. 5446, op. 149, d. 1, l. 39-56.

[43] Vojlukov (Leiter der Verwaltung des Geldumlaufs) zur Situation im Geldumlauf. RGAĖ, f. 2324, op. 33, d. 741, l. 27-31.

[44] V. G. Panskov (Stellvertretender Finanzminister), Stepan Sitarjan (Stellvertretender Leiter von Gosplan) an den Ministerrat der UdSSR: Vorschläge zum Verfahren und zu Terminen „für eine radikale Umgestaltung des Finanzsystems und seinen Übergang in eine gesetzliche Grundlage". 12. April 1988. GARF, f. 5446, op. 149, d. 1, l. 149.

Jurij Masljukov und der Leiter von Gossnab (Staatskomitee für materiell-technische Versorgung) Lev Voronin berichteten am 17. Juli 1988 dem ZK über die schwerwiegende finanzielle Disproportion in der Volkswirtschaft. Praktischen Einfluss auf die Situation hatte dies nicht. 1989 wurde ein höheres Haushaltsdefizit geplant als 1988 (10 % des BIP).[45]

Die Gosbank informierte die Regierung, dass sich die Lage im Geldumlauf radikal verschlechtere:

„Nach einer Expertenstudie entsprach die Geldmenge, die Anfang der 1970er-Jahre in Umlauf war, praktisch dem Bedarf des Geldumlaufs. 1971-1980 erhöhte sich die Geldmenge auf das 2,3-fache bei einem Anstieg der Bevölkerungseinkünfte auf das 1,8-fache. (…)

Zu Anfang der 1980er-Jahre kam es bei Waren und Dienstleistungen zu Versorgungsproblemen. Es bildete sich ein Geldüberhang von etwa 19 Mrd. Rb. 1981-1985 stieg die im Umlauf befindliche Geldmenge um 34,1 % an, das Bevölkerungseinkommen um 22,6 % und der Warenumsatz um 19,8 %. Die Anspannung auf dem Konsummarkt nahm zu, und trotz einer mehrfachen Preiserhöhung wurde der Geldüberhang Anfang 1986 auf 29 Mrd. Rubel geschätzt. Im laufenden Fünfjahresplan verschlechterte sich die Lage erheblich. Schätzungen zufolge erhöhten sich die Finanzeinkünfte der Bevölkerung 1990 im Vergleich zu 1985 um 52,8 %, während der Warenumlauf im Einzelhandel nur um 42,5 % zunahm, so dass die im Umlauf befindliche Geldmenge Ende 1990 um 90,5 % über dem Wert von 1985 lag. Die Gosbank schätzte den Bargeld-Überhang Anfang 1990 auf 47 Mrd. Rubel, und die Gesamtsumme der unbefriedigten Nachfrage nach Waren und Dienstleistungen auf 105 Mrd. Rubel."[46]

Tabelle 5.18 illustriert die Entwicklung auf diesem Gebiet.

Tabelle 5.18 Geldschöpfung 1986-1989

Zeitraum	Geldschöpfung pro Jahr, Mrd. Rb.	Jährliches Wachstum der Geldschöpfung, %
1986	3,9	8,3
1987	5,9	51,3
1988	11,8	100,0
1989	18,3	55,1

Anmerkung. Die Wachstumsraten für 1986 sind im Verhältnis zum Durchschnittswert der Geldschöpfung von 1981-1985 angegeben, die sich auf 3,6 Mrd. Rb. belief.

Quelle: Berechnung nach Angaben von A. V. Vojlukov, s. RGAe', f. 2324, op. 33, d. 741, l. 165, 166.

---

[45] Bericht des Vorsitzenden des Ministerrats der UdSSR Nikolaj Ryžkov, des Vorsitzenden von Gosplan Jurij Masljukov und des Vorsitzenden von Gossnab Lev Voronin vom 17. Juli 1988 ans ZK der KPdSU. l. 37-56.

[46] Vojlukov, RGAĖ, f. 2324, op. 33, d. 741, l. 166.

Der sowjetischen Führung wurde erst 1988 zu einem gewissen Grade klar, dass der katastophale Zustand in Finanzsystem und Geldumlauf und die zunehmende Warenknappheit auf dem Verbrauchermarkt zusammenhingen.[47] Zu diesem Zeitpunkt waren die Finanzen und der Verbrauchermarkt des Landes bereits ruiniert.

Im Herbst 1988 beschloss die Führung des Landes, die Antialkohol-Kampagne einzustellen. Experten zufolge, die sich am Zuckerabsatz seit 1984 orientierten, hatte sich die Schwarzbrennerei in der UdSSR zu diesem Zeitpunkt versechsfacht. Das kompensierte den Rückgang des staatlichen Alkohol-Angebots vollständig.[48]

Anfang September 1988 richtete Regierungschef Ryzhkov folgende Mitteilung ans Politbüro:

„Eine Analyse zeigt, dass in den letzten drei Jahren die Schlangen infolge des drastisch zurückgehenden Alkoholverkaufs auf das Anderthalbfache angewachsen sind. (…) Auf Grund der Einsparungen bei Alkoholeinkäufen hat bei einem Großteil der Bevölkerung die Nachfrage nach Nahrungsmitteln, Kleidung, Schuhen, Strümpfen und Socken, Alltags- und Haushaltswaren zugenommen. (…) Seit der zweiten Hälfte 1986 ist der Umsatz von Zucker, Süßwaren (Karamell, Lebkuchen), Fruchtsäften, Tomatenmark und einigen anderen Lebensmitteln, die man zum Schwarzbrennen verwendet, flächendeckend drastisch angestiegen. 1987 wurden zum Beispiel 9.280.000 Tonnen Zucker verkauft, d. h. 1.430.000 Tonnen, also 18 %, mehr als 1985. Zurzeit ist Zucker fast überall rationiert. Nach Angaben von Goskomstat wurden 1987 fürs Schwarzbrennen 1,4 Mio. Tonnen Zucker verwendet, das entspricht etwa 140-150 Mio. Dekaliter an Selbstgebranntem. Das hat den Rückgang im Verkauf von Wodka und Likör-Produkten praktisch kompensiert."[49]

---

[47] Otto Lacis beschreibt in seinem Buch eine damit zusammenhängende Episode: „Gajdar und ich haben einen ausführlichen Bericht an Gorbačev verfasst und Ausschnitte aus einer Zeitschrift beigelegt: Die Artikel der letzten Zeit zu diesem Thema... Der Bericht interessierte Gorbačev so sehr, dass er ihn zu Beginn der nächsten Politbüro-Sitzung vorlas, obwohl diese Frage gar nicht auf der Tagesordnung stand. Die Diskussion dauerte zwei Stunden, und wie Ivan (Frolov) berichtete, konnte sich niemand erinnern, wann das Politbüro überhaupt Finanz- und Haushaltsprobleme diskutiert hätte (…) Angesichts des traurigen Schicksals unseres Versuchs, der Führung des Landes und der Öffentlichkeit die Augen für die Entwicklung zu öffnen, ärgerte ich mich über Regierungschef Ryžkov und Masljukov. Ich war der Meinung, dass diese Günstlinge des militärindustriellen Komplexes eine Entscheidung des Politbüros sabotierten und so die Wirtschaft des Landes in den Ruin trieben. Wahrscheinlich war das auch so, aber im allgemeinen Chaos kam ich gar nicht auf die einzig richtige Idee: Die sowjetische Staatsmaschinerie war gar nicht mehr imstande, ihre wesentlichen Funktionen auszuüben. Selbst angesichts der unausweichlichen Katastrophe, über die das gesamte Politbüro mit Gorbačev an der Spitze informiert war, konnte unsere ‚Titanic' dem Zusammenstoß mit dem Eisberg nicht ausweichen." S. Otto Lacis: Tšatel'no splanirovannoe samoubijstvo (Ein sorgfältig geplanter Selbstmord). Moskau 2001. S. 195 ff.

[48] M. A. Careva: Pitejnye obyčai v SSSR i Finljandii (Trinkgewohnheiten in der UdSSR und Finnland). In: Ėffektivnost' alkogol'noj reformy: nekotorye sociologičeskie aspekty (Die Effizienz der Alkoholreform: einige soziologische Aspekte). Moskau 1988. S. 16.

[49] Über einige negative Erscheinungen im Kampf gegen Trunkenheit und Alkoholismus s. Izvestija CK KPSS, 1989, Nr. 1, S. 48 ff.

1989 wurden die Sorgen der Regierung angesichts der Finanzlage öffentlich. Im Januar 1989 gab Gorbatschow die Kürzung der Militärausgaben um 14,2 % (im Vergleich zu 1987) und der Waffenproduktion um 19,2 % bekannt. Diese Maßnahmen sollten innerhalb von zwei Jahren umgesetzt werden.[50] Auf der Sitzung der Volksdeputierten am 30. Mai 1989 sagte er: „Der Staat lebt weiterhin über seine Verhältnisse. Die Ausgaben in diesem Fünfjahresplan steigen schneller als das Nationaleinkommen. Daher rührt das zunehmende Haushaltsdefizit. Wirtschaftlich darf man das einfach nicht zulassen. Es kann nur als schwerwiegende Fehlkalkulation in der Wirtschaftspolitik betrachtet werden, für die in erster Linie das Finanzministerium und sein Apparat die Verantwortung tragen. Im Investitionsbau gibt es nicht etwa weniger unabgeschlossene Projekte, wie vom 27. Parteitag beschlossen, sondern sie haben im Gegenteil um 30 Mio. Rubel zugenommen."[51]

Am 15. März 1989 wurde ein Beschluss des ZK und des Ministerrats verabschiedet, der umfassende Ausgabenkürzungen und Mehreinnahmen von 29,3 Mrd. Rubeln für 1989 und um 33,7 Mrd. Rubel für 1990 vorsah. Es sollten weniger zentrale Kapitalinvestitionen für den Bau von Produktionsstätten zur Verfügung gestellt werden. Die Obergrenzen für staatliche Investitionen wurden um 7,5 Mrd. Rubel herabgesetzt. Die Staatseinkünfte sollten steigen, und zwar um 1,1 Mrd. Rubel durch Umsatzsteuern und um 4,1 Mrd. Rubel durch außenwirtschaftliche Aktivitäten; außerdem sollten strukturelle Veränderungen in Export und Import die Effizienz verbessern.[52]

Im Bewusstsein, dass die wachsenden Finanzprobleme eine ernsthafte Bedrohung darstellten, hielten die sowjetischen Führer den Konflikt mit der administrativen politischen Elite für das kleinere Übel, das man in Kauf nehmen musste. Allerdings standen die getroffenen Entscheidungen in keinem Verhältnis zu den vorliegenden Problemen. Selbst als die sowjetische Führung allmählich der Ernst der Krise begriffen hatte, war sie nicht zu Maßnahmen bereit, die ihr eine zumindest geringe Chance gegeben hätten, die Katastrophe abzuwenden.

5.4 Zunehmende Probleme der sowjetischen Wirtschaft

Die Dokumente, die die Regierung vom Erdölministerium erhielt, klangen immer alarmierender. Vasilij Dinkov schrieb am 30. Juni 1989 an den Ministerrat:

„Das Ministerium für Erdölindustrie sieht sich gezwungen, den Ministerrat zu informieren, dass die Branche Schwierigkeiten hat, die für 1989 vorgesehenen Öllie-

---

[50] Blacker, Hostage to Revolution, S. 57.
[51] Michail Gorbačev: Ob osnovnych napravlenijach vnutrennej i vnešnej politiki SSSR (Grundtendenzen in der Innen- und Außenpolitik der UdSSR). Bericht auf der Sitzung der Volksdeputierten der UdSSR am 30. Mai 1989. Moskau 1989. S. 8.
[52] Zu Maßnahmen zur finanziellen Sanierung der Wirtschaft und zur Stabilisierung des Geldumlaufs im Land 1989-1990 im 13. Fünfjahresplan. Izvestija CK KPSS, Nr. 5, 1989, S. 14-16.

ferungen an die erdölverarbeitenden Betriebe des Landes und für den Export sicherzustellen. In sechs Monaten des laufenden Jahres haben wir bei Staatsaufträgen einen Rückstand von 2,5 Mio. Tonnen Öl, und wenn wir die zusätzlichen zentral verteilten Lieferungen mitrechnen, sind es 5 Mio. Tonnen. Im zweiten Halbjahr ist ein Rückstand von 10 Mio. Tonnen zu erwarten. (…) Bereits im zweiten Halbjahr 1988 sah es im Hinblick auf die geplante Erdölförderung schlecht aus. (…) Die Anweisungen aus dem Büro des Ministerrats für Maschinenbau, Lieferrückstände bei der Ausrüstung von Ölfeldern und -betrieben zu beheben und ausstehende Komponenten für die 1989 und 1990 in Betrieb genommenen Objekte nachzuliefern, hat das Ministerium für chemischen Maschinenbau nicht ausgeführt. Das Programm, die Erdölindustrie technisch auf neue Anlagen und Maschinen umzurüsten, ist praktisch gescheitert. (…) Die Situation wird noch dadurch verschlimmert, dass Gosplan mit Beschluss vom 16.6.1989 Nr. 33 verfügt hat, die Obergrenzen der materiell-technischen Ressourcen für 1989 in den für die Ölförderung relevanten Positionen zu senken, und zwar die für nahtlose elektrisch geschweißte Ölleitungsrohre um 30.000 Tonnen und die für Schweißrohre mit großen Durchmessern um 18.000 Tonnen. (…) Da es kein ausgeglichenes Produktionsprogramm für 1989 mit Kapitalinvestitionen und materiell-technischen Ressourcen gibt und sich die geologischen Bedingungen bei einigen Vorkommen erheblich verschlechtert haben, schätzt das Erdölministerium die mögliche Fördermenge auf 591,6 Mio. Tonnen, also auf 10,8 Mio. Tonnen geringer als geplant. Zusätzliche zentral stimulierte Lieferungen sind hier mitgerechnet."[53]

Seit Ende 1988 verschlechterte sich die Wirtschaftslage rapide. Ein kritischer Faktor waren erneut die fallenden Ölpreise. Das Ministerium für Öl- und Gasindustrie schrieb im August 1989 an die sowjetische Regierung: „Im laufenden Jahr wird die Lage besonders angespannt, und es kann zu unvorhersehbaren Ereignissen kommen. Auf Grund der äußerst schwierigen Lage hält es das Ministerium für Öl- und Gasindustrie für notwendig, den Staatsauftrag zur Ölförderung unter Berücksichtigung dieser Angaben zu revidieren und auf ein Niveau herabzusetzen, das anspruchsvoll, aber realistisch ist. Das Ministerium bittet darum, die vorgesehene Ölförderung für 1989 insgesamt um 15,5 Mio. Tonnen zu senken."[54]

Die zunehmenden Probleme bei der Erdölförderung kamen zu der Krise in der gesamten Wirtschaft hinzu. ZK-Sekretär Vadim Medvedev schrieb zur Entwicklung in der sowjetischen Wirtschaft 1989: „…1988 war in diesem Sinne das letzte mehr oder weniger günstige Jahr. Danach begannen ernsthafte Schwierigkeiten, es kam zu einer handfesten Wirtschaftskrise, in erster Linie auf dem Verbrauchermarkt. Dieser wurde so labil, dass selbst ein geringer, partieller Ausfall zu gravierenden Folgen, zu Anfällen von Kaufrausch führte. Aus dem freien Verkauf verschwanden mal Zucker und Süßwaren, bald Zahnpasta, Seife und Waschmittel, dann Schulhefte, Batterien, Reißverschlüsse, ganz zu schweigen von Fleisch, Schuhen, Pelzwaren usw. Die Wirt-

---

[53] Vasilij Dinkov (Minister für Erdölindustrie) an den Ministerrat der UdSSR. Betr. Öllieferungen an die Volkswirtschaft im Jahre 1989. 30. Juni 1989. GARF, f. 5446, op. 150, d. 1576, l. 106-111.
[54] Leonid Filimonov an den Ministerrat der UdSSR. Die staatlich in Auftrag gegebene Erdölförderung für 1989. 16. August 1989. GARF, f. 5446, op. 150, El. xp. 1576, l. 43-46.

schaftsreform blieb im Sumpf stecken. Nach dem Juli-Plenum wurden denn auch keine größeren Schritte in dieser Richtung mehr unternommen. (…) Das wirtschaftliche Reformprogramm war 1987 praktisch gestorben, man sprach immer weniger darüber. Die Hauptsache aber war, dass man die Bargeldmasse und die Geldeinkünfte der Bevölkerung nicht mehr unter Kontrolle hatte. Die Inflationsspirale hatte einen starken Anstoß bekommen, und es wurde immer schwerer, sie anzuhalten."[55]

Aus Umfragen des unionsweiten wissenschaftlichen Forschungsinstituts für Konjunktur und Nachfrage ergab sich, dass sich Ende 1989 von 989 Konsumgütern lediglich 11 % in relativ freiem Verkauf befanden, ohne dass es zu wesentlichen Ausfällen gekommen wäre. Aus den Geschäften verschwanden Fernseher, Kühlschränke, Waschmaschinen, Waschmittel, die meisten haushaltschemischen Waren, viele Möbel, elektrische Bügeleisen, Rasiermesser, Parfüm und Kosmetika. Produkte wurden knapp, die noch 1987 ohne Probleme verkauft wurden, solche wie Waschmittel, Schulhefte, ebenso Bleistifte und Wachstücher.[56]

Die Gosbank berichtete über zunehmende Probleme im Geldumlauf:

„1989 kam es zu weiteren Problemen beim Geldumlauf. Die Diskrepanz zwischen Geldeinkünften der Bevölkerung und ihren Ausgaben wurde größer, die Geldemission stieg an, es wurde immer schwerer, die Nachfrage der Bevölkerung nach Waren und Dienstleistungen zu decken, die Kaufkraft des Rubels ließ nach, was negative soziale Folgen hatte. Diese Probleme waren dadurch bedingt, dass die wesentlichen staatlichen Planvorgaben nicht erfüllt wurden, was zu ungünstigen Proportionen in der wirtschaftlichen Entwicklung führte. 1989 wurden die Ziele weder beim Nationaleinkommen noch bei öffentlichen Bauprojekten noch bei der Produktion in Industrie und Landwirtschaft oder bei Konsumgütern erreicht. Unter diesen Umständen lagen die Einkünfte der Bevölkerung weit über dem Plan: Sie stiegen im Vergleich zu 1988 nach vorläufigen Angaben um 12,9 %, vorgesehen waren hier 1,2 %. Damit lagen die Einkünfte um mehr als 57 Mrd. Rubel über dem Plan. Sie stiegen 1,4-mal mehr als die Ausgaben der Bevölkerung für Waren- und Dienstleistungen. Die Rücklagen der Bevölkerung an Bargeld, Sparguthaben, Zertifikaten und Obligationen interner Gewinnanleihen beliefen sich 1989 auf über 61,9 Mrd. Rubel, das entspricht 11,1 % der Einkünfte. Die finanziellen Rücklagen der Bevölkerung stiegen jedes Jahr: 1988 waren es 41,8 Mrd. Rubel oder 8,5 % der Einkünfte, 1987 – 31,8 Mrd. Rubel bzw. 7 %, 1986 – 27,7 Mrd. Rubel oder 6,4 %, 1981-1985 im Jahresdurchschnitt 17,3 Mrd. Rubel bzw. 4,4 % der Einkünfte.

Der stark zunehmende Geldüberhang bei der Bevölkerung ist ein Indikator dafür, dass die Nachfrage nach Waren und Dienstleistungen auf Grund von Knappheit und Defiziten immer weniger befriedigt werden konnte. Anfang 1990 schätzte die Gosbank die Rücklagen auf etwa 110 Mrd. Rubel im Vergleich zu 60 Mrd. Rubel Anfang 1986. (…) Besonders einschneidend verschlechterte sich die Lage auf dem Binnenmarkt 1988 und 1989, da die Bevölkerungseinkünfte rascher anstiegen als die Konsumgüterproduktion, der Einzelhandel und bezahlte Dienstleistungen. (…)

---

[55] Medvedev, V komande Gorbačeva, S. 87.
[56] Voronov, O probleme preodolenija deficita i metodach regulirovanija potrebitel'skogo rynka.

Die Geldemission wird von der Gosbank nicht als Kreditressource genutzt: Die Gesamtsumme der Kredite an die Volkswirtschaft ist in den vier Jahren des laufenden Fünfjahresplans (1986-1989) um 133,5 Mrd. Rubel gekürzt worden, im Jahre 1989 um 16,7 Mrd. Zugleich wurden die Bankressourcen weiterhin eingesetzt, um das Haushaltsdefizit zu decken. Die Verschuldung des Budgets bei der Gosbank belief sich Ende 1989 auf 350,1 Mrd. Rubel. Im Vergleich zum Beginn des Fünfjahresplans (1. Januar 1986) waren sie um 243,4 Mrd. Rubel angestiegen, allein 1989 um 82,4 Mrd. Die staatliche Inlandsverschuldung Ende 1989 lag bei 400 Mrd. Rubeln, im Vergleich zum 1. Januar 1986 waren das 358 Mrd. Rubel mehr, allein 1989 war sie um 88 Mrd. Rubel gestiegen. Die Tatsache, dass der Staat systematisch mehr ausgab als er einnahm, war einer der Hauptgründe für den Rubelverfall."[57]

Die zunehmende Finanzkrise führte zu dieser Zeit angesichts fixierter Preise noch nicht zu einer hohen offenen Inflation. Sie wirkte sich in einer zunehmenden Zerstörung des Verbrauchermarkts und einem akuten Mangel an Konsumgütern aus. Die Gesellschaft begriff allerdings nicht die Logik dieser Vorgänge.

Hier einige Zitate aus Briefen von Arbeitern ans ZK aus dem Jahre 1989: „Was passiert mit der Versorgung der Bevölkerung? Wo sind die täglichen Konsumgüter hingekommen? Mit jedem Tag wird die Lage schlechter. Wir möchten eine Erklärung dafür haben, warum die Zucker-Ration von 2 auf 1,5 Kilogramm pro Person herabgesetzt wurde" (Pavlovsk). (...) „In unserer Stadt sind Haushalts- und Toilettenseife sowie Waschpulver aus den Geschäften verschwunden. Als der Zucker knapp wurde und man Karten dafür einführte, haben wir das verstanden. Aber jetzt, wo die lokalen Behörden eine so miserable Ration für Seife und Waschpulver eingeführt haben, platzt uns der Kragen. Erklären Sie bitte, wer ist daran schuld, dass die Waschmittel verschwunden sind?" (Alexandrov) (...) „Wir haben nichts, um es unserem fünfjährigen Jegor zu Essen zu geben. Es gibt keine Säfte für Kinder, keinen Fruchtbrei, keine Kindernahrung mehr in unserer Stadt" (Apatity).[58]

Die Behörden verstanden, dass das, was sich auf dem Verbrauchermarkt abspielte, mehr als alarmierend war. Aber sie hatten kein Rezept, um die Lage zu stabilisieren.

Ein Auszug aus dem Bericht der ZK-Agrarabteilung ans Zentralkomitee von Juli 1989: „In der letzten Zeit hat sich die Versorgung von Moskau mit Milchprodukten, Wurst- und Backwaren deutlich verschlechtert. Vielfach kommt es zu tagelangen Ausfällen im Handel, das Angebot ist eng begrenzt, die Liefertermine werden nicht eingehalten. In vielen Geschäften sind die Regale fast den ganzen Tag leer."[59] – „Trotz der materiellen Stimulierung des Verkaufs von Backweizen an den Staat wurden lediglich 6,2 Mio. Tonnen geliefert bei einem Bedarf von 14-15 Mio. Tonnen. Im abgelaufenen Jahr waren die Eingänge an qualifiziertem Weizen (Gluten) im Vergleich

---

[57] Gosbank SSSR (Staatsbank der UdSSR). Unterlagen zum Bericht über die sozioökonomische Lage des Landes. 2. Januar 1990. RGAĖ, f. 2324, op. 33, d. 741, l. 54-58.

[58] Briefe von Arbeitern zu einigen Fragen der radikalen Wirtschaftsreform. Izvestija CK KPSS, 8/1989, S. 150.

[59] Bericht der Agrarabteilung des ZK der Partei ans Zentralkomitee der KPdSU. Der Lebensmittelhandel in Moskau. 10. Juli 1989. Izvestija CK KPSS, 9/1989, S. 91.

zu 1986 um das 1,8-fache zurückgegangen. Nach relativ stabilen Weizenernten in den Fünfjahresperioden der letzten 20 Jahre (90 Mio. t 1966-1970, 85 Mio. t 1985-1988) ist der Ertrag an Backweizen von 41 Mio. auf 24 Mio. Tonnen zurückgegangen, bei Hartweizen fast um das Dreifache (von 3,0 Mio. auf 1,1 Mio. Tonnen)."[60]

Es fehlten 43,7 Mio. Tonnen Getreide.[61] Einen Überblick über die staatliche Getreideernte von 1988 gibt Tabelle 5.19. Seit dieser Zeit wurde die Getreidekrise immer akuter.

Tabelle 5.19 Übersicht über die Erfüllung der staatlichen Vorgaben für Getreidelieferungen aus der Ernte 1988 in den Unionsrepubliken

	Staatsauftrag 1988 (Tsd. t)	Lieferung incl. Anleihen zum 1.1.1989 (Tsd. t)	Planerfüllung (%) ohne Anleihen	Tatsächliche Lieferung			1988 (% im Vergleich zu 1987)	1986-1988 (% im Vergleich zu 1981-1985)
				1987 (Tsd. t)	1986-1988 (im Jahresdurchschnitt, Tsd. t)	1981-1985 (im Jahresdurchschnitt, Tsd. t)		
UdSSR	85721	61375	70	73089	71084	66643	84	107
RSFSR	47000	29165	60	34909	35385	35002	84	101
Ukrainische SSR	17500	17321	98	18057	16866	13367	96	126
Kasachische SSR	16400	9749	58	14601	12625	12625	67	108

Quelle: M. G. Šelud'ko: Ob itogach vypolnenija plana ėkonomičeskogo i social'nogo razvitija Ministerstva chleboproduktov SSSR v 1988 godu i za 3 goda XII pjatiletki (Zur Planerfüllung bei der wirtschaftlichen und sozialen Entwicklung des Ministeriums für Getreideprodukte der UdSSR 1988 und in drei Jahren des 12. Fünfjahresplans). 26. Januar 1989. RGAĖ, f. 8040, op. 19. d. 4393, l. 269.

Das Ministerium für Getreideprodukte schrieb an die Regierung: „Am 1. Januar 1989 hatten wir 61,3 Mio. Tonnen Getreide in den Staatsreserven. Der Plan hatte 85,7 Mio. Tonnen vorgesehen. Im Vergleich zur staatlichen Vorgabe war man um 30 % im Rückstand, in der RSFSR um 40 %, der Kasachischen SSR um 42 % und der Estnischen SSR um 52 %. Gegenüber 1987 gab es einen Rückgang von 11,9 Mio. Tonnen (16 %), bei Weizen waren es 217.000 Tonnen, bei Roggen –

---

[60] Import zerna: problemy starye i novye (Getreideimport: alte und neue Probleme). 1989. S. 2.

[61] M. G. Šelud'ko: Ob itogach vypolnenija plana ėkonomičeskogo i social'nogo razvitija Ministerva chleboproduktov SSSR 1988 goda i za 3 goda XII pjatiletki (Zur Planerfüllung bei der wirtschaftlichen und sozialen Entwicklung des Ministeriums für Getreideprodukte der UdSSR 1988 und in drei Jahren des 12. Fünfjahresplans). 26. Januar 1989. RGAĖ, f. 8040, op. 19, d. 4393, l. 252, 253.

860.000 Tonnen, bei Buchweizen – 179.000 Tonnen, bei Hirse – 551.000 Tonnen, bei Hülsenfrüchten – 458.000 Tonnen, bei Gerste – 7.186.000 Tonnen und Hafer – 928.000 Tonnen. (…) In einigen Gebieten waren in Privathaushalten große Mengen an gemahlenem Weizen vorhanden, es gab Fälle, dass Vorräte gehortet und nicht an den Staat verkauft wurden."[62]

1989-1990 kam noch ein weiterer Faktor zu der sich zuspitzenden Krise in der Handelsbilanz hinzu: Weltweit niedrige Getreideernten und die infolgedessen über dem Angebot liegende Nachfrage ließen einen Markt unter den Verkäufern entstehen. Besonders stark stiegen die Weizenpreise (s. Tabelle 5.20).

Tabelle 5.20 Weizenpreise auf dem Weltmarkt 1987–1990

Jahr	1987	1988	1989	1990
Durchschnittliche Preise v. 2000, Doll. pro Tonne	133	176	207	178

Anmerkung. Die Weltmarktpreise sind der Mittelwert der Lieferungen aus den USA, Australien und Argentinien.

Quelle: Berechnungen des IMF IFS 2005.

Die Situation bei der Getreideversorgung illustrieren zwei Briefe an die Regierung: „Im Zusammenhang mit der akuten Lage bei Futtergetreide stellen wir die vorläufige Abrechnung für diese Getreideernte von 1989 vor. Aus der Abrechnung geht hervor, dass in der Ernte des laufenden Jahres 30,7 Mio. Tonnen Futtergetreide fehlen. (…) Daher ist es notwendig, umgehend eine Entscheidung hinsichtlich des Einkaufs von Futtergetreide im Ausland zu treffen."[63] „Das Handelsministerium berichtet, dass Gosplan (Beschluss vom 31. Dezember 1988 Nr. 105) auf Grund einer Entscheidung des Ministerrats die Warenfonds von 1989 insgesamt, auch im ersten Halbjahr, herabgesetzt hat, und zwar um 1.266.000 Tonnen für Mehl und um 519.000 Tonnen für Korn. Infolge der Reduzierung im ersten Halbjahr belaufen sich die Warenfonds für Mehl auf 15.084.000 Tonnen, das sind 395.000 Tonnen (2,6 %) weniger als im ersten Halbjahr 1988, bei Korn ist es ein Rückgang um 1.881.000 Tonnen, das sind 314.000 Tonnen (14,3 %) weniger. Wenn man Moskau und Leningrad und andere zentrale Empfänger nicht mitrechnet, liegen sie erheblich unter dem Niveau des Vorjahres (für Mehl um 556.000 Tonnen, für Korn um 337.000 Tonnen). Wenn es nicht genügend Gemüse gibt und weitere Lebensmittel knapp sind, steigt die Nachfrage der Bevölkerung nach Getreideprodukten. Im vierten Quartal 1988 ist sie im Vergleich zum Vorjahreszeitraum für Mehl von 1,5 % auf 8,0 % gestiegen (in den Unionsrepubliken der Ukraine, Georgien, Lettland, Kirgistan, Tadzhikistan und Armenien, den Autonomen

---

[62] Šeludko, Ob itogach, RGAĖ, f. 8040, op. 19, d. 4393, l. 252.

[63] Minister für Getreideprodukte der UdSSR Aleksandr Budyka an den Ersten Stellvertretenden Vorsitzenden des Ministerrats der UdSSR Gen. V. V. Nikitin am 11. August 1989. Nr. 120-272. RGAĖ, f. 8040, op. 19, d. 4421, l. 244.

Republiken Dagestan, Nordossetien, Tschetschenien-Inguschetien, Udmurtien, den Gebieten Moskau, Kalinin, Kaliningrad der RSFSR). Für Korn stieg die Nachfrage in der gesamten UdSSR um 3,6 %, und in einigen Unionsrepubliken, Autonomen Republiken und Gebieten der Russischen Föderation um bis zu 35 %."[64]

In der Ukraine, der Republik, die jahrzehntelang der größte Getreidelieferant für den Staat war, kam es zu erheblichen Problemen. Der Ministerrat der Ukrainischen SSR informierte den Ministerrat der UdSSR über mögliche Engpässe bei der Versorgung mit Mehl und Getreideprodukten in der Republik.[65]

Der stellvertretende sowjetische Handelsminister Kondraschev schrieb im Juli 1989 an den Ministerrat: „Die Versorgung im 2. Quartal des laufenden Jahres mit Getreideprodukten war angespannt. Im genannten Zeitraum wurde in den meisten Unionsrepubliken mehr verbraucht als die Fonds vorsahen, selbst wenn man die vom Ministerrat und Getreideministerium eingeräumten Vorauslieferungen von 420.000 Tonnen Mehl und 195.000 Tonnen Korn einbezieht. (...) In Städten und ländlichen Regionen kam es bei Mehl zu Ausfällen."[66]

Die Getreidekrise entwickelte sich parallel zu der schlechter werdenden Versorgung mit industriellen Konsumgütern. Der Leiter von Goskomstat teilte dem Ministerrat im Oktober 1989 mit, dass die Güterreserven im Groß- und Einzelhandel im 3. Quartal um 5 % zurückgegangen seien. Zum 1. Oktober dieses Jahres waren sie 17% niedriger als vorgeschrieben. Obwohl 5,5-mal mehr Seife und Waschmittel importiert worden waren, kamen nur 29 % mehr in den Handel als im Vorjahr. Seife war in den meisten Regionen rationiert. Ein akutes Problem war der Mangel an synthetischen Waschmitteln. Tabakerzeugnisse waren ebenfalls knapp, hier kam es überall zu Ausfällen.[67]

In dieser Situation war es für die Regierung nicht einfach, Prioritäten zu setzen und zu entscheiden, was wichtiger war – die schnell dahinschmelzenden Devisenressourcen für den Getreideimport auszugeben oder für den Versuch, die Versorgung mit Non-Food-Konsumgütern zu stabilisieren. Das erklärt die nachfolgend zitierten Dokumente. Das Präsidium des Ministerrats stellte im Oktober 1989 fest: „Nach wie vor gibt es erhebliche Probleme beim Kauf von Fleischprodukten, Tier- und Pflanzenfett, Backwaren, Zucker und Tee. Die Versorgung mit Mehl der Spitzen- und ersten Sorten, mit Korn, Obst und Gemüse, Fisch sowie Fischprodukten und Tabakwaren hat sich verschlechtert. Wesentlich akuter wurde die Lage bei der Produktion und Lieferung

---

[64] P. D. Kondrašev: (Stellvertretender Handelsminister der UdSSR) an den Ministerrat der UdSSR. Zur Versorgung der Bevölkerung mit Getreideprodukten im ersten Halbjahr 1989. 13. Januar 1989. RGAĖ, f. 8040.

[65] E. Kačalovskij (Stellvertretender Vorsitzender des Ministerrats der USSR) an den Ministerrat der UdSSR. Über die Auffüllung fehlender Warenfonds für Mehl und Korn 1989 durch die Ukrainische SSR. 23. Januar 1989. GARF, f. 5446, op. 150, d. 653, l. 11-13.

[66] P. D. Kondrašev an den Ministerrat der UdSSR. Zur Erhöhung der Warenfonds für Getreideprodukte im 3. Quartal 1989. 13. Juli 1989. GARF, f. 5446, op. 150, d. 653, l. 31.

[67] V. N. Kiričenko (Leiter von Goskomstat) an den Ministerrat. Zur Erfüllung der Vorgaben für Produktion und Lieferung der nötigsten Konsumgüter von Januar bis September dieses Jahres. 10. Oktober 1989. GARF, f. 5446, op. 150, d. 288, l. 88, 90, 92.

von etlichen Non-Food-Waren, darunter Stoffen, Schuhwerk, Kinderstrumpfhosen, Schulheften, Holz- und Baustoffen, Streichhölzern."[68]

Ende 1989 war sich die Führung der Probleme im Zusammenhang mit der Finanzkrise und der daraus resultierenden Gefahren bewusst, sie wurden inzwischen öffentlich diskutiert. Im Bericht der sowjetischen Regierung an den zweiten Volksdeputiertenkongress im November 1989 heißt es:

„Dies alles hat zu einer desaströsen Lage der Staatsfinanzen, des Geldumlaufs und des Verbrauchermarkts geführt. In den drei Jahren des laufenden Fünfjahresplans speisten sich die Haushaltsressourcen im Wesentlichen aus Krediten. Bei einer generellen Erhöhung der Budgetausgaben 1988 von 73 Mrd. Rubeln im Vergleich zu 1985 blieben die Einnahmen praktisch stabil. Das Defizit des Staatshaushalts 1989 belief sich auf 92 Mrd. Rubel und erreichte damit 10 % des Bruttonationalprodukts. Die Geldemission ist stark angestiegen. Im laufenden Jahr betrug sie 18 Mrd. Rubel, 1985 waren es noch 4 Mrd. Rubel. Immer mehr Waren werden knapp. Der Rubel verliert an Wert und erfüllt seine Rolle als Zahlungsmittel nicht mehr, er kann die Entwicklung eines sozialistischen Markts nicht gewährleisten. Es kommt verstärkt zu inflationären Prozessen. Die Auslandsverschuldung hat zugenommen, besonders in frei konvertierbarer Währung. Im laufenden Fünfjahresplan ist sie um fast 18 Mrd. Rubel gestiegen."[69]

Aus diesen Dokumenten wird ersichtlich, dass die kritische Lage auf dem Verbrauchermarkt und bei den Staatsfinanzen zu dieser Zeit endlich allen Machtorganen klar geworden war. Aber es wird auch deutlich, dass ihre Verfasser eindeutig nicht wussten, was zu tun war, um dieser Krise Herr zu werden. Mitte 1989 fiel das Kredit-Rating der UdSSR, aber es blieb, wie schon erwähnt, immer noch hoch. Allerdings waren westliche Analysten zu dieser Zeit bereits wegen der rapide ansteigenden sowjetischen Verschuldung und des hohen Anteils kurzfristiger Kredite an den Schulden (11,4 Mrd. Doll.) besorgt. Sie schätzten die Zahlungen der Sowjetunion zur Tilgung der Auslandsverschuldung 1988 auf 8,3 Mrd. Dollar und 1989 auf 8,8 Mrd. Dollar.[70]

Ab Mitte 1989 war es für die großen westlichen Konzerne, die seit langem Handelsbeziehungen mit der UdSSR unterhielten, offensichtlich, dass die sowjetischen Außenhandelsorganisationen Schwierigkeiten hatten, ihren Verbindlichkeiten nachzukommen und dass es Zahlungsrückstände für Waren gab.[71]

---

[68] Protokollauszug der Präsidiumssitzung des Ministerrats der UdSSR am 1.10.1989: Zur Erfüllung der Vorgaben für 1989 für die Produktion von Gütern erster Notwendigkeit. GARF, f. 5446, op. 150, d. 288, l. 153.

[69] Maßnahmen zur Sanierung der Wirtschaft, Etappen der Wirtschaftsreform und prinzipielle Ansätze zur Entwicklung des 13. Fünfjahresplans. Bericht der Regierung auf dem Zweiten Volksdeputiertenkongress der UdSSR. Moskau, November 1989. S. 5.

[70] N. V. Garetovskij (Leiter der Gosbank) an den Ministerrat der UdSSR. Überblick über die Devisen- und Finanzlage der sozialistischen Länder (Stand Anfang 1989). 13. Juli 1989. GARF, f. 5446, op. 150, d. 73, l. 75, 76.

[71] Marshall I. Goldman: What Went Wrong with Perestroika. New York – London 1997. S. 259, 269.

In der komplizierten außenwirtschaftlichen Lage wäre es anscheinend vernünftig gewesen, sich um die Rückzahlung von Krediten zu bemühen, die die Sowjetunion den Satellitenstaaten zu vergünstigten Bedingungen gewährt hatte. In der Praxis war dies jedoch unmöglich. Im Protokoll der Sitzung des Politbüros am 23. August 1989 heißt es: „Die grundlegenden Interessen der UdSSR als Kreditgeber hängen mit der Verschuldung der Entwicklungsländer zusammen.... durch Staatskredite (offizielle Verschuldung). Sie belief sich zum 1. Januar auf mehr als 61 Mrd. Rubel (oder etwa 85 % der gesamten Schulden der ‚Dritten Welt' gegenüber der UdSSR). Davon entfallen 32 Mrd. Rubel auf sozialistische Entwicklungsländer (Vietnam, Kuba, China und die Mongolei). (…) Wenn man die reale Zahlungsfähigkeit unserer Partner berücksichtigt, ist die UdSSR regelmäßig gezwungen, ihre Schuldenlast zu erleichtern. Allein in letzter Zeit wurde die Zahlung eines Teils der anstehenden Zahlungen von Algerien, Angola, Vietnam, Irak, Kuba, China, Libyen, der Mongolei und Nicaraguas von 1989-90 auf einen späteren Zeitpunkt verschoben. Insgesamt geht es um mehr als 7 Mrd. Rubel. Dabei ist eine Tendenz zu beobachten, dass unsere Freunde in der ‚Dritten Welt' ihren Zahlungen an den Westen Priorität geben. Sie gehen davon aus, dass sie mit uns immer eine Absprache werden treffen können. Dazu hat erheblich unsere bisherige Bereitschaft beigetragen, vor allem aus ideologischen Gesichtspunkten eine Refinanzierung ihrer Schulden zu ermöglichen, ohne dabei die Interessen einer für beide Seiten vorteilhaften wirtschaftlichen Zusammenarbeit ausreichend zu berücksichtigen."[72]

Ende 1989 – Anfang 1990 kam es infolge der zunehmenden Devisenkrise immer häufiger und in größerem Umfang dazu, dass die sowjetischen Außenhandelsorganisationen vertraglich festgelegte Zahlungsfristen nicht einhielten. Hier ein Auszug aus dem Brief von Jurij Borisov (stellvertretender Leiter der Staatskommission für Lebensmittel und Versorgung) an den Stellvertretenden Regierungschef Stepan Sitarjan: „Die in der letzten Zeit häufigen systematischen Zahlungsverzögerungen von sowjetischer Seite für verschiffte Importwaren haben dazu geführt, dass mehrere vertraglich zugesagte Lieferungen in die UdSSR gestoppt wurden. Nicht geliefert wurden 211.600 Tonnen Speiseöl für 74,4 Mio. Rubel, 177.100 Tonnen Fleisch und Fleischprodukte für 160,9 Mio. Rubel, 66.500 Tonnen Kakaobohnen und Kakaoprodukte für 78,7 Mio. Rubel, 45.500 Tonnen Butter für 39,4 Mio. Rubel, 30.000 Tonnen Soyaschrot für 7,1 Mio. Rubel, 204.000 Tonnen Rindfleisch für 14,3 Mio. Rubel, 19.900 Tonnen Tee für 26,9 Mio. Rubel, verschiedene Sorten von Kindernahrung für 69,3 Mio. Rubel, 3 Mrd. Azetat-Filter für die Tabakindustrie für 7,3 Mio. Rubel. Insgesamt sind es 478,3 Mio. Rubel. (…) Der Versand dieser Nahrungsmittel im Wert von 478,3 Rubeln kann erst nach Bezahlung der bereits in die UdSSR gelieferten Lebensmittel im

---

[72] Aus dem Schreiben ans ZK der KPdSU: „Vorschläge zur Regulierung der Schulden der Entwicklungsländer (ohne die besonders wenig entwickelten Länder) als Ergänzung zu der im Vortrag von Gen. Gorbačev in der UNO dargelegten Position. S. Auszug aus dem Sitzungsprotokoll des Politbüros, 23. August 1989. RGANI, f. 89, op. 9, d. 23, l. 3, 4.

Wert von 237,0 Mio. Rubel erfolgen. Somit sind insgesamt für importierte Lebensmittel 715.600 Mio. Rubel zu zahlen."[73]

Die einheimische Industrie deckte den Medikamentenbedarf der Sowjetunion etwa zu 40-45%. In möglichen Auswirkungen der Devisenkrise auf die Versorgung mit Medikamenten sahen sowohl sowjetische als auch ausländische Experten das gefährlichste Problem. Deshalb wurde dem Medikamentenbezug Priorität eingeräumt. Angesichts der immer knapper werdenden Devisen half dies jedoch nicht weiter.

Valerij Bykov, der Minister für medizinische Industrie, schrieb an den stellvertretenden Regierungschef Stepan Sitarjan: „Laut Beschluss des Ministerrats der UdSSR vom 10. März 1990 ist den Zahlungen der Außenhandelsorganisationen an ausländische Firmen Priorität zu geben. Im Zusammenhang damit berichtet das Ministerium für medizinische Industrie, dass die Bank für Außenwirtschaft der UdSSR bisher keine Mittel für die Bezahlung von Medikamenten und Substanzen in Länder bereitgestellt hat, die Rechnungen in frei konvertierbarer Währung ausstellen. Der Zahlungsrückstand von ‚Medesport' bei ausländischen Firmen beträgt zum 1. April 1990 43.418.300 Rubel in frei konvertierbarer Währung (s. Anlage). Wegen der Säumigkeit verhängen die ausländischen Firmen Strafsanktionen. Viele haben bereits erklärt, dass sie die vertraglich vereinbarte Lieferung von Medikamenten einstellen. Darüber hinaus verlangen die ausländischen Firmen bei Kaufverträgen von extrem defizitären, vom Gesundheitsministerium bestellten Medikamenten für 1990 Vorauszahlungen, Zahlungen im Akkreditivverfahren oder Bankgarantien. Aber die sowjetische Außenwirtschaftsbank lehnt eine Zahlung in diesen Formen ab."[74]

Die Nichteinhaltung von Importverträgen verschärfte die Knappheit von Konsumgütern und Lebensmitteln. Aus einem Schreiben des stellvertretenden Leiters von Glavsnab (Hauptverwaltung für materiell-technische Versorgung) von Moskau Jurij Luzhkov an Sitarjan: „Zurzeit ist es äußerst schwierig, den Staatsaufträgen und Lieferverpflichtungen für Brot, Backwaren und Lack- und Farbenprodukten an Moskauer Handelsorganisationen und Unternehmen nachzukommen. Dies liegt daran, dass der Plan des Moskauer Exekutivkomitees für 1990 für den Import von Lebensmittelrohstoffen nicht eingehalten wurde. (...) Um einen Einbruch bei den Planvorgaben für 1990 zu vermeiden, bittet das Moskauer Exekutivkomitee, die genannten Lebensmittelrohstoffe im Ausland einzukaufen oder die Staatskommission des Ministerrats für Lebensmittel und Versorgung anzuweisen, dem Moskauer Exekutivkomitee Lieferanten im Inland zu vermitteln."[75]

---

[73] Jurij Borisov (Stellvertretender Leiter der staatlichen Kommission für Lebensmittel und Versorgung) an Stepan Sitarjan (stellvertretender Regierungschef) über Zahlungen für importierte Lebensmittel. 30. Mai 1990. GARF, f. 5446, op. 162, d. 1405, l. 64, 65.

[74] Valerij Bykov (stellvertretender Minister für medizinische Industrie) an Stepan Sitarjan über die Begleichung von Rechnungen für Medikamente in frei konvertierbarer Währung, 11. April 1990. GARF, f. 5546, op. 162, d. 1492, l. 32.

[75] Jurij Lužkov (stellvertretender Leiter von Glavsnab im Moskauer Exekutivkomitee) an Stepan Sitarjan über die Versorgung mit Lebensmittelrohstoffen für 1990. 6. August 1990. GARF, f. 5446, op. 162, d. 1500, l. 129.

Der Untergang eines Imperiums

Anfang 1990 trat die katastrophale Wirtschaftslage in der UdSSR offen zutage (s. Abbildungen 5.1-5.3).

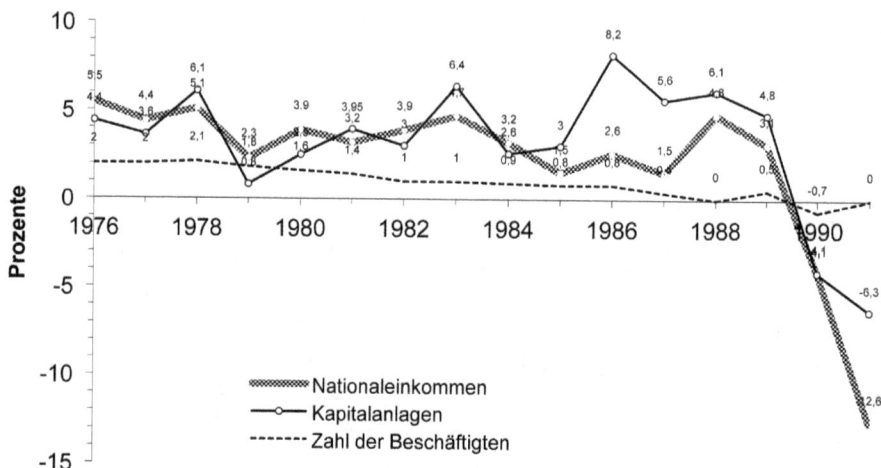

Abb. 5.1 Dynamik der ökonomischen Entwicklung (Wachstumsraten) 1976-1991

Quelle: Rossijskaja ėkonomika v 1991 godu. Tendencii i perspektivy (Russische Wirtschaft 1991. Tendenzen und Perspektiven). Moskau 1992, Januar. S. 24.

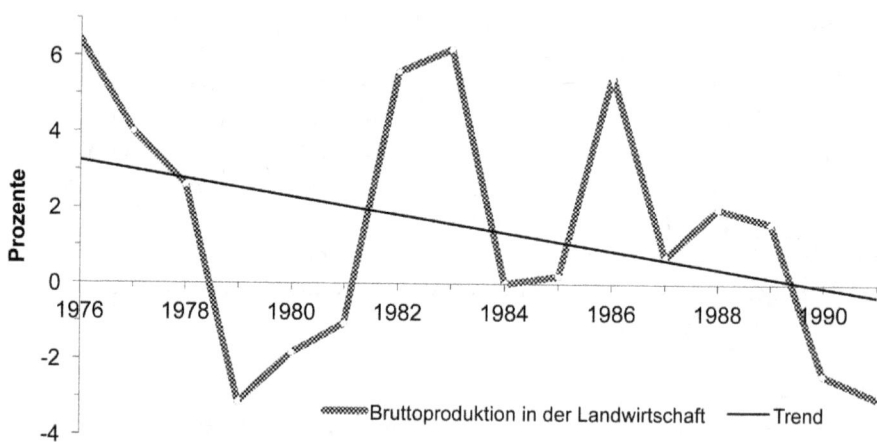

Abb. 5.2 Wachstumsraten der landwirtschaftlichen Produktion 1976–1991

Quelle: Rossijskaja ėkonomika v 1991 godu. Tendencii i perspektivy (Die russische Wirtschaft 1991. Tendenzen und Perspektiven). S. 28.

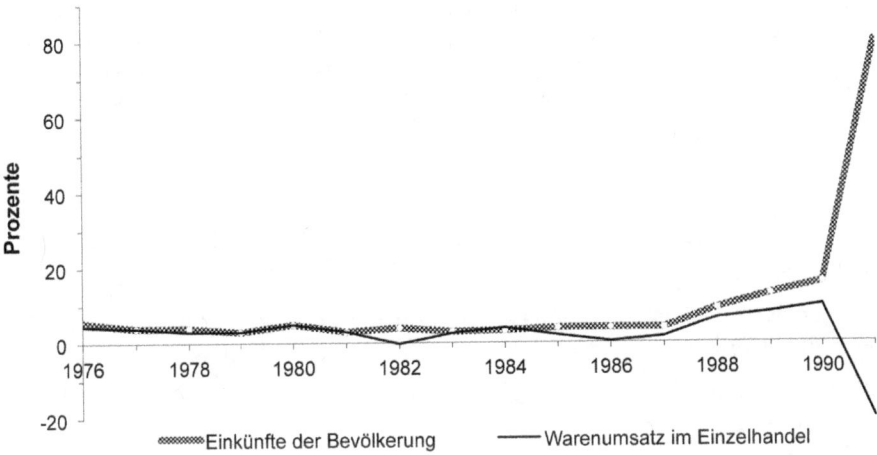

Abb. 5.3 Wachstumsraten der Geldeinkünfte der Bevölkerung und des Einzelhandels 1976–1991

Quelle: Rossijskaja ėkonomika v 1991 godu. Tendencii i perspektivy (Russische Wirtschaft 1991. Tendenzen und Perspektiven). S. 28.

Vor diesem Hintergrund berichtete die Sberbank der UdSSR der Regierung über die immensen Spareinlagen der Bevölkerung: „Im Berichtsjahr haben die Institutionen der Sberbank 45,6 Mrd. Rubel in Form von Anlagen, Zertifikaten, Obligationen für Staatsanleihen und Lotterielosen erhalten, das sind 23,5 Mrd. Rubel mehr als in der Planungsbilanz für Ein- und Ausgaben der Bevölkerung für dieses Jahr vorgesehen. Dies lag vor allem daran, dass die Einkünfte der Bevölkerung rasch zunahmen (um 64 Mrd. Rubel bzw. 12,9 %), wohingegen die Ausgaben für Waren und Dienstleistungen nur um 9,1 % anstiegen. Insgesamt haben sich in den vier Jahren des laufenden Fünfjahresplans die finanziellen Rücklagen der Bevölkerung auf den Sparkonten um 117,1 Mrd. Rubel bzw. 53 % erhöht. Diese Zunahme der Ersparnisse ist durch den Einkommenszuwachs der Bevölkerung um 32,7 % bedingt, während die Ausgaben für Waren und Dienstleistungen nur um 23,9 % zunahmen. Die durchschnittlichen Wachstumsraten für 1986-1989 betrugen bei den Einnahmen 7,3 %, bei den Ausgaben für Waren und Dienstleistungen 5,5 %, die Spareinlagen stiegen um 22,2 %." Wie Tabelle 5.21 zeigt, konnten die Institutionen der Sberbank die Vorgaben für Spareinlagen der Bevölkerung übererfüllen und diese Anlagen durch Vermittlung der Gosbank für Ziele verwenden, die der Ministerrat festlegte.[76]

---

[76] Rechenschaftsbericht der Sberbank für 1989. RGAĖ, f. 2324, op. 33, d. 721, l. 1a, 2, 4.

Tabelle 5.21 Ergebnisse der Erfüllung des Kreditplans der Sberbank 1989, Mrd. Rb.

	Zum 1. Januar 1989г.	Zum 1. Januar 1990		Planabweichung	
		Plan incl. Änderungen	Faktum	Summe	in %
Ressourcen					
Bankfonds	0,87	0,75	0,93	+0,18	23,7
Anlagen der Bevölkerung und Privatkonten	297,84	331,09	341,17	+10,08	3,0
Mittel auf Konten von Institutionen und Organisationen und übrige Mittel	3,16	2,46	7,12	+4,66	190,1
Summe:	301,87	334,30	349,22	+14,92	4,5
Einsatz der Ressourcen					
Kurzfristige Kreditanlagen	0,26	0,30	0,28	−0,02	−4,7
Langfristige Kreditanlagen	4,73	6,11	6,07	−0,04	−0,7
Feste und andere Aktiva der Bank	2,30	1,00	4,37	+3,37	Das 3,4-fache
Korrespondierendes Konto auf der Gosbank	294,58	326,89	338,50	+11,61	3,6
Summe:	301,87	334,30	349,22	+14,92	4,5

Quelle: Rechenschaftsbericht der Sberbank der UdSSR für 1989. RGAÈ, f. 2324, op. 33, d. 721, l. 3.

Anfang 1990 war der enge Zusammenhang zwischen Haushaltslage, Geldumlauf und Verbrauchermarkt, der der Führung des Landes Mitte der 1980er-Jahre noch ein Rätsel gewesen war, bereits offenkundig. Der Leiter der Gosbank Viktor Geraschtschenko schrieb dem Obersten Sowjet im April 1991: „Die Lage bei der Befriedigung der Nachfrage auf dem Verbrauchermarkt ist nach wie vor kritisch. Es fehlt an Lebensmitteln, in erster Linie an Fleischprodukten, Fisch, Backwaren, Tee, Kartoffeln, Gemüse und Obst. Die Preise für Landwirtschaftsprodukte auf den Kolchosmärkten sind erheblich angestiegen, – im Januar und Februar 1990 im Vergleich zum Vorjahreszeitraum um 14 %."[77]

---

[77] Viktor Geraščenko an den Obersten Sowjet der UdSSR. Zur Erfüllung des Kassenplans der UdSSR im 1. Quartal 1990. 6. April 1990. RGAÈ, f. 2324, op. 33, d. 745, l. 24.

5.5 Die Devisenkrise

Im Frühjahr 1989 informierte Jurij Moskovskij (Vorstandsvorsitzender der sowjetischen Außenwirtschaftsbank) Regierungschef Nikolaj Ryzhkov, dass die westliche Presse immer häufiger über die steigende Verschuldung der Sowjetunion berichte und die Maßnahmen der Außenwirtschaftsbank in Geschäfts- und Bankkreisen sorgfältig analysiert würden. Man werde bei der Gewährung weiterer Kredite für die UdSSR immer vorsichtiger.[78]

Aus dem Brief von Jurij Moskovskij an die Regierung vom August 1989: „In letzter Zeit haben Vertreter einiger Banken und Finanzgesellschaften in Gesprächen mit der sowjetischen Außenwirtschaftsbank erwähnt, dass Kreditgeber bei der Gewährung von Krediten in Devisen für die UdSSR immer vorsichtiger werden. (...) Darüber hinaus haben es einige Banken der BRD (DG-Bank, Westdeutsche Landesbank, Norddeutsche Landesbank u. a.) abgelehnt, weitere Kredite für den Import von Waren für Investitionszwecke zur Verfügung zu stellen. Sie begründen dies damit, dass die Grenzwerte für die sowjetische Außenwirtschaftsbank für diese Operationen angeblich schon erreicht seien. Aus einigen Erklärungen dazu kann man schließen, dass das Kreditrisiko bei der UdSSR als zu hoch angesehen wird."[79]

Aus den Sitzungsunterlagen der ZK-Kommission für Fragen der internationalen Politik vom 28. März 1989:

„V. M. Kamenzev: Die negative Zahlungsbilanz in frei konvertierbarer Währung hat sich in den drei Jahren des laufenden Fünfjahresplans mehr als verdoppelt. (...) Die Erneuerung und Ausweitung der Nomenklatur von Maschinen und Anlagen, die auf den Auslandsmarkt kommen, geht nur schleppend voran. (...) 1986-1988 gab es über eine Million von Beanstandungen wegen der schlechten Qualität sowjetischer Waren; Produkte im Wert von 16 Mrd. Rubeln wurden nicht, wie vorgesehen, exportiert. 1988 wurde der Export-Plan nur zu 54 % erfüllt. Folglich war die Lage bei Abrechnungen in frei konvertierbarer Währung sehr angespannt. Die Schulden lagen mehr als doppelt so hoch wie die jährlichen Erlöse aus dem Export. Für Zinszahlungen mussten etwa 2 Mrd. Rubel ausgegeben werden, d. h. mehr als die gesamten Erträge aus dem Ölexport an konvertierbarer Währung. Auch bei Abrechnungen mit sozialistischen Ländern hat sich die Situation verändert. Mit Jugoslawien, der Tschechoslowakei, Ungarn und Rumänien haben wir ein Defizit in der Handelsbilanz. (....).

B. I. Gostev: Die Staatsverschuldung steigt, sie hat schon kritische Dimensionen erreicht. Das Zahlungsbilanz-Defizit liegt bei 11 Mrd. Rubeln im Vergleich zu 1 Mrd. Rubeln im Jahre 1976. Wenn wir den Außenhandel nicht ausgleichen, kann von keiner Entwicklung die Rede sein. Objektive Gründe liegen in dem drastischen

---

[78] Jurij Moskovskij (Vorstandsvorsitzender der Außenwirtschaftsbank) an Regierungschef Ryžkov über die Emission einer Obligationsanleihe auf dem Markt der BRD. 22. März 1989. GARF, f. 5446, op. 150, d. 23, l. 53.

[79] Moskovskij an Ryžkov zur Gewährung von Krediten an die Sowjetunion. 8. August 1989. GARF, f. 5446, op. 150, d. 73, l. 55.

Preisverfall für Produkte, die wir verkaufen. Der Ölpreis ist von 125 Dollar pro Tonne auf 45-50 Dollar pro Tonne gesunken. Dadurch haben wir allein in diesem Fünfjahresplan etwa 40 Mrd. Valutarubel verloren. (…) Heute müssen wir unsere gesamten Exporterlöse in frei konvertierbarer Währung für die Tilgung der Auslandsschulden verwenden."[80]

Als die Bank für Außenwirtschaft Anfang 1990 die planmäßigen Zahlungen für den Import einstellte, rief dies bei höheren sowjetischen Beamten noch ehrliche Verwunderung hervor: „Die Bank für Außenwirtschaft hat vom 18. Januar an die Zahlungen an ausländische Firmen in frei konvertierbarer Währung für die Lieferung von Bunt- und Schwarzmetallen in die UdSSR gestoppt. Zum 16. Februar d. J. besteht ein Zahlungsrückstand in Höhe von 223,3 Mio. Rubeln (für Buntmetalle 66,3 Mio. und Schwarzmetalle 157,0 Mio.). Außerdem sind zum Quartalsende weitere 313,7 Mio. Rubel fällig (Buntmetalle – 80,7 Mio. und Schwarzmetalle – 233,0 Mio.). Somit belaufen sich die Zahlungen im 1. Quartal d. J. für importierte Produktion außer denen, die schon geleistet wurden, auf 537 Mio. Rubel."[81] Im selben Jahr legte das Ministerium für Außenwirtschaftsbeziehungen operativ Rechenschaft über die Verschuldung seiner Organisationen auf Grund geschlossener und ausgeführter Verträge ab. Ende Mai 1990 erreichte sie 767,1 Mio. Rubel in frei konvertierbarer Währung.[82] Zum Herbstanfang 1990 lag der Betrag von überfälligen Zahlungen der Außenhandelsorganisationen dieses Ministeriums bereits bei über 1,1 Mrd. Rubel.[83]

Die Behörden verlangten immer energischer, Devisenreserven bereitzustellen, und forderten die Außenwirtschaftsbank auf, Akkreditivkonten zu eröffnen, um die Importverträge zu erfüllen. Angesichts der akuten Devisenkrise sah sich die Leitung der Außenwirtschaftsbank gezwungen, die Regierung über die Sachlage zu informieren: „Die Bemühungen um mittelfristige Finanzressourcen wurden dadurch erschwert, dass ausländische Kreditgeber immer weniger geneigt waren, der Sowjetunion ungebundene Finanzmittel zur Verfügung zu stellen. Zuvor angebotene Kredite wurden immer häufiger abgelehnt. Über diese Probleme wurde dem Ministerrat (Nr. 1860 vom 14.7.1989, Nr. 2019 vom 27.7. 1989, Nr. 2231 vom 15.8.1989 und Nr. 106 vom 15.1.1990) und der Staatlichen Außenwirtschaftskommission des Ministerrats berichtet (Nr. 2823 vom 27.10.1989 und Nr. 487 vom 1.3.1990). Probleme, Kredite zu bekommen, entstanden Mitte letzten Jahres, als die französische Banque Nationale de Paris ein Konsortium über die Gewährung eines mittelfristigen Kredits

---

[80] Sitzung der ZK-Kommission zur internationalen Politik am 28. März 1989. Die Umgestaltung der Außenhandelsbeziehungen. Izvestija CK KPSS 7, 1989, S. 38, 49, 50, 53.

[81] A. I. Kačanov (Stellvertrender Minister für Außenwirtschaftliche Beziehungen) an den Ministerrat über die Zahlungen für importierte Schwarz– und Buntmetalle innerhalb der Importgrenzen für 1990. 21. Februar 1990. GARF, f. 5446, op. 162, d. 1465, l. 18.

[82] K. F. Katušev (Minister für Außenwirtschaftliche Beziehungen) an Stepan Sitarjan über Zahlungsrückstände der sowjetischen Außenhandelsorganisationen. 28. Mai 1990. GARF, f. 5446, op. 162, d. 1463, l. 106.

[83] V. N. Voroncov (stellvertretender Minister für Außenwirtschaftsbeziehungen) an Stepan Sitarjan über Zahlungsrückstände seines Ministeriums. 14. September 1990. GARF, f. 5446, op. 162, d. 1464, l. 110.

von 150 Mio. $ an die Außenwirtschaftsbank durchführte. Von 300 ausländischen Banken, die zum Konsortium eingeladen waren, gaben nur fünf die Zustimmung für eine Summe von insgesamt 29 Mio. $. (...) So sind Ende 1989 die Verhandlungen mit der größten englischen Bank National Westminster über einen Kredit von 300 Mio. $ gescheitert. Versuche, die Verhandlungen wiederaufzunehmen, waren erfolglos. Mit der englischen Midland Bank wurde 1989 über eine Obligationsanleihe von 300 Mio. £ durch die sowjetische Außenwirtschaftsbank verhandelt. (...) Die Ausgabe der Anleihe war für den 20. November 1989 vorgesehen, aber am Tag vor der Zeichnung wurde sie von der Bank auf unbestimmte Zeit verschoben. (...) Seit Sommer 1989 wurde intensiv mit der Deutschen Bank in Frankfurt/Main über eine Obligationsanleihe von 300 bis 500 Mio. $ verhandelt. (...) Die Bank Morgan Grenfell, einer der größten Kreditgeber der Sowjetunion in Großbritannien, hat 1989 auf unsere Bitte die Möglichkeit mittelfristiger Schuldanleihen für die Außenwirtschaftsbank in Höhe von bis zu 500 Mio. $ geprüft. Ungeachtet der vorbereiteten Dokumentation und der langen Verhandlungen in Moskau im November des vergangenen Jahres lehnten die Vertreter der Bank die Vereinbarung schließlich endgültig ab. Sie verwiesen auf den ‚drastischen Vertrauensverlust westlicher Banken gegenüber der UdSSR.' Weitere Gespräche will die Bank nicht führen. Ende 1989 und Anfang 1990 wurden mit einer Reihe amerikanischer und anderer Finanzgesellschaften, die auf Obligationen spezialisiert sind, Verhandlungen über Anleihen in unterschiedlicher Höhe geführt (insgesamt ging es um etwa 2 Mrd. Rubel). Allerdings erhielten wir danach von ihnen eine Absage. Das waren Gesellschaften, die auf den Kapitalmärkten eine hohe professionelle Reputation haben: Crédit Suisse First Boston, Goldman Sachs, Shearson Lehman Hutton, UBS Phillips and Drew u. a. Jetzt weisen einige von ihnen darauf hin, dass Finanzmittel für die Sowjetunion zur Zeit nur gegen konkrete Aktiva bereitgestellt werden können (Gold, Öl). (...) Da 1989 immer weniger mittelfristige Finanzkredite angeboten wurden, haben wir vor allem kurzfristige Kredite beschafft (in Form von Interbankeneinlagen). Im Ergebnis gerät die Bank in gefährliche Abhängigkeit von dieser Form, auf die über 50 % der Anleihen entfallen. (...) Über die reale Möglichkeit eines plötzlichen größeren Abflusses kurzfristiger Mittel haben wir den Ministerrat in unserem Schreiben Nr. 2231 vom 15.8.1989 in Kenntnis gesetzt. Von Ende Januar bis heute sind über 1,5 Mrd. Rubel nicht aufgefüllt worden, und nach unseren Schätzungen stellen etwa 85 Partner-Banken der sowjetischen Außenwirtschaftsbank keine kurzfristigen Mittel mehr zur Verfügung. Es besteht die reale Gefahr, dass weitere Mittel abgezogen werden, allein bis Ende Mai d. J. ist nicht auszuschließen, dass bis zu 2-3 Mrd. Rubel nicht wieder aufgefüllt werden."[84]

Westliche Banken gaben ihren sowjetischen Partnern die Empfehlung, sich direkt an die westlichen Regierungen mit der Bitte um finanzielle Unterstützung zu wen-

---

[84] Jurij Moskovskij (Vorsitzender der Außenwirtschaftsbank) an Sitarjan (stellvertretender Regierungschef). Gutachten über die Bemühungen der sowjetischen Außenwirtschaftsbank, Ende 1989-Anfang 1990 (ungebundene) Finanzressourcen zu mobilisieren. 25. April 2990. GARF, f. 5446, op. 162, d. 1463, l. 110-114.

den. Eine weitere kommerzielle Kreditierung sei wenig wahrscheinlich oder sogar völlig unmöglich. Der stellvertretende Regierungschef Sitarjan, der über die kritische Situation hinsichtlich der Devisenreserven und der Zahlungsbilanz orientiert war, schrieb im Mai 1990 an Regierungschef Ryzhkov: „Entsprechend Ihrem telegraphischen Auftrag aus Bonn haben die Gen. Katuschev, Geraschtschenko, Moskovskij, Chemenko, Sitnin und ich die von unserer Seite aus möglichen Schritte analysiert, um einen Kredit von Regierungen der EU-Länder, vor allem von der Bundesrepublik Deutschland, Frankreich, Italien und möglicherweise England zu bekommen. Nach Informationen aus der Bundesrepublik Deutschland hat die Leitung der Deutschen Bank empfohlen, sich mit der Bitte um einen Kredit unmittelbar die Regierungen der genannten Länder zu wenden. Eine solche Bitte könnte Erfolg haben, wenn sie, so die Deutsche Bank, von Ihrer Ebene ausgeht. Wenn man den Rat der Deutschen Bank berücksichtigt, und ihr kann man trauen, sollte man die Reise von Gen. Schewardnadse nach Bonn dafür nutzen. Er könnte diese Frage bei einem Treffen mit Helmut Kohl und den Ministern Englands und Frankreichs ansprechen und sich erkundigen, wie Kohl und seine EU-Kollegen zu unserem Kredit-Ersuchen stehen."[85]

Vertreter der weltweit größten Handelsbanken äußerten auf der Konferenz in San Francisco im Juni 1990 die Auffassung, weitere Kredite an die Sowjetunion seien nur noch mit Beteiligung der Regierungen führender westlicher Länder möglich, nicht jedoch auf der Ebene von Privatbanken.[86] Dies teilte der Vorsitzende der sowjetischen Außenwirtschaftsbank am 14. Juni 1990 der sowjetischen Regierung mit.[87]

Der stellvertretende Minister für Außenwirtschaftsbeziehungen Katschanov schrieb im Oktober 1990 an den Ersten stellvertretenden Vorsitzenden des Ministerrats Voronin:

„Nach Informationen sowjetischer Botschafter hängt die Gewährung von Krediten seitens der meisten westlichen Länder davon ab, dass in der Sowjetunion möglichst schnell ein realistisches Übergangsprogramm zur Marktwirtschaft beschlossen sowie ein Unionsvertrag unterzeichnet wird, der die Kompetenzen zwischen Zentralregierung und Unionsrepubliken genau festgelegt. Bis dahin wird sich der Westen offensichtlich bei neuen Krediten für die UdSSR zurückhalten. Jetzt mahnt die westliche Seite dringend bei sowjetischen Organisationen die ausstehenden Bezahlungen von Waren an, die westliche Firmen vertragsgemäß geliefert haben."[88]

Am 16. Juli 1990 machte Michail Gorbatschow in Zhelezovodsk eine unvorsichtige Äußerung über die Notwendigkeit, die Rückzahlung sowjetischer Schulden zu prolongieren. Wie nicht anders zu erwarten, waren die Akteure der Finanzmärkte der Auffassung, dass die sowjetische Führung offenbar beabsichtige, die Rückzahlung der

---

[85] Stepan Sitarjan an Nikolaj Ryžkov, 3. Mai 1990. GARF, f. 5446, op. 162, d. 1464, l. 82.

[86] Banker sind skeptisch im Hinblick auf Kredite für die UdSSR. International Herald Tribune, 5. Juni 1990. GARF, f. 5446, op. 162, d. 1464, l. 76.

[87] Jurij Moskovskij an den Ministerrat der UdSSR über die Einstellung westlicher Geschäftskreise zu Krediten für die Sowjetunion, 14. Juni 1990. GARF, f. 5446, op. 162, d. 1464, l. 24.

[88] A. Kačanov an Voronin über zusätzliche Möglichkeiten von Einkäufen im Ausland, 25. Oktober 1990. GARF, f. 5446, op. 162, d. 1465, l. 67.

Auslandsschulden einzustellen. Die Aussagen des sowjetischen Staatschefs lösten auf den Finanzmärkten Panik aus. Sofort nach dieser Erklärung verzeichnete die Bank Englands die UdSSR als unzuverlässigen Schuldner.[89]

Die Gosbank warnte zu dieser Zeit die Regierung davor, die Frage einer Restrukturierung der Schulden offiziell anzusprechen. Sie plädierte für einen Versuch, Anleihen gegen die Sicherheit der Goldreserven des Landes zu bekommen. Geraschtschenko (Leiter der Gosbank) schrieb an Sitarjan:

„Während unserer Maßnahmen, um die Devisenlage zu stabilisieren, könnten die Gosbank und das Finanzministerium mit den Zentralbanken einiger westlicher Länder und der Bank für internationalen Zahlungsausgleich über Finanzanleihen für 2-3 Jahre verhandeln, die als Zwischenfinanzierung notwendig sind, bis die Devisenlage wieder stabil ist. Unter den derzeitigen Bedingungen gibt es nur eine reale Chance, Kredite zu bekommen, und zwar im Namen der Gosbank und des Finanzministeriums gegen die Sicherheit der Goldreserven. (...) Wie die Erfahrung von Ländern zeigt, die in den 80er-Jahren diesen Weg beschreiten mussten (Mexiko, Brasilien, ein paar weitere lateinamerikanische Länder, wie auch Polen und Jugoslawien), hat eine offizielle Bitte des Schuldners um einen Zahlungsaufschub für Auslandsschulden ungünstige ökonomische und politische Folgen und wird faktisch als Eingeständnis vollständiger Zahlungsunfähigkeit gewertet. Deshalb ist eine ‚Restrukturierung' der sowjetischen Auslandsschulden unseres Erachtens inakzeptabel, weil dem Land daraus unabsehbarer wirtschaftlicher und politischer Schaden entstehen könnte."[90]

In einem Memorandum für das Gespräch von Schewardnadse mit Kohl im Mai 1990 heißt es:

„Da das Land zu wenig Rücklagen in frei konvertierbarer Währung hat, können wir den staatlichen Zahlungsverpflichtungen nicht nachkommen und die vertraglich vereinbarten Zahlungen für importierte Waren nicht leisten. Daher haben sich bereits jetzt erhebliche Summen an Zahlungsrückständen gegenüber ausländischen Firmen und Konzernen angesammelt (zu Ihrer Kenntnis, es handelt sich um etwa 2 Mrd. Rubel). Obwohl die Außenwirtschaftsbank ihren Verpflichtungen zur Tilgung von Krediten und fälligen Zinszahlungen nachgekommen ist, hat dieser Umstand zu einem rasch wachsenden Geldabfluss von ihren Konten geführt und westliche Partner veranlasst, die Frage nach der Zahlungsunfähigkeit des Landes zu stellen. Infolgedessen konnten wir wiederum von ausländischen Banken nicht die nötigen Mittel bekommen, um den Plan für 1990 zu erfüllen. (...) Am 27. April hat ein Treffen von Vertretern der Außenwirtschaftsbank mit der Deutschen Bank stattgefunden. Die Leitung der Deutschen Bank erklärte bei diesem Anlass, die sowjetische Regierung sollte baldmöglichst mit Regierungen der EU, in erster Linie mit der Bundesrepublik Deutschland, Frankreich, Italien und evtl. England Verhandlungen aufnehmen, um staatliche Garantien für die Banken dieser Länder zu erhalten, damit diese Kredite

---

[89] Sitarjan an Ryžkov zur Erklärung Michail Gorbačevs über die Notwendigkeit, die Verschuldung zu prolongieren, 31. Juli 1990. GARF; f. 5446, op. 162, d. 1464, l. 13, 14.

[90] Geraščenko an Sitarjan über die Möglichkeit, mittelfristige Finanzressourcen auf Regierungsebene zu bekommen. 4. April 1990. GARF, f. 5446, op. 162, d. 1464, l. 80, 81.

gewähren könnten. Die Kredite sollten genutzt werden, um das sowjetische Zahlungsbilanzdefizit zu decken und die weitere Umgestaltung der sowjetischen Wirtschaft zu finanzieren. (…) Es könnte um eine Gesamtsumme von 20 Mrd. Mark (7 Mrd. Rubel) für 5-7 Jahre gehen."[91]

5.6 Wirtschaftspolitische Liberalisierung vor dem Hintergrund von Devisen- und Finanzproblemen

Die ökonomische und politische Liberalisierung und die Beherrschung der Devisen- und Finanzkrise waren für das Schicksal der UdSSR von prinzipieller Bedeutung, aber es waren verschiedene Probleme. Eine Liberalisierung in einem gebildeten, urbanisierten Land ist unausweichlich. Allein die Frage, wann sie erfolgen soll und in welcher Form, wäre zu diskutieren.

Das erste bekannte offizielle Dokument, in dem nicht nur Möglichkeit und Notwendigkeit bezweifelt werden, das sowjetische Wirtschaftssystem zu erhalten, sondern in dem auch das politische System in Frage gestellt wird, ist der Brief Alexander Jakovlevs an Michail Gorbatschow von Dezember 1985. Darin heißt es:

„Heute geht es nicht nur um die Wirtschaft – das ist die materielle Grundlage des Prozesses. Es geht um das politische System. (…) Daher die Notwendigkeit (…) einer konsequenten und vollständigen Demokratisierung (je nach den konkreten historischen Möglichkeiten in jedem Stadium). (…) Demokratie ist vor allem Freiheit der Wahl. Bei uns fehlen jedoch Alternativen, wir haben ein zentralisiertes System. (…) Noch verstehen wir nicht ganz das Wesen des bereits stattfindenden und historisch notwendigen Übergangs aus einer Zeit, in der es keine Wahl gab oder historisch keine Wahl möglich war, in eine Zeit, in der man sich ohne eine demokratische Wahl, an der jedes Individuum teilnimmt, nicht erfolgreich weiter entwickeln kann."[92]

Auf der Sitzung des Politbüros vom 25. September 1986 stellte der KGB-Vorsitzende Viktor Tschebrikow die Frage, ob es sinnvoll sei, zunächst ein Drittel und dann die Hälfte der politischen Gefangenen freizulassen.[93] Erste Anzeichen dafür, dass sich die politische Situation im Lande allmählich veränderte, hatte es bereits gegeben, bevor die Machthaber deutlich signalisierten, dass sie zu solchen Veränderungen bereit waren. Am 13. Mai 1986 hatte die Union der Filmschaffenden anders als üblich einen neuen, nicht von der KPdSU bestätigten Vorstand gewählt. Diesem Beispiel folgte die Union der Theaterkünstler. Darauf kam es in Literaturzeitschriften zu Per-

---

[91] Memorandum für das Gespräch von Ėduard Ševardnadze mit Helmut Kohl. GARF; f, 5446, op. 162, d. 1464, l. 83, 84.

[92] Aleksandr Jakovlev: Omyt pamjati. Ot Stolypina do Putina. (Im Strudel der Geschichte. Von Stolypin bis Putin. 2 Bd.) Moskau 2001. Bd. 1, S. 372. (Dt. Ausgabe unter dem Titel: Die Abgründe meines Jahrhunderts. Leipzig 2003).

[93] Sitzung des Politbüros am 25. September 1986. Arbeitsnotiz. Zu Personen, die eine Haftstrafe wegen politischer Verbrechen verbüßen. RGANI, f. 89, op. 36, d. 20, l. 2.

sonalwechseln, die die Regierung bereits sanktionierte. Diese Zeitschriften machten im Sommer und Herbst 1986 den Weg für die Veröffentlichung bis dahin verbotener Literatur frei.

Vor dem ZK-Plenum vom 27.-28. Januar 1987 sagte Michail Gorbatschow:

„…Zugleich sehen wir, dass es nur langsam zu Verbesserungen kommt. Die Perestrojka hat sich als schwieriger erwiesen, und die Probleme in der Gesellschaft liegen tiefer, als wir zunächst vermuteten. Je mehr wir an der Perestrojka arbeiten, umso deutlicher werden ihr Ausmaß und ihre Bedeutung. Es tauchen immer neue ungelöste Probleme auf, die das Erbe unserer Vergangenheit sind. (…) Genossen, es ist dringend notwendig, diese Probleme erneut zu analysieren, mit denen die Partei und die sowjetische Gesellschaft in den letzten Jahren vor dem April-Plenum des ZK konfrontiert war."[94]

Noch deutlicher äußerte sich auf demselben Plenum Nikolaj Ryzhkov:

„…die anderthalb Jahre, die seit dem April-Plenum vergangen sind, haben gezeigt, dass die Situation in unserer Gesellschaft, vor allem in der Wirtschaft, erheblich schwieriger und gefährlicher ist, als wir damals angenommen haben."[95]

Vadim Medvedev schreibt über die Schlüsselrolle, die das Jahr 1987 für die Strategie bei den sozioökonomischen Veränderungen des Landes hatte:

„Man geht gemeinhin davon aus, dass die Perestrojka im April 1985 begonnen habe. Das ist natürlich richtig, wenn man Ihre Ankündigung und Absichtserklärungen im Auge hat. De facto hat die Perestrojka aber erst später eingesetzt, nämlich 1987. Das Jahr 1987 ist durch drei wesentliche Marksteine im Leben von Partei und Land als Wendepunkt bestimmt. Da war zunächst das Januar-Plenum des ZK, das das Startsignal für die Reform des politischen Systems gab. Dann folgte das Juni-Plenum, das ein komplexes Programm für die wirtschaftliche Umgestaltung ausgearbeitet hat. Und dann kam natürlich der 70. Jahrestag der Oktoberrevolution. Aus diesem Anlass wurden wichtige Etappen der sowjetischen Geschichte neu bewertet, was für die ideologische Situation im Lande eine große Rolle spielte."[96]

Die Ineffizienz des sozialistischen Wirtschaftssystems machte seine Demontage strategisch unvermeidlich. Allerdings hing das nicht unmittelbar mit den kurzfristigen und akuten Problemen zusammen, die durch den fallenden Ölpreis entstanden waren. Eine Regulierung der Zahlungsbilanz-Krise hätte die Notwendigkeit tiefgreifender wirtschaftlicher und politischer Reformen nicht beseitigt. Man konnte versuchen, eine Lösung dieser Probleme zu verbinden, aber nicht darauf hoffen, dass eine Liberalisierung allein die Devisen- und Finanzkrise aus der Welt schaffen würde. Die sowjetische Führung entschied sich 1987 mitten in einer akuten Devisen- und Finanzkrise, die sie nicht beherrschen konnte, für eine wirtschaftliche und politische Liberalisierung. Dies hatte einen entscheidenden Einfluss auf die weitere Entwicklung, nicht zuletzt auch darauf, wie der Zusammenbruch der sowjetischen Wirtschaft verlief.

---

[94] Stenogramm des ZK-Plenums vom 27.-28. Januar 1987. RGANI, f. 2, op. 5, d. 45, l. 3.
[95] RGANI, f. 2., op. 5, d. 45, l. 22.
[96] Medvedev, V komande Gorbačeva, S. 42.

Politisch sind die damaligen Entscheidungen leicht nachzuvollziehen. Wenn wirtschaftliche Stabilisierungsmaßnahmen bei Gesellschaft und Elite extrem unpopulär sind und auf Unmut stoßen, wenn die Unzufriedenheit mit der neuen Führung zunimmt und noch dazu der Verbrauchermarkt kollabiert, dann kommt es auf populäre Maßnahmen an, die demonstrieren, dass die Regierung Perspektiven und eine Vision von der Zukunft des Landes hat. Die 1987-1988 formulierte Politik einer wirtschaftlichen und politischen Liberalisierung sollte an die Stelle belastender und unpopulärer Maßnahmen treten und eine neue Legitimationsquelle für das Regime schaffen.

Diskussionen über Reformen des sozialistischen Wirtschaftssystems gab es seit Beginn der 1960er-Jahre. Bis Mitte der 1980er war eine radikale Umgestaltung aus politischen Gründen tabu. Das Wort „Marktwirtschaft", und sei es eine sozialistische, kam in Bezug auf die UdSSR in der offenen Presse nicht vor. Das Wort „Reform" tauchte seit Anfang der 1970er-Jahre erstmals 1986 in Gorbatschows Auftritt auf dem 27. Parteitag offen auf, und auch da äußerst vorsichtig. Als die ideologischen Scheuklappen fielen, wurden Ideen, über die man vorher nur inoffiziell sprechen konnte, offen diskutiert. Was zu tun war, war den meisten Diskussionsteilnehmern klar. Es kam darauf an, den Unternehmen mehr Selbstständigkeit zu gewähren, die Arbeitsstimuli zu stärken, dem Profit einen größeren Stellenwert zu geben und von einer direktiven Planung zu einem System von Staatsaufträgen überzugehen. Diese Ideen fanden auch bei einflussreichen Fabrikdirektoren und Unternehmensleitern breite Unterstützung. Das Problem lag darin, dass eine ernstzunehmende Entwicklung zum Markt, auch zu einem sozialistischen, bei fortbestehender Herrschaft der Kommunistischen Partei, den Übergang zu Preisen voraussetzte, die für einen Ausgleich zwischen Angebot und Nachfrage sorgten.[97] Andernfalls funktionieren die Marktmechanismen bestenfalls schlecht oder gar nicht. Das hat die polnische Erfah-

---

[97] Zum Schwanken der sowjetischen Führung und der wirtschaftspolitisch verantwortlichen Organe hinsichtlich einer Preisbildungsreform 1989, und zum fehlenden Willen der sowjetischen Führung, die Verantwortung für diese schwere Entscheidung zu übernehmen, s. Vadim Medvedev, V komande Gorbačeva, S. 54 f. Wie Umfragen des VCIOM zeigen, war die Bevölkerung 1989-1990 einer Legalisierung des Privateigentums gegenüber positiv eingestellt, eine Liberalisierung der Preise lehnte sie dagegen weitgehend ab. Es war der Gesellschaft unverständlich, dass das eine ohne das andere nicht zu haben war. S. Opros obščestvennogo mnenija „otnošenie k probleme sobstvennosti" (Öffentliche Meinungsumfrage „Einstellung zur Eigentumsfrage"). Moskau, VCIOM 1989; Sergej P. Špil'ko/L. A. Chachulina/Z. V. Kuprijanova/V. V. Bobrova/L. G. Zubova/N. P. Kovaleva/M. D. Krasil'nikova/T. V. Avdeenko: Ocenka naseleniem social'no-ėkonomičeskoj situacii v strane (po rezul'tatam sociologičeskich oprosov 1991.) (Die Bewertung der sozioökonomischen Situation im Lande (nach soziologischen Umfrageergebnissen von 1991). Wissenschaftlicher Bericht. VCIOM, Moskau 1991). Über die Hälfte der Bevölkerung der UdSSR war Ende der 1980er und Anfang der 1990er-Jahre laut VCIOM-Umfragen von der Notwendigkeit einer Marktwirtschaft überzeugt, aber für 58 % der Befragten war Arbeitslosigkeit unter keinen Umständen akzeptabel. S. V. Kosmarskij: Ėkspress-otčet VCIOM „Otnošenie naselenija k sokraščeniju časti rabočich mest i uvol'neniju zanimajuščich ich rabotnikov" (Express-Bericht des VCIOM: „Einstellung der Bevölkerung zur Reduzierung von Arbeitsstellen und zur Entlassung der betroffenen Stelleninhaber"). 12. Juli 1989. VCIOM, Moskau 1989. S. 8.

rung der 1970er- und 1980er-Jahre gezeigt. Die Versuche, Preisstabilität mit einer erweiterten Selbstständigkeit der Unternehmen zu verbinden, waren gescheitert. Die Ereignisse im größten Land des osteuropäischen Imperiums führten anschaulich vor Augen, dass es ohne Marktpreise auch keine Stimuli zur Effizienzsteigerung gibt. In diesem Fall schwächen erweiterte Unternehmensrechte lediglich die Finanzpolitik und führen zu einem Kontrollverlust über die Geldeinkünfte der Bevölkerung sowie zum Handel mit Billigwaren. Die Produzenten können Warenknappheit auszunutzen und die Verbraucher zwingen, ungünstige Produkte zu kaufen.

Ein erstes Anzeichen für den Wunsch der Regierung, die Wirtschaft zu liberalisieren und auf eigene Weise den Weg zu wiederholen, den China Ende der 1970er- und Anfang der 1980er-Jahre beschritten hatte, war das Gesetz „Über individuelle Arbeitstätigkeit", das am 19. November 1986 verabschiedet wurde.[98] In dieselbe Richtung ging auch das Gesetz über die Legalisierung individueller landwirtschaftlicher Tätigkeit, das am 1. Mai 1987 in Kraft trat. Hier war der Einfluss der chinesischen Erfahrung eindeutig. Auf die wirtschaftliche Entwicklung hatten diese Beschlüsse keinen nennenswerten Einfluss. Hier wirkte sich der Unterschied aus zwischen der Sowjetunion, in der drei Generationen ohne Marktwirtschaft gelebt hatten, und China, wo dies nur für eine Generation der Fall war. Die Fähigkeiten, ein eigenes Unternehmen zu führen, das vom Staat nicht kontrolliert wird, waren nahezu verloren gegangen. In China stießen 1979 schon die ersten Anzeichen für die Bereitschaft der Machthaber, zumindest in begrenzten Formen eine selbstständige Wirtschaftstätigkeit von Bauern zuzulassen und die Kommunen aufzulösen, auf breite Unterstützung im Volk. In der UdSSR konnte davon keine Rede sein.

1988 hatten die proklamierten Änderungen im Leitungssystem der Volkswirtschaft lediglich begrenzten Einfluss auf das reale Wirtschaftsleben. Nach wie vor herrschten Trägheit und die Überzeugung, dass verkündete Reformen ja nicht zum ersten Mal in der UdSSR eine Schau wären, ohne Bezug zur Realität. Betriebsdirektoren erklärten ganz offen, dass die ihnen gewährten Rechte eine reine Formalität seien. Seit 1989 änderte sich die Situation, weil die Zentralmacht sichtlich geschwächt war. Die Unternehmensleitungen sowie die Arbeitskollektive begriffen allmählich, dass Moskau nicht mit ernsthaften Repressalien reagieren würde, wenn Anweisungen aus der Zentrale nicht befolgt wurden.

Unsystematische Maßnahmen, die weder die Finanzen stabilisieren noch die Preise liberalisieren sollten, die etwa den Betrieben mehr Selbstständigkeit und den Ministerien im Außenhandel mehr Rechte gewährten, oder die rasche Zunahme kooperativer Banken, verschlimmerten die Probleme nur, die aus der veränderten Lage auf dem Ölmarkt resultierten.

Der stellvertretende Regierungschef Leonid Abalkin beschrieb die Lage wie folgt: „Einerseits verlangen alle Redner Selbstständigkeit, sie fordern, mit den Diktaten von Ministerien und Behörden aufzuhören und den Anteil der Staatsaufträge zu re-

---

[98] Gesetz der UdSSR vom 19. November 1986: Zur individuellen Arbeitstätigkeit". In: Rešenija partii i Pravitel'stva po chozjajstennym voprosam (Partei- und Regierungsbeschlüsse über Wirtschaftsfragen). Moskau 1988. Bd. 16, Teil 2, S. 489-499.

duzieren. Gleichzeitig bestehen sie einstimmig darauf, dass die materielle Versorgung garantiert sein müsse. Nach meiner Wahl zum stellvertretenden Vorsitzenden des Ministerrats habe ich oft neben Nikolaj Ryzhkov gesessen und gesehen, in welcher Lage er war. Dutzende Abgeordnete kamen zu ihm mit schriftlichen und mündlichen Bitten, die Lieferungen zu garantieren, die materielle und technische Versorgung sicherzustellen und so weiter und so fort. Dabei müssten alle doch einsehen, dass man nicht verlangen kann, dass die Regierung einen versorgt, wenn man ihr zuvor die Möglichkeit genommen hat, Staatsaufträge zu erteilen, mit denen sie Ressourcen mobilisiert. Das hängt alles unmittelbar zusammen."[99]

Die Idee, Arbeiter zur Betriebsleitung heranzuziehen, war in Russland schon diskutiert worden, bevor die Bolschewiki an die Macht kamen. Sie war nie ganz aus dem Denken der sowjetischen politischen Elite verschwunden. Als Iosif Broz Tito Jugoslawien der sowjetischen politischen Kontrolle entzog und Handlungsfreiheit bekam, hat er dem sowjetischen Wirtschaftsmodell gerade dieses Konzept entgegengesetzt. Am 5. November 1962 sagte Chruschtschow auf der Präsidiumssitzung des ZK: „Es muss offensichtlich einen Rat bei den Unternehmen geben. Es sollte eine Regelung eingeführt werden, dass der Direktor einmal monatlich oder im Quartal einen Bericht abgeben muss. Eine Arbeitskommission soll die Buchhaltung, den finanziellen Bereich, den materiellen usw. überprüfen. Was ist daran schlecht? (...) Möglicherweise kandidiert dann etwa der Fabrikdirektor oder der Abteilungsleiter, und der Rat wird sein Wort dazu sagen, wem er den Vorzug gibt."[100] Die 1986 getroffene und 1987-1988 gesetzlich verankerte Entscheidung, Räte aus Arbeitskollektiven zu schaffen, war in der Logik der kommunistischen Ideologie keineswegs so exotisch wie es uns heute scheint. Wenn die Sowjetmacht schon mit der Parole „die Fabriken – den Arbeitern" an die Macht gekommen war, warum sollte sie im Falle einer schwerwiegenden Krise nicht versuchen, sie umzusetzen?

Die selbstständig gewordenen Unternehmen setzten rasch die Löhne herauf. 1988 stiegen sie um 8 %, 1989 um 13 %. Im Dezember 1989 schrieb der Leiter der Hauptverwaltung für Information beim Ministerrat Vladimir Kossov an Lev Voronin, dass das Bevölkerungseinkommen in Laufe eines Jahres um bis zu 15 % emporschnellen könnten.[101] Die Wählbarkeit der Direktoren wirkte sich negativ auf die Arbeitsdisziplin aus, sie schränkte die Möglichkeit der zentralen Machtorgane ein, die Wirtschaft administrativ zu regulieren. Da es keine Marktpreise und keine strikten finanziellen Einschränkungen gab, zog das noch weitere akute Probleme nach sich.

Im Mai 1988 wurde das Gesetz „Über Kooperation in der UdSSR" verabschiedet, das de facto einer Ausweitung des privaten Sektors in der sowjetischen Wirtschaft den Weg ebnete. Die meisten Kooperativen wurden bei den Staatsbetrieben gegründet. Sie kauften zu festgelegten staatlichen Preisen ein, verarbeiteten die Produkte

---

[99] L. Plešakov: Ne delit', a zarabatyvat' (Nicht teilen, sondern verdienen). Interview mit Leonid Abalkin. Ogonek, 41, Oktober 1989, S. 2.
[100] Prezidium CK KPSS. 1954-1964. S. 638 f.
[101] Vladimir Kossov an Lev Voronin (Erster stellvertretender Vorsitzende des Ministerrats) zur Gefahr einer Stagflation 1990. 20. Dezember 1989. GARF, f. 5446, op. 150, d. 17, l. 138.

(oder – häufig – auch nicht) und verkauften sie dann zu Marktpreisen weiter. Bei Warenknappheit und finanzieller Instabilität verdienten Betriebsleiter und die Personen, die die Kooperativen kontrollierten, dabei nicht schlecht.[102] Das Vermögen vieler russischer Dollarmilliardäre stammt aus dieser Zeit.

Mitte 1989 stieg die Zahl der Mitarbeiter von Kooperativen auf 4,9 Mio. Menschen. Vier Fünftel der existierenden Kooperativen waren bei den Staatsbetrieben angesiedelt. Die Löhne bei den Kooperativen waren 1989 doppelt so hoch wie im Durchschnitt bei Arbeitern und Angestellten. Anfang 1991 waren bereits 6 Mio. Personen in Kooperativen beschäftigt.[103]

Nach dem am 23. November 1989 verabschiedeten Gesetz „Über die Pacht" hatte ein Pächter das Recht, gepachtetes Eigentum vollständig oder teilweise zu erwerben. Die Kaufbedingungen bestimmte der Pachtvertrag.[104] Dieses Gesetz öffnete der Privatisierung zugunsten des leitenden Personals in Unternehmen und Personen aus dessen Umfeld breite Optionen.

Der Beschluss des ZK und des Ministerrats Nr. 721 vom 6. Juli 1988 „Zur Erweiterung der Außenhandelstätigkeit des Komsomol" und ein weiterer des Ministerrats Nr. 956 vom 4. August 1988 „Zur Förderung der wirtschaftlichen Tätigkeit des Komsomol" gaben wissenschaftlich-technisch kreativen Jugendzentren – Organisationen, die von der Komsomol-Elite kontrolliert wurden – Zugang zu kommerzieller Tätigkeit, und zwar auch im Außenhandel.[105]

Die Schaffung von über tausend kommerziellen Banken in ungewöhnlich kurzer Zeit, für die es kein qualifiziertes Personal und keinerlei Bankenaufsicht gab, machte sie zu einem Instrument zur Bareinlösung und um Mittel der Betriebe staatlicher Kontrolle zu entziehen (s. Tabelle 5.22).

---

[102] Zu Problemen, die durch die Entwicklung der Kooperativen entstanden, s. Potencial i „bolezni rosta" kooperacii (Potential und „Wachstumskrankheiten" der Kooperativen). Interview mit dem ersten stellvertretenden Leiter der sozialwirtschaftlichen ZK-Abteilung V. Možin. Političeskoe obrazovanie, 17, 1989, S. 38-43. Zur Praxis der Nutzung der Kooperativen für den Verkauf von Produkten, die in Staatsbetrieben zu Festpreisen gekauft und zu Marktpreisen weiter verkauft wurden, s. A. A: Krasnopivcev (stellvertretender Leiter des Staatlichen Preiskomitees Goskomcen) an den Ministerrat zu Maßnahmen, um eine Inflation durch Verhinderung eines unbegründeten Preisanstiegs zu vermeiden. 8. September 1989. GARF, f. 5446, op. 150, d. 2066, l. 27.

[103] A. Gluševkij: Kooperativnaja politika: itogi, protivorečija, napravlenija optimizacii (Die Politik der Kooperativen: Ergebnisse, Widersprüche, Wege zur Optimierung). Ėkonomičeskie nauki, 6, 1990, S. 52-67.

[104] Osnovy Zakonadatel'stva Sojuza SSR i Sojuznych Republik Nr. 810-1 ot 23 nojabrja 1989 goda „Ob arende" (v red. Zakona SSSR ot 7 marta 1991 Nr. 2025-1) (Gesetzliche Grundlagen der Union der SSR und der Unionsrepubliken Nr. 810-1 vom 23. November 1989 „Über die Pacht" (in der Redaktion des Gesetzes der UdSSR vom 7. März 1991 Nr. 2025-1). Erstmals veröffentlicht in: Vedomosti SND i VS SSSR, 25, 1989, St. 481.

[105] Izvestija CK KPSS, 12, 1989, S. 20.

Tabelle 5.22 Zahl der Banken in der UdSSR 1988-1990

Datum	Insgesamt
01.01.1989	43
01.01.1990	224
01.01.1991	1357

Quelle: RGAĖ, f. 2324, op. 32, d. 3996A, l. 93.

Den leitenden Mitarbeitern der Gosbank waren diese Probleme klar. In einem Schreiben der Verwaltung der Kommerz- und Kooperativ-Banken an den Gosbank-Vorstand vom 7. Mai 1991 heißt es:

„Aus den Bilanzen einzelner kommerzieller und kooperativer Banken für dieses Jahr geht hervor, dass viele Banken noch nicht die erforderliche Summe für das Grundkapital aufbringen konnten, weil sie erst in den letzten fünf Monaten entstanden sind. Allerdings haben einige schon mit aktiven Kreditoperationen begonnen. Das verstößt eindeutig gegen die Vorschriften der Gosbank und gegen die Statuten der Banken selbst. (...) Besonders besorgniserregend ist, dass einzelne kommerzielle und kooperative Banken die Bestimmungen für das Kreditlimit pro Kreditnehmer verletzen."[106] Dasselbe berichtete auch der sowjetische Innenminister Vadim Bakatin in seinem Schreiben vom 13. Juli 1990 an Jurij Masljukov. Darin heißt es, dass die begrenzte Staatskontrolle im finanziellen Kreditwesen zu Korruption und Manipulationen mit Finanzressourcen beitrage.[107]

Allerdings war Regierungschef Ryzhkov überzeugt, dass in diesem Bereich alles ordnungsgemäß verlief. Gemeinsam mit seinen Vertretern Masljukov und Voronin bestritt er in einem Brief ans ZK vom 17. Juli 1988 kategorisch, dass sich kommerzielle Banken im Land zu rasch ausbreiteten: „Die weltweite Erfahrung zeigt, dass wir zu wenig Banken haben und ihr Netz den Bedarf an wirtschaftlicher Rechnungsführung in der Volkswirtschaft nicht deckt."[108] Später beschrieb Ryzhkov in seinen Erinnerungen den Widerstand von Seiten der Gosbank Ende 1980 gegen den Ausbau eines Netzes kommerzieller Banken.[109] Es ist übrigens nicht erstaunlich, dass es der Führung des Landes nach einigen Jahrzehnten ohne Marktwirtschaft schwer fiel zu verstehen, dass der Bankensektor einer der letzten und keineswegs der erste Sektor

---

[106] Verwaltung der kommerziellen und kooperativen Banken an den Gosbank-Vorstand über die Tätigkeit kommerzieller Banken im Jahre 1990. 7. Mai 1991. RGAĖ, f. 2324, op. 32, l. 3996A, l. 96.
[107] Vadim Bakatin (Innenminister der UdSSR) an Jurij Masljukov (Erster stellvertretender Vorsitzender des Ministerrats) über grundlegende Tendenzen der Kriminalität in der Wirtschaft im ersten Halbjahr 1990 und die Pronose möglicher kriminogener Folgen des Übergangs zu Marktbeziehungen. 13. Juli 1990. GARF, f. 5446, op. 162, d. 1, l. 56.
[108] Nikolaj Ryžkov, Jurij Masljukov und Lev Voronin ans ZK der KPdSU. Vorschläge zur Entwicklung und Vertiefung einer radikalen Wirtschaftsreform und zur Überwindung von Mängeln bei Ihrer Umsetzung. 17. Juli 1988. GARF, f. 5446, op. 149, d. 1, l. 50.
[109] Nikolaj Ryžkov, Desjat' let, S. 202.

der Wirtschaft ist, den man liberalisieren muss. Schließlich hatte es über Jahrzehnte keinerlei kommerzielle Bankentätigkeit, kein ausgebildetes Personal und keinen Apparat für eine Bankenaufsicht gegeben. Insofern besagt diese Debatte recht viel über das Verständnis der sowjetischen Führung für die Probleme bei der Bildung einer Marktwirtschaft.

Die inkonsequenten Liberalisierungsmaßnahmen konnten die zentralen Probleme des Landes natürlich nicht lösen – die schnell schwindenden Devisenressourcen, die Finanzkrise und die desolate Situation auf dem Verbrauchermarkt. Aber die administrative Eile, gepaart mit immer schlechter werdenden Lebensbedingungen im Alltag, führte zu einer zunehmend regierungskritischen Einstellung. Hatte der neue Führer, der eine andere Generation repräsentierte, 1985 noch einen gewissen Vertrauensvorschuss, so war dieser Vorschuss 1988 inzwischen weitgehend verbraucht.

Am 5. April 1989 verabschiedete das Gebietskomitee der KPdSU von Kemerowo den Beschluss „Zur Arbeitsverweigerung in einigen Betrieben". Der Beschluss desselben Organs vom 11. Juli 1989 beschrieb die Lage in den Kohlebetrieben der Stadt Mezhduretschensk als extrem. Am 17.-18. Juli 1989 wurde das Protokoll „Abgestimmte Maßnahmen zwischen dem regionalen Streikkomitee des Kusbass und der ZK-Kommission der KPdSU, dem Ministerrat der UdSSR und dem Zentralrat der Gewerkschaften" unterzeichnet. Um die Versorgung mit Lebensmitteln und Konsumgütern zu verbessern, sah das Protokoll vor, im zweiten Halbjahr 1989 dem Gebiet Kemerowo zusätzlich zuzuteilen: 6.500 Tonnen Fleisch, 5.000 Tonnen tierisches Fett, 5 Mio. Milchkonserven, 10.000 Tonnen Zucker, 3.000 Tonnen Haushalts- und Toilettenseife, 3.000 Tonnen synthetische Waschmittel.[110]

Das Problem der Unionsregierung war, dass in einer zusammenbrechenden Wirtschaft solche Versprechungen leichter zu machen als nachher einzuhalten sind. Bald wurde sowohl der Regierung als auch den Bergarbeitern klar, dass lediglich Geldzahlungen realisiert würden. Aber für das Geld konnte man so gut wie nichts kaufen. Das löste eine neue Streikwelle aus. Die wirtschaftspolitische Desintegration des Regimes, die seinen Zusammenbruch immer wahrscheinlicher machte, war bereits in Gang.

---

[110] Leonid Lopatin (Hrsg.): Rabočee dviženie Kuzbassa. Sbornik dokumentov i materialov (Die Arbeiterbewegung des Kuzbass. Dokumente und Unterlagen). April 1989-März 1992. Kemerovo 1993. S. 39 f., 68-71.

6
Die Entwicklung der Krise des sozialistischen wirtschaftspolitischen Systems

„Nun, bitte keine Hysterie!
Wir sind mit dem Ufer kollidiert! –
Sagte der Kommandeur."

Vladimir Vyssozkij

6.1 Probleme der Erdölindustrie

Die im vorigen Kapitel beschriebene Situation in der erdölverarbeitenden Industrie trug maßgeblich dazu bei, dass die Wirtschaftskrise in der UdSSR zu einer Katastrophe wurde (s. Tabelle 6.1). Anhand von Archivunterlagen lässt sich die Situation genauer untersuchen.

Tabelle 6.1 Erdölförderung in der UdSSR und der RSFSR 1988-1991, Mio. t

	1988	1989	1990	1991
UdSSR	624,3	607,2	570,0	515,8
Zunahme (+)/Rückgang (—) im Vergleich zum Vorjahr	+0,1	–17,1	–37,2	–54,2
RSFSR	568,8	552,3	515,9	461,9
Zunahme (+)/Rückgang (—) im Vergleich zum Vorjahr	–0,6	–16,5	–36,4	–54,0

Quelle: Toplivo-ėnergetičeskij kompleks SSSR 1990 g. (Der Brennstoff-Energie-Komplex der UdSSR 1990). Moskau 1991, S. 108 f. Toplivo i ėnergetika Rossii (Brennstoff und Energie in Russland). Moskau 1999, S. 158, 408 f.; Goskomstat Rossii.

Auf der Sitzung vom 17. September 1990 sagte Regierungschef Ryzhkov, dass die Erdölförderung 1975-1990 zwischen 500-600 Mio. Tonnen gelegen habe und die Kapitalinvestitionen in diesem Zeitraum von 3,8 Mrd. Rubeln auf 17 Mrd. Rubel 1991 gestiegen seien (es ging um den Plan für 1991, J. G.). Die Ölquellen mit einer Ergiebigkeit von 1 Mio. Tonnen hatten sich von 16 im Jahre 1975 auf 165 im Jahre 1990 erhöht. Die gebohrten Meter hatten sich verzehnfacht. Dabei ging die Ölförderung erneut zurück.[1]

Auszüge aus den Materialien der Sitzung:

> Gen. Ryzhkov: Was werden wir mit den 547 Mio. Tonnen machen, wie soll das Land leben?
> Gen. Rjabev: Für den Bedarf im Inland haben wir 467 Mio. Tonnen .... Der Export geht zurück....
> Gen. Ryzhkov: Aber was müssen wir tun, um die 580 bekommen, über die wir am Anfang gesprochen haben?
> Gen. Rjabev: Das sind sehr problematische Zahlen. Wir müssen die Ausbeutung steigern, 25.000 bis 26.000 neue Bohrlöcher in Betrieb nehmen. Es muss einen drastischen Aufschwung geben. Die Kapitalinvestitionen nehmen erheblich zu, und der Großhandelspreis pro Tonne beträgt 155 Rubel...
> Gen. Sitarjan: Wie viel Mittel sind für diese beiden Positionen erforderlich?
> Gen. Rjabev: Ungefähr 800 Mio. Valutarubel der 1. Kategorie.
> Gen. Sitarjan: Und wieviel geben Sie?
> Gen. Rjabev: Jetzt kommt es darauf an, nicht weiter unter dieses Niveau abzusinken. Die Förderung geht täglich zurück. Im Januar starten wir bei 25 Mio. Tonnen. (...)
> Gen. Ryzhkov: Es ist Ihre Aufgabe, einen Ausweg aus dieser Situation zu finden.
> Gen. Rjabev: Wir haben das alles schon geprüft. Die erste Variante haben wir im Juli vorgestellt – nämlich die Ressourcen im Land umzuverteilen. Andere Ressourcen gibt es im Land einfach nicht. Ich halte zweimal monatlich Sitzungen in der Regierungskommission ab, außerdem ständige Beratungen. Es gibt keine Ressourcen. Es gibt einfach keine...
> Gen. Ryzhkov: Bitte, Leonid Ivanovitsch.
> Gen. ... Heute müssen wir Garantien vom Außenwirtschaftsministerium erhalten. Wenn das jetzt geschieht, dann sind die Firmen bereit, mit uns zu kooperieren. Dann muss das Geld überwiesen werden. 6 Mio. gehen auf unser Konto, aber es gibt noch das Unionskonto. Hier ist die Situation schwierig, ich werde mich persönlich darum kümmern. Es gibt folgenden Vorschlag. Heute soll die Bank für Außenwirtschaft den Firmen eine Bestätigung und dem Außenwirtschaftsministerium die Garantie geben. Sobald diese Garantie vorliegt, kaufen wir sofort ein, denn die Verhandlungen mit den ausländischen Partnern sind schon gelaufen....
> Gen. Sitarjan: Die allgemeine Situation ist folgende: Wenn wir 60 Mio. exportieren, dann bringen wir die Beziehungen mit anderen Ländern in eine extrem schwierige Lage. Wenn heute 34 Mio. gegen frei konvertierbare Währung abgehen, dann bleiben

---

[1] Stenogramm der Versammlung beim Vorsitzenden des Ministerrats Gen. Ryžkov. Über Lieferungen von Öl, Gaskondensat und Ölprodukten an den Staat im Jahre 1991. 17. September 1990. GARF, f. 5446, op. 162, d. 379, l. 129.

für alle osteuropäischen Länder plus Finnland, Indien, Kuba usw. 26 Mio. übrig. (...) Wenn wir 20 Mio. verlieren, heißt das, dass unsere Devisenressourcen im kommenden Jahr bei 14 Milliarden liegen. Ich glaube, wir dürfen uns nicht darauf festlegen, 60 Mio. zu exportieren. (...) Die Sache ist die, dass wir die Öllieferungen für einige Länder nicht einfach einstellen können. Wenn wir bei diesen Zahlen bleiben, bedeutet das einen vollen Einbruch innerhalb des Landes und mit vielen anderen Ländern. Wenn wir Polen nichts geben, wird Polen uns auch nichts verkaufen ...
Gen. .... Ich fange mit dem Schlimmsten an, das sind 580 Mio. Tonnen oder 547 – zum Verständnis der Sachlage. Nikolaj Ivanovitsch (Ryzhkov), es sind keine 580. Als wir sie eingestellt haben, gingen wir davon aus, bei geplanten Bohrungen von 41,3 Mio. Metern immerhin 39 zu erreichen, es wurden aber nur 35,5.
Gen. Masljukov: Wir verstehen, dass die einzige Devisenquelle natürlich das Erdöl ist, deshalb mache ich einen Vorschlag. Ich denke, dass wir auf den Vorschlag der Geologen zurückkommen sollten und entschiedene Maßnahmen treffen, um zusätzlich Öl zu fördern, zu beliebigen Bedingungen für die Produzenten. Zweitens würde ich sagen, dass alle notwendigen Ressourcen, die genannt wurden, unbedingt bei ausländischen Firmen gekauft werden sollten. (...) Ich habe so eine Ahnung, dass wir, wenn wir jetzt keine notwendigen Schritte unternehmen, im nächsten Jahr etwas erleben werden, was wir uns bisher nicht einmal träumen lassen konnten. (...) Für die sozialistischen Länder kann das äußerst kritisch enden. Das kann für uns alle zu einem wirklichen Kollaps führen, und nicht nur für uns, sondern für unser gesamtes System. (...)
Gen. Voronin: Ich kann nur sagen, dass die Erdölindustrie noch nie in so einer Lage war, nicht einmal 1985. Wenn es so weiter geht, müssen wir befürchten, dass wir nicht einmal 500 Mio. Tonnen Öl bekommen. (...) Ich verstehe, dass wir nicht unter 560-570 Mio. liegen dürfen, wir werden sonst die sozialistischen Länder im Stich lassen und auch sonst alles – die Lebensmittelindustrie, den Maschinenbau. (...) Das Ärgerlichste ist, dass jetzt der Ölpreis stabil ist und steigen wird, und wir werden immer weniger liefern. Deshalb sollten wir in die sozialistischen Länder ein Minimum gegen Devisen geben und den Inlandsbedarf so weit wie möglich drosseln. (...) Die wichtigste Aufgabe ist es, alles umgehend mit materiellen Ressourcen zu decken.
Gen. Ryzhkov: (...) Wir brauchen Garantien der Bank für Außenwirtschaft, und sie kann sie nicht geben. (...) Wir müssen eine Entscheidung treffen, 547 Mio. Tonnen fördern und nur 60 Mio. für den Export vorsehen, in sozialistische wie in kapitalistische Länder, damit können wir alles beerdigen. (...) Wenn wir jetzt keinen Weg finden, wie wir die Öl- und Gasindustrie retten können, werden wir auch diese 547 nicht bekommen. Es muss ein bestimmtes System geben – entweder wir erzwingen das, oder es wird weiter bergab gehen. Mich beunruhigt, dass wir uns schon mehrmals in diesem Jahr beraten haben und mit der Situation nicht zu Rande gekommen sind. Wir müssen uns auf 560 Mio. Tonnen einigen und dafür alle materiellen Ressourcen zur Verfügung stellen, und nicht nur eine Auswahl, und dann alles genau festhalten und ein Kontrollsystem einrichten. (...) Wenn es kein Öl geben wird, ist die Wirtschaft des Landes verloren... Wir haben zu Jahresanfang von 625 Mio. gesprochen, heute gehen wir von 547 aus – da haben wir die Resultate unserer Beratungen. Worauf warten wir noch?..."[2]

---

[2] Stenogramm der Beratung bei Regierungschef Ryžkov über Lieferungen von Öl, Gaskondensat und Ölprodukten an den Staat im Jahre 1991. 17. September 1990. GARF, f. 5446, op. 162, d. 379,

Ein Schreiben der ZK-Abteilung für Sozialwirtschaft vom 19. September 1990 hält fest:

„… In sieben Monaten des Jahres 1990 ist die Förderung von Öl und Gaskondensat um 16,5 Mio. Tonnen im Vergleich zum Vorjahr zurückgegangen, die von Kohle um 22 Mio. Tonnen. (…) In sieben Monaten von 1990 wurden von den für die Inbetriebnahme vorgesehenen 13,4 Mio. kW an neuen Energiekapazitäten nur 3,1 Mio. kW erreicht… *(und das bei einem ungewöhnlich warmen Winter)*. Von Januar bis Juli 1990 haben die Stromabschaltungen um das 2,3-fache zugenommen. Die Bilanz der elektrischen Kapazitäten für den bevorstehenden Winter ist mit etwa 8 Mio. kW im Rückstand."[3]

Da Ölförderung und Ölexport zurückgingen, spitzten sich die Devisenprobleme zu. Konstantin Katuschev (Minister für Außenwirtschaftsbeziehungen) schrieb an Ryzhkov:

„Das Ministerium für Außenwirtschaftsbeziehungen berichtet über die katastrophale Lage bei der Einhaltung der Termine für den Export von Öl und Ölprodukten im 4. Quartal dieses Jahres. (…) Wenn sich nichts ändert, werden wir im Oktober und November mit über 4 Mio. Tonnen Öl und Ölprodukten im Rückstand sein, über 400 Mio. Valutarubel werden nicht eingehen."[4]

Die Versorgung der Volkswirtschaft mit Brennstoff wurde mit jedem Jahr schwieriger. In einem Brief an die sowjetische Regierung heißt es:

„Die Energie- und Brennstoffwirtschaft im Land ist aus dem letzten Winter mit ungewöhnlich niedrigem Potential hervorgegangen. Infolge der zurückgehenden Öl- und Kohleförderung und Heizölproduktion gingen die Ressourcen an Kessel- und Heizbrennstoff im ersten Quartal 1991 im Vergleich zum Vorjahreszeitraum um 11 Mio. Tonnen zurück. Zugleich lag der Verbrauch hier innerhalb des Landes trotz des Rückgangs in der Industrieproduktion von Januar bis März des laufenden Jahres um 10,9 Mio. Tonnen Brennstoff-Äquivalent höher als im ersten Quartal 1990. Das liegt zum Teil an der kälteren Witterung im Vergleich zu dem ungewöhnlich warmen ersten Vierteljahr 1990. Die Reserven der Brennstoffverbraucher gingen von 68,9 Mio. Tonnen Brennstoff-Äquivalent (16,8 Verbrauchstage) zum 1. April 1990 auf 59 Mio. Tonnen Brennstoff-Äquivalent (14 Tage) zum 1. April 1991 zurück. (…) Insgesamt werden die Kessel- und Heizbrennstoff-Ressourcen für den Verbrauch im Inland (nach Abzug des zu erwartenden Exports) bei 1.497,0 Mio. Tonnen Brennstoff-Äquivalent (im Vergleich zu 1.509,1 Mio. Tonnen für 1990) liegen. Der Bedarf ist um 18-20 Mio. Tonnen Brennstoff-Äquivalent höher. Dadurch werden die Brennstoffreserven der Verbraucher zum Jahresende auf 43 Mio. Tonnen im Vergleich zu 69-73 Mio. Tonnen in den letzten drei Jahren zurückgehen. Das darf man

---

l. 131-137, 143-149.

[3] Bericht der ZK-Abteilung für Sozialwirtschaft: „Schwerwiegende Mängel bei der Gewährleistung einer stabilen Volkswirtschaft in der Herbst- und Winterperiode 1990/91". RGANI, f. 89, op. 20, d. 8, l. 4-6.

[4] Katušev an Ryžkov über den Export von Erdölwaren im 4. Quartal 1990. 31. Oktober 1990. GARF, f. 5446, op. 162, d. 1524, l. 1.

nicht zulassen, weil derart geringe Reserven die Volkswirtschaft im bevorstehenden Winter desorganisieren werden."[5]

1991 wurde die Lage in der Ölbranche immer schwieriger. Der stellvertretende Vorsitzende des Kabinetts Lev Rjabev schrieb am 31. Mai 1991 an Regierungschef Valentin Pavlov:

„In der vergangenen Periode des laufenden Jahres hat sich die Lage in der Ölindustrie verschlechtert. Wegen des Rückstands in der Maschinenbau-Basis, gestörter etablierter Beziehungen und der Nichterfüllung vertraglicher Verpflichtungen durch Produzenten und Lieferanten ist der Bedarf der Branche an Grundausstattung und Material nur zu 50-60 % gedeckt. Importlieferungen von Ausrüstung und Röhren gingen wegen des Devisenmangels auf fast die Hälfte zurück. … Zurzeit stehen auf den Ölfeldern 22.000 Bohrlöcher still. … Von Januar bis Mai des laufenden Jahres wurde im Tagesdurchschnitt so viel gefördert, dass im Jahr 530 Mio. Tonnen erreicht würden, 452 Mio. Tonnen für die Ölraffinerien und 61 Mio. Tonnen für den Export … Auf Grund der sich verschlechternden montangeologischen Bedingungen und der Erschöpfung der produktivsten Vorkommen gehen der Branche in den letzten Jahren jährlich Kapazitäten von fast 100 Mio. Tonnen Öl verloren. Die wirtschaftlichen Kennziffern für die Betriebe fallen drastisch. In den letzten fünf Jahren ging der Ertrag der Bohrlöcher auf weniger als die Hälfte zurück, der Wassergehalt in der Produktion stieg auf 80 %, und die anteiligen Ausgaben für die Schaffung neuer Ölförder-Kapazitäten haben sich verdoppelt."[6]

Die sinkende Erdölförderung in der UdSSR hatte in erheblichem Maße mit geologischen Faktoren zu tun. Die produktivsten Vorkommen waren überbeansprucht. In der zweiten Hälfte der 1980er-Jahre ließ die Ergiebigkeit der Ölquellen nach (s. Tabelle 6.2), immer mehr Produktionskapazitäten fielen weg. Neue Vorkommen auszubeuten war schwieriger, es erforderte deutlich höhere Ausgaben pro Tonne an gefördertem Öl.

---

[5] Aus einem Brief von V. N. Kostjunin (stellvertretender Leiter von Gossnab) und A. A. Troickij (stellvertretender Vorsitzender von Gosplan) an den stellvertretenden Kabinettschef Rjab'ev. Zur Versorgung der Volkswirtschaft und der Bevölkerung mit Brennstoff und Energie in der Herbst- und Winterperiode 1991/92. 23. Mai 1991. GARF, f. 5446, op. 163, d. 1640, l. 60-61.

[6] GARF, f. 5446, op. 163, d. 269, l. 17-20.

Tabelle 6.2 Mittlere Erträge von Ölquellen in der UdSSR und RSFSR 1975-1990, t pro Monat

	1975	1980	1985	1988	1989	1990
			UdSSR			
Alle Quellen	652,2	621,1	447,8	368,4	338,7	314,4
Neue Quellen	1755,8	1167,3	808,4	609,5	549,9	518,1
			RSFSR			
Alle Quellen	882,7	828,8	555,0	429,1	394,5	354,2
Neue Quellen	1873,6	1214,7	851,9	627,7	566,3	522,1

Quelle: Toplivo-ėnergetičeskij kompleks SSSR 1988 g. (Der Brennstoff-Energie-Komplex in der UdSSR im Jahre 1988). Moskau 1989. S. 127, Toplivo-ėnergetičeskij kompleks SSSR 1990 g. (Der Brennstoff-Energie-Komplex in der UdSSR im Jahre 1990). Moskau 1991. S. 140 f.

Die Erdölindustrie in der UdSSR konnte verschlechterte Förderbedingungen nicht kompensieren. Die Produktionssteigerung von Erdöl im Lande vollzog sich extensiv, das technische Niveau der Branche lag weit unter dem Weltniveau. Während sich von 1986-1990 die Kapitalausgaben zur Einrichtung neuer Förderkapazitäten um 80 % im Vergleich zu den vorhergehenden fünf Jahren erhöhten, stiegen die realen Investitionen in die Branche in diesem Zeitraum lediglich um 28 %.[7]

Der Rückgang von Erdölförderung und Erdölexport verschärfte die Probleme bei der Zahlungsbilanz. Der Devisenmangel erschwerte wiederum die Arbeit in der Branche. Der Minister für Erdöl- und Erdgasindustrie Tschurilov stellte in einem Brief an die Regierung fest:

„Die Ölhandelsgesellschaften haben Verträge über die Lieferung materiell-technischer Ressourcen für das Ministerium für Erdöl- und Erdgasindustrie für etwa 800 Mio. Rubel unterzeichnet. Zur Unterschrift bereit sind auch Verträge für 1,3 Mrd. Rubel in frei konvertierbarer Währung zum offiziellen Kurs der Gosbank. Allerdings verzögert sich die weitere Unterzeichnung von Verträgen, die bereits mehrfach verschoben wurde, weil das Ministerium für Erdöl- und Erdgasindustrie keine Devisen hat. ... Die Außenwirtschaftsbank hat dem Kabinett berichtet, die oben genannten Verpflichtungen könnten nicht erfüllt werden. Das führt zu Problemen bei der Ölförderung."[8]

---

[7] Yuri Bobylev/A. Cherniavsky: The Economic Impact of the Crisis in Russian Oil Exploration and Production. In: Oil and Gas Development in the Russian Federation. Alexandria 1992. S. 63, 87.

[8] Aus einem Brief von L. D. Čurilov (Minister für Öl- und Gasindustrie der UdSSR) an den sowjetischen Premierminister Gen. Valentin Pavlov: Eiliger Bericht über die Lieferung materiell-technischer Ressourcen für das Ministerium für Erdöl- und Erdgasindustrie der UdSSR. 12. Juli 1991. GARF, f. 5446, op. 163, d. 1446, l. 158.

6.2 Politische Kredite

Die Sowjetunion hatte über viele Jahrzehnte eine vorsichtige Kreditpolitik betrieben. Die Regierung wollte nicht von westlichen Banken abhängig werden. Nach der Weigerung, die zaristischen Schulden zu begleichen, hat die UdSSR ihre ausländischen Verpflichtungen immer termingerecht bezahlt. Mitte der 1980er-Jahre hatte sie zu Recht den Ruf eines erstklassigen Kreditnehmers. Sie hatte nahezu unbegrenzten Zugang zu Krediten. Allerdings war es bei den zunehmenden finanziellen Disproportionen nicht möglich, das Vertrauen der Gläubiger auf die Dauer zu erhalten. Wie in den vorigen Kapiteln gezeigt wurde, zweifelten westliche Bedanken bereits 1988 an der Stabilität der sowjetischen Finanzen. Kommerzielle Kredite zu bekommen, wurde immer schwieriger, und die Bedingungen wurden immer restriktiver. Das betraf sowohl die Zinsen als auch die Tilgungsfristen.

Unterdessen stieg der Bedarf der UdSSR an zusätzlichen Krediten, um das Defizit der Zahlungsbilanz mit den entwickelten kapitalistischen Ländern zu finanzieren. Das resultierte aus dem Missverhältnis zwischen dem fallenden Ölpreis und den gleichbleibenden Zahlungsverpflichtungen für importierte Lebensmittel. Man konnte weder die Einkäufe reduzieren noch den Export von Waren außer Brennstoffen erhöhen. 1988-1989 zeigte sich, dass es immer schwieriger wurde, die Abzahlung früherer Kredite durch Neuverschuldung zu finanzieren. Die dafür nötigen Gelder mussten aus den laufenden Exporteinnahmen beschafft werden. Zum Defizit in der Zahlungsbilanz kamen noch Probleme bei der Finanzierung von Kapitaloperationen.

Die sowjetische Führung beschloss, die Devisenreserven anzugreifen und mehr Gold zu verkaufen. Aber die Goldreserven der UdSSR, die seit Anfang der 1960er-Jahre für die Finanzierung dringender Getreideeinkäufe bei Missernten verwendet worden waren, waren Mitte der 1980er-Jahre nicht mehr groß. Bedeutende Devisenreserven hatte die Sowjetunion nie gehabt. Sowohl Gold als auch Devisen sind Reserven, die sich schnell verbrauchen. Daraus lässt sich kein langfristiges Zahlungsbilanzdefizit finanzieren.

1988-1989 stand die sowjetische Führung wieder vor denselben Problemen wie 1985-1986, allerdings waren die Rahmenbedingungen schlechter. Der Devisenmangel zwang dazu, Umfang und Struktur von Produktion und Verbrauch an die neuen Realitäten anzupassen. Das brachte die Gefahr einer akuten wirtschaftlichen und möglicherweise auch politischen Krise mit sich. Rigorose Stabilisierungsmaßnahmen durchzuführen war riskant, insbesondere wenn zugleich eine politische Liberalisierung einsetzte. Daher erschien es den sowjetischen Führern als einzig wirtschaftlich und politisch möglicher Ausweg, umfangreiche Kredite bei westlichen Staaten aufzunehmen, um den Rückgang an kommerziellen Anleihen zu kompensieren. Aber solche Kredite sind immer auch politisch. Wer an der Spitze einer Weltmacht steht, sollte sich dessen bewusst sein.

1985 hätte niemand in der Welt ernsthaft die Frage erörtert, ob die UdSSR die führenden westlichen Länder um politisch motivierte Kredite bitten und darüber verhandeln könnte, zu welchen Kompromissen sie in verschiedenen Bereichen als Gegenleistung bereit wäre. Nur drei Jahre später stand diese vor kurzem noch absurd scheinende Idee im Zentrum der sowjetischen Außenpolitik. Ohne politische Kredite war es nicht möglich, eine auch nur minimale Stabilität der sowjetischen Volkswirtschaft zu gewährleisten.

Bergarbeiterstreiks im Sommer 1989, in erster Linie durch die miserable Versorgung der Bevölkerung in den Kohleregionen provoziert, führten der sowjetischen Führung vor Augen, dass jede noch weitere Verschlechterung der Lage auf dem Verbrauchermarkt explosiv wäre.

Anfang der 1980er-Jahre war Polen zur Geisel der großen westlichen Kredite geworden, die es im Jahrzehnt zuvor aufgenommen hatte. Die Unmöglichkeit sie zurückzuzahlen löste eine Finanzkrise aus, die die Machthaber zu politisch riskanten Maßnahmen zwang. So mussten sie die Preise im Einzelhandel erhöhen. Diese Ereignisse waren das Vorspiel zu dem, was sich Ende der 1980er- und Anfang der 1990er-Jahre in der UdSSR abspielte.[9] Die Finanz- und Devisenlage in der UdSSR der 1990er-Jahre glich der in Polen zu Beginn der 1980er-Jahre. Der sowjetischen Führung war klar, dass Polen nach der Einführung des Kriegsrechts und der Unterdrückung der „Solidarność" vom Westen keinerlei Hilfe bei seinen Finanzproblemen erwarten konnte und dass die UdSSR hier einspringen musste. Aber in diesen Jahren hatte die UdSSR noch Ressourcen, um das Vasallenregime zu stützen, und sie hat dies getan. Ende der 1980er- und Anfang der 1990er-Jahre gab es indes kein sozialistisches Land, das bereit gewesen wäre, für die Rettung der politischen Ordnung in der Sowjetunion zu bezahlen.

Wenn man unbedingt auf große staatliche Kredite angewiesen ist, dann muss man die Politik nach den Forderungen der potentiellen Kreditgeber richten. Als die Devisenreserven dahingeschmolzen und kommerzielle Kredite kaum noch zu bekommen waren, schienen die Perestrojka, das neue Denken und die verbesserten Beziehungen zum Westen der einzige Ausweg für die sowjetische Führung, um Mittel zur Überwindung der Krise zu bekommen.

Gorbatschow verstand, dass die abnorm hohen Militärausgaben für die UdSSR auf lange Sicht eine extreme Belastung waren. Er wollte eine weitere Ausgabensteigerung verhindern – daher der neue Ton bei den Verhandlungen über eine Begrenzung strategischer Waffen, der bei dem Treffen von Gorbatschow und Reagan in Rejkjavik zu vernehmen war (Oktober 1986). Allerdings hing diese Politik bis 1988 mit einer strategischen Entscheidung für ein langfristiges Wirtschaftswachstum und militärische Sicherheit zusammen. Mit Beginn der Zahlungskrise bei den Auslands-

---

[9] Im Mai 1991 schrieb Otto Lacis, dass die Ereignisse in Polen 1981 dem sehr ähnlich waren, was sich im Frühjahr 1991 in der UdSSR abspielte: „Wir befinden uns jetzt in Polen ungefähr im Jahr 81. (…) Vorläufig erleben wir die Entstehung und den Verlauf der dortigen Wirtschaftskrise. Die gleichen Hyperinvestitionen unverantwortlicher Behörden, die gleichen ‚Geschenke' an das Volk in Form von Überkonsum (nicht in dem Sinn, dass wir besonders satt wären, keineswegs, aber wir verbrauchen mehr als das Land produziert), das gleiche Haushaltsdefizit, die zunehmende Auslandsverschuldung und Versklavung durch Kredite, die gleiche Notwendigkeit einer Preisfreigabe und ebenso die fehlende Bereitschaft, das zu akzeptieren, den wütenden Arbeiterprotest. Hinter den politischen Kontroversen taucht der riesige Schatten einer Streikepidemie auf, die chronische polnische Krankheit des letzten Jahrzehnts." Lacis, Lomka.

schulden änderte sich die Lage. Jetzt gab es keine Wahl mehr. Das Risiko eines Zusammenbruchs des sowjetischen Systems zwang dazu, sich mit dem Westen über die Bedingungen für eine finanzielle Unterstützung der kollabierenden sowjetischen Wirtschaft zu einigen.

Nur wenn man die akuten wirtschaftlichen Probleme der Sowjetunion von 1988 kennt, kann man verstehen, warum Präsident Gorbatschow im Dezember 1988 vor der UNO eine Abrüstungsinitiative ergriff und weshalb die sowjetische Führung einer asymmetrischen Truppenreduzierung in Europa und einem Vertrag über Mittelstreckenraketen zu Konditionen zustimmte, die praktisch mit den Vorschlägen der NATO identisch waren.[10]

Die veränderte Situation zeigte sich deutlich bei den Verhandlungen von Gorbatschow mit George H. W. Bush in Malta (November 1989). Das Entgegenkommen und die Nachgiebigkeit in Abrüstungsfragen waren weniger von dem Wunsch diktiert, die Rüstungsausgaben zu senken. Das war strategisch wichtig, aber politisch problematisch. Es würde einige Zeit dauern, bis sich eine Minderung der Militärausgaben positiv auf die sowjetische Wirtschaftslage auswirken konnte. Entscheidend für die sowjetische Regierung war etwas anderes: die Unterstützung der USA und ihrer Verbündeten bei der Gewährung staatlicher Kredite, Anleihen des IWF und der Weltbank. Angesichts der Devisenkrise war das elementar. Um die Chancen in dieser Hinsicht zu erhöhen, konnte man informell zusagen, dass die UdSSR keine Gewalt einsetzen werde, um ihre politische Kontrolle in Osteuropa zu erhalten.[11]

Inwieweit diese Versprechungen Gorbatschows tatsächlichen Überzeugungen entsprachen, kann am besten er selbst beurteilen. Auch ein notorischer Feind des Westens an der Spitze der sowjetischen Führung hätte unter den gegebenen Umständen dem Westen gegenüber keine andere Politik verfolgen können als Gorbatschow (es sei denn, er wäre zu einem ernsthaften Antikrisen-Programm und damit politischem Selbstmord bereit gewesen). Diese Politik wurde nicht von persönlichen Vorlieben bestimmt, sondern von der wirtschaftlichen und politischen Situation im Land.

---

[10] Bei seinem Auftritt vor der UNO im Dezember 1988 sagte Gorbačev, die Stärke der sowjetischen Streitkräfte würde um 500.000 Personen reduziert, die Zahl der Panzer um 10.000, die der Flugzeuge um 820. Wenn man die zusätzlichen Maßnahmen zur Dislozierung von Einheiten und Verbänden berücksichtigt, bedeutete das eine Reduzierung der Panzer um 15.000 und der Flugzeuge um 860. XXVIII s-ezd Kommunističeskoj partii Sovetskogo Sojuza (28. Parteitag der KPdSU). 2-13. Juli 1990. Stenografisches Protokoll. Moskau 1991. S. 210.

[11] Nach Aussage des US-Botschafters in der UdSSR Jack Matlock versicherte Gorbačev Bush im November 1989, dass die sowjetischen Truppen nicht zur Erhaltung der in Osteuropa existierenden Regime eingesetzt würden und dass er bereit sei, Osteuropa freie Hand bei der Wahl des politischen und wirtschaftlichen Systems zu lassen. Jack F. Matlock: Autopsy on an Empire: The American Ambassador's Account of the Soviet Union. New York 1995. S. 272.

6.3 Der Preis der Kompromisse

Die westlichen Verhandlungspartner begriffen die Lage der Sowjetunion, und wie sehr sie damals von politischen Krediten abhing. Daher kam es zu einem neuen Ton im Dialog. Solange das Hauptproblem darin bestanden hatte, eine Regelung im Wettrüsten zu finden, und die Parteien militärische Parität hatten, waren sie zu langen, mühsamen Verhandlungen bereit, aber das waren Verhandlungen unter Gleichen. Jetzt befand sich die sowjetische Führung jedoch in einer Devisen- und Finanzkrise, die sie nicht allein bewältigen konnte, und bat um wirtschaftliche Unterstützung. Von Gleichheit konnte keine Rede mehr sein.[12] Das ist der Lauf der Welt. Grobe Irrtümer in der Wirtschaftspolitik, auch vor Jahrzehnten, und die fehlende Bereitschaft, dafür den innenpolitischen Preis zu bezahlen, erzwangen nunmehr außenpolitische Zugeständnisse. In den wichtigsten politischen Fragen musste sich die sowjetische Führung jetzt auf die ihr aufgenötigten Spielregeln einlassen.

An den Einsatz von Gewalt, um im osteuropäischen Teil des Imperiums die politische Kontrolle zu bewahren, war nicht mehr zu denken. Jegliche Schritte in dieser Richtung hätten alle Hoffnungen auf umfangreiche Wirtschaftshilfe begraben. Bisher hatte es jedoch ein stillschweigendes gegenseitiges Einverständnis gegeben, dass Osteuropa zur sowjetischen Interessensphäre gehöre. Bei aller Entrüstung in der europäischen und amerikanischen Öffentlichkeit über militärische Interventionen in dieser Region, um die dortigen Vasallen-Regime an der Macht zu halten, waren die NATO-Mitglieder demnach nicht bereit, etwas dagegen zu unternehmen. Dieses Einverständnis war die Voraussetzung dafür, dass die UdSSR ihre Kontrolle in dieser Region behielt. Nach den Ereignissen 1968 in der Tschechoslowakei war kein Gewalteinsatz mehr erforderlich. Aber alle wussten, dass die sowjetische Führung gegebenenfalls dazu bereit war.

Während der Unruhen 1980-1981 in Polen schwankte die KP-Führung angesichts des fortdauernden Afghanistan-Kriegs, ob sie sowjetische Truppen einsetzen sollte, um die polnische Arbeiterbewegung zu unterdrücken. Sie war erstmals mit der Frage konfrontiert, wie weit man gehen könne, um die Unversehrtheit des Imperiums zu erhalten.[13] Aber diese Frage wurde nicht öffentlich gestellt, sondern nur vertraulich diskutiert. Man riet der polnischen Regierung, das Problem mit eigenen

---

[12] Zum Zusammenhang der immer dringenderen Bitten der sowjetischen Führung um politisch motivierte Kredite und einer Änderung der Tonlage im Verkehr mit den westlichen Ländern s. Blacker, Hostage to Revolution, S. 5. Zu den begrenzten finanziellen Vorteilen, die die Sowjetunion vom Westen als Bezahlung für die Befreiung Osteuropas erhielt, s. Seweryn Bialer: The Death of Soviet Communism. In: Foreign Affairs, 1991/1992. S. 176 f.

[13] Zur fehlenden Bereitschaft der sowjetischen Führung, unmittelbar Truppen einzusetzen, um die politische Kontrolle in Polen zu garantieren, und ihr Bestreben, das durch die polnischen Führer selbst erledigen zu lassen, vgl. die Unterlagen der Politbüro-Sitzungen 1980-1981. In: Bukovskij, Moskovskij process; dt.Bukowski, Abrechnung. Georgij Šachnazarov, der im ZK für polnische Probleme verantwortlich war, schreibt in seinen Erinnerungen: „Zur Ehre Suslovs muss ich sagen, dass er von Anfang an der Arbeit der Kommission die richtige Richtung gegeben hat. Bei seinem ersten Auftritt erklärte er, dass sich die Sowjetunion auf keinen Fall militärisch in Polen einmischen könne.

Kräften zu lösen und den Kriegszustand einzuführen. Seit Herbst 1985 war sowohl die politische als auch die sowjetische Militärführung überzeugt, dass die sowjetischen Truppen aus Afghanistan abgezogen werden müssten. Die Entscheidung zum Abzug mochte Zweifel wecken, ob die UdSSR zum Einsatz ihrer Streitkräfte bereit wäre, um den osteuropäischen Teil ihres Imperiums zu behalten. Eine eindeutige Antwort auf diese Frage war indes nicht zu bekommen.

Die einseitige Reduzierung der sowjetischen Streitkräfte, einschließlich des Abzugs von 50.000 sowjetischen Soldaten aus Osteuropa, war ein offenkundiges Signal an die osteuropäische Öffentlichkeit, dass die Doktrin der begrenzten Souveränität, die Bereitschaft der Sowjetunion, zur Unterstützung eines Vasallen-Regimes jederzeit Gewalt einzusetzen (die Breschnew-Doktrin), der Vergangenheit angehörte.

Seit Ende 1988/Anfang 1989, als die Gesellschaft und die politische Elite der osteuropäischen Länder begriffen, dass die Sowjetunion auf Grund ihrer wirtschaftlichen Abhängigkeit von den westlichen Staaten kein Militär einsetzen konnte, war der Zusammenbruch des osteuropäischen Teils des Imperiums nur noch eine Frage der Form und der Zeit. Im April 1989 begannen in Polen Verhandlungen zwischen der Regierung und der „Solidarność" über die Abhaltung freier Parlamentswahlen. Nach zwei Monaten versetzte die „Solidarność" dem prosowjetischen Regime eine vernichtende Niederlage, sie erhielt die volle Kontrolle in beiden Parlamentskammern.

Ohne Unterstützung der sowjetischen Militärmacht, die die nationalen Befreiungsbewegungen unterdrücken konnte, konnte selbst die vorbehaltlose Bereitschaft des rumänischen Präsidenten Ceaușescu, Gewalt gegen das eigene Volk einzusetzen, das Regime nicht retten. Seit Gorbatschows Treffen mit Präsident Bush in Malta (November 1989), bei dem Gorbatschow Bush inoffiziell versichert hatte, dass sich die sowjetischen Streitkräfte nicht an Militäraktionen in Osteuropa beteiligen würden, bis zum Zusammenbruch der Reste des osteuropäischen Imperiums blieben keine zwei Monate.

Wenn der Zusammenbruch eines Imperiums einmal begonnen hat, verläuft er gewöhnlich schneller als erwartet. Noch im September 1989 war man sich im ZK der KPdSU sicher, dass die polnische Führung in naher Zukunft nicht an ein Ausscheiden aus dem Warschauer Pakt denken werde.[14] Bald sollte sich diese Frage erübrigen – der Warschauer Pakt existierte nicht mehr.

Der wirtschaftliche Preis, den der Westen für den sowjetischen Verzicht auf die Kontrolle über Osteuropa zahlte, war nicht hoch. Kredite und Zuschüsse der Bundesrepublik für die Zustimmung zur Vereinigung Deutschlands, italienische gebundene Kredite, amerikanische Getreide-Kredite – das war nicht viel, wenn man bedenkt, um was es ging. Aber die sowjetische Führung war nicht in der Lage, den Partnern ihre Verhandlungsbedingungen zu diktieren. Für sie war die Hauptsache, dass die

---

Dieses Prinzip wurde auch von dem nächsten Kommissionsleiter, Andropov, bestätigt." Šachnazarov, S voždjami i bez nich, S. 250.

[14] Éduard Ševardnadze, Aleksandr Jakovlev, Dmitrij Jazov, Vladimir Krjučkov ans ZK der KPdSU über die Lage in Polen, die möglichen Szenarien ihrer weiteren Entwicklung und die Perspektiven der sowjetisch-polnischen Beziehungen. 20. September 1989. RGANI, f. 89, op. 9, d. 33, l. 13.

Frage nach großen staatlichen westlichen Krediten auf dem Tisch lag, dass hier Aussicht auf einen Durchbruch bestand und sie hoffen konnte, auf dieser Grundlage die Wirtschaftslage im Land zu stabilisieren.

Die Vorstellungen der Öffentlichkeit und der westlichen politischen Elite von einer wünschenswerten sowjetischen Politik, im Gegenzug für finanzielle Unterstützung, betrafen nicht nur Osteuropa. Die sowjetische Führung bekam eindeutige Signale: Wirtschaftshilfe kann es nur gegen die Respektierung der Menschenrechte und den Verzicht auf Machtmissbrauch geben. Aber was bedeuten solche Ratschläge für ein politisches und wirtschaftliches System, dessen Stabilität immer darauf beruht hat, dass es bereit war, unbegrenzt Gewalt gegen das eigene Volk einzusetzen? Sie sind gleichbedeutend mit einer Aufforderung zur Selbstauflösung.

Die Politiker, die in den baltischen Ländern die Unabhängigkeit wiederherstellen wollten, die diese Länder nach dem Molotov-Ribbentrop-Pakt 1939 eingebüßt hatten, bekamen von den USA ein eindeutiges Signal: Wenn diese Länder sich für souverän erklären, kann Amerika nichts zu ihrer Verteidigung unternehmen, es wird die neuen Regierungen nicht anerkennen. Aber sie gaben der sowjetischen Führung ebenfalls zu verstehen, dass Repressalien gegen die Verfechter einer Unabhängigkeit der baltischen Länder und Gewaltanwendung die Beziehungen zum Westen irreparabel schädigen würden.[15] Übersetzt in die einfache russische Sprache hieß das: Wenn Ihr mit Repressalien reagiert, könnt Ihr westliche Gelder vergessen.

Durch Enthüllungen über die Vergangenheit wird es klarer, dass die UdSSR während der akuten Krise mit ernsteren Problemen konfrontiert war als andere zerfallende Imperien. Letztere legitimierten ihre Herrschaft mit dem Recht des Eroberers. Die sowjetische Führung berief sich auf die kommunistische Ideologie und die historische Tradition. Die Glasnost (Transparenz), die Informationen über die Untaten des Regimes und darüber, wie es entstanden war, öffentlich gemacht hatte, untergrub die letzten noch verbliebenen Legitimationsgrundlagen der Unionsmacht. Sobald die sowjetische Führung erlaubt hatte, die Wahrheit über die eigene Geschichte zu sagen, war das Schicksal des kommunistischen Regimes und des sowjetischen Imperiums besiegelt.

---

[15] Matlock, Autopsy, S. 231, 339.

6.4 Die Krise des Imperiums und die nationale Frage

Wie das gewöhnlich in autoritären Vielvölkerstaaten geschieht, mobilisierten die Liberalisierung und Demokratisierung des Regimes vor allem politische Kräfte, die bereit waren, nationale Gefühle auszunutzen. In der UdSSR waren Koreaner, Kurden, Nenzen, Karatschaier, Kalmycken, Tschetschenen, Inguschen, Balkarer, Krimtataren, Griechen und meschetische Türken wegen ihrer nationalen Zugehörigkeit verfolgt worden.[16] Man kann sich vorstellen, welche ethnischen Spannungen und langfristigen Probleme (bislang im Verborgenen) durch diese Verfolgungen entstanden waren.[17] Wenn es keine demokratischen Traditionen gibt, sind Parolen, die sich auf die nationale Geschichte, nationale Interessen und Kränkungen berufen, im politischen Kampf eine effiziente Waffe. In dieser Hinsicht war die Entwicklung in der UdSSR Ende der 1980er- und Anfang der 1990er-Jahre keine Ausnahme.

Michail Gorbatschow war sich in seinen ersten Regierungsjahren nicht darüber im Klaren, wie explosiv die ethnischen Verhältnisse waren. Er hielt die nationale Frage in der UdSSR für gelöst. Von seinem fehlenden Verständnis für diese potentiellen Gefahren und die Brisanz der ethnischen Probleme, die sich bei allen Liberalisierungsversuchen zeigen könnten, zeugen seine eigenen Worte: „Wenn das Nationalitätenproblem nicht grundsätzlich gelöst worden wäre, hätte die Sowjetunion nicht das gesellschaftliche, kulturelle, wirtschaftliche und defensive Potential, über das sie heute verfügt. Unser Staat hätte nicht überlebt, wenn die Republiken nicht eine Gemeinschaft gebildet hätten, die auf Brüderlichkeit und Kooperation, Achtung und gegenseitiger Hilfe beruht."[18]

Ein solcher politischer Irrtum entsteht, wenn sich ein Regierungschef auf die offizielle Propaganda verlässt und die Realität nicht zur Kenntnis nimmt. Er hätte sich erinnern können, dass die Massenkundgebungen in Georgien vom 4. bis 9. März 1956 – die erste offene politische Protestbekundung nach dem Krieg in der UdSSR – nach der Liberalisierung des Regimes unter Chruschtschow erfolgten. Etwa 40.000 Personen waren daran beteiligt. Am 9. März wandten die Streitkräfte Gewalt an, 13 Menschen wurden getötet, und von den 63 Verletzten starben noch weitere acht Personen. Am selben Tag kam es noch zu weiteren Zusammenstößen mit Toten und Verletzten.[19]

---

[16] Svetlana U. Alieva (Hrsg.): Tak ėto bylo: Nacional'nye repressii v SSSR (So war das: Nationale Verfolgungen in der UdSSR). Moskau 1993. Bd. 1, S. 13.

[17] Zu Problemen interethnischer Beziehungen in der UdSSR, die sich seit den 1920er-Jahren gebildet hatten, und ihrem potentiell explosiven Charakter s. A. G. Višnevskij: Serp i rubl': konservativnaja modernizacija v SSSR (Hammer und Rubel: Konservative Modernisierung in der UdSSR). Moskau 1998.

[18] Michail Gorbačev: Perestrojka i novoe myšlenie dlja našej strany i dlja vsego mira. Moskau 1987. S. 118. Zitiert nach der dt. Übersetzung: Perestroika. Die zweite russische Revolution. Eine neue Politik für Europa und die Welt. Tübingen 1987. S. 149.

[19] Prezidium CK KPSS. 1954-1964. Černovye protokol'nye zapisi zasedanij, Bd. 1. S. 929 f.

Welche Risiken von interethnischen Konflikten für einen totalitär regierten Vielvölkerstaat bestehen, sobald es erste Anzeichen einer Liberalisierung gibt, zeigte sich 1986 in Alma-Ata. Dort kam es zu Studentenunruhen mit nationalen Losungen. Es nahmen ungefähr 10.000 Personen teil. Die Studenten protestierten gegen die Ernennung des Russen Gennadij Kolbin zum Ersten ZK-Sekretär in Kasachstan. Die sowjetische Führung hatte noch keine Bedenken gegen einen Gewalteinsatz und unterdrückte sie schnell.[20] Etwa 8.500 Personen wurden festgenommen, ungefähr 1.700 wurden verletzt.[21] Obwohl die Kundgebungen der Studenten in Alma-Ata rigoros unterbunden wurden, zeigte das Unionszentrum danach erste Anzeichen von Schwäche: Die Ernennung von Kolbin wurde rückgängig gemacht, und Erster Sekretär des ZK der KP Kasachstans wurde der Kasache Nursultan Nasarbajev.

Dank Glasnost brachten die Zeitungen und Zeitschriften viele Berichten über nationale Benachteiligung und Unterdrückung, historische Divergenzen, ökonomische Ausbeutung und Umweltzerstörung in nationalen Regionen. Wie in Jugoslawien war diese Thematik sehr präsent in den Massenmedien jener Republik, die das Zentrum des Imperiums war, also in der Russischen Sozialistischen Sowjetrepublik (RSFSR) und in Serbien. 1988-1989 wurden Benachteiligungen von Russen in der UdSSR ebenso vehement diskutiert wie Diskriminierungen von Serben in Jugoslawien zu dieser Zeit.

Bekanntlich hatten lediglich Russland, Belarus, Aserbaidschan und Georgien mit anderen Republiken eine positive Handelsbilanz. Die Angaben über den Saldo im Handel mit anderen Republiken und im Außenhandel zu den Weltpreisen von 1989-1991, die Granberg und Suslov berechnet hatten, waren ebenfalls kein Geheimnis (s. Tabelle 6.3).

---

[20] N. Amrekulov: Inter-Ethnic Conflict and Revolution in Kazakhstan. In: R. Z. Sagdeev, S. Eisenhower (Hrgs.), A. R. Douglas: Central Asia: Conflict, Resolution and Change. Chevy Chase Maryland 1995.

[21] Alma-Ata. 1986. Dekabr'. Alma-Ata 1991, S. 8.

Tabelle 6.3 Handelsbilanz im Handel unter den Republiken und im Außenhandel zu Weltpreisen von 1988 (Mrd. Rb.)

Republik	Interrepublikanischer Handel	Außenhandel	Insgesamt
Russland	+23,88	+6,96	+30,84
Ukraine	−1,57	−1,32	−2,89
Kasachstan	−5,94	−0,64	−6,58
Belarus	−1,59	−0,46	−2,05
Usbekistan	−2,63	+0,09	−2,54
Aserbaidschan	−0,24	−0,21	−0,45
Litauen	−3,33	−0,36	−3,69
Georgien	−1,61	−0,30	−1,91
Moldawien	−2,22	−0,41	−2,63
Lettland	−0,99	−0,32	−1,31
Armenien	−1,06	−0,31	−1,37
Kirgistan	−0,54	−0,52	−1,06
Estland	−1,06	−0,24	−1,30
Tadzhikistan	−1,20	+0,08	−1,12
Turkmenistan	+0,1	−0,06	+0,04

Natürlich kann man hieraus nicht den Schluss ziehen, dass Russland und Turkmenistan gegenüber den anderen Republiken die einzigen Geber in der Sowjetunion waren und dass die Auflösung der UdSSR und der Übergang zu einem Handel zu Weltpreisen gerade für sie eine wirtschaftliche Verbesserung wäre. Allerdings war dies ein willkommenes Argument für jene, die aus der Behauptung Kapital schlagen wollten, die Russen seien in der UdSSR benachteiligt.

Bereits im Sommer 1988 waren starke nationale Bewegungen im Baltikum, in Armenien und Georgien entstanden. Diese Welle erfasste bald die ganze Union. Wie gewöhnlich fanden die energischen nationalen Führer ethnische Feinde. Die nationalen Führer in Armenien und Aserbaidschan mussten da nicht lange suchen. Das Gleiche gilt für jene in Georgien, Abchasien und Ossetien. Diese Liste lässt sich fortsetzen.

Eine Reihe immer blutigerer nationaler Zusammenstöße setzte ein, Pogrome, die manchmal mit militärischen Auseinandersetzungen endeten. Vor diesem Hintergrund zeigt sich, dass die Position der sowjetischen Führer, in erster Linie die von Gorbatschow, hier widersprüchlich war. Er hatte den Demokratisierungsprozess eingeleitet und der Entwicklung nationaler Bewegungen den Weg gebahnt, von denen viele die Unabhängigkeit und einen Austritt aus der UdSSR anstrebten. Zumindest im Baltikum und in Georgien hätten Kräfte, die für eine nationale Unabhängigkeit plädierten, bei demokratischen Wahlen den Sieg errungen. Die Vereinigung für die Unabhängigkeit Litauens „Sajudis" ist bei den Wahlen zum Obersten Sowjet vom 25. Februar 1990 als Sieger hervorgegangen. Das hat auch Kräften in anderen Republiken Möglichkeiten eröffnet, die für eine Unabhängigkeit von der UdSSR kämpften.

In einem Bericht ans ZK über ethnische Konflikte heißt es:

„Im Land ist es auf Grund sich zuspitzender ethnischer Konflikte in großem Ausmaß zu einer erzwungenen Bevölkerungsmigration gekommen. Über 600.000 Menschen haben ihre Wohnorte verlassen. In einigen Regionen ist dies bereits irreversibel. Im Ganzen sind davon acht Unionsrepubliken und die Hälfte der Regionen in der RSFSR betroffen, in die sich die Flüchtlinge entweder selbstständig oder organisiert begeben haben. Die zunehmenden separatistischen Bewegungen in einigen Republiken können in Kürze zu einem starken Anwachsen von Migrantenströmen führen. Schließlich leben heute über 60 Millionen außerhalb ihrer nationalen Regionen, darunter 25 Mio. Russen. Allerdings betrifft das Problem der Zwangsmigration nicht nur die russische Bevölkerung. Ihre politischen und sozioökonomischen Folgen wirken sich auf das Schicksal von Millionen Bürgern aller Nationalitäten in unserem Land aus. (...) Inzwischen wurde für mehr als 400.000 Personen befristeter Wohnraum zur Verfügung gestellt, mehr als 100.000 Personen haben Arbeit bekommen, Bedürftige wurden mit Kleidung und Schuhwerk versorgt. Allerdings entsprechen all diese Maßnahmen nicht der Größenordnung und der Dringlichkeit des Problems..."[22]

Gorbatschow hätte diesen Prozess nur mit Gewalt und Repressionen anhalten können. Andernfalls bestand die Gefahr, dass die Welle nationaler Befreiungsbewegungen auf andere Regionen übergriff, etwa auf die Ukraine. Im September 1989 erhielt die nationale Bewegung dort, in der zweitgrößten Republik der Sowjetunion, deutlichen Auftrieb. Der Rücktritt von Viktor Schtscherbizkij, dem Vorsitzenden der ukrainischen KP, Massenkundgebungen der ukrainischen Katholiken, der erste Kongress der ukrainischen politischen Unabhängigkeitsbewegung RUCH bestimmten die politische Realität.[23] Diese Entwicklung war für den überwiegenden Teil der sowjetischen Administration und der politischen Elite inakzeptabel. Der Einsatz von Gewalt hätte jedoch Gorbatschows Autorität als Demokrat und Befreier untergraben und ihn der politischen Unterstützung beraubt, die er benötigte, um sich gegen den Widerstand gegen die begonnenen Veränderungen durchzusetzen. Vor allem aber hätte er sich negativ auf seine Akzeptanz bei der westlichen Öffentlichkeit ausgewirkt.

Das Imperium ohne Gewaltanwendung zu bewahren, war nicht möglich; an der Macht zu bleiben, ohne es zu erhalten, allerdings ebenso wenig. Im Falle von Massenrepressionen hätte man keine großen, langfristigen, politisch motivierten Kredite bekommen können, mit denen man hoffen konnte, den bevorstehenden Staatsbank-

---

[22] Auszug aus dem Protokoll des ZK-Sekretariats der KPdSU vom 4. Februar 1991: „Vorschläge zur rechtlichen, organisatorischen und wirtschaftlichen Regulierung erzwungener Migration." RGANI, f. 89, op. 20, d. 31.

[23] Taras Kuzio/Andrew Wilson: Ukraine: Perestroika to Independence. New York 1994. S. 100.

rott mit all seinen Konsequenzen wenigstens aufzuschieben. Die wirtschaftliche Katastrophe, zu der es ohne westliche Kredite unweigerlich kommen musste, würde mit Sicherheit zu einem Machtverlust führen, und zwar nicht nur für den Staatschef, sondern für die gesamte kommunistische Führung. Diese Verkettung von Umständen ist der objektive Grund für das auf den ersten Blick seltsam scheinende Verhalten der sowjetischen Führung von 1989-1991.

In den 1980er-Jahren wurde es infolge demographischer Veränderungen und des steigenden Anteils an nichtslawischen Jugendlichen schwierig, Nachwuchs für die Armee zu finden. Vergleichbare Probleme hatte es auch in früheren Binnen-Imperien gegeben. Das Offizierscorps blieb mehrheitlich slawisch. Aber die gewöhnlichen Soldaten rekrutierten sich immer mehr aus nichtslawischen Völkern, in erster Linie aus den zentralasiatischen Republiken. Während die Eliteeinheiten (strategische Raketentruppen, Luftlandetruppen, Luftstreitkräfte, Flotte, KGB-Truppen) vorwiegend aus Soldaten und Sergeanten slawischer Herkunft bestanden, waren die Landstreitkräfte immer weniger von Slawen besetzt. Unter diesen Umständen konnte man kaum darauf hoffen, mit multiethnisch besetzten Einheiten Unruhen niederzuhalten, und noch dazu in Gegenden, denen sich die Soldaten ethnisch und kulturell verbunden fühlten. Hier mussten sich die Behörden auf Elitetruppen verlassen. Allerdings war deren Personal begrenzt. Zudem würde ihr Einsatz den Konflikt zwischen der Metropole, die ihren Willen mit Gewalt durchsetzen wollte, und der Bevölkerung anderer Ethnien verschärfen.[24]

Während der Unruhen in Tiflis im April 1989 haben die Militärs Gewalt angewendet. Danach wollte die politische Führung jedoch nicht die Verantwortung dafür übernehmen. Sie beteuerte, niemand habe von den entsprechenden Entscheidungen gewusst.[25] In der Öffentlichkeit stießen solche Erklärungen zunehmend auf Kritik, und die Armee, die von den Politikern wiederholt im Stich gelassen wurde, war immer weniger bereit, als Prügelknabe zu dienen. Das zeigte sich im Mai-Juni 1989, als es in Fergana zu Pogromen gegen meschetische Türken gekommen war. Ohne unmittelbare und eindeutige Befehle unternahm das Armeekommando nichts, um die Unruhen zu beenden. Die politische Führung zauderte. Tausende fielen dieser Situation zum Opfer: Die Führung war gelähmt, und schnelle Maßnahmen, wie sie in Krisensituationen erforderlich sind, um die Ordnung wiederherzustellen und die Bürger zu schützen, blieben aus.[26]

---

[24] Zu Problemen mit multiethnischen Streitkräften vgl. A. R. Alexiev, R. C. Nurick: The Soviet Military Under Gorbachev: Report on a RAND Workshop. RAND, Februar 1990. S. 21 f.

[25] Zum Unwillen in der politischen Führung, die Verantwortung für die Gewaltanwendung im Frühjahr 1989 zu übernehmen, s. A. Sobčak: Tbilisskij izlom, ili Krovavoe voskresen'e 1989 g. (Der Bruch von Tiflis oder der Blutsonntag 1989). Moskau 1993.

[26] Die Unruhen im Fergana-Tal begannen um den 23.-25. Mai 1989. Am Morgen des 3. Juni nahmen sie Massencharakter an. Seit dem Morgen des 4. Juni stürmten zahlreiche nationalistische Gruppen, mit Messern, Knüppeln und Eisenstangen bewaffnet, Wohnsiedlungen von Türken und Verwaltungseinrichtungen, wo diese in Deckung gegangen waren. Ein Augenzeuge beschreibt die Vorgänge folgendermaßen: „Aus der Luft war zu sehen, wie in Städten, Siedlungen und Dörfern die Häuser brannten, mitunter auch ganze Stadtviertel. Das Gebietszentrum von Fergana zeigte viele

6.5 Verlust der Kontrolle über die wirtschaftspolitische Situation

1989-1990 entglitt der Unionsregierung die Kontrolle über die Situation im Land immer mehr. Die wirtschaftlichen Probleme nahmen zu, auf dem Verbrauchermarkt gab es immer mehr Engpässe, immer mehr Waren wurden rationiert. Das untergrub die Legitimität der Macht und verschaffte der antikommunistischen Agitation massiv Zulauf. Dies wirkte sich vor allem auf die Lage in den Haupt- und Großstädten aus.

ZK-Sekretär Vadim Medvedev kommentierte die politischen Ergebnisse der ersten halbfreien Wahlen in der sowjetischen Geschichte vom Frühjahr 1989 wie folgt: „Bei den Wahlen zum Kongress der Volksdeputierten fielen 32 von 160 ersten Sekretären der Partei-Gebietskomitees durch. (…) In Leningrad wurde kein einziger Partei und Sowjetführer von Stadt und Gebiet gewählt, nicht ein Mitglied des Büros des Gebietskomitees, auch nicht der erste Sekretär und nicht einmal der Kommandeur des Militärbezirks. In Moskau erlitten die Parteimitarbeiter ebenfalls eine Niederlage. 90 % der Moskauer stimmten für Jelzin."[27] Die Parteiführer unterlagen im Wolgagebiet, im Ural, in Sibirien, im Fernen Osten, im Südosten der Ukraine, im Baltikum, in Armenien und Georgien.

Im Hinblick auf die Kriminalität verschlechterte sich die Lage im Land ebenfalls. Im ersten Halbjahr 1990 wurden in der Sowjetunion 1.514.000 Verbrechen, 251.000 mehr als im Vorjahreszeitraum, verzeichnet. Verbrechen mit Schusswaffengebrauch stiegen um fast ein Drittel. Einbruchsdelikte nahmen ebenfalls erheblich zu.[28] Der Staat konnte die elementare öffentliche Ordnung nicht mehr garantieren.

Die neue Regelung, dass Direktoren gewählt wurden, sowie der Übergang vom staatlichen Plan zu Staatsaufträgen wären bei Fortbestehen einer rigorosen politischen Kontrolle nur eine Formalität gewesen, die die administrative Wirtschaftskontrolle kaschiert hätte. Die Schwächung des Regimes führte indes dazu, dass die Unterneh-

---

Flecken von frischen Bränden. In Kokand brannten einige Straßen vollständig aus. Es brannten die Häuser der meschetischen Türken." V. Ardaev: Fergana: povtorenie projdennogo (Fergana: Wiederholung des Gewesenen). BBC Moskau, 13. Mai 2005. http://news8.thdo.bbc.co.uk.hi/russian/news/newsid_4544000/4544787.stm. Bei diesen Ereignissen kamen in Fergana 103 Personen ums Leben, 1.011 erlitten Traumata und schwere Verletzungen, 75 Wohnhäuser und 27 staatliche Objekte wurden verbrannt und ausgeraubt. S. CK Kompartii Uzbekistana: „O tragičeskich sobytijach v Ferganskoj oblasti i otvetstvennosti partijnych, sovetskich i pravoochranitel'nych organov" (Die tragischen Ereignisse im Gebiet Fergana und die Verantwortung der Partei, Sowjet- und Rechtsorgane). Izvestija CK KPSS, 10, 1989, S. 95. Erst am 4. Juni gegen 20 Uhr abends griffen die MVD-Truppen ein, um die Unruhen zu beenden. Gegen Morgen des 5. Juni wurden die Streitkräfte auf 6.000 Personen aufgestockt. Zu den Faktoren, die zu der dreitägigen Verzögerung des Truppeneinsatzes in Fergana geführt hatten, s. M. Lur'e/P. Smedenikin: Zapach gari i gorja. Fergana, trevožnyj ijun' 1989go (Geruch von Brand und Leid. Fergana, beängstigender Juni 1989). Moskau 1990. S. 4 f.

[27] Medvedev, V komande Gorbačeva, S. 85 f.

[28] A. Illeš/V. Rudnev: Milicija prosit pomošči, ej vse trudnej spravit'sja s narastajuščim valom prestupnosti (Die Miliz bittet um Hilfe, sie kann die steigende Kriminalität immer weniger bewältigen). Izvestija, 5. Januar 1991.

men wirklich selbstständiger wurden. Die Betriebsleiter konnten die Anweisungen höherer Machtorgane ignorieren. Die Beibehaltung fester Preise für die Produktion von Staatsbetrieben, während die Kooperativen die Preise frei gestalten konnten, bewirkte eine großangelegte halblegale Umverteilung von Ressourcen in Privathände.

Die einander widersprechenden Beschlüsse von Machtorganen auf verschiedenen Ebenen (auf Unions-, Republik-, Gebiets- und lokaler Ebene) ließen den Betriebsdirektoren viel Freiheit. Hier zeigte sich wiederum ein grundlegendes Merkmal der sozialistischen Wirtschaft: Sie funktioniert nur unter einem rigorosen politischen Regime. Wenn das wegfällt, bricht sie auseinander.

Der Beschluss des Volksdeputiertenkongresses vom 9. Juni 1989 ist charakteristisch für ein öffentliches Bewusstsein, das noch keine Erfahrung mit einer verantwortlichen Demokratie hat, aber nicht mehr von einem autoritären Regime kontrolliert wird. Er konstatiert Probleme im Zusammenhang mit den desolaten Finanzen, dem unausgeglichenen Markt und dem zunehmenden Mangel an Waren und Dienstleistungen. Dann folgt der Vorschlag, umgehend die Mindestrenten für alle Bürger zu erhöhen, ebenso für Invaliden der ersten und zweiten Gruppe, die Obergrenzen für Renten für alle Rentner und Invaliden aufzuheben, die in der Volkswirtschaft beschäftigt waren, unabhängig von der Höhe ihrer Gehälter, usw.[29]

Die Schwächung des Regimes und der politische Kontrollverlust führten zu einer Art Konkurrenz zwischen den Regierungen von Union und Republiken, wer mehr zum Zerfall des sowjetischen Finanzsystems beitragen konnte. Im Januar 1991 entschied der Oberste Sowjet der UdSSR, der Bevölkerung zentral auf Kosten des Unionsbudgets und anderer Quellen soziale Unterstützung zu gewähren, und zwar in Höhe von 47,6 Mrd. Rubeln. 2,5 Mrd. Rubel sollten für die Erhöhung des Kindererziehungsgelds auf das Niveau eines Mindestlohns eingesetzt werden, 8,2 Mrd. für monatliche Zahlungen eines halben Monatsgehalts für jedes Kind im Alter von anderthalb bis sechs Jahren, 0,7 Mrd. Rubel für Einmal-Zahlungen bei der Geburt eines Kindes in dreifacher Höhe des Mindestlohns, 19,7 Mrd. Rubel für Maßnahmen nach den Bestimmungen der neuen Rentengesetzgebung, 2,1 Mrd. Rubel für zusätzliche Zahlungen für Medikamente und andere Gesundheitsaufwendungen, 2,6 Mrd. Rubel für zusätzliche gesundheitsfördernde Maßnahmen und materielle Hilfe für die Bevölkerung in Gebieten, die nach dem Unfall in Tschernobyl radioaktiver Strahlung ausgesetzt waren, 1,6 Mrd. Rubel für Stipendien für erfolgreiche Studenten, 2,2 Mrd. Rubel für Einkommenserhöhungen nach der Abschaffung bzw. Senkung der Einkommensteuern, 2,5 Mrd. Rubel für die Einführung neuer Gehaltsstrukturen in den Bereichen Kultur, Gesundheit, Soziales, Bildung, 1,7 Mrd. Rubel für die Festlegung neuer Tarife und anderer Regelungen für die Entlohnung von Arbeitern jener nichtproduzierenden Branchen, für die sie noch nicht eingeführt waren.[30]

---

[29] Beschluss des Volksdeputiertenkongresses der UdSSR vom 9. Juni 1989: „Die Grundlagen der Innen- und Außenpolitik der UdSSR". Pravda, 25. Juni 1989.

[30] Beschluss des Obersten Sowjet der UdSSR Nr. 1897-I vom 12. Januar 1991: „Die unionsweite Prognose der Regierung der UdSSR zum Funktionieren der Wirtschaft 1991 und zum Staatsplan für 1991."

Die Frage, aus welchen Ressourcen das bei einer Haushaltskrise finanziert werden sollte, kümmerte die Unionsbehörden ebenso wenig wie die der Russischen Föderation. Die Entscheidung des Volksdeputiertenkongresses der RSFSR, mindestens 15 % des Nationaleinkommens der RSFSR zur Unterstützung der Landwirtschaft und der sozialen Entwicklung in den Dörfern zu verwenden, war der Höhepunkt der in dieser Zeit populären, aber bekanntlich undurchführbaren Beschlüsse.[31]

Im Sommer 1988 teilte die Regierung dem ZK der KPdSU schriftlich mit, dass die Preisreform spätestens im ersten Halbjahr 1989 zu Ende gebracht werden müsse.[32] Bereits im Herbst war klar, dass man keineswegs dazu entschlossen war. Im Februar 1990 sagte Gorbatschow vor dem ZK-Plenum, dass die Wirtschaftsreform auf der Stelle trete, weil es in der Preisbildung nicht zu den erforderlichen Transformationen gekommen sei. Aber sein Ton verriet die Unsicherheit, ob die Regierung zu diesem Schritt bereit wäre. Er fuhr fort: „Dieses Problem duldet keinen Aufschub. Dabei bleibt die Partei bei ihrer prinzipiellen Position. Die Reform der Preisbildung ist so durchzuführen, dass sie sich nicht auf den Lebensstandard der Bevölkerung auswirkt, vor allem nicht bei den ärmeren Schichten."[33] Im Juli 1990 bezeichnete er die Versorgungslage der Bevölkerung als problematisch. Die Lage auf dem Verbrauchermarkt sei inakzeptabel. Er lehnte es aber dennoch kategorisch ab, den Übergang zu einer Marktwirtschaft mit einer Preiserhöhung einzuleiten. Er bezeichnete diese Idee als absurd und wollte die wirtschaftlichen Umgestaltungen mit schmerzlosen und populären Maßnahmen beginnen.[34]

Hier ein Auszug aus seinem Auftritt: „Schließlich hat sich die Frage nach den Preisen fast als die wichtigste erwiesen, als wäre das die einzige Maßnahme, mit der man den Übergang zum Markt einleiten könnte. Es gilt zu bestimmen, welche Schritte

---

[31] Sbornik dokumentov, prinjatych Pervym – Šestym s-ezdami narodnych deputatov RF (Sammlung der vom ersten bis zum sechsten Volksdeputiertenkongress der RF verabschiedeten Dokumente). Veröffentlicht vom Obersten Sowjet der RF. Moskau 1992. S. 119.

[32] Ryžkov, Masljukov und Voronin ans ZK der KPdSU: Vorschläge für eine radikale Wirtschaftsreform und die Vermeidung von Mängeln bei ihrer Umsetzung. 17. Juli 1988. GARF, f. 5446, op. 149, l. 1, l. 50.

[33] ZK-Plenum der KPdSU vom 5.-7. Februar 1990. Über den Programmentwurf des ZK der KPdSU zum 28. Parteitag. RGANI, f. 2, op. 5 d. 403, l. 17-21.

[34] Anfang Dezember 1988 sagte Leonid Abalkin, Direktor des Instituts für Wirtschaft an der sowjetischen Akademie der Wissenschaften, in einem Schreiben an die Regierung voraus, dass die Erhöhung der Einzelhandelspreise zu einer sozialen Explosion führen würde. Er plädierte dafür, sie um zwei bis drei Jahre zu verschieben. Leonid Abalkin: Verbesserungsvorschläge des Instituts für Wirtschaft der Akademie der Wissenschaften der UdSSR für die im Land geplante Wirtschaftsreform. 1. Dezember 1988, GARF, f. 5446, op. 150, d. 2, l. 94-138. Im Regierungsbericht vor dem zweiten Volksdeputiertenkongress im November 1989 wurde vorgeschlagen, die Reform der Einzelhandelspreise in der gesamten Öffentlichkeit zu diskutieren. S. Doklad Pravitel'stva SSSR vtoromu S-ezdu narodnych deputatov SSSR. O merach po ozdorovleniju ėkonomiki, ėtapach ėkonomičeskoj reformy i principial'nych podchodach k razrabotke trinadcatogo pjatiletnego plana (Bericht der Regierung vor dem zweiten Volksdeputiertenkongress der UdSSR. Maßnahmen zur Sanierung der Wirtschaft, Etappen der Wirtschaftsreformen und prinzipielle Ansätze für den 13. Fünfjahresplan). Moskau, November 1989. S. 21.

hier vorrangig sind. Niemand hindert uns, schon heute die Staatsbetriebe zu versteigern, den Unternehmen reale Freiheit zu gewähren, Kleinbetriebe und Geschäfte zu verpachten, Handel mit Wohnraum, ebenso mit Aktien und anderen Wertpapieren und einem Teil der Produktionsmittel zuzulassen. Die Bildung von Waren- und Aktienbörsen ist zu beschleunigen. Das Bankensystem ist zu reformieren, eine Zinspolitik einzuführen, und es müssen die Voraussetzungen geschaffen werden für konkurrierende Produzenten und Handelsgesellschaften, für Klein- und Mittelbetriebe, insbesondere in der Konsumgüterproduktion."[35]

Nikolaj Ryzhkov, Regierungschef und für die wirtschaftliche Situation im Lande verantwortlich, bemerkte in seiner Antwort darauf offen: „Ich muss sagen, welche Form von Preisbildung man auch wählt, ohne Preisreform werden wir keinen Markt schaffen können. Der größte Fehler wäre es, wieder, wie schon 1988, einer Entscheidung auszuweichen und diese ungeheuer schwere, aber objektiv notwendige Aufgabe erneut ‚auf später' zu verschieben."[36] Er hielt auch im Nachhinein den Verzicht auf eine Preisbildungsreform für den Hauptfehler, der zu seiner Regierungszeit gemacht wurde.

In seinen Memoiren hält er fest: „Ich bin sicher – unser Hauptfehler war der, dass wir die Reformabfolge gerade an diesem grundlegenden Glied abgebrochen haben. (…) Am schwierigsten war die Reform der Einzelhandelspreise. Hier kollidierten die Interessen der Produzenten, des Handels und jeder Familie. In diesem Bereich kam es 1990 zu beispiellosen Deformationen! Während in den letzten 35 Jahren das Nationaleinkommen um das 6,5-fache gestiegen war, hatten sich die staatlichen Preissubventionen um mehr als das 30-fache erhöht! 1990 betrugen die Subventionen für Lebensmittel etwa 100 Mrd. Rubel, und mit der Einführung neuer Einkaufspreise ohne eine Änderung der Einzelhandelspreise hätte man sie nochmals um 30 % heraufsetzen müssen. Sie hätten dann ein Fünftel der gesamten Staatsausgaben ausgemacht."[37]

Zu jener Zeit, als die Entscheidung über die Preisreform für die Entwicklung im Land von eminenter Bedeutung war, schrieb der Vorsitzende von Goskomzen (Staatliches Preiskomitee) Vjatscheslav Sentschagov an Ryzhkov (im Dezember 1990): „Im Zusammenhang mit der Einführung neuer Großhandels- und Einkaufspreise am 1.1.1991 wird die Frage nach einer umgehenden Reform der Einzelhandelspreise noch akuter. Die Staatsausgaben für Herstellung und Vertrieb aller Konsumgüter, einschließlich Wein und Wodka und Importwaren, liegen um 20-30 % über dem Erlös. Das heißt, dass die Differenz zwischen Ausgaben und Einnahmen durch zusätzliche Geldemissionen gedeckt werden muss. Die Wirtschaft des Landes wird eine solche Schieflage in den Preisen nicht weiter aushalten."[38]

---

[35] XXVIII s-ezd Kommunističeskoj partii Sovetskogo Sojuza. 2-13 ijulja 1990 g. Stenografičeskij otčet (28. Parteitag der KPdSU, 2.-13. Juli 1990. Stenografischer Bericht). Moskau 1991. S. 67.

[36] Ebd., S. 126.

[37] Ryžkov, Desjat' let, S. 249, 424 f.

[38] Vjačeslav Senčagov an Nikolaj Ryžkov zu Fragen der Preisbildung. 12. Dezember 1990. GARF, f. 5446, op. 162, d. 270, l. 149.

Leonid Abalkin, der stellvertretende Vorsitzende des Ministerrats, äußerte sich auf der 4. Sitzung des Obersten Sowjets im September 1990 mit folgenden Worten: „Der Übergang zu neuen Großhandelspreisen und Tarifen bei einer Beibehaltung der Einzelhandelspreise hat eine negative Haushaltsbilanz von ungefähr 110 Mrd. Rubeln bewirkt. Außerdem waren, obwohl die Haushaltseinkünfte zurückgingen, zusätzlich 37 Milliarden erforderlich auf Grund der Beschlüsse zum Lebensstandard und im soziokulturellen Bereich. So kamen zu den 58 Mrd. Rubeln Defizit im laufenden Jahr noch weitere 190 Mrd. Rubel hinzu."[39]

Im Entwurf für das Regierungsprogramm einer regulierten Marktwirtschaft, der im September 1990 vorbereitet wurde, wird der Zustand der Wirtschaft beschrieben: „Die Krise im Bereich der materiellen Produktion verschlimmert sich durch den desolaten Zustand von Staatsfinanzen und Geldumlauf, das zunehmende Ungleichgewicht von Waren und Geld und Inflationsprozesse. Die Flucht in Sachwerte, Kaufrausch, totale Warenknappheit, rigorose Rationierung in vielen Regionen vor dem Hintergrund einer raschen Umsatzsteigerung – dies alles belegt, dass das bestehende Verteilungssystem vor dem totalen Kollaps steht."[40]

Die kritische Lage und die Einsicht der Parteiführung in die bevorstehende finanzielle Katastrophe belegt die Aussage von ZK-Sekretär Nikolaj Sljunkov, der für die Wirtschaft verantwortlich war, auf dem ZK-Plenum im Februar 1990: „… Vier Jahre lagen die finanziellen Einkünfte um fast 160 Mrd. Rubel über den Ausgaben für Waren, Dienstleistungen, Zahlungen und Beiträge… Die Rücklagen der Bevölkerung auf den Bankkonten sind um das Anderthalbfache gestiegen, das vorhandene Bargeld um ein Drittel. Dieser Geldandrang hat den Verbrauchermarkt ruiniert, er hat alle Waren von den Regalen und Ladentheken weggefegt und soziale Spannungen provoziert, ja er hat in der Bevölkerung Zweifel an der Perestrojka geweckt. Von 1.200 Warensorten sind etwa 1.150 Mangelwaren. Die Maßnahmen der Regierung waren unzureichend, ineffizient und verspätet."[41]

---

[39] Rede des stellvertretenden Vorsitzenden des Ministerrats der UdSSR Leonid Abalkin auf der 4. Sitzung des Obersten Sowjets der UdSSR am 26. November 1990. Stenogramm. Teil XI. S. 196.
[40] Pravitel'stvennaja programma formirovanija struktury i mechanizma reguliruemoj i rynočnoj ėkonomiki (Regierungsprogramm zur Schaffung von Struktur und Mechanismus einer geregelten Marktwirtschaft). Moskau, September 1990. S. 5.
[41] ZK-Plenum der KPdSU, 5.-7. Februar 1990. Programmentwurf für das ZK der KPdSU zum 28. Parteitag. RGANI, f. 2, op. 5, d. 403. l. 3.

6.6 Devisenkrise

Die zunehmenden Getreideeinkäufe bei gleichzeitigem Preisanstieg für Getreide auf dem Weltmarkt führten in der UdSSR zu vermehrten Ausgaben in Devisen. 1988 lagen sie bei 4,1 Mrd. Dollar (1987 waren es noch 2,7 Mrd. Dollar).[42]

Der sowjetische Minister für Außenwirtschaftsbeziehungen schrieb im April 1990 an Sitarjan (Vorsitzender der staatlichen Außenwirtschaftskommission des Ministerrats): „Zum heutigen Tag haben einige ausländische Firmen („Louis Dreyfus", „Friesacher", „Bunge" und andere) den Warenversand in die UdSSR eingestellt, und Schiffe mit Getreide und Futtermitteln liegen schon einige Tage in den Häfen in Erwartung einer Entscheidung."[43]

Eine so katastrophale Devisenlage hätte die sowjetische Führung veranlassen können, die Devisenausgaben einschneidend zu kürzen. Das geschah aber keineswegs. Selbst unter diesen Umständen wollte sie nicht auf die Finanzierung umfangreicher außenpolitischer Aktivitäten verzichten. Im Schreiben von Valentin Falin, Leiter der Internationalen Abteilung, ans ZK vom Dezember 1989 heißt es:

„Der internationale Hilfsfonds für linke Arbeiterorganisationen hat sich im Laufe vieler Jahre aus freiwilligen Beiträgen der KPdSU und einiger anderer kommunistischer Parteien der sozialistischen Länder gebildet. Allerdings haben seit Ende der 1970er-Jahre die polnischen und rumänischen, und seit 1987 die ungarischen Genossen ihre Unterstützung des Fonds unter Berufung auf Devisenprobleme eingestellt. 1988 und 1989 haben die SED sowie die Kommunistischen Partei der Tschechoslowakei und Bulgariens ohne Angabe von Gründen keine Beiträge mehr gezahlt, und der Fonds lebte ausschließlich von Mitteln der KPdSU. Die anteiligen Beiträge der drei genannten Parteien beliefen sich 1987 auf 2,3 Mio. Dollar, d. h. etwa 13 % aller Mittel des Fonds. Der Beitrag der KPdSU an den Internationalen Hilfsfonds für linke Arbeiterorganisationen wurde für 1989 auf 13,5 Mio. Valutarubel festgesetzt (P144/129 vom 28. Dezember 1989), was nach offiziellem Kurs 22.044.673 Dollar entspricht. 1989 wurden aus dem Fonds 73 kommunistische, Arbeiter- und revolutionär-demokratische Parteien und Organisationen unterstützt. Die Gesamtsumme der bereitgestellten Mittel betrug 21,2 Mio. Dollar, davon wurden bisher 20,5 Mio. Dollar den Parteien zugeleitet. Parteien, die über einen langen Zeitraum regelmäßig mit bestimmten Summen aus dem Fonds unterstützt wurden, wissen diese Form der internationalen Solidarität zu schätzen. Sie sind der Auffassung, dass dies nicht durch andere Formen von Hilfsleistungen ersetzt werden kann. Von den meisten dieser Parteien haben wir bereits vorschriftsmäßig begründete Unterstützungsanträge für 1990 erhalten, von einigen kam die Bitte um eine wesentliche Aufstockung. Es scheint zweckmäßig, den Beitrag der KPdSU an den Internationalen Hilfsfonds für linke

---

[42] Datenbank der UNO FAOstat (UN Food and Agriculture Organization), 2005.
[43] Katušev an Sitarjan: Über die Zahlungen für Getreide und Getreideprodukte. 13. April 1990. GARF, f. 5446, op. 162, d. 1525, l. 21.

Arbeiterorganisationen für 1990 auf dem Niveau des laufenden Jahres zu belassen, das sind 22 Mio. Dollar."[44]

Im August 1990 entschied sich die sowjetische Führung unter dem Druck der wachsenden Devisenprobleme, die Zahlungen aus dem Unionshaushalt für unentgeltliche Unterstützung ausländischer Staaten in der zweiten Jahreshälfte um 600 Mio. Rubel zu kürzen.[45] Aber das reichte nicht mehr aus, um die Situation in den Griff zu bekommen.

Mit der fortschreitenden Devisenkrise wurde die interne Regierungskorrespondenz über die Bereitstellung von Devisen und die Abrechnungen immer nervöser. „Die überfälligen Schulden der zum Außenwirtschaftsministerium gehörenden Konzerne gegenüber westdeutschen Firmen beliefen sich zum 1. Oktober 1990 auf 243,9 Mio. Rubel, darunter für Walzgut, Schwarzmetalle, Blech und Rohre – 56,0 Mio. Rubel, für Lebensmittel – 50,0 Mio. Rubel, Maschinen und Anlagen – 31,4 Mio. Rubel, Lizenzen und Zusatzausrüstung – 25,9 Mio. Rubel, Buntmetalle und Konzentrate – 10,4 Mio. Rubel."[46]

„Angesichts der durch die sowjetische Bank für Außenwirtschaft verzögerten Eröffnung von Akkreditiven sitzen die Schiffe „K. Fedko" und „E. Titov" in den Häfen von Rotterdam (25.000 Tonnen Rapsöl) und Surabaja, Indonesien (15.000 Tonnen Palm-Stearin) fest. (…) Die Vereinbarungen mit den ausländischen Firmen für die gesamte Menge sind unterschrieben. Sie sind bereit zu liefern, aber sie bestätigen dies erst, sobald die Schulden für frühere Lieferungen in der Höhe von 97,8 Mio. Rubel beglichen und Akkreditive für neue Verträge eröffnet wurden. (…) Auf die mehrfachen Aufforderungen, Akkreditive zu eröffnen, reagiert die sowjetische Bank für Außenwirtschaft (Gen. T. Alibegov) nicht."[47]

Wenn man die Dokumente studiert, die die Situation der Außenwirtschaftsbank während der wachsenden Devisenkrise illustrieren, kann man die ausbleibende Reaktion von Alibegov gut nachvollziehen.

Die Leiter der Gosbank und der Außenwirtschaftsbank Geraschtschenko und Moskovskij wandten sich aus demselben Anlass an Ryzhkov: „Zurzeit belaufen sich die unbezahlten Schulden der sowjetischen Außenhandelsorganisationen für die nach dem Importplan und einzelnen Regierungsbeschlüssen vorgenommenen Ein-

---

[44] Valentin Falin (Leiter der Internationalen ZK-Abteilung der KPdSU) ans ZK der KPdSU. Frage der Internationalen ZK-Abteilung der KPdSU. Auszug aus dem Protokoll Nr. 144 der Sitzung des Politbüros des ZK der KPdSU vom 28. Dezember 1988. Nr. P144/129. RGANI, f. 89, op. 38, d. 35, l. 1-3.

[45] S. Sitnin (stellvertretender Finanzminister) an die Staatliche Außenwirtschaftskommission des Ministerrats der UdSSR über die Kürzung von Unterstützungszahlungen für ausländische Staaten. 23. August 1990. GARF, f. 5446, op. 162, d. 1457, l. 140.

[46] Katušev an Voronin betr. Zahlung überfälliger Schulden der zum Außenwirtschaftsministerium gehörenden Konzerne an Firmen der Bundesrepublik Deutschland. 11. Oktober 1990. GARF, f. 5446, op. 162, d. 1515, l. 21.

[47] A. I. Kačanov (stellvertretender Außenwirtschaftsminister der UdSSR) an Lev Voronin. Eilmeldung: „Zu den Lebensmittellieferungen an die UdSSR für November und Dezember." November 1990. GARF, f. 5446, op. 162, d. 1512, l. 195-197.

käufe auf etwa 3 Mrd. Rubel. Sofern es sich um Schulden einiger Außenhandelsgesellschaften handelt, stellt diese kommerzielle Säumigkeit die Zahlungsfähigkeit des Landes nicht in Frage. Allerdings kann genau dies die unmittelbare Folge sein, wenn die sowjetische Bank für Außenwirtschaft ihre Garantieverpflichtungen nicht erfüllt, die sie im Namen und im Auftrag der Sowjetregierung gegeben hat. Ebenfalls ist zu berücksichtigen, dass die Gesamtsumme ihrer Garantieverpflichtungen zurzeit über 5 Mrd. Rubel beträgt."[48]

Die Einsicht in die Realität – in die Zahlungsunfähigkeit der Bank für Außenwirtschaft – war nicht dazu angetan, die Regierung zu beruhigen. Sie erhielt immer bedrohlichere Signale über die Auswirkungen der Devisenkrise auf die Wirtschaft des Landes.

Die Behörden schickten weiterhin Eiltelegramme: „... Trotz aller Anweisungen hat die sowjetische Bank für Außenwirtschaft immer noch nicht die ausstehenden Zahlungen von 33,8 Mio. Rubel geleistet, darunter fallen 5,6 Mio. Rubel für Pflanzenöl, das die Firmen im April und Mai d. J. geliefert hatten, 6,9 Mio. Rubel Verzugszinsen, 21,3 Mio. Rubel für Pflanzenöl, das im Oktober und Anfang November für 272.000 Rubel geliefert worden war. Darüber hinaus wurden immer noch keine Akkreditive für die Summe von 71,5 Mio. Rubel eröffnet. (...) Um zu vermeiden, dass die Schiffe im Hafen bleiben und die Firmen ihren vertraglichen Zusagen nicht nachkommen, bitte ich, die Bank für Außenwirtschaft anzuweisen, unverzüglich die Anordnung PP-44241 vom 13. November 1990 auszuführen und die Zahlungen umgehend wieder aufzunehmen...."[49]

Die Direktoren der Außenhandelskonzerne, die wegen ausbleibender Antworten der Außenwirtschaftsbank in Verzweiflung gerieten, wandten sich schriftlich an die Staatsführung. Der Chef von „Prodintorg" schrieb an Nikolaj Ryzhkov: „Das Kollektiv des Konzerns ‚Prodintorg' sieht sich gezwungen, sich persönlich an Sie zu wenden und Sie zu bitten, das Problem der Zahlung für importierte Lebensmittel zu lösen. Der Konzern hat sich in dieser Sache in den letzten Monaten schon mehrmals an die Regierung gewandt. Zum 15. August d. J. beliefen sich die Schulden des Konzerns bei ausländischen Firmen in frei konvertierbarer Währung auf 245 Mio. Rubel. ... Ungeachtet der Entscheidung, importierte Lebensmittel vorrangig zu bezahlen, hat die Bank für Außenwirtschaft bislang keinerlei Zahlungen für diese Waren geleistet, obwohl die Zahlungstermine inzwischen eingetreten sind. (...) Wegen des Zahlungsverzugs haben Lieferfirmen der Bundesrepublik Deutschland, von Frankreich, Neuseeland und Norwegen erklärt, Lieferungen von Tierfett, Fleisch, und Trockenmilch einzustellen. Beendet wurde auch die vereinbarte Zustellung von Fleisch und Fleischprodukten aus Brasilien, von Pflanzenöl aus Malaysia, Zypern, von Trockenmilch aus Holland, von Butter aus Schweden. Es drohen weitere Lieferungseinstellungen

---

[48] Viktor Geraščenko an Nikolaj Ryžkov: „Zur Garantie der Bank für Außenwirtschaft für Importe." 1. Oktober 1990. GARF, f. 5446, op. 162, d. 145, l. 133.

[49] A. Kačanov, A. Veličenko (stellvertretender Vorsitzender der Staatskommission des Ministerrats für Lebensmittel und Versorgung) an Voronin. Eilmitteilung über die Verschuldung der Bank für Außenwirtschaft. 28. November 1990. GARF, f. 5446, op. 162, d. 1512, l. 150.

aus anderen Ländern in die UdSSR. (...) Die nicht erfolgte Ausführung der Regierungsbeschlüsse und Planvorgaben für Lebensmittelimport im Jahre 1990 kann für das Land unabsehbare Folgen haben. Die importierten Lebensmittel müssen nach Moskau und Leningrad geliefert werden, in die Kohlebecken des Kusbass und nach Workuta, zu den Gasfeldern in Tjumen, in die transkaukasischen Republiken und andere große Industriezentren des Landes. Wenn die Lebensmittelversorgung dieser Regionen aus dem Import eingestellt wird, wird das die sozialen und politischen Konflikte drastisch verschärfen."[50]

Besonders kritisch im Hinblick auf die Abhängigkeit der sowjetischen Wirtschaft vom Getreideimport zu dieser Zeit waren die ausstehenden vertraglichen Zahlungen von „Exportchleb" (inzwischen längst eine große ausländische Organisation). Der stellvertretende Minister für Außenwirtschaftsbeziehungen Voronzov schrieb an Sitarjan: „Das Ministerium für Außenwirtschaftsbeziehungen hat Sie informiert, dass ‚Exportchleb' hinsichtlich der Bezahlung ausländischer Lieferanten in einer äußerst schwierigen Lage ist. (...) Die ausländischen Firmen melden sich ständig mit Forderungen, die von März bis Juni d. J. gelieferten Waren unverzüglich zu bezahlen sowie die Verluste, die durch den Zahlungsverzug entstanden sind, zu ersetzen. Diese belaufen sich auf Grund der hohen unbezahlten Beträge zurzeit bereits auf etwa 4,5 Mio. Rubel, eine Summe, die mit jedem weiteren Tag um etwa 16.000 Rubel steigt. (....) Allerdings hat die Bank für Außenwirtschaft bisher keine Garantien gegeben, ungeachtet der Anweisungen der Regierung vom 19.2., 11.5. und 27.6.1990."[51]

Die Schulden der sowjetischen Außenhandelsgesellschaften stiegen weiter. Das hatte für die Volkswirtschaft akute Probleme zur Folge. Voronzov schrieb erneut an Sitarjan: „Entsprechend dem Auftrag vom 10. März 1990 berichtet das Außenwirtschaftsministerium, dass nach unseren Angaben die Bank für Außenwirtschaft zum 5. April d. J. Zahlungen im Auftrag der Außenhandelsgesellschaften ins Ausland für insgesamt 656 Mio. Rubel in frei konvertierbarer Währung zurückgehalten hat ... Die Firmen der Bundesrepublik Deutschland (Mannesmann und andere), die am Konzern „Ruhrgas" beteiligt sind, drohen damit, die Zahlungen für unsere Gaslieferung zu blockieren."[52] Ähnliche Briefe an die Regierung konnten angesichts der Devisenlage die Probleme nicht lösen.

Im Herbst 1990 sprachen sowjetische Regierungsvertreter offen über die extreme Situation in der Außenwirtschaft, so etwa Masljukov auf der 4. Sitzung des Obersten Sowjets am 26. November 1990: „In der Außenwirtschaft ist eine Lage entstanden, die einem Ausnahmezustand nahekommt: Einerseits müssen wir unseren ausstehenden Zahlungsverpflichtungen nachkommen (1991 sind sie auf die horrende Summe

---

[50] A. K. Krivenko (Direktor von „Prodintorg") an Ryžkov über die Schulden der Konzerne bei ausländischen Firmen. 15. August 1990. GARF, f. 5446, op. 162, d. 1514, l. 57.

[51] V. N. Voroncov an Sitarjan über die Zahlungen für importierte Lebensmittel, 6. August 1990. GARF, f. 5446, op. 162, d. 1500, l. 81, 82.

[52] Voroncov an Sitarjan über die Zurückhaltung von Zahlungen ins Ausland, die die Außenhandelsgesellschaften in Auftrag gegeben hatten, durch die Bank für Außenwirtschaft. 10. April 1990. GARF, f. 5446, op. 162, d. 1495, l. 27.

von 9 Mrd. Rubeln angestiegen), anderseits hat sich die Lage wegen der zurückgehenden Produktion von Öl, Holz und Baumwolle noch verschärft – diese Produkte sind seit langem unsere wesentlichen Devisenquellen."[53]

6.7 Von der Krise zur Katastrophe

1989 stagnierte die Industrieproduktion, seit Anfang 1990 ging sie zurück. Infolge von Streiks in den Bergwerken brach die Kohleförderung ein (s. Tabelle 6.4, 6.5).

Tabelle 6.4   Die Kohleförderung in der UdSSR 1988–1990, Mio. t

Jahr	1988	1989	1990	1991
Kohleförderung	772	740	703	629

Quelle: Angaben bis 1991: Narodnoe chozjajstvo SSSR v 1990 g. (Die Volkswirtschaft der UdSSR 1990). Moskau 1991. Angaben für 1991 für die UdSSR s. Ėkonomika SSSR v janvare 1991 (Wirtschaft der UdSSR im Januar 1991). Moskau 1991; Angaben für 1991 für die RSFSR s. Kratkij statističeskij bjulleten' za 1991 (Kurzes statistisches Bulletin für 1991). Moskau 1992

Tabelle 6.5   Kohleförderung in der RSFSR 1988-1990, Mio. t

Jahr	1988	1989	1990	1991
Kohleförderung	425	410	395	353

Quelle: Angaben bis 1991: Narodnoe chozjajstvo SSSR v 1990 g. (Die Volkswirtschaft der UdSSR 1990). Moskau 1991; Angaben für 1991 für die RSFSR s. Kratkij statističeskij bjulleten' za 1991 (Kurzes statistisches Bulletin für 1991). Moskau 1992.

Die geringere Kohleförderung, inklusive Koks, wirkte sich ebenso in der Metallurgie aus. Das trug wesentlich zum generellen Rückgang der Industrieproduktion bei.

Dabei stieg die Nachfrage nach Konsumgütern in der Bevölkerung an. Der Leiter der Gosbank schrieb im September 1990 an den Obersten Sowjet: „In mehreren Regionen des Landes sind einzelne Nahrungsmittel rationiert – Zucker, Fleisch, Butter und Pflanzenfett, Tee, Graupen, Teigwaren. Die Lage auf dem internen Markt 1990 hat sich nicht nur wegen der rapide zunehmenden Einkünfte der Bevölkerung zugespitzt, sondern auch auf Grund eines veränderten Kaufverhaltens. Die Käufer wollen unter allen Umständen ihr Geld ausgeben – in Erwartung von Preiserhöhungen im Einzelhandel wegen der von einigen Ökonomen vorgeschlagenen Geldreform oder einer ‚Einfrierung' von Sparanlagen. Sie legen zu Hause Vorräte an und tätigen über-

---

[53] Masljukov auf der 4. Sitzung des Obersten Sowjets der UdSSR am 26. November 1990. Stenografischer Bericht. Verchovnyj Sovet SSSR. Četvertaja sessija. (Oberster Sowjet, 4. Sitzung). 1990, S. 187.

flüssige Einkäufe (mehr als die üblichen). Dadurch wird die Lage auf dem Verbrauchermarkt noch angespannter. Diese Tendenz wird man bis zum Jahresende nicht überwinden können. Innerhalb von neun Monaten des Jahres 1990 haben sich die Ersparnisse der Bevölkerung in organisierten Formen und das Bargeld bei der Bevölkerung insgesamt um 47,3 Mrd. Rubel erhöht, im Vergleich zu 38,4 Mrd. Rubeln im Vorjahreszeitraum, und für das ganze Jahr 1990 um 72,8 Mrd. Rubel, im Vergleich zu 61,9 Mrd. Rubeln 1989. (...) Nachdem der Oberste Sowjet Pläne gebilligt hatte, die einen Ausgleich von Einnahmen und Ausgaben herbeiführen sollten, wurden mehrere Maßnahmen beschlossen, die die Einnahmen der Bevölkerung entgegen den geplanten Berechnungen zwangsläufig erhöhen: So sollen staatliche Getreidekäufe stimuliert werden – dadurch werden in der Landwirtschaft die Löhne steigen. Eine Einkommensteuer wurde vorgesehen mit Ermäßigungen für Unverheiratete, Alleinlebende oder Kleinfamilien (seit dem 1. Juli 1990), Stipendien sollen heraufgesetzt werden (seit 1. September 1990), es soll zusätzliche Vergünstigungen für Rentner (seit 1. Oktober 1990) und zur sozialen Absicherung von Familien mit Kindern (seit 1. Dezember 1990) geben. Allein durch diese Schritte werden die Einkünfte der Bevölkerung in der zweiten Jahreshälfte von 1990 um 9 Mrd. Rubel steigen."[54] Dass all diese Aktionen mithilfe der Druckerpresse finanziert werden mussten, musste denen, die solche Entscheidungen trafen, klar sein.

Der erste stellvertretende Vorsitzende von Goskomstat I. Pogosov teilte dem Ministerrat im November 1990 mit, dass sich der Kaufrausch verstärke. Die zunehmenden Hamsterkäufe waren die Reaktion der Verbraucher auf die Entwertung des Rubels. Er machte darauf aufmerksam, dass sich die Versorgungslage für die Bevölkerung mit der zweiten Hälfte 1990 wegen des Importrückgangs verschlechtern werde. Im ersten Halbjahr 1990 waren die Importe um 11 % gestiegen, im dritten Quartal dagegen um 17 % zurückgefallen, und im Oktober bereits um 25 %. Pogosov merkte an, dass die Nahrungsmittelreserven des Handels in zehn Monaten um 29% zurückgegangen waren, von August bis Oktober waren fast alle Lebensmittel knapp. Die Bevölkerung hatte Probleme, selbst für überhöhte Preise in Kooperativen Fleisch und Fleischprodukte zu bekommen. Die Preise auf den Kolchosmärkten schossen immer mehr in die Höhe. Im Juni waren sie im Vergleich zum Vorjahreszeitrum um 27 % gestiegen, im Oktober um 38 %. Der Plan für die Belieferung von Leningrad mit Fleischprodukten war in neun Monaten zu 73 % erfüllt, für Moskau zu 60 %. Mitte 1990 war von 160 Haushaltswaren keine einzige mehr im freien Verkauf zu haben.[55]

---

[54] Viktor Geraščenko an Gen. V. G. Kučerenko, den Vorsitzenden der Plan- und Finanzkommission im Obersten Sowjet, zum Geldumlauf 1990. 19. September 1990. RGAÈ, f. 2324, op. 33, d. 741, l. 69-74.

[55] I. A. Pogosov an den Ministerrat. Zur Arbeit von Betrieben und Organisationen zu Fragen der Sättigung des Verbrauchermarkts mit Konsumgüternn von Januar bis Oktober 1990. 26. November 1990. GARF, f. 5446, op. 162, d. 268, l. 109-116.

6.8 „Außergewöhnliche Anstrengungen" an Stelle von Reformen

Im Frühjahr 1990 konnte sich Gorbatschow während der üblichen Diskussionen um die Wirtschaftsreformen weder zu dem radikaleren Programm von Nikolaj Petrakov entschließen, noch zu dem gemäßigten, das unter der Leitung von Leonid Abalkin erarbeitet worden war. Er schob die Entscheidung auf. Dennoch zwang die sich verschlechternde Wirtschaftslage die Regierung zu handeln. Die Tatsache, dass kein Aufschub mehr möglich war, beherrschte die öffentlichen Diskussionen im April und Mai 1990. Vorschläge der Regierung, um die Wirtschaftskrise zu überwinden, zielten vor allem darauf ab, das Haushaltsdefizit zu reduzieren und den Verbrauchermarkt ins Gleichgewicht zu bringen. Sie wurden dem Präsidentenrat und dem Föderationsrat am 17.-18. April 1990 vorgelegt.[56] Die Regierung Ryzhkov verkündete am 22. Mai 1990 ein Fünfjahresprogramm für den Übergang zu einer regulierten Marktwirtschaft. Als erster Schritt war eine Verdreifachung des Brotpreises ab 1. Juli 1990 vorgesehen. Vom 1. Januar 1991 an sollten auch die Preise für andere Lebensmittel erhöht werden. Das Meinungsforschungsinstitut VZIOM informierte den Regierungschef im Mai 1990, dass 56 % der Befragten den Übergang zum Markt begrüßten. 60 % seien jedoch der Auffassung, in relativ kurzer Zeit könne der Markt keine positiven Resultate bringen und eine politische Krise auslösen.[57] Eine Umfrage im Dezember 1990 desselben Meinungsforschungsinstituts zeigte, dass 56 % der Bevölkerung die Wirtschaftslage für kritisch hielten, 37 % für ungünstig. Die überwiegende Mehrheit betrachtete das Jahr 1990 als schwerer als das Vorjahr. Auf die Frage, was die Sowjetunion in den nächsten Monaten erwarte, antworteten 70 %, dass sie mit einer Verschlechterung der Lage rechneten. Über die Hälfte der Bevölkerung (54 %) hielten 1991 eine ökonomische Katastrophe für möglich, 49 % rechneten mit Massenarbeitslosigkeit, 42 % mit Hunger, 51 % mit Engpässen in der Wasser- und Energieversorgung. 70 % der Befragten sagten, in den letzten zwei bis drei Jahren habe sich ihre materielle Lage verschlechtert. Die Menschen machten sich vor allem Sorgen um das Überleben und die Versorgung der Familie mit Lebensmitteln und Alltagsbedarf, Preiserhöhung und Geldentwertung. Am meisten beunruhigte die Sowjetbürger, dass sich die Lebensmittelversorgung merklich verschlechterte und dass Seife, Kleidung, Stoffe, Schuhwerk und andere tägliche Konsumgüter aus den Geschäften verschwanden.[58] Auf die Frage, wann die Sowjetunion die Krise überwinden werde, antworteten Anfang 1991 45,8 % der Befragten, dass dies vor 2000 nicht möglich sei. 12 % vermuteten, es gehe gar nicht. 60 % meinten, die Hauptprobleme der sowjetischen Wirtschaft seien der Mangel, die Schlangen und die Armut. Ende 1989 billigten 52 % die Politik Gorbatschows. Ende 1990 war die Zahl seiner

---

[56] Ryžkov, Desjat' let, S. 421.
[57] Express-Umfrage von VCIOM zur Einstellung der Bevölkerung über einen beschleunigten Übergang zur Marktwirtschaft. 22. Mai 1990. GARF, f. 5446, op. 162, d. 2, l. 225.
[58] Kosmarskij u. a., Obščestvennoe mnenie o perechode k rynočnoj ėkonomike, S. 8.

Anhänger auf 21 % gesunken. 1988 antworteten 55 %, dass sie Gorbatschow zum „Mann des Jahres" wählen würden. 1990 waren nur noch 12 % dieser Auffassung.[59]

Der erste Volksdeputiertenkongress der UdSSR entzog der Angst vor dem Regime ihre Grundlage und unterminierte seine ideologische Basis. Damit fiel der Grundpfeiler des sozialistischen Wirtschaftssystems weg – nämlich die Überzeugung, dass das Regime jederzeit mit Gewalt Getreide beschaffen und zentral umverteilen könnte. Dieser Glaube hatte sich seit 1928-1929 festgesetzt. Die Entscheidung von 1989, die Kolchosen und Sowchosen für Getreide, das über den Plan hinaus geliefert wurde, in konvertierbarer Währung zu bezahlen, setzte ein deutliches Zeichen, dass die Regierung nicht mehr in der Lage war, diese Lieferungen zu erzwingen.

In den Thesen für Gorbatschows Rede auf dem ZK-Plenum am 8. Oktober 1990 hieß es: „…Die extremen Probleme auf dem Verbrauchermarkt, die ruinierten Wirtschaftsbeziehungen, die schlecht funktionierenden Transportverbindungen, die sinkende Staatsdisziplin, die mitunter äußerst heftigen politischen Kontroversen bei Fragen zu Eigentum, Souveränität, Abgrenzung von Kompetenzen sowie die steigende Kriminalität – all dies zeugt davon, dass sich die Krise noch weiter zuspitzt…"[60]

Aus einem Interview mit Grigorij Jawlinskij zu derselben Zeit: „Jetzt müssen wir lernen, mit einer starken Inflation zu leben. Das ist auch eine eigene Arbeit, bei der hoher Professionalismus, große Verantwortung und Mut gefragt sind. Aber es gilt daran zu erinnern, dass diese Arbeit weder Populismus noch Hysterie noch politische Abhängigkeit von irgendjemandem zulässt."[61]

Auf der Sitzung des Politbüros am 16. November 1990 nahm Gorbatschow zur Lebensmittelversorgung Stellung: „Ich habe mich während der Sitzungsvorbereitungen um einen vollständigen Überblick über die Lage im Land bemüht. Aber restlose Klarheit gibt es nicht. Ich habe alles eruiert und muss sagen, dass außergewöhnliche Anstrengungen vonnöten sind, um die Lebensmittelversorgung zu stabilisieren."[62]

Der Leningrader Parteisekretär Boris Gidaspov sagte auf derselben Sitzung: „Die Situation ist jetzt natürlich äußerst schwierig. Ich fahre morgens zur Arbeit und sehe die Schlangen von 100, ja 1000 Menschen. Und denke, vielleicht schlägt jemand ein Schaufenster ein, und in Leningrad beginnt eine Konterrevolution. Und wir werden das Land nicht retten."[63]

Aber auch die außergewöhnlichen Anstrengungen, zu denen der sowjetische Präsident aufrief, blieben ohne Ergebnis. Die fundamentalen Finanzprobleme des Landes waren mit Worten nicht zu lösen. Gefordert waren Handlungen und politischer

---

[59] Stephen White: Gorbachev and After. Cambridge 1991. S. 237, 247.

[60] Thesen zur Eröffnungsansprache auf dem ZK-Plenum der KPdSU vom 8. Oktober 1990, nicht nach dem 18. Oktober 1990. Archiv der „Gorbačev-Stiftung". Aus dem Fonds v. Georgij Šachnazarov. Arch. Nr. 15368. S. 14.

[61] L. Plešakov: Čto delat' dal'še? Interv'ju s G. A. Javlinskim (Was weiter tun? Interview mit Grigorij Jawlinskij). Ogonek, 44, 1990, Oktober. S. 5.

[62] Stenogramm der Politbüro-Sitzung vom 16. November 1990. RGANI, f. 89, op. 42, d. 30, l. 16, 20.

[63] Ebd.

6 Die Entwicklung der Krise des sozialistischen wirtschaftspolitischen Systems 267

Wille. Beides war nicht gegeben. So wurde die Lage auf dem Verbrauchermarkt zusehends schlimmer.

Der sowjetische Handelsminister Terech teilte Ryzhkov im Dezember 1990 mit: „In elf Monaten sind nach Angaben von Goskomstat, anders als vorgesehen, Waren im Wert von 21,7 Mrd. Rubeln nicht in den Handel gekommen. Dazu zählen Nahrungsmittel für 4,3 Mrd. Rubel, (...), Güter der Leichtindustrie für 6,1 Mrd. Rubel und andere Non-Food-Artikel für 12,0 Mrd. Rubel. (...) Besonders besorgniserregend ist die Versorgung mit tierischen Produkten in Moskau und Leningrad. (...) Angesichts der Zahlungsrückstände im laufenden Jahr und fehlender Devisenreserven für Einkäufe im ersten Quartal 1991 garantiert das Außenwirtschaftsministerium allerdings im Januar keine Lebensmittellieferungen. Das wird zu einem Versorgungseinbruch für die Bevölkerung von Moskau, Leningrad und anderen zentralen Verbrauchermärkten führen. (...) Auf die Lieferung von Leichtindustriegütern wirkt es sich äußerst negativ aus, dass für den Import dieser Güter weniger Mittel bereitgestellt wurden. (...) Beim Handel mit Stoffen, Kleidung und Schuhwerk wird sich die Lage im ersten Quartal 1991 verschlechtern, wenn die Reserven dieser Güter in den Handel kommen. Allein 1990 sind sie um 7 Mrd. Rubel zurückgegangen. ... Wegen der kritischen Lage bei Non-Food-Waren hat sich das sowjetische Handelsministerium an den Ministerrat gewandt und gebeten, für ihren Import 1991 die erforderlichen Devisen bereitzustellen und bereits im vierten Quartal d. J. im Voraus Einkäufe zu tätigen. Der Ministerrat hat Gosplan eine entsprechende Anweisung gegeben."[64]

Mitte 1990 lagen die Preise im Kooperativ-Handel doppelt so hoch wie die staatlichen Einzelhandelspreise, die Preise auf den Kolchosmärkten waren dreimal so hoch.[65]

Der erste stellvertretende Leiter der Sberbank Solovov wandte sich im Januar 1991 an den Ministerrat: „1990 haben sich die Spareinlagen um 43,6 Mrd. Rubel erhöht, 1986-1990 wurden insgesamt 165 Mrd. Rubel angelegt. 1990 sind die Spareinlagen somit um 12,9 % gestiegen und im Zeitraum von fünf Jahren um das 1,7-fache. Zum 1. Januar 1991 liegen sie bei 381,4 Mrd. Rubeln. (...) Diese Veränderungen sind Folge der erheblich steigenden und unbefriedigten zahlungskräftigen Nachfrage der Bevölkerung, der steigenden durchschnittlichen Einkaufspreise sowie der Polarisierung der Einkünfte in einzelnen sozialen Bevölkerungsgruppen. (...) Insgesamt war die Gosbank Ende 1990 bei der Sberbank mit 331 Mio. Rubeln verschuldet. Wir denken, dass 1991 mit der Gosbank abgerechnet werden muss."[66]

„Da wesentliche Vorgaben des staatlichen Plans nicht erfüllt wurden und daher in der Wirtschaft ungünstige Proportionen entstanden sind, betrug die Geldemission 1990 26,6 Mrd. Rubel und war damit deutlich höher als in den Vorjahren (1986

---

[64] Kandrat Terech (Handelsminister der UdSSR) an Ryžkov über die Ressourcen an Konsumgütern im 1. Quartal 1991, 25. Dezember 1990. GARF, f. 5446, op. 163, d. 1046, l. 138-142.

[65] N. G. Belov (Erster stellvertretender Vorsitzender von Goskomstat) an Ryžkov über die Konsumgüter-Preise, 7. August 1990. GARF, f. 5446, op. 162, d. 277, l. 29.

[66] Erläuterung zum Rechenschaftsbericht der Sberbank für 1990. RGAĖ, f. 2324, op. ee, d. 747, l. 4, 7, 25.

waren es 4,3 Mrd. Rubel, 1987 – 5,9 Mrd. Rubel, 1988 – 12,0 Mrd. Rubel und 1989 – 17,9 Mrd. Rubel). (…) Der Lohnfonds in der Volkswirtschaft, einschließlich für die Entlohnung in den Kooperativen, ist gegenüber 1989 um 68 Mrd. Rubel bzw. um 16 % gestiegen, er lag damit um 44 Mrd. über dem Plan (…). 1990 hat sich die Lage auf dem Verbrauchermarkt zugespitzt, praktisch alle Konsumgüter waren defizitär, bei Lebensmitteln sowie bei Non-Food-Waren kam es zu Panikkäufen. Infolge der Lebensmittelknappheit zogen die Preise auf den Kolchosmärkten stark an, 1990 um 29 % im Vergleich zu 1989. 1986-1989 waren sie um 11,1 % gestiegen. (…) Zugleich wurden weiterhin Kredite gewährt, um das Haushaltsdefizit zu decken. Die staatliche Verschuldung erhöhte sich 1990 um 150 Mrd. Rubel, was sich auf die Wirtschaft, die Finanzen und den Geldumlauf äußerst nachteilig auswirkte."[67]

Nach Angaben von Goskomstat belief sich der Gesamtindex der Verbraucherpreise, einschließlich derer auf dem Schwarzmarkt, auf 105,3 %. Die unbefriedigte Nachfrage schätzte Goskomstat auf 55 Mrd. Rubel.[68]

Die privilegierte Versorgung der Hauptstädte, in erster Linie von Moskau, war für das Regime immer das wichtigste Instrument, um die politische Lage im Lande unter Kontrolle zu halten. Obgleich die sowjetische Führung nicht besonders intellektuell war, wusste sie doch, dass die Revolution in Russland, die die Bolschewiki an die Macht gebracht hatte, mit Unruhen wegen der Versorgungslage in der Hauptstadt begonnen hatte. Anfang 1991 wurde die Situation auf dem Verbrauchermarkt auch in Moskau katastrophal.

Der Vorsitzende des Exekutivkomitees des Moskauer Sowjets Jurij Luzhkov schrieb im Februar 1991 an Premierminister Pavlov: „Der Moskauer Handel besitzt Non-Food-Waren im Wert von 5,1 Mrd. Rubel, das sind 42 % des Vorjahresniveaus. Der Anteil von Importwaren an Stoffen, Kleidern und Schuhwerk belief sich pro Jahr auf 55 %. In diesem Jahr ist ein Importrückgang von 75 % vorgesehen. Aber auch dies wurde noch nicht bestätigt. (…) Wie es jetzt aussieht, können wir nicht einmal eine rationierte Versorgung der Bevölkerung sicherstellen. Das Moskauer Exekutivkomitee bittet darum, die Frage der Versorgung von Moskau mit Non-Food-Waren positiv zu entscheiden und gezielt für die Hauptstadt Importwaren einzukaufen, in erster Linie Artikel des täglichen Bedarfs."[69]

In anderen Großstädten (außer Moskau und Leningrad) sah es auf dem Verbrauchermarkt noch schlechter aus. Das Präsidium des Stadtsowjets der Volksdeputierten von Nizhnij Novgorod ließ Gorbatschow im Dezember 1990 wissen: „Sehr geehrter Michail Sergejevitsch! In Nizhnij Novgorod hat sich die Lebensmittelversorgung drastisch verschlechtert. Die bereitgestellten Fonds reichen nicht einmal aus, um Kinder, Schwangere und stillende Mütter mit Grundnahrungsmitteln zu versorgen,

---

[67] Gen. Arnol'd V. Vojlukov (stellvertretender Leiter der Gosbank) zur Steuerung des Geldumlaufs. 1990. 25. März 1991. RGAĖ, f. 2324, op. 33, d. 741, l. 172, 173, 174, 179.

[68] V. N. Kiričenko (Vorsitzender von Goskomstat) an Pavlov über Inflation und unbefriedigte Nachfrage im Jahre 1990. 23. Januar 1991, GARF, f. 5446, op. 163, d. 187, l. 97, 98.

[69] Lužkov an Pavlov zur Befriedigung der Nachfrage nach Non-Food-Waren in Moskau, 16. Februar 1991. GARF, f. 5446, op. 163, d. 1049, l. 35, 36.

6 Die Entwicklung der Krise des sozialistischen wirtschaftspolitischen Systems 269

die auch nur annähernd den Hygiene-Vorschriften genügen. Im Staatshandel gibt es außer rationierten Waren praktisch keinerlei Lebensmittel. Darüber hinaus ist die Stadt bei der Einlösung ausgegebener Karten für Fleisch, raffinierten Zucker, Tier- und Pflanzenfett u. a. erheblich im Rückstand."[70]

Das Beispiel der Bergarbeiter, die wenigstens eine deklarierte Umverteilung von Konsumgütern zu ihren Gunsten erreicht hatten, wirkte sich zwangsläufig auf andere Branchen aus, die für die sowjetische Wirtschaft von Bedeutung waren, in erster Linie beim Erdgas. In einem Schreiben an Ryzhkov und an den Gewerktschaftsvorsitzenden Stepan Schalajev, den die Zeitung „Tjumenskaja pravda" am 10. März 1990 veröffentlichte, warnte Nikolaj Tifonov, Leiter der Erdöl- und Erdgasgewerkschaft von Tjumen: „Wenn die mehrfachen, bisher unbeantworteten Schreiben der Kollektive der Erdöl – und Erdgasindustrie an ZK und Regierung bis zum 1. April nicht behandelt werden, werden die Kollektive die Arbeit in den Öl- und Gasbetrieben einstellen."[71] Ergebnis des Ultimatums war, dass den Öl- und Gasbetrieben ein Teil ihrer Produktion zum Verkauf im In- und Ausland überlassen wurde. Dadurch gingen die ohnehin miserablen Deviseneinnahmen des Staates noch weiter zurück.

Anlässlich der Preiserhöhungen im Einzelhandel wandte sich der Oberste Sowjet an das Volk: „Bei der Versorgung der Bevölkerung des Landes mit Brot und Getreideprodukten ist eine kritische Situation entstanden. (…) 1989 wurden etwa 40 % des landesweiten Getreidebedarfs durch Importe gedeckt. Das bedeutet, dass von jedem Kilogramm Brots ein Drittel in Devisen bezahlt wurde."[72]

Die Devisenkrise wirkte sich auch auf die Industrieproduktion aus. Die Direktoren der metallurgischen Produktionsvereinigung VILS von Kujbischev, des Metallurgiekombinats Stupin, der Metallurgiebetriebe von Belokalitvinsk, Kamensk-Uralskij und Krasnojarsk und des Betriebs für Leichtmetalllegierung des Luftfahrt-Ministeriums schrieben im Oktober 1990 an Gorbatschow: „… Ausstehende Lieferungen von primärem Aluminium haben dazu geführt, dass etliche Walzwerke in Metallurgiebetrieben ihre Arbeit einstellen mussten. Für die neun Monate des Jahres 1990 fehlen uns 35.000 Tonnen primären und 15.000 Tonnen sekundären Aluminiums. In seinem Telegramm LV-10-172 vom 24.9.90 verlangt Voronin von den Aluminiumbetrieben des Metallurgie-Ministeriums, im Rahmen des Staatsauftrags für gewalztes Aluminium im Oktober 20.000 Tonnen primären Aluminiums für den Export zu liefern. Das wird unsere Walzkapazitäten zum Erliegen bringen, zu einem Verlust an Arbeitskräften führen und die Familien der Arbeiter ihrer Existenzgrundlagen berauben. 80.000 Auftraggeber – die metallverarbeitenden Betriebe der Industriebranchen – werden 150.000 Tonnen gewalztes Aluminium nicht bekommen, sie werden bei ihrer Konsumgüterproduktion um mehr als 12 Mrd. Rubel im Rückstand sein. Ein

---

[70] Schreiben des Präsidiums des Stadtsowjets der Volksdeputierten von Nižnij Novgorod an Gorbačev im Dezember 1990. GARF, f. 5446, op. 163, d. 1047, l. 12.
[71] Social'no-ėkonomičeskij konflikt v tjumenskom izmerenii (Der sozioökonomische Konflikt in Tjumen'). Moskovskie novosti, 13, 1. April 1990. S. 8.
[72] Appell des Obersten Sowjets der UdSSR an das sowjetische Volk anlässlich der Preiserhöhungen im Einzelhandel, 12. Juni 1990. GARF, f. 5446, op. 162, d. 777, l. 83.

Stillstand der Betriebe ist nicht durch Produkte zu kompensieren, die aus dem Erlös für Aluminium bezahlt würden. In Anbetracht dieser Umstände sind wir gezwungen, Sie zu bitten, sich mit der Situation vertraut zu machen und die Metallurgiebetriebe des Luftfahrtministeriums mit primärem Aluminium laut Staatauftrag von 1990 zu versorgen, den Arbeitern ihre Arbeit und ihren Familien den Lebensunterhalt zu sichern. Unser Schreiben an den Vorsitzenden des Ministerrats Gen. Ryzhkov hat keine positiven Ergebnisse gebracht."[73]

Während 1989 bei Diskussionen über die Wirtschaftspolitik und die Lage im Land die Worte „Krise" und dann „akute Krise" in Umlauf kamen, so war Anfang 1991 immer häufiger von einer „Katastrophe" die Rede. Im Regierungsprogramm der RSFSR heißt es zur Stabilisierung der Wirtschaft und zum Übergang zur Marktwirtschaft: „Die Wirtschaft der Republik kommt immer mehr zu einem Punkt, an dem man nicht mehr von einer Wirtschaftskrise, sondern nur noch von einer Katastrophe sprechen kann. (…) Die Wirtschaft ist inzwischen außer Kontrolle geraten, und zwar in katastrophalem Ausmaß."[74] Ein weiteres Wort, das zu dieser Zeit häufig in offiziellen Dokumenten auftauchte, beschrieb die Situation als „außergewöhnlich". Der Beschluss des Präsidiums des Obersten Sowjet der RSFSR vom 25. Januar 1991 trug die Überschrift: „Die Bestätigung des Statuts für eine außergewöhnliche Lebensmittelkommission des Volksdeputiertenkongresses der RSFSR". Analogien zu 1918 sind offensichtlich. In einem Schreiben einer Leningrader Behörde an die Regierung hieß es: „Die außergewöhnliche Versorgungslage in Leningrad bei Fleischprodukten zwingt uns zu folgender Mitteilung. Mit Schreiben von Glavprodtorg (Hauptverwaltung für Lebensmittelhandel) Nr. 2/10-20/615 vom 15. März 1991 wurde für Leningrad ein Warenfonds an Fleischprodukten von 512.000 Tonnen festgelegt, das entspricht dem Niveau des Vorjahres. (…) Allerdings hatte Glavprodtorg vorgesehen, aus den Unionsrepubliken insgesamt 173.800 Tonnen zu bekommen, das sind 62 % des Vorjahresniveaus."[75]

Ein weiteres bezeichnendes Dokument jener Zeit ist der Erlass des sowjetischen Präsidenten vom 26. Januar 1991 Nr. UP-1380 „Maßnahmen gegen Wirtschaftssabotage und gegen andere Verbrechen in der Wirtschaft". Die Bezeichnung spricht Bände, gerade wenn man mit der Wirtschaftslage der Jahre 1917-1921 vertraut ist.

Die Produktion ging weiter zurück (s. Tabelle 6.6.), am schnellsten in den Brennstoff- und Rohstoffbranchen. Im Vergleich zum entsprechenden Zeitraum 1990 sank die Brennstoffproduktion um 6 %, die von Öl um 10 % (in Russland 11 %), Kohle um 10 % (in Russland 11 %).

---

[73] RGANI, f. 89, op. 8, d. 45.

[74] Iz tupika. Programma Pravitel'stva RSFSR po stabilizacii ėkonomiki i perechodu k rynočnym otnošenijam (Aus der Sackgasse. Regierungsprogramm der RSFSR zur Stabilisierung der Wirtschaft und zum Übergang zu Marktbeziehungen). Komsomo'skaja pravda, 23. April 1991.

[75] N. A. Tret'jakov (Generaldirektor der Großhandelsgesellschaften für den Handel mit Fleisch, Butter und Milchprodukten im Gebiet Leningrad) an Pavlov über die extrem schwierige Versorgungslage. 11. Juni 1991. GARF, f. 5446, op. 163, d. 1047, l. 39.

6 Die Entwicklung der Krise des sozialistischen wirtschaftspolitischen Systems

Tabelle 6.6 Wesentliche Kennziffern der Wirtschaftsentwicklung der GUS und Russlands 1991 (Rückgangsrate pro Jahr, %)

	GUS	Russland
Produziertes Nationaleinkommen	15,0	13,0
Nationaleinkommen, das für Konsum ausgegeben oder gespart wurde, darunter:	16,0	12–13
Akkumulationsfonds	25,0	24–25
Konsumfonds	13,0	11–12
Bruttonationalprodukt	17,0	13–14
Umfang der Industrieproduktion	7,8	3,0
Umsatz im Einzelhandel	18,3	7,7

Quelle: Rossijskaja ėkonomika v 1991 godu. Tendencii i perspektivy (Die russische Wirtschaft 1991. Tendenzen und Perspektiven). Institut für Wirtschaftspolitik, Moskau 1992. S. 31.[76]

Die Ölförderung ging drastisch zurück: 1988 belief sie sich auf 569 Mio. Tonnen, 1991 rechnete man mit 461 Mio. Tonnen. In drei Jahren war ein Rückgang von fast 20 % zu verzeichnen, ein Prozess, der sich zudem mit jedem Jahr beschleunigte (1991 waren es in Russland 55 Mio. Tonnen). In der GUS und Russland entsprachen die Fördermengen dem Stand von Mitte der 1970er-Jahre. Die Hauptursachen waren die Erschöpfung alter Förderquellen und der Rückstand bei der Einführung neuer Produktionsmethoden, weil die finanziellen und materiell-technischen Ressourcen fehlten, um die Branche weiter zu entwickeln.

Die Ölindustrie stand vor zahlreichen Problemen: Die produktiven Vorkommen waren weitgehend verbraucht, die Struktur der Rohstoffbasis verschlechterte sich, neue Ölquellen waren wenig ergiebig, das geförderte Öl wies zunehmenden Wassergehalt auf, die Infrastruktur der Produktion war abgenutzt und die ökologische Situation in den Förderregionen kritisch.

Der Anteil ineffizienter Ölquellen nahm immer mehr zu. Zu Beginn des zwölften Fünfjahresplans lag er bei 34 %, in der entscheidenden Ölregion, dem Gebiet Tjumen, waren es allerdings 44 %. Anfang 1991 war dieser Anteil generell auf 45 % und in Tjumen auf 57 % gestiegen. Das hing mit dem Rückgang der hocheffizienten Quellen zusammen (in Westsibirien waren das in der Anfangsphase 88 %, in der Gegenwart nur noch 25 %) und der hohen Erschöpfung (über 60 %) der ergiebigen Quellen.

Der Export-Rückgang auf die Hälfte wirkte sich auf den Verbrauch von Öl und Ölprodukten in Russland und der GUS 1991 nur geringfügig aus. Die Kohleförde-

---

[76] Das Institut für Wirtschaftspolitik, aus dem danach das Institut für die Wirtschaft der Übergangsperiode hervorging, wurde Ende 1990/Anfang 1991 gegründet. Seine Gründer sahen ihre wichtigste Aufgabe darin, die Entwicklung der schweren sowjetischen Wirtschaftskrise zu analysieren und zu prognostizieren sowie wirtschaftspolitische Empfehlungen zu erarbeiten.

rung sank seit 1989, 1991 wurden 352 Mio. Tonnen gefördert, 11 % weniger als 1990.[77]

Während Konsumgüter immer knapper wurden und die Produktion immer weiter sank, vermochten es die Machtorgane offensichtlich nicht mehr, die wirtschaftlichen Prozesse zu regulieren. Die ZK-Abteilungsleiter Alexander Vlasov und Ivan Skiba schrieben im März 1991 ans ZK: „Während aus den Gebieten Sverdlovsk, Perm, Tscheljabinsk, Kemerovo, Irkutsk, Tschita und vielen anderen Regionen der RSFSR, den Republiken des Transkaukasus und Mittelasien bei der Regierung dringende Bitten um schnelle Hilfe mit Lebensmitteln eintreffen, haben sich in den Lagern der Häfen Anfang März d. J. aus demselben Grund (wegen des Fehlens von Waggons) 9.000 Tonnen schnellverderblicher Nahrungsmittel angesammelt, 10.000 Tonnen Korn, Tee, Kaffee, Back- und Teigwaren, 179.000 Tonnen Zucker. (...) Zugleich wird in den Sowjetrepubliken Aserbaidschan und den Gebieten Ivanovo, Novgorod, Nizhnij Novgorod und einigen anderen Gebieten der RSFSR Brot rationiert."[78] Die Finanzkrise, der Kollaps des Verbrauchermarkts und die Unfähigkeit der Behörden, die Warenströme, ja auch nur ihren Transport zu regulieren, waren Prozesse, die parallel liefen und sich wechselseitig verstärkten.

Im Januar 1991 wies Präsident Gorbatschow das unionsrepublikanische Devisenkomitee an, bis zum 1. Februar 1991 Devisen für den Import von Lebensmitteln und Rohstoffen bereitzustellen, die für die anvisierte Nahrungsmittelproduktion erforderlich waren.[79] Die Korrespondenz über die Lage in der Erdölindustrie und die sowjetischen Abrechnungen der UdSSR in konvertierbarer Währung aus dieser Zeit lassen keinen Zweifel daran, dass diese Anweisung undurchführbar war.

Aus dem Brief des stellvertretenden Leiters von Gossnab an die Regierung vom Januar 1991: „Bereits im Januar d. J. lieferten die Betriebe des Ministeriums für Öl- und Gasindustrie um 3 Mio. Tonnen weniger Rohöl für die Verarbeitung als vorgesehen. Das hat zu schweren Engpässen bei Treib- und Brennstoff-Lieferungen innerhalb der Regionen geführt. (...) Im laufenden Jahr ist eine kritische Situation bei der Herstellung von Ölen entstanden. Wir haben für die Produktion von Motorenöl jedes Jahr Zusätze importiert. Da die sowjetische Außenwirtschaftsbank den ausländischen Firmen die Lieferungen von 1990 nicht bezahlt und für das dritte Quartal 1991 keinen Kredit bereitgestellt hat, haben diese Firmen ihre Lieferung eingestellt. Die Herstellung von Motorenöl für die Agrarindustrie, die Schifffahrt, den Eisenbahn- und Lufttransport und andere wichtige Abnehmer ist praktisch zum Stillstand gekommen. Außerdem ist bis heute noch nicht die Frage nach einem Import von Ölen gelöst, darunter von Transformatoren-Öl für die elektrotechnische Industrie, für Kühlschränke, medizinische Geräte, Walzwerke und Paraffine, die wir

---

[77] Rossijskaja ėkonomika v 1991 godu. S. 38 ff.
[78] Aleksandr Vlasov (Leiter der Agrarabteilung des ZK), Ivan Skiba (Leiter der Abteilung für sozioökonomische Politik) ans ZK der KPdSU zur Notwendigkeit, verstärkt gegen Verbrechen in der Wirtschaft vorzugehen. 1. März 1990. RGANI, f. 89, op. 20, d. 49, l. 8.
[79] Erlass des Präsidenten vom 10. Januar 1991 Nr. UP-1303 „Unaufschiebbare Maßnahmen zur Verbesserung der Lebensmittelsituation im Jahre 1991."

nicht ausreichend produzieren. Um den Bedarf an Motortreibstoffen und Motorenölen bei Verbrauchern und für die Verteidigung wenigstens minimal zu decken, ist es erforderlich: 1. Die Lieferung an Rohöl zur Verarbeitung im 1. Quartal d. J. um 4 Mio. Tonnen, d. h. auf 116 Mio. Tonnen zu erhöhen, indem man den Ölexport entsprechend reduziert. Falls die Ölverarbeitung in den ersten beiden Quartalen nicht im genannten Umfang möglich ist, muss die Regierung die Lieferungen an Abnehmer in der Wirtschaft einschränken (mit Ausnahme des Agrarsektors), und zwar von Benzin auf 70 % und Diesel auf 85 % im Vergleich zum Vorjahreszeitraum. (...) 5. Die Außenwirtschaftsbank muss angewiesen werden, umgehend die ausstehenden Zahlungen für die 1990 gelieferten Zusätze zu leisten. Außerdem muss sie aus zentralen Quellen Kredite von 174,3 Mio. Valutarubeln bereitstellen, die benötigt werden, um Vorauszahlungen für Zusätze, Reagenzien, Rohstoffe, Materialien und Schmieröle für das erste Halbjahr 1991 zu tätigen. Dies ist später mit den Erlösen aus dem Ölexport zu kompensieren."[80]

„Das sowjetische Außenwirtschaftsministerium berichtet über den fatalen zeitlichen Rückstand hinsichtlich von Öl und Ölprodukten, die im 4. Quartal zum Export anstehen."[81] Der stellvertretende Außenwirtschaftsminister Katschanov schrieb an Voronin: „Das Außenwirtschaftsministerium muss mitteilen, dass die Zeitpläne für die Verladung der Öl und Ölprodukte für den Export im 4. Quartal d. J. trotz Ihrer Anweisung (PP-43635 vom 6. November 1990) von den Lieferanten nicht eingehalten werden. (...) Wenn sich die Situation nicht ändert, werden wir für Oktober bis Dezember mit über 4 Mio. Tonnen Öl und Ölprodukten im Wert von 500 Mio. Valutarubeln im Rückstand sein."[82]

Im Sommer 1991 ging es in der Ölbranche bereits um wesentlich niedrigere Zahlen als um die, die im Vorjahr noch katastrophal erschienen waren: „In den Bilanzen für den Beschlussentwurf haben die Ministerien die Förderungszahlen für Öl und Gaskondensat präzisiert. 1991 werden 518,4 Mio. Tonnen gefördert statt der erwarteten 528,8 Mio. Tonnen, zur Verarbeitung werden 448 statt 451,1 Mio. Tonnen geliefert, die Kohleförderung liegt bei 633 statt 641 Mio. Tonnen, inklusive Koks – hier waren es 161,5 statt 186,9 Mio. Tonnen."[83]

Die kritische Devisenlage brachte verschiedene Wirtschaftsbranchen in Schwierigkeiten, auch solche, die für die Zahlungsbilanz des Landes wichtig waren. In ei-

---

[80] V. N. Kostjunin (stellvertretender Leiter von Gossnab) an den Ersten stellvertretenden Premierminister der UdSSR Gen. V. Ch. Gojužiev zur Versorgung der Wirtschaft mit Erdölprodukten im Jahre 1991. 31. Januar 1991. GARF, f. 5446, op. 163, d. 267, l. 29-31.

[81] Katušev (Außenwirtschaftsminister) an Ryžkov über den Export von Erdölprodukten im 4. Quartal 1990, 31. Oktober 1990. GARF, f. 5446, op. 162, d. 1524, l. 1.

[82] Kačanov (stellvertretender Außenwirtschaftsminister) an Voronin (Erster stellvertretender Vorsitzender des Ministerrats) über die Lieferung von Dieseltreibstoff und Heizöl im Jahre 1990. 23. November 1990, GARF, f. 5446, op. 162, d. 1523, l. 27.

[83] A. A. Troickij (stellvertretender Minister für Wirtschaft und Prognosen) an Gen. V. V. Mar'in (stellvertretender Vorsitzender der Staatlichen Brennstoff- und Energie-Kommission) zur Vorbereitung der Volkswirtschaft des Landes auf die Arbeit im Herbst und Winter 1991/92 (Auftrag vom 12. Juni 1991 Nr. LR-2902), 23. Juli 1991. GARF, f. 5446, op. 163, d. 1640, l. 93.

nem Schreiben des amtierenden Gasprom-Vorsitzenden Rem Vjachirev an Sitarjan vom 12. Juni 1990 heißt es: „Entsprechend dem Plan für den Warenexport und import für 1990 sind Lieferungen von materiellen und technischen Ressourcen für 186,024 Mio. Rubel an Gasprom vorgesehen. Zurzeit bestehen zwischen den Außenhandelsorganisationen und ausländischen Firmen Vereinbarungen in Höhe von 97,152 Mio. Rubeln. Allerdings liegen die Schulden bei den ausländischen Firmen wegen fehlender Devisen bei 72,1 Mio. Rubeln. Hiervon sind 11,8 Mio. Rubel für die Gasprom-Unternehmen getilgt worden. Es gibt noch unbezahlte Rechnungen und noch nicht geschlossene Vereinbarungen im vorgesehenen Rahmen für Rohre, Anlagen für Gasbetriebe, Ersatzteile für Gaspumpaggregate, teilweise für chemische Reagenzien. Wie die Außenhandelsorganisationen mitteilen, ist daher die Zustellung nach bereits geschlossenen Vereinbarungen eingestellt worden, die weitere Bearbeitung wurde gestoppt. Liefervereinbarungen für Anlagen und Materialien für die Gasvorkommen in Karatschaganak und Orenburg, den Gas-Komplex in Astrachan und andere Objekte der Gasindustrie wurden nicht geschlossen."[84]

Im Frühjahr 1991 war es der sowjetischen Führung klar, dass sie der Devisenkrise nicht Herr werden konnte. Auf der Fünften Sitzung des Obersten Sowjets am 22. April 1991 erklärte Kabinettschef Valentin Pavlov: „Das Land bleibt auf Importe angewiesen, insbesondere bei Lebensmitteln, Leichtindustrie, Materialien für Autos und Traktorenbau. Wir sind von ausländischen Kreditgebern abhängig geworden. Nach den Ergebnissen des Handels im letzten Jahr sind wir bei fast allen osteuropäischen Ländern verschuldet – bei der Tschechoslowakei, Ungarn und Jugoslawien. Heute müssen wir auch ihnen in frei konvertierbarer Währung zahlen. So ein Leben auf Kredit kann natürlich nicht endlos dauern. Es ist Zeit zu bezahlen. Während wir 1981 für die Tilgung der Auslandsverschuldung und der Zinsen 3.800 Mio. in frei konvertierbarer Währung überwiesen haben, müssen wir im laufenden Jahr 12 Mrd. aufbringen. Wenn wir unser internes Preisniveau berücksichtigen, entspricht das einem Verlust von fast 60 Mrd. Rubeln."[85]

Aus den Unterlagen des ZK der KPdSU im Frühjahr 1991: „... Die niedrigen Entwicklungsraten der medizinischen Industrie, die langjährige Praxis, viele Medikamente aus Comecon-Mitgliedsländern zu importieren, und die in den letzten Jahren stark angestiegene Nachfrage nach medizinischen Präparaten haben zu akuten Versorgungsproblemen geführt.

Von 3.000 Medikamenten, die gewöhnlich in einer Arztpraxis angewendet werden, wird ein Drittel überhaupt nicht bei uns produziert und die übrigen in Mengen, die den Bedarf nur zu 40 % decken. Wegen der stark veralteten Produktionskapazitäten sind die im Inland hergestellten medizinischen Präparate minderwertig.

Der Import fehlender Erzeugnisse kostet jährlich 1,5-2,0 Mrd. Rubel. Auf Grund der bekannten Devisenprobleme ist bei praktisch allen Medikamenten ein chroni-

---

[84] Rem Vjachirev an Sitarjan über die Bereitstellung von Devisen für 1990. 12. Juni 1990. GARF, f, 5446, op. 162, d. 1492, l. 128.

[85] Rede Pavlovs auf der 5. Sitzung des Obersten Sowjet der UdSSR am 22. April 1991. Stenografischer Bericht. Moskau 1991. S. 84.

sches Defizit entstanden, auch bei einfachsten Medikamenten für Erste Hilfe. Fehlende Sicherheiten der Außenwirtschaftsbank für Zahlungen für 1991 und offene Schulden von etwa 180 Mio. Valutarubeln vom letzten Jahr haben dazu geführt, dass wir praktisch nicht einmal vertraglich vereinbarte Medikamente aus dem Ausland bekommen.

Da es hier um die Interessen der gesamten Bevölkerung des Landes geht, ist dieses Problem von einem sozioökonomischen zu einem politischen geworden. Es wirkt sich auf die Verfassung der Gesellschaft aus; Partei und Regierung werden entsprechend negativ beurteilt."[86]

Die Versorgung mit Medikamenten war nur eines der Probleme, die ohne Devisenreserven nicht zu lösen waren. Die Krise zog immer weitere Wirtschaftszweige in Mitleidenschaft. Pavlov erklärte auf der schon erwähnten Sitzung des Obersten Sowjets: „Infolgedessen sind die Rücklagen für Kapitalinvestitionen in die Volkswirtschaft empfindlich zurückgegangen, was sich negativ auf das Landleben und den sozialen Sektor auswirkt: Wir bauen weder Wohnhäuser noch Krankenhäuser, Schulen oder Straßen. Der Konsum materieller Güter, und das muss man offen sagen, wird pro Kopf mindestens um 15–20 Prozent sinken."[87]

Michail Timoschischin schrieb im Juni 1990 an den Ministerrat: „Im zweiten Halbjahr werden der Volkswirtschaft 655.800 Tonnen des genannten Fettrohstoffs fehlen, was bereits ab August zu Engpässen bei der Herstellung von Seife, Margarine und weiteren Nahrungsmitteln sowie zu Beeinträchtigungen bei der Versorgung der Märkte und der wichtigsten Wirtschaftsbranchen mit Pflanzenfett führen wird."[88]

Die Lebensmittelversorgung war für die Regierung eine zentrale Frage. Ein auch nur minimal funktionierende Agrarindustrie war jedoch auf Ressourcen angewiesen, so auf umfangreiche Lieferungen von Mineraldünger. Aber auch in diesem Bereich gab es wegen des Devisenmangels erhebliche Probleme. Der Leiter von Agrochim Olschanskij schrieb hierzu an Sitarjan: „Die staatliche Agrochemie-Assoziation (Agrochim) ist laut staatlichem Plan und Regierungsauftrag verpflichtet, der Volkswirtschaft Waren im Wert von 486,4 Mio. Rubeln zu liefern. Zum 29. Oktober d. J. sind von der gelieferten Chemie-Produktion im Wert von 261,7 Mio. Rubeln erst 117,2 Mio. Rubel bezahlt worden. Die Verzögerungen bei der Abrechnung mit ausländischen Firmen liegen bei sechs bis neun Monaten."[89]

Ähnlich war die Situation bei der Lieferung von landwirtschaftlicher Technik: „Die Produktion von Traktoren und landwirtschaftlicher Technik verzögert sich in der laufenden Periode wie noch nie zuvor, weil materielle und technische Ressourcen

---

[86] Aus einem Bericht ans ZK der KPdSU vom 27. Mai 1991 zur bedenklichen Versorgungslage bei Medikamenten und medzinischen Erzeugnissen. RGANI, f. 89, op. 20, d. 50.

[87] Pavlov auf der 5. Sitzung des Obersten Sowjet am 22. April 1991. Stenografischer Bericht, S. 88.

[88] Michail Timošišin (Erster stellvertretender Vorsitzender der Staatskommission für Lebensmittel und Versorgung) an den Ministerrat. Eilige Mitteilung über die Versorgung der Volkswirtschaft mit Fettrohstoff 1990. 18. Juni 1990. GARF, f. 5446, op. 162, d. 1492, l. 42.

[89] N. M. Ol'šanskij an Sitarjan über die Lieferverpflichtungen lt. staatlichem Plan, 31. Oktober 1990. GARF, f. 5446, op. 162, d. 15, l. 87.

fehlen. (...) Die Entscheidung, im 1. Quartal 1991 Ressourcen wie im Vorjahreszeitraum zu liefern, haben den Bedarf der Betriebe nicht vollständig gedeckt, weil zu importierende Metallprodukte, chemische und andere Materialien im Wert von über 156 Mio. Valutarubeln wegen fehlender Devisen ausgefallen sind. (...) Diese Situation schadet der Produktion, sie führt zu Unmut unter den Arbeitskollektiven und zu zunehmender Streikbereitschaft."[90]

Im April 1991 schilderten die Autoren des Regierungsprogramms zur Krisenbewältigung die Situation folgendermaßen: „Die Hauptaufgabe 1991 besteht darin, Chaos und einen Wirtschaftskollaps abzuwenden und dafür zu sorgen, dass sich die Produktion stabilisieren und die Wirtschaftsbeziehungen normalisieren können. Zu diesem Zweck gilt es, gemeinsam mit den Republiken künstliche administrative und wirtschaftliche Barrieren bei der Zustellung von Waren in einige Regionen und Republiken zu überwinden und die Wirtschaftsbeziehungen zwischen Betrieben und Regionen zu normalisieren. Die Lieferung der wichtigsten Ressourcen muss sichergestellt werden, in erster Linie für die Agrarindustrie und für neue Kapazitäten in ihren verarbeitenden Branchen, für die Produktion der notwendigsten Güter sowie für die Unterstützung des Exports ... Zu diesem Zweck wird die Regierung in Zusammenarbeit mit den legislativen und exekutiven Organen eine rigorose antiinflationäre Finanz- und Kreditpolitik betreiben und zugleich die Großhandels-, Einkaufs- und Einzelhandelspreise freigeben und das Geschäftsleben stimulieren."[91]

6.9 Am Rande der Zahlungsunfähigkeit

Die Devisenlage wurde immer bedrohlicher. Seit Mitte 1989 stand das Land kurz vor der Zahlungsunfähigkeit, wie der ZK-Abteilungsleiter für sozioökonomische Politik einem Politbüromitglied mitteilte. Die negative Zahlungsbilanz der UdSSR belief sich Dokumenten zufolge 1990 auf 17,1 Mrd. Dollar, die laufenden Zahlungen für Schulden lagen 1991 bei 20,7 Mrd. Dollar.[92]

Wenn schon nicht die westlichen politischen Führer, so verstanden doch ihre ökonomischen Berater, dass die Strukturprobleme der sowjetischen Wirtschaft nicht durch Fördergelder oder billige und langfristige Kredite zu lösen waren. Ohne ein ernsthaftes finanzielles Stabilisierungs- und Liberalisierungsprogramm in der Wirtschaft würden die zur Verfügung gestellten Gelder nur verwendet, um Löcher in

---

[90] Aus einem Schreiben des Parteikomitees des Ministeriums für landwirtschaftlichen Maschinenbau der UdSSR an den stellvertretenden Generalsekretär des ZK der KPdSU Gen. V. A. Ivaško vom 11. April 1991. RGANI, f. 89, op. 22, d. 32.
[91] Handlungsprogramm der sowjetischen Regierung zur Überwindung der Krise. Entwurf. Moskau 1991. April, S. 5, 6, 25.
[92] Unter den zurzeit zugänglichen Archivunterlagen fand sich dieses Dokument nicht. Ich zitiere es in der Form, in der es in der Presse veröffentlicht wurde. Die Reputation der Autoren lässt keinen Zweifel an seiner Authentizität zu. Evgenija Al'bac/B. Pauėll: Černaja kassa strany (Die schwarze Kasse des Landes). Kommersant 67, 21. Januar 1999.

Budget und Zahlungsbilanz zu stopfen. Wenn die Mittel dafür verbraucht wären, stünde das Land wieder vor denselben Problemen.

Der Berater des sowjetischen Präsidenten Vadim Sagladin schrieb Ende Juli 1990 ans ZK: „Zur Wirtschaft lassen sich die Aussagen praktisch all unserer Besucher so zusammenfassen: Die Krise wird immer schlimmer, aber es gibt offenbar immer noch keinen bestimmten, klaren Plan, sie zu überwinden. Wenn es denn einen gibt, warum wird er dann nicht umgesetzt?"[93]

1990 beauftragten die Führer der G-7-Länder den IWF, die Weltbank, die OECD (Organization for Economic Cooperation and Development) und die EBRD (European Bank for Reconstruction and Development), die sowjetische Wirtschaft zu analysieren und dem Land Empfehlungen zu geben, was zu tun wäre, um die Voraussetzungen für eine effiziente Wirtschaftshilfe zu schaffen. Den Experten dieser Organisationen zu erklären, dass sich die sowjetischen Probleme regeln lassen, ohne die makroökonomische Schieflage zu beseitigen, wäre wenig erfolgversprechend gewesen. Es kam zu einem sich lange hinziehenden Dialog zwischen der sowjetischen und den westlichen Regierungen. Der sowjetische Standpunkt war der, dass man kurzfristig Geld benötigte, um eine Katastrophe abzuwenden. Nach westlicher Auffassung war ein Handlungsprogramm vonnöten, mit dem man das Land aus der Krise führen konnte. Dann erst sollte eine finanzielle Unterstützung zur Debatte stehen.[94]

Die Appelle der sowjetischen Führung an die westlichen Regierungen wurden immer dringlicher und nachdrücklicher. Der Assistent des Präsidenten, Anatolij Tschernjajev, hielt in seinem Tagebuch fest: „Abends verfasste ich ein Schreiben von Gorbatschow an Kohl. Telefonisch hatte er ihm gegenüber seine Bitte nicht angesprochen, aber es ist SOS: In einigen Gebieten wird es zu Hunger kommen, der Kusbass streikt, es heißt schon ‚Weg mit dem Präsidenten!' Die Regale in den Geschäften der Großstädte sind gähnend leer, buchstäblich. Gorbatschow bittet Kohl, kurzfristig zu helfen, die Banken zu zwingen, Kredite zu geben und Geld im Voraus gegen die Sicherheit des Militäreigentums zu zahlen, das unsere aus Deutschland abziehenden Truppen zurücklassen werden."[95]

Das nachstehende Zeitdokument illustriert deutlich, wie hartnäckig sich die sowjetische Führung um westliche Hilfe bemühte. Sitarjan schrieb an Gorbatschow: „Den Delegationen der BRD wurden die sowjetischen Vorschläge für erstrangige Hilfsmaßnahmen übergeben. Von Anfang 1991 an sollten der Sowjetunion Lebensmittel, Medikamente und die nötigsten Konsumgüter geliefert werden. Wir wollten aus Deutschland und anderen Ländern der Europäischen Gemeinschaft Lebensmittel im Wert von 1,1 Mrd. Rubeln erhalten, Medikamente für 0,4 Mrd. Rubel, me-

---

[93] Aus dem Bericht „Einige westliche Einschätzungen der Situation in der UdSSR und ihre Entwicklungsperspektiven", 31. Juli 1990. Archiv der Gorbačev-Stiftung. Aus dem Černjaev-Fonds. Arch. Nr. 8459.

[94] Anatolij Černjaev: 1991 god: Dnevnik pomoščnika Prezidenta SSSR (Das Jahr 1991. Tagebuch des Assistenten des sowjetischen Präsidenten). Moskau 1997. S. 125; Rodric Braithwaite: Across the Moscow River. The World Turned Upside Don. London 2002, S. 249. Matlock, Autopsy, S. 510 f.

[95] Černjaev, Dnevnik, S. 115. Zu Gorbačevs Ersuchen, politisch motivierte Staatskredite von Deutschland und den Vereinigten Staaten zu bekommen, s. a. Matlock, Autopsy, S. 531 f.

dizinische Technik für 0,2 Mrd. Rubel, Konsumgüter und tägliche Gebrauchsgüter für 0,5 Mrd. Rubel. Von unserer Seite wurde der Wunsch geäußert, dass ein Teil der genannten Waren unentgeltlich geliefert wird und ein Teil zu günstigen kommerziellen Bedingungen mit vergünstigten Warenkrediten, die nach 1995 mit traditionellen sowjetischen Exportwaren zu tilgen wären. (…) Konkret einigte man sich bei dem Treffen auf unentgeltliche Lieferungen von Lebensmitteln und Konsumgütern im Wert von 415 Mio. Mark aus den Reserven der Bundesregierung der BRD und des Senats von West-Berlin (für Moskau)."[96]

Das akute Defizit legte die Arbeit des gesamten außenwirtschaftlichen und außenpolitischen Apparats lahm. Außenwirtschaftsminister Katuschev schrieb im April 1991 an Premierminister Pavlov: „Die Finanzlage im Zentralapparat des Außenhandelsministeriums ist nach wie vor kritisch. (…) Im Zusammenhang mit der Zahlungsunfähigkeit (…) stellt Aeroflot den Verkauf von Flugkarten an Angestellte des Ministeriums ein, die zu kurzfristigen Dienstreisen in Regierungsangelegenheiten ins Ausland reisen. Einzelne Organisationen haben die Abschaltung von Telefonen, der Strom- und Wärmeversorgung und den Abzug externer Sicherheitsdienste angekündigt. (…) Das Ministerium hat keine Möglichkeit, die Schulden bei Handelsvertretungen der UdSSR in Höhe von 600.000 Valutarubeln zu tilgen (das entspricht 1.800.000 sowjetischen Rubeln), ebenso wenig kann es Mittel für die nächsten ausländischen Dienstreisen anlässlich der Verhandlungen über internationale Vereinbarungen überweisen."[97]

Gorbatschow wiederholte in Verhandlungen mit George H. W. Bush und dem britischen Premierminister John Major, dass der Westen, der 100 Mrd. Dollar aufgebracht habe, um die Krise am Persischen Golf Ende 1990/Anfang 1991 zu lösen, einsehen müsse, wie wichtig es sei, eine Krise in der Sowjetunion abzuwenden. Es sei unumgänglich, Mittel in ähnlicher Größenordnung zu finden, um der sowjetischen Führung bei ihren akuten Finanzproblemen zu helfen. Die Zahl von 100 Mrd. Dollar wurde in seinen Gesprächen mit den Führern westlicher Länder mehrfach genannt.[98]

Die westlichen Führer waren grundsätzlich bereit, Gorbatschow zu helfen. Es ging hier nicht um Dankbarkeit dafür, dass er die sowjetische militärische Bedrohung reduziert oder die osteuropäischen Länder befreit hatte. Einige von ihnen, in erster Linie Helmut Kohl, waren ihm sehr verpflichtet. Zudem war die deutsche Regierung bereit, wie aus später veröffentlichten Unterlagen hervorgeht, für die Zustimmung der UdSSR zur deutschen Vereinigung weit mehr zu geben, als dann tatsächlich gezahlt wurde.[99] Aber Dankbarkeit ist nicht das stärkste Argument, wenn es um Dut-

---

[96] Sitarjan an Präsident Gorbačev über die Versuchen mit dem Leiter der außenpolitischen Abteilung im Kanzeramt Horst Teltschik (27.-28. November 1990 in Moskau), 7. Dezember 1990. GARF, f. 5446, op. 163, d. 1192, l. 123.

[97] Katušev an Pavlov zur Finanzlage des Außenwirtschaftsministeriums, 4. April 1991. GARF, f. 5446, op. 163, d. 45, l. 9-10.

[98] Braithwaite, Across the Moscow River, S. 206.

[99] Leonid Zamjatin: Gorbi i Mèggi. Zapiski posla o dvuch izvestnych politiach – Michaile Gorbačeve I Margaret Tètčer (Gorbi und Maggy. Aufzeichnungen eines Botschafters über zwei bekannte Politiker – Michail Gorbačev und Margaret Thatcher). Moskau 1995. S. 110.

6 Die Entwicklung der Krise des sozialistischen wirtschaftspolitischen Systems 279

zende Milliarden Dollars geht. Es geht um etwas anderes. Chaos und nationale Konflikte auf dem Territorium der zerfallenden Supermacht voller Atomwaffen kamen niemandem gelegen. George Bushs Rede in Kiev vom 1. August 1991 ist deutlich anzuhören, dass die westlichen Führer die UdSSR erhalten wollten. Er versuchte in der Ukraine, Regierung und Öffentlichkeit zu bewegen, nicht aus der Union auszuscheiden: „Freiheit und Unabhängigkeit sind nicht dasselbe. Die Amerikaner werden niemandem helfen, der seine Freiheit missbraucht und die frühere Tyrannei durch lokalen Despotismus ersetzt, und ebenso wenig jenen, die einen selbstmörderischen Nationalismus unterstützen, dem ethnischer Hass zugrunde liegt."[100]

Ende 1990 wandte sich die Sowjetregierung offen an den Westen. Sie bat nicht nur um neue Kredite und Garantien, sondern auch um humanitäre Hilfe. Das europäische Parlament verabschiedete im Dezember 1990 eine Resolution über Lebensmittel- und medizinische Hilfe für die Sowjetunion: „Das Europäische Parlament fordert in Anbetracht der zunehmenden Appelle der Sowjetunion, vermittelt durch Massenmedien und diplomatische Kanäle, an die europäische Gemeinschaft, die Mangelsituation bei Lebensmitteln und Medikamenten mit kurzfristigen Hilfsmaßnahmen zu erleichtern, (...) (es fordert) die Kommission auf, der Sowjetunion schnellstmöglich Lebensmittelhilfe aus den vorhandenen Fonds zu leisten; (...) und drückt den Wunsch aus, dass die Hilfe unter Kontrolle der Kommission verteilt wird, die dem Europäischen Parlament in dieser Frage rechenschaftspflichtig ist."[101]

Den dringenden Hilfeersuchen an den potentiellen Gegner schloss sich die Führung der sowjetischen Streitkräfte an. Der stellvertretende Verteidigungsminister Vladimir Archipov schrieb im Januar 1991 an den Leiter der Zentralkommission für die Verteilung der humanitären Hilfe Voronin: „Sehr geehrter Herr Voronin! Ich bitte Sie, dem Verteidigungsministerium der UdSSR 8 Mio. Bundeswehr-Tagesrationen (Trockennahrung) zukommen zu lassen, die aus Deutschland als humanitäre Hilfe in den Häfen von Leningrad, Tallin und Klajpeda eintreffen und an ‚Prodintorg' adressiert sind. Sie sind zur Übergabe an Soldaten und ihre Familienmitglieder bestimmt." Aus dem Brief des Verteidigungsministeriums an denselben Adressaten drei Tage später: „Sehr geehrter Herr Voronin: Bitte prüfen Sie, ob es möglich ist, aus der eingetroffenen humanitären Hilfe dem Verteidigungsministerium der UdSSR 7.000 Tonnen Brotkonserven zu übermitteln."[102]

Aus einem Interview mit Grigorij Jawlinskij im April 1991: Michail Leontjev: Jetzt haben Geraschtschenko und Finanzminister Orlov „kapiert", dass eine finanzielle Katastrophe bevorsteht.

---

[100] A. Koval': 41-ij Prezident SŠA Džorž Buš vernulsja v ukrainskuju stolicu spustja 13 let (der 41. Präsident der USA George Bush ist nach 13 Jahren in die ukrainische Hauptstadt zurückgekehrt). 21. Mai 2004. www.ukrinter.com

[101] Resolution über die Gewährung von Lebensmittel- und medizinischer Hilfe für die Sowjetunion, verabschiedet vom Europäischen Parlament am 13. Dezember 1990. GARF, f. 5446, op. 163, d. 1028, l. 23-27.

[102] Briefe des stellvertretenden Verteidigungsministers Vladimir Archipov an Lev Voronin über die Verteilung der humanitären Hilfe. 16. Januar 1991, 19. Januar 1991. GARF, f. 5446, op. 163, d. 1028, l. 44, 45.

Grigorij Jawlinskij: Verehrte Genossen, liebe Freunde! Sie sind doch Anfang August darüber informiert worden. Sie haben gesagt, es sei nicht so. Was sind Sie jetzt darüber so ungehalten? Sie haben ein riesiges Haushaltsdefizit, etwa eine Viertel Billion, auf die Republiken verteilt, und alle möglichen „Feigenblätter" angezogen, um die Scham des realen Defizits zu kaschieren. Dachten Sie denn im Ernst, dass dieser Trick funktionieren wird? (…)

Michail Leontjev: (…) Letzten Endes können wir in eine Lage kommen, in der das Finanzsystem völlig zusammenbricht…

Grigorij Jawlinskij: Das ist bereits so.[103]

Im Mai 1991 schickte der sowjetische Finanzminister Vladimir Orlov einen Bericht ans Kabinett mit einer für diese Zeit typischen Einleitung: „Das sowjetische Finanzministerium berichtet über die extreme Situation im Zusammenhang mit den in diesem Jahr eingehenden Mitteln für den Stabilisierungsfonds der Wirtschaft."[104]

Der Zerfall des Finanzsystems verlief parallel zu dem des Verbrauchermarkts. Die bevorstehende Desaster trat immer deutlicher zutage. Der Vorsitzende des Leningrader Stadtrats Anatolij Sobtschak schrieb im Mai 1991 an Pavlov: „Sehr geehrter Herr Pavlov! In Leningrad wird die Versorgung der Bevölkerung mit Grundnahrungsmitteln immer schlechter. Zahlreiche Schreiben an zentrale Regierungsorgane der RSFSR und der UdSSR und unmittelbare Kontakte mit den Regierungschefs der Unionsrepubliken bleiben ohne Ergebnis."[105]

Zur Versorgungslage der Bevölkerung im Frühjahr 1991: „Die Menschen in Jaroslavl freuen sich über die Schlangen: Wenn man in einer Schlange steht, kann man hoffen, etwas kaufen zu können. Aber es werden immer weniger Schlangen. Vor Industriewarengeschäften und Kaufhäusern gibt es schon lange keine Schlangen mehr. Vor zwei Wochen ist eine neue aufgetaucht, für Brot. Das ist jetzt die längste Schlange, die Menschen sind erbittert und verzweifelt."[106]

Aus den Brief eines sowjetischen Schülers vom 14. Februar 1991: „In der letzten Woche stand ich in einer furchtbar langen Schlange nach Fleisch an. Wissen Sie, wie lange ich da gestanden habe? Es fällt mir schwer, es Ihnen zu sagen, aber es waren fünfeinhalb Stunden. Schlangen hat es immer gegeben (wie Sie wissen), aber sie waren nicht so lang, und wir mussten nicht nach allen Waren anstehen. Aber jetzt müssen wir nach allem anstehen, nach Fleisch, Schuhen, Streichhölzern und Salz. Wir stehen nach Reis, Zucker und Butter an … Diese Liste ist endlos. … Früher habe ich nie geweint, ich habe einen starken Charakter, aber jetzt weine ich oft. Wir sind wie Tiere geworden. Wenn Sie unsere wütenden, durchgedrehten und hungrigen Men-

---

[103] Michail Leont'ev: „Ja ne imel prava lišať ljudej nadeždy…» (Ich hatte nicht das Recht, den Menschen die Hoffnung zu nehmen). Interview mit Grigorij Jawlinskij. Nezavisimaja gazeta, 13. April 1991.
[104] Vladimir Orlov an das Kabinett der UdSSR zur Einrichtung von Wirtschafts-Stabilisierungsfonds außerhalb des Budgets 1991. 27. Mai 1991. GARF, f. 5446, op. 163, d. 37, l. 39.
[105] Sobčak an Pavlov am 16. Mai 1991. GARF, f. 5446, op. 163, d. 1446, l. 19.
[106] A. Kolesnikov: Pervyj tur val'sa ètiketov. O tom, kak gotovilis' v Jaroslavle k povyšeniju cen (Erste Tour des Etikettenwalzers. Wie man sich in Jaroslavl' auf die Preiserhöhungen vorbereitet hat). Moskovskie novosti, 14, 7. April 1991. S. 6.

schen in diesen entsetzlichen Schlangen sähen, wären Sie schockiert. Jedes Land hilft uns. Wir haben schon offen um Hilfe gebeten und haben sie gerne angenommen. Wir haben ein wichtiges Wort vergessen – Stolz. Ich schäme mich für mein Land."[107]

Eine solche Art von Kindheitstrauma geht nicht spurlos vorbei. Ich möchte nicht glauben, dass der Autor dieser Zeilen heute von der Wiederherstellung unserer imperialen Größe träumt.

Vor diesem Hintergrund wurde die Lage in der Ölbranche sowie bei Devisen und Finanzen immer prekärer. In einem Brief ans Kabinett heißt es: „Zur Stabilisierung der Arbeit in der Öl- und Gasindustrie wurden die Steuersätze für den Ölexport auf 10 % und für Gas auf 5 % (im Vergleich zu den festgelegten Sätzen von 40 %) herabgesetzt, die Mittel sollen in die Stabilisierungsfonds der Branchen fließen. (...) Zusätzliche Investitionen in die Öl- und Gasindustrie werden auf 15 Mrd. Rubel geschätzt (7,7 Mrd. Rubel für Öl, 7,3 Mrd. Rubel für Gas), darunter 2,1 Mrd. Rubel aus den gesenkten Ertragssteuern und 12,9 Mrd. Rubel durch Herabsetzung der Exporteinnahmen. Auf diese Weise steigt durch die genannten Faktoren das Haushaltsdefizit um 65,3 Mrd. Rubel, auf das Unionsbudget entfallen hier 29,6 Mrd. Rubel. Außerdem erfordern die Erhöhung der Arbeitslöhne und die Lösung anderer sozialer Fragen in den Kohlebetrieben 1991 zusätzliche Haushaltmittel in Höhe von 5,0 Mrd. Rubeln. (...) Den Abrechnungen zufolge sind von Januar bis März d. J. im Unionsbudget 19,9 Mrd. Rubel statt der erwarteten 55 Mrd. Rubel eingegangen. Die Ausgaben für diesen Zeitraum beliefen sich auf 47,0 Mrd. Rubel, vorgesehen waren 60,9 Mrd. Rubel. Die Ausgaben lagen um 27,1 Mrd. Rubel über den Einnahmen. Ein erheblicher Planrückstand besteht bei Einkünften aus dem Außenhandel. Im 1. Quartal d. J. wurden 4,4 Mrd. Rubel eingenommen, im verabschiedeten Haushalt waren 17 Mrd. Rubel vorgesehen. (...) Im ersten Quartal d. J. gingen die Außenhandelspreise für Brennstoffe und Energie entgegen den Erwartungen zurück (die Ölpreise liegen zurzeit bei 60 Rubeln pro Tonne und nicht, wie im Plan vorgesehen, bei 105 Rubeln). Demzufolge sind die Einnahmen aus den Exportsteuern um 0,4 Mrd. Rubel gesunken. (...) Die im Haushalt fehlenden Einnahmen aus Bank- und Handelskrediten von 2,5 Mrd. Rubeln rühren daher, dass die Bank für Außenwirtschaft mit diesen vorgesehenen Summen überfällige Devisenschulden für Importe von 1990 beglichen hat. Darüber hinaus sind Kredite für den Import ausgeblieben, weil die ausländischen Kreditgeber Zweifel an einer fristgerechten Zahlung durch sowjetische Auftraggeber hatten."[108]

Die Regierung versuchte, einen Ausweg aus der Krise zu finden und zumindest irgendwelche Maßnahmen vorzuschlagen, die auf eine Stabilisierung hoffen ließen. Die Lage wurde zu dieser Zeit bereits als extrem bezeichnet. Der stellvertretende Wirtschaftsminister Vladimir Durasov schrieb am 20. Juni 1991 ans Kabinett: „... In dieser extremen Situation bedarf es zusätzlicher Maßnahmen. Zwei Alternativen wurden erwogen, um aus der Situation herauszukommen. Die erste bestünde in ri-

---

[107] Marshall I. Goldman: What went Wrong with Perestroika. New York 1992. S. 14.
[108] Vladimir Orlov ans Kabinett (zur Umsetzung des Unionshaushalts und zum Stabilisierungsfonds für die Wirtschaft 1991). 30. April 1991. RGAĖ, f. 7733, op. 65, d. 5578, l. 99-102.

gorosen nichtökonomischen Methoden, um die finanziellen Einkünfte der Bevölkerung zu begrenzen. Dazu gehören: 1. Kürzung der Haushaltsausgaben für Sozialprogramme. (…) Um das Haushaltsdefizit auf das für dieses Jahr vorgesehene Maß zu reduzieren (unter Berücksichtigung der Preisentwicklung – ungefähr 100 Mrd. Rubel) sind die Mittel für Sozialprogramme um 30-35 Mrd. Rubel zu kürzen. 2. Die Löhne in allen Bereichen zum Stand vom 1. Juli des laufenden Jahres einzufrieren. Damit könnte der Einkommenszuwachs bei der Bevölkerung auf etwa 100 Mrd. Rubel begrenzt werden. Außerdem müssen die Ausgaben zentraler Mittel für den Investitionsbau soweit wie möglich reduziert werden, mit allen Konsequenzen für die Volkswirtschaft.

Diese Variante ist theoretisch möglich. Allerdings wird sie in der derzeitigen sozialpolitischen Lage kaum umgesetzt werden. Unter den aktuellen Bedingungen spricht alles mehr für die zweite Variante. Sie basiert auf der Einsicht, dass sich eine inflationäre Entwicklung nicht vermeiden lässt und dass diese bewusst für eine makroökonomische Stabilisierung genutzt wird. Nur ein begrenzter Kreis der Bevölkerung mit fixierten Einkommen sollte vor der Inflation geschützt werden. Dabei ist zu berücksichtigen, dass Beschäftigte in der materiellen Produktion die Verluste durch den Preisanstieg hauptsächlich durch eine Steigerung der Produktion und deren Verkauf auf dem Gütermarkt kompensieren sollten. Der Kern dieser Variante besteht in einer konsequenten Freigabe aller Preise ab Juli des laufenden Jahres. Anfang 1992 soll es demnach nur noch für eine begrenzte Liste von Energie- und Rohstoff-Ressourcen und bei Tarifen für umfangreichen Güterverkehr feste und regulierte Preise geben, und im Einzelhandel nur für Grundbedarfsartikel."[109]

Der vorgeschlagenen zweiten Möglichkeit standen politische Risiken im Weg. Ein Zeitgenosse beschrieb die Streiks in den Bergarbeiterregionen vom Frühjahr 1991: „Auf den Straßen standen Mahnwachen und Patrouillen: Kräftige Arbeiter in weißen Hemden. Eine ideale Ordnung, Kriminalität gibt es in der Stadt nicht. Die offiziellen Behörden sind nicht präsent, sie haben freiwillig ihre Vollmachten an jene übergeben, die sie gestern noch nicht in ihre Amtsräume gelassen hätten. Kirovsk, Snezhnoe, Schatjorsk, Tores, Donezk …. Das war kein Streik, das war eine Revolution. …"[110]

Einige Mitglieder der Unionsregierung waren sich der tödlichen Gefahren bewusst, die der Verzicht auf notwendige, aber unpopuläre Maßnahmen mit sich brachte. Vadim Bakatin äußerte im Gespräch mit Nenaschew: „… Wenn man das Gefühl beschreiben soll, das unsere Führer im Frühjahr 1990 beherrschte, kann ich das nur als ‚Feigheit' bezeichnen. Sowohl Gorbatschow als auch Ryzhkov hatten Angst vor dem Übergang zu Marktverhältnissen, aus Unkenntnis, weil sie nicht verstanden, dass dies unvermeidlich und dass es gefährlich war, weiter zu zögern und auf der Stelle zu treten. Denn dies destabilisierte die Wirtschaft nur noch mehr und verschärfte

---

[109] Vladimir Durasov ans Kabinett. Unterlagen über verwirklichte und geplante Maßnahmen zur Stabilisierung der Wirtschaft der UdSSR und die Prognose ihrer Entwicklung für 1991. 20. Juni 1991. GARF, f. 5446, op. 163, d. 8, l. 182, 183.

[110] S. Boguslavskij: Smeščenie plastov (Verschiebung der Schichten). Literaturnaja gazeta, 20. März 1991.

die Konfrontation zwischen Zentrum und Republiken."[111] Aber solche Diskussionen hatten keine praktischen Konsequenzen.

Die sowjetische Führung stand erneut vor der gleichen Entscheidung wie 1985-1986. Aber die Situation hatte sich verschlechtert – das Land stand vor einem derartigen Schuldenberg gegenüber dem Ausland, dass er nicht mehr zu beherrschen war, die Devisenreserven schmolzen dahin, der Verbrauchermarkt war in katastrophalem Zustand, die politische Stabilität unterminiert, und es war zu einer Reihe ethnischer Konflikte gekommen. Ohne zu den erforderlichen Entscheidungen bereit zu sein, um die Finanzlage zu retten, diskutierten die sowjetischen Führer Reformprogramme. Diese waren entweder aus ökonomischen oder aus politischen Gründen unrealistisch und hatten auf die Entwicklung im Lande keinerlei Einfluss.

---

[111] Michail Nenašev: Poslednee pravitel'stvo SSSR: Ličnosti, svidetel'stva, dejateli (Die letzte Regierung der UdSSR: Personen, Zeugnisse, Akteure). Moskau 1993. S. 73.

7
Auf dem Weg zum Staatsbankrott

„In dir ist keine halbe Stunde Leben."

William Shakespeare
Hamlet, 5. Akt, 2. Szene

7.1 Die Devisenkrise: Das Jahr 1991

Was nicht zu vermeiden ist, wird früher oder später geschehen.

Seit dem zweiten Halbjahr 1990 war die UdSSR gezwungen, den Import drastisch zu reduzieren, nachdem sie die Devisenreserven erschöpft hatte und keine weiteren Kredite mehr aus dem Ausland bekommen konnte. 1991 gingen die Importe von 82,1 Mrd. auf 44,7 Mrd. Valutarubel zurück. Tabelle 7.1. illustriert die Entwicklung beim Import im ersten Halbjahr 1991 in den für die Volkswirtschaft wichtigsten Positionen.

Tabelle 7.1 Quantitative Änderungen im Import für wichtige Waren im 1. und 2. Quartal 1991 im Vergleich zu den Vorjahreszeiträumen, %

Warengruppe	1. Quartal 1991	2. Quartal 1991
Schwarzmetalle	−67.6	−68.3
Getreide	−44.4	−10.4

Quelle: Statističeskij sbornik „O rabote narodnogo chozjajstva strany" (za raznye mesjacy) (Statistisches Jahrbuch „Zur Arbeit der Volkswirtschaft des Landes" (für mehrere Monate)). Moskau 1991.

Die ökonomischen Behörden waren sich zu dieser Zeit darüber im Klaren, welche Rolle die Devisenkrise bei den zunehmenden wirtschaftlichen Problemen spielte. Kabinettschef Pavlov sagte auf der Präsidiumssitzung des Obersten Sowjets am 19. Februar 1991: „Was Importe betrifft, so ist in dieser Frage lange nichts entschieden worden, weil es keine Devisen gab. Am 30. Januar 1991 hat das Kabinett den Beschluss über Rohstoffimporte gefasst. Daher hat es keine Einkäufe und Lieferungen von Rohstoffen im Voraus gegeben. Im Januar und Anfang Februar waren bereits deutliche Anzeichen eines Stillstands in der Leichtindustrie zu verzeichnen. Wir haben also am 30. Januar Folgendes beschlossen: Rohstoffe für nicht mehr und nicht weniger als 2,2 Mrd. Rubel zu kaufen, 1,7 Mrd. Rubel müssen in frei konvertierbarer Währung bezahlt werden. Urteilen Sie selbst, wie abhängig unsere Leichtindustrie von ausländischen Lieferanten ist. Sie sehen, sie verdient dieses Geld nicht selbst und kann dies auch gar nicht. Außerdem tilgen wir zurzeit die Schulden für 1990 (denn vorher würde niemand, trotz all unserer Beschlüsse, mit uns Verträge schließen und Waren liefern). Zum 15. Februar dieses Jahres lagen unsere Schulden bei 326 Mio. Rubeln in Devisen. Jetzt sind Lieferungen eingetroffen, vor allem Wolle und Komponenten für die chemische Industrie. Verträge über die Rohstofflieferungen im für dieses Jahr vorgesehenen Rahmen stehen vor dem Abschluss. Wir werden die importierten Rohstoffe und Materialien aus den laufenden Einkünften von über 400 Mio. Rubeln bezahlen. In Erwartung von Krediten wurde entschieden, noch für weitere 250 Mio. Rubel einzukaufen. Aber da es hier Ausfälle gab, ist natürlich ein Loch geblieben. Wir müssen die Lage realistisch sehen und zur Kenntnis nehmen, dass die Rohstoffe erst gegen Mitte März in den Betrieben eintreffen werden. Bis dahin werden einzelne Lieferungen kommen, aber ich spreche davon, wann sich die Lage normalisieren wird."[1]

In Wirklichkeit entwickelten sich die Dinge schlechter als es der Regierung im Februar schien. Im April berichtete Gosplan der Regierung, dass sich die Devisenlage wesentlich komplizierter gestaltete als man in den wirtschaftlichen Prognosen für die Staatspläne von Union und Unionsrepubliken für 1991 angenommen hatte. In den Berechnungen hatte man für 1991 mit 19 Mrd. Rubeln eingehender Mittel für den unionsrepublikanischen Devisenfonds gerechnet, 9,9 Mrd. Rubel davon aus kapitalistischen Ländern in frei konvertierbarer Währung. Außerdem war man davon ausgegangen, dass für die Bezahlung der Auslandsschulden in frei konvertierbarer Währung entsprechend dem Präsidentenerlass vom 2. November 1990 9,7 Mrd. Rubel eingehen würden. Im ersten Quartal 1991 wurden aus Mitteln dieses Devisenfonds für Importe insgesamt nur 1,7 Mrd. Rubel bezahlt. Dass keine Mittel in diesen Fonds eingingen, erklärte sich durch die „...außerordentlich unbefriedigende Lage bei den Lieferungen sowjetischer Waren ins Ausland."[2]

Die Gosbank verlor die Kontrolle über den Geldumlauf. Die Finanz- und Währungsbehörden der Republiken ignorierten ihre Anweisungen. Der Leiter der Gosbank Geraschtschenko schrieb im April 1991 an Präsident Gorbatschow: „In einigen Republiken – Litauen, Lettland, Estland – wurde versucht, ‚eigenes' Geld in Umlauf zu bringen. (...) Gesetzesakte und praktische Maßnahmen einiger Republiken blockieren den Eingang von Einkünften ins Unionsbudget. Das sowjetische Finanzmi-

---

[1] Premierminister Pavlov auf der 5. Sitzung des Obersten Sowjets. Diskussion seines Berichts über weitere Stabilisierungsmaßnahmen des Verbrauchermarkts und zur Geldpolitik. 19. Februar 1991, stenografischer Bericht, Teil 1, S. 94.

[2] L. V. Vid (stellvertretender Vorsitzender von Gosplan) ans Kabinett. Beurteilung verschiedener Entwicklungsmöglichkeiten der sowjetischen Volkswirtschaft 1991. 27. April 1991, GARF, f. 5446, op. 163, d. 8, l. 93, 94.

nisterium ist gezwungen, die äußerst begrenzten Einnahmen und Anleihen von der Gosbank zu nutzen. Das führt dazu, dass kein Geld mehr für die Besoldung für Armee und Flotte und die Unterhaltung der Unions-Verwaltungsorgane vorhanden sein wird. Gefährdet sind auch die Renten, weil Eingänge in den Rentenfonds der UdSSR ebenfalls blockiert sind. Dies alles wird schließlich zu einer völlig unkontrollierbaren Kredit- und schließlich Notenemission führen, es wird eine Hyperinflation in Gang setzen mit allen verderblichen Folgen nicht nur für die gesamte Volkswirtschaft, sondern auch für die Wirtschaft jeder einzelnen Republik. Versuche der Gosbank, die Beziehungen zu den Zentralbanken der Republiken zu regeln mit dem Ziel einer einheitlichen Währungs- und Kreditpolitik, hatten keine positive Resonanz. (...) Die Macht- und Verwaltungsorgane der Republiken verschließen die Augen vor den katastrophalen Folgen eines Währungs- und Kredit-Separatismus, wovor sowjetische ebenso wie ausländische Spezialisten warnen. (...) Man muss sich darüber im Klaren sein, dass das Währungs- und Kreditsystem recht schnell zusammenbrechen kann."[3]

Geraschtschenko informierte mit Sorge Anatolij Lukjanov (Vorsitzender des Obersten Sowjets), dass die Gesetze der RSFSR, der Belarussischen und Usbekischen SSR sowie anderer Republiken die Zentralbanken berechtigten, selbstständig Banknoten zu drucken.[4] Ein weiterer Ausschnitt aus dem Brief Geraschtschenkos: „... Einer der Gründe für den gegenwärtigen Zustand der Wirtschaft liegt darin, dass das einheitliche Bankensystem im Lande unterminiert wird, das auf einer gemeinsamen Währungseinheit, dem Rubel, basiert. Die Unionsrepubliken halten die sowjetischen Gesetze ‚Die Gosbank der UdSSR' und ‚Die Banken und ihre Tätigkeit' nicht ein. Wenn sich das nicht ändert, wird es unvermeidlich zu einer verstärkten Inflation, zur Einführung nationaler Währungen und zu einem Abbruch der wirtschaftlichen Beziehungen auf dem Unionsmarkt und schließlich zu einem faktischen Zusammenbruch der Wirtschaft kommen."[5]

Im späten Frühling und Frühsommer wurde der Ton im Schriftwechsel der Regierung immer alarmierender. Der stellvertretende Kabinettschef Sitarjan und Außenwirtschaftsminister Katuschev schrieben im Mai 1991 an Premierminister Pavlov: „Es fehlen die notwendigen Mittel für den Import, weil es keine zentralen Export-Ressourcen gibt. Diese sind im Vergleich zu 1990 auf die Hälfte zurückgegangen. Das gilt für den Ölexport, der immer unsere Haupteinnahmequelle war und der von 124 Mio. Tonnen 1990 im Jahre 1991 auf 61 Mio. Tonnen gesunken ist. Die Öllieferungen in die osteuropäischen Länder sind auf ein Drittel zurückgegangen (von 60 Mio. Tonnen 1990 auf 19 Mio. Tonnen 1991). (...) Die gesamten Schulden der UdSSR bei den osteuropäischen Ländern (einschließlich der ehemaligen DDR, aber

---

[3] Geraščenko an Präsident Gorbačev über das Geld- und Kreditsystem. 8. April 1991. RGAĖ, f. 2324, op. 32, d. 4005, l. 58-60.
[4] Geraščenko an den Vorsitzenden des Obersten Sowjets Anatolij Lukjanov zu Fragen des Bankensystems. 4. April 1991. RGAĖ, f. 3435, op. 32, d. 4005, l. 64, 65.
[5] Geraščenko an Präsident Gorbačev über eine einheitliche Kredit- und Geldpolitik. 11. April 1991. RGAĖ, f. 2324, op. 32, d. 4005, l. 69.

ohne Polen, mit dem keine Schuldenregelung getroffen wurde) lagen am 1. Januar 1990 bei 6,1 Mrd. Rubeln und Anfang 1991 bei 14,5 Mrd. Rubeln. Gegenüber Polen hatten wir in allen Zahlungsverpflichtungen am 1. Januar 1990 ein Plus von 5,2 Mrd. Rubeln, am 1. Januar 1991 war ein Defizit von 1,3 Mrd. Rubeln entstanden. Bis zum Ende des laufenden Jahres können die Schulden gegenüber den oben genannten Ländern auf 18,6 Mrd. Rubel steigen (bei einer gegenseitigen Verrechnung mit Polen), wenn wir keine außerordentlichen Maßnahmen treffen. (…) Bei den ständig steigenden Schulden der UdSSR bestehen die osteuropäischen Länder darauf, dass zumindest ein Teil im Jahre 1991 getilgt wird (mindestens 1,2 Mrd. Rubel). Sie stellen die Frage nach einem umgehenden Ausgleich von Export und Import und entsprechenden genauen Listen von Handelsabkommen mit diesen Ländern. (Das gesamte Defizit zentralisierter Mittel gegenüber diesen Ländern wird auf 3,5 Mrd. Rubel geschätzt). (…) Die verspätete Bezahlung von Importen sowie die chronischen Verzögerungen bei der Eröffnung von Akkreditiven der Außenwirtschaftsbank für diese Waren sind ein schwerwiegendes Problem. Beispielsweise stehen im laufenden Jahr noch Zahlungen von 300 Mio. Rubeln an die osteuropäischen Länder für bereits gelieferte Waren aus. Für 600 Mio. Rubel wurden keine Akkreditive zur Bezahlung von besonders knappen Gütern eröffnet, die in unserem Auftrag produziert und zur Lieferung bereitgestellt wurden (Medikamente, Konsumgüter, Ersatzteile)."[6]

Der katastrophale Rückgang der Erdölförderung bei niedrig bleibenden Ölpreisen, die erschöpften Devisen und nicht ausreichende kommerzielle Kredite – dies alles führte zwangsläufig dazu, dass immer weniger importiert wurde. Der stellvertretende Wirtschaftsminister Durasov teilte dem Kabinett im Juni 1991 Folgendes mit: „Da die Ölpreise deutlich hinter den Prognosen zurückbleiben, gingen aus dem Ölexport etwa 2,1 Mrd. Rubel weniger an Devisen ein. (…) Um im laufenden Jahr das materielle und technische Gleichgewicht in der Produktion zu gewährleisten, werden Produkte, die auf dem Weltmarkt konkurrenzfähig sind, aus dem Export genommen. Der Gesamtwert dieser Waren, die dem Verbrauch im Inland zugeführt wurden, beläuft sich auf 2,8 Mrd. Rubel. (…) Allerdings können Einkäufe infolge des Devisenmangels nicht im vorgesehenen Umfang vorgenommen werden. Bestenfalls werden davon 73 % erreicht. Diese Importwaren werden nur geliefert, sofern der Export aus der UdSSR nicht noch weiter sinkt. Barter-Operationen werden besonders kontrolliert, und Kredite, die mit Finanzkreisen westlicher Länder vereinbart wurden, werden vollständig ausgezahlt."[7]

Nachdem man dazu übergegangen war, mit den Comecon-Ländern in konvertierbarer Währung abzurechnen, ging bereits im ersten Quartal 1991 der Güterverkehr mit Bulgarien im Vergleich zum Vorjahreszeitraum auf die Hälfte zurück, mit Un-

---

[6] Sitarjan und Katušev an Pavlov über die außenwirtschaftlichen Beziehungen der UdSSR 1991. 14. Mai 1991, GARF, f. 5446, op. 163, d. 46, l. 98-100.

[7] Durasov ans Kabinett. Unterlagen zu durchgeführten und geplanten Maßnahmen zur Stabilisierung der sowjetischen Wirtschaft und zur Entwicklungsprognose für 1991. 20. Juni 1991, GARF, f. 5446, op. 163, d. 8, l. 156.

garn um das 1,7-fache, mit Polen um das 1,3-fache, mit Rumänien um das 1,6-fache und mit der Tschechoslowakei um das 1,3-fache.[8]

Ausländische Partner mahnten die sowjetische Führung immer häufiger und deutlicher wegen säumiger Zahlungen. Der stellvertretende Außenwirtschaftsminister Katschanov schrieb an Sitarjan: „Das Außenwirtschaftsministerium hat ein Schreiben vom US-Außenhandelsminister Robert Mosbacher wegen ausstehender Zahlungen sowjetischer Organisationen an US-Firmen erhalten. Zum 20. Dezember 1990 belaufen sich die Schulden auf ungefähr 117 Mio. US-Dollar (auf die Konzerne des Außenwirtschaftsministeriums entfallen 17,2 Mio. US-Dollar – eine Liste liegt bei)."[9] Der Präsident der Assoziation für japanisch-sowjetischen Handel Tetsuo Sato schrieb an den Vorsitzenden des Wissenschaftlichen Industrie-Verbands der UdSSR Arkadij Volskij: „Die Assoziation für japanisch-sowjetischen Handel bekundet ihre Hochachtung und leitet zur Kenntnis detaillierte Informationen über die Zahlungsrückstände sowjetischer Außenhandelsgesellschaften bei den Mitgliedsfirmen unserer Assoziation weiter."[10]

7.2 Das Getreideproblem

Mit Beschluss des Ministerrats der UdSSR vom 7. Mai 1990 Nr. 451 wurden neue staatliche Einkaufspreise für Getreidekulturen eingeführt. Das belastete den Staatshaushalt jährlich zusätzlich mit 9 Mrd. Rubeln. Gosplan schlug der sowjetischen Regierung vor, die Preise für Brot und Teigwaren im Einzelhandel zu verdreifachen und für Korn um das 2,9-fache zu erhöhen.[11] Aus politischen Gründen kam es indes 1990 nicht zu dem Beschluss, die Brotpreise im Einzelhandel zu ändern.

1991 (wie bereits 1918 und 1988) wurde das Getreideproblem für die sowjetischen Machthaber entscheidend. Valentin Pavlov äußerte auf der Präsidiumssitzung des Obersten Sowjets am 19. Januar 1991: „1990 haben wir eine der besten Ernten eingefahren: 237 Mio. Tonnen Bunkergewicht und 218 Mio. Tonnen Silogewicht. Das ist wirklich eine unserer besten Ernten. Allerdings erhielt der Staat für seine Ressourcen im letzten Jahr 66,8 Mio. Tonnen Getreide, 18 Mio. Tonnen weniger als vorgesehen und 28 Mio. weniger als 1978, als wir genau die gleiche Ernte hatten.

---

[8] R. Grinberg/K. Legaj: Stupeni dezintegracii: problemy torgovli SSSR s Vostočnoj Evropoj (Stufen der Desintegration: Probleme des Handels der UdSSR mit Osteuropa). Nezavisimaja gazeta, 25. Mai 1991.

[9] Kačanov an Sitarjan. Im Zusammenhang mit dem Brief des US-Handelsministers Mosbacher über die ausstehenden Zahlungen sowjetischer Organisationen an US-Firmen, 27. Dezember 1990. GARF, f. 5446, op. 163, d. 1177, l. 26.

[10] Tetsuo Sato an Arkadij Vol'skij zur Verschuldung sowjetischer Außenhandelsgesellschaften bei Mitgliedsfirmen der Assoziation für japanisch-sowjetischen Handel, 13. Februar 1991. GARF, f. 5446, op. 163, d. 1178, l. 69.

[11] Durasov an den Ministerrat zur Verknüpfung der neuen Einkaufspreise für Getreide mit den Preisen für Brot und Teigwaren im Einzelhandel und einer entsprechenden Kompensation der Bevölkerung für zusätzliche Ausgaben. 12. Juni 1990. GARF, f. 5446, op. 162, d. 277, l. 76, 77.

Die Antwort, wohin das Getreide gekommen ist, ist klar: Die Produzenten haben es behalten, während die Versorgung der Bevölkerung dem Staat obliegt. Der Grund liegt in den ‚Kosten der Übergangsperiode', in einer verbreiteten äußerst niedrigen Lieferdisziplin. Getreide – das sind heute Devisen, es wird als Druckmittel und im Handel benutzt. Jetzt hat die Regierung beschlossen, überall wo möglich, auch von den Warenfonds, die materiellen und technischen Ressourcen, einschließlich Autos, zu nehmen, die die Landwirtschaft benötigt. Viele sind aufgebracht, weil sie keine Autos bekommen, weil es nicht genügend Autos oder auch anderer Technik gibt ... Wir haben trotz dieser Mangelsituation beschlossen, die für 1991 bereitgestellten Ressourcen zu verwenden und der Landwirtschaft alles zu geben, was sie erbeten hat (das betrifft im Wesentlichen drei Republiken: Russland, Kasachstan und die Ukraine), um dafür Getreide zu bekommen. Wir gehen davon aus, dass wir auf dieser Basis etwa 3 Mio. Tonnen Getreide bekommen können. Aber die Frage nach der Lieferdisziplin und der Erfüllung von Verbindlichkeiten bleibt in jedem Fall offen. Wir haben jetzt etwas an einer Stelle weggenommen und anderswohin gegeben, aber was werden wir weiter tun? Diese Frage müssen wir für die Zukunft unbedingt irgendwie lösen. Das Land kann nicht so weiterleben, dass in einzelnen Städten nur noch für zwei bis drei Tage Brot vorhanden ist und dass dieser ‚Faden' in jeder Minute reißen kann."[12]

Die RSFSR kaufte aus der Ernte von 1990 33,9 Mio. Tonnen Getreide. Der Plan wurde zu 72 % erfüllt. Der Staat erhielt 13,1 Mio. Tonnen Getreide weniger als erwartet.[13] Viktor Akulinin, Abteilungsleiter für die agrarindustriellen Branchen des Ministerrats, schrieb im April 1991 an Pavlov: „Im Land kann es in nächster Zeit bei der Versorgung der Bevölkerung mit Getreideprodukten sowie bei der Viehzucht mit Kraftfutter zu extremen Engpässen kommen. Monatlich werden hierfür etwa 8 Mio. Tonnen Lebensmittel- und Futtergetreide aufgewendet. Zum 1. März d. J. belaufen sich die verbleibenden Staatsreserven (ohne Saatgut) nach Experten-Berechnungen auf ungefähr 13 Mio. Tonnen. Davon befindet sich fast die Hälfte in der Kasachischen SSR. Das bedeutet, dass die Reserven an Lebensmittelgetreide (außer Kasachstan, wo es bis zur nächsten Ernte reicht) Ende März erschöpft sein werden. Bereits heute ist die Lage bei der Versorgung mit Mehl äußerst alarmierend. (...) In Moskau und in den Gebieten Ivanovo, Tula, Nizhnij Novgorod, Tjumen, Sverdlovsk, Tschita, Kamtschatka und einigen weiteren reichen die Mehlreserven für weniger als zehn Tage. Das Getreideproblem kann auch durch Importe nicht gelöst werden. Von Januar bis März d. J. wurden nur 3,7 Mio. Tonnen Getreide eingeführt, geplant waren 12,4 Mio. Tonnen. Mehrmalige Aufträge der Regierung, die Getreidelieferungen aus der Kasachischen SSR ebenso wie die Importe zu forcieren, hatten keinen nennens-

---

[12] Premierminister Pavlov auf der 5. Sitzung des Obersten Sowjets. Vortrag zu weiteren Stabilisierungsmaßnahmen des Verbrauchermarkts und zur Preispolitik. 19 Februar 1991. Stenografischer Bericht. Teil 1, S. 96.

[13] Mitteilung von Timošišin (Vorsitzender des Staatskomitees für Lebensmitteleinkäufe) über Lebensmittellieferungen 1991 an Gen. Fedor Sen'ko (stellvertretender Premierminister der UdSSR), 13. April 1991, GARF, f. 5446, op. 163, d. 562, l. 12.

werten Erfolg. (...) In Anbetracht der akuten Umstände hinsichtlich der staatlichen Getreideressourcen wären umgehend folgende Maßnahmen zu treffen.

- Erstens: Eine kompetente Gruppe verantwortlicher Funktionäre des Zentrums ist nach Kasachstan zu entsenden, um die Fragen der Getreidelieferungen vor Ort zu lösen. (...)
- Zweitens: Die außenwirtschaftlichen Behörden und Transportorganisationen müssen eine monatliche Lieferung von mindestens 5,5-6 Mio. Tonnen Importgetreide ins Land gewährleisten.
- Drittens: Die Republiken sind erneut darauf hinzuweisen, dass weitere in den Agrarbetrieben vorhandenen Getreideüberschüsse aus der Ernte von 1990 aufzukaufen sind (bisher wurden im Februar und März etwa 100.000 Tonnen gekauft, vorgesehen waren etwa 3 Mio. Tonnen)."[14]

Vitold Fokin (Vorsitzender des Ministerrats der Ukrainischen SSR) forderte in seinem Brief an Premierminister Pavlov, für Februar und März 1991 aus dem Unionsfonds 1,2 Mio. Tonnen Weizen zurückzugeben. Bis Jahresende sollten 2,4 Mio. Tonnen Futtergetreide in die Republik geliefert und der Getreidefonds der Republik für die Produktion von Mischfutter und Rohstoffen im ersten Halbjahr um 1,2 Mio. Tonnen aufgestockt werden.[15]

Dem Führer der russischen Kommunisten Ivan Poloskov (Erster ZK-Sekretär der Kommunistischen Partei der RSFSR) schien die Situation bei der Lebensmittelversorgung, insbesondere mit Getreide, im Frühjahr 1991 mehr als alarmierend. Im März 1991 schrieb er an Präsident Gorbatschow und Premierminister Pavlov: „In der Russischen Föderation ist die Versorgungslage der Bevölkerung mit Mehl, Korn und anderen Getreideprodukten sowie bei der Viehzucht mit Mischfutter so schwierig wie in keiner anderen Republik. Die Leiter des Ministeriums für Getreideprodukte der RSFSR bestätigen die kritische Versorgungslage mit Getreide für die Mühlen-, Korn- und Mischfutterindustrie. Im ersten Halbjahr fehlen in Russland ungefähr 18 Mio. Tonnen, das ist fast die Hälfte des Bedarfs. Das jetzt in den Betrieben herzustellen ist kaum aussichtsreich. In 27 Regionen ist die Lage katastrophal, im Laufe einer Woche können die Mühlen stillstehen und das Backen von Brot sowie die Versorgung mit Mischfutter in den Geflügel- und den großen Viehzuchtbetrieben zum Erliegen kommen."[16]

In diesem Fall übertrieb Poloskov, der als Gegner Gorbatschows bei Reformen im politischen und wirtschaftlichen System bekannt war, den Ernst der Lage nicht. Das belegen Dokumente aus der amtlichen Korrespondenz dieser Zeit. Der erste stellver-

---

[14] Viktor Akulinin an Gen. Pavlov über eine mögliche extreme Situation bei der Versorgung mit Getreideprodukten sowie mit Kraftfutter für die Viehzucht, 18. März 1991. GARF, f. 5446, op. 163, d. 560, l. 16, 17.

[15] Vitol'd Fokin an Pavlov zur Lebensmittelversorgung der Republik, 5. Februar 1991. GARF, f. 5446, op. 163, d. 562, l. 9.

[16] Ivan Polozkov an Gorbačev und Pavlov am 21. März 1991. GARF, f. 5446, op. 163, d. 562, l. 16.

tretende Minister für Getreideprodukte der RSFSR Alexander Kudelja schrieb im März 1991 an den stellvertretenden Premierminister Fedor Senko: „Zurzeit besteht in der Russischen Föderation akuter Mangel an staatlichen Getreideressourcen für die Herstellung von Mehl (für Brot), Getreideerzeugnissen und Mischfutter für industrielle Vogel- und Viehzucht. Das hat im Wesentlichen folgende Gründe:

- Da erstens Getreideeinkäufe für die Staatsreserven nicht ausreichend geregelt und die Preise für Technik und Material drastisch gestiegen sind, haben die Kolchosen und Sowchosen nur 33,9 Mio. Tonnen Getreide verkauft, während der Staat 47 Mio. Tonnen vorgesehen hatte und die Gesamternte bei 127 Mio. Tonnen lag. Das übrige Getreide blieb in den Betrieben oder wurde und wird unmittelbar verkauft, durch Kooperative, unter Umgehung des Staates.
- Zweitens wurde der Beschluss des Ministerrats, Getreide zu importieren, nicht rechtzeitig umgesetzt. Während im vergangenen Jahr im ersten Quartal 7,4 Mio. Tonnen geliefert wurden, ist jetzt nur mit 2,2 Mio. Tonnen zu rechnen. Daher werden sich die Staatsreserven zum 1. April auf 4,4 Mio. Tonnen Getreide (von Saatgut abgesehen) belaufen, während monatlich etwa 5 Mio. Tonnen benötigt werden (im vergangenen Jahr hatten wir zum selben Zeitpunkt 11,7 Mio. Tonnen). (…)

Die Staatskommission für Lebensmittel und Versorgung plant, im April etwa 2 Mio. Getreide in die RSFSR zu importieren (das sind über 50 % der gesamten Lieferung in die UdSSR). 0,2 Mio. Tonnen kommen aus der Kasachischen SSR, 0,4 Mio. Tonnen aus Kanada. Sie werden auf Garantie des Ministerrats gekauft. Somit werden die Betriebe für Getreideprodukte im April 5,5 Mio. Tonnen Getreide zur Verfügung haben. Dabei ist zu beachten, dass nach Abzug der Mindestrücklagen für Moskau, Leningrad und andere große Industriezentren eine Reserve von mindestens 5,7 Mio. Tonnen vorhanden sein muss, um die Versorgung mit Getreideprodukten zu sichern. Zum 1. Mai d. J. beläuft sich diese Reserve indes nur auf 0,5 Mio. Tonnen. Getreideknappheit hatte schon im März zum Stillstand der Mühlen in den Gebieten Jaroslavl, Nizhnij Novgorod, Ivanovo und Vladimir geführt; die Mischfutterbetriebe stehen in fast allen Regionen, Gebieten und autonomen Republiken still…"

Bei der unsicheren Getreideversorgung nahmen zentrale und republikanische Organe immer häufiger Korrekturen an den geplanten Liefermengen vor, sie änderten willkürlich die Empfängeradressen. Dies wurde zu einer Massenerscheinung und destabilisierte die Lage nur noch mehr. Während Weizen für die Mehlproduktion fehlte, wurde er auf Druck lokaler Organe zur Herstellung von Mischfutter verwendet. Der Autor des zitierten Schreibens fährt fort: „Im April hat sich die Lage weiter zugespitzt. Wenn nichts unternommen wird, um Getreide aus Kasachstan zu beschaffen und zu importieren (zu den genannten 2,6 Mio. Tonnen wird zusätzlich 1 Mio. Tonnen benötigt), wird es zwangsläufig zu einem massenhaften Einbruch bei der Versorgung der Bevölkerung mit Getreideprodukten und der Viehzucht mit Mischfutter kommen. Nach vorliegenden Informationen werden die importierten Getreidemengen im Mai aus zentralen Quellen deutlich unter denen vom April d.

J. liegen und die Versorgung der Bevölkerung nicht gewährleisten. Das Ministerium für Getreideprodukte der RSFSR hat seit dem vierten Quartal 1990 der Regierung des Landes und der Republik wiederholt über die kritische Lage hinsichtlich der Getreideversorgung berichtet. Sehr geehrter Herr Senko! In dieser Situation bitten wir, kurzfristig zu entscheiden, aus welchen Mitteln der anstehende Getreideimport in die RSFSR von April bis Juni von mindestens 4 Mio. Tonnen monatlich sowie die Lieferung aus der Kasachischen SSR (gemäß den Regierungsvereinbarungen) in April und Mai von mindestens 800.000 Tonnen weichen Weizens bezahlt werden sollen."[17]

Die Versorgungslage der Bevölkerung und Volkswirtschaft mit Getreide im ersten Halbjahr 1991 illustriert die Tabelle 7.2.

Tabelle 7.2 Berechnung der Getreideressourcen für das erste Halbjahr 1991, Mio. t

	Lt. Bilanz der Staatskommission	Ministerrat der RSFSR
	Verbrauch	
Zur Herstellung von Mehl	12,3	12,3
Zur Herstellung von Schrotkorn	2,2	2,2
Zur Industrieverarbeitung	2,1	2,1
	Zur Produktion von Mischfutter und Viehfutter:	
Fonds des Ministerrats der RSFSR	5,3	9,2
Für Verbraucher in der gesamten Union	1,1	1,1
Getreide zum Tausch	5,5	5,5
Produktion von Sortengetreide	0,5	0,5
Export	0,1	0,1
Abschreibung	0,6	0,6
Übertrag auf den 7.1.1991	4,5	4,5
Gesamtverbrauch mit Übertrag	34,2	38,1
	Ressourcen	
Bestand zum 1.1.91	18,9	18,9

---

[17] Aleksandr Kudelja (erster stellvertretender Minister für Getreideprodukte der RSFSR) ans Kabinett und Gen. Fedor Sen'ko (stellvertretender Premierminister der UdSSR) am 15. März 1991. GARF, f. 5446, op. 163, d. 562, l. 57-59.

Tabelle 7.2 Fortführung

	Lt. Bilanz der Staatskommission	Ministerrat der RSFSR
	Import:	
Nach Beschlüssen des Ministerrats der RSFSR (Januar – März)	2,2	2,2
Nach Beschlüssen des Ministerrats der RSFSR (aus Kanada von Januar bis Juni)	—	4,0
Aus Kasachstan (Januar – März)	0,7	0,7
Sonstige Eingänge	0,5	0,5
Gesamtressourcen	22,3	26,3
Notwendige Importe April – Juni	11,9	11,8
Oder im Monatsdurchschnitt	4,0	4,0

Quelle: GARF, f. 5446, op. 163, d. 562, l. 60.

Die kritische Lage bei der Getreideversorgung, die den für diesen Bereich verantwortlichen Fachleuten verständlich war, wirkte sich zunehmend auf das Alltagsleben aus. Der sowjetische Handelsminister Terech schrieb im März 1991 an Premierminister Pavlov: „Zurzeit wird wegen der begrenzten Fonds in der RSFSR (abgesehen von Moskau) und der Ukrainischen SSR praktisch kein Mehl im Einzelhandel verkauft, in den übrigen Republiken ist es rationiert. Der Handel mit Korn erfolgt überall (abgesehen von Moskau) auf Karten, in der Ukrainischen SSR auf Wertmarken, mit Ausfällen."[18]

Das nachstehende Dokument des Zentralkomitees illustriert, wie kritisch die Lage dem ZK-Apparat der KPdSU zum beginnenden Frühjahr 1991 erschien: „In den jetzigen vier Wintermonaten ist die Milchproduktion im Vergleich zum Vorjahr fast um 2.3 Mio. Tonnen zurückgegangen. In der Russischen Föderation und der Belarussischen SSR ging die Produktion für diesen Zeitraum um 10 % zurück, in Litauen, Aserbaidschan und der Moldawischen SSR um 11-13 %, in Lettland und Estland um 15 %, in Georgien und Armenien um 21-24 %. Die Produktion und Einkäufe aller Arten von Tierproduktion sanken ebenfalls in der ASSR Komi, den autonomen Republiken Baschkirien, Mordovien und Tuva, den Gebieten Volgograd, Pskov, Rjasan und Jaroslavl. (...) Im Januar wurden den Zuschussregionen und großen Industriezentren 53.000 Tonnen weniger Fleisch und 130.000 Tonnen weniger Milch- und Milchprodukte geliefert als vorgesehen. Das hat sich negativ auf die Versorgung der großen Industriezentren des Landes mit Fleisch-, Milch- und anderen Produkten ausgewirkt, in erster Linie auf die Städte Moskau und Leningrad. Dies erklärt sich

---

[18] Terech an Pavlov über die Aufstockung der Warenfonds für Mehl und Korn für Mai – Juni 1991, 5. Mai 1991. GARF, f. 5446, op. 163, d. 562, l. 95.

auch dadurch, dass in mehreren Regionen weniger Viehfutter gespeichert wurde als im vergangenen Winter, und dazu noch minderer Qualität. Es kommt zu Ausfällen bei Mischfutter in Geflügel- und großen Schweine- und Rinderzuchtbetrieben. Die technische Versorgung der Kolchosen und Sowchosen hat sich erheblich verschlechtert. (...) In vielen Kolchosen und Sowchosen ist es in letzter Zeit zu einer erhöhten unbegründeten Nachfrage nach Vieh und Geflügel gekommen, besonders nach Muttertieren, was die Basis für Fleischressourcen auf viele Jahre zerstört. (...) Große Schwierigkeiten gibt es bei der Gewährleistung der Ernte für 1991, vor allem bei Getreide. Für Wintergetreide wurden 5 Mio. Hektar weniger Gebiete genutzt, das ist die geringste Winteraussaat in den letzten 20 Jahren. (...) Etliche Regionen haben nur wenig Saatgut, die Aussaat verzögert sich. (...) Die schleppende und qualitativ schlechte technische Wartung ist besorgniserregend. Ungefähr 440.000 Traktoren im Land sind nicht einsatzbereit, das gleiche gilt für 254.000 Lastwagen, 332.000 Mähdrescher, über 250.000 Sämaschinen und vieles andere mehr. Die meisten Betriebe des Ministeriums für landwirtschaftliche Maschinen sind bei der Lieferung von Maschinen, Ersatzteilen und Anlagen im Rückstand."[19]

Der Vorsitzende des Staatskomitees für Lebensmitteleinkäufe Michail Timoschischin schrieb im Mai 1991 an die sowjetische Regierung: „Zurzeit sind die Reserven an Getreideprodukten äußerst begrenzt. Zum 21. Mai d. J. belaufen sich die Mehlreserven unionsweit auf 1,5 Mio. Tonnen, d. h. sie reichen, um den Bedarf des Landes für 15 Tage zu decken."[20]

Welche Sorgen an diesem Tag den ZK-Sekretär Schenin und künftigen Teilnehmer am August-Putsch bewegten, zeigt sein Schreiben vom 21. Mai 1991 an Generalsekretär Gorbatschow. Er forderte, 81,5 Mio. Rubel in frei konvertierbarer Währung für die Ausstattung der parteieigenen polygrafischen Betriebe bereitzustellen sowie weitere 17 Mio. Valutarubel für Druckanlagen und Bürotechnik für das ZK der KPdSU und lokale Parteiorgane. Es sei zweckmäßig, dem ZK der KPdSU und anderen Parteiorganen kurzfristig 2.500 Autos zuzuteilen. Außerdem fragte er, ob man aus dem Unionsbudget die zusätzlichen Ausgaben kompensieren könnte, die Mitarbeitern der Parteiorgane durch höhere Einzelhandelspreise und Tarife entstehen. Noch eine weitere Frage bewegte ihn zur Zeit der drohenden wirtschaftlichen Katastrophe: „Bisher ist die Frage noch nicht geklärt, ob nicht verantwortliche Mitarbeiter und Mitglieder der gewählten Organe des ZK und der Zentralen Kontrollkommission der Kommunistischen Partei der RSFSR Zugang zu den gesundheitlichen Einrichtungen beim Kabinett bekommen sollten."[21] Das ist ein erstaunliches

---

[19] Die Abteilung für Agrarpolitik des ZK der KPdSU ans ZK der KPdSU über verstärkte Arbeit der Parteikomitees zur Überwindung der Probleme bei der Viehzucht im Winter und zur Vorbereitung auf das Frühjahr, 12. Februar 1991. RGANI, f. 89, op. 20, d. 33.

[20] Timošišin an Fedor Sen'ko über die Aufstockung der Warenfonds für Mehl und Schrotkorn für Mai – Juni 1991, 22. Mai 1991. GARF, f. 5446, op. 163, d. 562, l. 97.

[21] O. Šenin (ZK-Sekretär) an Gorbačev zu Fragen der finanziellen und materiell-technischen Versorgung. 21. Mai 1991. GARF, f. 5446, op. 163, d. 32, l. 4, 5.

Beispiel für den „gesunden Menschenverstand" und die Vorstellungen von „sozialer Gleichheit" aus den Realitäten unserer sozialistischen Vergangenheit.

Was Millionen Menschen, die die Lasten der wirtschaftlichen Situation zu tragen hatten, längst kannten, spürten jetzt auch die Vertreter der Macht am eigenen Leib, die davon sonst weniger betroffen waren. Es geht hier um die Kunden geschlossener Geschäfte und Restaurants. Hier ein Zeugnis:

Aus dem Tagebuch von Gorbatschows Assistenten Tschernjajev vom 31. März 1991, Sonntag: „Gestern tagte der Sicherheitsrat zum Thema Lebensmittelprobleme... Aber jetzt schon konkreter – Brot. Es fehlen 6 Mio. Tonnen an der durchschnittlichen Norm. In Moskau, in den Städten sind die Schlangen jetzt schon so lang wie vor zwei Jahren für Wurst. Wenn wir nicht irgendwo was auftreiben, kann es im Juni zu Hunger kommen. Von den Republiken können sich nur Kasachstan und die Ukraine (gerade mal so) selbst ernähren. Dass das Land Brot hat, hat sich als Mythos erwiesen. Wir haben alles zusammengekratzt, um an Devisen und Kredite zu kommen und Brot im Ausland zu kaufen. Aber wir sind nicht mehr zahlungsfähig. Niemand gibt uns noch Kredite: Wir hoffen auf Roh Tae Woo (Gorbatschow will auf dem Rückweg von Japan am See Chuncheon Halt machen, um mit dem südkoreanischen Präsidenten über einen Kredit von 3 Milliarden zu sprechen). ... Dann gibt es noch die Hoffnung auf Saudi-Arabien. Kuwait hat wohl abgelehnt, obwohl Feisal es versprochen hatte, er hatte sich bei Gorbatschow für die Unterstützung gegen den Irak bedankt. (...) Ich bin zu N. N. gefahren, sie ist immer noch krank. Sie bat mich, Brot zu kaufen. Ich habe mit Michail Michajlovitsch ganz Moskau abgeklappert, angefangen mit Marina Roschtscha: Die Bäckereien sind entweder geschlossen oder es herrscht gähnende Leere. So was hat Moskau noch nicht gesehen, wahrscheinlich in seiner ganzen Geschichte nicht, nicht einmal in den schlimmsten Hungerjahren."[22]

7.3 Die Preise schnellen in die Höhe

Zu dieser Zeit brauchte man weder die politische Elite noch die Gesellschaft noch davon zu überzeugen, dass das Land in einer tiefen Krise steckte, die nur mit raschen und entschiedenen Maßnahmen zu überwinden war.[23] Zum Ende des Winters 1990-

---

[22] Černjaev, Dnevnik, S. 124 ff.
[23] Aus den Unterlagen des Instituts für Wirtschaftspolitik von 1991: „1991 verzichteten die Führer der UdSSR und Russlands allmählich auf offenen oder latenten Populismus (sie behaupteten nicht mehr, man könne ohne Einbußen am Lebensstandard aus der Krise herauskommen). Im Frühjahr war die Unionsführung und im Herbst dann die russische Regierung im Begriff, unpopuläre Maßnahmen vorzubereiten. Generell kann man sagen, dass das Volk darauf gefasst war. (...) Im Laufe des Jahres 1991 war ein Großteil der Bevölkerung zunehmend skeptisch, zugleich breitete sich im öffentlichen Bewusstsein das Verständnis dafür aus, dass eine Überwindung der Krise ohne erhebliche soziale Abstriche nicht zu erreichen war. Sowohl im Frühjahr als auch im Herbst erwartete (Umfragen zufolge) über die Hälfte der Bevölkerung in der Zukunft eine Verschlechterung der wirtschaftlichen Situation und vor allem einen weiteren Preisanstieg. Zwei Drittel der russischen Bevölkerung glaubten im Dezember, dass sich die Krise ohne eine zeitweilige Verschlechterung des Lebensstandards

1991 entschloss sich die letzte sowjetische Regierung zu einem Schritt, der einige Jahre zuvor noch völlig undenkbar gewesen wäre – die Preise für die wichtigsten Konsumgüter wurden mit dem Präsidentenerlass vom 19. März 1991 beträchtlich angehoben. Die neuen Preise und Tarife sollten am 2. April 1991 in Kraft treten.[24] Die Regierung hatte eine Preiserhöhung von 60 % vorgesehen. In Wirklichkeit stiegen die Preise um 90 %, für Fleisch und Geflügel um das 2,6-fache, für Wurstprodukte um das 1,3-fache, für Backwaren um das dreifache (s. Tabelle 7.3).[25]

Tabelle 7.3 Einzelhandelspreise für einzelne Lebensmittel (Rb. pro Kilo)

Lebensmittel	April 1990	März 1991	April 1991
Rindfleisch der 1. Kategorie (mit Knochen)	1,97	3,35	7,90
Ausgenommene Hühner (Junghühner)	3,03	3,52	5,85
Fleischbällchen (10 Stück)	1,15	1,28	4,03
Teigtaschen mit Fleisch	1,38	1,53	4,40
Gekochte Wurst, beste Sorte	2,79	3,26	8,90
Würstchen, beste Sorte	2,40	2,82	7,34
Halbgeräucherte Wurst, beste Sorte	6,23	8,43	19,12

Quelle: Aus einem Brief von V. N. Kiričenko (Vorsitzender von Goskomstat) ans Kabinett. Zur Preisentwicklung. 23. Mai 1991. GARF, f. 5446, op. 163, d. 185, l. 48.

Entgegen den Befürchtungen verlief diese Maßnahme in den meisten Regionen zu Anfang relativ ruhig, sie löste keine Massenunruhen aus. Die extreme Lage war allgemein bekannt und zwang dazu, sich ins Unvermeidliche zu fügen. Aber nachdem die Preise erhöht worden waren, wurde auch der Gesellschaft klar, was Fachleute schon zuvor begriffen hatten: Um die Situation zu bereinigen, reichten rigorose allein Aktionen nicht aus, es bedurfte wirklich effizienter Maßnahmen. Kompensationszahlungen für die Preiserhöhung, zunehmende Disproportionen im Haushalt, ungelöste Devisenprobleme – dies alles führte in wenigen Monaten zu einem Mangel an

---

nicht überwinden ließe. Das zeugt davon, dass der Glaube an ein „Wirtschaftswunder" wenig verbreitet war und dass es keine deutlichen Anzeichen von einer „Revolution der Erwartungen" gab. S. Rossijskaja ėkonomika v 1991 godu. Tendencii i perspektivy (Die russische Wirtschaft 1991. Tendenzen und Perspektiven). Moskau 1992. S. 13 f.

[24] Erlass des Präsidenten der UdSSR vom 19. März 1991 Nr. UP-1666 „Die Reform der Einzelhandelspreise und die soziale Absicherung der Bevölkerung".

[25] Durasov ans Kabinett. Unterlagen über realisierte und geplante Maßnahmen zur Stabilisierung der Wirtschaft der UdSSR und ihre Entwicklungsprognose für 1991. 20. Juni 1991. GARF, f. 5446, op. 163, d. 8, l. 177, 178.

Konsumgütern selbst in jenen Regionen, in denen er für kurze Zeit zurückgegangen war.[26] Nach Angaben des Meinungsforschungsinstituts VZIOM (Ende April 1991) waren die meisten Befragten der Ansicht, dass es nach der Preiserhöhung nicht leichter geworden war, Waren und Lebensmittel zu kaufen. Fast niemand glaubte, dass die Preisreform den Mangel beseitigen könnte.[27]

Die Tatsache, dass die Preiserhöhung die Lage auf dem Verbrauchermarkt für die Öffentlichkeit nicht spürbar verbesserte, bereitete der Regierung neue, gravierende politische Probleme. Der stellvertretende Leiter der ZK-Abteilung für gesellschaftspolitische Organisationen Igor Saramenskij schrieb am 15. April 1991 ans ZK: „Im Zusammenhang mit der Preiserhöhung hat sich die gesellschaftspolitische Situation im Land erheblich zugespitzt. Den streikenden Bergarbeitern schließen sich Arbeitskollektive in anderen Branchen und Republiken an. In der belarussischen SSR ist die Lage sehr ernst. Während die meisten Arbeitskollektive die Bergarbeiterstreiks noch vor einem Monat gegenüber skeptisch beurteilten, finden diese in den letzten Tagen überall zunehmend Unterstützung. Das Beispiel von Belarus zeigt, dass wirtschaftliche Forderungen, die Arbeiter unter dem Einfluss oppositioneller Kräfte vorbringen, mit der Zeit zu politischen Forderungen werden, vor allem in Verbindung mit Misstrauensbekundungen gegenüber den zentralen Machtorganen und der KPdSU."[28]

Die Kompensationszahlungen nach der Preiserhöhung machten es unmöglich, die Finanzlage auch nur geringfügig zu verbessern. Die Probleme des Unionsbudgets wurden noch verschlimmert. Die dafür eingesetzten Mittel, die Gehaltserhöhungen in nichtproduzierenden Branchen, die Unterstützung staatlich finanzierter Einrichtungen und Organisationen – 240 Mrd. Rubel – entsprachen etwa den Änderungen von Preisen und Tarifen. Aus der Erhöhung der Einzelhandelspreise erhielt der Unionshaushalt keine zusätzlichen Ressourcen. Die Umsatzsteuer floss komplett in republikanische und lokale Budgets. Was an Zuschüssen für die Preissubventionen bei Lebensmitteln eingespart wurde, fiel kaum ins Gewicht. Die Dotationen wur-

---

[26] „Im Plan und im Haushalt für 1991 waren im sozialen Bereich Maßnahmen in präzedenzlosem Ausmaß vorgesehen, für 47 Mrd. Rubel pro Jahr … Durch die Reform sollte sich das allgemeine Preisniveau um 311 Mrd. Rubel erhöhen. Als Kompensation sollte die Bevölkerung 266 Mrd. Rubel oder 85 % dieses Betrags erhalten. Infolge des geänderten Verhältnisses von fixierten und vertraglich festgelegter Preisen, der Tariferhöhungen für soziale und andere Dienstleistungen und weiterer Beschlüsse außerhalb der interrepublikanischen Vereinbarung lag der Preisanstieg bei schätzungsweise 450 Mrd. Rubeln. Nach dem April trafen die Regierungen der UdSSR und der Unionsrepubliken mehrere weitere Entscheidungen, um die Kompensationszahlungen an die Bevölkerung zu erhöhen, die dadurch fast ebenso hoch waren wie die Preiserhöhungen. Außerdem wurden der Bevölkerung die Verluste an Spareinlagen und Wertpapieren in einer Höhe von mehr als 160 Mrd. Rubel ersetzt, von denen 40 Mrd. Rubel bereits 1991 genutzt werden können." V. A. Raevskij, V. G. Gribkov an das Komitee für effiziente Leitung der Volkswirtschaft der UdSSR. Maßnahmen zur Inflationsbekämpfung und zur Stabilisierung des Geldumlaufs (k-28, S. 9). 27. September 1991. GARF, f. 5446, op. 163, d. 41, l. 26, 27.

[27] Kosmarskij u. a., Obščestvennoe mnenie, S. 16.

[28] Igor' Zaramenskij (stellvertretender Leiter der ZK-Abteilung für gesellschaftspolitische Organisationen) ans ZK der KPdSU über Maßnahmen zur Stabilisierung der gesellschaftspolitischen Situation im Land. 15. April 1991. RGANI, f. 89, op. 22, d. 69, l. 1, 2.

den weitgehend aus Mitteln der Republiken und lokalen Machtorgane finanziert. Zugleich waren die Unionsbehörden verpflichtet, Militärangehörigen und anderen staatlich besoldeten Bürgern sowie Unions-Institutionen die durch die Preiserhöhungen verursachten Mehrausgaben zu ersetzen.[29]

Im Hochsommer 1991, bei neuen, drastisch erhöhten Preisen, herrschte fast überall Mangel. In einem Schreiben von Alexander Vlasov ans ZK über den Verlauf der Preisreform und ihre sozioökonomischen Folgen heißt es: „Die Situation verschärft sich dadurch, dass sich die Läden äußerst langsam und in den meisten Regionen so gut wie gar nicht mit Waren füllen. Die meisten Waren bleiben rationiert. Wegen des Mangels kommt es zu hektischen Nachfragen besonders nach Importwaren, es kommt nach wie vor zu Spekulationen. Die derzeitige Lage auf dem Verbrauchermarkt ist entscheidend durch die Warenknappheit bedingt. Die Einführung neuer Großhandels-, Einkaufs- und Einzelhandelspreise, wobei effektive Regulatoren fehlen, hatte bisher keine stimulierende Wirkung auf die Produktion. Der im ersten Quartal dieses Jahres einsetzende Rückgang der Konsumgüterproduktion lag im April und Mai bei 8 %. Die Produktion von Nahrungsmitteln ging um 10 % und bei Waren der Leichtindustrie um 12 % zurück."[30]

Die Preise auf den Kolchosmärkten lagen fast sechsmal über den staatlichen Preisen im Einzelhandel.[31] Der Anteil des „Schwarzmarkts" am Handel mit Non-Food-Waren belief sich auf 30,9%, bei Lebensmitteln auf 10,9 %, bei Dienstleistungen auf 25,7 %.[32]

Die Stimmung der Bevölkerung, und insbesondere die Erwartung bevorstehender Schwierigkeiten, gibt eine in der „Izvestija" im Mai 1991 veröffentlichte Anmerkung wieder: „Derzeit gibt es überall einen Boom von Gemüsegärten. Die Menschen verstehen, dass sie jetzt vor allem auf sich selbst gestellt sind. Nach der Arbeit und an freien Tagen begibt man sich mit Spaten und Rechen auf seine eigene Parzelle. Natürlich ist das keine vollständige Lösung des Lebensmittelproblems, sondern eher eine Vorkehrung gegen mögliche Engpässe."[33]

---

[29] Vladimir Orlov (Finanzminister) ans Kabinett über die Einnahmen und Ausgaben des Unionsbudgets 1991 in Zusammenhang mit der Preisreform und sozialen Schutzmaßnahmen für die Bevölkerung. 12. Mai 1991. GARF, f. 5446, op. 163, d. 35, l. 218, 222.

[30] Aleksandr Vlasov (Leiter der Abteilung für sozioökonomische Politik des ZK) ans ZK zum Verlauf der Reform der Einzelhandelspreise und zu ihren sozialpolitischen Folgen. 29. Juni 1991. RGANI, f. 89, op. 20, d. 72, l. 79.

[31] Andrej Illarionov: Popytki provedenija politiki finansovoj stabilizacii v SSSR i v Rossii.http://www.budgetrf.ru/Publications/Magazines/Ve/1995/95–7illarionov/95-7illarionov000.htm.

[32] I. Polosov an Ščerbakov: Handelsumfang und Preise des „Schwarzmarkts". 2. August 1991. GARF, f. 5446, op. 163, d. 185, l. 66.

[33] V. Konovalov: Budem li zimoi s ovoščami i kartoškoj? (Werden wir im Winter Gemüse und Kartoffeln haben?). Izvestija, 31. Mai 1991.

7.4 Das Geld und das Schicksal des Imperiums

Die Devisenkrise, die zurückgehenden Staatseinnahmen und das steigende Haushaltsdefizit veranlassten höhere Geldemissionen. 1991 erreichten sie ein für das letzte Jahrzehnt der UdSSR ungewöhnliches Ausmaß (s. Tabelle 7.4).

Tabelle 7.4 Geldemission 1988-1991, Mrd. Rb.

	1988	1989	1990	1991
April	4,13	3,63	2,60	4,77
Mai	−0,93	−1,55	0,22	5,50
Juni	3,40	3,48	2,62	18,74
Juli	3,76	2,18	2,93	19,87
August	−2,06	−0,20	5,76	17,13

Quelle: GARF, f, 5446, op. 163, d. 41, l. 27.

Die zunehmende politische Krise und die Desintegration der Unionsregierung reduzierten die Aussicht auf politisch motivierte Kredite erheblich. Sogar Länder, die sich zuvor bereit erklärt hatten, die sowjetischen Schulden bei ihren Firmen in staatliche Verbindlichkeiten umzuwandeln, bekundeten im Sommer 1991 zunehmend Bedenken. Außenwirtschaftsminister Katuschev äußerte sich am 26. Juni 1991 in einem Schreiben an Premierminister Pavlov zu einem möglichen griechischen Kredit: „Im Auftrag der sowjetischen Regierung (PP-17860 vom 5. Juni 1991) laufen seit dem 24. Juni d. J. Verhandlungen mit den Griechen über die Bedingungen für einen Kredit und Warenlieferungen. Die griechische Seite ist generell bereit, uns einen Kredit zu gewähren, um verschiedene Waren einzukaufen und ausstehende Schulden zu bezahlen. Allerdings ist sie beunruhigt, weil im letzten halben Jahr keinerlei Fortschritt bei der Reduzierung existierender Schulden zu verzeichnen war, und das hat sich merklich auf ihre Position in den Kreditfragen ausgewirkt. Hatte die griechische Seite Ende letzten Jahres noch selbst die Initiative ergriffen, uns finanziell zu unterstützen, gelang es im Juni d. J. nur mühsam, mit ihr zu einer Terminabsprache für die offiziellen Verhandlungen zu kommen. Da die Griechen nicht vorbereitet waren, wurden die Verhandlungen von Anfang auf Ende Juni verlegt."[34]

Die sowjetische Führung versuchte, zumindest kleine politische Kredite zu bekommen – 500 Mio. Dollar von Südkorea für die Wiederherstellung der diplomatischen Beziehungen, 200 Mio. Dollar von Kuweit für die Haltung im Konflikt am Persischen Golf 1989-1990. Ohne Einverständnis der Kunden hob sie 6 Mrd. Dollar

---

[34] Katušev an Pavlov über die Tilgung der Schulden bei griechischen Firmen, 26. Juni 1991. GARF, f. 5446, op. 103, d. 1504, l. 82.

von Konten sowjetischer Organisationen und Bürger bei der Bank für Außenwirtschaft ab.[35]

Dennoch reichten die Devisen bei weitem nicht aus. Der stellvertretende Wirtschaftsminister teilte dem Kabinett Ende Juni 1991 mit: „Die zunehmend schwindenden Devisenreserven für den Import von Rohstoffen haben zur Folge, dass die Produktion der Leichtindustrie von Januar bis Mai im Vergleich zum Vorjahreszeitraum um 12 % zurückgegangen ist. (…) Der Mangel an täglichen Bedarfsartikeln hat sich verschärft. (…) Der Rückgang in der Konsumgüterproduktion wurde vor allem von zwei Faktoren verursacht – von den ruinierten Wirtschaftsbeziehungen im Hinblick auf Lieferungen von Rohstoffen, Materialien und Ersatzteilen sowie den fehlenden Devisen für ihren Import. (…) Die industrielle Verarbeitung von Fleisch und Fleischprodukten der ersten Kategorie ist um 13 % gesunken, die von Wursterzeugnissen um 10 %, von Fleischkonserven um 13 %, von tierischen Fetten um 14 %, von Vollmilchprodukten um 9 %. (…) Im Handel ist bis zum Jahresende praktisch nicht die geringste Verbesserung abzusehen, nicht für eine einzige Ware."[36]

Einige Titel von Zeitdokumenten vermitteln ein deutliches Bild von der sich ausweitenden Krise: Beschluss des Politbüros des ZK der KPdSU „Zusätzliche Bereitstellung von Gold und Diamanten zum Verkauf gegen frei konvertierbare Währung. Dem Vorschlag des Ministerrats ist zuzustimmen."[37] „Die Ausgabe materieller Werte aus der Staatsreserve an Gossnab für den Verkauf gegen frei konvertierbare Währung im Jahre 1990. Dem Vorschlag des Ministerrats ist zuzustimmen."[38] Die staatlichen Goldreserven in der UdSSR beliefen sich 1985 auf 719,5 Tonnen, Ende 1991 waren es noch 290,0 Tonnen.[39]

Die Bank für Außenwirtschaft versäumte die Zahlungstermine für Warenlieferungen, und sowjetische Schiffe hingen in ausländischen Häfen fest, weil weder die Waren noch die Dienstleistungen der Häfen bezahlt waren. Ein Hauptthema der innerbehördlichen Korrespondenz dieser Zeit war die Frage, was man mit sowjetischen Fachleuten machen sollte, die sich im Ausland aufhielten. Es war weder Geld da, um sie zu bezahlen, noch für ihre Rückreise.

Zu diesem Zeitpunkt sah die Parteiführung allmählich ein, dass die UdSSR ausländische kommunistische Parteien nicht mehr finanziell unterstützen konnte. Am 5. Juni 1991 teilte ZK-Sekretär Vladimir Ivaschko Kabinettschef Pavlov mit: „Der Vorsitzende der Kommunistischen Partei Finnlands (Einheit) Yrjö Hakanen hat sich

---

[35] Darunter waren auch Gelder von Gorbačev selbst, die er für die Publikation seiner Arbeiten im Ausland erhalten hatte. Er selbst wusste davon offenbar nichts.

[36] Vladimir Durasov ans Kabinett. Unterlagen zu durchgeführten und geplanten Maßnahmen zur Stabilisierung der sowjetischen Wirtschaft und zur Entwicklungsprognose für 1991. 20. Juni 1991, GARF, f. 5446, op. 163, d. 8, l. 165, 166, 168..

[37] Auszug aus dem Protokoll Nr. 187 der Politbüro-Sitzung am 10. Mai 1990. Nr. P187/15. RGANI, f. 89, op. 10, d. 58.

[38] ebd., RGANI, f. 89, op. 10, d. 60.

[39] È. Gusejnov: Kak razmyvalsja zolotoj zapas Rossii (Wie die russischen Goldreserven dahinschmolzen). Izvestija, 17. Mai 1996.

an uns gewandt wegen der äußerst schwierigen materiellen Lage der Partei. Das liege vor allem daran, dass die sowjetische Bank für Außenwirtschaft mit der Bezahlung der Schulden an den von den Freunden kontrollierten Konzern ‚Print-Juchtinet' im Verzug sei. (…) Wenn die Schulden in nächster Zeit nicht getilgt werden, wird das zum Bankrott des Konzerns und der KP Finnlands (der ‚Einheit') führen, da die gesamte materielle Basis der Freunde, einschließlich des Eigentums der Parteiführer, an Banken verpfändet ist, und diese die umgehende Bezahlung fordern und sich nicht mit irgendwelchen Garantien begnügen werden."[40]

Die letzte Hoffnung, die Situation zu stabilisieren, lag bei der Konferenz der G-7 im Sommer 1991. Gorbatschow bat um eine Einladung. Jewgenij Primakow, der vor Gorbatschow in London eingetroffen war, sprach im britischen Fernsehen von den Gefahren, die mit einem Zusammenbruch der Sowjetunion verbunden seien, und dem drohenden Chaos, falls der Westen keine wirtschaftliche Hilfe leisten sollte.[41] Eine Einladung konnten die westlichen Führer Gorbatschow nicht verweigern, aber sie waren nicht bereit, Gelder zuzusagen.

Auf den G-7-Konferenzen werden keine Entscheidungen getroffen, sondern nur allgemeine Problemansätze ausgearbeitet. Selbst wenn also der sowjetische Regierungschef ein realistisches, rigoroses Krisenprogramm vorgelegt hätte, hätte er nicht damit rechnen können, finanzielle Unterstützung in hinreichendem Ausmaß und Zeitrahmen zu erhalten, um den Bankrott der UdSSR abwenden zu können. Aber diese Frage stand gar nicht zur Debatte. Die sowjetische Führung hatte sich gar nicht entschieden, was sie unternehmen wollte, um die Wirtschaftslage zu stabilisieren, selbst für den Fall einer tatsächlichen finanziellen Unterstützung. Unter diesen Umständen war in London kein substanzielles Gespräch möglich.

Ende 1990 und Anfang 1991 zeigte sich das Dilemma im vollen Ausmaß: Das Imperium war ohne Gewaltanwendung nicht zu erhalten. Wenn man aber Gewalt einsetzte, würden alle Hoffnungen auf westliche Finanzhilfe obsolet. Dies erklärt die unerwarteten und mitunter schroffen politischen Kursänderungen der sowjetischen Führung.

Die Verfechter einer Unabhängigkeit der baltischen Republiken errangen bei den Wahlen zu den Obersten Sowjets in Litauen am 25. Februar, in Lettland und Estland am 18. März 1990 einen überzeugenden Sieg. In einer Serie von Referenden im Februar 1990 stimmten 90 % der Bevölkerung in Litauen, 77 % in Lettland und 90 % in Estland für ihre Unabhängigkeit. Ungewöhnlich an diesem politischen Prozess in den baltischen Ländern war – und das unterscheidet ihn von den Ereignissen in anderen Binnen-Imperien –, dass das Ausscheiden aus dem Imperium von einem bedeutenden Teil jener Bürger unterstützt wurde, die aus der Metropole selbst stammten.[42]

---

[40] Mitteilung von Vladimir Ivaško an Valentin Pavlov über die Bezahlung unserer Schulden an die Firma der Kommunistischen Partei Finnlands. 5. Juni 1991. RGANI, f. 89, op. 22, d. 39, l. 2-5.

[41] Braithwaite, Accross the Moscow River, S. 299.

[42] Andy Blunden: Stalinism: Its Origins and Culture. Bd. 4 Collapse. 1. The Collapse of Eastern Europe. http://www.marxists.org/subject/stalinism/origins-future/ch4-1.htm#0-0.

Im Frühjahr 1990 erklärten Litauen, Lettland und Estland ihre Souveränität. Das war ein klar formulierter Anspruch auf den Status unabhängiger Staaten. Ihrem Beispiel folgten Moldawien, die Ukraine, Belarus und Russland. Ende des Sommers 1990 hatte ein Großteil der Union die Unterstellung unter die Unionsverfassung abgelehnt. Die akute Verfassungskrise und die Brisanz der Situation, in der der sowjetische Präsident weder den neuen Status der Republiken anerkennen noch ihn ändern konnte, begriff die öffentliche Meinung durchaus.[43]

Am 13. April 1990 stellten Gorbatschow und Ryzhkov der litauischen Führung ein Ultimatum. Litauen sollte eine Reihe von Gesetzen annullieren, die der litauische Oberste Sowjet verabschiedet hatte. Andernfalls drohten sie mit Wirtschaftssanktionen. Am 18. April setzte eine partielle Energie-Blockade Litauens ein.[44] Das von der sowjetischen Führung gegen Litauen verhängte Moratorium für die Lieferung von Erdöl und Erdölprodukten sowie die Appelle westlicher Führer an Litauen, einen Kompromiss mit Moskau zu suchen, zwangen die Regierung der Republik zum Sommeranfang 1990, sich auf Verhandlungen über eine zeitweilige Aussetzung der Beschlüsse zur litauischen Unabhängigkeit einzulassen. Die Gespräche waren wenig ergiebig.

Im Sommer 1990 ging Gorbatschow ein politisches Bündnis mit Boris Jelzin ein. Grundlage war eine Vereinbarung über eine erhebliche Ausweitung der Rechte und Vollmachten für die Unionsrepubliken und die Abstimmung einer Wirtschaftspolitik zur Eindämmung der Krise. De facto wurde im August die Transformation des Landes in eine lose Konföderation vorgeschlagen, in der die wesentlichen Entscheidungsprozesse nicht exakt festgelegt waren. Außerdem ging es um Maßnahmen zur Inflationsbekämpfung, vor allem durch eine Drosselung der Staatsausgaben. In erster Linie waren Ausgaben für Verteidigung, Sicherheitsbehörden und staatliche Kapitalinvestitionen betroffen. Das Programm der „500 Tage" sah vor, im 4. Quartal 1990 die Investitionen um 20 % sowie die Militärausgaben (für den Kauf von Militärtechnik) um 50-70 % zu kürzen, und ebenso die Ausgaben für außenwirtschaftliche Tätigkeit (Hilfe und Kredite für andere Länder sollten eingefroren werden) und alle nicht obligatorischen Posten um 10-15 % zu reduzieren.[45] Was allein die Wirtschaft betrifft, hätte man ein derartiges Struktur-Manöver 1985-1986 versuchen können. Mitte 1990 reichten diese Maßnahmen angesichts der extremen Haushalts- und Devisenprobleme nicht mehr aus. Aber es ging nicht allein darum. Das Programm war für die gesamte Unionsführung, für die Streitkräfte und den KGB inakzeptabel.

In der Führung des Landes wurde lange diskutiert, während gleichzeitig – als Argument – Militärübungen in der Nähe von Moskau abgehalten wurden. Schließlich

---

[43] S. Kiselev: Šagi komandora (Schritte des Kommandeurs). Moskovskie novosti, Nr. 2, 13. Januar 1991, Ė. Ger: Litva: god nezavisimosti v sostave SSSR (Litauen: Ein Jahr der Unabhängigkeit innerhalb der UdSSR). Moskovskie novosti, Nr. 12, 24. März 1991.

[44] M. Sokolov: Litva: paschal'nyj podarok Prezidenta (Litauen: Ein Ostergeschenk des Präsidenten). Kommsersant, Nr. 15, 23. April 1990.

[45] Grigorij Jawlinskij/M. Zadornov/A. Michajlov/N. Petrakov/B. Fedorov/Stanislav Šatalin/T. Jarygina u. a. Perechod k rynku (Übergang zum Markt). Moskau 1990. S. 221.

gab Gorbatschow nach und unternahm einen erneuten Versuch, sich mit jenen zu einigen, die noch glaubten, die Probleme des Regimes und des Landes mit Gewalt lösen zu können. Die neuen Verbündeten des Präsidenten, die die Machtstrukturen kontrollierten, versuchten, die politische Kontrolle gewaltsam wiederherzustellen.[46]

Unter den baltischen Ländern war Lettland 1987-1988 in der Bewegung für eine nationale Wiedergeburt und Unabhängigkeit führend. 1988-1989 übernahm Estland diese Rolle, seit 1990 Litauen. Aber unabhängig von taktischen Unterschieden teilten alle baltischen Republiken den Willen zur Unabhängigkeit und zur Reintegration in Europa. Ein erheblicher Teil der russischsprachigen Bevölkerung unterstützte das Unabhängigkeitsstreben. Gorbatschow versuchte 1990 vergeblich, die litauische Elite zu überzeugen, dass die UdSSR erhalten werden müsse. Es blieb nur ein Argument, um die Integrität des Imperiums zu bewahren – rigorose und entschlossene Gewaltanwendung, die Methode, mit der die Sowjetunion Jahrzehnte überdauert hatte.

Dieses Thema wurde im Politbüro im Frühjahr 1990 diskutiert, ohne dass es zu einer endgültigen Entscheidung gekommen wäre. Vor dem Hintergrund des Krieges am Persischen Golf Ende 1990 und Anfang 1991, als die Aufmerksamkeit des Westens von den Vorgängen in der UdSSR abgelenkt war, wollte ein Teil der sowjetischen politischen Elite demonstrieren, dass die baltische Frage auch gewaltsam gelöst werden könnte. In einem Kommentar zum Truppeneinsatz im Baltikum sagte der sowjetische Generalstaatsanwalt Nikolaj Trubin Ende Januar 1991: „Solange es im Baltikum Widerstand gibt und wir de facto zwei Milizen und zwei Staatsanwaltschaften haben, kann man keine verfassungskonforme Lösung von Problemen garantieren."[47]

Die sowjetischen Zeitungen schrieben zu den Ereignissen im Januar 1991 in Litauen: „Am 7. Januar wurden Luftlande-Einheiten nach Litauen entsandt. Am 8. Januar begannen sie mit ihren Operationen. Wie der Kommentator der Sendung ‚Vremja' sagte, stellten sie das Pressehaus und einige andere Objekte in der Stadt ‚unter Bewachung'. Beim Pressehaus wurden Schusswaffen eingesetzt. Es gab Verletzte. Der gesamte Verkehr mit Litauen wurde eingestellt. Der Flughafen ist nicht in Betrieb, Züge fahren nicht. (…) Ebenfalls am 7. Januar gab Marschall Jasov den Befehl, Truppen einzusetzen, um die anstehende Einberufung zur Armee zu gewähr-

---

[46] Aus dem Interview von Innenminister Boris Pugo aus Anlass der Ermordung lettischer Zöllner durch Unbekannte: „Ungefähr vor anderthalb Monaten habe ich die Ereignisse im Baltikum und mögliche Schritte zur Liquidierung illegaler bewaffneter Formationen analysiert. Ich war der Auffassung, dass es auch mit den lokalen Zollorganen ein Problem gibt. Das ist aber nur eine Seite. Wenn an der sowjetischen Staatsgrenze illegale Ausfuhren angehalten werden, übermitteln die lokalen Zöllner das konfiszierte Gut nicht, wie vorgeschrieben, ans Unionsbudget, sondern an das der Republik. Aber diese Waren sind doch aus dem ganzen Land gekommen, aus Ortschaften, die zum Teil sehr weit vom Baltikum entfernt liegen! – Korrespondent: Ja, aber die Gerechtigkeit im Baltikum wird jetzt mit recht barbarischen Methoden wieder hergestellt… – Pugo: Ich bin selbst erstaunt und bedrückt über diese Entwicklung. Wenn Blut fließt und es so läuft wie jetzt, dann kann noch mehr Blut fließen und die Folgen können noch tragischer sein." I. Andreev: Posle podžogov na granice (Nach den Brandstiftungen an der Grenze). Interview mit Boris Pugo. Izvestija, 27. Mai 1991.

[47] I. Andreev/V. Rudnev/S. Mostovščikov: Iz kompetentnych istočnikov (Aus kompetenten Quellen). Izvestija, Nr. 18, 21. Januar 1991.

leisten. Truppen kamen auch nach Lettland und Estland. Aus anderen Regionen (Moldawien, Georgien, Armenien, Mittelasien) trafen ebenfalls Mitteilungen über Truppenverlegungen ein. (..) Am 11. Januar ordnete der Vorsitzende von Gosteleradio, Leonid Kravtschenko, an, die Nachrichtenkanäle der großen unabhängigen Nachrichtenagentur „Interfax" abzuschalten, deren Dienste viele westliche Journalisten in Moskau nutzten."[48]

Der Leiter der ZK-Abteilung für nationale Politik, Vjatscheslav Michajlov, informierte am 11. Januar 1991 die ZK-Führung über die Vorkommnisse in Litauen: „Nach Mitteilung verantwortlicher ZK-Mitarbeiter (Gen. Kasjulin und Gen. Udovitschenko), die sich in Litauen aufhalten, wurden am 11. Januar d. J. das Pressehaus und das DOSAAF (Freiwillige Gesellschaft zur Unterstützung von Armee, Luftstreitkräften und Flotte, wo die regionalen Wachmannschaften stationiert waren) unter Kontrolle genommen und in Kaunas das Gebäude für Offizierslehrgänge. Diese Operation verlief im Ganzen ohne schwerere Zusammenstöße. (…) Um 17 Uhr Ortszeit fand im ZK der Kommunistischen Partei Litauens eine Pressekonferenz statt, auf der der Leiter der ideologischen Abteilung des ZK Gen. Ju. Jermolavitschnjus mitteilte, dass in der Republik ein Komitee zur nationalen Rettung Litauens gegründet worden sei. Dieses Komitee übernimmt die gesamte Macht. Es wird in der Fabrik für Radiomessinstrumente (Direktor Gen. Burdenko) seinen Sitz haben. Das Komitee hat einen Aufruf an das litauische Volk verabschiedet und dem Obersten Sowjet der Litauischen SSR ein Ultimatum gestellt, in dem es eine sofortige Reaktion auf den Appell des sowjetischen Präsidenten verlangt."[49]

Gorbatschows Assistent Tschernjajev äußerte später dem britischen Botschafter in der UdSSR Braithwaite gegenüber, dass der Beschluss auf Anweisung von Armeegeneral Varennikov, dem Kommandanten der Landstreitkräfte, ohne Abstimmung mit Gorbatschow gefasst worden sei.[50]

Die Aktionen der sowjetischen Machtstrukturen stießen auf erbitterten Widerstand. Die Parlamente von Russland, der Ukraine, Belarus, Kasachstan, der Moskauer und Leningrader Sowjet verurteilten sie. Die Streikkomitees des Kusbass forderten den Rücktritt des sowjetischen Präsidenten und die Auflösung des Kongresses der Volksdeputierten. Der Westen richtete ungeachtet der Kuweit-Krise eine scharfe Erklärung an die sowjetische Führung. Am besten beschrieb Gorbatschow selbst die Situation, als er auf der Sitzung des Unionsparlaments sagte: „Es riecht nach Kerosin".[51]

Der Gesprächston der westlichen Hauptstädte gegenüber Moskau wurde frostig. Westliche Kredite wurden dringend benötigt. Die sowjetische Führung wich zurück.

---

[48] M. Sokolov: Litva: Ševardnaze, meždu pročim, preduprežda!... (Ševardnaze hatte übrigens gewarnt...). Kommersant, Nr. 2, 14. Januar 1991.

[49] Vjačeslav Michajlov (Leiter der ZK-Abteilung für nationale Politik) ans ZK der KPdSU über die Ereignisse in Litauen. 11. Januar 1991. RGANI, f. 89, op. 28, d. 31, l. 1.

[50] Zur Rolle von General Varennikov bei den Ereignissen im Baltkum s. Braithwaite, Accross the Moscow River, S. 206.

[51] M. Sokolov: Litovskij krizis teper' vse zavisit ot Rossii (Die litauische Krise hängt jetzt vollständig von Russland ab). Kommersant, Nr. 3, 21. Januar 1991.

Die für die Gewaltmaßnahmen Verantwortlichen wiesen einander gegenseitig die Schuld zu. Schließlich wurde dem Leiter der Garnison in Vilnius die Verantwortung zugeschoben.

Jurij Schtschekotschichin referierte die amtlichen Kommentare zur Entwicklung in Vilnius wie folgt: „Der noch nicht als Innenminister bestätigte Boris Pugo konnte den Deputierten nicht genau erklären, was es eigentlich mit dem ‚Komitee für nationale Rettung' auf sich hatte, das auf den litauischen Straßen Panzer auffahren lassen konnte. Die Erklärung des sowjetischen Verteidigungsministers Dmitri Jasov konnte nur Verwirrung hervorrufen. Er berief sich darauf, dass er selbst nicht über alle Einzelheiten orientiert sei (weil er, wie er sagte, ‚sich nicht am Ort des Geschehens befunden habe') und keinen Befehl für einen Angriff mit Panzern und Luftlandetruppen gegeben habe. Dann lieferte er seine Version der Tragödie von Vilnius: Nachdem Mitglieder des ‚Komitees der nationalen Rettung' neben dem Parlament verprügelt worden seien, hätten sie sich zum Chef der Garnison von Vilnius begeben. Ihr Anblick habe einen so starken Eindruck auf den General gemacht, dass er den Befehl gegeben habe, das Fernsehzentrum zu stürmen, das pausenlos ‚antisowjetische Sendungen' gebracht habe. Der Erklärung von Marschall Jasov zufolge ist die blutige Tragödie beim Fernsehzentrum auf die emotionale Erregung eines einzelnen Generals zurückzuführen! (...) Wenn die Tragödie in Vilnius durch einen einzigen General verursacht wurde, dann kann man sie als eigenmächtigen Aufstand betrachten, für den der Militärführer wie in jeder zivilisierten Gesellschaft nach dem Gesetz bestraft werden muss."[52]

Zu dieser Zeit informierte Tschernjajev Gorbatschow über seine Sicht der Ereignisse im Januar 1991: „Es gibt jetzt folgende Alternative: Entweder Sie sagen direkt, dass Sie nicht zulassen werden, dass auch nur ein Fußbreit von der Sowjetunion abfallen wird, und setzen alle Mittel ein, inklusive Panzer, um das zu verhindern. Oder Sie geben zu, dass es zu einem tragischen Ereignis gekommen ist, das aus der Zentrale nicht zu kontrollieren war, dass Sie jene verurteilen, die Gewalt angewendet und Menschen getötet haben, und ziehen sie zur Verantwortung. Im ersten Fall heißt das, dass Sie alles begraben können, was Sie in fünf Jahren gesagt und getan haben. Geben Sie zu, dass Sie selbst und das Land nicht bereit waren, eine revolutionäre Wende in eine zivilisierte Richtung zu vollziehen und dass man mit dem Volk so verkehren muss wie früher. Im zweiten Fall könnte man die Sache noch retten und den Kurs der Perestrojka fortsetzen, auch wenn schon etwas Irreversibles geschehen ist."[53]

Gegner der Unionsregierung in der russischen Führung und in der Arbeiterbewegung weiteten ihre Aktivitäten aus. Die Bergarbeiterstreiks im Frühjahr 1991 gingen weitgehend mit politischen Forderungen einher (in erster Linie nach dem Rücktritt

---

[52] Jurij Ščekočichin: Neupravljaemaja armija? (Eine unkontrollierbare Armee?), Literaturnaja gazeta, Nr. 2, 16. Januar 1991.
[53] Bericht von Anatolij Černjaev vom 15. Januar 1991. Archiv der Gorbačev-Stiftung. Arch. Nr. 8780.

der Unionsregierung). Die Verluste infolge der Streiks beliefen sich auf 3,7 Mio. Arbeitstage, die Kohleförderung ging um 15 Mio. Tonnen zurück.[54]

Die Entscheidung Gorbatschows, sich von den Aktionen 1991 in Litauen zu distanzieren, die unter westlichem Druck zustande kam, war ein eindeutiges Signal, dass die Unabhängigkeit der baltischen Staaten eine Tatsache war. Aber das war nicht seine persönliche Entscheidung. Die Handlungsfreiheit der Unionsregierung war durch die herannahende Devisen- und Finanzkatastrophe rigoros eingeschränkt.

Im Frühjahr 1991 wurde Gorbatschow klar, dass das Imperium nicht mit Gewalt zu retten war. Der politische Umschwung von März bis Juli 1991 – das Bündnis mit den Führern der Republiken, das auf eine radikale Transformation der Staatsordnung der UdSSR abzielte, führte dies deutlich vor Augen. Während der Verhandlungen in Novo-Ogarjovo am 30. Juli 1991 machte Gorbatschow den Republiken entscheidende Zugeständnisse, die praktisch einen Schlussstrich unter die Geschichte der Sowjetunion als Einheitsstaat zogen. Er stimmte einem Ein-Kanal-Steuersystem zu, das die Unionsbehörden in einem zentralen Punkt, und zwar bei der Finanzierung der Staatsausgaben, gänzlich von denen der Republiken abhängig machte. Damit fiel de facto die Entscheidung zur Auflösung des Imperiums, was auf eine Transformation in eine lose Konföderation hoffen ließ.

---

[54] Rossijskaja ėkonomika v 1991 godu. Tendencii i perspektivy (Die russische Wirtschaft im Jahre 1991. Tendenzen und Perspektiven). Moskau 1992. S. 8.

8

Der Zusammenbruch

*„Wie ich überlebt habe, werden nur
Du und ich wissen."*

Konstantin Simonov

8.1 Die politische Ökonomie des gescheiterten Umsturzes

Am 17. Juni unterschrieb Gorbatschow den Vertragsentwurf „Über die Union souveräner Staaten", und am 18. Juni leitete er ihn den Obersten Sowjets der UdSSR und der Republiken zu. Nach einschneidenden Veränderungen wurde die letzte Fassung am 23. Juni in Novo-Ogarjovo diskutiert. Am 29.-30. Juni entschieden Gorbatschow, Jelzin und Nasarbajev auf einer Zusammenkunft, dass der Vertrag am 20. August von den Vertretern der Unionsrepubliken unterzeichnet werden sollte.

Kurz vor der Unterzeichnung des Vertrags, der eine friedliche, geordnete Auflösung des Imperiums vorsah, beschlossen der sowjetische Vizepräsident, der Premierminister, der Verteidigungsminister, der KGB-Chef, der Chef des militärindustriellen Komplexes und der Oberkommandierende der Landstreitkräfte, mit Unterstützung des Vorsitzenden des Obersten Sowjets, das zu tun, wozu sich der Präsident in ihrer Sicht aus Charakterschwäche nicht entschließen konnte. Sie wollten mit Gewalt die politische Kontrolle wiederherstellen und die zentrale Macht erhalten. Im Laufe von drei Tagen zeigte sich klar, dass es hier nicht mehr um Gorbatschow ging, sondern dass sie es bereits mit einem anderen Land zu tun hatten.

Vom 19.-21. August wurde das, was die Machthaber jahrzehntelang gefürchtet hatten, Realität. Die Armee weigerte sich, auf das Volk zu schießen. In nur drei Tagen hörte das sozialpolitische System einer Supermacht, die von ihrer Fähigkeit und Bereitschaft gelebt hatte, unbegrenzt Gewalt gegen das eigene Volk einzusetzen, auf zu existieren.

Den gescheiterten Putsch haben viele als operettenhaft in Erinnerung. Indes standen seine Organisatoren vor schwierigen Aufgaben. In einer entwickelten urbanisierten Gesellschaft sind nicht ohne weiteres Kommandeure zu finden, die zu dem Befehl bereit sind, mit Panzern ihre Mitbürger zu unterdrücken, ebenso wie sich nicht leicht Soldaten finden, die solche Befehle ausführen. Die Offiziere, die nach den

Erfahrungen Ende der 1980er-Jahre wussten, dass sie selbst schließlich dafür geradestehen müssten, taten alles, um es nicht zum Äußersten kommen zu lassen. Zudem hatten die Putschisten nicht Revolution oder Bürgerkrieg, sondern Jahrzehnte eines stabilen Regimes hinter sich. Es ist kein Wunder, dass sie die Verantwortung für Gewaltmaßnahmen anderen überlassen wollten. Das GKTschP (Staatliches Komitee für den Ausnahmezustand, so bezeichnete sich das Organ, das die Macht an sich gerissen hatte), war nicht bereit, Entscheidungen zu treffen, die zu Blutvergießen führen könnten. Man hoffte darauf, dass die Organe des Innenministeriums, des KGB und des Verteidigungsministeriums dies selbst erledigen würden. Dies belegen eindeutig die Erinnerungen des letzten KGB-Vorsitzenden Vladimir Krjutschkov.[1]

Der Sturm des „Weißen Hauses" sollte in der Nacht auf den 21. August beginnen. Die Anweisung, einen Sturm vorzubereiten, gab Krjutschkov am 20. August um 9 Uhr morgens. Es sollte eine gemeinsame Operation von Armee, KGB und Innenministerium unter der Tarnbezeichnung „Grom" (Donner) sein. Der Beschluss wurde im Generalstab vom Mittag bis in die Nachmittagsstunden des 20. August diskutiert. Die Generäle erklärten, das Weiße Haus sei militärisch kein Problem. Aber es werde unvermeidlich zu zahlreichen Opfern unter der Zivilbevölkerung kommen. Ursprünglich war die Operation für 1 Uhr nachts vorgesehen, sie wurde dann auf 3 Uhr verschoben und kam schließlich gar nicht zustande. Eine wesentliche Rolle spielte, dass die Putschisten nicht die Verantwortung für ein Blutbad übernehmen wollten. Die Armee wartete auf Aktionen von Seiten des KGB, der KGB wiederum von der Armee, und das Innenministerium von beiden. Zur Nacht wurde bekannt, dass die KGB-Abteilung „Alpha" eine Teilnahme am Sturm abgelehnt hatte, die MVD-Divisionen Tula und die Dzierżyński-Division hatten sich nicht von ihren Positionen gerührt, und die Brigade „Tjoplyj stan" war abgängig.[2]

Georgij Schachnasarov schreibt dazu: „Wenn Panzer in Moskau das Feuer auf die Barrikaden eröffnet hätte und ein Luftangriff erfolgt wäre, wäre augenblicklich alles zu Ende gewesen. Auch die Republiken hätten sich unterworfen. Davon zeugt ihre vorsichtige Reaktion, sie setzten eindeutig auf Zeitgewinn und wollten abwarten, wie sich die Situation in der Hauptstadt entwickelte. Wenn sich Tollkühne gefunden hätten, die zum Widerstand aufgerufen hätten, hätte man ihnen schnell den Garaus gemacht."[3] Aber so einfach war es nicht. In Petrograd gab es im Februar 1917 Verantwortliche, die die Anweisung gaben, auf Demonstranten zu schießen.[4] Im August

---

[1] Krjučkov, Ličnoe delo, S. 184-200.
[2] A. Barsenkov/A. Šadrin: Političeskij krizis v SSSR 19-21 avgusta 1991 g. (Die politische Krise in der UdSSR vom 19. bis 21. August 1991). Vestnik Moskovskogo Universiteta, Nr. 3, 8, 2001, S. 50. Die Gründe für das Scheitern des August-Putschs 1991. S. a. Vadim Medvedev: Avgust 1991 (August 1991). Svodnaja mysl', Nr. 12, 1993, S. 67 f.
[3] Šachnazarov, S voždjami i bez nich, S. 440.
[4] „Am 25. Februar 1917 stieg die Zahl der Streikenden in Petrograd auf 200.000. Um 9 Uhr abends desselben Tages erhielt Generalleutnant Chabalov über die Direktleitung in den Generalstab ein Telegramm: ‚Ich befehle, morgen in der Hauptstadt die Unruhen zu beenden, die in der schweren Zeit des Krieges mit Deutschland und Österreich nicht hingenommen werden können. Nikolaj.' Um 9 Uhr morgens las Chabalov das Telegramm des Zaren den höheren Offizieren vor und gab den Befehl, das

1917 war der Oberkommandierende der russischen Armee General Kornilov ebenfalls zu so einem Befehl bereit. Das Regime wurde dadurch nicht gerettet. In solchen Situationen kommt es nicht nur auf solche Befehle an, sondern auch darauf, ob es Einheiten gibt, die sie befolgen, und ob es keine gibt, die sich auf die Seite der Regimegegner schlagen.

Die drei Tage im August 1991 haben gezeigt, dass Gorbatschow nicht nur deshalb keine Gewalt angewendet hatte, um das Regime zu retten, weil er es nicht wollte, sondern auch, weil er es gegebenenfalls nicht gekonnt hätte. Der bekannte politische Kommentator Maxim Sokolov schildert die Folgen des Putschs unmittelbar nach seinem Scheitern: „Die zwei letzten Tage in Moskau waren Tage der Beerdigungen: Das idiotische Regime starb auf idiotische Weise. Der Putsch war dumm, weil das Volk aufgehört hatte, dumm zu sein. (…) Es ist ein wichtiger Präzedenzfall entstanden – das erste Mal in 73 Jahren haben Bürger es vermocht, den bis an die Zähne bewaffneten Staat zur Kapitulation zu zwingen. An die Stelle der Trägheit der Angst trat jetzt die Trägheit der Furchtlosigkeit und bestimmte das öffentliche Leben … Während in anderen Ländern ein Putsch in der Regel ein Unternehmen von einem Dutzend Übeltäter ist, war der August-Putsch beispiellos. Praktisch die gesamte Unionsführung hatte mehrere Gesetze des Strafgesetzbuchs verletzt: Die Machtstrukturen (Armeeführung, Innenministerium und KGB), die Exekutive (Kabinett) und Legislative (Lukjanov und seine ‚Verbündeten') und die Partei (KPdSU-Führung). Und wenn die gesamte Staatsführung, die aus Verbrechern und ihren Helfershelfern besteht, vom Volk eine vernichtende Niederlage erfährt, kann ein solcher Staat nicht weiter existieren. Die gesamte Staatsführung versinkt im politischen Nichtsein, und aus dem politischen Vakuum bildet sich ein anderer Staat. Er ist auch entstanden, und nicht nur einer."[5]

Die wirtschaftliche Situation im August 1991 setzte der weiteren Entwicklung enge Grenzen. Selbst wenn die Organisatoren des Umsturzes an der Macht geblieben

---

Feuer zu eröffnen, wenn sich die Menge aggressiv verhalten würde. Vom 27. Februar morgens an kam es bei den Truppen zu massenhaften Befehlsverweigerungen, aufs Volk zu schießen. Die Situation vom 28. Februar 8 Uhr beschreibt Chabalov so: ‚1. In meiner Gewalt sind das Gebäude der Haupt-Admiralität, vier Gardekompanien, fünf Schwadronen und Hundertschaften und zwei Batterien. Die anderen Truppen sind zu den Revolutionären übergelaufen oder bleiben nach Absprache mit ihnen neutral. Die übrigen Soldaten und Banden lungern in der Stadt herum, schießen auf Passanten und entwaffnen die Offiziere. 2. Alle Bahnhöfe sind in der Gewalt der Revolutionäre, die sie streng bewachen. 3. Die ganze Stadt ist in der Gewalt der Revolutionäre, das Telefon funktioniert nicht, zu den anderen Stadtteilen besteht keine Verbindung.' Gegen 12 Uhr mittags war es Chabalov klar, dass Widerstand zwecklos war. Kurz darauf wurde er von Soldaten gefangengenommen, die die Admiralität durchsuchten." Aleksandr Blok: Poslednie dni starogo režima (Die letzten Tage des alten Regimes). In: Archiv russkoj revoljucii (Archiv der russischen Revolution). Berlin 1922. Bd. 4. S. 5-54. (Der Dichter stützte sich bei dem zitierten Artikel auf Materialien, die die Außergewöhnliche Kommission der Provisorischen Regierung zusammengestellt hatte, als sie illegale Handlungen ehemaliger Minister untersuchte.)

[5] Maksim Sokolov: Slava Bogu, perestrojka končilas (Gott sei Dank, die Perestrojka ist zu Ende). Kommersant, Nr. 34, 26. August 1991.

wären, hätte dies an der Wirtschaftslage nichts geändert, deren Perspektiven bereits streng vorgegeben waren.

Anfang August unterzeichnete Gorbatschow einen Erlass über unaufschiebbare Maßnahmen, die die Warenproduktion und die Dienstleistungen für die Bevölkerung erhöhen sollten. Das Unionsrepublikanische Komitee für Devisen, das Ministerium für Wirtschaft und Prognosen, das Außenwirtschaftsministerium und die Bank für Außenwirtschaft sollten sicherstellen, dass Devisen vorrangig für Getreide, Medikamente, Rohstoffe und Komponenten, die für die Konsumgüterproduktion erforderlich waren, ausgegeben würden.[6] Ein Vergleich der strengen Anweisungen in diesem Erlass mit der regierungsinternen Korrespondenz zeigt, wie weit dies von der Realität entfernt war.

Der Leiter der Gosbank Geraschtschenko schrieb im Juni 1991 an Kabinettschef Pavlov: „Auf Grund von Regierungsbeschlüssen, die zu verschiedenen Zeitpunkten seit 1959 gefasst wurden, ist die Gosbank beauftragt, Haushaltsausgaben zu tätigen, um die Preisdifferenzen bei Agrarrohstoffen und anderen Produkten zu kompensieren. Dies erfolgt von besonderen hierfür vorgesehenen Konten, und zwar aus Krediten, die danach aus Mitteln des Budgets getilgt werden. Wegen der systematischen Säumigkeit bei der Tilgung ist die Verschuldung von Jahr zu Jahr gestiegen, was sich nachteilig auf den Geldumlauf im Lande auswirkte. 1991 wurde die Kompensation der Preisdifferenzen vom sowjetischen Finanzministerium den Budgets der Republiken übertragen… Unterdessen sind die Banken angesichts des Übergangs zum Markt und eines unkontrollierbaren Preisanstiegs gezwungen, ständig steigende Differenzen für Agrarrohstoffe und andere Produktion zu bezahlen. Im ersten Quartal d. J. wurden für diese Zahlungen Kreditressourcen von 29,2 Mrd. Rubeln überwiesen, im April 5,9 Mrd. Rubel. Einschließlich der gezahlten Summen im letzten Jahr ist die Verschuldung des Budgets bei den Banken für diese Zahlungen seit Jahresbeginn bis zum 1. Mai von 61,6 Mrd. Rubeln auf 96,7 Mrd. Rubel gestiegen. Aus diesem Grund sowie im Zusammenhang mit den generell steigenden Staatsschulden wird der zentrale Anleihefonds der Gosbank vollständig zur Deckung von Budget-Ausgaben verwendet. Wenn die Bank-Ressourcen weiterhin automatisch zur Kompensation von Preisdifferenzen eingesetzt werden, dann bleibt nur eine Möglichkeit, die Ressourcen wieder aufzufüllen, nämlich die Kredit- und Bargeldemission. Wenn hier keine Entscheidung getroffen wird, wird es zu einer unregulierbaren Kredit- und Bargeldemission kommen. Daher halten wir es für notwendig, umgehend die oben beschriebene Bestimmung über die Kompensation der Preisdifferenzen aufzuheben, da sie die Wirtschaft destabilisiert und einen unkontrollierbaren Inflationsprozess fördert."[7]

---

[6] Michail Gorbačev: O bezotlagatel'nych merach po uveličeniju proizvodstva tovarov i uslug dlja naselenija (Unaufschiebbare Maßnahmen zur Erhöhung der Warenproduktion und Diensteistungen für die Bevölkerung). Izvestija, 5. August 1991.

[7] Geraščenko an Pavlov über die Preisunterschiede für Agrarrohstoffe und andere Produktion. 26. Juni 1991. RRAÉ, f. 2324, op. 32, d. 4005, l. 125-127.

8 Der Zusammenbruch

Der erste stellvertretende Kabinettsvorsitzende Vladimir Schtscherbakov schrieb am 16. August 1991, drei Tage vor dem Putschversuch, an den Föderationsrat der UdSSR: „Das Land bewegt sich mit zunehmender Geschwindigkeit auf eine schwere Finanzkrise und den Zusammenbruch des Geldumlaufs zu. Diese Faktoren bewirken zurzeit eine entscheidende Verschlechterung der wirtschaftlichen, sozialen, psychologischen und politischen Situation im Land. ... Aus den unterschiedlichsten Gründen, vor allem weil die Entschlossenheit zu unpopulären Maßnahmen fehlt, weil einige Politiker fürchten, die Rolle der Unionsregierung zu stärken und weil die organisatorische und wirtschaftliche Arbeit unter den verschiedenen Ebenen der Exekutive usw. schlecht koordiniert ist, sind die Möglichkeiten für ein Antikrisen-Programm mit jedem Tag schlechter geworden. Grundlegende Schritte zur Stabilisierung der Finanzlage hätten seit dem 1. Juli umgesetzt werden müssen. Allerdings haben die endlosen Abstimmungen, Diskussionen usw. dazu geführt, dass bereits zwei Monate verloren sind. In diesem Zeitraum ist es lediglich gelungen, und auch das verspätet, Stabilisierungsmaßnahmen für die grundlegenden Branchen und teilweise bei der Produktion von Konsumgütern zu beschließen. ... Wir müssen begreifen, dass in zwei bis vier Monaten ganz andere Aktionen erforderlich sein werden, um die Lage zu normalisieren, und dass wir dann das Antikrisen-Programm einfach in den Müll werfen können... Es entsteht eine paradoxe Situation. Einerseits wird das Budget-System sein Defizit von etwa 310-320 Mrd. Rubel in den Umlauf bringen, andererseits fügen die Betriebe noch etwa 250 Mrd. Rubel hinzu. (...) Das Budget-System trägt somit entscheidend dazu bei, eine starke Inflation zu generieren. ... Unserer Meinung nach könnte man in Absprache mit den Republiken per Präsidentenerlass verfügen, umgehend (ab 1. September) alle Sozialprogramme von Union und Republiken einzufrieren, die bis 1. August noch nicht finanziert waren. Diese Bestimmung könnte mindestens bis zum ersten Halbjahr 1992 in Kraft bleiben. ... In der zweiten Etappe (nach dem 1. Dezember 1991) wird der Übergang zu einer überwiegend freien Preisbildung mit einer neuen Prozedur zur Bildung von Lohnfonds vollzogen. ... Es ist zu betonen, dass diese Ansätze einen finanziellen Ausgleich im Ganzen nicht bewerkstelligen können, sondern dies lediglich hinausschieben.... Wir erreichen damit nur, dass sich die Situation nicht weiter verschlimmert. Eine grundlegende Einwirkung auf die wahren Ursachen der finanziellen Schieflage haben sie nicht."[8] Die Devisenreserven der UdSSR waren zu dieser Zeit vollständig erschöpft.[9]

---

[8] Mitteilung des Ersten stellvertretenden Premierministers Ščerbakov an den Föderationsrat über unaufschiebbare Maßnahmen zur Normalisierung der Finanzen und des Geldumlaufs. 16. August 1991. Nr. 1157c; Otto Lacis: Signal bedy, poslanny nikuda. Čego opasalos' pravitel'stvo SSSR za tri dnja do končiny (Notsignal nirgendwohin. Was die Regierung der UdSSR drei Tage vor dem Ende fürchtete). Izvestija, 28. Juni 1996.

[9] Grigorij Jawlinskij und Michail Zadornov beschrieben die Devisenlage der UdSSR im Mai 1991 wie folgt: „Anfang 1990 hatte die UdSSR noch Devisenreserven – etwa 15 Mrd. Dollar auf ausländischen Banken. Ende des Jahres hatten sie sie erfolgreich ‚verfressen'. Dafür liegen die Zahlungsrückstände bei ausländischen Partnern für bereits gelieferte Waren seit November letzten Jahres zwischen 3-5 Mrd. Dollar." Grigorij Jawlinskij/Michail Zadornov: Pljus „Bol'šaja semerka": programma organizovannogo vozvraščenija v bol'šuju ėkonomiku (Plus G-7: Programm der organisierten Rückkehr

Aus Analysen des Obersten Sowjets vom Sommer 1991: „Hinsichtlich der Abrechnungen mit dem Ausland ist die Lage äußerst angespannt. Die Exporteinkünfte in ausländischen Devisen sind zurückgegangen, während gleichzeitig der Importbedarf steigt. Das Zahlungsbilanzdefizit hat zugenommen. Die freien Devisenressourcen sind erschöpft. Bei kommerziellen Verträgen hat sich ein beträchtlicher Schuldenberg angehäuft. Die Staatsschulden haben ein kritisches Maß erreicht. Die Reputation der Sowjetunion auf den internationalen Märkten hat sich verschlechtert... Bei der Devisenpolitik muss es vor allem darum gehen, die Zahlungsfähigkeit des Landes wiederherzustellen."[10]

„Seit Ende 1989 kam es zu Zahlungsunterbrechungen für den sowjetischen Import, Zahlungen wurden häufig um mehrere Monate verzögert. Ende 1990 lagen die Rückstände bei 2,9 Mrd. Rubeln. Diese Situation gefährdet die einwandfreie Reputation der Sowjetunion auf den internationalen Kreditmärkten. Erstmals in der gesamten Geschichte des Sowjetstaats wurden Verbindlichkeiten der UdSSR (z. B. Wechsel der Konzerne des Außenwirtschaftsministeriums, die die Bank für Außenwirtschaft garantiert) auf den Märkten mit einem Diskont notiert. Damit wurde die Sowjetunion durch die Märkte als unzuverlässiger Schuldner eingestuft. Wie zu Beginn der 1980er-Jahre, als die Sowjetunion eine Vertrauenskrise auf den internationalen Kreditmärkten durchmachte, hatte die Panik unter den Kreditgebern eine deutliche Senkung der Obergrenzen für kurzfristige Kreditoperationen zur Folge. In den 80er-Jahren hat sich die gesamte sowjetische Auslandsverschuldung mehr als verdoppelt – 1981 waren es 15 Mrd. Rubel und Anfang 1991 bereits 32,2 Mrd. Rubel. Die sowjetischen Aktiva in konvertierbarer Währung auf ausländischen Banken hatten 3,7 Mrd. Rubel erreicht. Somit belief sich die „reine" Verschuldung der UdSSR auf 28,5 Mrd. Rubel. 1991 sind etwa 10 Mrd. zu tilgen, einschließlich Zinsen. Eine so erhebliche Konzentration von Zahlungen gerade im Jahre 1991 wird die Zahlungsbilanz zusätzlich belasten. Bereits für das laufende Jahr musste eine besondere Regelung zur Verteilung der Exporteinkünfte getroffen werden."[11]

Von Bankrott und Zahlungsunfähigkeit trennten das Land nur noch Wochen – selbst wenn alle Zahlungen für Importe eingestellt würden. An umfangreiche westliche Kredite war bei einem Erfolg der Putschisten nicht zu denken. Die neuen Machthaber hätten die Lebensmittelkäufe weiter reduzieren, den Viehbestand zurückfahren, den Import weiterer Lebensmittel kürzen und Betriebe wegen fehlender Komponenten aus dem Import stilllegen müssen.

Oleg Baklanov, einer der späteren Putschisten und Leiter des militärindustriellen Komplexes, schrieb im Januar 1991 an Gorbatschow: „Die Volkswirtschaft ist derzeit

---

in die große Wirtschaft). Izvestija, 20. Mai 1991.

[10] Beschlussentwurf des Obersten Sowjets der UdSSR „Wesentliche Tendenzen einer einheitlichen staatlichen Geld- und Kreditpolitik im zweiten Halbjahr 1991". 8. Mai 1991. RGAĖ, f. 2324, op. 32, d. 4005, l. 95, 99.

[11] Viktor Geraščenko an Premierminister Pavlov. Erläuterungen zum Entwurf der wesentlichen Richtlinien für eine einheitliche staatliche Geld- und Kreditpolitik im zweiten Halbjahr 1991. 8. Mai 1991. RGAĖ, f. 2324, op. 32, d. 4005, l. 103, 104.

in einem kritischen Zustand. (...) Außerdem gerät das Land immer mehr in Abhängigkeit vom Import materieller und technischer Ressourcen aus den kapitalistischen Ländern. Nach Schätzung von Gossnab fehlen der Volkswirtschaft 1991 Rohstoffe im Wert von etwa 9 Mrd. Rubeln, die weitgehend im Ausland eingekauft wurden. (...) Einkäufe werden immer schwieriger, weil das Land bei ausländischen Firmen hohe Devisenschulden für Rohstoffe, Materialien, Lebensmittel und Industriegüter hat, die 1990 geliefert wurden. Da die Rohstoffe schon Ende 1990 nicht ausreichten, ging die Produktion in vielen Bereichen zurück, auch bei Konsumgütern. Im ersten Quartal d. J. ist ein massenhafter Stillstand von Betrieben und Produktionsstätten zu erwarten. Allein in der Leichtindustrie werden möglicherweise über 400 Betriebe – ein Drittel aller existierenden – ihre Arbeit einstellen. Ungefähr eine Million Menschen werden ohne Arbeit sein. In nächster Zeit könnte die Produktion auch bei folgenden Betrieben beendet werden: den Konzernen ‚SIL', ‚Rostselmasch', der Schuhfabrik Tschernovzy, der Fabrik ‚Kontur' und der Lampenfabrik von Tscheboksary, der Traktorenfabrik von Altaj, der Erzaufbereitungsanlage im Gebiet Dnepropetrovsk, der Moskauer Fabrik ‚Stankolit' und vielen anderen Unternehmen."[12]

Dies alles war den Organisatoren des Putsches durchaus bekannt. Otto Lazis zitiert aus einem Papier des KGB, das kurz vor dem Putsch verfasst wurde:

„Das Programm für den Investitionsbau für 1991 ist völlig unausgeglichen. Nach Prognosen werden 1991 30-35 % weniger Anlagen in Betrieb genommen als im Vorjahr, 20-22 % weniger Wohnhäuser und 15-70 % weniger Objekte im Sozialbereich. Um das reibungslose Funktionieren von Luftfahrtunternehmen nach dem Plan des Ministeriums für zivile Luftfahrt sicherzustellen, müssen 1.938.000 Tonnen Kerosin und 53.000 Tonnen Flugbenzin geliefert werden. Ende August waren erst 1.005.000 Kerosin und 28.000 Tonnen Flugbenzin eingegangen, d. h. wenig mehr als die Hälfte. Die 1988 begonnene Reduzierung des Viehbestands in den Kolchosen, Sowchosen und gemischtwirtschaftlichen Betrieben setzt sich fort. (...) MOSKAU. Bestimmte Probleme sind in der Energie zu verzeichnen. In einzelnen Elektrowerken sind die Anlagen zu 70 % abgenutzt. An Heizöl-Reserven sind nur 50-80 % des Bedarfs vorhanden. Die städtische Wärmeversorgung ist am Rande ihrer technischen Kapazitäten. Die Lage auf dem Verbrauchermarkt ist dramatisch. Die Lieferungen von Fleisch- und Milchprodukten ins städtische Handelsnetz haben höchstens 80 % des Vorjahres erreicht. Die Lebensmittellieferungen in die Stadt decken den Bedarf zu 60-70 %, Reserven sind nur für 15 Tage vorhanden. (...) Auch in der Energieversorgung ist die Lage problematisch. Alle Kraftwerke arbeiten mit voller Kapazität. Die Kohle- und Heizölreserven decken nur 50 % des Bedarfs. In der Nahrungsmittelversorgung kommt es zu Ausfällen. 30 % der Bevölkerung hat ihre Lebensmittelkarten im Juni, Juli und August für Zucker, Tierfett und Fleischprodukte nicht einlösen können. Besonders besorgniserregend ist die Versorgung mit Brot. Die festgelegte Norm liegt bei 250 Gramm täglich pro Person. (Nikolaj A. Savenkov, 2. September

---

[12] Mitteilung der Abteilung für sozioökonomische Politik des ZK vom 28. Januar 1991 an Gorbačev „zur unzureichenden Versorgung der Volkswirtschaft mit Rohstoffen im Jahre 1991." RGANI, f. 89, op. 72, d. 9, l. 2-4.

1991). Der Unterzeichner des Dokuments Nikolaj Savenkov war Abteilungsleiter im KGB und für die wirtschaftliche Sicherheit zuständig."[13]

Das Haushaltsdefizit im 3. Quartal 1991 erreichte bald fast 30 % des BIP.[14] Das bedeutete, dass die Situation auf dem Verbrauchermarkt katastrophal bleiben würde. Ohne die strukturellen Disproportionen zu beseitigen, die Verteidigungsausgaben zu verringern, die Dotationen für das Land und die Kapitalinvestitionen zu senken, würde eine weitere Preiserhöhung lediglich einen Mangel an Konsumgütern auf höherer Ebene produzieren. Für all das würde das unpopuläre und illegitime Regime die Verantwortung tragen müssen. Wenn man berücksichtigte, was sich vor diesem Hintergrund im Baltikum, Georgien, Armenien und der West-Ukraine abspielen würde, konnte man sich sein Schicksal leicht ausmalen.

Einer der nächsten Mitarbeiter Gorbatschows, Vadim Medvedev, sagte zur Zeit der August-Ereignisse dem an der Verschwörung beteiligten V. Boldin: „Eine Variante à la Pinochet mit großzügiger ausländischer Hilfe wird nicht gelingen. Im Gegenteil, innere Unruhen und die zwangsläufige Kappung der wirtschaftlichen Unterstützung aus dem Ausland werden schnell zu einer wirtschaftlichen Katastrophe führen. Der Umsturz wird nicht nur die zentrifugalen Tendenzen in der Union stärken, sondern vielmehr den unvermeidlichen Zerfall der Union auslösen, denn die Republiken werden sich einer solchen Regierung nicht unterstellen wollen."[15]

Kabinettschef Pavlov, der besser als die anderen Verschwörer über die Devisenlage des Landes Bescheid wusste, konsumierte am Abend des 18. August eine solche Menge an Alkohol, dass er eine schwere hypertonische Krise bekam. Woran das Oberhaupt der letzten sowjetischen Regierung zu dieser Zeit dachte, ist unbekannt. Es ist nicht auszuschließen, dass er sich darüber im Klaren war, dass der Putsch aus politischen und wirtschaftlichen Gründen zum Scheitern verurteilt war.[16]

---

[13] Otto Lacis: Kogda načalsja krizis. O čem govorit spravka KGB SSSR, napisannaja v sentjabre 1991 goda (Als die Krise begann. Wovon in dem KGB-Gutachten von September 1991 die Rede ist). Izvestija, 15. April 1993.

[14] Andrej Illarionov schätzt das Gesamtdefizit des russischen Budgets, den Teil des Unionsbudgets, der 1991 zum russischen Territorium gehörte, auf 31,9 % des BIP. Das monatliche Durchschnittswachstum der Geldmenge von Mai bis Dezember 1991 stieg bis auf 8,1 %, und das Verhältnis M2 zum BIP erreichte in acht Monaten die Rekordhöhe von 76,5 %. Von Mai bis Dezember 1991 machte die Zunahme der Geldmenge M2 60,7 % des BIP für diesen Zeitraum aus. Andrej Illarionov: Popytki provedenija politiki finansovoj stabilizacii v SSSR i Rossii (Versuche einer finanziellen Stabilisierungspolitik in der UdSSR und in Russland). 1995. www.budgetrf.ru. Sergej Aleksašenko berechnet das Haushaltsdefizit nach internationaler Methologie 1991 auf etwa 34 % des BIP. Sergey Alexashenko: The Collapse of the Soviet Fiscal System: What Should Be Done?. In: Review of Economics in Transition. 1992, Vol, 4, S. 39 f. Die Weltbank schätzt den Anteil des Haushaltsdefizits am BIP in Russland für 1991 (unter Berücksichtigung erzwungener Ersparnisse) auf 30,9%. S. Russian Economic Reform. Crossing the Threshold of Structural Change. World Bank, 1992.

[15] Medvedev, V komande Gorbačeva, S. 195.

[16] Aus den Erinnerungen von KGB-Chef Krjučkov: „Pavlov berichtete ausführlich über die Lage in der Wirtschaft, die schwere Krise, in der sich das Land bereits befand und die sich in nächster Zeit noch verschlimmern werde. Er betonte, dass wir nicht mit Krediten rechnen dürften, wir würden einfach keine bekommen, weil wir nicht zahlungsfähig seien. Die Sowjetunion hatte nicht einmal

8.2 Politische Agonie

Nach den Ereignissen vom 19.-21. August 1991 war der Untergang des Imperiums nicht mehr unvermeidlich, sondern er hatte stattgefunden. Die Frage war lediglich, wie schwer die wirtschaftlichen und politischen Folgen für die Bevölkerung des Landes sein würden.

Natürlich hätten sich die sowjetischen Machthaber endlos auf das Referendum vom 17. März über die Bewahrung der UdSSR[17] berufen und darauf bestehen können, dass das Referendum am 1. Dezember in der Ukraine, bei dem sich 90,3 % der Wahlbeteiligten (bei einer Beteiligung von 84 %) für die Unabhängigkeit der zweitgrößten Unionsrepublik ausgesprochen hatten, im Widerspruch zur Unionsgesetzgebung stehe. Mit dem realen politischen Prozess hatte das bereits nichts mehr zu tun. Wenn Imperien zusammenbrechen, entscheidet sich ihr Schicksal nicht in Plebisziten. Noch einige Wochen vor der Abstimmung am 17. März hatte Maxim Sokolov zu Recht angemerkt: Vom formal-rechtlichen Standpunkt kann ein inkorrektes Referendum keine juristischen Folgen haben, vom praktischen Standpunkt gibt es Gorbatschow keine einzige zusätzliche zuverlässige Division. ... Die Bereitschaft (oder die fehlende Bereitschaft) Gorbatschows zu entschlossenen Maßnahmen hängt von weniger ephemeren Faktoren ab als der sinnlosen Antwort der Sowjetbürger auf eine sinnlose Frage. Es gibt wichtigere Dinge: Die Verärgerung der Bevölkerung, die Zuverlässigkeit der Truppen..."[18] Dass die Unionsführung im Dezember 1991 zur Zeit der formellen Auflösung der Union keine zuverlässigen Truppen zur Verfügung hatte, war für Zeitgenossen offensichtlich.

Die erste Folge des gescheiterten Putsches war die Demonstration, dass die Unionsbehörden keine Gewalt einsetzen konnten, um die Kontrolle über ihr Territorium zu bewahren. Ende August 1991 lag offen zutage, dass nicht ein Panzer, nicht eine Kompanie sich auf Befehl der Unionsführung rühren würde, um die amtierende Regierung und die Gesellschaftsordnung zu verteidigen.[19]

Das ist für Imperien im Zerfallsstadium nichts Neues. Die Erfahrungen von Österreich-Ungarn und Jugoslawien zeigen eindringlich, mit welchen Problemen die Staatsorgane zu tun haben, wenn die Zentralmacht ihre Legitimität verloren hat. Die Loyalität der Offiziere und Soldaten ist hin- und hergerissen zwischen den neuen

---

die Mittel, die Zinsen für frühere Kredite zu bezahlen." Krjučkov, Ličnoe delo, Bd. 2, S. 151. Zur hypertonischen Krise des Premiers infolge von Alkoholmissbrauch s. ebd., S. 182.

[17] Bei der Abstimmung ging es um die Frage: „Halten Sie den Erhalt der UdSSR als erneuerter Föderation von gleichberechtigten souveränen Republiken, in der die Rechte und Freiheiten jedes Individuums jeglicher Nationalität vollständig garantiert werden, für notwendig?" 76,4 % der Wahlbeteiligten hatten mit „Ja" geantwortet. In sechs Unionsrepubliken hatte das Referendum offiziell nicht stattgefunden.

[18] Maksim Sokolov: Referendum: bros'te, ničego strašnogo... (Referendum – lasst das sein, das macht nichts). Kommersant, Nr. 9, 4. März 1991.

[19] Aus Černjaevs Memoiren: „Der Oberste Sowjet der Ukraine hat erklärt, dass ihm alle Streitkräfte auf ukrainischem Territorium unterstellt seien und dass ihr gesamtes Eigentum in das der Ukraine übergehen würde – was für ein Irrsinn!" Černjaev, Dnevnik, S. 235.

nationalen Gebilden, denen sie von Geburt angehören, und der Metropole und den Machthabern jener Teile des Imperiums, wo sie stationiert sind. In der Regel führt das immer zum gleichen Ergebnis – die Militärs werden aktionsunfähig.

Weder die Unionsbehörden noch die der Republiken hatten im Herbst 1991 die Kontrolle über die Streitkräfte. Dies zeigten besonders die Ereignisse in Tschetschenien im November 1991. Der Versuch der russischen Behörden, Truppen zu entsenden und den Ausnahmezustand aufrecht zu erhalten, schlug fehl, insbesondere weil die Unionsbehörden bereit waren, den Truppen einen Vorwand zu liefern, untätig zu bleiben. Wenn ein Staat nicht nur das Gewaltmonopol verliert, sondern die Fähigkeit, Gewalt überhaupt einzusetzen, hört er auf, im eigentlichen Sinne des Wortes ein Staat zu sein.

Nach den August-Ereignissen erklärte sich mehrere Republiken für unabhängig. Die Union hatte weder die Macht noch die Autorität, diesen Prozess aufzuhalten. Das führte dem Land und der Welt anschaulich vor Augen, dass die Sowjetunion ihr Territorium nicht mehr unter Kontrolle hatte. Vom Standpunkt internationalen Rechts konnte sie nicht als sein Subjekt betrachtet werden. Im Baltikum und in der Ukraine hatten die Unionsbehörden die Situation an den Zoll- und Staatsgrenzen der UdSSR nicht mehr im Griff. Festgelegte Grenzen und Grenzanlagen zwischen den Republiken der UdSSR existierten nicht.[20] In Wirklichkeit bedeutete dies, dass die Sowjetunion ein Staat ohne Grenzen war. Am 5. September löste sich der Volksdeputiertenkongress der UdSSR selbst auf und zog einen Schlussstrich unter die gut siebzigjährige Existenz der UdSSR. So interpretierten jedenfalls die Massenmedien diese Entscheidung.[21]

Die Bestimmungen eines Vertrags über wirtschaftliche Zusammenarbeit, den die Führer einiger der Republiken Anfang Oktober vorbereiteten, waren recht vage. Im 16. Artikel stand, dass der Rubel als einheitliches Zahlungsmittel beibehalten werden solle. Anderseits sollten die Mitgliedsstaaten der Wirtschaftsgemeinschaft die Möglichkeit haben, nationale Währungen einzuführen. Die Frage des Geldes ist für jeden Staat elementar. Eine Entscheidung wurde hier nicht getroffen, sondern späteren besonderen Vereinbarungen vorbehalten. Es wurde eine Bankenunion geschaffen, die auf der Basis eines Reservesystems funktionieren sollte. Wie in diesem Rahmen Entscheidungen zu fällen seien, blieb offen. Die für jeden Staat oder jedes internati-

---

[20] Gorbačev plädierte im Herbst 1991 für die Erhaltung der Union. Er brachte gegenüber den Führern der Republiken völlig vernünftige Argumente ins Spiel: „Grenzen innerhalb des Staates gibt es nicht, wir haben nur administrative Grenzen. Niemandem wäre es eingefallen, Grenzposten zu errichten. Darüber hinaus wurden 70 % der Grenzen zwischen den Republiken durch Beschlüsse der Gebietskomitees und Dorfsowjets bestimmt... Sollen wir auch die Streitkräfte aufteilen …" Diese Worte überzeugten jedoch niemanden – wie das zu sein pflegt, wenn Binnen-Imperien zusammenbrechen. S. A. B. Veber (Hrsg.): Sojuz možno bylo sochranit' Belaja kniga. Dokumenty i fakty o politike M. S. Gorbačeva po reformirovaniju i sochraneniju mogonacional'nogo gosudarstva (Man hätte die Union bewahren können. Weißbuch. Dokumente und Tatsachen über die Politik Gorbačevs zur Reformierung und Bewahrung des Vielvölkerstaats). Moskau 1995. S. 296.

[21] Maksim Sokolov: Sojuz razvalilsja respublik svobodnych (Die Union freier Republiken ist zusammengebrochen). Kommersant, Nr. 36, 9. September 1991.

onales Staatengebilde zentrale Frage nach dem Budget wurde nicht entschieden. Im Dokument hieß es: „Das Budget der Wirtschaftsgemeinschaft basiert auf festen Mitgliedsbeiträgen. Höhe und Verfahren für die Entrichtung der festgelegten Beiträge werden in speziellen Vereinbarungen der Mitglieder geregelt." Was das heißen soll, ist schwer zu sagen.

Die Führung der nach der RSFSR größten Republik, der Ukraine, verhielt sich während des Putsches bedeckt. Der Vorsitzende des Obersten Sowjets der Ukrainischen SSR weigerte sich bis zum 20./21. August, als das Scheitern des Umsturzes offenkundig wurde, die Handlungen der Putschisten zu verurteilen. Gerade dadurch wurde es für ihn wie für die gesamte kommunistische Parteiführung der Ukraine unumgänglich, die Unabhängigkeit der Ukraine zu unterstützen. Im gegentigen Fall hätten weder er noch die Kommunistische Partei eine Überlebenschance gehabt. Am 24. August entschied sich der Oberste Sowjet praktisch einstimmig für die Unabhängigkeit.[22]

Am 8. November 1991 sagte der Vorsitzende des Obersten Sowjet der USSR Kravtschuk: „Der Wirtschaftsvertrag hat lediglich die Bedeutung von allgemeinen Grundsätzen, nicht mehr und nicht weniger. Wir werden uns gegen die Schaffung von Zentralorganen zur Wehr setzen. Wir ratifizieren den Vertrag nicht, wenn es irgendwelchee zentralen Organe geben wird. Es darf überhaupt keinerlei Zentrum geben, nur Koordinierungsorgane, die die am Vertrag beteiligten Staaten einrichten werden."[23]

8.3 Politische Desintegration: Ökonomische Folgen

Bereits im ersten Halbjahr 1991, noch vor dem Putsch, hatte Russland von den anderen Republiken lediglich 22 % der vorgesehenen Lieferungen an Zucker erhalten, bei Tee waren es 30 %, bei Korn 19 %, bei Seife 22 %. Alle Republiken außer Russland hatten an ihren Grenzen Zölle eingeführt, um den Warenexport zu den Nachbarn zu begrenzen, insbesondere nach Russland. Die Zölle galten nur einseitig – Waren nach Russland auszuführen war verboten, die Einfuhr aus Russland dagegen war gestattet. Anfang 1991 gaben die Ukraine und Estland im Ausland (in Kanada und Schweden) den Druck eigenen Geldes in Auftrag. Die Ukraine beabsichtigte als vorbereitende Maßnahme, im November 1991 Banknoten als befristet gültige Währung auszugeben.[24]

Der frühere stellvertretende Regierungschef Leonid Abalkin berichtete: „Anfang Oktober (1991) traf ich mich bei einem USA-Aufenthalt mit Alan Greenspan, dem

---

[22] Über die Position von Leonid Kravčuk während der ersten Putschtage s. Kuzio/Wilson, Ukraine, S. 171 f.

[23] Veber, Sojuz možno bylo sochranit', S. 245.

[24] Über die Wirtschaftspolitik der ehemaligen Unionsrepubliken. 1991. Arbeitsmaterialien der Regierung. Privatarchiv Gajdar.

Leiter der US-Federal-Reserve, einem der erfahrensten Finanzexperten der Gegenwart. Wir sind schon lange miteinander bekannt, verstehen uns gut und sprechen praktisch eine Sprache. Er fragte mich: ‚Verstehen Sie, dass Sie nur noch wenige Wochen haben, um einen finanziellen Zusammenbruch zu verhindern?' Ich antwortete, dass nach unseren Schätzungen noch zwei Monate bleiben. Im Grunde ging es nur um eine unterschiedliche Formulierung – einige Wochen oder zwei Monate, das ist praktisch das gleiche."[25] Aus den Aufzeichnungen Georgij Schachnasarovs über die Staatsratssitzung am 16. Oktober 1991: „Auf der Sitzung des Staatsrats über die Wirtschaftsunion erstattete Grigorij Jawlinskij Bericht. Er nannte die Zahlen: Die Produktion ist 1991 um 15 Prozent gefallen, 1992 sind 23-25 Prozent zu erwarten. (…) Produktionsstillstand und eine Verdoppelung bis Verdreifachung der Preise führen in eine Sackgasse."[26]

Die ohnedies bescheidenen Möglichkeiten der Unionsorgane, die Steuereinnahmen zu kontrollieren, gingen zum Herbst 1991 gegen Null. Die Unionsregierung erhielt von einigen Unionsrepubliken geringe Geldsummen. Aber das waren eher Geschenke als Steuern. Zudem standen sie quantitativ in keinem Verhältnis zu dem Bedarf des Unionshaushalts. Die Staatsausgaben wurden nahezu ausschließlich aus Krediten der Gosbank finanziert.

In der Geldpolitik verloren die Unionsorgane ebenfalls das Monopol, sie hatten keine Kontrolle darüber, dass die Zentralbanken der Republiken bargeldlose Zahlungsmittel schufen; die Union war beim Geldangebot nur noch ein Konkurrent unter mehreren. In einem Brief von Geraschtschenko an Gorbatschow vom 9. August 1991 heißt es: „Solange wir eine gemeinsame Währung haben, kann man die destruktiven Handlungen jener Republiken nicht eindämmen, die von ihrem Recht auf eine autonome Geld- und Kreditpolitik Gebrauch machen. Die der Union laut Vertrag zustehende Funktion der Geldemission bedeutet lediglich die technische Funktion, Banknoten und Geld in Umlauf zu bringen. Die reale Geldemission, die die Inflationsprozesse bestimmt, werden die Republiken selbst durch die Kreditoperationen ihrer Zentralbanken vornehmen."[27]

Der Autor dieser Zeilen sah die Situation im Herbst 1991 folgendermaßen: „Zu dem Zeitpunkt, als der 5. Kongress, der dem Präsidenten zusätzliche Vollmachten erteilt hatte, den Weg zu grundlegenden Wirtschaftsreformen gebahnt hatte, hatten sechs Jahre des Schwankens, der Unentschlossenheit und Kompromisse bereits ein handfestes sozioökonomisches Chaos entstehen lassen. … Alle begriffen sehr wohl, dass die Zeit gekommen war, zu bezahlen für die Jahre finanzieller Verantwortungslosigkeit, die Zahlungsunfähigkeit der Bank für Außenwirtschaft, den Raubbau an den Naturressourcen, die zerrütteten Finanzen, den nicht funktionierenden Rubel, die leeren Regale und für all die sozialen demagogischen Versprechungen, die in den letz-

---

[25] Leonid Abalkin: K celi čerez krizis. Spustja god… (Durch die Krise zum Ziel. Ein Jahr danach). Moskau 1992. S. 176.
[26] Šachnarazov, S voždjami i bez nich, S. 284.
[27] Brief von Geraščenko an Gorbačev vom 9. August 1991. Archiv der Gorbačev-Stiftung. Aus dem Fonds Šachnazarov. Arch. Nr. 10811, l. 27.

ten Jahren nach Herzenslust gemacht worden waren ... Der Herbst 1991 verzeichnete einen drastischen Produktionsabfall, einen Stillstand in der Eisenhüttenindustrie, was den gesamten Maschinenbau und die Bautätigkeit zum Erliegen bringen konnte. Der Herbst 1991 war die Zeit von tiefer Depression und Pessimismus, man erwartete Hunger und Kälte. Wer in dieser schwierigen Situation weiterhin Zeit verschwendet hätte, um ohne Ende und fruchtlos über schmerzlose Methoden der Transformation zum Markt und die Stabilisierung der Wirtschaft zu diskutieren und die Schaffung eines konkurrierenden Marktumfelds und eines effizienten Privateigentums abzuwarten, hätte schließlich die Paralysierung der Produktion, das Ende der russischen Demokratie und des Staates selbst erlebt."[28]

Archivunterlagen, die ich danach einsehen konnte, zeigen, dass diese Einschätzung der damaligen Lage in Russland zutraf. Hier einige Auszüge aus Dokumenten.

„Die vorhandenen Güterreserven werden gewöhnlich nach der zu Tagesbeginn vorhandenen Menge berechnet. Da die meisten Waren schnell verkauft werden, kann man praktisch davon ausgehen, dass der Rubel heute nicht mit Waren gesichert ist. (...) Die hierdurch bedingte Schieflage im Ware-Geld-Verhältnis wird verschärft durch die immense unbefriedigte Nachfrage der Bevölkerung, die seit Jahren zunimmt und nach Angaben von Goskomstat 233 Mrd. Rubel erreicht hat. (...) Das gesamte Haushaltsdefizit beläuft sich in der Rubelzone auf bis zu 300 Mrd. Rubeln. Ein Defizit in dieser Höhe ist für die Finanzen und den Geldumlauf eine Katastrophe. Zugleich lässt es keine Chance, die Lage bis zum Jahresende wesentlich zu verbessern. ... Die Kredite der Gosbank an die Budgets von Union und Republiken von 1986 bis 1991 sind von 141 Mrd. Rubeln auf 581 Mrd. Rubel gestiegen. Wenn man 1991 dazurechnet, sind es 644 Mrd. Rubel. ... Zurzeit werden die Sparguthaben der Bevölkerung auf die Republiken verteilt und dienen als Ressourcen der Banken. Inzwischen werden die Sparguthaben der Bevölkerung, die mit Indexierung bei über 600 Mrd. Rubeln liegen, voll und ganz für die Bildung einer internen Staatsschuld verwendet."[29]

„Auf den Unionshaushalt hat sich ebenso die verschlechterte Konjunktur ausgewirkt, vor allem die sinkenden Einnahmen aus dem Außenhandel, die einen wesentlichen Teil der Einkünfte ausmachen. Allein in neun Monaten d. J. sind infolge der geringeren Produktion und der Preisveränderungen auf dem Weltmarkt 15,1 Mrd. Rubel weniger Exportsteuern eingegangen als vorgesehen und 9,2 Mrd. Rubel weniger Importeinnahmen. Bei Kredit- und anderen Operationen besteht ein Rückstand von 14,8 Mrd. Rubeln. Insgesamt sind im Unionsbudget in neun Monaten 80,2 Mrd. Rubel eingegangen, 96,9 Mrd. weniger als veranschlagt. Das Gesamt-Defizit der Finanzressourcen im Unionsbudget und im Unions-Stabilisierungsfonds

---

[28] 6. Kongress der Volksdeputierten der Russischen Föderation vom 6.-21. April 1992. Stenografischer Bericht. Moskau 1992. Bd. 1. S. 151.

[29] Vladimir Raevskij (stellvertretender Finanzminister der UdSSR), V. Gribov (stellvertretender Minister für Wirtschaft und Prognosen der UdSSR) an das Komitee für effiziente Leitung der Volkswirtschaft der UdSSR. Maßnahmen zur Inflationsbekämpfung und zur Stabilisierung des Geldumlaufs (k-28, p. 9). 27. September 1991. GARF, f. 5446, op. 163, d. 41, l. 28, 29, 30, 33, 34.

für 1991 wird auf 204,6 Mrd. Rubel geschätzt, auf das 4. Quartal d. J. entfallen davon 90,4 Mrd. Rubel."[30]

Das Haushaltsdefizit der UdSSR lag 1991 unter Einbeziehung des Stabilisierungsfonds bei 156 Mrd. Rubeln. Das Defizit des konsolidierten Haushalts der 1991 zur Union gehörenden Staaten, das Defizit des Stabilisierungsfonds mitgerechnet, betrug 197 Mrd. Rubel, und wenn man die Ausgaben für die Preissubvention landwirtschaftlicher Produkte aus einem Zentralbank-Kredit berücksichtigt, 296 Mrd. Rubel.[31]

Die Haushaltskrise brachte den Geldumlauf immer mehr durcheinander. Die Leitung der Gosbank hielt die Lage für katastrophal. Geraschtschenko schrieb im Oktober 1991 an den Staatsrat der UdSSR: „Die Geldeinkünfte der Bevölkerung wachsen unaufhaltsam. In neun Monaten des Jahres 1991 sind sie im Vergleich zum Vorjahreszeitraum um 63 % gestiegen. … Im 3. Quartal 1991 haben sie sich praktisch verdoppelt. Im Oktober setzt sich dieser Prozess fort. In der ersten Oktoberhälfte wird das Einkommenswachstum im Vergleich zum Vorjahr um das 2,2-fache zunehmen. … Auf dem Verbrauchermarkt herrscht bei fast allen Warensorten Mangel, die Nachfrage nach immer mehr Gütern und Dienstleistungen kann nicht befriedigt werden, Spekulation greift um sich … Die Bemühungen der Gosbank, die im Umlauf befindlichen Geldmengen zu regulieren, zeitigen nicht den nötigen Erfolg, weil das Bankensystem desolat ist, die Nationalbanken der Republiken den Anweisungen der Gosbank der UdSSR nicht immer folgen und ihre eigene Politik betreiben, die nicht im Sinne einer stabilen gemeinsamen Geldeinheit ist."[32]

Die Entwicklung der Geldbeziehungen, der Nominaleinkünfte der Bevölkerung und des Verbrauchermarkts illustrieren die Tabellen 8.1 und 8.2.

---

[30] Raevskij, Gribov an das Komitee für effiziente Leitung der Volkswirtschaft der UdSSR. Nothaushalt für die Union und Fonds außerhalb des Budgets für das 4. Quartal 1991. 23. Oktober 1991. GARF, f. 5446, op. 163, d. 41, l. 49, 62.
[31] Sinel'nikov, Bjudžetnyj krizis v Rossii.
[32] Aus einem Schreiben von Viktor Geraščenko an den Staatsrat der UdSSR über den Geldumlauf im Jahre 1991. 24. Oktober 1991. RGAĖ, f. 2324, op. 32, d. 4006, l. 65-68.

Tabelle 8.1 Verhältnis der Geldersparnisse der Bevölkerung zu den vorhandenen Güterreserven in Handel und Industrie (zum Jahresende)

	1970	1980	1985	1990	1.9. 1991
Geldmittel der Bevölkerung (Sparguthaben, Bargeld, Wertpapiere), Mrd. Rb.	73	228	320	568	854
Geldmittel der Bevölkerung, % des BIP	19,3	36,8	41,2	55,4	69,5
Güterreserven für 1 Rubel der Geldmittel der Bevölkerung (Rb.)	0,62	0,29	0,30	0,13	0,14

Quelle: *GARF, f. 5446, op. 163, d. 41, l. 28. Berechnungen für den BIP-Anteil nach Angaben für 1970-1989. S. Sinel'nikov, Bjudžetnyj krizis v Rossii. Rekonstruktion des BIP nach Angaben des Statistikkomitees der GUS.*

Die Bevölkerung des Landes verstand sehr wohl, wie kritisch die Lage war. Das Meinungsforschungsinstitut VZIOM teilte der sowjetischen Führung mit: „... Das Konsumverhalten ausnahmslos aller Schichten der Bevölkerung lässt sich wie folgt beschreiben: Kaufrausch, Geldflucht, Hamsterkäufe (Lebensmittel, Kleidung, Haushaltswaren). Einer Umfrage vom August zufolge bemüht sich fast ein Drittel der Bevölkerung, alle knappen Güter aufzukaufen, unabhängig davon, ob man sie braucht. Die Hälfte der Befragten ist bereit, einen erhöhten Preis für eine Ware zu bezahlen. Man hat kein Vertrauen in das Geld und möchte es am liebsten loswerden. Das zeigt sich nicht nur bei Vorratskäufen (wozu die Verbraucher einstweilen vor allem der Mangel veranlasst), sondern auch beim Entwickeln einer für Krisenwirtschaften typischen Sparstrategie. Am populärsten bei der Bevölkerung ist der Kauf von Wertmetallen (38 % der Respondenten gaben an, dass es jetzt sinnvoll sei, solche zu erwerben). Etwas weniger beliebt ist der Erwerb von frei konvertierbarer Währung (33 % der Befragten). An der geringen Beliebtheit staatlicher Sparangebote (Sparkassen, Obligationen und andere staatliche Wertpapiere) zeigt sich das geringe Vertrauen zur Regierung."[33]

---

[33] Špil'ko u. a., Ocenka, S. 55 f.

Tabelle 8.2 Zuwachs des Bevölkerungseinkommens 1985–1991

Jahr	Zunahme des Bevölkerungseinkommens, Mrd. Rb.	Zunahme des Bevölkerungseinkommens im Vergleich zum Vorjahreszeitraum, %
1985	14,0	
1986	15,1	3,5
1987	17,3	3,8
1988	41,5	8,4
1989	64,5	11,6
1990	94,0	14,4
1991 (Schätzung)	570–590	517,0

Quelle: GARF, f. 5446, op. 163, d. 41, l. 29, Berechnungen nach Angaben in den statistischen Jahrbüchern „Narodnoe chozjajstvo SSSR" za raznye gody (Die Volkswirtschaft der UdSSR verschiedener Jahre).

Die Stabilisierung des Geldumlaufs war ohne radikale Kürzung des Haushaltsdefizits und ohne Normalisierung der Staatsfinanzen nicht möglich. Allerdings verschlimmerte sich die Krise hier immer mehr. Der Vorsitzende der sowjetischen Kontrollkammer Alexander Orlov schrieb an Ivan Silajev, den Vorsitzenden des zwischenstaatlichen Wirtschaftskomitees:

„Das Haushaltsdefizit und die Staatsschulden liegen in den neun Monaten von 1991 um ein Vielfaches über den Kennziffern, die der Oberste Sowjet für Ende 1991 vorgegeben hatte. Das Defizit-Limit für das Unionsbudget für 1991 war auf 26,7 Mrd. Rubel festgelegt worden. Das faktische Defizit liegt nach Angaben des Finanzministeriums zur Zeit der Überprüfung zum 1. Oktober 1991 bei 84,5 Mrd. Rubeln, 3,2-mal höher als gesetzlich vorgeschrieben. Die Obergrenze für die staatliche Inlandsverschuldung wurde für den 1. Januar 1992 auf 567,6 Mrd. Rubel festgelegt. In Wirklichkeit sind die Inlandsschulden von 566,1 Mrd. Rubeln am 1. Januar 1991 auf 890 Mrd. Rubel (…) zum 1. Oktober 1991 gestiegen. Schätzungen zufolge werden die Staatsschulden zum Jahresende bei über 1 Billion Rubeln liegen. (…) Das nach Auffassung der Exekutive (insbesondere im Einnahme-Teil) unrealistische Unionsbudget, das der (frühere) Oberste Sowjet der UdSSR für 1991 verabschiedet hatte, war die Hauptursache für die Haushalts- und Kreditkrise der UdSSR. … Der maßgebliche wirtschaftliche Grund für die Haushaltskrise ist die mehrfache Reduktion seiner Einkommensbasis im Vergleich zu den Vorjahren und den Vorgaben für 1991. Das Unionsbudget erhält keine Einkünfte aus der Einkommensteuer, keine Steuern von den Kooperativen und keine Umsatzsteuer. Das Unionsbudget von der unmittelbaren Verbindung mit den Bevölkerungseinkommen, den neuen Marktstrukturen und der Umsatzsteuer abzuschneiden, war eine große strategische Fehlrechnung, ein Schlag gegen die Stabilität und die Überwindung des Defizits. (…) Die

Ukraine hat keine Mittel für gemeinsame staatliche Programme überwiesen. In den baltischen Republiken wurden alle Einnahmen auf ihren Gebieten vollständig den Budgets der Republiken gutgeschrieben. (...) Die Verkaufssteuer war eine unsichere Einnahmequelle. In den neun Monaten gingen für diesen Posten insgesamt 6,5 Mrd. Rubel statt der vorgesehenen 26,8 Mrd. Rubel ein. (...) Nach einer Schätzung des sowjetischen Finanzministeriums werden im besten Fall aus dem Außenhandel statt 86,3 Mrd. Rubel lediglich 34,8 Mrd. Rubel (für neun Monate – 20,6 Mrd. Rubel) eingehen, d. h. insgesamt 40 % des Plans für 1991. (...) Große Einnahmeverluste aus dem Außenhandel gehen darauf zurück, dass die Lieferverträge für den Export nicht eingehalten werden. Die Jahresquoten für Kohle, Erzmischung, Metallkoks, Gusseisen, Walzgut, Ammoniak, Zement, Sägeholz, Zellulose und LKWs wurden zu 13–35 % erfüllt, für Öl, Eisenerz, Kupfer, Nutzholz, Karton, Traktoren und Autos – zu 37–66 %. Im Vergleich mit dem Vorjahreszeitraum ist von Januar bis September der Steinkohle-Export um 18 Mio. Tonnen gesunken, der von Rohöl um 48 Mio. Tonnen, von Naturgas um 1 Mrd. Kubikmeter, von Baumwollfaser um 144.000 Tonnen usw. Der Rückgang im Export bei zugleich steigenden Zahlungen für die Auslandsschulden machte es erforderlich, die Importe aus kapitalistischen Ländern einschneidend zurückzufahren (um 36,6 %). (...) Politisch bedingt stoppten ausländische Schuldner die Rückzahlung von Krediten (Irak, Algerien, Libyen, Syrien). Aus diesem Grund entgehen dem Budget 9,1 Mrd. Rubel."[34]

Geraschtschenko und Moskovskij berichteten Silajev über ein Telegramm der Riad Bank, in dem diese mitteilte, dass die Lage in der UdSSR sie dazu zwinge, die Auszahlung der zweiten und dritten Tranche eines Kredits auf unbestimmte Zeit zu verschieben (insgesamt ging es um 500 Mio. USDollar).[35]

Wie groß die internationale Sorge um die Finanzlage der UdSSR war, illustriert ein Schreiben des stellvertretenden Leiters der Bank für Außenwirtschaft Jurij Poletajev an Silajev (Leiter des Komitees zur effizienten Leitung der Volkswirtschaft): „Im Zusammenhang mit dem Beschluss des US-Präsidenten Ende August d. J., der UdSSR beschleunigt Garantien im Rahmen des Programms des US-Landwirtschaftsministeriums zu geben, teilen wir mit, dass die Bank für Außenwirtschaft durch ihre Vertretung in New York Verhandlungen mit mehreren amerikanischen Banken geführt hat. Allerdings ist nicht eine dieser Banken derzeit bereit, der UdSSR Kredite zu geben. Die Position der amerikanischen Banken erklärt sich daraus, dass sie keinerlei sowjetisches Risiko angesichts der Instabilität und Unklarheit der wirtschaftlichen und politischen Lage in der UdSSR eingehen wollen, weil nach den Vorschriften des Programms nur 98 % der Grundsumme des Kredits gesichert sind sowie ein Teil der Zinszahlungen. Eine mögliche Variante, die die amerikanischen Banken und Ex-

---

[34] Aleksandr Orlov (Vorsitzender der Kontrollkammer der UdSSR) an das zwischenstaatliche Wirtschaftskomitee, Gen. Ivan Silajev. Unterlagen zur Überprüfung und Analyse der Durchführung des Unionsbudgets und außerbudgetlicher Fonds für 9 Monate 1991. 22. November 1991. GARF, f. 5446, op. 163, d. 31, l. 66–75.

[35] Geraščenko, Moskovskij an Silajev. Eilige Mitteilung. Über die Verwendung des Kredits von der Riad Bank (Saudi-Arabien). 25. Oktober 1991. GARF, f. 5446, op. 163, d. 47, l. 7.

portfirmen vorgeschlagen haben, bestünde darin, eine wesentliche Garantiebestimmung dahingehend abzuändern, dass 100 % der Grundsumme des Kredits gesichert sind."[36] Das Risiko, auch nur 2 % der Kredite im Falle einer unvorhergesehenen Entwicklung in der UdSSR zu verlieren, schien den amerikanischen Bankern zu dieser Zeit zu hoch.

Im Herbst 1991 schrieb der Direktor des Instituts für Wirtschaft bei der Akademie der Wissenschaften Leonid Abalkin: „Ich habe einen Bericht von der Institutsmitarbeiterin O. Rogovaja vorliegen. Daraus geht hervor, dass wir noch zwei Monate haben, bis es zum Zusammenbruch, zu einem Kollaps der Wirtschaft kommen wird. Das bestätigen auch andere Berechnungen. Man mag darüber streiten, wie weit diese Prognose in den Details zutrifft. (…) Im Laufe des gesamten Jahres 1991 legte die Talfahrt jeden Monat, jedes Quartal zu. Die Analyse der Daten erinnert an eine geneigte Fläche, die sich immer steiler senkt und deren Neigung immer mehr zunimmt. (..) Im Jahre 1991 habe ich im Januar, im April, September und schließlich im November eine solche Bewertung geäußert. Ich habe immer düsterere Prognosen gestellt. Allerdings ging es hier nicht einfach um eine kontinuierliche Verschlechterung der Lage. Irgendwann in der Mitte des Sommers und noch mehr im Herbst zeigten sich qualitativ neue Elemente in der Wirtschaftskrise (…) Die Prozesse und Tendenzen, die die Krise zu einer Dauerkrise machen und sie zwangsläufig zunehmend verschlimmern werden, sind immer stärker geworden."[37]

Die kritische Wirtschaftslage im Spätherbst 1991 erkannte auch die letzte sowjetische Regierung. In dem Schreiben Silajevs an Präsident Gorbatschow: „Der Nothaushalt im 4. Quartal 1991" vom 19. November 1991 heißt es: „Um die ernste Situation hinsichtlich der Finanzen und des Geldumlaufs zu illustrieren, nenne ich nur einige Ziffern. Wenn man das Defizit des Unions-Stabilisierungsfonds von 51,3 Mrd. Rubeln mit rechnet, beläuft sich das Gesamtdefizit auf 204,6 Mrd. Rubel. Auch die Defizite der Budgets der Republiken sind größer als im Plan vorgesehen. Woran liegt das steigende Defizit vor allem? In erster Linie daran, dass im laufenden Jahr die Einnahmebasis des Unionsbudgets drastisch zurückgegangen ist. In neun Monaten sind 97 Mrd. Rubel weniger eingegangen als geplant, auf das Jahr umgerechnet sind das 147 Mrd. Rubel, d. h. dass ins Budget 47% weniger eingehen als ursprünglich angenommen. Wir alle, sowohl die exekutive als auch die legislative Macht haben dazu beigetragen, das weniger eingenommen wurde. Ich meine die Beschlüsse über die praktische Abschaffung der Verkaufssteuer, über die Senkung des Gewinnsteuersatzes von 45 % auf 35 %, über erhebliche Steuervergünstigungen. Diese Entscheidungen wurden im Zentrum und in den Republiken getroffen. Von der Ukraine sind im Jahr 8,8 Mrd. Rubel zu wenig eingegangen. Diese Republik hat im Juli d. J. ihre Überweisungen ans Unionsbudget eingestellt. Georgien und die baltischen Staaten haben überhaupt nicht mit dem Unionsbudget abgerechnet. … Das Unionsbudget

---

[36] Jurij Poletaev (stellvertretender Vorstandsvorsitzender der Bank für Außenwirtschaft) an Gen. Silaev zur Finanzierung von Getreideeinkäufen in den USA unter einer Garantie des US-Landwirtschaftsministeriums. 11. September 1991. GARF, f. 5446, op. 163, d. 1436, l. 12.
[37] Abalkin, K celi čerez krizis, S. 162 ff.

trägt auch die Ausgaben für den vereinigten Fonds für die soziale Unterstützung der Bevölkerung. Als die Reform der Einzelhandelspreise vorbereitet wurde, wurde dieser Fonds eingerichtet. Er sollte aus Beiträgen der Republiken finanziert werden. Allerdings haben sich alle beitragspflichtigen Republiken von dieser Vereinbarung distanziert. ... Schließlich stiegen infolge des Preisanstiegs auch die Verteidigungsausgaben um 12 Mrd. Rubel. Somit beläuft sich das Gesamtdefizit des Unionsbudgets und des Stabilisierungsfonds allein für neun Monate auf 114,2 Mrd. Rubel. Die Bargeldemissionen für zehn Monate d. J. liegen bereits bei 82,6 Mrd. Rubeln, auf die RSFSR entfallen 53,3 Mrd. Rubel, die Ukraine – 6,1, Usbekistan – 4,4, Kasachstan – 5,6 Mrd. Rubel. Im gesamten Jahr hat das im Umlauf befindliche Bargeld um 110-140 Mrd. Rubel zugenommen."[38]

Die Unionsregierung wurde sich zunehmend klar darüber, dass man die wachsenden Problem – den Ruin von Staatsfinanzen, Geldumlauf und Verbrauchermarkt – ohne eine Preisfreigabe nicht bewältigen könnte. Der Vorsitzende der Kontrollkammer Orlov hielt Ende Oktober 1991 in einem Schreiben an den Vorsitzenden des interrepublikanischen Wirtschaftskomitees fest: „Das enorme Defizit des Unionsbudgets und der Fonds außerhalb desselben ist vor allem aus Anleihen, die die Gosbank in Form der vom Präsidenten und Finanzministerium erbetenen Kredite (68,0 Mrd. Rubel) erhalten hat, und durch Geldemissionen (40 Mrd. Rubel) zu decken, die ebenfalls einem Kredit entsprechen. Keine dieser Anleihen (abgesehen von 5 Mrd. Rubeln) hat der Oberste Sowjet bestätigt, so dass der Präsident in einer schwierigen Situation ist ... Nach unseren Berechnungen lässt sich das Haushaltsdefizit im 4. Quartal um 15-16 % reduzieren, ohne die Arbeit in Rüstungsbetrieben anhalten zu müssen und Panik in der Armee auszulösen. Wir können die Finanzierung der drei vorigen Quartale fortführen, die für fehlende Soldaten (750.000 Personen) bereitgestellten Gelder streichen und die geplanten Manöver absagen. Zu reduzieren sind der Zentralapparat des Verteidigungsministeriums und der Truppengattungen, die Militärbezirke, die Produktion veralteter und überflüssiger Militärtechnik, das Personal bei den Rekrutierungsbüros. Ein Drittel der Generalität und der höheren Offiziere sollte verrentet werden. Truppenteile, die für Datschensiedlungen und Jagdbetriebe zuständig sind, sowie einige Verbände der See- und Küstenverteidigung und des Zivilschutzes sind aufzulösen... Um zusätzliche Einnahmequellen für das Unionsbudget zu finden, muss... eiligst die Preisfreigabe eingeleitet werden."[39]

Die Geldemission stieg in einem in der russischen Geschichte seit der Hyperinflation 1921-1922 nicht mehr dagewesenen Tempo. „In neun Monaten wurden 70,3 Mrd. Rubel in Umlauf gebracht, Rubel mehr als in den letzten fünf

---

[38] Silajev an Gorbačev. Unterlagen über den Nothaushalt für das 4. Quartal 1991 zur Behandlung dieser Frage im Obersten Sowjet der UdSSR. 19. Oktober 1991. GARF, f. 5446, op. 163, d. 41, l. 101-106.

[39] Orlov an Silajev über den Unionshaushalt und gesetzliche Maßnahmen zur Ausgabenfinanzierung und Reduzierung des Defizits im 4. Quartal 1991 und zu Richtlinien für den Bundeshaushalt 1992. 1. Oktober 1991. GARF, f. 5446, op. 163, d. 41, l. 35, 37, 38.

Jahren (65,6 Mrd. Rubel)."⁴⁰ „Die Ersparnisse der Bevölkerung in organisierten Formen (Sparbücher, Wertpapiere) haben in acht Monaten d. J. um 58 Mrd. Rubel zugenommen, um 31,8 Mrd. oder um das 2,2-fache mehr als im Vorjahreszeitraum. Die Sparguthaben der Bevölkerung sind in gewissem Maße erzwungen, weil die Bürger das verdiente Geld wegen des Mangels an Waren und Dienstleistungen nicht auf dem inneren Markt ausgeben können. Wenn keine eiligen Maßnahmen getroffen werden, um die Produktion von Konsumgütern und bezahlte Dienstleistungen zu erhöhen und unberechtigte Bezahlung von Arbeit durch Betriebe einzuschränken, könnten die Geldreserven der Bevölkerung 1991 um 250-280 Mrd. Rubel steigen, bei Bargeld um 100-110 Mrd. Rubel. Die im Umlauf befindliche Geldmenge kann sich von 136 Mrd. Rubeln zum 1. Januar 1991 auf 240-250 Mrd. Rubel zum Jahresende erhöhen. (...) Die Gosbank sieht keine Möglichkeit, das Haushaltsdefizit weiter direkt aus kurzfristigen Kreditressourcen, d. h. aus Bargeldemissionen zu finanzieren. Bereits jetzt wurden etwa 60 % dieser Ressourcen zur Deckung von Haushaltsausgaben eingesetzt. Diese Praxis fortzuführen wäre für die Wirtschaft äußerst bedrohlich."⁴¹

Das Finanzministerium der UdSSR sah den Zustand des Unionsbudgets 1991 wie folgt (s. Tabelle 8.3).

Tabelle 8.3 Die 1991 zu erwartende Umsetzung des Unionsbudgets

	Bestätigter Plan für 1991, Mrd. Rb.	**Zu erwarten für 1991, Mrd. Rb.**
Gesamtausgaben	250,1	112,1
Gesamteinnahmen	276,8	256,7
Defizit	26,7	144,6

Quelle: Vladimir Rajevskij (stellvertretender Finanzminister) an das Komitee für effiziente Planung der Volkswirtschaft der UdSSR. Die zu erwartende Umsetzung des Unionsbudgets 1991. 12. September 1991. GARF, f. 5446, op. 163, d. 41, l. 2, 3.

Silajev schrieb an Gorbatschow: „Zurzeit sind mehrere Wirtschaftsbranchen der Union infolge der hohen Verschuldung für Arbeiten und Dienstleistungen in einer äußerst prekären Situation. Um die notwendigsten Ausgaben zu finanzieren, benötigt das Unionsbudget im Oktober einen zusätzlichen Kredit der Gosbank in Höhe von bis zu 20 Mrd. Rubeln. Darüber hinaus muss die Laufzeit des Kredits von 5 Mrd. Rubeln, der auf Beschluss des Obersten Sowjets vom 27. Mai des laufenden Jahres gewährt wurde, bis zum 31. Dezember verlängert werden."⁴²

---

[40] Silajev: „Zur Situation im Geldumlauf". Oktober 1991. GARF, f. 5446, op. 163, d. 41, l. 40.

[41] V. Kulikov (erster stellvertretender Leiter der Gosbank) an das Interrepublikanische Wirtschaftskomitee, Gen. Silajev, zum Geldumlauf (Auftrag des Komitees zur effizienten Leitung der Volkswirtschaft k-28, p. 9). 24. September 1991. GARF, f. 5446, op. 163, d. 41, l. 13-15.

[42] Silajev in einem Brief an Gorbačev vom 3. Oktober 1991. GARF, f. 5446, op. 163, d. 36, l. 128.

Der stellvertretende Finanzminister der UdSSR Raevskij schrieb an das Komitee für effiziente Leitung der Volkswirtschaft: „Die erforderlichen Kreditressourcen der Gosbank für das Budget belaufen sich im Oktober des laufenden Jahres auf 30 Mrd. Rubel."[43]

Im November 1991 war der Zusammenbruch der sowjetischen Finanzen und des Geldumlaufs eine vollendete Tatsache und wurde in der Presse breit diskutiert. So schrieb Jawlinskij im Herbst 1991 in einem Artikel: „Die Geldmenge steigt lawinenartig an, in neun Monaten ist sie von 989 Mrd. Rubeln auf 1,7 Billionen gestiegen, und zum Jahresende kann sie 2 Billionen erreichen. Angeheizt wird dieser Prozess durch das enorme Defizit des Unionshaushalts sowie der nationalen Budgets, die verstärkte Kreditexpansion und die ‚Liberalisierung' der Ausgaben. Dadurch hat der Rubel seine sämtlichen Funktionen verloren. Daher zerfallen die Wirtschaftsbeziehungen oder sie werden immer mehr durch Tauschgeschäfte ersetzt, und der Rubel wird aus dem inneren Markt verdrängt. Der Rubelkurs ist auf Auktionen schon über die Marke von 100 Rubeln für 1 Dollar gefallen. (...) Der Export ist in zehn Monaten um 31 % zurückgegangen, die begrenzten Deviseneinnahmen hatten einen Importrückgang um 43 % zur Folge. Davon waren auch Rohstoffe, Anlagen für die Leicht- und die Nahrungsmittelindustrie sowie Konsumgüter betroffen. Letzten Endes bekommt dies alles die Bevölkerung zu spüren. Der Konsum von materiellen Gütern und Dienstleistungen hat in neun Monaten (d. h. schon vor Beginn der echten Inflation) um 17 % abgenommen, die Realeinkommen der Familien sind im Vergleich zum Vorjahreszeitraum in ausnahmslos allen Republiken zurückgegangen."[44]

In den ersten Dezembertagen informierte die Gosbank die Führung der Unionsorgane, dass sie die Zahlungen für Mittel aus dem Unionshaushalt für das gesamte Landesgebiet eingestellt habe. Das betraf Gehälter, Stipendien, bestimmte Arten von Renten und Unterstützungszahlungen, die Besoldung von Armeeangehörigen und die Finanzierung von Unionsprogrammen.[45]

Die administrative Preiskontrolle ermöglichte es noch, die Inflation niederzuhalten, die Preise stiegen zwar, aber längst nicht so rasant wie das Geldangebot. Aber die finanzielle Basis für eine Hyperinflation war bereits gegeben. Aus einer Mitteilung von Geraschtschenko an die Mitgliedsländer der Wirtschaftsgemeinschaft: „Die Geldemission für elf Monate lag bei 102,4 Mrd. Rubeln, mehr als das Vierfache über dem Wert des Vorjahreszeitraums... Folglich haben sich bei der Bevölkerung von Januar bis November 1991 zusätzlich 225 Mrd. Rubel Ersparnisse angehäuft, 167 Mrd. mehr als in diesen 11 Monaten 1990. Das bei der Bevölkerung vor-

---

[43] Raevskij in einem Schreiben an das Komitee für effiziente Leitung der Volkswirtschaft der UdSSR. Zur Ergänzung des Schreibens des Finanzministers vom 3. Oktober 1991 Nr. 01-01-121-1. 8. Oktober 1991. GARF, f. 5446, op. 16, d. 36, l. 119.

[44] Grigorij Jawlinskij: Rel'sy končajutsja, medlit' nel'zja (Die Gleise enden, langsamer zu fahren ist nicht möglich). Trud, 27. November 1991.

[45] Geraščenko an das zwischenstaatliche Wirtschaftskomitee. Die Ausgaben des Unionsbudgets. 2. Dezember 1991. RGAĖ, f. 2324, op. 32, d. 4006, l. 99.

handene Bargeld betrug 98,6 Mrd. Rubel (im Vergleich zu 24,1 Mrd. Rubeln im Vorjahreszeitraum)."[46]

Ende 1991 bestand eines der wichtigsten Probleme beim Geldumlauf in der UdSSR darin, dass die zuständige Behörde Goznak nicht in der Lage war, Geld in den Mengen zu drucken, wie sie die Gosbank benötigte. Geraschtschenko teilte Gorbatschow im November 1991 mit: „Der physische Umfang des Warenverkehrs im Einzelhandel ist von Januar bis September 1991 im Vergleich zum Vorjahreszeitraum um 12% zurückgegangen, die Preise im Einzelhandel sind um das 1,7-fache gestiegen. Der Verbrauchermarkt weist ein Defizit für fast alle Güter auf, die Nachfrage nach Waren und Dienstleistungen bleibt in immer höherem Ausmaß unbefriedigt, Spekulation greift um sich. (...) Goznak kann den steigenden Bedarf der Gosbank an Banknoten nicht decken, weil seine Produktionskapazitäten der Papier- und Druckbetriebe überlastet sind, sie arbeiten 1991 praktisch in drei Schichten... Die Geldmittel bei der Bevölkerung werden vermutlich um 250-280 Mrd. Rubel zunehmen, sie liegen damit 3,2-3,3-mal höher als 1990. Die im Umlauf befindliche Bargeld-Menge kann Ende 1991 bei 270 Mrd. Rubeln liegen, für das Jahr ist das eine Steigerung von 110-140 Mrd. Rubeln. ... Die in neun Monaten im Umlauf befindliche Geldmenge ist von 989 Mrd. Rubeln auf 1.661,2 Billionen Rubel gestiegen, d. h. um 672,2 Mrd. Rubel oder um 70,2 %. ... Mehr als die Hälfte der Geldmasse im Umlauf wird zur Deckung von Staatsschulden im Inland und für Budgetausgaben verwendet. Die internen Staatsschulden bei den Banken betrugen am 1. Oktober des laufenden Jahres 843,7 Mrd. Rubel, 325,1 Mrd. Rubel bzw. um 62,7 % mehr als am 1. Januar d. J. (...) Einer der Hauptgründe für diese Verschlechterung 1991 waren die zunehmenden Haushaltsdefizite der Republiken und des Zentrums, die insgesamt für 1991 auf etwa 300 Mrd. Rubel geschätzt werden. Die Republiken machen einander beim Haushaltsdefizit gewissermaßen Konkurrenz, sie stellen überhöhte Forderungen nach Bargeld. Die Bemühungen der Gosbank, die umlaufenden Geldmengen zu regulieren, bleiben ohne Erfolg, weil das Bankensystem de facto desolat ist, die Nationalbanken der Republiken den Empfehlungen der Gosbank nicht immer nachkommen und ihre eigene Politik betreiben, die nicht zu einer Stabilisierung einer gemeinsamen Geldeinheit beiträgt."[47]

Der Mitarbeiter des Präsidenten Anatolij Tschernjajev notierte in seinem Tagebuch: „Die Gosbank hat sämtliche Zahlungen eingestellt: für die Armee, die Beamten, und für uns Sünder. Wir bekommen keine Gehälter."[48]

Bei einer Umfrage, die VZIOM im November 1991 durchführte, antworteten auf die Frage: „Erleben wir jetzt die schwersten Zeiten oder haben wir sie hinter uns/vor uns?" 69 % der Befragten, dass diese Zeiten noch bevorstehen, 21 %, dass wir sie jetzt durchmachen. VZIOM hatte im Herbst 1991 die Regierung vor möglichen sozialen

---

[46] Geraščenko an den Rat der Regierungschefs der Mitgliedsländer der Wirtschaftsgemeinschaft. Zum Geldumlauf. 9. Dezember 1991. RGAĖ, f. 2324, op. 32, d. 4006, l. 103-104.
[47] Geraščenko an Präsident Gen. Gorbačev über die Geldemission 1991. 13. November 1991. RGAĖ, f. 2324, op. 32, d. 4006, l. 84-88.
[48] Černjaev, Dnevnik, S. 280.

Massenprotesten gewarnt, davor, dass sie die Kontrolle über die Situation im Land verlieren und dass die unter der Bevölkerung herrschende „latente Panik" zu einer wirklichen sozialen Explosion führen könnte.[49]

Das Außenwirtschaftsministerium informierte den Vorsitzenden des Komitees für effiziente Leitung der Volkswirtschaft am 29. August 1991, dass die Bank für Außenwirtschaft keine Garantien mehr für die Kredit-Verbindlichkeiten der UdSSR für importiertes Getreide gebe, dass dies zu einem Lieferstopp führen könnte und die Betriebe des Landes nicht mehr mit Getreide versorgt wären.[50]

Im Gespräch mit dem britischen Botschafter in der UdSSR Ende August 1991 beschrieb Gorbatschow die Devisen- und Finanzlage der Sowjetunion: In den nächsten vier Monaten 1991 stehen Schuldenzahlungen in Höhe von 17 Mrd. Dollar an. Für diesen Zeitraum wird der Export auf 7,5 Mrd. Dollar geschätzt, zwei weitere Milliarden kann man durch Absprachen über Kreditrahmen mobilisieren. Es bleiben also noch 7,5 Mrd. Dollar aufzubringen. Er bat die westlichen Länder um 2 Mrd. Dollar neuer Kredite, die in ein paar Wochen zur Verfügung gestellt werden müssten, sowie um eine Umstrukturierung der sowjetischen Schulden. Er erinnerte daran, dass die Sowjetunion umgehend Lebensmittel- und Medikamentenlieferungen benötige. Während dieses Gesprächs nannte er wieder die Zahl von 100 Mrd. Dollar, die der Westen im Golfkrieg ausgegeben habe. Der Botschafter Braithwaite versprach, seine Regierung von dem Gespräch zu unterrichten, allerdings, wie er selbst schrieb, ohne große Hoffnung auf Erfolg.[51]

Die offiziellen Goldreserven der Gosbank lagen Mitte 1937 bei 374,6 Tonnen. Danach wurden sie nicht mehr aufgestockt, und der Bestand wurde dem Volkskommissariat für Finanzen der UdSSR übertragen. Seit Ende der 1930er-Jahre waren derartige Angaben geheim. Geraschtschenko schrieb am 15. November 1991 an Gorbatschow: „Im Oktober d. J. wurde erklärt, die offiziellen Goldreserven des Landes lägen bei etwa 240 Tonnen. Dieses Niveau der offiziellen Goldreserven, eine der wichtigsten Kennziffern für die Kreditwürdigkeit eines Landes, entspricht nach Auffassung von Fachleuten nicht dem Status einer Großmacht und einem Land, das in der Goldförderung führend ist. Die Mitteilung über die Höhe der Goldreserven der UdSSR stieß bei den Fachleuten auf dem Goldmarkt auf Befremden. Sie hatten die Reserven auf 1.000 bis 1.300 Tonnen geschätzt."[52]

Die zunehmenden Devisenprobleme der Sowjetunion brachten die im Ausland arbeitetenden sowjetischen Banken in eine Krise. Andrej Butin, amtierender Finanzdirektor der Mosnarbank (Moskauer Volksbank), ließ die Regierung der Russischen

---

[49] Špil'ko u. a., Ocenka, S. 6, 20 f.

[50] V. A. Mangazeev (Außenwirtschaftsministerium) an den Vorsitzenden des Ministerrats der RSFSR, den Vorsitzenden des Komitees für effiziente Leitung der Volkswirtschaft der UdSSR Gen. Silajev über die finanzielle Garantie für Lieferungen von Import-Getreide. 29. August 1991. GARF, 5446, op. 163, d. 1436, l. 4.

[51] Braithwaite, Accross the Moscow River, S. 249.

[52] Geraščenko an Präsident Gorbačev über die Goldreserven der Gosbank der UdSSR. 15. November 1991. RGAĖ, f. 2324, op. 32, d. 4006, l. 90, 91.

Föderation wissen: „Seit Mitte 1990 hat die Mosnarbank Schwierigkeiten, im bankeninternen Markt Mittel zu bekommen. Die Bank war gezwungen, hohe Versicherungsreserven gegen die Schulden ehemaliger sozialistischer Länder zu schaffen (Bulgarien, Ungarn, Jugoslawien). Zu dieser Zeit wurde sie von der Bank Englands (Bank of England) unter besondere Kontrolle genommen. (…) 1991 hat sich die Lage der Bank einschneidend verschlechtert. Der Abfluss von Anlagen erreichte zunächst 40 %, dann 75 %. Der Verkauf von Aktiva reichte nicht aus, um das Problem kurzfristig zu lösen."[53] Ende 1991 war der Bankrott des sowjetischen ausländischen Bankensystems offensichtlich nahezu unabwendbar. Die Vertreter der sowjetischen kommerziellen Banken im Ausland wandten sich im Dezember 1991 an Boris Jelzin: „Zum Netz der kommerziellen Banken im Ausland gehören Banken in Österreich – die Donaubank, in Großbritannien – die Mosnarbank (gegründet 1915), in Deutschland – die Ost-West-Handelsbank, in Luxembourg – die East-West-United Bank und in Frankreich – die Kommerzielle Bank für Nordeuropa (Eurobank, 1921 gegründet). Diese kommerziellen Banken haben Filialen in Singapur und Berlin, und mehrere Leasing-, Konsultations-, Handels- und andere spezialisierte Firmen sowohl in Russland als auch im Ausland. Die Gesamtbilanz aller oben genannten Banken liegt bei 9,7 Mrd. US-Dollar. (…) Es besteht das Risiko, dass Gläubiger der sowjetischen Bank für Außenwirtschaft Gelder beschlagnahmen, die diese auf ausländischen Banken angelegt hat, auch auf unseren. Dieser und andere Faktoren, insbesondere die fehlenden Ressourcen in mehreren Auslandsbanken, ein Problem, das sich durch die Zahlungsrückstände der UdSSR verschärft hat, rücken einen offiziellen Bankrott dieser Banken in greifbare Nähe. (…) Ein Bankrott der Banken würde eine Kette von Bankrott-Erklärungen weiterer ausländischer kommerzieller Organisationen nach sich ziehen, die von diesen Banken bedient werden. Es würde den Betrieb der Schifffahrt und von Aeroflot erschweren und zum Verlust der persönlichen Guthaben unserer Mitbürger führen, die Konten bei diesen Banken haben. Das Kapital dieser Banken wäre unwiederbringlich verloren."[54]

Aus dem Tagebuch Anatolij Tschernjajevs: „Jawlinskij sagt, die Bank für Außenwirtschaft werde sich am 4. November für bankrott erklären. Sie kann unsere Botschaften, Handels- und weitere Vertretungen im Ausland nicht mehr unterhalten, und hat kein Geld, um ihre Rückkehr zu bezahlen. Gorbatschow hat mich beauftragt, John Major, dem Koordinator der G-7, zu schreiben: ‚Lieber John! Hilf!'…"[55]

Die Zeit verändert die Sicht der Lage. Zwölf Jahre später beschreibt Jawlinskij dieselben Realitäten wie folgt: „Die finanzielle Stabilisierung wurde um den Preis immenser sozialer Opfer und Deformationen, einschließlich einer Zahlungsunfähigkeitserklärung für Verbindlichkeiten, im Wesentlichen Ende der 1990er-Jahre er-

---

[53] Andrej Butin (amtierender Finanzdirektor der Mosnarbank). Vermerk für Verhandlungen mit der Bank of England für die Erhaltung der Mosnarbank (Moskauer Volksbank) in London. 23. Januar 1992. Privatarchiv Gajdar.

[54] Die Leiter kommerzieller Banken an den Präsidenten der RSFSR El'cin über kommerzielle Banken Russlands im Ausland. 19. Dezember 1991. RGAÈ

[55] Černjaev, Dnevnik, S. 260.

reicht. Sie war tatsächlich unumgänglich, aber nicht nach, sondern vor dem Beginn einer Liberalisierung und Privatisierung, und nicht zu Lasten der Bevölkerung, die dadurch ihr Vertrauen in die Regierung, zu legalen Wirtschaftsinstitutionen und vor allem in das Bankensystem verloren hat, sondern auf Kosten von Ressourcen, die sich zum Ende der sowjetischen Periode beim Staat und seinen Organen angesammelt hatten."[56]

Der stellvertretende Vorstandsvorsitzende der Bank für Außenwirtschaft schrieb im November 1991 an das Komitee für effiziente Leitung der Volkswirtschaft: „Wie dem interrepublikanischen Wirtschaftskomitee schon berichtet wurde, sind die liquiden Devisenressourcen vollständig erschöpft. Die laufenden Deviseneinnahmen aus dem Export decken nicht die Verbindlichkeiten zur Tilgung der Auslandsschulden."[57]

Die Unionsregierung konnte die Warenströme schon 1990 und Anfang 1991 nicht ausreichend kontrollieren. Sanktionen gegen jene, die Staatsaufträge nicht ausführten, hatten noch weniger Wirkung. Nach dem Putsch im August hatten die Ministerien von Union und Republiken praktisch keine Möglichkeit mehr, den Betrieben Umfang und Verteilung ihrer Produktion vorzuschreiben. Als die Angst vor den Machthabern gewichen war, waren die Warenströme nicht mehr administrativ zu regeln. Eine der ersten und alarmierendsten Folgen des gescheiterten Putschs war, dass die staatlichen Getreidekäufe in der Russischen Föderation in der Woche nach dem Putsch drastisch zurückgingen.

Der Kontrollverlust über die Warenströme führte zu weiteren Verlusten bei Exporteinnahmen. In einem Schreiben des stellvertretenden Ministers für Wirtschaft und Prognosen Durasov an Luzhkov, den stellvertretenden Leiter des Komitees für effiziente Leitung der Volkswirtschaft, vom 28. November 1991 heißt es: „Nach den Bilanzen von neun Monaten des laufenden Jahres wurden Metallprodukte, Nutzholz, Erdölprodukte, Zement, Mineraldünger, Steinkohle und andere Waren im Wert von etwa 4 Mrd. Rubeln in Außenhandelspreisen nicht geliefert, die im Plan für den Export vorgesehen waren. Das hat zu einer kritischen Situation für die Außenwirtschaftsbank im Hinblick auf ihre Zahlungsverpflichtungen geführt."[58]

Am 15. November 1991 beschreibt Anatolij Sobtschak, Bürgermeister von St. Petersburg, in einem Brief an Silajev die Situation bei der Lebensmittelversorgung der Stadt: „Auf Grund der erheblich zurückgegangenen Fleisch- und Milchlieferungen aus den souveränen Republiken der RSFSR ist in Petersburg eine kritische Situation bei der Versorgung mit rationierten Nahrungsmitteln entstanden. Dies betrifft auch öffentliche Institutionen, geschlossene Anstalten und Kindereinrichtungen, was be-

---

[56] Grigorij Jawlinskij: Periferijnyj kapitalizm. Lekcii ob ėkonomičeskoj sisteme Rossii na rubeže 20-21 vekov (Periphärer Kapitalismus. Vorlesungen über das Wirtschaftssystem Russlands an der Schwelle zum 21. Jahrhundert). Moskau 2003. S. 24 f.

[57] A. Nosko (stellvertretender Leiter der Bank für Außenwirtschaft) an das Komitee für effiziente Leitung der Volkswirtschaft über die erschöpften liquiden Devisenressourcen. 26. November 1991. GARF, f. 5446, op. 163, d. 1504, l. 11, 12

[58] Durasov an Lužkov über den Import von Lebensmitteln und Medikamenten auf der Basis des Güteraustauschs (Auftrag des Komitees für effiziente Leitung der Volkswirtschaft der UdSSR. 10. September 1991 Nr. PK 16470). Oktober 1991. GARF, f. 5446, op. 163, d. 1437, l. 124.

sonders besorgniserregend ist. Die in den Kühlkombinaten verbliebenen Reserven an Fleischprodukten können die Stadt für drei bis vier Tage versorgen. Die Aussicht auf Lebensmittellieferungen für Dezember und Anfang 1992 lassen nicht auf eine stabile Versorgung der Stadt hoffen. Dies kann in Petersburg zu einer gefährlichen gesellschaftspolitischen Situation führen."[59]

Die Situation beim Getreide wurde immer ernster. Viktor Akulinin (Erster stellvertretender Leiter des Komitees für Lebensmitteleinkäufe) schrieb am 6. September 1991 an Silajev und Luzhkov: „Um die Beschaffung von Getreide und Ölsamen für den Staat zu stimulieren, wurde 1991 die Praxis fortgesetzt, sie bei den Betrieben für frei konvertierbare Währung zu kaufen. Allerdings wurden die Mittel für diese Einkäufe nicht eingeplant."[60] Am 27. September 1991 schrieb er an das Komitee für effiziente Leitung der Volkswirtschaft: „Sehr geehrter Herr Silajev! Das Komitee für Lebensmitteleinkäufe hatte Sie bereits über die kritische Situation bei den Getreidemühlen wegen fehlenden Lebensmittelweizens informiert. ... Wegen der unzureichenden Lieferung von Import-Getreide dürfte sich die Versorgung mit Getreideprodukten erheblich verschlechtern. (...) Daher bitten wir Sie, das Wirtschaftsministerium der UdSSR, das Außenwirtschaftsministerium und die Bank für Außenwirtschaft zu beauftragen, im September und Oktober d. J. auf Kredit Lieferungen von mindestens 1,2 Mio. Tonnen Weizen zu veranlassen, umgehend Devisen zu besorgen und im Ausland zusätzlich bis um 1. November 1991 noch mindestens 1 Mio. Tonnen Lebensmittelweizen zu erwerben.."[61]

Das Komitee für effiziente Leitung der Volkswirtschaft fasste am 31. August 1991 den Beschluss „Unaufschiebbare Maßnahmen zur Lebensmittelversorgung der Bevölkerung". Wer die Wirtschaftsgeschichte des 20. Jahrhunderts kennt, wird sich schmerzlich an die Jahre 1915-1921 erinnert fühlen. Hier einige Auszüge aus diesem Dokument: „Es ist inakzeptabel, dass in einigen Orten, in denen genügend Getreidereserven in den Betrieben und günstige Verkaufsbedingungen vorhanden sind, der Verkauf an den Staat behindert wird. (...) Befristet ist eine Regelung einzuführen, dass Anweisungen des Komitees für operative Leitung der Volkswirtschaft verbindlich sind, Getreide und Lebensmittel an Konsumenten in der Union, in andere Republiken sowie Lebensmittel in Regionen des Äußersten Nordens zu liefern. Entstehende Abrechnungsfragen sind zu prüfen, wenn die Ausarbeitung und Unterzeichnung des Wirtschaftsvertrages und die Bestätigung der Lebensmittelbilanzen für 1992 anstehen."

Die Autoren dieses Textes waren ganz offensichtlich nicht in der Lage, Hunderttausende verhaften und erschießen zu lassen, wie das 1918-1921 zur Zeit der Getreiderequirierungen der Fall war. Aber ohne diese Entschlossenheit bleiben solche

---

[59] RGAĖ, f. 692, op. 1, d. 5, l. 32.

[60] Akulinin (erster stellvertretender Vorsitzender des Komitees für Lebensmitteleinkäufe) an Gen. Silajev und an das Komitee für effiziente Volkswirtschaft zum Getreideeinkauf gegen frei konvertierbare Währung. 28. August 1991. GARF, f. 5446, op. 163, d. 1438, l. 57.

[61] Akulinin an Silajev zum Umfang des Weizenimports und den Kauf von Sojaschrot. 27. September 1991. GARF, f. 5446, op. 163, d. 1439, l. 75.

Bestimmungen wirkungslos. Deshalb gibt es in dem Beschluss auch folgende Punkte: „Das Außenwirtschaftsministerium und das Staatskomitee für den Lebensmitteleinkauf werden nach Absprache mit den Gen. Luzhkov und Kulikov kurzfristig von September bis Dezember 1991 Lebensmittel und Rohstoffe im Ausland einkaufen, entsprechend den Vorgaben für dieses Jahr. Die Bank für Außenwirtschaft wird rechtzeitig Akkreditive eröffnen und die vorrangige Bezahlung der genannten Einkäufe garantieren, einschließlich der Transportkosten. (...) Die Gen. Luzhkov, Kulikov und Moskovskij werden beauftragt, unter Beteiligung der betroffenen Ministerien und anderer Staatsorgane, umgehend mit ausländischen Banken über mögliche Kredite für Vorratskäufe von Getreide, Sprotten, Zucker und Pflanzenfett und weiteren Lebensmitteln zu verhandeln."[62]

Die zunehmenden Versorgungsprobleme führten zu einer explosiven politischen Situation. Der stellvertretende Innenminister Vitalij Turbin schrieb am 8. November 1991 an Silajev: „Nach Informationen des sowjetischen Innenministeriums bleibt die Versorgung der Bevölkerung mit Brot und anderen Grundnahrungsmitteln in einer Reihe von Regionen des Landes schwierig. (...) Vor Lebensmittelgeschäften bilden sich zahlreiche Schlangen, in denen die Bürger die lokale und zentrale Führung heftig kritisieren, einige rufen zu Protestaktionen auf."[63]

Aus einem Vermerk für die Staatsratssitzung beim Präsidenten im Herbst 1991: „Bei der Versorgung der Bevölkerung mit Brot kann es zu einer kritischen Situation kommen. Die geringe Getreideernte, die Unmöglichkeit, mehr zu importieren und die Weigerung der Betriebe, dem Staat Getreide zu verkaufen, können das Land wirklich an den Rand des Hungers bringen. Administrative Methoden können in der jetzigen Situation kaum etwas bewirken. Der einzige realistische Ausweg wäre, den Betrieben zu erlauben, Brot frei zu Marktpreisen zu verkaufen und die Preise dafür im Einzelhandel weiter zu liberalisieren. Ohne Übergang zu freien Preisen in Verbindung mit einer beschleunigten Entstaatlichung in Landwirtschaft und Handel wird die Produktion nicht in Gang kommen. Die Situation könnte sich in den Jahren 1992 und 1993 noch weiter zuspitzen."[64] VZIOM indes informierte die Behörden: „... Die russische Führung führt die Preisfreigabe in einer extremen sozialen Situation durch: Ein erheblicher Teil der Bevölkerung lehnt freie Preise ab. Sämtlichen sozialen Maßnahmen und Vorkehrungen, um den Lebensstandard zu stützen, wird mit Misstrauen begegnet. Der Verbrauchermarkt ist ruiniert, man rechnet mit Hunger, in breiten Bevölkerungsschichten herrscht Unmut."[65]

---

[62] Beschluss des Komitees für operative Leitung der Volkswirtschaft vom 31. August 1991 Nr. 4 „Unaufschiebbare Maßnahmen zur Lebensmittelversorgung der Bevölkerung".

[63] Vitalij Turbin (stellvertretender Innenminister) an Ivan Silaev (Vorsitzender des zwischenstaatlichen Wirtschaftskomitees) über die Versorgung der Bevölkerung mit Brot und anderen Grundnahrungsmitteln. 8. November 1991. GARF, f. 5446, op. 163, d. 562, l. 141.

[64] Arbeitsgruppe des Staatsrats über die Beziehungen Russlands zu den anderen Republiken. Zur Sitzung des Staatsrats beim Präsidenten der RSFSR. 24. Oktober 1999. Unterlagen aus Gajdars Privatarchiv.

[65] Špil'ko u. a., Ocenka, S. 49.

Im Dezember 1991 bestand das wesentliche Problem nicht mehr darin, Devisen für den Kauf von Lebensmitteln aufzutreiben, sondern die Frachtkosten für die Verschiffung nach Russland zu begleichen. Zu dieser Zeit erhielt die Bank für Außenwirtschaft die Direktive, 80 % der täglichen Deviseneinkünfte für die Bezahlung sowjetischer und ausländischer Schiffseigner zu verwenden.[66] „In Anbetracht der kritischen Lage bei den Zahlungen für Getreide und Getreidelieferungen ist in Ergänzung zum Regierungsbeschluss der RSFSR vom 19. Dezember 1991 Nr. 57 zur Kenntnis zu nehmen, dass die Außenwirtschaftsbank seit 19. Dezember befristet alle Devisenoperationen für Betriebe, Organisationen und kommerzielle Bankkonten gestoppt hat. Ausgenommen ist die Bezahlung von Getreidelieferungen (Frachtkosten) aus den USA und Kanada sowie von einzelnen Lebensmittel- und Medikamentenlieferungen nach früher eröffneten Akkreditiven unter der Garantie der Regierung der RSFSR aus den republikanischen Devisenreserven der RSFSR."[67]

Eines der wichtigsten Themen bei den Verhandlungen westlicher Gläubigerstaaten mit den Unionsorganen und den Behörden der Unionsrepubliken, die sich 1991 für unabhängig erklärt hatten, war die Frage, wer die Verantwortung für die sowjetischen Schulden übernehmen werde. Das hieß, dass die Gläubiger die UdSSR als Subjekt für finanzielle Verträge bereits abgeschrieben hatten. Für sie war es wichtig, die Rechtsnachfolge für die von der Union übernommenen Verbindlichkeiten durch die neuen, de facto unabhängigen Staaten sicherzustellen. Die Tabellen 8.4. und 8.5 illustrieren die äußeren und inneren Devisenschulden der UdSSR zum Ende ihrer Existenz.

Tabelle 8.4 Auslandsverschuldung der ehemaligen UdSSR in frei konvertierbarer Währung[1] (Stand vom 1.1.1992), Mrd. US-Dollar[2]

Auslandsschulden der UdSSR, Mrd. Doll.	**Zum 1.1.1992**
Insgesamt (17)	83,4
davon:	
1. Kredite, die die Regierung, die Gosbank und die Bank für Außenwirtschaft aufgenommen oder garantiert haben	70,5
darunter:	
a) Hauptschuld	57,1
b) Zinsen für alle Kredite[3]	13,4
2. Verbindlichkeiten für Import-Akkreditive, die bis zum 31.12.1991 eröffnet wurden[4]	2,7

---

[66] Regierungsbeschluss der RSFSR vom 19. Dezember 1991 Nr. 57 „Die extreme Versorgungslage der RSFSR im Hinblick auf Getreideprodukte."

[67] Verfügung der Regierung der RSFSR vom 28. Dezember 1991 Nr. 244-p „Zusätzliche Maßnahmen zur unbedingten Versorgung der RSFSR mit Getreideprodukten."

Tabelle 8.4 Fortführung

Auslandsschulden der UdSSR, Mrd. Doll.	Zum 1.1.1992
3. Eröffnete Import-Akkreditive für mittelfristige Bankkredite	2,3
4. Bestätigte Akkreditive dritter Länder (Hauptschuld und Zinsen)	1,2
5. Überfällige Zahlungen für Importe[4]	4,2
6. Kredite, die verschiedene dazu bevollmächtigte Betriebe und Organisationen direkt aufgenommen haben (Schätzung)	2,4
7. Schulden bei ausländischen Transportunternehmen für frühere Lieferungen von Außenhandelsfracht (Schätzung)	0,1
Zusätzlich:	
Lend-Lease[5]	0,8
Schulden bei den ehemaligen sozialistischen Ländern (Saldo)[6]	33,7
Schulden nach Clearing-Barter-Abrechnungen[7] (ohne eröffnete Import-Akkreditive)	5,9

Anmerkungen: *Somit beliefen sich die Verbindlichkeiten aus Schulden, die nicht zu den offiziellen sowjetischen Auslandsschulden in konvertierbarer Währung zählten, die aber die Leitung der Außenwirtschaftsbank zu den Verbindlichkeiten des Landes rechnete, auf 40,4 Mrd. Dollar. Die gesamte sowjetische Auslandsschuld schätzte die Bank auf 123,8 Mrd. Dollar.*

Das Original der Tabelle enthält noch weitere Rubriken, aber für das Verständnis der sowjetischen Auslandsschulden sind sie nicht von Bedeutung.
1   Ohne die Verbindlichkeiten, die einzelne unabhängige Staaten selbstständig ohne Beteiligung der Bank für Außenwirtschaft übernommen haben.
2   Umrechnung in US-Dollar nach den Rubel-Kreuz-Kursen vom 26.12.1991
3   Zinsen, die in der gesamten Kreditlaufzeit anfallen (Schätzung). Die Summe der Zinsen wird sich durch zusätzliche Zinsen infolge einer Verlängerung der Kreditlaufzeit erhöhen (Präzisierungen werden nach Absprache mit den Gläubigern erfolgen).
4   Nach Dokumenten der Bank für Außenwirtschaft der UdSSR.
5   Mit den kompetenten US-Organen zu klären.
6   Angaben nur nach dem Saldo der laufenden Abrechnungen in Transferrubel und nach Clearing (vorläufige Angaben, die in Verhandlungen mit den ehemaligen sozialistischen Ländern hinsichtlich der Summen und Umrechnungskurse abzuklären sind). Ungefährer Kurs: 1 Transferrubel – 1,795 US-Dollar.
7   Die Clearing- und Barter-Schulden zugunsten der UdSSR belaufen sich auf 0,7 Mrd. US-Dollar (Afghanistan). Die Umrechnung der Clearing-Devisen in US-Dollar wurde nach dem Kurs auf internationalen Märkten vorgenommen.

Tabelle 8.5 Devisenschulden der Bank für Außenwirtschaft im Inland gegenüber physischen und juristischen Personen in frei konvertierbarer Währung (zum 1. Januar 1992), Mio. US-Dollar

	Gesamt	Konten juristischer Personen: Korrespondenzkonten kommerzieller Banken und von Institutionen der Bank für Außenwirtschaft	Konten physischer Personen
Russland	8856,3	2036,6	433,8
Ukraine	462,1	421,1	45,8
Belarus	220,1	194,6	10,6
Usbekistan	53,6	46,1	2,5
Kasachstan	68,2	31,5	0,9
Georgien*	36,1	11,8	0,9
Aserbaidschan	49,0	30,4	0,5
Litauen	68,9	61,8	9,6
Moldawien	16,0	15,3	—
Lettland	39,0	15,0	0,9
Kirgistan	3,2	—	—
Tadzhikistan	3,8	1,0	—
Armenien	33,3	31,6	3,2
Turkmenistan	150,8	146,0	—
Estland	19,6	—	—
Summe	10079,7	3042,8	508,7

Anmerkung: * Stand zum 1. Dezember 1991.

Quelle: Ju. Ponomarev an den Mitarbeiter des ersten stellvertretenden Regierungschefs der russischen Föderation V. Bogdanov. Unterlagen zur Auslandsverschuldung nach dem Stand vom 1. Januar 1992. 15. Mai 1992. Privatarchiv Gajdar.

8.4 Zivilisierte Scheidung

Der Zusammenbruch der UdSSR bedeutete nicht, dass geordnete Beziehungen zwischen den ehemaligen Republiken an ihre Stelle treten würden. Die Grenzen der Staaten, die ihre Unabhängigkeit erklärt hatten, waren nicht exakt, sie waren historisch umstritten und bargen die Gefahr von Konflikten und Blutvergießen. Die Unbestimmtheit der Grenzen war das Haupthindernis auf dem Weg zu einer stabilen Demokratie nach dem Sturz des autoritären Imperiums.[68]

Die neuen Staaten hatten ein problematisches Verhältnis zu Machtorganen unterhalb der Bundesebene. Dies betraf insbesondere nationale autonome Gebilde. Welche Normativakte für ihre Territorien gelten sollten, wusste niemand. Die Behörden waren nicht imstande, auch nur die minimalste öffentliche Ordnung zu garantieren. Im Herbst 1991 ging es nicht um einen Einheitsstaat, sondern darum, wie man das politische und wirtschaftliche Chaos überwinden und dabei ausgewachsene Bürgerkriege vermeiden könnte.[69] Angesichts des sowjetischen Kernwaffenpotentials, das sich jetzt vier Staaten teilten (Russland, Ukraine, Belarus, Kasachstan), war das Schicksal der Zivilisation in Gefahr.

Im 20. Jahrhundert waren vor der Sowjetunion drei Binnen-Imperien zusammengebrochen: Österreich-Ungarn, das Osmanische und das Russische Reich. Fast gleichzeitig mit der Sowjetunion zerfiel Jugoslawien. In drei der vier Fälle kam es nach dem Kollaps zu langwierigen, blutigen Kriegen. In einem Fall (Österreich-Ungarn) wurden die bewaffneten Konflikte durch die neuen Grenzfestlegungen durch die Entente-Truppen beendet. Auf das Ende des Osmanischen und des Russischen Reichs und auf das von Jugoslawien folgten Bürgerkriege. Die historische Erfahrung ließ nicht hoffen, dass die Demontage der Sowjetunion unblutig verlaufen könnte.

Wenn man 1989 informierte Analytiker gefragt hätte, welcher der beiden sozialistischen Vielvölkerstaaten das größere Risiko für einen Bürgerkrieg barg – Jugoslawien, das dem Beitritt zur EU näher als jedes andere osteuropäische Land gekommen war und ein für sozialistische Maßstäbe relativ freies politisches System und eine offene Marktwirtschaft hatte, oder die Sowjetunion – dann hätte die Mehrheit auf letztere getippt. Die Geschichte verlief indes anders.

Linke Intellektuelle, die ihr Leben in stabilen, demokratischen Gesellschaften verbracht haben, können oft nicht begreifen, was sich im Laufe einer Krise und des folgenden Zusammenbruchs eines autoritären Regimes abspielt. Das Buch „Nach dem Imperium" von Emanuel Todd, das durch seine antiamerikanische Tendenz

---

[68] Dankwart A. Rustow: Transitions to Democracy: Toward a Dynamic Model. In: Comparative Politics. 1970. April. Vol. 2 (3). S. 350, 351; Juan J. Linz/Alfred Stepan: Problems of Democratic Transition and Consolidation. Southern Europe, South America, and PostCommunist Europe. Baltimore 1996. S. 17.

[69] Ein Bericht vom Oktober 1991 nannte Großbritannien von 1940 bis Anfang der 1960er-Jahre als Vorbild für die russische Regierung. Großbritannien hatte es vermocht, sein Imperium relativ unblutig zu demontieren und sich den neuen weltweiten Realitäten anzupassen. Das Papier trug den Titel: „Russlands Strategie in der Übergangsperiode". Oktober 1991. Privatarchiv Gajdar.

populär geworden ist, vermittelt eine Vorstellung von ihrer spezifischen Weltsicht. Auf drei Seiten handelt Todd die in seinen Augen grausame und sinnlose Liberalisierung der Wirtschaft in Russland von 1990-1997 ab. Die sowjetischen und dann russischen Machthaber hätten das rigoroseste totalitäre Regime liquidiert, das je in der menschlichen Geschichte existiert habe, ohne dabei Gewalt anzuwenden. Sie hätten zugestimmt, dass nicht nur die osteuropäischen Nachbarn unabhängig wurden, sondern auch die baltischen Länder, die Kaukasus-Republiken, die Ukraine, Belarus und die Republiken Mittelasiens. Die zahlenmäßig großen nationalen Minderheiten in den neuen Staaten sollten ihrer Unabhängigkeit nicht im Wege stehen.[70] Es erschließt sich dem Autor kaum, dass die friedliche Auflösung des Imperiums und die wirtschaftliche Liberalisierung sich gegenseitig bedingen. Wer in dieser Zeit an den zentralen politischen und wirtschaftlichen Entscheidungen beteiligt war, wird die Zusammenhänge leichter erkennen: Das Fehlen wechselseitiger territorialer Ansprüche, der Verzicht auf Gewalt, um Lebensmittel auf dem Land zu beschlagnahmen, und die dadurch bedingte Notwendigkeit, die Wirtschaft umgehend zu liberalisieren und eine Marktwirtschaft einzuführen, hingen zusammen.

Warum kam es nun in Jugoslawien zu einem Bürgerkrieg und nicht auf dem Territorium der früheren UdSSR? Diese Frage lässt sich nicht genau beantworten. Das gilt auch für jene, die an den zentralen Entscheidungen beteiligt waren. Man kann lediglich verschiedene Hypothesen vorbringen. Es wirkten sich hier subjektive Faktoren aus, Unterschiede in den persönlichen Prioritäten von Boris Jelzin und Slobodan Milošević und in ihren persönlichen Biographien. Der Führer der serbischen Kommunisten Milošević setzte nach dem Scheitern der früheren Ideologie auf den radikalen serbischen Nationalismus als Machtbasis. Jelzin, der in der öffentlichen Meinung ein „gefallener Engel" war, der für das Volk gelitten hatte, konnte sich auf den Widerstand gegen das kommunistische System konzentrieren, das Popularität und Unterstützung verloren hatte.

Ich glaube, dass auch das Vorhandensein von Kernwaffen in der ehemaligen UdSSR eine Rolle gespielt hat. In der Ukraine befand sich Ende 1991 fast ein Fünftel der landgestützten Nuklearsprengköpfe der strategischen Triade. Die Gesamtzahl der dortigen strategischen Sprengköpfe war höher als in England und Frankreich zusammen.

Die Angaben über die Aufteilung der Atomsprengköpfe auf dem Gebiet der ehemaligen Sowjetunion sind nicht absolut zuverlässig. Das ist noch ein weiterer Beleg dafür, in welch gefährlicher Situation das Land sich Ende 1991 befand. Informierte Forscher, die die Geschichte des atomaren Erbes der Sowjetunion untersucht haben, führen die folgenden, allerdings nicht völlig übereinstimmenden, Zahlen an (s. Tabellen 8.6, 8.7).

---

[70] Emanuel Todd: Posle imperii. Pax Americana – načalo konca (Nach dem Imperium. Die Pax Americana ist das Anfang vom Ende). Moskau 2004. S. 173-176. Dt.: Weltmacht USA. Ein Nachruf. München 2003.

Tabelle 8.6 Stationierung von Sprengköpfen sowjetischer strategischer Angriffswaffen in den Republiken

Republik	Typen Strategischer Angriffswaffen	Zahl Träger	Zahl Sprengköpfe
RSFSR	Interkontinentalraketen	1064	4278
	Ballist. Raketen auf Atom-U-Booten	62 / 940	2804
	Schwere Bomber	101	367
Ukraine	Interkontinentalraketen	176	1240
	Schwere Bomber	21	168
Kasachstan	Interkontinentalraketen	104	1040
	Schwere Bomber	40	320
Belarus	Interkontinentalraketen	54	54

Quelle: A. Pikaev, A. Savel'ev: Jadernaja mošč' SSSR na zemle, na more i v vozduche (Die Atommacht der UdSSR: zu Lande, zu Wasser und in der Luft). In. Nezavisimaja gazeta, Nr. 1376, 2. November 1991.

Tabelle 8.7 Die Verteilung der strategischen Kernwaffen auf dem Territorium der GUS, 1992

| Staat | Typ strategischer Atomwaffen ||||||| Gesamt ||
| | Landgestützte Interkontinentalraketen St./Anteil in % || Ballistische Raketen auf U-Booten || Strategische Bomber |||||
	Träger, St./Anteil in %	Sprengköpfe, St./Anteil in %	Träger, St./Anteil in %	Sprengköpfe, St./Anteil in %	Träger, St./Anteil in %	Sprengköpfe, St./Anteil in %	Träger, St./Anteil in %	Sprengköpfe, St./Anteil in %
Russland	1037/73	3919/62	914/100	3626/100	27/26	234/24	1978/81	7719/71
Ukraine	176/13	1240/19	-	-	44/36	420/43	220/9	1660/16
Kasachstan	104/8	1040/17	-	-	40/38	320/33	144/6	1360/12
Belarus	81/6	81/2	-	-	-	-	81/4	81/1
Gesamt	1398/100	6280/100	914=100	3626=100	111/100	974/100	2423/100	10820/100

Quelle: Auf Grund der Angaben von M. A. Pervov: Raketnoe oružie raketnych vojsk strategičeskogo naznačenija (Raketenwaffen der strategischen Streitkräfte). Moskau 1999. S. 213; Strategičeskoe jadernoe vooruženie Rossii (Die strategischen Kernwaffen Russlands). Moskau 1998. S. 12.

Das Hauptproblem lag jedoch nicht bei den strategischen Atomwaffen. Diese unterstanden der Kontrolle Moskaus. Nach Auskunft sowjetischer Militärexperten, die die russische Regierung befragt hat, hätten die neuen unabhängigen Staaten etliche Jahre gebraucht, um ihre Anwendung zu beherrschen. Bedenklicher war die Situation bei den taktischen Atomwaffen. Bei einigen davon konnten Bezirkskommandeure über ihren Einsatz entscheiden.[71] Genauer gesagt, hatten sie die Möglichkeit, nach Gutdünken Atomgranaten und Minen anzuwenden. Die Nutzung taktischer Raketen wurde von Moskau kontrolliert.[72] Aber auch das war unter den Umständen eines zusammenbrechenden Binnen-Imperiums eine Bedrohung für die Zivilisation. Die verantwortlichen Politiker waren sich darüber im Klaren, was die Risiken eines Militärkonflikts unter postsowjetischen Nuklearmächten bedeuteten.

Die Gefahr, dass die Entwicklung im postsowjetischen Raum nach dem jugoslawischen Szenario verlaufen könnte, war real. Am 26. August 1991 warnte der Pressesekretär des Präsidenten der RSFSR Pavel Voschtschanov vor der Möglichkeit, dass die Grenzen Russlands und jener Republiken (einschließlich Litauens, Lettlands und Estlands) revidiert werden könnten, die den Unionsvertrag nicht unterschrieben. Die Erklärung ging von Ansprüchen auf Nordkasachstan, die Krim und einen Teil der Ukraine links des Dnepr aus. Die Worte Voschtschanovs stießen bei der kasachischen und der ukrainischen Führung auf äußerst empfindliche Reaktionen: Sie verstanden sie als Erpressung. Der Bürgermeister von Moskau, Gavriil Popov, erhob am 27. und 28. August 1991 noch weitergehende territoriale Ansprüche gegen die Ukraine. Sie betrafen nicht nur die Krim und einen Teil der Ukraine links des Dnepr, sondern auch das Gebiet Odessa und Transnistrien.[73]

Die russische Führung diskutierte im Herbst 1991 nicht die Frage, ob im Falle von Territorial-Streitigkeiten Atomwaffen gegen andere Republiken einzusetzen wären. Allerdings geht es hier nicht nur um tatsächliche Fakten, sondern auch um ihre Wahrnehmung. In einem Artikel der „Nezavisimaja gazeta" vom 24. Oktober 1991 hieß es: „…Selbst so eine demokratische Zeitung (wie ich früher dachte) wie die ‚Moskovskie novosti' hat in der ersten Spalte eine Information aus dem Umfeld der russischen Führung veröffentlicht, dass ein nuklearer Präventivschlag gegen die Ukraine möglich sei. Als Ivan Pljuschtsch und ich in Moskau waren, fragte ich Gorbatschow und Jelzin danach. Gorbatschow antwortete: ‚Weißt du, Kostja, lies nicht so viele Zeitungen, dann geht es dir besser.' Und Jelzin sagte, dass er diese Möglichkeit mit Militärs diskutiert habe und dass es dafür keine technischen Möglichkeiten gebe.

---

[71] Zu den Möglichkeiten, taktische und operativ-taktische Kernwaffen auf Beschluss von Kommandeuren von Militärbezirken anzuwenden, s. K. Sorokin: Strategičeskoe nasledie SSSR (Das strategische Erbe der UdSSR). In: Mirovaja ėkonomika i meždunarodnoe otnošenija (Weltwirtschaft und internationale Beziehungen). Nr. 2, 1992, S. 51-65.

[72] Zum Fehlen einer effizienten Kontrolle Moskaus über einzelne Komponenten taktischer Nuklearwaffen, besonders in älteren Formen, s. a. Ežegodnik SIPRI (SIPRI (Stockholm International Peace Research Institute)-Jahrbuch. Moskau 2002. S. 572.

[73] M. Sokolov: Sud'ba Sojuza: „N + o" ili „9 – 9" (Das Schicksal der Union) „N + o" oder „9 – 9"

Weder die eine noch die andere Antwort kann mich und die Einwohner der Ukraine zufriedenstellen."[74]

Die Regierung der USA, die 1991 nur unklare Vorstellungen davon hatte, was in dem Imperium, das jahrzehntelang ihr Gegner gewesen war, vorging, war in einer Hinsicht klarsichtig. Sie schätzte die Gefahren nüchtern ein, die von einer unkontrollierbaren Nutzung taktischer Atomwaffen auf dem Gebiet einer agonisierenden Supermacht ausgingen. Im Herbst 1991 nahm dieses Problem in George Bushs Vorschlägen eine zentrale Stellung ein. Die amerikanische Administration legte einen Plan zur Vernichtung aller Arten von land- und seegestützten Atomwaffen vor. Im Falle seiner Umsetzung hätte er das nukleare Erbe der UdSSR, das die Republiken beanspruchen könnten, erheblich verringern können. Wie nicht selten in der Geschichte blieb selbst dieser guter und innovative Vorschlag hinter der Realität zurück. Die Sowjetunion war gar nicht mehr imstande, derartige Projekte zu realisieren.

In der internen Korrespondenz der Unions- und der russischen Regierung spielte Ende 1991 der Abzug der Kernwaffen, in erster Linie der taktischen, aus den anderen Republiken eine große Rolle. Vor allem ging es um die Lagerkapazitäten für die taktischen Atomwaffen. Anlässlich des Abtransports aus dem Baltikum und dem Transkaukasus hatte man die Risiken diskutiert, dass bei einer schwachen Zentralregierung organisierte lokale Bevölkerungsgruppen Widerstand gegen den Abtransport leisten könnten. Deshalb erfolgte diese Operation unter dem Vorwand, sie stünden im Einklang mit unterschriebenen Abrüstungsverträgen.[75]

Die Kernwaffen, die die Handlungsoptionen im „Kalten Krieg" begrenzt hatten, spielten diese eindämmende Rolle auch während des Zerfalls der UdSSR. Die Regierungen der im postsowjetischen Raum unabhängig gewordenen Staaten waren so vernünftig, einzusehen, dass bei der Diskussion von Grenzen – wie willkürlich und ungerecht sie auch sein mögen – immer Krieg im Spiel ist. Die Vereinbarungen in Belarus am 8. Dezember, die am 21. Dezember in Alma-Ata bestätigt wurden, bahnten den Weg für die Unterzeichnung eines Abkommens über die strategischen Streitkräfte (30. Dezember 1991). Darin wurde die Mitwirkung der Teilnehmerstaaten bei der Vernichtung der Kernwaffen in der Ukraine, in Belarus und in Kasachstan verbindlich festgelegt. Diese Republiken sollten zum 1. Juli 1992 die taktischen Kernwaffen in zentrale Basen verlegen, wo sie unter gemeinsamer Kontrolle demontiert werden sollten. Die Parteien erklärten, keine Einwände gegen die Dislozierung der Kernwaffen aus Belarus, Kasachstan und der Ukraine in die RSFSR zu haben.[76]

---

[74] Vitalij Portnikov: El'cin obsuždal s voennymi vozmožnost' jadernogo udara po Ukraine (El'cin diskutierte mit Militärs die Möglichkeit eines Atomschlags gegen die Ukraine). Nezavisimaja gazeta, 24. Oktober 1991.

[75] Mitteilung über bevorstehende Maßnahmen Russlands im Bereich Militärbauten, Abrüstung und Kosmos, Abzug der Kernwaffen aus den ehemaligen Unionsrepubliken. 1991. Privatarchiv Gajdar.

[76] Vereinbarung über gemeinsame Maßnahmen betr. Kernwaffen. Beschluss des Obersten Sowjets der RSFSR vom 12. Dezember 1991 Nr. 2014-1 „Ratifizierung der Vereinbarung über die Gründung der Gemeinschaft unabhängiger Staaten". Der Abzug der taktischen Kernwaffen zum 1. Juli 1992 in zentrale Basen zur Demontage unter gemeinsamer Kontrolle, s. V. F. Davydov: Raspad SSSR i nerasprostranenie jadernogo oružija (Der Zerfall der UdSSR und die Nichtweiterverbreitung von

Die taktischen Kernwaffen in der Ukraine wurden am 6. Mai 1992 nach Russland gebracht. Die Ukraine war bereit, auch die strategischen Waffen Russland zu übergeben, unter der Voraussetzung, dass sie dafür eine Kompensation und Sicherheitsgarantien von Seiten der USA und Russlands erhalten würde. Die entsprechende Vereinbarung wurde am 14. Januar 1994 in Moskau unterzeichnet. Das ukrainische Parlament ratifizierte sie am 3. Februar. Der Abtransport der strategischen Waffen und die Vernichtung der Abschussrampen waren am 1. Juni 1996 abgeschlossen.

Das kasachische Parlament beschloss am 2. Juli 1992, das START-1-Abkommen über die strategischen Angriffswaffen zu ratifizieren. Am 13. Dezember 1993 trat Kasachstan dem Vertrag über die Nichtweiterverbreitung von Kernwaffen als Nicht-Kernwaffenstaat bei. In diesem Zeitraum wurden die Kernsprengköpfe nach Russland verbracht und die Abschussrampen auf kasachischem Territorium gesprengt.[77]

In Belarus wurde mit dem Abzug der Kernwaffen 1992 begonnen, bis Ende des Jahres befand sich der größte Teil in Russland. Am 4. Februar 1993 ratifizierte der Oberste Sowjet von Belarus das START-1-Abkommen. Der offizielle Abzug der Kernsprengköpfe aus Belarus nach Russland war am 23. November 1996 abgeschlossen. Wenn man bedenkt, wann über die Abhaltung eines Referendums im Herbst 1996 in Belarus entschieden wurde, das die politische Situation veränderte und de facto Lukaschenkas Alleinherrschaft legitimierte, und sich die russische Position hierzu sowie den Zeitpunkt des Kernwaffen-Abzugs aus Belarus vor Augen hält, wird vieles in der Geschichte des postsowjetischen Raums klarer.[78]

Am 25. Dezember 1991 wurde nach Gorbatschows Rücktritt die Unabhängigkeit der ehemaligen Sowjetrepubliken nicht nur politisch, sondern auch juristisch ein

---

Kernwaffen). SŠA: ėkonomika, politika, ideologija (USA: Wirtschaft, Politik, Ideologie). 3 (267), 1992, S. 25, 29.; S. Rogov: Povorotnyj punkt v jadernoj konfrontacii (Ein Wendepunkt in der nuklearen Konfrontation). SŠA: ėkonomika, politika, ideologija, 1 (265), 1992. Zu den Sorgen westlicher Analytiker um die russischen taktischen Atomwaffen im Falle eines Zusammenbruchs der Sowjetunion, die zeitweilig in regelrechte Panik umschlugen, s. G. Milchollin, D. Uajt: Razval sovetskoj jadernoj mošči – blago ili ugroza (Milkholin/Yait: Der Zerfall der sowjetischen Atommacht – Glück oder Gefahr?). In: Meždunarodnaja žizn'. 1, 1992, S. 43 ff.

[77] A. Torkunov (Hrsg.): Priroda i zakonomernosti meždunarodnych otnošenij. Sovremennye meždunarodnye otnošenija (Natur und Gesetzmäßigkeit internationaler Beziehungen. Moderne internationale Beziehungen). Moskau 2000.

[78] Am 8. August 1996 schlug Lukaschenka dem Parlament ein Referendum über eine Verfassungsänderung vor. Das Verfassungsgericht hielt fest, dass in einer so wichtigen Frage ein Referendum keinen zwingenden Charakter habe, sondern nur einen empfehlenden. Die belarussische Regierung tat so, als wüsste sie nichts über die Entscheidung des höchsten Gerichts. Am 15. November entließ das Staatsoberhaupt den Leiter des Zentralen Wahlkomitees Viktor Gončar aus dem Amt. Der russische Regierungschef Viktor Černomyrdin, der Vorsitzende der Staats-Duma Gennadij Seleznev und der Vorsitzende des Föderationsrats Egor Stroev, die anderweitig unterwegs waren, änderten ihre Reisepläne und landeten in Nacht vom 21. auf den 22. November 1996 in der belarussischen Hauptstadt. Die russische Regierung gab der belarussischen Elite und Gesellschaft ein klares Signal, dass sie die Opposition gegen das Lukaschenka-Regime nicht unterstütze. Zu dem Festakt am 27. November 1996 (nach dem Referendum) aus Anlass des Abzugs der letzten strategischen Rakete aus Belarus reiste Lukaschenka nicht an. S. P. Šeremet/S. Kalinkina: Slučajnyj prezident (Der zufällige Präsident). St. Petersburg 2004.

Faktum.⁷⁹ Damit gab es eine Chance, das zunehmende Chaos zu überwinden, jedoch nicht mehr. Die Probleme, mit denen die Sowjetunion zum Herbstbeginn 1991 konfrontiert war, wurden durch die Auflösung nicht aus der Welt geschafft: – die fehlende Kontrolle über die Streitkräfte⁸⁰, die Unfähigkeit der Regierung, die öffentliche Ordnung aufrecht zu erhalten, fehlende Devisenreserven, ungeregelte und strittige Grenzfragen, die Paralyse der administrativen Wirtschaftsbeziehungen, ohne dass es bereits Marktbeziehungen gegeben hätte. Jetzt mussten die Machtorgane der neuen Staaten damit zurechtkommen. Wie sie nationale politische und wirtschaftliche Institutionen bildeten, Versorgungsprobleme lösten und die finanzielle Stabilisierung in Angriff nahmen, den drohenden Hunger abzuwenden suchten und eigene Programme für Marktreformen entwickelten, habe ich mehrfach beschrieben.⁸¹ Das soll hier nicht wiederholt werden.

Als jemand, der die Ereignisse nicht nur aus Büchern und Archiven kennt, kann ich sagen, dass scheinbar dauerhafte, aber unflexible wirtschaftspolitische Konstruktionen, die sich den Herausforderungen der modernen Welt nicht anpassen können, fragil sind. Sobald unberechenbare Umstände auftreten, können sie jederzeit einstürzen. Dies haben die letzten Existenzjahre der UdSSR gezeigt, und das ist bei politischen Entscheidungen zu bedenken.

In einem englischen Lied gibt es diese bekannten Verse: „For want of a nail the shoe was lost, for want of a shoe the horse was lost, for want of a horse the rider was lost, being overtaken and slain by the enemy, all for want of care about a horse-shoe nail." (Weil ein Nagel fehlte, ging ein Hufeisen verloren, Weil ein Hufeisen fehlte, ging ein Pferd verloren, Weil ein Pferd fehlte, ging ein Reiter verloren, Weil ein Reiter fehlte, ging eine Schlacht verloren, Weil eine Schlacht verloren ging, Ging das Königreich verloren, Und das alles, weil ein Nagel am Hufeisen fehlte.) Die Ursache für die schwere Wirtschaftskrise, die den Zusammenbruch einer Supermacht bewirkte,

---

[79] Am 25. Dezember 1991 unterzeichnete Gorbačev den Erlass, mit dem er die Vollmachten des Präsidenten der UdSSR abgab: Um 19.38 Uhr Moskauer Zeit wurde über dem Kreml die rote Fahne der UdSSR eingezogen und die Trikolore Russlands gehisst.

[80] Im Januar 1992 antworteten bei einer Umfrage unter Teilnehmern einer Offiziersversammlung, dass 73 % der Offiziere davon ausgehen, dass Militärs über die Zukunft der Streitkräfte entscheiden sollten. Über die unkontrollierbare Situation in den sowjetischen Truppen, den Verlust der Kontrolle über die Streitkräfte nach dem August 1991 s. B. I. Koval (Hrsg.)Rossija segodnja. Političeskij portret v dokumentach (Russland heute. Politisches Portrait in Dokumenten). Bd. 2. 1991-1992. Stanovlenie gosudarstvennosti. Armija i politika. Novye partii. Cerkov' i obščestvo (Staatenbildung. Armee und Politik. Neue Parteien. Kirche und Gesellschaft). Moskau 1993. S. 81.

[81] Die Position des Autors dieser Zeilen und seiner Gleichgesinnten, leitender Spezialisten des Instituts für die Wirtschaft der Übergangsperiode, zu zentralen Fragen der postsozialistischen Transformation in Russland sind in folgenden Arbeiten ausführlich dargestellt: Egor Gajdar: Dni poraženij i pobed (Tage der Niederlagen und Siege), Bd. 1. Moskau 1997; Ėkonomika perechodnogo perioda: Očerki ėkonomičeskoj politiki postkommunističeskoj Rossii 1991-1997 (Wirtschaft der Übergangsperiode. Aufsätze zur Wirtschaftspolitik des postkommunistischen Russland 1991-1997). Moskau 1998, Ėkonomika perechodnogo perioda: Očerki ėkonomičeskoj politiki postkommunističeskoj Rossii (Wirtschaft der Übergangsperiode. Aufsätze zur Wirtschaftspolitik des postkommunistischen Russland). 1998-2002. Moskau 2003.

der Ölpreisverfall Mitte der 1980er-Jahre, steht bei all seiner Bedeutung in keinem Verhältnis zu dem, was dann passierte. Die Entwicklung auf dem Ölmarkt war für die sowjetische Wirtschaft tatsächlich nicht der Grund, sondern nur der Anlass ihres Zusammenbruchs.

Stalin, der ein anderes Industrialisierungsmodell als Bucharin gewählt hatte, hat die Grundlage für ein wirtschaftspolitisches System geschaffen, in dem sich mit der Zeit tiefe Risse zeigten. Bei relativ geringfügigen äußeren Einwirkungen bestand die Gefahr eines Zusammenbruchs. Die Entwicklung in den letzten Jahren der UdSSR demonstriert, wie sehr es in der Wirtschaftspolitik darauf ankommt, langfristige Risiken zu berücksichtigen und Entscheidungen nicht nur aus einer ein- oder dreijährigen Perspektive zu treffen, sondern auf Jahrzehnte im Voraus. Andernfalls werden künftige russische Generationen für Fehler bezahlen müssen, die heute begangen werden.

Nachwort

Mitte der 1980er-Jahre erlebte die UdSSR eine schwere Krise der Zahlungsbilanz und des Finanzsystems, die sich zu einer generellen Wirtschaftskrise entwickelte. Diese wiederum führte zu einem drastischen Produktionsrückgang, sinkendem Lebensstandard, politischer Destabilisierung und schließlich zu einem *gesetzmäßigen Zusammenbruch* des politischen Regimes und des sowjetischen Imperiums.

Russland, das Land, das die Nachfolge der UdSSR antrat, hat bis Ende der 1990er-Jahre ein grundsätzlich neues offenes Wirtschaftssystem gebildet. Es besteht aus einer Reihe noch junger, unvollkommener, aber funktionierender Marktinstitutionen: Privateigentum, konvertierbare Währung, ein Bankensystem, ein System zur Regulierung der Wertpapiermärkte und der natürlichen Monopole. Außerdem gibt es eine Verwaltungselite und eine kritische Masse effizienter Manager, die sich in der Marktwirtschaft auskennen. Dadurch ließen sich die Rezession der Transformationsperiode überwinden und ein Wirtschaftswachstum einleiten. Der Lebensstandard ist nachhaltig gestiegen, die Wirtschaft erhielt positive strukturelle Impulse, und die finanzielle und außenwirtschaftliche Lage des Landes konnte stabilisiert werden.

Die strukturellen Veränderungen von 1992-1998 entsprachen etwa denen, die die sowjetische Führung zu Beginn der Krise 1986-1987 hätte in die Wege leiten können, wenn sie sich zu einer Stabilisierung der Devisen- und Finanzlage entschlossen hätte. Kapitalinvestitionen, Militärausgaben und Getreideimport wurden drastisch reduziert, die Lieferungen von Rohstoffen und Energie-Ressourcen ins Ausland erhöht und ihr Verbrauch im Inland gesenkt. Geringere Importe von Materialien und Komponenten aus westlichen Ländern sowie der Zusammenbruch der jahrzehntelang bestehenden Wirtschaftsbeziehungen innerhalb der UdSSR und des Comecon führten zu einem Produktionsrückgang. Durch die erzwungene Anpassung an die neue Devisen- und Finanzlage sank der Lebensstandard der Bevölkerung erheblich. Aber die Ende 1991 erschöpften Devisenressourcen wurden allmählich wieder hergestellt, das Zahlungsbilanzdefizit in konvertierbarer Währung verschwand. Zur Jahrtausendwende hatte das Land seine Reputation als verlässlicher Kreditnehmer wieder erreicht.

Wenn noch die sowjetische Führung vergleichbare Maßnahmen eingeleitet hätte, hätte man Produktion und Lebensstandard wahrscheinlich schneller stabilisieren können. Aber sie war zu dem wichtigsten Schritt nicht imstande – nämlich das sozialistische System der zentralen Planwirtschaft durch eine kapitalistische Marktwirtschaft zu ersetzen. Deshalb hätte sie keine nachhaltigen Erfolge, sondern nur vorübergehende Resultate erzielt. Russland und die anderen postsozialistischen Länder, die zur gleichen Zeit gezwungen waren, Finanzen und Währung zu stabilisieren und Strukturreformen durchzuführen, hatten einen extrem schweren Weg vor sich, vermochten es aber dennoch, das Gerüst einer Marktwirtschaft aufzubauen.

In diesen Jahren entstand eine junge, unvollkommene Demokratie mit Elementen von Populismus, politischer Verantwortungslosigkeit und Korruption. Allerdings gab es im Land ein System von Checks and Balances. Das ließ hoffen, dass das Land, wenn einmal die schwersten Folgen des sozialistischen Experiments überwunden wären, die Voraussetzungen für eine stabile Entwicklung auf marktwirtschaftlicher und demokratischer Grundlage schaffen könnte. Natürlich bleiben nationale Konflikte, in erster Linie im Kaukasus, eine ernsthafte Herausforderung für die Sicherheit des Landes und die Stabilität des politischen Systems.

Dennoch könnten die inzwischen entstandenen föderalen Beziehungen bewirken, dass die Staatsordnung flexibel genug ist, um in dem großen, ethnisch heterogenen Land politische Stabilität zu garantieren. Man konnte also erwarten, dass das Land auch bei einer unerwarteten Herausforderung mit adäquaten Veränderungen reagieren und nicht in einem katastrophalen Zusammenbruch enden würde.

2000 bis 2003 wurden konsequente und im Ganzen effiziente Wirtschaftsreformen durchgeführt. Sie sollten das Steuer- und Finanzsystem zu verbessern, die Finanzgrundlagen der föderalen Beziehungen transparenter und verständlicher gestalten, das Recht auf Grundeigentum verankern, eine marktwirtschaftliche Arbeitsgesetzgebung schaffen und weitere wichtige und nützliche Veränderungen einführen, um das Wirtschaftswachstums zu fördern. Viele glaubten, die schwierigsten Probleme auf dem Weg zu einer stabilen Entwicklung der russischen Demokratie und Marktwirtschaft seien gelöst. Das galt auch für mich.

Allerdings hat die Geschichte hier wiederum gezeigt, dass man aus kurzfristigen Tendenzen keine voreiligen Schlüsse ziehen sollte. 2003-2004 zeigten sich in der russischen Politik, den föderalen Beziehungen und der Wirtschaft alarmierende Tendenzen.

2000-2001 existierte in Russland ein gegenüber dem Präsidenten und der Regierung loyales, aber relativ unabhängiges Parlament, das sich seine Stimme und seinen realen Einfluss auf den Entscheidungsprozess bewahrt hatte. Um Gesetze in der Duma und dem Föderationsrat durchzubringen, musste die Regierung sie ausführlich mit den Abgeordneten diskutieren und nach Kompromissen und möglichen Lösungen suchen. Mit einem solchen Parlament zu arbeiten ist natürlich nicht leicht. Da werden nicht einfach Entscheidungen der Exekutive durchgewinkt. Aber erfahrungsgemäß trägt dieses Verfahren zur Qualität der staatlichen Führung bei. Ein verantwortliches und eigenständiges Parlament macht es unmöglich, Entscheidungen in Hinterzimmern ohne Diskussion mit der Gesellschaft und mit Fachleuten, die den Machtorganen nicht unterstellt sind, durchzuziehen.

Wenn das Parlament zu einem formalen Instrument zum Abnicken von Handlungen und Absichten der Exekutive wird, wird die Qualität der Entscheidungen darunter leiden. Selbst ein effizienter bürokratischer Apparat, der keiner systematischen professionellen Kritik unterzogen wird, wird Fehler machen, mitunter sogar schwerwiegende.

Anfang der 2000er-Jahre gab es in Russland eine relativ unabhängige Presse. Sie ließ sich keineswegs immer von hohen moralischen Erwägungen und öffentlichen Interessen leiten und war nicht selten ein Instrument von Informationskriegen unter Oligarchen-Clans. Aber da es mehrere Clans gab, hatte die Gesellschaft die Möglichkeit, sich aus vielen Quellen zu informieren und sich selbstständig eine Meinung über die Vorgänge im Lande zu bilden. Wenn ein immer größerer Teil der Presse unter der direkten oder indirekten, aber rigorosen Kontrolle der Machthaber steht, ist ein weiteres Instrument öffentlicher Kontrolle blockiert.

Vor einigen Jahren gab es in Russland einflussreiche Unternehmer-Organisationen, wie den Russischen Verband Industrieller und Unternehmer. Ihre Stimme fand Gehör und wurde bei wichtigen wirtschaftspolitischen Entscheidungen berücksichtigt. Das war für das Land von Vorteil, weil die Unternehmer-Gemeinschaft objektiv an einer Verbesserung des russischen Investitionsklimas interessiert war. Das erhöht die Kapitalisierung der Konzerne und erweitert die Zugangsmöglichkeiten zu Krediten. Große russische Unternehmen haben erheblich zu einer Verbesserung der Gesetzgebung und der Wirtschaftspolitik beigetragen. Seit 2003 hat sich dieser Industriellen- und Unternehmer-Verband indes zunehmend zu einem rein dekorativen Organ entwickelt.

Viele der führenden regionalen Politiker, die sich zur Jahrhundertwende an den Machthebeln befanden, waren, gelinde gesagt, nicht allzu kompetent, und ihre Reputation war nicht einwandfrei (das gilt natürlich nicht für alle). Dennoch begriffen die Bewohner der Regionen anhand eigener Erfahrung immer besser, dass es bei der Wahl eines Gouverneurs nicht darum geht, wer in Moskau am lautesten über lokale Probleme reden wird, sondern darum, von wem ihr Alltag abhängt: die Ausbildung ihrer Kinder, die medizinische Behandlung der Eltern, die Wärmeversorgung der Städte, die Müllabfuhr. Ein derartiges Verständnis entsteht nur aus Erfahrung. In entwickelten Demokratien hat das Jahrzehnte gedauert. Dennoch ging die Entwicklung Ende der 1990er- und Anfang der 2000er-Jahre in diese Richtung. Die Entscheidung von 2004, Gouverneure künftig zu ernennen, verlagert die Verantwortung für die aktuellen regionalen Probleme erneut nach Moskau. Dadurch können die lokalen Machtorgane und regionalen Eliten aufs Zentrum verweisen und erklären, dass sie selbst für die Lösung akuter lokaler Probleme nichts tun können.

Entscheidungen wie die Abschaffung der Einzelmandat-Wahlbezirke, die politisch herausragenden Persönlichkeiten die Möglichkeit gaben, zumindest mitzureden, wenn staatliche Probleme diskutiert wurden, wenn sie auch keinen Einfluss hatten, oder die Einführung einer Sieben-Prozent-Klausel, die etlichen politischen Kräften, die Millionen russischer Bürger vertreten, den Einzug ins Parlament unmöglich macht (eine für entwickelte, stabile Demokratien ungewöhnliche Vorschrift) – dies alles sind Schritte, die für sich genommen nicht fatal sind, aber das Funktionieren der russischen Demokratie gefährden. Insgesamt jedoch charakterisieren sie den Weg zu einem System, das man als geschlossene (gelenkte) Demokratie oder einen milden Autoritarismus bezeichnen kann. Natürlich hat das Machtsystem mit dem rigorosen totalitären System der Sowjetunion wenig gemein, aber es weist bereits die ersten Momente von Schwäche und Instabilität eines autoritären Systems auf.

Derartige politische Gebilde sind stabil, solange sie nicht mit einer Krise konfrontiert werden, in erster Linie einer Wirtschaftskrise, die nicht nur auf stillschweigenden Gehorsam, sondern auf die Unterstützung der Gesellschaft angewiesen ist. Hier zeigt sich dann, dass diese Unterstützung nicht leicht zu bekommen ist. Das engt den Spielraum gerade in einem Moment ein, wenn er für die Regierung wie für das Land am nötigsten ist. Die sowjetische Führung hat sich in der zweiten Hälfte der 1980er anhand eigener Erfahrung davon überzeugen können. Leider war es nicht sie allein, die für diese bittere Lehre teuer bezahlen musste.

Der Abbau demokratischer und föderalistischer Elemente wirkt sich auf die interethnischen Beziehungen aus. Die Staatsordnung vieler russischer nationaler Republiken Ende der 1990er- und Anfang der 2000er-Jahre kann man kaum als demokratisch bezeichnen. Dennoch waren dies Regierungen, die von lokalen Eliten gestellt wurden. Sie hatten die ethnischen Beziehungen in ihren Republiken unter Kontrolle und verfügten über Einfluss in der lokalen Gesellschaft. Versuche, sie durch von Moskau ernannte Marionetten zu ersetzen, haben mitunter dazu geführt, dass die formalen Staatsorgane der Republik überhaupt nichts mehr in der Hand haben. Die realen Entscheidungsprozesse gehen an ihnen vorbei. Wo dagegen Vertreter einer einflussreichen lokalen Elite an der Macht bleiben, können sie die Verantwortung für alle Probleme Moskau zuschieben. Die Tatsache, dass die Präsidenten autonomer Republiken durch das föderale Zentrum ernannt werden, spielt den Nationalisten in die Hände. Ihnen fällt der Beweis in den Schoß, dass Moskau die Einwohner der Autonomien nicht als gleichberechtigte Bürger des Landes anerkennt, sondern als botmäßige Untertanen. Ein besseres Geschenk für Separatisten lässt sich nicht denken.

In der Wirtschaftspolitik haben die russischen Machtorgane aus den Erfahrungen mit der sowjetischen Wirtschaft gelernt. Das zeigt sich an ihrer verantwortungsbewussten Haushalts- und Geldpolitik der Jahre 2000 bis 2004 bei hohen Ölpreisen und infolgedessen hoher, aber nicht stabiler Budget-Einkünfte. Die Haushaltspolitik war konservativ und gewährleistete erhebliche Gewinne, mit denen die von der Sowjetunion geerbten Auslandsschulden abgebaut und so die Ausgaben für ihre Bedienung gesenkt werden konnten. Nach streng definierten Regeln wurde ein Stabilisierungsfonds eingerichtet. Die russische Regierung und das Parlament bewiesen politische Verantwortung und zeigten eine für die russische Geschichte ungewöhnliche Fähigkeit, aus den Fehlern ihrer Vorgänger zu lernen.

2000-2004 hätte das russische Budget ohne schwere Verluste und größere Schieflagen auch bei mittleren langfristigen Ölpreisen funktionieren und selbst bei anormal niedrigen Ölpreisen wie in den Jahren 1986-1990 und 1998-1999 stabil bleiben können. Eine so verantwortungsbewusste Finanzpolitik lange durchzuhalten ist erfahrungsgemäß schwer.

Bei anormal hohen Ölpreisen kommen Überlegungen auf, wie unvernünftig die Politik der derzeitigen russischen Regierung sei, die den Stabilisierungsfonds auffüllt, der in Wertpapieren von Ländern angelegt ist, deren Währungen als Reserve gelten. Das gehört zur wirtschaftspolitischen Landschaft. Ein russischer Politiker muss schon sehr faul sein, um sich nicht an einem Wettstreit darüber zu beteiligen, in dem es um populäre und exotische Ideen geht, wie man das Geld aus dem Stabilisierungsfonds ausgeben könnte. Der Vergleich des russischen Stabilisierungsfonds, der zum 1. Januar 2006 lediglich bei 5,7 % des BIP lag, mit dem staatlichen Erdölfonds von Norwegen, das ebenso wie Russland das Problem des „Ölfluchs" lösen muss (dort belief sich der Fonds zum 1. Oktober 2005 auf 70,1 % des BIP), zeigt, dass von anormal hohen Rücklagen im russischen Stabilisierungsfonds keine Rede sein kann. Nicht weniger populär ist der Überschuss der Gold- und Devisenreserven des Landes (zum 1. Januar 2006 – 24,2 % des BIP). Behauptungen, nur Feinde des Vaterlands seien imstande, in solchen Mengen ausländische Aktiva anzuhäufen, sind auf dem modernen wirtschaftspolitischen Markt gang und gäbe. Indessen machten die Devisenreserven in China, dessen Wirtschaftspolitik in den letzten 15 Jahren so häufig als Beispiel für die russische Regierung angeführt wurde, Anfang 2006 36,3 % des BIP aus.[1]

2005 wurde es klar, dass die Regierung immer weniger zu einer Politik imstande ist, die die Risiken einer möglichen Finanz- und Währungskrise bei sinkenden Ölpreisen minimiert. Wie in Kapitel 3 angemerkt, lässt sich der Öffentlichkeit ohne weiteres erklären, dass der Staat kein Geld für einen realen Bedarf bereitstellen kann, wenn er es nicht hat. Zu erklären, dass das nicht geht, obwohl Geld vorhanden ist, weil die Wirtschaft des Landes nicht zu sehr von unberechenbaren Faktoren abhängig werden darf, da sonst die Gefahr einer schweren Wirtschaftskrise droht, deren Folgen in keinem Verhältnis zu kurzfristigen Vorteilen stehen, ist schwieriger.

Bisher hat die Regierung nur in begrenztem Ausmaß Schritte unternommen, die aus zusätzlichen Erdöl-Einkünften finanziert wurden und den Haushalt belasteten. 2006 haben die Budget-Verpflichtungen im Vergleich zu 2004 um etwa 3,5 % des BIP zugenommen. Aber auch sie verringern die Stabilität des Finanzsystems angesichts der begrenzten Höhe des Stabilisierungsfonds. Die russische Wirtschaft ist, wie zuvor die sowjetische, darauf angewiesen, dass die Ölpreise auf einem historisch anormalen Niveau bleiben.

Das Institut für die Wirtschaft der Übergangsperiode (IEPP) hat verschiedene Szenarien untersucht. Falls die Ölpreise (der Sorte „Brent") 2009 auf 25 Dollar sinken sollten, würden die Einnahmen des Bundeshaushalts im Vergleich zu 2005 ungefähr um 9% zurückgehen. Mit dem Ölpreis sinkt auch das BIP. Das Haushaltsdefizit liegt bei 7 % des BIP. Die verbleibenden Reserven im Stabilisierungsfonds würden gegen Null gehen. Die Gold- und Devisenreserven würden im Vergleich zu 2005 etwa um 80 Mrd. Dollar zurückgehen. Die Inflation käme auf 40%.[2]

---

[1] http://www.odin.dep.no/fin/english/topics/pension_fund/p10001683/bn.html, International Financial Statistics (IMF); www.gks.ru, www.minfin.ru; http://www.dbresearch.com/servlet/reweb2.ReWEB;jsessionid=590%3A440c32ca%3A3d8f8df7a11eb31?rwkey=u1562160&%24rwframe=0; www.cbr.ru, www.gks.ru.

[2] Diese makroökonomische und finanzielle Prognose sowie die Daten des Bundeshaushalts der RF für 2006-2010 basieren auf einem strukturellen ökonometrischen Modell der russischen Wirtschaft, das das Institut für die Wirtschaft im Übergang entwickelt hat. Das Modell ist ein System struktureller ökonometrischer Gleichungen, die die Verbindung zwischen grundlegenden makroökonomi-

Natürlich ist das keine Prognose, sondern nur ein durchgespieltes Szenario. Das IEPP hat auch Szenarien durchgerechnet, die von extrem hohen Ölpreisen ausgehen, sowie solche bei gleichbleibenden Preisen. Das bringt natürlich andere Ergebnisse. Aber in Ländern, die von der Rohstoff-Konjunktur abhängen, kommt es darauf an, die unberechenbare Entwicklung auf dem Ölmarkt im Auge zu behalten.

Realistische Prognosen zeigen, dass bei den derzeit im Stabilisierungsfonds angesammelten Reserven Russland selbst bei einer ungünstigen Entwicklung 2006-2008 keine ernsthafte Finanzkrise droht. Die Gefahren gehen von einem reduzierten Wirtschaftswachstum aus. Wenn man langfristige Risiken diskutiert, reicht es jedoch nicht aus, nur die wirtschaftspolitische Perspektive der nächsten zwei bis drei Jahre zu berücksichtigen. Wenn wir heute wirtschaftliche Entscheidungen treffen und Verbindlichkeiten für das Budget eingehen, bestimmen wir die Bedingungen, unter denen die russische Regierung in den nächsten 10-15 Jahren arbeiten muss. Die Stabilität, die zu Beginn der 1980er-Jahre durch die hohen Ölpreise gesichert war, garantierte der sowjetischen Führung ihre politische Macht, ohne dass sie etwas unternehmen musste. Die Probleme, die Ende der 1970er- und Anfang der 1980er-Jahre ihren Anfang hatten, kamen erst später zum Vorschein, und dann in einem Ausmaß, das man sich schwer hätte vorstellen können. Wie mit diesen Risiken umzugehen ist, mussten bereits andere entscheiden – die Regierungen jener Staaten, die auf den Ruinen des Imperiums entstanden waren. Wir müssen alles tun, damit sich in Russland in dieser Hinsicht nicht das Schicksal der Union wiederholt.

Heute sind die Gefahren einer Destabilisierung viel geringer als in der UdSSR zu Beginn der 1980er-Jahre. Wir haben das politische Regime als milden Autoritarismus bezeichnet. Es gibt darin etliche Elemente von Freiheit und Flexibilität. Das gibt Anlass zu Hoffnung. Der Anteil ethnischer Russen ist in Russland unvergleichlich höher als in der Sowjetunion. Daher lassen sich die ethnischen Beziehungen regulieren, wenn man eine vernünftige Politik betreibt. Die Marktwirtschaft funktioniert in Russland, sie ist sehr viel flexibler als die sozialistische. Sie kann sich leichter an Veränderungen in der Weltwirtschaft anpassen. Sie ist nicht so strukturiert, dass die gesamte Verantwortung für Veränderungen im Wirtschaftsleben auf der Regierung ruht. Aber das alles heißt nicht, dass die Risiken verschwunden sind, die mit einer fehlenden Anpassungsfähigkeit und zunehmender Abhängigkeit des Landes von einer Entwicklung, auf die die Führung des Landes keinen Einfluss hat, verbunden sind. Vorsicht und eine nüchterne Einschätzung der Gefahren, mit denen das Land konfrontiert werden kann, sind unabdingbarer Bestandteil einer verantwortungsvollen Politik.

---

schen Variablen widerspiegeln. Bei einer exogenen Dynamik einiger Variablen kann man mit diesem Modell die übrigen Kennziffern prognostizieren. Jede Gleichung vermittelt eine Vorstellung vom Einfluss einzelner *erklärender* Faktoren auf die zu erklärende Variable. Die Spezifik der Gleichungen ergibt sich bei der Auswertung individueller Struktureigenschaften der untersuchten Zeitreihen, der Integrationsordnung und der statistischen Bedeutung einzelner Lag-Werte der erklärenden Variablen, Saisoneffekte und einzelner Schocks.

Abkürzungen

BIP – Bruttoinlandsprodukt
Comecon – Council for Mutual Economic Assistance – Rat für gegenseitige Wirtschaftshilfe
DOSAAF – Freiwillige Gesellschaft zur Unterstützung von Armee, Luftstreitkräften und Flotte
EBRD – Europäische Bank für Wiederaufbau und Entwicklung (European Bank for Reconstruction and Development)
Exportchleb – Vereinigung für Getreideexport
FAOSTAT – Statistischer Dienst der UN-Organisation für Lebensmittel und Landwirtschaft FAO (Food and Agricultural Organization of the United Nations)
GARF – Staatsarchiv der Russischen Föderation
GATT – Allgemeines Zoll- und Handelsabkommen (General Agreement on Tariffs and Trade)
GKTschP – Staatliches Komitee für den Ausnahmezustand (19.-21. August 1991)
Gosbank – Staatsbank
Goskomstat – Staatliches Statistik-Komitee
Goskomzen – Staatliches Preiskomitee
Glavsnab – Hauptverwaltung für materiell-technische Versorgung
Gossnab – Staatliche Hauptverwaltung für materiell-technische Versorgung
Gosplan – Staatliche Plankommission
Goznak – Staatliche Münzprägeanstalt
IFS – Internationale Finanz-Statistik
IWF – Internationaler Währungsfonds
MVD – Innenministerium
NBER – Nationales Büro für Wirtschaftsforschung der USA
OECD – Organisation für wirtschaftliche Zusammenarbeit und Entwicklung (Organization for Economic Cooperation and Development)
OPEC – Organisation erdölexportierender Länder
Prodintorg – Export-Import-Gesellschaft für Lebensmittel
Promstrojbank – Bank für Industrieproduktion
RF – Russische Föderation
RGAĖ – Russisches Staatsarchiv für Wirtschaft
RGANI – Russisches Staatsarchiv für Neuere Geschichte
RSFSR – Russische sozialistische föderative Sowjetrepublik
SSR – Sozialistische Sowjetrepublik
VZIOM (VCIOM) – Zentrum zur Erforschung der öffentlichen Meinung zu sozioökoomischen Fragen – Meinungsumfrageinstitut

WIDER – Wolrd Institut for Development Economic Research
ZK – Zentralkomitee
ZKK – Zentrale Kontrollkommission

Literaturverzeichnis

Abalkin, Leonid: K celi čerez krizis. Spustja god... (Durch die Krise zum Ziel. Ein Jahr danach...). Moskau 1992.

Alexashenko, Sergey: The Collapse of the Soviet Fiscal System: What Should Be Done?. In: Review of Economics in Transition. 4, 1992.

Alieva, Svetlana U. (Hrsg.): Tak éto bylo: Nacional'nye repressii v SSSR (So war das: Nationale Verfolgungen in der UdSSR). Moskau 1993.

Andreasjan, R. N.: Neft' i arabskie strany v 1973-1983 gg. Ėkonomičeskij I social'nyj analiz (Das Erdöl und die arabischen Länder. Eine ökonomische und soziale Analyse). Moskau 1990.

Amrekulov, N.: Inter-Ethnic Conflict and Revolution in Kazakhstan. In: Sagdeev, Roald Z., Eisenhower, Susan (Hrsg.), Douglas, A. R.: Central Asia: Conflict, Resolution and Change. Chevy Chase, Maryland 1995

Amuzegar, Jahangir: Managing the Oil Wealth. OPEC's Windfalls and Pitfalls. London – New York 1999.

Anderson, Benedict Richard O'Gorman: Violence and the State in Suharto's Indonesia. New York 2001.

Archiv russkoj revoljucii (Archiv der russischen Revolution). Berlin 1922.

Arnold, Guy: Britain since 1945: Choice, Conflict and Change. London 1989.

Aron, Raymond: France Steadfast and Changing: The Fourth to the Fifth Republic. Cambridge 1960.

Auty, Richard: Large Resource-Abundant Countries Squander their Size Advantage: Mexico and Argentina. In: Ders.: (Hrsg.): Resource Abundance and Economic Development. Oxford 2004. S. 208-223.

Auty, Richard: (Hrsg.): Resource Abundance and Economic Development. Oxford 2004.

Bairoch, Paul: Cities and Economic Development: from the Dawn of History to the Present . Chicago 1988

Bajbakov, Nikolaj: Sorok let v pravitel'stve (40 Jahre in der Regierung). Moskau 1993.

Baretta, Silvio R. Duncan/Markoff, John: Brazil's Abertura: A Transition from What to What? In: Malloy, James M./Seligson, Mitchell A. (Hrsg.): Authoritarians and Democrats. Regime Transition in Latin America. Pittsburgh 1987.

Bauėr, O.: Nacional'nyj vopros i social-demokratija (Die nationale Frage und die Sozialdemokratie). St. Petersburg 1909.

Barraclough, Geoffrey: The Mediaeval Empire. Idea and Reality. London 1950.

Bennett, Christopher: Yugoslavia's Bloody Collapse. Causes, Course and Consequences. New York 1995.

Besançon, Alain: L'empire russe et la domination soviétique. In: Le concept d'empire. Paris 1980.

Bialer, Seweryn: The Death of Soviet Communism. In: Foreign Affairs, 1991/1992. S. 176 f.
Binnendijk, Hans: Authoritarian Regimes in Transition. Washington 1987.
Blacker, Coit D.: Hostage to Revolution: Gorbachev and Soviet Security Policy, 1985-1991. New York 1993.
Blunden, Andy: Stalinism: Its Origins and Culture. http://www.marxists.org/subject/stalinism/origins-future/ch4-1.htm#0-0.
Bobylev, Yuri/Cherniavsky, A.: The Economic Impact of the Crisis in Russian Oil Exploration and Production. In: Oil and Gas Development in the Russian Federation.
Boffa, Giuseppe: Ot SSSR k Rossii. Istorija neokončennogo krizisa (Von der UdSSR zu Russland. Geschichte einer nicht beendeten Krise). Moskau 1996.
Boffa, Giuseppe: Istorija Sovetskogo Sojuza. T. 2. Ot otečestvennoj vojny do položenija vtojoj deržavy. Stalin i Chruščev. 1941-1964 gg. (Die Geschichte der Sowjetunion. Bd. 2. Vom Vaterländischen Krieg bis zur Grundlegung der zweiten Weltmacht. Stalin und Chruščev. 1941-1964). Moskau 1994.
Braithwaite, Rodric: Across the Moscow River. The World Turned Upside Don. London 2002
Breslauer, George W.: Dilemma of Transition: In the Soviet Union and Eastern Europe. Berkeley 1991.
Broszat, Martin: Hitler and the Collapse of Weimar Germany. N. Y. 1987.
Brubaker, William Roger: Postimperskaja situacija i raz-edinenie narodov v sravnitel'no-istoričeskoj perspektive. http://www.hrights.ru/text/b3/Chapter2.htm. (Postimperiale Situation und Trennung der Völker in einer vergleichenden historischen Perspektive.
Bruce, Neil: Portugal. The Last Empire. London 1975.
Brustein, William: The Logic of Evil: the Social Origins of the Nazi Party, 1925-1933. New Haven 1996.
Bryce, James: The Holy Roman Empire. Svjaščennaja Rimskaja imperija. Moskau 1891.
Buck, Trevor/Cole, John: Modern Soviet Economic Performance. Oxford 1987.
Bukowski, Wladimir: Abrechnung mit Moskau. Das sowjetische Unrechtsregime und die Schuld des Westens. Bergisch Gladbach 1995.
Bulte, Erwin H./Damania, Richard/Deacon, Robert T.: Resource Abundance, Poverty and Development. World Development 2005. http://www.econ.ucsb.edu/papers/wp21–03.pdf.
Burke, Edward: Reflections on the Revolution in France. Chicago 1955.
Burke, Peter: Economy and Society in Early Modern Europe: Essays from Annales. London 1972.
Campbell, Robert W.: Trends in the Soviet Oil and Gas Industry. London 1976.
Cardenas, M./Partow, Z.: Oil, Coffee and Dynamic Commons Problem in Colombia. Inter-American Development Bank Office of the Chief Economist Research Network Document R-335. Washington 1998.
Chadwick, Margaret/Long, David/Nissanke, Machiko: Soviet Oil Exports: Trade Adjustments, Refining Constraints and Market Behaviour. Oxford 1987.
Che Guevara: Ėpizody revoljucionnoj vojny (Episoden des revolutionären Krieges). Moskau 1974.
Chruščev, Nikita: Stroitel'stvo kommunizma v SSSR i razvitie sel'skogo chozjajstva. Reči I dokumenty. V 5 tomach (Der Aufbau der Kommunismus in der UdSSR und die Entwicklung der Landwirtschaft. Reden und Dokumente). In 5 Bänden. Moskau 1962.
Churchill, Winston: Memories „The Second World War". 6 Bd. London 1952.
Cline, Howard F.: The United States and Mexico. Cambridge 1963.
Collier, Paul/Hoeffler, Anke: Greed and Grievance in African Civil Wars. London 2004

Corden, Warner Max/Neary, J. Peter: Booming Sector and Dutch Disease Economics: A Survey. In: Economic Journal. 92, Dezember 1982

Courtois, Stéphane/Werth Nicolas u. a.: Das Schwarzbuch des Kommunismus. Unterdrückung, Verbrechen und Terror. München-Zürich 1998

Cracraft, James: The Soviet Union Today. Chicago 1983.

Crossman, G.: Roots of Gorbachev's Problems: Private Income and Outlay in the Late 1970s. In: Gorbachev's Economic Plans, Study Papers Joint Economic Committee. US Congress, Bd. 1. Washington, 23. November 1987. S. 213-239.

Cullen, Louis Michael: A History of Japan, 1582-1941. Cambridge 2003.

Čazov, Evgenij: Zdorov'e i vlast'. Vospominanija „kremleskogo vrača" (Gesundheit und Macht. Erinnerungen eines „Kreml-Arztes"). Moskau 1992.

Čerkasov, P. P.: Paspad kolonial'noj imperii Francii (Der Zerfall von Frankreichs Kolonialimperium). Moskau 1985.

Černjaev, Anatolij: 1991 god: Dnevnik pomoščnika Prezidenta SSSR (Tagebuch des Assistenten des Präsidenten der UdSSR). Moskau 1997.

Dallin, Alexander: Causes of the Collapse of the USSR. In: Post-Soviet Affairs, Bd. 8 (4), 1992.

Darmstadter, Joel/Landsberg, Hans H.: The Economic Background. In: Vernon, Raymond (Hrsg.): The Oil Crisis. New York 1976.

Davies, R. Trevor: The Golden Century of Spain, 1501-1621. London 1954.

Davis, Eric G.: The Mexican Experience. In: In: Shojai, Siamack/Katz, Bernard S. (Hrsg.): The Oil Market in the 1980s: A Decade of Decline. New York 1992.

Davis, Graham A.: Learning to Love the Dutch Disease: Evidence from the Mineral Economies. In: World Development, Bd. 23 (10), 1995.

Dawisha, Karen: The Kremlin and the Prague Spring. Los Angeles-London 1984.

Delmer, Sefton.: Weimar Germany: Democracy on Trial. New York 1972.

DeLong, J. Bradford: International Financial Crises in the 1990s: The Analytics. November 2001. http://www.j-bradford-delong.net/.

Denitch, Bogdan: Ethnic Nationalism. The Tragic Death of Yugoslavia. Minneapolis – London 1996.

Deutsch, Karl W.: Social Mobilization and Political Development. In: American Political Science Review. 1961. September. Vol. 55.

Dil', Š.: Istorija Vizantijskoj imperii (Geschichte des byzantinischen Imperiums). Moskau 1948.

Dornbusch, Rudiger/Edwards, Sebastian: The Macroeconomics of Populism in Latin America. Chicago 1991.

Dowling, Edward T./Hilton, Francis G.: Oil in the 1980s: An OECD Perspective. In: Shojai, Siamack/ Katz, Bernard S. (Hrsg.): The Oil Market in the 1980s: A Decade of Decline. New York 1992.

Dugin, Aleksandr: Osnovy geopolitiki (Grundlagen der Geopolitik). Moskau 2000.

Dutt, Rajani Palme: Krizis Britanii i Britanskoj imperii. Moskau 1954. Orig.: Britain's Crisis of Empire, London 1950, dt.: Großbritanniens Empirekrise. Berlin 1951.

Easterly, William/Fisher, Stanley: The Soviet Economic Decline. In: The World Bank Economic Review, Bd. 9 (3), 1995. S. 341-372.

Eisenstadt, Shmuel Noah: Modernization: Protest and Change. New Jersey 1966.

Eisenstadt, Shmuel Noah (Hrsg.): Comparative Social Problems. New York 1964.

Elliott, John H.: Spain and Its Word, 1500-1700. Selected Essays. New Haven 1989.

Elliott, John H.: Imperial Spain 1469-1716. London 1965.

Everhart, Stephen/Duval-Hernandez, Robert: Management of Oil Windfalls in Mexico. Historical Experience and Policy Options for the Future. Policy Research Working Paper Nr. 2592. April 2001.

Fedorov, L. A./Yablokov, A. V.: The Chemical Weapon that Kills Life (The USSR's Tragic Experience). Sofia – Moskau – Pensoft 2004.

Ferriera, H. G./Marshall, M.: Portugal's Revolution: Ten Years On. Cambridge 1986.

Fešbach, M./Frendli, A.: Ékocid v SSSR. Zdorov'e i priroda na osadnom položenii (Ökozid in der UdSSR: Gesundheit und Natur im Belagerungszustand). Moskau 1992.

Gajdar, Egor: Dolgoe Vremja. . Rossija v mire: očerki ékonomičeskoj istorii (Eine lange Zeit. Russland in der Welt: Skizzen zur Wirtschaftsgeschichte). Moskau 2005.

Gajdar, Egor: Ékonomičeskie reformy i ierarchišekie struktury (Wirtschaftsreformen und hierarchische Strukturen). Hrsg. v. Stanislav S. Šatalin. Moskau 1990.

Gajdar, Egor/Lacis, Otto: Po karmanu li traty? Kommunist, 17, 1988, S. 26-30.

Gajdar, Egor: Dni poraženij i pobed (Tage der Niederlagen und Siege). Moskau 1997.

Gajdar, Egor: Ékonomika perechodnogo perioda: Očerki ékonomičeskoj politiki postkommunističeskoj Rossii 1991-1997 (Wirtschaft der Übergangsperiode. Aufsätze zur Wirtschaftspolitik des postkommunistischen Russland 1991-1997). Moskau 1998.

Gajdar, Egor: Ékonomika perechodnogo perioda: Očerki ékonomičeskoj politiki postkommunističeskoj Rossii (Wirtschaft der Übergangsperiode. Aufsätze zur Wirtschaftspolitik des postkommunistischen Russland). 1998-2002. Moskau 2003.

Gamble, Andrew: Britain in Decline. Economic Police, Political Strategy and the British State. Boston 1931.

Garbuzov, Vasilij F.: O Gosudarstvennom bjudžete SSSR na 1985 god i ob ispolnenii Gosudarstvennogo bjudžeta SSSR za 1983 god (Der Staatshaushalt der UdSSR für 1985 und die Erfüllung des Staatshaushalts der UdSSR für 1983). Moskau 1984.

Gerschenkron, Alexander: Bread and Democracy in Germany. Los Angeles 1943.

Gerschenkron, Alexander: Economic Backwardness in Historical Perspektive. Cambridge – Massachusetts 1962.

Gilmour, David: The Transformation of Spain: From Franco to Constitutional Monarchy. London 1985.

Gligorov, V.: Why Do Countries Break Up? The Case of Yugoslavia. Uppsala 1994.

von Glaise-Horstenau, Edmund: The Collapse of the Austro-Hungarian Empire. London 1930.

Goldman, Marshall I.: What Went Wrong with Perestroika. New York – London 1997.

Goldsworthy, David: Colonial Issues in British Politics 1945-1961. Oxford 1971.

Gopal, Ram: British Rule in India: An Assessment. London 1963.

Gorbačev, Michail: Perestrojka i novoe myšlenie dlja našej strany i dlja vsego mira. Moskau 1987. Dt. Übersetzung: Perestroika. Die zweite russische Revolution. Eine neue Politik für Europa und die Welt. Tübingen 1987.

Gorbačev, Michail: Žizn' i reformy (Leben und Reformen). Moskau 1995.

Grice-Hutchinson, Marjorie: The School of Salamanca. Readings in Spanish Monetary Theory, 1544-1605. Oxford 1952.

Grinberg, R./Legaj, K.: Stupeni dezintegracii: problemy torgoli SSSR s Vostočnoj Evropoj (Stufen der Desintegration: Probleme des Handels der UdSSR mit Osteuropa). Nezavisimaja gazeta, 25. Mai 1991.

Grossman, Grigory: The Soviet Economy in Mid-1991: An Overview. In: Breslauer, George W.: Dilemma of Transition: In the Soviet Union and Eastern Europe. Berkeley 1991.

Gusejnov, Ė.: Kak razmyvalsja zolotoj zapas Rossii (Wie die russischen Goldreserven dahinschmolzen). Izvestija, 17. Mai 1996.

Gus'kova, Elena Ju.: Istorija jugoslavskogo krizisa (1990-2000) (Geschichte der jugoslawischen Krise). Moskau 2001

Guzman, Oscar.: PEMEX's Finances. In: Guzman, Oscar, Gutierrez, Roberto (Hrsg.): Energy Policy in Mexico. Boulder 1988.

Gylfason, Thorvaldur/Herbertsson, Tryggvi Thor/Zoega, Gylfi: A Mixed Blessing: Natural Resources and Economic Growth. In: Macroeconomic Dynamics, 1999, Bd. 3, S. 204-225.

Gylfason, Thorvaldur: Lessons from the Dutch Disease: Causes, Treatment and Cures. Institute of Economic Studies. Working Paper Series No. 01/06. August 2001.

Gylfason, Thorvaldur: Natural Resources and Economic Growth: A Nordic Perspektive on the Dutch Disease. WIDER Working Papers Nr. 167. Oktober 1999.

Gylfason, Thorvaldur: National Resources and Economic Growth: A Nordic Perspective on the Dutch Disease. Paper presented for UNU/WIDER research project on Resource Abundance and Economic Development: Improving the Performance of Resource-Rich Countries. 1999. S. 33. http://www.hi.is/~gylfason/pdf/unuwider13.pdf.

von Hagen, Mark: Writing the History of Russia as Empire: The Perspective of Federalism. In: Kazan, Moskau, St. Petersburg: Multiple Faces of the Russian Empire. Moskau 1997.

Hamilton, Earl Jefferson: American Treasure and the Price Revolution in Spain, 1501-1650. Cambridge 1934.

Hanson, Philip: The Rise and Fall of the Soviet Economy. London 2003.

Harrison, Mark: Coercion, Compliance, and the Collapse of the Soviet Command Economy. Department of Economics University of Warwick. März 2001.

Hausmann, Ricardo: Venezuela's Growth Implosion: A Neo-Classical Story? Harvard University: Working Paper. August 2001.

Hausmann, Ricardo: Dealing with Negative Oil Shocks: The Venezuelan Experience in the Eighties. Inter-American Development Bank Working Paper Series 307. 1995

Herder, Johann Gottfried: Ideen zur Geschichte der Philosophie der Menschheit. Bd. 8.

Hill, Hal: Indonesia: The Strange and Sudden Death of a Tiger Economy. In: Development Studies, Oxford 2000, Bd. 2 (2). S. 117-139.

Hoffmann, E., Laird, R.: The Soviet Policy in the Modern Era. New York 1984.

Hroch, Miroslav: Sozial Preconditions of National Revival in Europe. A Comparative Analysis of the Social Composition of Patriotic Groups Among the Smaller European Nations. Cambridge 1985.

Huberman, Leo/Seezy, Paul M: Cuba: Anatomy of a Revolution. New York 1950.

Huntington, Samuel P.: The Third Wave. Democratization in the Twentieth Century. London 1993.

Ihsanoglu, E. (Hrsg.): History of the Ottoman State, Society and Civilisation. Istanbul 2001.

Jakovenko, Igor: Ukraina i Rossija: sjužety sootnesënnosti (Die Ukraine und Russland: Themen wechselseitiger Beziehungen). In: Vestnik Evropy, 2005, Bd. XVI.

Jakovlev, Aleksandr: Omyt pamjati. Ot Stolypina do Putina. (Im Strudel der Geschichte. Von Stolypin bis Putin. 2 Bd.) Moskau 2001. (Dt. Ausgabe: Jakowlew, Alexander: Die Abgründe meines Jahrhunderts. Leipzig 2003).

Janšin, F. L./Melua, F. I.: Uroki ėkologičeskich proščetov (Lehren ökologischer Irrtümer). Moskau 1991.

Jaszi, Oscar: The Dissolution of the Habsburg Monarchy. Chicago 1961.

Javlinskij, Grigorij: Periferijnyj kapitalizm. Lekcii ob ėkonomičeskoj sisteme Rossii na rubeže 20-21 vekov (Periphärer Kapitalismus. Vorlesungen über das Wirtschaftssystem Russlands an der Schwelle zum 21. Jahrhundert). Moskau 2003.

Javlinskij, Grigorij/Zadornov, Z./Michajlov, A./Petrakov, N./Fedorov, B./Šatalin, Stanislav/Jarygina, T. u. a. Perechod k rynku (Übergang zum Markt). Moskau 1990.

Jazayeri, Ahmad: Economic Adjustment in Oil-based Economies. Aldershot 1988.

Johnson, D. Gale: Agriculture. In: Cracraft, James (ed.). The Soviet Union Today: An Interpretive Guide. Chicago 1983. S, 195–207.

Johnson, D. Gale: Agricultural Performance and Potential in the Planned Economies: Historical Perspective. Office of Agricultural Economic Research. The University of Chicago. Paper No. 97 (1). 21. März 1997. S. 5.

Johnson, D. Gale: Role of Agriculture in Economic Development Revisited. In: Agricultural Economics. 1993, Bd. 8.

Kanovsky, Eliyahu.: Economic Implications for the Region and World Oil Market. In: Karsh, Efraim (Hrsg.): The Iran-Iraq War: Impact and Implications. London 1989.

Karl, Terry Lynn: The Paradox of Plenty: Oil Booms and Petro-States. Berkeley 1997.

Kaufman, Richard F.: Soviet Defense Trends: A Staff Study, Joint Economic Committee, 1983.

Kennedy, Paul: The Rise and Fall of the Great Powers. Economic Change and Military Conflict from 1500 to 2000. New York 1987.

Kornai, Janos: Ėkonomika deficita (Mangelwirtschaft). Moskau 1990.

Kosmarskij, Vladimir L./Chachulina, L. A./Špil'ko, Sergej P.: Obščestvennoe mnenie o perechode k rynočnoj ėkonomike. Naučnyj doklad (Die öffentliche Meinung über einen Übergang zur Marktwirtschaft. Wissenschaftlicher Bericht). Moskau 1991.

Kovačević, Slobodanka/Dajić, Putnik: Hronologija jugoslovenski krize 1942-1993 (Chronologie der jugoslawischen Krise 1942-1993). Belgrad 1994.

Kozlov, Vladimir A.: Massovye besporjadki v SSSR pri Chruščeve i Brežneve (1953 – načalo 1980-x gg.) (Massenunruhen in der UdSSR unter Chruščev und Brežnev (1953 bis Anfang der 1980er-Jahre). Novosibirsk 1999.

Krjučkov, Vladimir: Ličnoe delo (Persönliche Akte). Moskau 1996.

Kudrov, Valentin M.: Sovetskaja ėkonomika v retrospektive (Die sowjetische Wirtschaft in der Retrospektive). Moskau 2003.

Kuzio, Taras/Wilson, Andrew: Ukraine: Perestroika to Independence.New York 1994.

Lacis, Otto: Čto s nami bylo, čto s nami budet (Was mit uns geschah, was mit uns geschehen wird). Moskau 1995.

Lacis, Otto: Lomka, ili koe-čto o prirode cen (Der Bruch, oder etwas über die Natur der Preise). Izevstija, 7. Mai 1991.

Lacis, Otto: Kogda načalsja krizis. O čem govorit spravka KGB SSSR, napisannaja v sentjabre 1991 goda (Als die Krise begann. Wovon in dem KGB-Gutachten von September 1991 die Rede ist). Izvestija, 15. April 1993.

Lacis, Otto: Signal bedy, poslanny nikuda. Čego opasalos' pravitel'stvo SSSR za tri dnja do končiny (Notsignal nirgendwohin. Was fürchtete die Regierung der UdSSR drei Tage vor dem Ende). Izvestija, 28. Juni 1996.

Lacis, Otto: Tšatel'no splanirovannoe samoubijstvo (Ein sorgfältig geplanter Selbstmord). Moskau 2001.

Lal, Deepak/Myint, H.: The Political Economy of Poverty, Equity and Growth. Oxford 1996.

Larin, A. G.: Dva prezidenta, ili Put' Tajvanja k demokratii (Zwei Präsidenten oder Taiwans Weg zur Demokratie). Moskau 2000.

Leont'ev, Konstantin: Vostok, Rossija i slavjanstvo. Gesammelte Aufsätze. Moskau 1885.
Leščilovskaja, I. I.: Istoričeskie korni jugoslavskogo konflikta (Historische Wurzeln des Jugoslawien-Konflikts). In: Voprosy istorii (Fragen der Geschichte), 5, 1994.
Linz, Juan José: An Authoritarian Regime: Spain. In: Allardt, Erik/Lettunen, Yrjö (Hrsg.): Cleavages, Ideologies and Party Systems: Contributions to Comparative Political Sociology. Helsinki 1964.
Linz, Juan José/Stepan, Alfred: Problems of Democratic Transition and Consolidation. Southern Europe, South America, and PostCommunist Europe. Baltimore 1996.
Lipset, Seymour Martin: Political Man. New York 1960.
Ljaščenko, P. I.: Istorija russkogo narodnogo chozjajstva (Geschichte der russischen Volkswirtschaft). Moskau 1930.
Looney, Robert E.: Economic Policymaking in Mexico: Factors Underlying the 1982 Crisis. Durham 1985.
Lopatin, Leonid N. (Hrsg.): Rabočee dviženie Kuzbassa. Sbornik dokumentov i materialov (Die Arbeiterbewegung des Kuzbass. Dokumente und Unterlagen). April 1989-März 1992. Kemerovo 1993.
Lur'e, M./Smedenikin, P.: Zapach gari i gorja. Fergana, trevožnyj ijun' 1989go (Geruch von Brand und Leid. Fergana, beängstigender Juni 1989). Moskau 1990.
Machiavelli, Niccolò: Der Fürst des Niccolo Machiavelli. Übersetzt und eingeleitet von Karl Riedel. Darmstadt 1841.
Maddison, A.: The World Economy. Historical Statistics. Paris, OECD, 2003.
Maddock, Roland Thomas: The Political Economy of Soviet Defense Spending. Basingstoke 1988.
Malloy, James M./Seligson, Mitchell A. (Hrsg.): Authoritarians and Democrats. Regime Transition in Latin America. Pittsburgh 1987.
Mandel', D.: Novočerkassk 1-3 ijunja 1962 goda. Zabastovka i rasstrel (Novočerkassk 1.-3. Juni 1962. Streik und Schüsse). Rossija, Nr. 11-12, 1998.
Maravall, José: The Transition to Democracy in Spain. London – Canberra – New York 1982.
Mardar',I.: Chronika neob-javlennogo ubijstva (Chronik eines unangekündigten Mordes). Novočerkassk 1992.
Marx, Karl: Der achtzehnte Brumaire des Louis Bonaparte. Karl Marx/Friedrich Engels - Werke, Band 8. Berlin (Ost) 1972.
Matlock, Jack F.: Autopsy on an Empire: The American Ambassador's Account of the Soviet Union. New York 1995.
Mau, Vladimir: Uroki ispanskoj imperii, ili lovuški resursnogo izubilii (Lehren des spanischen Imperiums oder die Fallen des Überflusses an Ressourcen). In: Rossija v global'noj politike (Russland in der globalen Politik), 1, 2005.
Mayer, Jörg/Chambers, Brian/Farooq, Ayisha (Hrsg.): Development Policies in Natural Resource Economics. Cheltenham - Northampton 1999.
McDonald, Hamish: Suharto's Indonesia. Honolulu 1981.
Medvedev, Vadim: V komande Gorbačeva. Vzgljad iznutri (In Gorbačevs Mannschaft. Ein Blick von innen). Moskau 1994.
Medhurst, Kenneth: Spain's Evolutionary Pathway from Dictatorship to Democracy. In: Pridham, Geoffrey: (Hrsg.): The New Mediterranean Democracies: Regime Transition in Spain, Greece and Portugal. London 1984.
Mehlum, Halvor/Moene, Karl, Ove/Torvik, Ragnar: Institutions and the Resource Curse. In: Economic Journal, 116, 2005.

Meier, Viktor: Yugoslavia: A History of its Demise. London 1995.
Meždunarodnye otnošenija na dal'nem vostoke (Internationale Beziehungen im Fernen Osten). Moskau 1973.
Mikesell, Raymond F.: The World Copper Industry. Structure and Economic Analysis. Baltimore, London 1957.
Millar, James R.: An Economic Overview. In: Cracraft, James: The Soviet Union Today, Chicago 1983. S. 173-186.
Minxin, Pei: From Reform to Revolution: The Demise of Communism in China and the Soviet Union. Cambridge 1994.
Mitchell, B. R.: International Historical Statistics. Europe 1750-1993. London 1998.
Moore, Barrington (jr.): Social Orgins of Dictatorship and Democracy. Boston 1967.
Morriss-Jones, Wyndraeth Humphreys/Austin, Dennis: (Hrsg.): Decolonisation and After: The British and French Experience. In: Studies in Commonwealth Politics and History. Nr. 7. London 1980.
Nadal, Jorge O.: La Revolution de los Precios Espanoles en el Siglo XVI. In: Hispania. 1959, Bd. XIX, S. 503-529.
Narodnoe chozjajstvo SSSR v 1979 gg. (Die Volkswirtschaft der UdSSR im Jahre 1979). Statističeskij sbornik. Moskau 1980.
Nef, John: Silver Production in Central Europe, 1450-1618. In: Journal of Political Economy, 1941, Bd. 49, S. 575-591.
Nenašev, Michail: Poslednee pravitel'stvo SSSR: ličnosti, svidetel'stva, dialogi (Die letzte Regierung der UdSSR: Personen, Zeugnisse, Dialoge). Moskau 1993.
North, Douglass C.: Institutions, Institutional Change and Economic Performance. Cambridge 1990.
Oberschall, Tony: The Fall of Yugoslavia. In: Journal of the Budapest University of Economic Sciences, 1992, XVIII (3).
Odom, William E.: The Collapse of the Soviet Military. London 1998.
O'Donnell, Guillermo/Schmitte, Phillippe C./Whitehead, Laurence: Transitions from Authoritarian Rule: Tentative Conclusions About Uncertain Democracies.
Olson, Mancur: Power and Prosperity. Outgoing Communist and Capitalist Dictatorships. New York 2000.
Outhwaite, R. B.: Inflation in Tudor and Early Stuart England. Studies in Economic and Social History Series. London 1969.
Paine, Thomas: Common Sense and Other Political Writings. New York 1783.
Parker, Henry Bamford: A History of Mexico. Boston 1950.
Pavlov, Vladimir: O Gosudarstvennom bjudžete SSSR na 1990 god i ob ispolnenij Gosudarstvennogo bjudžeta SSSR za 1988 god (Über den Staatshaushalt der UdSSR für 1990 und über die Umsetzung des Staatshaushalts der UdSSR für 1988). Moskau 1990.
Pichoja, Richard: Sovetskij Sojuz: istroija vlasti 1945-1992 (Die Sowjetunion: Geschichte der Machthaber 1945-1991). Moskau 1998.
Philip, George D. E.: (Hrsg.) Politics in Mexico. Sydney 2001.
Pidžalov, A. Ju.: Sovetskaja ėkologičeskaja politika 1970-x – načala 1990-x godov (Die sowjetische ökologische Politik von den 1970er bis zu Anfang der 1990er-Jahre). St. Petersburg 1994.
Pikaev, A./Savel'ev, A.: Jadernaja mošč' SSSR na zemle, na more i v vozduche (Die Atommacht der UdSSR: zu Lande, zu Wasser und in der Luft). In. Nezavisimaja gazeta, Nr. 1376, 2. November 1991.

Podvincev, B.: Postimperskaja adaptacija konservatizmoj soznanija: blagopritstveuščie faktory (Postimperiale Adaptation des konservativen Bewusstseins: günstige Faktoren). POLIS 2001, 3 (62).
Porch, D.: The Portuguese Armed Forces and the Revolution London 1977.
Prebisch, Raúl: Commercial Policy in the Underdeveloped Countries. In: American Economic Review, 49, 1949, S. 251–273.
Prebisch, Raúl: International Trade and Payments in an Era of Coexistence: Commercial Policy in Underdeveloped Countries. In: The American Economic Review, 49, Mai 1959.
Pritchett, L.: Patterns of Economic Growth: Hills, Plateaus, Mountains, and Plains. Policy Research Working Paper Series Nr. 1947. 1998.
Pryce-Jones:, David The War that Never Was: The Fall of the Soviet Empire. 1985-1991. London 1995.
Przeworski, A. et al.: Democracy and Development. Political Institutions and Well-Being in the World, 1950-1990. Cambridge 2000.
Prochanov, Aleksandr: Gospodin Geksogen (Herr Hexogen). Moskau 2003.
Raby, David L.: Fascism and Resistance in Portugal: Communists, Liberals and Military Dissidents in the Opposition to Salazar. 1941-1974. Manchester 1988.
Ranis, Gustav: The Political Economy of Development Policy Change. In: Meier, Gerald M. (Hrsg.): Politics and Policy Making in Developing Countries: Perspectives on the New Political Economy. San Francisco 1991.
Rawlinson, Hugh George: The British Achievement in India. London – Edinburgh – Glasgow 1948.
Robinson, Richard D.: The First Turkish Republic: A Case Study in National Development. Cambridge – Massachusetts 1963.
Rodnik, D.: Why do more Open Economics Have Bigger Governments? In: The Journal of Political Economy, 1998, Bd. 106 (3), S. 997-1032.
Romanenko, Sergej A.: Jugoslavija: istorija vozniknovenija, krizis, raspad, obrazovanie nezavisimych gosudarstv (Jugoslawien: Entstehungsgerichte, Krise, Zerfall, Bildung unabhängiger Staaten). Moskau 2000.
Rossijskaja ėkonomika v 1991 godu. Tendencii i perspektivy (Die russische Wirtschaft im Jahre 1991. Tendenzen und Perspektiven). Moskau 1992.
Rousseau, Jean Jacques: Der Gesellschaftsvertrag oder Die Grundsätze des Staatsrechtes (Du contrat social ou Principes du droit politique). 1880.
Rowen, Henry: Central Intelligence Briefing on the Soviet Economy. In: Hoffmann, Erik/Laird, Robbin: The Soviet Policy in the Modern Era. New York 1984. S. 417.
Rubinštejn, Evgenija: Krušenie avstro-vengerskoj monarchii (Der Zusammenbruch der österreichisch-ungarischen Monarchie). Moskau 1963.
Rustow, Dankwart A.: Transitions to Democracy: Toward a Dynamic Model. In: Comparative Politics. 1970. April. Vol. 2 (3).
Rybczysnki, T. M./Ray, G. F.: Historical Background to the World Energy Crisis. In: T. M. Rybczysnki (Hrsg.): The Economics of the Oil Crisis. London 1976
Ryžkov, Nikolaj: Desjat' velikich potrjasenij (Zehn Jahre großer Erschütterungen). Moskau 1995.
Sachs, Jeffrey D./Warner, Andrey M.: Economic Convergence and Economic Policy. NBER Working Paper Nr. 5039, 1995.
Sachs, Jeffrey D./Warner, Andrey M.: Natural Resource Abundance and Economic Growth. NBER Working Paper Nr. 5398, 1995.

Sachs, Jeffrey D./Warner, Andrey M.: The Big Push, Natural Resource Booms and Growth. In: Journal of Development Economics. 1999. Bd. 59.
Sachs, Jeffrey D./Warner, Andrey M.: The Curse of Natural Resources. In: European Economic Review. 2001, Bd. 45, S. 827-838.
Sala-i-Martin, Xavier/Subramanian, Arvind: Addressing the National Resource Curse: An Illustration From Nigeria. NBER Working Paper Nr. 9804. Juni 2003
de Schweinitz, Karl: Industrialization. Labor Controls nd Democracy. In: Economic Development and Cultural Change. 1959, Bd. 7 (4).
Schweizer, Peter: Victory: The Reagan Administration's Secret Strategy that Hastened the Collapse of the Soviet Union. New York 1994.
Sel'skoe chozjajstvo SSSR. Statističeskij sbornik (Die Landwirtschaft der UdSSR. Statistischer Sammelband). Moskau 1988.
Serbin, R.: Lénine et la question Ukrainienne en 1914: le discours „séparatiste" de Zurich. Pluriel 1981. Nr. 25. S. 83 f.
Serov, Valerij: Proizošli izmenenija v chudšuju storonu (Es sind Veränderungen zum Schlechteren erfolgt). In: Socialističeskaja industrija, 28. Februar 1989.
Shojai, Siamack/Katz, Bernard S. (Hrsg.): The Oil Market in the 1980s: A Decade of Decline. New York 1992.
Shtromas, Alexander/Kaplan, Morton A. (Hrsg.): The Soviet Union and the Challenge of the Future. Bd. 1: Stasis and Change. New York 1988.
Sinel'nikov, Sergej G.: Bjudžetnyj krizis v Rossii: 1985-1995 gody (Die Haushaltskrise in der UdSSR: 1985-1995). Moskau 1995.
Skeet, Ian: OPEC: Twenty-Five Years of Prices and Politics. Cambridge 1988.
Slavkina, Maria: Triumf i tragedija: razvitie neftegazovogo kompleksa SSSR v 1960-1980-e gody (Triumph und Tragödie: Die Entwicklung des Öl- und Gaskomplexes in der UdSSR 1960-1980). Moskau 2002.
Sobčak, Anatolij: Tbilisskij izlom, ili Krovavoe voskresen'e 1989 g. (Der Bruch von Tiflis oder der Blutsonntag 1989). Moskau 1993.
Sobel, Lester A.: Energy Crisis. Bd. 1. 1969-1973. New York 1974.
Socialističeskie strany i strany kapitalizma v 1986 godu (Sozialistische und kapitalistische Länder 1986). Statistisches Jahrbuch. Moskau 1987.
Sokolov, Maksim: Sojuz razvalilsja respublik svobodnych (Die Union freier Republiken ist zusammengebrochen). Kommersant, Nr. 36, 9. September 1991.
Sokolovskij, V.: Voennaja strategija. Moskau 1968.
Solsten, Eric (Hrsg.): Portugal: A Country Study. Washington D. C. 1994.
Sorgin, V.: Političeskaja istorija sovremennoj Rossii. 1985-1994: Ot Gorbačeva do El'cina (Die politische Geschichte des modernen Russland. 1985-1994. Von Gorbačev bis El'cin). Moskau 1994.
Starodubrovskaja, Irina/Mau, Vladimir: Velikie Revoljucii: Ot Kromveli do Putina (Große Revolutionen. Von Cromwell zu Putin). Moskau 2001
Strayer, Robert: Why Did the Soviet Union Collapse? Understanding Historical Change. New York 1998.
Sullivan, William H.: Mission to Iran. New York 1981.
Surinov, A. E./Dybcyna, V. A.: O pitanii naselenija s različnym urovnem dochoda (Po materialam obsledovanija Goskomstatom SSSR 90 tys. semejnych bjudžetov i anketnogo obsledovanija mnenija 30 tys. graždan o cenach na tovary i uslugi (Die Ernährung der Bevölkerung verschiedener Einkommensgruppen (Anhand von Unterlagen aus Untersuchungen des Gos-

komstat der UdSSR von 90.000 Familienbudgets und einer Umfrage unter 30.000 Bürgern über die Preise für Waren und Dienstleistungen). In: Bjulleten'sociologičeskich i bjudžetnych obsledovanij. 1, 1991

Syrquin, Moshe/Chenery, Hollis B.: Patterns of Development, 1950 to 1983. World Bank Discussion Paper Nr. 41. Washington 1989.

Šachnazarov, Georgij: C voždjami i bez nich (Mit Führern und ohne sie). Moskau 2001.

Ščekočichin, Jurij: Neupravljaemaja armija? (Eine unkontrollierbare Armee?), Literaturnaja gazeta, Nr. 2, 16. Januar 1991.

Šeremet, S./Kalinkina, S.: Slučajnyj prezident (Der zufällige Präsident). St. Petersburg 2004.

Šlykov, V.: Čto pogubilo Sovetskij Sojuz? Genštab i ėkonomika. In: Voennyj vestnik, 9/2002.

Špil'ko, Sergej/Chachulina, L. A./Kuprijanova, Z, V./Bobrova, V. V. /Zubova, L. G. /Kovaleva, N. P. Krasil'nikova, M. D. Avdeenko, T. V.: Ocenka naseleniem social'no-ėkonomičeskoj situacii v strane (po rezul'tatam sociologičeskich oprosov 1991.) (Die Bewertung der sozioökonomischen Situation im Lande (nach soziologischen Umfrageergebnissen von 1991). Wissenschaftlicher Bericht. VCIOM, Moskau 1991.

Talbott, John: The War Without a Name. France in Algeria, 1954-1962. New York 1980.

Thukydides: Geschichte des Peloponnesischen Krieges, Hamburg 1964.

Tilly, C.: How Empires End. In: After Empire, Multiethnic Societies and Nation Building. The Soviet Union and Russia, Ottoman and Habsburg Empires. New York 1997.

Todd, Emanuel: Après l'empire: Essai sur la décomposition du système américain. 2002. Dt.: Weltmacht USA. Ein Nachruf. München 2003.

Torkunov, A. (Hrsg.): Priroda i zakonomernosti meždunarodnych otnošenij. Sovremennye meždunarodnye otnošenija (Natur und Gesetzmäßigkeit internationaler Beziehungen. Moderne internationale Beziehungen). Moskau 2000.

Treml, V. G./Ellman, M.: Debate: Why did the Soviet Economic System Collapse. In: Radio Free Europe. Radio Liberty Research Report. 2 (23), 1993.

Trevor-Roper, Hugh: The Crisis of the Seventeenth Century: Religion, the Reformation and Social Change. New York 1967.

Vacs, Aldo C.: Authoritarian Breakdown and Redemocratization in Argentina. In: Malloy, James M./Seligson, Mitchell A. (Hrsg.): Authoritarians and Democrats. Regime Transition in Latin America. Pittsburgh 1987.

Veber, A. B. (Hrsg.): Sojuz možno bylo sochranit' Belaja kniga. Dokumenty i fakty o politike M. S. Gorbačeva po reformirovaniju i sochraneniju mogonacional'nogo gosudarstva (Man hätte die Union bewahren können. Weißbuch. Dokumente und Tatsachen über die Politik Gorbačevs zur Reformierung und Bewahrung des Vielvölkerstaats). Moskau 1995.

Višnevskij, Anatolij: Serp i rubl': konservativnaja modernizacija v SSSR (Sichel und Rubel: konservative Modernisierung in der UdSSR). Moskau 1998.

Voronov, A.: O probleme preodolenija deficita i metodach regulirovanii potrebitel'skogo rynka (Zu Problemen der Überwindung des Defizits und Methoden zur Regulierung des Verbrauchermarkts). Voprosy ėkonomiki, 5/1990, S. 26-32

Ward, Benjamin: The firm in Illiria: Market syndicalism. In: American Economic Review, 48, 4, 1958, Vol. 48, Nr. 4.

Ward, Benjamin: The Socialist Economy. A Study of Organizational Alternatives. New York 1967.

Weber, Max: Politik als Beruf. München 1919.

Weisbrod, B.: The Crisis of Bourgeois Society in Interwar Germany. In: R. Bessel (Hrsg.): Fascist Italy and Nazi Germany. Comparisons and Contrasts. Cambridge 1972.

White, Stephen: Gorbachev and After. Cambridge 1991.
Wilks, Ivor: Wangara, Akan and the Portuguese in the Fifteenth and Sixteenth Centuries. In: Wilks, Ivor (Hrsg.): Forests of Gold: Essays on the Akan and the Kingdom of Asante. Athen 1993.
Williams, Phillip M.: Wars, Plots and Scandals in Postwar France. Cambridge 1970.
Woodward, Susan L.: Balkan Tragedy. Chaos and Dissolution after the Cold War. Washington 1995.
Yergin, Daniel: The Prize. The Epic Quest for Oil, Money and Power. New York 1992.
Zamjatin, Leonid M.: Gorbi i Mėggi. Zapiski posla o dvuch izvestnych politikach – Michaile Gorbačeve i Margaret Tėtčer (Gorbi und Maggy. Aufzeichnungen eines Botschafters übe rzwei bekannte Politiker – Michail Gorbačev und Margaret Thatcher). Moskau 1995.
Zelenin, I. E.: Pervaja sovetskaja programma massovogo osvoenija celinnych zemel' (konec 20-x – 30-e gody) (Das erste sowjetische Programm zu einer umfangreichen Neulanderschließung (Ende der 20er und 30er-Jahre). In: Otečestvennaja istorija, 2, 1996

Letzte Seite

Die **Yegor Gaidar Stiftung** ist eine russische Nichtregierungsorganisation, die der Förderung liberaler Werte, der Unterstützung von freiheitlichen Ideen in Wirtschaft und Zeitgeschichte dient sowie der Verbreitung des Erbes des Russischen Ökonomen und Reformers Jegor Gajdar (1956-2009).

Seit der Gründung im Jahr 2010 hat die Stiftung zahlreiche Sensibilisierungskampagnen sowie Bildungs- und Veröffentlichungsprojekte in verschiedenen russischen Regionen und im Ausland realisiert. Zu den bekanntesten Initiativen der Stiftung gehört der jährliche Jegor Gajdar Preis. Er wird an verdiente Ökonomen, Historiker und Persönlichkeiten des öffentlichen Lebens in Russland verliehen. Zu den wichtigen Veranstaltungen der Stiftung gehören auch das internationale Gaidar Forum, eine Vielzahl von Konferenzen, Seminaren, öffentlichen Vorlesungen und Bildungsprogramme für Studenten und Dozenten russischer Universitäten.

Die **Friedrich-Naumann-Stiftung für die Freiheit** ist eine deutsche politische Stiftung, deren Aufgaben die Weiterentwicklung des geistigen Liberalismus, die Stärkung des politischen Liberalismus, von Menschenrechten, Rechtsstaatlichkeit und Marktwirtschaft sind.

Seit ihrer Gründung 1958 durch Theodor Heuss, den ersten Bundespräsidenten der Bundesrepublik Deutschland, widmet sich die Stiftung bundesweit und in ihrer Bildungsstätte in Gummersbach der politischen Erwachsenenbildung. Sie fördert begabte Studierende und arbeitet zu Grundlagen und Geschichte des Liberalismus in Deutschland. In mehr als 60 Ländern der Welt pflegt sie darüber hinaus den politischen Dialog und arbeitet mit ihren Projekten dafür, das Prinzip Freiheit in allen Lebensbereichen auch dort zu unterstützen. Seit 2012 organisiert sie gemeinsam mit der Gajdar Stiftung in Berlin das Gaidar-Naumann-Forum. Der stellvertretende Vorsitzende der Stiftung Prof. Karl-Heinz Paqué unterstützte als Wirtschaftsredakteur die deutsche Ausgabe des Buches, welche dank dem Leiter des Moskauer Büros der Stiftung, Julius von Freytag-Loringhoven, realisiert werden konnte.

GPSR Compliance

The European Union's (EU) General Product Safety Regulation (GPSR) is a set of rules that requires consumer products to be safe and our obligations to ensure this.

If you have any concerns about our products, you can contact us on

ProductSafety@springernature.com

In case Publisher is established outside the EU, the EU authorized representative is:

Springer Nature Customer Service Center GmbH
Europaplatz 3
69115 Heidelberg, Germany